债

5000年债务史

增订典藏版

Debt

THE FIRST 5000 YEARS

David Graeber

[美] 大卫 · 格雷伯——著

孙碳 董子云——译

中信出版集团 | 北京

图书在版编目（CIP）数据

债：5000年债务史 /（美）大卫·格雷伯著；孙碳，董子云译．-- 北京：中信出版社，2021.3（2025.7重印）
书名原文：Debt: The First 5,000 Years
ISBN 978-7-5217-1426-5

Ⅰ．①债… Ⅱ．①大… ②孙… ③董… Ⅲ．①债务—经济史—研究—世界 Ⅳ．① F811.9

中国版本图书馆CIP数据核字（2020）第029672号

债——5000年债务史

著　　者：［美］大卫·格雷伯
译　　者：孙　碳　董子云
出版发行：中信出版集团股份有限公司
（北京市朝阳区东三环北路27号嘉铭中心　邮编　100020）
承 印 者：北京通州皇家印刷厂

开　　本：787mm×1092mm　1/16　　印　　张：34.5　　字　　数：548千字
版　　次：2021年3月第1版　　印　　次：2025年7月第5次印刷
京权图字：01-2011-7129
书　　号：ISBN 978-7-5217-1426-5
定　　价：99.00元

推荐语

一位杰出的、深度创新的思想者。

——瑞贝卡·索尔妮特，《建于地狱的天堂》作者

新颖……引人入胜……格雷伯的书不但发人深省，而且出现得非常及时。他那包含大量信息的历史叙述，从根本上指出了我们关于金钱和信贷的许多既有观点即使不能说是错误的，至少也是有局限性的。

——吉利安·泰特，《金融时报》

这是一篇关于我们的经济和道德败落状态的冗长的实地报告。格雷伯发扬人类学的优良传统，把债务上限、次级贷款和信用违约互换看成某个自我毁灭部落的奇特实践。本书写作风格傲慢但迷人，是对债务本质的哲学探索，即债务从哪里来，又是如何演进的。

——托马斯·米尼，《纽约时报》书评

详尽……迷人……是关于最近所发生的经济危机背景的一份权威介绍。格雷伯的书既博学又无礼，对于当下的争论，以及在技术性的预算问题背后潜伏的不言而喻的政治冲突，本书帮助阐明了其所遗漏的内容。

——罗伯特·库特纳，《纽约书评》

这本书的可读性和娱乐性超出了我的表达能力……它是对有关债务、贡品、礼物、宗教和货币的虚假历史的深思。格雷伯是一位博学的研究者，一位激进主义分子，一位公众知识分子。他关注的领域是社会和经济交易的完整历史。

——皮特·卡里，《观察家报》

引人入胜……一本杰出的著作，既博学，又随心所欲。

——本杰明·孔克尔，《伦敦书评》

一本迷人的书。它部分是人类学史，部分是挑衅式的政治争论，对于被看作当前关于债务和经济的讨论，本书起到了有用的校正作用。

——杰西·辛格尔，《波士顿环球报》

关于货币和市场诞生的另一种视角的历史，一部延伸的、博学的、挑衅式的著作。

——德雷克·本内特，《彭博商业周刊》

非凡的著作……格雷伯发扬了人类学的优良传统，通过探究历史和其他文明并随后返回，使得我们可以用陌生的全新视角来看待自己的世界，并更容易接纳变化，他以这种方式重塑了我们的常识。

——拉杰·帕特尔，《环球邮报》

引人入胜……今年最有影响力的书之一。阶级社会的诞生，依据“相互承诺之网”建立起的社会的崩坏，以及在基于货币的所有社会关系背后隐含的暴力威胁，格雷伯把信贷的出现放置于这三者构成的框架中。

——保罗·曼森，《卫报》

人类学知识体系的一块重要拼图……一部信息丰富的世界史……格雷伯追溯了我们今天很熟悉的债务有害形态的身世，并将其和人身债这一古老的、有社会基础的概念进行对比。在这一过程中，格雷伯提供了历史知识体系中至关重要的一环，这一环阐明了关于债务的全新理解将如何提供给我们有关未来的一些线索。

——贾斯汀 · E. H. 史密斯，《图书论坛》

对于占领华尔街运动，《债》可能提供了理论重要性，就像迈克尔 · 哈特和安东尼奥 · 奈格里的《帝国》（2000 年）为过去十年的反全球化运动所做的一样。在美索不达米亚、中世纪的十字军、大西洋奴隶贸易及无数其他历史篇章中游走，他的这部研究著作指出，尽管债务一直是人类社会的基础，但它和货币并不是同样的事物。

——苏科夫 · 桑德胡，《每日电讯报》

大卫 · 格雷伯的《债》既可以被看作一位人类学家对新的全球历史的贡献，也可以被看作一位反资本主义的激进主义学者的知识信条。这部撰写金融发明史的著作，出色地将对债务的解构和把 2008 年的经济危机视为重要转折点的案例结合在一起。在这本书的视角中，最近的事件是三对存在已久的竞争关系——穷人和富人，债权人和债务人，货币机器和人类得以生存并繁荣的原因——的进一步扭曲。它的写作风格带有迷人的出色幽默感，以及彻底的、吸引人的慷慨。

——罗宾 · 布莱克本，《新左翼评论》

如果人类学这样构成：使其他人显然疯狂的想法在其自身的文化环境中具有逻辑吸引力，并理性地揭示人类的境况，那么大卫·格雷伯将是完美的人类学家。他不但完成了写就本书这一影响深远的壮举，还能在将其他人所处世界的可能性变成理解我们自身所处世界的基础这一至关重要的任务上继续加码，而这一任务在当下比之前任何时候都更加紧迫。

——马歇尔·萨林斯，查理·F. 格雷杰出服务教授，

芝加哥大学人类学和社会科学名誉教授

大卫·格雷伯是一位人类学家，也是占领华尔街运动的知识领袖，我感谢他写就本书，这是一部杰出、出乎意料地有趣、为主题提供了许多可支撑的观点的著作。

——刘易斯·琼斯，《旁观者报》

这是一部有关货币历史及其与社会不平等关系的绝对不可或缺的、庞大的专著。

——考里·多克特罗，波音博客

有争议，但发人深省，一部出色的著作。

——《书目杂志》

一次耀眼的、和谐的、多层面的尝试，从一个概念切入，逐步展开，包含一切，基本上重述了人类的整部历史……它是对术语的一次解构，通过这些术语，我们可以去思考人类文明、历史和社会是什么，以及应该是什么（也就是说，我们在提出要求时所使用的语言）……这本书真的极为出色。

——阿伦·巴蒂，《新探索杂志》

格雷伯在人类学领域的主要工作广受尊敬，但是他的写作风格并不是学术性的，几乎是闲聊式的。有些学者使用学术性的语言来提出并解析最深刻的观点；格雷伯有能力使用平实的语言做到提出、解析、交换深刻和令人震惊的观点……这本书是经济、历史和人类学的深度融合。这些对不同时代、不同文化的拜访，总是会揭示一些关于债务和货币的令人惊讶的发现。

——查理·穆迪迪，《陌生人杂志》

一个宏大的知识工程，一次要求立即行动的呼喊。

——杰弗瑞·阿提克，《洛杉矶图书评论》

我们需要揭开借贷世界的神秘面纱，大卫·格雷伯的《债》是一个很好的开头。

——《L 杂志》

这本及时、通俗易懂的书，能够吸引任何对围绕债务所形成的文化的前世今生感兴趣的读者，对思维开阔的经济学家也不例外。

——《图书馆期刊》

我认为他是全世界同时代特别出色的人类学理论家。

——莫里斯·布洛克，伦敦政治经济学院人类学教授

目录

生。一者，它们将世界看作由物质力量而非神圣力量组成的；二者，它们将人类存在的终极目标看作积累物质财富，道德和正义的理想被重构成用来满足民众的工具。

中世纪货币拥有如此抽象、虚拟的形式（支票、符木、纸币），这意味着“说货币是一种象征是什么意思？”这类问题切入了当时哲学议题的核心。“象征”一词本身的历史最好地体现了这一点。这里我们发现了货币形式与哲学讨论之间出奇的平行性，我们只能用“惊人”来形容。

资本主义体系与其他体系不同的是，它把赌徒当作其运作的核心部分供奉起来；而与此同时，资本主义又有一个独有的特点，它似乎无力构想出自己的来世。

01

基于道德困惑的经验

债

名词。1. 欠钱的总数目。2. 欠钱的状态。3. 对别人提供的帮助或服务的感激之情。

——《牛津英语词典》

如果你欠银行十万美元，那么你的财产归银行所有。如果你欠银行一亿美元，那么银行归你所有。

——美国谚语

不平等的债务

两年前，由于一系列的机缘巧合，我前往威斯敏斯特教堂参加了一个游园会。游园会上的客人都非常友好，组织者格雷默神父（Father Graeme）更是亲切异常且极富魅力。但我还是感觉有点儿不舒服，因为我觉得自己出现在那里有些不合时宜。其间，格雷默神父向我走过来，径直说我肯定希望认识附近喷泉旁的一个人。这个人是一位衣着整洁的年轻女士。她是一位律师，格雷默神父解释道，“但更像是激进主义分子。她工作的基金会为伦敦的反贫困团体提供法律帮助。也许你和她会有许多共同语言”。

于是我们聊了起来。她向我介绍了她的工作。我告诉她，我参与“全球正义运动”（Global Justice Movement）已有多年——如今，媒体一般将它称作“反全球化运动”。她很好奇：她当然十分了解发生在西雅图、热那亚的事件及那些催泪瓦斯和骚乱，但是，我们真的通过这一切取得了一些成就吗？

“实际上，”我说，“我认为在最初的几年里，我们取得的成就是相当令人刮目相看的。”

“例如？”

“嗯，例如我们几乎完全破坏了国际货币基金组织（IMF）。”

她恰巧不知道国际货币基金组织是什么机构，于是我解释道，这个组织大体上扮演着世界债务幕后推手的角色，“你也可以说，它是那些想要弄折你的腿的家伙所控制的极其复杂的金融工具”。我从历史背景开始讲起，解释了在 20 世纪 70 年代的石油危机期间，石油输出国组织（OPEC）新增了巨额财富，而后向西方银行中存入巨额资金，导致银行没办法找到合适的项目去投资。于是花旗银行（Citibank）和大通银行（Chase）开始向世界各地派出业务专员，劝说第三世界的独裁者和政客从银行贷款（当时，这种举动被称作“银行向前冲”）。这些银行在拓展业务初期施行极低的贷款利率，而到了 20 世纪 80 年代初期，美国的货币政策收紧，于是贷款利率一飞冲天，达到 20% 左右。因此在 20 世纪 80 年代至 90 年代，高利率导致第三次全球债务危机出现。不久，国际货币基金组织为了继续融资，跳出来坚称，贫穷的国家有义务停止对基本食物的价格扶持政策，甚至要求这些国家停止执行战略性食品储备政策，停止提供免费医疗和免费教育。这一切使得地球上最穷困、最脆弱的人群失去了最基本的生存保障。言谈中，我提到了贫穷、对公共资源的掠夺、社会崩溃、流行性的暴力、营养不良、绝望和破碎的生命。

“但是你们的立场是什么？”这位律师问道。

“针对国际货币基金组织的立场？我们要求取缔这个组织。”

“不，我的意思是针对第三世界债务的立场。”

“噢，我们要求免除那些债务。最迫在眉睫的要求，就是让国际货币基金组织停止施行结构性调整政策，正是这些政策直接伤害了那些贫穷的国家。不过，这一要求的实现速度快得有些出乎我们的意料。更长期的目标就是免除债务，类似于《圣经》中提到的禧年（Jubilee）。”我告诉她，“对我们而言，在过去 30 年里，财富一直从最穷的国家流入最富有的国家，是时候停止了。”

她提出了反对意见，仿佛她即将陈述的理由是不言而喻的：“但是，他们借钱在先！当然要偿还自己的债务。”

就在这一刻，我才意识到这场交谈和我预想的完全不同。

从何说起呢？我可以向她解释这些贷款是由未经选举的独裁者借入的，这些人把大部分贷款都存入了自己在瑞士银行的个人账户。然后我再要求她好好想一下——债权人得到的还款并非来自那些独裁者，甚至不是来自他们主宰的国家，而是通过夺走饥饿儿童的食物换来的——这种做法是否符合正义。或者想一想，许多贫穷的国家已经偿还的金额是它们最初借入本金的三四倍，但是拜神奇的复合利率所赐，这些国家甚至没能明显减少自己背负的欠债本金。我想论述以下两种做法的区别：其一，债权国可以向债务国提供贷款的再融资支持，但附加条件是，债务国必须遵守某些在华盛顿或苏黎世设计出来的所谓传统的自由市场经济政策，而这些政策是债务国的公民现在不会、以后也永远不会同意的；其二，债权国一方面坚持要求债务国实行民主体制，但另一方面又坚持要求不论谁赢得选举，都无权调整自己国家的政策。我还可以论述国际货币基金组织强加的经济政策从来没起过作用。但是还有一个更基本的问题，即债务一定要偿还的假设。

实际上，“欠债还钱”这个观点的神奇之处就在于，即使根据标准的经济学理论，它也是不正确的。债权人理应承担一定程度的风险。如果不论多么愚蠢的贷款都能获得偿还，例如不存在破产法，那么结果将是毁灭性的：还有什么理由阻止债权人放出愚蠢的贷款呢？

“好吧，我知道你的观点听起来像是常识，”我说，“但有趣的是，从经济学的角度来看，那并不是贷款应起的作用。金融机构的作用应该是将资源向可赢利的投资渠道引导。如果不论银行做什么，它们都一定能够连本带息地拿回借出的钱，那么整个金融系统就失效了。例如，我走进离这里最近的一家苏格兰皇家银行（Royal Bank of Scotland）支行，说：‘你们知道吗，我刚刚得到了一条非常可靠的赛马内幕消息。你们能借我几百万英镑去下注吗？’显然，他们会嘲笑我是个疯子。但那只是因为他们知道如果我一旦押错了注，他们就没有办法拿回借给我的钱。但是，如果有法律规定不论发生什么事，他们一定能够取回借给我的钱，即使那意味着我需要让自己的女儿卖身为奴或卖掉自己的器官来筹钱，想象一下，那将出现怎样的情景？如果是这样的话，为什么不借呢？难道非要等到一个带着可行的项目计划的人走进来（例如，开一家自助洗衣店），才能贷款给他？基本上，这就是国际货币基金组织在全球范围内创造的情景——这就是使得银行愿意把数百亿美元的资金借给一帮明显是骗子的人的动因。”

但我没能把这一整套理论说完，因为一个喝醉的金融家走了过来。他注意到我们正在讨论货币，然后就开始给我们讲述关于道德风险[①]的有趣故事。可没过多久，他话锋一转，道德风险的故事最终转变成他众多风流韵事中的一件，冗长又无聊。我听得昏昏欲睡。

回头来看，我并不确定应如何理解那次谈话的内容。一位推崇激进主义的律师真的从未听说过国际货币基金组织吗？或者她只是在温和地戏弄我？但不管是哪种情况，其实都不是很重要。在接下来的几天里，那句话仍然在我的耳边回荡。

“欠债还钱。”

这句话如此有力的原因，就在于它实际上并不属于经济学范畴，而是属于道德层面的一个论述。毕竟，道德的全部内容不就是围绕人们应该偿还自己的债务而建立的吗？还给人们应得的；接受责任；履行对别人的义务，就像期望别人也履行对你的义务一样。背弃已给出的承诺，或是拒绝偿还债务，还有比这更直白的例子来说明什么是逃避责任吗？

我意识到，正是这种不言自明，使得那句陈述颇为阴险。这是那种能使可怕的事情也显得无比温和与平淡的描述。这句话听上去无懈可击，但是一旦亲眼见证了它带来的后果，你就无法维持对它的认知。我已经见识过了。我在马达加斯加的高原上居住了将近两年。在我到达后不久，当地爆发了疟疾。这次疫病的爆发是致命的，因为很久以前疟疾便已经在马达加斯加高原上消失了。所以，经历过几代人的繁衍以后，绝大多数人都丧失了对疟疾的免疫力。问题是，政府需要经费来维持灭蚊项目的运转，因为灭蚊需要对蚊子进行周期性的测试，确保它们没有重新开始繁殖；而一旦证实蚊子开始繁殖，更需要马上开展灭蚊运动。尽管需要的经费并不算多，但是由于国际货币基金组织强加的削减开支项目，政府必须停止蚊子监控项目。有一万人

① 道德风险是一个经济学术语，指参与合同的一方所面临的对方可能改变行为而损害到本方利益的风险。例如，当某人获得某保险公司的保险，由于此时某人行为的成本由那个保险公司部分或全部承担，保险公司就会面临道德风险。如果因此人违约造成了损失，他自己并不承担全部责任，而保险公司往往需要承担大部分后果。此时，某人缺少不违约的激励，所以只能靠他的道德自律。他随时可以改变行为，造成保险公司的损失，而保险公司要承担这一风险。——译者注

在这次事件中失去了生命。我见到许多年轻的母亲因为失去自己的孩子而悲痛欲绝。花旗银行不负责任地贷出一笔款，金额小到对它的财务报表毫无影响。但是为了确保花旗银行不在这笔贷款上赔钱，他们就可以心安理得地牺牲一万人的生命——这很难说得通。但是在这里就有一位非常体面的为慈善机构工作的女士，她认为那是不言自明的。毕竟，他们欠债，当然必须偿还债务。

被债务定义的人类关系

在接下来的几周里，我还是不断地回想起那句话。为什么是债务？为什么这个概念如此深入人心？真是匪夷所思！消费者债务是我们经济的血液。所有现代国家都是建立在赤字开支的基础之上。债务成了国际政治的核心议题。但是，似乎没有人知道债务的准确含义，也没有人认真地思考过。

正是因为人们不知道什么是债务及债务这个概念的弹性空间，这就构成了它所拥有的力量的基础。如果说历史曾向我们揭示了什么的话，那就是，要想证明建立在暴力之上的关系的合理性，要想使其看上去更加符合道德要求，那么没有任何一种方法能够媲美将这些关系用债务的概念来改写——最重要的是，改写的做法能够立刻使受害人看起来是做错事情的一方。黑手党认识到了这一点，侵略军队的指挥者也认识到了这一点。几千年来，施暴方成功地告诉受害者他们欠自己某些东西。如果没有具体的亏欠关系，那么“受害人的性命是受害人欠施暴者的”（这是一个很有效的说法），因为受害人还没被杀掉。

例如，在如今这个时代，军事侵略被定义为反人类的罪行，在需要进行裁决的时候，国际法庭通常要求侵略者支付赔款。第一次世界大战结束后，德国支付了巨额战争赔款；伊拉克到现在仍然在为 1990 年萨达姆·侯赛因发动的侵略战争向科威特支付赔款。但是像马达加斯加、玻利维亚和菲律宾这样的第三世界国家的债务，似乎完全在以相反的方式运行。第三世界的债务国几乎都遭受过欧洲国家的侵略和殖民统治，而且一般情况下，这些欧洲国家就是它们的债主。例如，1895 年法国侵略马达加斯加后，解散了当时的娜拉瓦鲁那三世女王政权，然后宣布该国成为法国的殖民地。在法国殖民者当时宣称的“和解”之后，加列尼将军做的第一件事就是强加给马达加斯加人民沉重的赋税。这样做的原因，一方面是他们能够支付法国军队侵略的开销；另一方面则是殖民地应该能够在财政上自给自足，还要支付法国统治者希望修建铁路、高速公路、桥梁、种植园等设施所需的费用。从来没有人质疑过马达加斯加的纳税人是否需要这些铁路、高速公路、桥梁和种植园，也没有人就这些设施的选址和建筑方式认真听取纳税人的意见。[1] 恰恰相反，在接下来的半个世纪里，法国的军队和警察屠杀了大量反对法国政府计划的马达加斯加人（一些报告指出，仅在 1947 年发生的一次暴乱中，遭屠杀的人数就达到了 10 万）。马达加斯加似乎从来没有做出任何严重伤害法国的事情。除此以外，马达加斯加人民从一开始就被告知他们欠法国钱，直到今天也没有改变，而世界上的其他国家也认可了这种安排的正当性。而当“国际社会”确实认识到这里存在道德问题之时，一般也是因为他们觉察到马达加斯加政府偿债的速度太慢。

但债务并不仅仅是胜利者的正义，它也可以作为一种惩罚手段，惩罚那些本不该取得胜利的胜利者。最有力的例子就是海地共和国（Republic of Haiti）的历史——海地是第一个被置于永久欠债状态的贫穷国家。海地是由曾经的种植园奴隶建立起的国家，这些奴隶不仅有勇气起义抗争，并且在抗争期间发表了关于人权和自由的伟大宣言，同时他们还击败了拿破仑派来的镇压军队。法国则立刻宣布新成立的海地共和国欠自己 1.5 亿法郎，用于弥补种植园被充公后的经济损失及战败的远征军的装备开销。包括美国在内的其他国家都同意在海地付清欠款之前，对它实行贸易禁令。但海地不可能付得起这一天文数字般的欠款（相当于现在的 180 亿美元），于是随之而来的贸易禁令使得“海地”这个词从此成为债务、贫穷和人类苦难的代名词。[2]

但有时候，债务也能起到完全不一样的作用。从 20 世纪 80 年代开始，美国坚持执行严格的第三世界债务偿还条款，于是由此积累的债务轻易地超过了整个第三世界的债务总和——主要由美国的军费开支推动。美国外债的主要形式是各国及一些地区的机构投资者（德国、日本、韩国、泰国、中国台湾、海湾各州①）持有的国债。大多数情况下，这些国家和地区都由美国军队提供保护。而设置在这些国家和地区的美国军事基地的人员开支和武器开销，都由赤字开支②支付。现在，中国也加入进来，所以情况有一点改变（中国是一个特殊的例子，原因将在后文解释），但是改变的幅度很小——甚至中国也发现自己持有太多的美国国债，导致自身在某种程度上受到美国利率的掣肘，而不是它制约美国。

所以这些持续流入美国国债的资金是什么性质？它们是贷款，还是贡金？历史上，在国土之外维持管控上百个军事基地的国家通常被称为“帝国”，而帝国要求受其统治的臣民定期缴纳贡金。美国政府当然会坚称自己并不是帝国——但是你可以很容易地看到，美国政府把国债看作“贷款”而不是“贡金”的唯一原因就是要否认正在发生的事实。

在人类历史的长河中，总有特定的债务和特定的债务人会得到区别对待。在 18 世纪 20 年代，当新闻曝光了英国关押债务人的监狱内部情况后，最让民众感到震惊的是，这些监狱通常都划分为两部分。贵族囚犯通常把在舰队街（Fleet Street）或马夏尔西监狱的短暂关押看成是某种时尚，他们在服刑期间有穿制服的仆人服侍饮食，还能定期召妓。而在“关押平民的区域”，穷困潦倒的债务人在狭小的牢房里被枷锁禁锢在一起。“他们浑身沾满污秽物和虫子”，一份报告指出，他们“被饥饿和监狱的热病折磨致死，得不到任何同情”。[3]

你可以把当前世界的经济形势看作英国监狱的放大版本：这时美国就是贵族债务人，而马达加斯加是在隔壁牢房里忍饥挨饿的平民。同时，贵族债务人的仆人会教训平民，宣称他的问题源自他自己的不负责任。

现在还有更加重要的事情发生，甚至可以称之为值得我们仔细思考的哲学问题。考虑一下两种场景：第一种，一个歹徒掏出枪，要求你给他 1 000 美元“保护费”；第二种，同样是这个歹徒掏出枪，要求你向他提供 1 000 美

① 海湾各州，指美国濒临墨西哥湾的 5 个州，分别是佛罗里达、亚拉巴马、密西西比、路易斯安那和得克萨斯。——译者注

② 赤字开支，指靠借债而非税收来应付开支。——译者注

元的“贷款”。这两种场景有什么区别呢？显然，在大多数情况下，这两种场景没有任何区别。但是在某些特定的情况下，区别确实存在。在美国对韩国或日本的债务例子中，如果任何一方的力量均衡状态发生了变化（如果美国失去了在军事上的绝对优势，如果歹徒失去了忠实的手下），这种“贷款”受到的待遇就会发生极大的变化。它也许会变成真正的债务，但是起决定性作用的因素看起来仍然是那把枪。

一个曾经的脱口秀段子以更加优雅的方式表达了同样的道理。史蒂夫·赖特（Steve Wright）是这样说的：

有一天，我和一个朋友走在街上，突然有一个家伙从小巷里跳出来，用枪指着我们说：“抢劫！”

在我掏出钱包的时候，我想，“得尽量减少损失”。于是我拿出一些钱，转向我的朋友说：“嘿，弗雷德，这是我欠你的 50 美元。”

劫犯感觉自己受到了莫大的羞辱，以至于他自己掏出 1 000 美元，用枪指着弗雷德，强迫他把这钱借给我，然后再从我这儿把这笔钱抢走。

在最后的分析中，持枪的人不需要做任何自己不想做的事。但是为了成功施行一个基于暴力建立起来的机制，就需要确立一系列规则。规则可以随意制定。有时候甚至连规则的内容都无关紧要。或者说，至少在最初的时候是无关紧要的。关键在于，自人们用债务的概念来重新阐述问题的那一时刻起，人们就不可避免地开始问谁欠了什么人什么东西。

关于债务的争论至少已经持续了 5 000 年。对于绝大部分人类历史，至少对国家和帝国的历史来说，人类中的绝大多数都被告知自己是债务人。[4] 历史学家，特别是有见地的历史学家，一直以来都不愿意考虑人的影响（human consequences），这非常奇怪，尤其是因为这种情况导致的持续暴行和怨恨甚于其他任何情况。你告诉人们他们是下等的，他们可能会不高兴，但出人意料的是，这极少导致武装反叛。而告诉人们人和人之间可能是平等的，但却没有实现平等，并告诉他们不配拥有现在所拥有的一切，那些东西都不属于他们，你将极有可能激起人们的狂怒。当然，这似乎是历史教给我们的。几千年以来，富人和穷人之间的斗争在绝大多数时候是以债务人和债权人相冲突的形式呈现——关于利息支付、劳役偿债、债务赦免、重新占有、赔偿、扣押绵羊、没收葡萄园、使债务人的子女卖身为奴等做法的对错争论。同样，在过去的 5 000 年里，叛乱在出现时间上有着惊人的规律性，并且以同样的方式开始：销毁债务记录——木刻板、纸莎草纸、账单等债权人在任一时间和地点可能采用的记录形式（之后，叛乱者通常会设法获得土地所有权和纳税评估的记录）。正如伟大的古典主义学者摩西·芬利（Moses Finley）常说的，古代所有的革命运动都有同样的一个步骤："取消债务并重新分配土地。"[5]

在人类当前的道德和宗教表述中，有相当多的用语都来源于这些冲突。因此，我们忽略这一点的倾向才显得更加奇怪。像"计算"或"赎回"这样的用语是最明显的例子，因为它们直接借用了古代的经济用语。从更广泛的意义来说，"负罪感""自由""原谅"甚至"原罪"也可以说都起源于经济活动。在确立人类有关对错的基础表述过程中，关于谁欠什么人什么东西的争论起到了核心的作用。

绝大多数此种表述确实脱胎于有关债务的论述，而这一事实使得债务这个概念显现出奇怪的不连贯性。毕竟，如果一个人想同国王辩论，不管最初的前提假设是否合理，他都必须使用国王的语言。

那么，如果一个人考察债务的历史，他首先就会发现自己完全陷入了道德困惑之中。这段历史所揭示的最明显的道理就在于，几乎在世界的每一处，你都能发现大多数人自然而然地持有以下两个观点：（1）偿还自己借来的钱是一个道德问题；（2）任何有放贷习惯的人都是坏人。

人们关于后一个观点的看法总是在不停地改变。法国人类学家让－克劳德·加雷在喜马拉雅山脉东部地区的所见所闻，就是一个最极端的例子。在这个地区，社会的低等阶层之人被称为"战败之人"，因为据说他们的祖先在许多世纪以前被如今的地主阶级的祖先所征服。直到 20 世纪 70 年代，这些低等阶层之人仍然生活在永久背负债务的状态中。这些人钱无一文、地无一分，被迫向地主乞求贷款，只为了寻找能够填饱肚子的方式——他们并不是用借来的钱去买食物，因为借到的钱的数量微乎其微。这些贫穷的债务人借钱是要用做苦工的形式来偿还利息的，这就意味着如果他们打扫债主的厕所、重新修缮债主的住房的屋顶，至少债主会向他们提供食物和容身之所。对“战败之人”来说——实际上是对世界上绝大多数人来说，一生中最大的两笔花销是结婚和下葬。这两件事需要一大笔钱，只能靠借债筹集。加雷解释道，在这种情况下，上层的债主会按惯例要求债务人用自己的一个女儿做抵押。通常，如果穷人需要为自己的女儿出嫁借钱，那么抵押品就是新娘自己。新娘在新婚之夜过后，就要到债主家里报道，在接下来的几个月里充当债主的姘头。等到债主玩厌了以后，债主会把她送到附近的伐木营地。在接下来的一到两年里，她将作为妓女出卖自己的肉体，以偿还父亲的债务。然后，她才能回到丈夫的身边，开始婚后的生活。[6]

这似乎是一个让人震惊甚至愤怒的事实，但是加雷并没有发现有人感到不公。每个人似乎都认为这是理所应当的。在当地道德问题的最终裁决人——婆罗门人中，也没有什么人对此有反对的声音。这其实一点都不奇怪，因为最主要的债主通常就是婆罗门人自己。

当然，即使这样你也很难知道人们关起门来以后都说些什么。假如一伙武装叛乱分子突然控制了这个地区（有些人确实在印度乡村的这一区域活动），然后把当地放高利贷的人抓起来公开审判，我们可能会听到各种各样的观点和声音。

然而正如我所说，加雷的描述代表了一种极端的可能性：债主同时是最终的道德权威。以中世纪的法国为例做一个对比。当时法国的放贷人的道德地位处于争论的旋涡中，天主教会一直以来严禁出现收取利息的贷款，但通常没人遵守这些规矩。这就促使教会阶层授权开展传教运动，派遣托钵修会的修道士云游四方，警告放高利贷者说他们死后一定会下地狱；除非他们悔改，并把他们从债务人那里收取的所有利息全数归还。

大多数此类传教的内容流传了下来，满是关于上帝对不知悔改的债主进行审判的恐怖故事：有钱人突然精神失常或患上了严重的疾病，临终前被蛇或者魔鬼的噩梦折磨——它们不久后就会来撕碎并吞食做梦者的肉体。这些传教活动在 12 世纪达到了顶峰，这时教会开始采取更加直接的制裁方式。天主教会向各地方教区发出命令，所有的放高利贷者都要被逐出教会。他们不能领圣餐，死后也绝不能被埋葬在教堂里。雅克·德·维特里（Jacques de

Vitry）是法国的一位主教，他在约1210年记录了一件事，讲述了一位极有权势的债主的朋友们试图给其所在教区的牧师施压，让他无视教会的命令，同意把这位债主埋葬在教堂的院子里。

因为死去的放高利贷者的朋友们态度坚决，牧师屈服于他们的压力，说："让我们把他的尸体放在驴背上，然后看看上帝的旨意，看看上帝会如何处理尸体。无论驴子把尸体驮到哪里——教堂、公墓或其他任何地方，我就把尸体埋葬在那里。"尸体被放在驴背上，然后这头驴子径直走出了城镇，没走一点弯路，来到绞刑处死窃贼的地方。然后驴子猛地跃起，尸体从驴背上飞出，直接落入绞刑架下的粪堆里。[7]

在世界文学的广袤海洋里仔细寻找，几乎不可能找到对债主的同情之辞——或者说你肯定找不到对那些以收取利息为生的职业放债者的同情。我不知道是否还有另外一个职业（刽子手？)有如此一致的负面形象。而且放高利贷者和刽子手不同，他们通常是其所在社会环境里最富有、最有权势的人。考虑到这一点的话，放高利贷者的负面形象就显得尤其不同寻常。"放高利贷者"这个名字，便和贪婪的放债者、滴血的金钱、残酷的条件、灵魂的出卖等画面联系在一起。而躲在所有这一切背后的，就是魔鬼。魔鬼通常也以某种类型的放高利贷者的形象出现，例如带着书和账本的邪恶会计，或者在放高利贷者背后若隐若现的身影，等待时机以重新收回他的灵魂。显然，从事放高利贷这个行业，就如同与地狱签订了协议。

在历史上，只有两种方式能够有效地帮助放债者摆脱骂名：一种是把责任转嫁给第三方，另一种是坚称借钱的人十恶不赦。例如，在中世纪的法国，地主通常采用第一种方式——雇用犹太人作为代理人。许多人甚至会说"我们的"犹太人——指那些由他们以私人方式保护起来的犹太人。尽管在实际情况中，这一般意味着他们在自己的领地内不允许犹太人从事除放高利贷以外的任何职业（确保人们都把矛头对准犹太人），然后定期攻击犹太人，称他们是"令人憎恨的东西"，最后把钱装进自己的腰包。当然，第二种方法更为常见。但是这种方法带来的结论一般是实施贷款行为的双方同样有罪；整个事件是桩卑鄙的交易；更常见的是，双方都应该受到诅咒。

其他的宗教传统有着不同的观点。在中世纪的印度法典中，不仅允许收取利息的贷款存在（最主要的规定是利息的总额永远不能超过本金），而且还强调不还债的人来生将成为他的债主家里的奴隶。在后来的法典中，则称不还债的人将转世成为债主的牛或马。对于债主的宽容态度和警告债务人将受到的因果报应，在佛教的众多支派中同样可以看到。即便如此，一旦放高利贷者的行为超出一定的限度，那么曾在欧洲出现的事情也将同样在其他地方开始上演。一位中世纪的日本作家讲述过这样一个故事——他声称这是一个真实的事件：约公元 776 年，关于一位富有的地区长官的妻子野中志免的可怕命运。她是一个无比贪婪的女人。

她在出售的米酒中掺水，通过这种方式挣到了巨额财富。在借出东西的时候，她会用一个小的量桶衡量；而当别人来归还的时候，她就换成大的量桶来衡量。她在秤上做手脚，借出的大米很少，而收回来的却很多。她强迫别人接受的利息极高——通常能达到借出数量的十倍甚至百倍。她回收债务时非常苛刻，没有一丝怜悯之心。因此，许多人都深陷焦躁不安之中。最后他们放弃了自己的房子和土地，到其他的省份游荡，只为了远离她的盘剥。[8]

在她死后，和尚们在她的棺材前念经七天七夜。在第七天，她神奇地活了过来。

那些来看她的人闻到了无法形容的恶臭。从腰部以上，她变成了一头公牛，前额长出了 4 英寸①长的角。她的双手变成了牛蹄，指甲裂开，看上去像牛的蹄趾。但是她的腰部以下仍然是人形。她讨厌大米，爱吃青草。她吃东西的方式是反刍。她会赤裸着身体躺在自己的粪便里。[9]

看热闹的人都聚集过来。出于羞愧和负罪感，她的家人用尽了各种办法试图获得原谅：废除了所有的债务，将大量财富捐赠出来用于兴建寺庙。最终，他们得到了宽恕，怪物死了。

作者自己是一个和尚，他认为这个故事是早期转世理论的一个代表例

① 1 英寸等于 2.54 厘米。——编者注

子——那个女人因为违反了“行为要正当并且合理”的原则，所以受到惩罚。但这个作者的问题在于，尽管佛教的经文中明确加入了关于此类事情的内容，但却并没有提供一个先例。一般来说，债务人才会转世为牛，债主并不会。于是，当需要解释这个故事背后的道德时，他的论述就变得相当令人困惑。

正如一部佛经所说：“当我们没有偿还借来的东西时，我们就将转世为一匹马或一头牛来偿还。”“债户就像奴隶，债主就像主人。”或者说，“债户是美味的野鸡，而债主是捕猎的雄鹰”。如果你借出了一笔款，不要在偿还上给债户施加不合理的压力。如果你这么做，你就会转世为一匹马或一头牛，为欠你债的人工作，并且你会反复偿还许多次。[10]

所以到底会发生哪种情况？债主和债户不可能都变成动物，然后出现在对方的厩棚里。

所有伟大的宗教传统，似乎都在以不同的形式解决这一困惑。一方面，人类的所有关系都涉及债务，他们都在道德上做出了妥协。双方可能仅仅因为确立了某种关系，就已经变得有罪。至少如果还款被推迟，他们就极有可能变得有罪。另一方面，如果我们说有些人的行为看上去好像“不欠其他人任何东西”，这句话也并不是夸赞那个人是道德模范。在现实世界中，道德在很大程度上意味着履行对其他人的责任，而且人们会固执地把这种责任想象成债务。也许和尚可以摆脱这一困境，因为他们自己是与世俗完全隔绝的。而剩下的人似乎都有罪孽，所以只能生活在不怎么合理的世界中。

债务是需偿还金钱的责任

野中志免的故事完美地阐述了被控者反过来对付控诉者的动机。和那个死去的放高利贷者与驴的故事差不多，故事里强调粪便、兽类和羞辱，很明显意味着以其人之道还治其人之身的正义。债主被迫体验债户经受的名誉扫地和落魄，这是用一种更加生动、更加发自肺腑的方式询问同一个问题——谁究竟欠什么人什么东西？

它同样完美地阐述了一个人一旦提出“谁究竟欠什么人什么东西”这个问题，就表示他已经开始采用债主的表达方式。就好像如果我们不偿还自己的债务，那么“转世为牛或马就是我们的偿还方式”。因此，如果你是一个太过分的债主，那么你也会“再次偿还”。这样的话，即使是因果报应的正义，也能被简化为商业交易的表达方式。

在这里，我们将提出本书的核心问题：精确地说，当我们的道德感和正义感被简化为商业的表达方式，那将意味着什么？当我们把更多的责任简化为债务，意味着什么？当一个人转向另一个人去借债的时候，将发生什么变化？当我们的表达方式已经由市场定型，我们要如何讨论它们？从某种意义上说，责任和债务的区别是简单的、明显的。债务是要偿还一定数量金钱的责任。因此，债务和其他形式的责任不同，它是可以被精确地衡量的。这使得债务变得简单、冰冷、不夹杂任何个人感情——相应地，也就使得债务具有了流通性。如果一个人欠另一个人人情，甚至是自己的生命，那么这段亏欠的关系只对该特定的人有效。但是如果一个人欠了一笔利息为 12% 的 4 000 美元的贷款，那么债主是谁其实并不重要，也不需要债主和债户双方搜肠刮肚地想对方究竟需要什么、想要什么、能做什么——如果亏欠的东西是人情、尊重或者感激，那么双方就一定要进行这样的思考。如果亏欠的是金钱，就不需要把人的影响考虑在内，只需要计算本金、收支平衡、罚金和利率。如果最终的计算结果表明，你需要背井离乡以致放弃自己的房子，或者你的女儿不得不到伐木营地卖淫，显然，这非常不幸，但是这对债主来说是必要的。钱就是钱，而交易就是交易。

从这个角度来看，最关键的因素——也是下面将要详细讨论的一个话题——就在于金钱把道德转变成不受个人感情影响的数学计算的能力。通过这一转变，使得本来令人无法容忍或者厌恶的东西变得可以接受。而我一直在强调的暴力因素就退居其次了。债务和道德层面的责任的区别，并不在于是否存在持有武器的人通过没收债户的财产或威胁要打断债户的腿来确保责任的履行。其实区别非常简单，就在于债主是否有办法定量地、精确地说明债户到底欠他多少。

但是，如果看得更深入一点，你就会发现这两个因素（暴力和定量）是紧密地联系在一起的。事实上，几乎不可能找到这两个因素单独存在而发挥作用的例子。前文故事里的法国放高利贷者有强大的朋友和执行者，甚至能够恐吓教会权威。除此之外，他们还能用什么方法去收取那些实际上违法的债务呢？野中志免绝不向债户妥协——“没有一丝怜悯之心”，但那是因为当时她的丈夫是地区长官，她不需要表现出怜悯。对于没有武装人员撑腰的人来说，不可能做到如此严苛。

暴力，或者说暴力威胁，将人与人之间的关系变成数学算式的方式，将在本书中反复出现。它就是道德困惑的最基本的来源，似乎漂浮在围绕着债务这个话题的每一个东西的周围。由此产生的难题似乎和文明本身一样古老。在古代美索不达米亚出土的最早的记录中，我们能够看到这一过程——对它最早的哲学描述出现在《吠陀经》中，在有记载的人类历史中，它以无穷无尽的形式反复出现。直到现在，它仍然位于人类制度最根本的构造之下——国家和市场、人类关于自由本质最基础的看法、道德、社会性。所有的这一切，都由一部充斥着战争、征服和奴役的历史塑造。但人们再也没办法感知到这种方式，因为我们已经没办法从其他的角度来看问题。

债务的当下价值

至于为什么现在是重新研究债务历史的一个尤为重要的时候，有几条明显的理由支持。2008 年 9 月是经济危机的开端，这场危机几乎使得全球经济的发展戛然而止。其实从许多方面来看，世界经济已经停滞：船只不再跨越大洋，成百上千艘船被弃置在干涸的码头；[11] 建筑工地上使用的起重机纷纷被拆卸，因为再也没有建筑物需要兴建；银行大规模减少贷款。紧随其后出现的不但有公众的愤怒和迷惑，还有公众的讨论：关于债务的本质，关于金钱的本质，关于掌握国家命脉的金融机构的本质。

这还仅仅是当时所发生的事情。这种讨论仍然会不断出现。

人们已经准备好开展讨论的原因就在于，过去十年里，人们得知的事实被证明是一个巨大的谎言。除了“谎言”，真的没有更好的方式来形容了。几年来，每个人都听说过大量新出现的、极其复杂的金融创新产品：信贷和商品衍生品、担保抵押债券衍生品、混合型证券、债务互换等。一个反复出现的故事讲道，这些新的金融衍生品市场是如此复杂，以至于一家著名的投资公司需要招聘天体物理学家来运行交易程序。这些交易程序的复杂程度导致金融师都无法理解。这里要传递的信息已经非常明显：让专家来做这些事，你不可能懂这些。即使你不怎么喜欢金融资本家（而且他们也不会去争辩说有很多人喜欢自己），你也知道他们忽略了——令人难以置信地完完全全忽略了——一个简单的事实：金融市场是无法预测的。（学术界也有许多人上了当，对此我记忆犹新：2006 年和 2007 年，我去参加学术会议，会上有时髦的社会理论家做学术报告，他们认为这些与近些年的信息技术相结合的全新证券化形式的产物，预示着时间的本质及从可能性到现实这种关系的本质将隐约发生改变。我记得自己当时就在想：“一派胡言。”事实证明，他们确实是在胡说。）

当热潮退去，结果证明，这些金融产品几乎全部是精心设计的骗局。它们的运转方式包括：向贫穷的家庭出售贷款产品，而这些贷款产品的设计方式使其必然会导致违约出现；赌注是这些产品的持有者出现违约需要的时间；将贷款产品和赌注打包在一起，出售给机构投资者（也许是贷款产品持有者的退休养老金账户），声称不论发生什么都必然能赚钱，并且允许上述投资者转让这种打包产品，就好像它们是货币；将付清赌注的责任移交给庞大的保险集团，一旦无法偿还最终债务的数额（这种情况是必然会发生的），那么这些债务就要由纳税人来承担（而那些保险集团也确实得到了紧急救援）。[12] 换句话说，整个事件看起来就像是银行在 20 世纪 70 年代晚期借钱给玻利维亚和加蓬的独裁者时的所作所为一样，只不过设计得更加巧妙：银行提供彻头彻尾不负责任的贷款，因为银行清楚地知道一旦接受了贷款，那些政治家和官僚就会竭尽所能保证贷款得到偿还，而不在乎在偿还过程中要破坏多少人的生活、牺牲多少条人命。

然而，与此前不同的是，这一次银行家的动作范围之广阔令人难以想象：他们带来的债务总额比全世界所有国家的国内生产总值（GDP）之和还要大——结果导致世界经济急速衰退，差一点摧毁了金融系统。

军队和警察已经全副武装，准备平息预计会发生的暴动和骚乱，然而截至目前这些都还没有发生。但是世界的运转方式也同样没有任何明显的变化。随着知名的资本金融机构（雷曼兄弟、花旗银行、通用汽车）的崩溃，高级的金融知识被证实并不起作用。所有人都认为，就债务和信贷机构的本质而言，至少需要重新启动更为广泛的探讨，而不只是简单的对话。

似乎大部分美国人都愿意采用激进的解决方案。调查显示，绝大多数美国人认为不论产生怎样的经济后果，都不应该援救那些银行；但是普通公民的不良贷款应该得到救助。对于美国来说，这是极不寻常的现象。自英国殖民时期开始，美国人就是最不同情债户的人群。从某种程度来讲，这确实很奇怪，因为美国最初的定居者大部分是潜逃的债户，但是在这个国家，道德就是关于偿还自己的债务这一观点，却比在几乎其他任何国家更深入人心。在殖民时期，无法偿还债务的债户的耳朵会被人钉在一根木桩上。美国是世界上最后实行破产法的国家之一：尽管在 1787 年美国宪法就明确要求新政府制定一部破产法，但是根据“道德的立场”，1898 年之前所有提议制定这部法律的要求都被驳回。[13] 这一转变具有划时代的意义。也许正是出于这一原因，那些希望缓和争论的媒体人和立法机构的人确信当时还不是放任企业破产的时候。美国政府在这个问题上投入了 3 万亿美元救市，但什么都没能改变。银行家获得了援救，极少数中小债户也获得了援救，但绝大多数受损者都没有。[14] 相反，在这次自 20 世纪 30 年代以来最大的经济衰退过程中，我们已经看到中小债户遭到了强烈抵制，背后的推动因素正是金融机构。这些金融机构向援救了它们的政府提出要求，对陷入经济问题的普通公民实行全面法律制裁。“欠债并不是犯罪，”明尼阿波利斯 – 圣保罗的《明星论坛报》（*Star Tribune*）指出，“但是人们正因为不能偿付债务而入狱。”在明尼苏达州，“针对债户的逮捕令在过去四年里上升了 60%，2009 年立案 845 件。在伊利诺伊州和西南部的印第安纳州，有些债户因为不能按法庭判罚偿还债务而入狱。在某些极端的案子里，被关进监狱的人只有在筹集到了最低还款额度所需的资金后才能出狱。2010 年 1 月，一位法官判罚伊利诺伊州肯尼市的一名男子无限期监禁，直到他为一笔木料场的债务筹集到 300 美元才能出狱”。[15]

换句话说，如今我们正走向恢复中世纪英国债户监狱的方向。有些事情最终一定会爆发。2011 年，一波民众运动的浪潮横扫中东，并在全球范围内得到响应。此后，欧洲和北美数以千计的民众运动也开始坚持要求就 2008 年出现的问题开展某种形式的对话。同时，讨论中止，大众对援救的怒火成为不和谐因素，我们似乎正无情地坠入另一个巨大的金融灾难之中——唯一的问题就是这场灾难将持续多久。

我们目前所处的局面是：甚至有一些央行机构，不论多么不情愿或者试图保持沉默，也被迫承认情况就是如此。在美国，美联储在 2012 年夏天提出了一项大幅减免抵押贷款的计划，却发现政界一点儿都不愿意考虑这项计划。在当前的环境下，国际货币基金组织试图让自己以全球资本主义的良心这一形象重新出现，它开始警告，如果人们继续按照目前的进程前行，那么将不会再有下一次的金融救援。但公众并不认可这种态度，因此，所有的一切都将破碎。“国际货币基金组织警告说，第二次金融救援将‘威胁民主’”，这是近些年的一个新闻头条。[16]（当然，这里的“民主”是指“资本主义”。）这很耐人寻味：那些感觉自己在负责当前全球经济体系运行的人，那些几年以前还在言行中传达着当前的体系能够永远运转下去的人，现在开始感到末日的临近。

从债务洞悉人类社会

在这个例子里，国际货币基金组织确实提出了很有道理的一点。我们完全有理由相信，自己确实正站在划时代的重大转变的峭壁边缘。

诚然，一般的推动力是想象自己身边的一切都焕然一新。没有什么能够比金钱更好地印证这一点。你是否还记得有多少次听到别人说，随着虚拟货币的到来，随着货币转变成信用卡，而美元变成一段段的电子信息，我们将被带入前所未有的全新金融世界？当然，就是因为我们假定自己尚处于这样一个未知的领域，所以像高盛（Goldman Sachs）和美国国际集团（AIG）这类公司才能够轻而易举地说服人们相信自己。也许没有谁能够弄明白它们那些花里胡哨的金融工具到底是什么。但是，当一个人从更广阔的历史视角来看待事物的时候，他所明白的第一件事就是虚拟货币并无任何新颖之处。事实上，虚拟货币正是货币的原始形式。信贷系统、账款甚至账单等和人类文明一样古老，它们的出现要远远早于现金。没错，历史上存在金条和银块占统治地位的时期——这里假设黄金和白银就是货币，也存在货币被认为是一个抽象的概念、一种虚拟的计量单位的时期。我们发现，在这两类不同的时期之间，历史倾向于来回反复运动。但是根据史实，信用货币率先出现，而我们在当前所见证的事实，实际上是一种历史的再现。例如，在中世纪，甚至在古代的美索不达米亚，这一事实都会被认为是常识。

但是对于我们的未来，历史确实提供了奇妙的提示。例如，在从前的信用货币时代，总是要建立用来维持秩序的机构——防止放贷人和官僚、政客沆瀣一气，榨干债户的血汗钱，就像他们现在正在做的一样。随之而来的还有旨在保护债户的机构。而我们现在所处的信用货币的新时代，似乎是以完全相反的方式起步。它开始于建立像国际货币基金组织这样的全球化机构，但不是为了保护债户，而是为了保护债主。同时，放眼历史长河，我们在这里讨论的十年或者二十年根本就是沧海一粟。我们无法预知未来的走向。

本书梗概

这本书讲述的是债务的历史，但是它同时把这段历史作为提出基本问题的一种手段。这些问题包括：什么是人类和人类社会，它们能够变成什么样子——我们每个人究竟亏欠彼此什么，提出这个问题究竟有何意义。因此，本书将从揭示一系列谬论所掩盖的真相开始：不仅有第一章里介绍的以物易物的谬论，还有原始的对神或者国家的债务的谬误——它们以这样或那样的方式构成了人们对经济和社会的本质常识假设的基础。从这个常识的角度来看，政府和市场使用的是截然相反的两套原理，它们亦是高于其他准则的。但是根据历史事实，政府和市场总是一同出现，纠缠在一起。我们会发现，所有这些错误认识的共同点，就是都倾向于把人类之间的所有关系都简化成用交易表示，仿佛我们和社会甚至和宇宙本身的联系，都可以视作一笔商业交易。这就带来了另一个问题：如果不能用交易表示，那么用什么呢？在第五章，我将汲取人类学的研究成果来介绍经济生活的道德基础，以此来回答这个问题。然后，回到货币起源的问题，来说明为什么交易原则的出现在很大程度上是暴力的结果——货币的真正起源，应在犯罪和补偿，战争和奴役，荣誉、债务和赎回中寻找。在第八章中，我将依次开始介绍债务和信贷在过去 5 000 年中的真正历史，虚拟货币和实物货币时代进行着伟大的交替。书中的许多发现都极为出人意料：从现代权利和自由的概念实际上起源于古代的奴隶法，到投资资本的概念实际上起源于中世纪的中国佛教，再到亚当·斯密（Adam Smith）的大部分知名著作似乎是剽窃自中世纪波斯的一位自由市场理论家（顺便提一句，这个故事对于理解当前伊斯兰政治的吸引力有着有趣的启示）。这一切，为使用全新的方法研究过去 500 年资本帝国统治下的历史搭建了平台，至少它允许人们开始提问，当前究竟是什么正处于危险的边缘。

在相当长的时间里，学界就人们再也无法提出伟大的问题这一点达成了共识。随着时间的流逝，我们拥有其他选择的可能性也越来越小。

02

挑战经典经济学：以物易物的谬误

对于每一个微妙而复杂的问题，都有一个非常简单且无比直接的答案——错误的答案。

——H. L. 曼肯（H. L. Mencken）

被误解的铸币史

责任是指一个人认为自己应该以某种特定的方式行事的感觉，或者说是一个人欠另一个人东西的状态。那么确切地说，责任和债务有什么区别？答案很简单：货币。债务和责任的区别就在于债务能够被精确地量化，量化的过程需要借助货币来实现。

货币不仅使债务得以存在，而且货币和债务如影随形，一定同时出现。美索不达米亚的石板上有现存最早的一批书面记录，上面记载着借贷款项、寺庙分发的配额、寺庙土地租赁的欠款等条目，每个条目的数额都以谷物和银子为衡量单位详细记录。早期的伦理学著作，都依次探寻了把道德想象成用债务来表示所具备的意义——换句话说，即用货币来衡量道德的意义。

因此，债务的历史就相当于货币的历史。那么，要想理解债务在人类社会中扮演的角色及其作用，最简单的方法就是研究各个时期使用的货币种类及人们使用货币的方式——并且这些论证最终将揭开有关货币的全部真相。但是，这里要介绍的货币历史，与我们已经耳熟能详的版本大相径庭。例如，当经济学家谈到货币的起源时，并不会马上提到债务这一概念。首先出现的是以物易物，随后是货币，此后借贷才发展起来。即使有人去查找讲述法国、印度和中国货币历史的书籍，他看到的也将是几部铸币史，而不会发现关于借贷合约的讨论。近一个世纪以来，包括我在内的人类学家，不断指出以这种方式看待货币历史是错误的。经济活动究竟怎样存在于现实的社会群体和市场中？当我们仔细研究这个问题的时候，会发现几乎每个人都处于负债的状态，只是负债的形式各不相同，并且绝大多数交易并不需要使用货币——而我们所观察到的现象并不会出现在标准的经济学史论述货币的相关章节中。

为什么会出现这种差异？

部分原因在于证据的性质：硬币易于保存，在考古出土的文物中总能找到它们；而借贷合约并不能留存下来。但是还有更深层次的原因。对于经济学家来说，信贷和债务的存在通常会让他们没面子，因为你不可能假装认为人们借入和贷出货币的行为完全出于“经济”动机（例如，从经济学角度来看，把钱借给陌生人和借给自己的堂兄弟没有任何差别）。因此，在一个完全抹去了放贷和债务的空想世界中展开货币的故事，就显得比较重要。在我们借助人类学研究工具重建真实的货币历史之前，首先需要弄清楚传统的历史错在何处。

经济学家对货币功能的定义通常有三种：交易媒介、价值尺度和价值储藏手段。所有的经济学教科书都把交易媒介定义为货币最重要的功能。下面这段引文出自凯斯（Case）、法尔（Fair）、加特纳（Gärtner）和海瑟（Heather）编著的《经济学》（1996 年）。

货币对于市场经济的运转至关重要，你可以想象一下没有货币存在的世界将是怎样的情景。货币经济的一种替代方式是以物易物，人们用一些商品和服务去交换其他的商品和服务，用这种方式取代通过货币媒介进行的交易过程。

以物易物体系如何运作？假设你早餐想吃羊角面包、鸡蛋和橙汁，在以物易物体系中，你不能走进商店使用货币购买上述物品，而需要找到拥有这些物品并且愿意交易它们的人。同时，你必须拥有面包烘焙师、橙汁供应商和鸡蛋卖家想要的东西。如果你可以用来交易的物品是铅笔，但面包烘焙师、橙汁供应商和鸡蛋卖家并不想要铅笔，那么拥有铅笔对你想达成的交易就没有任何意义。

在以物易物体系中，交易的发生要满足需求的双重匹配。也就是说，为了使交易完成，我不但需要找到一个拥有我想要的东西的人，同时那个人也必须想要我拥有的某种东西。在相对简单的经济环境中，当交易物品的种类较少时，想要找到交易对象并不难。在这种情况下，人们经常使用以物易物的方法来交易。[1]

接下来的一个观点其实是有问题的，但它采用的表达方式太过模糊，以至于很难将其证伪。

在一个复杂的社会中，交易物品的种类非常多。如果采用以物易物的方式进行交易，工作量将变得非常庞大，令人无法承受。想象一下，你走进商店购物，努力寻找出售所有你需要的物品的人，同时这些人也恰好需要你能够提供的交换物品，这有多困难！

有人认为，交易媒介（或称为支付手段）的出现，消除了需求的双重匹配问题。[2]

需要强调的是，这种观点完全是人想象出来的，并非实际发生的情况。“为了解交易媒介给社会带来的好处，”贝格（Begg）、费舍尔（Fischer）和多恩布施（Dornbuch）在 2005 年版的《经济学》中写道，“你可以想象一下以物易物经济存在的不便。”“如果今天需要你用自己的劳动去直接交换另一个人的劳动成果，”蒙德（Maunder）、迈尔斯（Myers）、沃尔（Wall）和米勒（Miller）在 1991 年版的《经济学解释》中写道，“想象一下你将遇到怎样的困境。”“想象一下，”帕金（Parkin）和金（King）在 1995 年版的《经济学》中写道，“你拥有公鸡，但想要交换玫瑰。”[3] 这样的例子可以无穷无尽地列举下去。如今，每一本经济学教材都是以相同的方式处理这个问题。这些教材中提到，我们都知道在历史上的某一段时期内并没有货币存在。那么这个时期是怎样的呢？让我们把货币从今天的经济体系中剔除，推测一下那时的情景。那一定非常不方便！毋庸置疑，人们为了提升效率发明了货币。

经济学家讲述货币故事时，百分之百会以幻想的以物易物的世界作为开头。问题的关键在于，如何安排这个幻想故事发生的时间及地点：我们是在讨论穴居人、太平洋岛民，还是美国的边疆居民？经济学家约瑟夫·斯蒂格利茨（Joseph Stiglitz）和约翰·德里费尔（John Driffill）编写的教科书，把我们带到了一个小镇，它似乎位于某个虚构的新英格兰地区或者中西部：

> 你可以想象一个农民正和小镇里的铁匠、裁缝、杂货店店主及医生进行以物易物的交易。但是，为了实现以物易物，必须满足需求的双重匹配……亨利想用自己的土豆换鞋子，乔舒亚想用一双额外的鞋子换土豆，那么以物易物的交易将使双方都感到满意。但是，如果亨利有木柴，而乔舒亚并不需要木柴，那么为了完成交易，就需要更多的人参与交易，采用多方交易的形式让亨利能够得到乔舒亚的鞋子。货币大大简化了多方交易的过程。亨利可以通过出售木柴换取货币，然后用货币购买乔舒亚的鞋子。[4]

再次强调一下，上面例子中的环境是虚拟的，但与我们当前生活的世界非常类似，唯一的区别就是那里不存在货币。因此，有一件事就非常不合理：对于一个正常人来说，他怎么会愿意在这样的地方经营一家杂货店？他如何进货？但是让我们把这两个问题先放到一边。每一个经济学教科书的作者都认为他应该向我们讲述同样的货币故事。为什么？原因非常简单：对于经济学家来说，从非常现实的意义上来说，这个故事是最重要的。在1776年这个重要的年份，格拉斯哥大学（University of Glasgow）的道德哲学教授亚当·斯密正是通过讲述这一道理，才使经济学真正变成了一门学科。

他的故事并非全都是捏造的。公元前330年，亚里士多德在他关于政治学的专著中，也沿着和斯密大体相似的方向进行了推论。起初，他提出家庭必须生产自己需要的全部物品。逐渐地，一些家庭会进行专业化细分，有人种玉米，有人酿酒，然后相互交换。[5]亚里士多德推测，货币一定是从这样的过程中诞生的。但是和中世纪那些偶尔会重复这一故事的经院学者一样，亚里士多德从来没能明确说明货币究竟是如何诞生的。[6]

在哥伦布之后，随着西班牙和葡萄牙的探险者的足迹遍布全球，到处寻找黄金和白银，再也没人提起这些模棱两可的故事。当然，没有任何人宣称发现了进行以物易物交易的地方。16世纪和17世纪，大多数在西印度或非洲活动的旅行家都假定所有的社会必然存在各自的货币种类。因为所有的社会都拥有政府，而所有的政府都发行货币。[7]

同时，亚当·斯密决定推翻他那个时代的常识。他首先反对货币由政府创造这一观点。在这一点上，他继承了约翰·洛克（John Locke）等哲学家的自由主义传统思想，即认为政府的成立，源自保护自由财产的需求。只有当政府努力把自身职权限定于仅为该需求提供保护时，其运转才处于最佳状态。斯密发展了这一观点，他认为财产、货币和市场，不仅在政治机构出现前就已存在，并且还是人类社会的根基。他随后提出，政府在货币问题上所扮演的角色，应仅限于确保货币的公正和稳定。只有以这样的论述作为基础，他才能够提出经济学本身是人类应该探求的一个领域，它拥有自己的规则和定理——也就是说，经济学和伦理学、政治学有区别。

斯密的观点值得在本章中展开并进行详细介绍。因为正如上文所说，他的观点是经济学的基础，也是最大的谬误。

他从提出一个问题开始阐述自己的观点：确切地说，什么是经济生活的基础？它是"人性中的一种必然习性……交易、以物易物、用一种东西交换另一种东西的习性"。动物不会做这样的事。斯密陈述道："没有人看到过这样一条狗：它为了用自己的骨头换取另一条狗的另一块骨头，而进行了一次公平的、深思熟虑的交易。"[8] 但是如果由人类自己去决策，他们终将不可避免地开始交换和比较物品。这就是人类的行为。甚至逻辑和谈话也都是交易的某种形式。并且与其他所有事情一样，在交易中，人类总是试图让自己得到最多的好处，寻求自身利益的最大化。[9]

相应地，正是交易中的这个驱动因素，带来了创造出人类所有成就和文明的劳动分工。在这里，场景将转换到另一个经济学家幻想存在的、遥远的地方——似乎是北美印第安人和中亚游牧民族的混合体。[10]

在一个由猎人或牧羊人构成的部落中，有一个人制造的弓箭比别人的更好，例如它拥有更好的稳定性和灵巧性。他常用自己制作的弓箭交换同伴的牛肉或野味。最后，他发现通过这样的方式，自己能够得到的牛肉或野味，要比亲自出门打猎获得的更多。因此，他从自己的利益出发，把制作弓箭作为自己的主业，而他自己就变成了某种兵器的生产者。另一个人擅长建造人们居住的小屋或可移动的住所。他已经习惯于帮助自己的邻居搭建或修缮住所，同时获得牛肉和野味作为报酬。最后，后面这个人也发现，自己全力投入帮助别人进行搭建或修缮工作能够使自身利益最大化，于是他变成了房屋修理工。同样，第三个人变成了一个铁匠或铜匠；第四个人变成了以动物皮毛为制作原料的皮革师或服装师，动物皮毛对于原始的游牧民族来说，是衣服的最主要的组成部分……

只有出现了专业的弓箭制作者、房屋建造者等之后，人们才开始意识到有问题存在。不难注意到，在许多例子中，人们都有这样一种倾向：从想象出来的原始民族向小镇商店经营者转变。

但是在劳动分工刚刚诞生时，这种交换的力量在实施过程中，一定会频繁遇到阻力和陷入困境。我们可以假设有这么一个人，某些原因使他比其他人拥有更多的某种商品。对于那些过剩的商品，这个人肯定愿意处理掉，而其他人也愿意购买。但如果其他人手里刚好没有任何这个人需要的东西，那么在他们之间就不会发生交易。肉贩店里的肉多到他自己吃不完，酿酒师和面包烘焙师都希望能购买一些肉。但是他们不能提供用于交易的产品……

…………

为了避免产生这种不便，在社会发展的每一个时期，当劳动分工确立之后，每一个有先见之明的人都会自然而然地努力尝试用以下方式处理这一问题：除了通过自己的特异性劳动生产的产品，还随身携带一定数量的某种特定商品——他认为，用这种商品去交换别人的劳动产品，不会被拒绝。[11]

因此，不可避免地，每个人都开始积攒某种他们认为别人可能需要的东西。这种行为将带来自相矛盾的结果。因为到达某一个点以后，这种商品并不会贬值（因为每个人都拥有一些商品），反而会增值（因为它将变为实际意义上的货币）：

据说盐是阿比西尼亚（Abyssinia）① 商业和交易活动中使用的工具，纽

① 阿比西尼亚是埃塞俄比亚的旧称。——译者注

芬兰则使用鳕鱼干，弗吉尼亚使用烟草，在我们西印度殖民地的某些地方使用糖，其他的国家也会使用加工后的动物皮革。我还听说在如今苏格兰的某个小镇，过去人们会使用某种并不常见的东西作为他们的交易商品：人们走进面包房和酿酒房购买商品，用钉子作为货币。[12]

当然，各种形式的特定商品最终都变成了贵金属——至少在长距离交易中如此，因为它们是充当货币的理想材料：耐磨损，易携带，能够继续被分成完全相同的组成部分。

不同的国家使用了不同的金属作为货币。古代的斯巴达人最常用的商业工具是铁；古罗马人使用铜；所有富裕的商业社会都使用金银。

…………

似乎最初用于交易的这些金属都是未经加工的条状物，它未经铸造，上面也没有任何标记……

…………

使用这些条状金属，有两个非常明显的不便：首先是计重问题，其次是检验问题。对于贵金属而言，含量的细微差别就能导致价值的极大波动。因此，对于计重业务来说，合适的精准度需要使用极为精准的砝码和天平。称量黄金尤甚，那称得上是一项精妙到毫厘的操作……[13]

现在，很容易就能预见事情发展的走向。使用不规则的金属块要比以物易物简单，但是难道计量单位标准化（将统一的名称印在不同价值的金属上，以保证金属的质量和成色）不能使事情变得更简单吗？答案当然是肯定的，因此诞生了货币铸造。没错，发行铸造货币意味着政府必须参与其中，因为铸币厂通常由政府运营。但是在准确的历史说法中，政府扮演的只是一个有限的角色——保证货币供应，并且它总是搞砸这件事。纵观整个历史长河，肆无忌惮的统治者经常在很简单的经济学常识上作弊：他们降低铸币的价值，因此导致通货膨胀和其他各种恶果的出现。

这个故事不但在经济学学科的建立过程中扮演了至关重要的角色，同时对下面这个观点也起到了举足轻重的作用：有些东西能被称为“经济学”，它按照自己特有的规则运转，与道德或政治活动有区别，经济学家可以把它作为自己的研究领域。正是在“经济学”中，我们陷入交易和以物易物这种人类与生俱来的习性中不能自拔。时至今日，我们仍然在进行交易，进行以物易物。我们以后也会一直如此。货币就是最有效的手段。

后来，卡尔·门格（Karl Menger）和斯坦利·杰文斯（Stanley Jevons）添加了故事的细节。他们的主要做法都是通过添加大量的数学方程，从理论上证明，随机选取的各种各样的人，具有随机的需求。这不但将促使充当货币角色的商品诞生，同时还将促使形成统一的定价体系。在证明的过程中，他们还使用了许多令人印象深刻的术语（例如，“不方便”被换成了“交易成本”）。但是，最为关键的事情是：现在，这个故事已经变成了大多数人的常识。我们在教科书上和博物馆里把它教给孩子们，而每个人都知道这个故事。“很久以前，人们之间的交易方式是以物易物，这很困难，因此人们发明了货币，然后银行和信贷也发展起来。”这一说法完美地构成了简单直白的发展进程，形成了日益复杂和抽象的过程，承载着各个时代的人类活动——从石器时代交换乳齿象牙的活动，到有关股票市场、对冲基金和证券化衍生工具的人类活动，逻辑严谨并且冷酷无情。[14]

它真的变得无处不在。无论人们在何时何地发现货币的存在，就一定能同时找到这个故事的身影。在马达加斯加的阿里武尼马穆，我有幸采访过一个卡拉诺罗，它是一种矮小的幽灵。当地一个通灵人士声称，有一个卡拉诺罗藏在他家里的盒子中。当地以前有个名叫诺黛的可怕女人，她是个臭名昭著的放高利贷者，这个幽灵是她的兄弟。老实说，我不太愿意和这家人扯上关系，但是我的一些朋友坚持认为我应该去采访它——因为不管怎么说，它是一个来自古代的生物。这个生物躲在一架屏风的背后，用一种阴森恐怖、来自另一个世界的颤音说话。不过它只对谈论金钱感兴趣。最后，我有点儿被这种绕来绕去的做法激怒，于是直接问道：“让我们回到古代，你还活着的时候，那时你们使用什么作为货币呢？”

那个神秘的声音立即回答说：“什么也没有。我们不使用货币。在古代，我们直接用以物易物的方式交换商品，用一种东西交换另一种……”

以物易物的陷阱

这个故事确实到处都能听到，它是存在于人类经济关系体系中最根本的谬误。它已经如此深入人们的常识中，即使在马达加斯加这样的地方也不例外。大多数人想象不到货币可能存在其他的诞生方式。

问题在于，没有证据表明货币是按照人们常识中的那种方式诞生的；恰恰相反，大量的数据表明货币并非那样诞生。

几个世纪以来，人们一直在苦苦寻找，希望能够发现那片居民进行以物易物交易的虚构土地。亚当·斯密把他的故事背景设定在了早期的北美（其他人则偏好把背景设定在非洲或太平洋）。在斯密的时代，至少在苏格兰的图书馆中，查询不到有关北美原住民经济系统的可靠信息。但是到了中世纪，刘易斯·亨利·摩根（Lewis Henry Morgan）有关伊洛奎斯人（Iroquois）6 个民族的描述被广泛传播——这些描述明确指出，伊洛奎斯民族的主要经济机构是长屋，大多数的商品都被大量囤积在长屋中，由妇女议会进行分配，没有人曾经用箭头去交换肉。但经济学家忽略了这一信息。[15]例如，斯坦利·杰文斯在 1871 年写的一本书，被视为论述货币起源的经典著作，他在著作中直接引用了斯密的例子，讲述印第安人用野味交换麋鹿和海狸的皮毛。但他并没有实际描述印第安人的生活，这表明斯密的例子是凭空杜撰的。大约在同一时期，传教士、冒险家和殖民统治者去探索世界各个角落，许多人都随身携带斯密的书，希望能够找到一片进行以物易物交易的土地。但没有人成功。他们发现了各种各样的经济体系，但是直到今天，也没有人发现在世界上的某个地方，人们之间的经济交易模式采用的是“我给你 20 只鸡，换你的那头牛”这种形式。

关于以物易物研究最具权威性的人类学著作，来自剑桥大学卡罗琳·汉弗里（Caroline Humphrey）的研究。她得出的结论确凿无疑：“从来没有人描述过纯粹的以物易物经济的例子，更不用说货币从中诞生的过程。所有可得的人类学研究都表明，从来没有存在过这样的经济模式。”[16]

现在，所有这些并不意味着以物易物没有存在过——或者，并不意味着斯密所说的“原始人”并没有采用过这种形式。它意味着以物易物并不像斯密所想象的那样，在村民中间广泛使用。一般而言，以物易物发生在陌生人甚至是敌人之间。让我们从巴西的南比克瓦拉人开始。这些人似乎符合发生以物易物活动的全部标准：这是一个简单的社会，劳动分工还没怎么发展，人们被分成许多族群，通常每个族群最多包含 100 个人。如果一个族群偶然在附近发现了另一个族群做饭的灶火，他们会派出大使进行谈判，希望进行交易。如果他们的提议被接受，他们会先把族群里的女人和儿童藏在树林里，然后邀请另一个族群里的男人造访自己的营地。每个族群都有一名族长。当所有人都到齐以后，每个族长都会发表一番正式的演说，颂扬对方，贬低自己。每个人都会把武器扔到一边，然后一起唱歌跳舞——尽管舞蹈是在模仿战争冲突。然后，一个族群接近另一个族群，开始交易：

> 如果一个人想要一件物品，他会大声称赞这件物品是多么好。如果一个人看重自己的物品，希望用它来交换更多的物品，他并不会说这件物品多么有价值，而是会说它没什么么好的，以此表明他想保留它。“这把斧头不好，又旧又钝。”他会这样描述自己那把其他人想要的斧头。
>
> 双方在讨价还价的过程中都会使用愤怒的语调，直到达成一致。当买卖双方达成一致后，他们会从对方的手中把物品抢走。如果一个人用项链进行交换，交易达成后他并不会摘下项链递给对方，对方必须通过展示力量的方式直接把项链抢走。如果交易的一方比较性急，在讨价还价结束之前就动手去抢，那么交易双方就会发生争执，通常会导致斗殴。[17]

整个交易活动会以盛大的宴会结束，女人们会从树林里出来，参加宴会。但这也容易出现问题，因为在音乐和酒的刺激下，有大量引诱的机会存在。[18] 有时，这会带来因嫉妒而爆发的口角。在少数情况下，甚至会有人被杀。

交易只有在以物易物交易蕴含的所有节日元素的缓冲之下，才能在原本是敌对关系的双方之间进行，但是它距离真正的战争的爆发也只差毫厘。如果人类学家猜得没错，如果在交易过后有一方认为自己被占便宜了，那么将非常容易导致战争的爆发。

现在，让我们把注意力转移到地球的另一边，来到澳大利亚的阿纳姆地（Arnhem Land），这里的冈温古人（Gunwinggu）以用礼仪性的以物易物仪式（被称为“迪泽马拉”）招待邻人而闻名。暴力的威胁似乎离这里很遥远，部分原因要归功于在整个地区普遍采用的一种半分体系，它使得事情变得更加简单：处于同一半的人彼此之间不得结婚，甚至不能有性关系；而另一半的任何人都是潜在的结合对象。因此，即使对于一个来自遥远的群落的男人来说，有一半的女人是绝对不能碰的，而另一半女人则可通过公平竞争去赢取。这个地区的人也通过本地的专业化分工团结了在一起：每个人都有自己的产品，可用于和其他人进行以物易物交易。

下面这段文字来自一位名叫罗纳德·伯恩德特（Ronald Berndt）的人类学家的观察，是对20世纪40年代举办的一次迪泽马拉的描述。

我们又一次看到熟悉的情形：在经过一些最初的谈判之后，以物易物交易从陌生人被邀请到发起方的主要营地开始。在这个特殊的例子中，造访者因为其“出色的锯齿形长矛”而闻名，而发起方则拥有上好的欧洲布料。当造访一方的男男女女进入营地里的跳舞场所——“圆环地点”后，其中的三个人开始伴随音乐为发起方进行表演，这标志着交易开始了。这三个人都是男人，其中两个开始唱歌，第三个人则用蒂杰利多（didjeridu）[①] 伴奏。不久，发起方的女人们走过来，开始攻击音乐家：

男人和女人都站起来开始跳舞。和唱歌的男人不在同一方的两个冈温古女人走近他，她们向唱歌的男人“提供迪泽马拉”，这标志着迪泽马拉的开始。她们分别向男人赠送一块布料，击打或触摸男人，然后把他们推倒在地面上。她们把这些男人称为迪泽马拉丈夫，以挑逗的方式和这些男人嬉戏。然后和乐器演奏者不在同一方的一个女人，同样会给演奏的男人一块布料，同样击打他并和他嬉戏。

这确立了迪泽马拉交易的运作方式。拜访群落的男人静静地坐着，和他们不在同一方的女人走过来，给他们布料，击打他们，并邀请他们进行交媾。她们选择男人有完全的自主权，人群中不时爆发出欢笑和掌声，同时唱

① 蒂杰利多是澳大利亚原住民的传统乐器。——译者注

歌和跳舞一直在持续。女人们试图脱下男人腰部的围裙，触摸他们的生殖器，并把他们带离“圆环地点”进行交媾。男人们跟着他们的迪泽马拉伴侣离开，但要表现出不情愿，走到远离照亮舞蹈者的篝火的树丛里交媾。他们有可能送给女人烟草或串珠项链。当女人回来以后，她们会把一部分烟草交给自己的丈夫。丈夫们都会鼓励自己的妻子参与迪泽马拉，而他们自己也会把烟草付给自己的迪泽马拉伴侣……[19]

新的歌唱者和演奏者会补充进来，然后同样被攻击并带到树丛里；男人们鼓励自己的妻子“不要害羞”，以维持冈温古人好客的名声；最终，这些男人也会对造访者的妻子采取行动，提供布料，击打她们并把她们带到树丛里。串珠项链和烟草会开始流通。最后，当所有的参与者都至少配对过一次，并且客人对获得的布料感到满意之后，女人们会停止跳舞，站成两排，造访者则站成一队来支付报酬。

然后，造访者中来自同一方的男人们会对着与他们不在同一方的女人们跳舞，为了“给她们迪泽马拉”。他们会举起宽扁的铲状长矛，假装摆出要攻击女人的姿势，但是他们会用刀面拍打女人。“我们不会用长矛穿刺你们，因为我们已经用阴茎刺过你们。”他们把长矛赠予女人们。然后造访者中来自另一方的男人也会对与他们不在同一方的女人采取相同的举动，把锯齿形的长矛送给她们。整个仪式到此结束，随之而来的是盛大的食物分发活动。[20]

这是一个极富戏剧性的例子，但这个例子很有用。鉴于阿纳姆地人之间相对缓和的关系，此处冈温古发起方的行为，综合了南比克瓦拉人以物易物交易的所有元素（音乐和跳舞、潜在的敌意、性的吸引），并把它转换成某种节日性的游戏——也许这个游戏并没有减少危险性，但是正如其他人类学家强调的那样，参与其中的每一个人都认为自己获得了巨大的乐趣。

在所有此类关于以物易物交易的例子中，存在一个共同点，即它们都是陌生人之间的集会。这些人很可能以后再也不会相见，并且他们彼此之间肯定不会有更进一步的联系。这就是直接的、一物换一物交易适合这里的原因：双方做完交易，然后离开。通过分享乐趣、音乐和舞蹈——一般而言，这是欢宴的基础，而交易则建立于其上——由此披上一层社交外衣，使交易得以发生。然后进行交易，买卖双方都会通过戏谑性质的模拟攻击，展示潜在的敌意。在陌生人之间，任何交换物品的举动肯定会存在敌意，因为任何一方都没有理由不占对方的便宜。在南比克瓦拉人的例子中，社交性的外衣非常单薄，模拟攻击很可能转变成真正的攻击。而冈温古人对待性的态度更放松，他们非常巧妙且成功地将分享乐趣和进攻转变成完全相同的东西。

现在回忆一下经济学教科书中的话："想象一个没有货币的社会""想象一种以物易物经济"。这些例子非常明确地说明了一件事：大多数经济学家的想象力都非常有限。[21]

为什么？最简单的回答是：经济学把个体在用鞋交换土豆或者用布料交换长矛的活动中寻求使得自身利益最大化的方式作为自身最基本、最重要的原理，这门学科必须假设这种物品的交易不能和战争、激情、冒险、神秘、性或者死亡有任何关系。经济学假设，在不同的人类行为领域之间存在一条界线，但在冈温古人和南比克瓦拉人之间，这条界线并不存在。只有通过非常具体的制度安排，才能使这些界线具有相应的作用：即使人们不怎么喜欢彼此，相互之间也没有兴趣发展任何持续且更加深入的关系，但他们对尽可能多地获取对方的财物有兴趣，律师、监狱和警察的存在，确保了在这种情况下，人们也能克制自己，不去使用最显而易见的解决方法（例如偷窃）。相应地，这使得人们能够假设，在购物的商业场所和享受音乐、宴会与引诱的"消费领域"之间，生活被极好地划分开来。换句话说，构成经济学教科书基础的那个版本的世界（亚当·斯密对其进行了不遗余力的宣扬），到现在为止，已经成为我们常识的重要组成部分，以至于我们很难去想象还存在另外的可能性。

根据这些例子，没有社会是基于以物易物交易建立的原因已经很明显。因为，这样的社会，只能是其中的每个人都和其他人的喉咙仅距毫厘；并且尽管每个人都会摆出攻击的姿态，但却永远不会采取行动。虽然以物易物有时候确实会发生在非陌生人之间，但是这些人本来也和陌生人差不多——因为他们彼此之间感受不到责任、信任或继续发展更进一步的关系的渴望。例如，生活在巴基斯坦北部的普什图人（Pukhtun），他们因慷慨、殷勤好客而闻名。所谓以物易物，就是你和那些不会因好客（或者亲属关系等其他原因）而联系、绑定在一起的人进行的交易。

人们之间习惯于采用的交易模式是以物易物，用当地话则叫作“阿达巴达”（给予和拿取）。人们随时准备着用自己的财产去交换更好的东西。通常交易都发生在同类的物品之间：收音机交换收音机，太阳镜交换太阳镜，手表交换手表。但是非同类的物品也能进行交易，例如，可以用自行车交换两头驴。阿达巴达在非亲属之间进行，并且因为要努力占对方的便宜而带给人们极大的乐趣。一次好交易会让人感觉自己在交易中获得了好处，因此是值得夸耀、值得骄傲的。如果交易很糟糕，接受方通常会尝试违约。如果违约失败，他们就会用欺骗的手段把物品交易给别人。阿达巴达中最理想的交易方，是距离很遥远的人，因为他们很少有机会能够抱怨。[22]

这种不择手段的动机也不仅存在于中亚，它似乎是以物易物的本质所固有的——这可以很好地解释为什么在早于斯密所在时代的一两个世纪里，英语单词“以物易物”及它们在法语、西班牙语、德语、荷兰语和葡萄牙语中的对应词汇，其含义是“哄骗、欺骗或敲竹杠”。[23] 直接用一个物品交换另一个，同时试图在交易中使自身的利益最大化，一般而言只能在你和你既不关心并且未来也再不会相见的人之间发生。毕竟，有什么理由不占这种人的便宜呢？另外，如果一个人非常关心某个人（一个邻居或一个朋友），希望和他进行公平和诚实的交易，那么他将因为关心而不可避免地在交易中考虑到对方的需求、想法和所处的境地。即使你确实用一个东西交换了另一个，很可能你也会把交换的东西作为礼物送给对方。

颠覆认知的货币史

为了说明我想表达的意思，让我们回到经济学教科书及其中提到的“需求的双重匹配”这个问题上。亨利需要一双鞋，但他拥有的只有土豆。乔舒亚有一双多余的鞋，但他不需要土豆。既然货币还没有被发明出来，那么他们就遇到了问题。他们该怎么办呢？

现在，我们应该首先明确的事情是，真的应该多去了解乔舒亚和亨利的信息。他们是谁？他们之间有关系吗？如果有，那么是什么样的关系呢？因为他们似乎生活在一个很小的社会圈子中，在如此小的社会圈子中生活的任意两人之间，一定存在着复杂的历史关系。他们是朋友、对手、盟友、情侣、敌人，还是同时具备以上所有关系？

这个原始例子的作者似乎给出了这样的假设：这两个人有着基本相同的身份，彼此之间虽然没有非常密切的联系，但至少关系是友好的——也就是说，是你能够在基本平等的前提下，获得的最亲密的关系。即使知道了这些，其实获得的信息也不算多。例如，如果亨利生活在塞内加族人的长屋中，他需要一双鞋，那么乔舒亚根本没必要出现；亨利只需要告诉他的妻子自己需要一双鞋，她就会向一位受人尊敬的老妇人提出这个问题，然后到长屋的集体仓库中取出相应的材料，为自己的丈夫缝制一双鞋。为了找到符合经济学教材所想象出来的场景，我们可以让乔舒亚和亨利在一起，让他们依次生活在一个像南比克瓦拉人或冈温古人那样的小而亲密的社会中。

情景一

亨利走向乔舒亚，说："这双鞋真棒！"

乔舒亚说："哦，其实不怎么好。但是既然看起来你很喜欢，那就拿去吧。"

亨利拿走了鞋。

亨利的土豆没派上用场，因为双方都非常清楚，如果乔舒亚有需要土豆的那一天，亨利一定会给他一些。

就这么简单。当然在这个例子中，我们无从知晓亨利会保留这双鞋多长时间。这很可能取决于鞋子究竟有多好。如果只是一双普通的鞋子，那么这个问题会就此终止。如果这双鞋子在某些方面独一无二，或者制作精美，那么它很可能会再次进入交易市场。有一个非常著名的故事，讲述在20世纪

60 年代，约翰（John）和劳恩娜·马绍尔（Lorna Marshall）对生活在喀拉哈里沙漠的布须曼人（Bushmen）进行研究的时候，把刀子赠送给他们最喜爱的一个合作者。一年以后，当他们再次回来，发现在他们离开的那段时间，几乎族群中的每个人都在某段时间拥有过那把刀子。另外，几个阿拉伯朋友向我证实，在并非严格的平等主义的背景下，存在着一种应对办法。如果朋友赞美一只手镯或一个包，他通常期待你马上回答："拿去吧！"但是如果你确实想保留它，你可以说："没错，它确实很精美。它是别人送给我的礼物。"

但是很显然，在教科书作者的脑海里，存在着一个更为客观的交易过程。作者想象出来的两个人，似乎是父权制家庭的家长，他们之间关系友善，但是各自保存着必需品。也许他们与亚当·斯密例子中的屠夫和面包烘焙师一起生活在苏格兰的某一个村镇中，或者生活在新英格兰的殖民地。但是出于某些原因，他们从没听说过货币。这是一个奇特的幻想，但是还是让我们看看事情会按照这个幻想如何发展吧。

情景二

亨利走向乔舒亚，说："这双鞋真棒！"

或者我们可以让场景更现实一点——亨利的妻子在和乔舒亚的妻子聊天，她看似不经意地提到亨利的鞋子已经不行了，他一直在抱怨脚上被磨出鸡眼。

信息已被传达。第二天，乔舒亚会上门把他多出来的鞋子作为礼物送给亨利，坚称这是邻里之间表示友好的一种姿态。他当然不需要任何回报。

乔舒亚的话是否真诚并不重要。通过这种做法，乔舒亚实际完成了一次借出，亨利欠他一个人情。

那么亨利要如何补偿乔舒亚呢？可能性是无穷无尽的。也许乔舒亚确实需要土豆，那么亨利在一段时间后就会送上土豆，坚称这也是一份礼物；或者乔舒亚现在不需要土豆，亨利就一直等到他需要的那一天；或者一年以后，乔舒亚计划举办一个宴会，然后他走到亨利的仓院前，说："这头猪不错……"

在任意一个情景中，经济学教科书中不断引用的“需求的双重匹配”消失了。亨利也许当时并没有乔舒亚想要的东西。但是如果这两个人是邻居，很明显，乔舒亚想要亨利的某个东西，只会是时间长短的问题。[24]

同样，这意味着斯密提到的，人们积累能被普遍接受的商品的需求也消失了。同样消失的还有发展货币的需求。在无数实际存在的小型社会中，每个人只需要记录谁欠什么人什么东西。

细心的读者肯定已经注意到了，这里只存在一个重要的概念性问题。亨利“欠乔舒亚一个人情”。什么人情？如何量化人情？基于什么样的基础，你可以说这么多土豆，或者这么大的一头猪大概等价于一双鞋？因为即使是粗略的估算，也一定有某种方式能够确定X大约等价于Y，或者X的价值比Y略低或略高。难道这不是表明，至少在比较不同物品的价值时，从充当价值尺度这个意义上来看，像货币一样的东西已经存在了吗？

在大多数礼物经济中，确实存在着解决这个问题的粗略方式。你需要对物品的类型建立一系列的分级类别。猪和鞋可以被认为是大概等价的物体，你可以用一种去交换另一种；而珊瑚项链则是另一种东西，你需要用另一条项链，或者至少是另一件珠宝去交换——人类学家称之为创造不同的“交易等级”。[25]这确实在某种程度上起到了简化的作用。当跨文化的以物易物交易变得普遍以后，也会按照相似的规则来运转：特定的物品之间才能进行交换（例如用布料交换长矛），这使得计算物品之间的等价关系变得容易。但是这并没有帮助我们解决关于货币起源的问题，事实上，它使得问题变得极其棘手。如果盐、黄金或者鱼都只能交换某些特定的物品，那么为什么人们还要储备它们呢？

实际上，人们有足够的理由相信，以物易物根本不是古代特有的现象，它是直到现代才真正开始被广泛使用的。当然，在绝大多数我们知道的例子中，以物易物发生在熟悉如何使用货币的人们中间。这些人出于各种各样的原因，没有随身携带足够的货币，所以采用以物易物的交易方式。当国家的经济体系崩溃以后，随之而来的通常是复杂的以物易物交易。最近的例子是20世纪90年代的俄罗斯及2002年前后的阿根廷。当时，俄罗斯的卢布和阿根廷的美元实际上都消失了。[26]你甚至能偶尔发现某种其他类型的货币开始流行。例如，在战俘营和许多监狱中，众所周知，囚犯们使用香烟充当货币，这一现象使专业经济学家大感振奋。[27] 但是，我们这些案例中的人都是使用货币长大的，所以在没有货币的时候就需要想出解决办法——这和我最初提到的经济学教科书中“想象”出来的场景完全相同。

某种形式的信贷制度是被更加频繁使用的解决方法。当罗马帝国覆灭后，欧洲的大部分地区“恢复了以物易物”；而加洛林帝国（Carolingian Empire）分崩离析之后，似乎某种形式的信贷体系也出现了。尽管人们不再使用硬币，大家还是使用旧的王国货币来记录账目。[28] 与此相似，愿意用自行车交换驴子的巴克坦人对货币的使用也不陌生，货币在他们的世界里已经存在了上千年。他们只是更喜欢直接进行等价物的交换——在这个例子里，他们认为直接交换商品更具有男子气概。[29]

最不同寻常之处在于，即使在亚当·斯密把鱼、钉子和烟草作为货币使用的例子中，同样的事情也在发生。在《国富论》面世后的岁月里，学者们对里面的例子进行了检验。他们发现，几乎在所有的例子中，以物易物的参与者对货币的使用都很熟悉。事实上，他们也在使用货币——作为价值尺度使用。[30] 以鳕鱼干为例，人们相信它在纽芬兰地区充当着货币的角色。正如英国外交官 A. 米切尔 – 英尼斯（A. Mitchell-Innes）在近一个世纪以前所说，斯密所描述的是一个幻想的场景，由非常简单的信贷协议建立。

> 在早期的纽芬兰捕鱼业中，并没有永久定居的欧洲人参与。渔夫只在捕鱼的季节出海，其余的人都是商人——他们买进鱼干，然后卖给渔夫，作为渔夫的日常补给。而渔夫则把捕获的鱼以镑、先令和便士计算的市场价格卖给商人，并在商人的账本上获记一次信用，渔夫可以凭这个信用记录购买日常补给。商人的到期余额由英格兰或法国的提款汇票支付。[31]

苏格兰的村镇也基本属于这种情况。人们走进一家酒吧，实际上无须扔下一枚搭建屋顶用的钉子才能换取一品脱啤酒。在斯密的时代，雇主经常缺乏硬币付给他们的工人，工资常常要拖延一年或者更长时间才能支付。同时，雇员们可以接受以下两种支付方式：带走一些他们自己生产的产品，或者带走一些没用完的工作材料、木头、布、绳子等。钉子事实上是雇主欠他们的工资利息。所以他们不停地到酒吧喝酒，欠下一笔账。当时机允许的时候，他们会带来一袋钉子，偿还欠款。在弗吉尼亚，法律使得烟草成为合法的清偿物。这似乎是种植业者的一种尝试，迫使商人在烟草的收获时节接受他们种植的产品，作为信用记录。实际上，不论弗吉尼亚的商人们是否情愿，他们都被法律强制变成了烟草业的中间商。这和所有的西印第安商人都被迫变成了卖糖人一样，因为他们所有富有的顾客只会带糖来清偿债务。

因此，最重要的例子就是那些人们临时采用信贷体系的例子。这是因为，实际的货币——金币和银币供应短缺。但对于传统版本的经济学历史而言，最具冲击力的地方来自做记录的文字，首先是埃及的象形文字，然后是美索不达米亚的楔形文字。这两种文字记录的出现，将学者对于书面记录在历史上出现的时间的认知提前了将近 3 000 年。在斯密生活的时代，人们认为书面记录最早出现于荷马生活的时期（约公元前 800 年），现在这一时间被提前到约公元前 3500 年。这些记录清晰地显示，和前文所举的例子相同的信贷体系的出现，要比铸币的发明早几千年。

美索不达米亚文明的信贷体系记录是最完整的，留存的信息要多于古埃及的法老文明（留下的记录看上去大同小异）、中国的商朝文明（人们知之甚少）或者印度河流域文明（人们对其一无所知）中所流传下来的信贷体系信息。而人们恰好非常了解美索不达米亚，因为绝大多数楔形文字记录的信息，本质上都是金融信息。

在苏美尔人的国家中，最显著的标志是形成群落的神庙和宫殿的综合体。在其中就职的人员数以千计：牧师和官员、在作坊中干活的手工业者及在庞大的庄园中干活的农民。虽然古代的苏美尔人一般都被归入数量众多的独立城邦中，但是到了大约公元前 3500 年，美索不达米亚文明的帷幕徐徐拉开之时，神庙的管理者们似乎已经发展出了一套单位统一的会计体系。实际上，从某种意义上说，这一体系至今仍存在于我们的生活中，因为正是苏美尔人发明了“打”这个计量单位，并创造了 24 个小时为一天的计时法。[32] 他们最基本的货币单位是银锡克尔①。人们规定，重量等于 1 锡克尔的银，等

① 锡克尔，古巴比伦、希伯来的重量单位，约合半盎司或 14 克。——译者注

价于1戈，即1蒲式耳①大麦。1锡克尔等于60米那斯，1米那斯等于一份大麦——计算的原理是一个月有30天，神庙的劳动者每天的报酬是两份大麦。从这一点上很容易看出，“货币”不可能是商业交易的产物。它实际上是由当权者创造的，是为了记录资源的分配，便于将物品在部门之间转移。

神庙当权者使用这一体系记录债务（租金、费用、贷款……），以银子为单位。实际上，银子就是货币。而且银子是以未经铸造的银块形式流通的，用斯密的话说就是“未加工的银条”。[33]在这一点上，他是对的，但这也几乎是他的叙述里唯一的正确之处。原因之一在于，其实银子并不怎么流通。大部分银条都被储存在神庙和宫殿的金库里，其中一些银条在严密的保护之下，在金库里被保存了几千年。要想把银条铸造成标准的形状和重量、在上面添加印章标记、建立官方体系来保证银块的纯度，这些都很容易做到，因为相关的技术已经存在。但是人们都认为没有必要这么做，理由之一是尽管债务用银子计算，但是债务并不需要用银子偿还——事实上，一个人几乎可以用自己拥有的任意一种东西还债。如果一个农民欠神庙或政府的钱，或者欠某些神职人员或政府官员的钱，他常用大麦来还债。因此，确定银子和大麦的兑换比例才至关重要。即使没有大麦，债户也完全可以用山羊、家具或天青石来还债，债主同样会接受。神庙和政府都是庞大的行业组织，几乎任何东西都能在其中发挥作用。[34]

在美索不达米亚城市中出现的市场里，商品价格也使用银子来计算。除了那些由神庙和政府完全控制的商品，其他商品的价格倾向于随着供求关系的变化而波动。但即使在市场里，我们所掌握的证据也表明，大多数交易是以信贷为基础的。只有少数几类人在交易中使用银子，商人（他们有时候为神庙工作，有时候独立工作）是其中一类。但即使是商人，他们的大多数交易也是基于信贷进行的。普通人从“啤酒女”（本地的旅店老板）手中购买啤酒。同样地，他们购买啤酒采用记账的方式，然后在丰收的季节用大麦或者他们拥有的其他东西来销账。[35]

---

① 蒲式耳，英、美计量体积的单位。1英蒲式耳≈36.37升，1美蒲式耳≈35.24升。——译者注

现在，有关货币起源的传统故事已经土崩瓦解。一个历史理论被如此绝对、如此系统化地驳倒，是非常罕见的。在 20 世纪的最初几十年间，所有的证据都已齐备，准备改写货币的历史。在前文列举的鳕鱼干的例子里，我引用过米切尔 – 英尼斯的话。1913 年和 1914 年，他在纽约的《银行法日报》上发表了两篇文章，奠定了改写货币历史的基础。在这两篇文章中，英尼斯实事求是地列举出现有的经济学史依赖的错误假设，并指出人们真正需要的实际上是债务的历史。

和商业有关的一条最常见的错误看法是：最近，人们引进了一种叫作“信贷”的工具，能够节省货币的使用；在这个工具出现以前，所有的交易都是以现金完成的，即都是用硬币完成交易。而经过仔细的调查研究，我发现实际情况恰恰相反。硬币在古代交易中起到的作用，远小于它们在现代交易中所起的作用。实际上，古时候硬币的数量非常少，以至于它们无法满足中世纪英国王室支付房屋和庄园开销所需的数量，使得王室只能使用各种各样的代币，以完成小额采购。而铸币的作用是如此微不足道，以至于国王有时会毫不犹豫地下令收缴全国的货币，进行重新铸造和发行，而商业活动不会受到丝毫影响。[36]

实际上，人们关于货币历史的标准说法是非常落后的。人类并不是从以物易物开始，然后发现了货币，最终发展出信贷体系。实际情况是另一幅图景。首先出现的是如今被我们称为虚拟货币的东西。很久以后才出现硬币，而硬币的普及程度非常不稳定，从未能够完全取代信贷体系。相应地，以物易物似乎是人们在使用硬币或纸质货币的过程中意外诞生的副产品：在历史上，以物易物的方式主要由已经熟悉现金交易的人们使用——当他们由于某种原因，无法取得货币的时候，就会采取以物易物的方式。

事情的奇妙之处在于，历史从未被改写。这段关于货币的全新历史从未被记载下来。而那些经济学家从未驳倒过英尼斯，他们直接忽略了他。教科书没有更改上述的故事——尽管所有的证据都清楚地表明，那个故事是错误的。人们所记录的货币历史，实际上仍然是铸币历史，所依据的是在过去货币和铸币其实是一回事的假设。铸币大量消失的时代，其原因仍然被描述成经济“重回以物易物”，似乎这句话的意思是不证自明的，但其实没有人真正懂得它的含义。因此，对于在公元 950 年，荷兰一个小镇的居民如何购买奶酪、汤匙，或者雇用乐手在他女儿的婚礼上演奏，人们近乎一无所知；那么要想了解在彭巴（Pemba）或者撒马尔罕（Samarkand）这些事情是如何进行的，更是天方夜谭。[37]

03

原始债务

每个人都背负着债务降生——神明、圣人、父辈和其他人都是债主。如果一个人进奉供品，那是因为他自出生起，就欠神明的债……如果一个人背诵一段经文，那是因为他欠圣人的债……如果一个人冀求生儿育女，那是因为他自出生起，就欠父辈的债……如果一个人慷慨款待陌生人，那是因为他欠其他人的债。

——《百道梵书》1.7.12, 1—6

让我们像偿还债务一样，驱散噩梦带来的不适感。

——《梨俱吠陀》8.47.17

传统经济学中的货币与市场

现在的经济学教科书，都会在开头介绍在那虚构的村庄中发生的故事，因为作者无法介绍实际情况。有些经济学家甚至不得不承认，斯密提到的以物易物交易之地并不存在。[1]

问题是，为什么这个谬论能够一直流传下来呢？《国富论》中的其他观点早已被经济学家摒弃，例如斯密提出的劳动价值论和他坚决反对股份制公司的观点。[2] 为什么人们不能简单地把以物易物的谬误看成一个少见的、具有启发意义的寓言故事，然后去努力理解最初诞生的信贷合约呢？或者，至少去理解某些和历史证据相符的事物。

答案似乎是：以物易物的谬误必须存在，因为它是整个经济学的核心。

在这里，让我们回想一下，斯密在写作《国富论》的时候，他在努力做的是怎样的一件事情。斯密希望把最新发现的经济学准则作为一门学科建立起来，这本书正是这样的一次尝试。这意味着经济学不但将拥有一片专属的研究领域（即我们今天所称的“经济”，尽管在斯密生活的时代，仅仅想象一下存在某种叫作“经济”的东西都是非常新颖的），而且经济运转的规律和伊萨克·牛顿爵士（Sir Isaac Newton）确定的掌管整个物理世界的规律基本相同。牛顿认为上帝是世界的缔造者，他创造了整个超自然的物理体系，使其能够为人类的根本利益而运转，然后上帝让宇宙自行运转。斯密也试图做一次类似的、牛顿式的论证。[3] 上帝（或者采用斯密的说法——“天意”）安排事情所依据的原则是：在自由的市场中，人们追求自身利益的行为，仿佛“被一只看不见的手”指引，提升了全社会的综合利益。按照斯密在《道德情操论》中的说法，他所提出的著名的“看不见的手”就是天意的化身。它实际上是上帝之手。[4]

当经济学作为一门学科被确立下来以后，神学上的论证似乎立即失去了重要性，再无出现的必要。人们继续讨论：一个不受外力操控的自由市场是否真的能产生如斯密所说的结果？但是没人质疑“市场”是否真的存在。由此推导出来的潜在假设，开始被人们视为常识。正如我提到的，这一常识已经如此深入人心，以至于我们给出了非常简单的假设，即当以有价值的物品进行交易时，交易双方一定一致认为，通过交易这些物品，自己能得到物质上的好处。这就会带来一个有趣的结果：对于货币存在还是缺失这个问题，经济学家认为并不是非常重要。因为货币也仅仅是一种商品，其作用是辅助交易双方完成交易，并能够帮助人们衡量其他商品的价值。除此之外，它再也没有其他的特殊功用。尽管如此，1958 年，新古典主义学派（这一学派在现代经济学的思想体系中，仍然占据统治地位）的泰斗之一——保罗·萨缪尔森（Paul Samuelson），非常鄙视所谓的“社会发明的货币”这一概念。“即使在最发达的工业经济中，”他坚持认为，“如果我们拨开交易周围的迷雾，直击交易的核心，同时去除围绕在外的、由货币构成的模糊不清的壳层，我们将发现，在个人与个人之间、国家与国家之间进行的交易，基本上都可以总结成以物易物的形式。”[5] 其他人提到，“货币的面纱”使“真正的经济”（人们生产实际存在的产品，提供实际存在的服务，然后互相反复进行交换）的本质变得模糊不清。[6]

人们把这种观点，称为对经济学的终极赞美，并将其作为常识牢记在心。货币并不重要。经济——“真正的经济”，实际上是庞大的以物易物体系。但问题在于，历史表明，如果离开了货币，这样庞大的以物易物体系无法形成。即使经济“重回以物易物”的时代（据说这正是中世纪欧洲经历的事情），人们实际上也并没有摒弃使用货币。他们只是摒弃使用现金。例如，在中世纪，即使硬币本身的流通量已经在减少，人们还是会使用那些古老的罗马货币作为单位，来评估工具和牲畜的价值。[7]

经济学家一直鼓励人们这样看待自己：人类是个体和民族的集合，其主要的活动就是交换东西。而促使人们能够以这种方式看待自己的，正是货币。但还有一件事是很明显的，那就是仅仅是货币的存在本身并不足以支持我们以这种方式看待世界。否则，古代的苏美尔人就已经可以创建经济学这门学科了。或者说，经济学的诞生，至少远早于亚当·斯密的《国富论》出现的 1776 年。

实际上，缺少的要素，正是斯密试图贬低其重要性的那一个：政府政策所扮演的角色。在斯密生活的时代，由于英格兰政府的积极培育，已经可以看到市场（肉贩、铁器商人和男装商人的世界）呈现出自行运转的态势，它完全是独立的人类活动领域。这同时也需要法律、警察及具体的货币政策，以维持体系的正常运转，像斯密这样的自由主义者也提倡这一点。[8] 需要将货币的价值和银挂钩，但同时也需要大量增加货币供给，尤其是在流通过程中需要的小额货币总量。要做到这一点，不但需要数量庞大的锡和铜，还需要对银行进行谨慎管制。在那个时代，银行是唯一的纸币来源。在《国富论》诞生之前的一个世纪中，建立国家支持的中央银行的尝试，在世界上至少出现了两次。这两次尝试分别发生在法国和瑞典，但最后都以惨败而告终。在这两次尝试中，中央银行主要根据预测来制订并发布政策。一旦投资者失去了信心，这些推测也就土崩瓦解了。斯密支持使用纸币，但和在他之前的约翰·洛克一样，斯密也认为英格兰银行和苏格兰银行取得的相对成功，是因为它们把对纸币估值的政策牢牢地和贵金属绑定在一起。这变成了主流的经济学观点。而由米切尔－英尼斯等人所倡导的，把信用作为货币使用的理论，则迅速被边缘化。该理论的支持者被人们看作怪人，而这个主流经济学界观点的替代理论，也被定义为不道德的银行和投机泡沫诞生的依据。

那么，思考一下这些替代理论究竟是什么，可能会有一定的帮助。

国家及货币信用理论

米切尔－英尼斯是货币信用理论的倡导者。但在 19 世纪，这一理论最坚定的拥护者并不在米切尔－英尼斯所生活的英国，而是在当时快速发展但互相对立的两股力量——美国和德国之中。信用理论家坚称货币并不是一种商品，而是一个记账工具。换句话说，货币绝不是一个“物品”。你无法触摸到一小时或一立方厘米，同样，你也无法触摸到一美元或一马克，货币的单位仅仅是一个抽象的衡量单位。而且信用理论家指出，在历史上，这种抽象衡量体系的出现时间远远早于任意一种交易中所使用的代币的诞生时间——在这一点上，信用理论家描述的正是真实发生的情况。[9]

显然，接下来的问题是：如果货币只是一个衡量标准，那么它衡量的对象是什么？答案很简单：债务。实际上，一枚硬币就是一个欠条。尽管传统的看法认为，纸币是一个承诺，或者应该是一个承诺，用以保证支付一定数量的“真正货币”（黄金、白银等）。但信用理论家认为，纸币代表的承诺是支付和一盎司黄金等价的某种物品。但这就是货币的全部含义。从这个角度上看，白银制成的美元，由铜镍合金制成、设计得有些像金币并印有苏珊·B. 安东尼肖像的硬币，印有乔治·华盛顿头像的绿色的纸及存在银行电脑中的数码信息——各种形式的货币之间并没有本质差别。从概念上来说，很难理解把一块黄金看作一张欠条的做法。但它肯定是正确的，因为即使在使用黄金和白银硬币的时候，这些硬币也很少以金属本身的价值来流通。

信用货币是如何诞生的？让我们回到经济学教授想象出来的那个小镇里。例如，我们可以假设，乔舒亚准备把自己的鞋子送给亨利；而亨利承诺的并不仅仅是欠他一个人情，他还承诺，自己欠乔舒亚具有同等价值的某种东西。[10] 亨利交给乔舒亚一张欠条。等到亨利拥有了某些对乔舒亚有用的东西以后，乔舒亚可以拿着欠条去兑现亨利的承诺。这样，亨利撕碎欠条，事情到此结束。但是如果乔舒亚把欠条转交给了第三方——希拉，因为他欠希拉其他的东西（他也可以用欠条来抵销他欠第四方劳拉的债务），现在，亨利就欠希拉某种东西，其价值和乔舒亚的鞋子等同。货币就是这样诞生的。这一过程是永远没有终点的。假设希拉想从伊迪思手中购买一双鞋，她可以把欠条交给伊迪思，并向他保证亨利将兑现承诺。从原理上来讲，欠条完全有理由在小镇上流通数年——前提是人们对亨利有信心。事实上，如果欠条流通的时间足够长，人们可能会完全忘记它最开始的主人。像这样的事情确实会发生。以前，人类学家凯思·哈特（Keith Hart）给我讲过一个故事，故事的主人公是他的兄弟，他是20世纪50年代驻扎在中国香港的一个英国士兵。以前，士兵们通常用他们在英国的账户开支票，然后支付自己欠酒吧的钱。本地的商人们经常在支票上签名[①]，然后互相用支票支付，使这些支票像货币一样流通：有一次，凯思·哈特的兄弟在当地商人的柜台上看到了一张自己在6个月前开出的支票，上面有密密麻麻的汉语签名，大概有40多个，每一个签名都来自不同的商人。

米切尔–英尼斯等信用理论家声称，即使亨利交给乔舒亚的不是一张纸，而是一个金币，情况也基本不会发生变化。一枚金币也是一个承诺，是保证支付和金币等价的某些东西。毕竟，实际上金币本身并没有多大的用处。一个人之所以收下金币，是因为他假设其他人也会这样做。

从这个意义上说，单位货币的价值，并不是物品价值的量度，而是一个人对其他人信任程度的量度。

当然，信任这个要素，使得一切都变得更加复杂。早期的纸币流通过程和我在上文中描述的几乎一模一样。只有一点不同：和中国商人一样，每一个接受者都会在纸币上加上自己的签名，以保证债务的合法性。但是一般而言，想要站在票证主义（Chartalist，这是后来人们公认的叫法，来源是拉丁文单词“charta”，意为“代币”）的立场看待这一过程，其难度在于，如何解释人们为什么会一直信任一张纸。毕竟，任何人都可以在欠条上签署亨利的名字，毕竟他没有理由不这么做，对吧？没错，这种债务—代币体系可能在一个小村镇里发挥作用，那里的人们相互熟悉；或者这种体系可以在联系更分散的社会中使用，例如16世纪的意大利社会或20世纪的中国社会的商人之间，至少他们彼此有办法能够知道对方的一举一动。但是，类似的体系不可能发展出一个完全成熟的货币体系；并且也没有证据表明，那些社会建立过货币体系。即使在一个中等规模的城市中，要想提供数量充足的欠条，以保证每个人都能使用这样的货币，并顺利完成自己绝大多数的日常交易，

---

① 这种行为通常被称为“背书”，是指在票据背面或者粘单上记载有关事项并签章的票据行为。——译者注

欠条数量将达到几百万之多。[11] 为了能对所有欠条提供担保，那么亨利所拥有的财富数量将是无法想象的。

但是，假如亨利同时具有亨利二世、英格兰国王、诺曼底公爵、爱尔兰君主和昂儒伯爵的头衔，那么担保欠条就不是问题。

事实上，票证主义发展的真正推动力，来自被归为“德国历史学派”的学者。其中，最知名的倡导者是历史学家 G. F. 纳普（G. F. Kn-app），他的《货币国定论》(*State Theory of Money*）于 1905 年问世。[12] 如果货币只是度量单位，那么就可以解释为什么皇帝和国王应该关注它。因为皇帝和国王都希望在自己的领土内建立统一的度量衡体系。如纳普所说，当统一的度量衡体系建立之后，该体系将保持良好的稳定性，基本不随时间而变化。在亨利二世统治时期（1154—1189 年），西欧几乎所有人都在使用 350 年前由查理曼大帝（Charlemagne）建立的货币体系——镑、先令和便士组成的体系，来记录自己的账目情况，尽管一部分硬币从来没有出现过（查理曼大帝从来没有铸造发行过一枚银镑）。而且，在当时流通的货币中，硬币的种类各式各样，形状、重量、纯度和价值都各不相同，但有一个共同点——没有一枚先令和便士是在查理曼大帝统治时期发行的。[13] 票证主义学者则认为，这并不重要。重要的是，使用了统一的体系来衡量信用和债务，而且该体系十分稳定，基本不随时间变化。查理曼大帝的例子尤其令人印象深刻，因为尽管他的帝国迅速土崩瓦解，但是他创造的货币体系却一直存续下来。在曾经属于他的国土内，800 多年后人们仍然使用这套体系来记录账目。在 16 世纪，它被非常明确地称为“虚拟货币”。而到了法国大革命前后，德尼尔和里弗的价值尺度功能则被彻底弃用。[14]

纳普认为（是否真是他的观点我们不得而知），与这种“虚拟货币”相对应的，在实际流通中的物理货币是什么并不重要。如果国家允许人们用当前流通的货币来纳税，那么货币成分不同将不会有太大的区别，不论它是纯银、杂质银、皮质的代币还是鳕鱼干。因此，这也使得国家愿意接受的任何东西都将成为货币。在亨利生活的时代，英格兰流通货币的最主要的形式就是锯齿状的“计数棒”，它被用来记录债务。计数棒很明显是一种欠条：交易的双方拿一段榛树的树枝，在上面刻出代表欠款数额的锯齿，然后将树枝一分为二。由债主保存的一半叫作“树干”（the stock）[这就是“股东”（stock holder）一词的起源]；由债户保存的另一半叫作“残根”（the stub）[这就是“票根”（ticket stub）一词的起源]。估税员也使用这样的树枝来计算当地治安官的债务数额。但是，一般来说，国库并不会等到亨利的税务到期应缴的那一天，他们会提前以一定的折扣出售计数棒。这些计数棒就会变成代币，代表欠政府的债务额，流通到愿意交易它们的人手中。[15]

现代纸币的原理与之类似，只不过它是以完全相反的方式来运转。[16] 在这里，让我们回忆一下前文中关于亨利欠条的故事。读者可能已经注意到，故事中存在令人迷惑的一点：只有在亨利不偿还债务的时间段内，欠条才能充当货币使用。事实上，这正是最初建立英格兰银行（第一家成功经营的现代化中央银行）的逻辑基础。1694 年，一个由英格兰银行家组成的财团，贷给国王一笔 120 万英镑的款。作为回报，该财团在纸币的发行上获得了王室批准的垄断权。这就意味着对于王国中任何希望向财团借钱的居民，或希望把自己的钱存入银行的居民，财团都有权用国王的欠条来进行支付。这实际上使得新的王室债务流通起来，或者叫作“货币化”。对于银行家来说，这件事意义非凡（最初的那笔贷款，每一年他们都能向国王收取 8% 的利息；同样，他们也可以向所有借钱的客户按 8% 的利率收取利息），但是只有在国王尚未偿还最初的那笔借款的情况下，整个体系才能存续。直到今天，王室仍然没有偿还那笔贷款；它不能被还清。一旦那笔贷款被还清，英国的整个货币体系都将不复存在。[17]

人类历史上，许多更早出现的王国所推行的财政政策中，都存在一些明显的难解谜团。英国的这种做法，至少解释了这些谜团之一：为什么他们要让民众纳税？这并不是我们常常会提出的一个问题，因为它的答案似乎是不言而喻的。政府要求民众纳税，是因为他们想要染指人民的财富。但如果斯密是对的，通过完全独立于政府之外的市场的自然运转，就能促使黄金和白银变成货币，那么对于政府来说，最重要、最紧迫的做法不是控制住金矿和银矿吗？这样一来，国王就将拥有他需要的所有财富。事实上，在古代国王中，这种做法很常见。如果在他们的国土之内有金矿和银矿，他们通常都会控制住这些矿产。因此，提炼黄金，把某人的画像标记在金块上，促使货币在受某人统治的人群之中流通，然后要求这些被统治的人再通过纳税的形式把黄金交还——做这些事情究竟有何意义？

这确实令人有点迷惑。但是如果货币和市场并不是自发产生的，那么一切就都能说得通了。因为，在让市场诞生的众多方法中，这是最简单也是最有效的一种。让我们举一个例子，假设有一个国王，他希望供养一支 5 万人的军队。在古代或者中世纪，维持这种规模的兵力会面临非常严峻的问题。除非这些军队已经出征，否则为了寻找、获取和运输必要的给养，需要雇用几乎同等数量的劳力和牲口。[18] 另外，如果只是简单地把硬币派发给士兵，然后宣布国家中的每个家庭都有义务把那些硬币再交还给国王，那么你将一举把自己的整个王国变成一台供养士兵的巨大机器，因为每一个家庭都必须找到某种方式向士兵提供他们需要的物品，然后换取士兵手中的硬币。市场，则作为这一过程的副产品出现。

这有点像动画片中的剧情，但是市场围绕着古代的军队快速成长，是清晰的、不容置疑的事实。只需要翻阅一下考底利耶（Kautilya）的《政事论》（*Arthasasatra*）、萨珊王朝时期的《君权循环》（*Circle of Sovereignty*）或中国的《盐铁论》，你就会发现，许多古代的君王都花费了大量的时间，用来思考矿产、士兵、税赋和食物之间的相互关系。大多数人得出的结论是，在这种情况下创造的市场，不但便于补给军队，而且在其他各个方面都非常实用。因为它意味着，对于需要的物资，官员们再也不必直接从百姓手中征用，也不必想方设法在皇室的土地或作坊中生产。换句话说，尽管自由主义者顽固地认为（仍然是斯密遗留下来的问题）政府和市场的存在是对立的，但是历史上的记录表明，实际情况恰恰相反。无政府的社会，通常也没有市场。

你大概想象得出，那些继承亚当·斯密衣钵的主流经济学家，对货币的政府理论该是怎样的深恶痛绝。实际上，人们一直把票证主义看作经济学理论中民粹主义的一面，只有思想怪异的人才认同。[19] 有趣的是，主流经济学家最后一般都会为政府工作，建议政府推行如票证主义者所描述的类似政策（即设计税收政策，是为了在不存在市场的地方创造市场），尽管他们信奉的理论以斯密的论证为基础，认为市场会以自己的步调自行发展。

对于殖民地来说，这一点尤其正确。让我们暂时回到马达加斯加的例子：前文已经提到，马达加斯加的征服者，法国将军加列尼，在1901年完全征服岛屿后所做的第一件事就是下令强加人头税。不但税率非常高，而且只能用新发行的马达加斯加法郎支付。换句话说，加列尼的做法正是先印刷货币，然后要求国家中的每个人再把其中一些货币还给他。

但是，这个例子中最令人震惊的一点，是加列尼描述人头税时采用的名称。它被称为“impôt moralisateur”，意为“教育税”或“教化税”。换句话说，设计这种税的目的——用现在的话来说，是教育本地人，让他们了解工作的价值。因为“教育税”在收获时节后不久征收，所以对于农民来说，最简单的缴税方法就是把收获的一部分稻米作物出售给中国商人或印度商人，这些商人不久就在全国的各个村镇安顿下来，坐收渔利。但是，显而易见，收获的时节是稻米价格最低的时候。如果一个人出售了过多的粮食，那么就意味着他没有足够的余粮供全家人一年食用。因此，他就不得不在几个月后，从同样的商人手里以信用的形式回购自己出售的粮食，但价格要高得多。结果，农民将迅速坠入绝望的债务深渊（放高利贷的商人数量则翻了倍）。偿还债务最简单的方法有两种：要么找到一些可以出售的经济作物，例如种植咖啡豆或菠萝；要么把自己的孩子送到城市里，或者送到法国殖民者在全国各处兴建的种植园里工作赚钱。看上去，整个过程似乎和那种用廉价榨取农民劳动力血汗的贪婪机制一样，但其实它还有更深层次的意义。留给农民一点属于他们自己的钱是有必要的，殖民政府清楚地知道这一点（至少从内部政治文件记录来看，他们清楚地知道这一点）。这将确保农民能够在中国人开的商店中购买一些小小的“奢侈品”——太阳伞、唇膏、饼干等。农民能够培养出新的品味、新的爱好、新的期望是至关重要的，它们构成了消费者需求的基础。在征服者离开后，这些需求仍能维持相当长的时间，使得马达加斯加永远和法国联系在一起。

大多数人并不笨，许多马达加斯加人明白征服者这些做法的目的。有些人决定要加以抵制。在殖民侵略60多年之后，一位名叫杰拉德·奥萨比（Gerard Althabe）的法国人类学家，观察到在马达加斯加岛东海岸的小镇里，居民顺从地出现在咖啡种植园里，为缴纳投票税赚钱。在缴纳税金以后，他们会故意无视本地商店中出售的小商品，而把剩余的钱交给家族中的长者。老人们用这笔钱购买牲畜，献祭给祖先。[20] 许多人都坦率地表示，他们的这种做法帮自己抵御了征服者设下的陷阱的诱惑。

但是，这样的反抗很难一直持续下去。即使在岛上那些从未存在过市场的地方，也逐渐有市场形成。伴随着市场的诞生，不可避免地出现了小商店的网络。我于 1990 年拜访那里时，投票税已经被革命政府废除，而市场的思维方式已经深入人心，即使是通灵人士所引用的言论，可能也来自亚当·斯密。

这样的例子能无限地增加下去。对于那些还没有诞生市场的地区，几乎每一个被欧洲军队征服的地方，都有类似的情况发生。人们没有发现以物易物，这些地方在采用主流经济学家排斥的方法，促进市场的诞生。

原始债务溯源

近一个世纪以来，人类学家一直在抱怨以物易物是谬论。经济学家偶尔也会略带愠怒地指出，他们之所以无视所有证据，一直讲述同样的故事，是出于一个非常简单的原因：人类学家从来没有说出一个更好的故事。[21] 这个原因可以理解，但是同样有一个简单的答案可以回答。人类学家未能就货币的起源说出一个简单的、有吸引力的故事，是因为根本不存在这样一个故事。货币和音乐、数学或珠宝一样，从来就不是被“发明”出来的。我们所说的“货币”，根本就不是一个“物品”，而是以比例的形式、用数学来比较物品的一种方法——让你知道 1 个 X 等于 6 个 Y 的方法。从这个意义上说，货币可能和人类的思维一样古老。当我们想要开展更具体的研究时，就会发现，许多不同的习惯和实践都会汇聚到现在被称为“货币”的东西上。这正是经济学家、历史学家等发现难以形成对货币的单一定义的原因。

长久以来，因为缺乏同样有吸引力的故事，信用理论家举步维艰。这并不是说，在1850—1950年进行的货币争论，参与的各方都没有使用虚构事实这一武器的习惯。这一点可能只在美国成立。绿背纸币党人（Greenbacker）主张完全解除美元和黄金的挂钩，允许政府在创造工作机会的运动中，不受限制地投入资金。为此，他们提出了进军华盛顿的设想——这个设想在美国的历史上将会激发无尽的共鸣。L. 弗兰克·鲍姆（L. Frank Baum）的《绿野仙踪》（*The Wonderful Wizard of Oz*）一书出版于 1900 年，被广泛地认为是一部政治寓言。威廉·詹宁斯·布莱恩（William Jennings Bryan）曾在“开放白银”（Free Silver）平台上两度竞选美国总统，《绿野仙踪》影射的正是由他发起的民粹运动——要求在黄金之外开放白银货币，以黄金—白银的复本位制取代金本位制。[22] 在这个运动里，除绿背纸币党人，最主要的参与人群就是债户，尤其是和多萝西一样来自中西部那些农场家庭的人，他们在 19 世纪 90 年代严重的经济衰退时期，一直面临着大规模地丧失抵押品赎回权的处境。根据民粹主义者对《绿野仙踪》的解读，东方和西方的“坏女巫”（Wicked Witch）代表美国东西海岸的银行家（紧缩货币政策的倡导者和受益人），“稻草人”（Scarecrow）代表农民（没有大脑，不能躲避债务陷阱），“铁皮人”（Tin Woodsman）是工人无产阶级（没有心脏，无法和农民齐心协力行动），“胆小的狮子”（Cowardly Lion）代表政治阶层（没有勇气干预现状），黄砖小路、白银拖鞋、翡翠城和倒霉的巫师可能只代表它们自己。[23] “奥兹”（Oz）显然是“盎司”的标准缩写。[24] 假如鲍姆的写作目的是创造一个新的谬论，那么他的故事极为成功。但如果他本来是希望进行某种政治宣传，那么他的故事就没那么成功了。威廉·詹宁斯·布莱恩三次竞选总统都失败了，复本位制度从未被采用。如今，很少有人还记得《绿野仙踪》这个故事的本来寓意。[25]

对于政府—货币理论家来说，这个问题尤为关键。关于统治者在被征服的土地上使用税费来建立市场，或者把税费用于军队开支及其他政府职能开销的故事，并没有什么启发性。德国把货币作为国家意志的化身的看法，也没有很好地流传开来。

但是，每当经济彻底崩溃的时候，传统的自由放任主义经济学就会遭受重创。布莱恩运动的诞生，是对 1893 年大恐慌的回应。在 20 世纪 30 年代的“大萧条”时期，“只要政府保证货币和贵金属安全地挂钩，那么市场就能够自我调节”这一观点被彻底击碎。在1933—1979年，每个主要的资本主义国家政府都推翻了之前的政策，或多或少地采纳了凯恩斯主义（Keynesianism）的一些做法。正统凯恩斯学说的前提假设是，除非资本主义国家政府愿意有效地扮演起保姆的角色，否则资本主义市场将无法真正运转起来。最著名的做法，就是在经济衰退期，政府通过巨额赤字进行“投资”。在20世纪80年代，英国的玛格丽特·撒切尔和美国的罗纳德·里根都进行了出色的表演，显示两国政府将拒绝采取任何投资行动，但人们实际上并不知道，他们是否真的如宣称的那样没有进行投资。[26] 在这两个例子中，他们都意识到要加大力度推翻之前的货币正统学说，以此作为国家运转的依据。1971年，理查德·尼克松决定彻底取消货币和黄金挂钩，终止国际金本位，引入浮动货币体制。从此，浮动货币体制就主宰了世界经济。这意味着，从此以后，所有的国家货币都变成了由公共信用支撑的“许可货币”——这是新古典主义经济学家喜爱的说法。

现在，约翰·梅纳德·凯恩斯（John Maynard Keynes）对于他习惯称为信用和国家理论的“替换传统”的东西所持的态度，比过去和现在与他水平相仿的经济学家所持的态度更加开放（尽管不无争议，凯恩斯仍被视为20世纪最重要的经济思想家）。在某些观点上，他让自己深入其中：在20世纪20年代，他花了几年的时间研究美索不达米亚人用楔形文字记录的财务信息，试图明确货币的起源——后来，他称之为“巴比伦人狂热”。[27] 他在自己最著名的著作《货币论》（*Treatise on Money*）开篇，就详细阐述了自己的结论。如果一个人不从最基本的原理开始研究，而是先对历史记录进行仔细翔实的检查分析，那么凯恩斯的结论基本上是能够得出的唯一结论：从本质上说，最愚蠢的初级知识是正确的。不管货币起源于何处，在过去4 000年里，货币一直是政府创造的产物。他论述道，个体之间相互签订合约，他们借入债务，并承诺偿还。

因此，政府率先诞生，其角色是法律权威，保证物品的偿还能够与合约上的名字或描述相对应。此外，当它宣称有权决定并公布什么物品与名字相对应，并能不时更改它的公告时——即宣称自己有权重新编撰字典时，政府就将起到双重作用。所有的现代政府都宣称拥有这样的权利，并且至少在过去的 4 000 年里，这样的宣告都在持续发生。只有当货币演变到达这一阶段以后，纳普的票证主义——货币是政府创造的产物，才能完全实现……现在，所有文明使用的货币就是票证主义的产物，这一点毋庸置疑。[28]

这并不意味着政府必须创造货币。货币是信用，它可以通过私人的合约协议（例如贷款）而诞生。政府仅仅是强制推行协议，并制订法律条款。因此，凯恩斯得出了另一条让人印象深刻的判断：银行创造货币。银行自身的能力使它足够做到这一点。因为不论银行借出多少钱，借方除了再次把钱存入某家银行，没有其他的选择。因此，把银行体系作为一个整体来看，借方总数和贷方总数一直是相等的，可以相互抵销。[29] 凯恩斯的这一判断隐含的启示非常激进，但是凯恩斯自己并不激进。最后，他总是小心地以某种方式对问题进行重新界定，从而使其能够被当时的主流经济学所接纳。

但凯恩斯也不是谬论的制造者。至于另外一种传统带来了以物易物谬论的答案，也并不是出于凯恩斯自己的努力（凯恩斯最后认定货币的起源并不重要），而是来自同时代的新凯恩斯主义者。他们竭尽所能，把凯恩斯的一些比较激进的见解推广到极致，并对此毫无畏惧。

在货币的国家信用理论中，真正薄弱的环节就是税务的要素。解释为何早期政府要求收税是一回事（为了创造市场），而询问“他们有何权利收税”则是另外一回事。假设早期的统治者并非恶棍，而收税也不是勒索（据我所知，没有信用理论家用这种观点看待哪怕是最早期的政府），你一定会问他们如何让这样的事情正当化。

现在，我们都认为自己知道这个问题的答案。人们纳税，因此政府才能提供服务。它首先从安全保卫服务开始。通常情况下，军事保卫是早期的政府唯一能够提供的服务。当然，到了现在，政府会提供各种各样的服务。据说，这一切都能追溯到某种形式的原始“社会合约”，每个人都认可这一合约。但是没人能够准确知道何时、通过谁或者为什么我们应该因先人对某些事情的决定而承担责任，而对另外一些事情则不需要承担责任。[30] 如果假设市场先于政府出现，那么这所有的一切都将有意义；但是一旦你意识到市场并没有在政府出现之前诞生，那么整个论证过程都将倾覆。

还存在另外一个解释，人们提出它是为了和国家信用理论保持一致。它被称为“原始债务理论”，理论的主体研究主要在法国完成，研究人员不仅包括经济学家，还有人类学家、历史学家和古典主义学者。起初，该理论是围绕着米歇尔·阿格利塔（Michel Aglietta）和安德烈·奥利恩斯（Andre Orléans）的研究建立，[31] 近些年又加入了布鲁诺·特莱（Bruno Théret）的成果。自此，美国和英国的新凯恩斯主义者也开始展开相关研究。[32]

它是近些年才出现的一个理论，最初诞生于关于欧元本质的争论之中。建立统一的欧洲货币不仅激发了各种各样的学术讨论（统一的货币是否意味着欧洲作为一个国家而诞生，或者意味着统一的欧洲经济体或社会体的诞生？从根本上看，它们是不是一回事？），而且激发了令人印象深刻的政治讨论。欧元区的建立，推动先锋是德国，它的中央银行仍然认为自身的主要目标是抗通胀。进一步说，紧缩的货币政策和平衡预算的需求，一直被作为削减欧洲国家福利政策的主要武器来使用，它已经演变成银行家和退休员工、债主和债户之间政治斗争的核心利害关系，和 19 世纪 90 年代发生在美国的情况一样。

关键的理由在于，任何试图把货币政策独立于社会政策之外来研究的做法，都是错误的。“原始债务理论”的研究者坚持认为，货币政策和社会政策是同一件事情。因为政府是所有的公民彼此之间债务的信用担保人，所以政府可以使用税收来制造货币。这种债务正是社会的本质。它的出现，远远早于货币和市场。货币和市场则是把债务进一步细分的简单方法。

起初，这一理论认为，债务的这种性质并不通过国家来表现，而是通过宗教来表现。为了完成自己的论证，阿格利塔和奥利恩斯完善了一些早期的梵文宗教文献著作：吠陀和梵书中收集的圣歌、祈祷词和诗歌。几个世纪以来，这些文字由僧侣记录创作，如今它们被认为是印度教思想的基础。阿格利塔和奥利恩斯的做法看起来很奇怪，其实不然。那些文献著作是人类历史上最早的反映债务本质的记录。

实际上，即使是在公元前 1500—公元前 1200 年创作的最早期的吠陀诗歌，也表现出对债务的关注——债务被认为是“罪行”的同义词。[33] 不计其数的祈祷词，都是请求神明将祈祷者从债务的枷锁中解救出来。有时候，这些典籍中出现的“债务”就是取其字面含义——例如，《梨俱吠陀》10.34 有一大段章节描述赌博者的悲惨处境，他们“无家可归，四处游荡，处于恐惧的折磨中，处于负债的压力下，寻找金钱”。而其他时候，“债务”很明显是一个比喻。

在这些圣歌中，死神耶摩的角色举足轻重。如果一个人负债，那么死神就会在他身上放置一个重物；如果一个人对神明或者对其他人有任何未完成的责任、未遵守的承诺，那么他将生活在死神的阴影下。即使在最早期的经文中，债务似乎也代替了内在折磨的广泛意义，人们向神明——尤其是代表献祭的火焰的阿格尼祈求解脱。在梵书中，解经者试图把一切都整合成一种更加全面的哲学。结论是：人类的存在本身就是一种债务形式。

> 自出生开始，人就是债务。他自己是为死神而诞生的，只有当他牺牲自己以后，才能从死神手中赎回自己。[34]

因此，祭品（那些早期的解经者自己就是献祭的牧师）被称为“向死神交纳的贡金”。或者这就是表达的方式。而在现实生活中，牧师比任何人都更清楚地知道，祭品将献给所有的神明，而不是只针对死神——死神充当的是中间人的角色。但是，将事情以这样的方式来表达，确实立即会带来一个问题。只要有人采用这样的方式来看待人类的生命，这个问题总是会应运而生。如果人类的生命相当于欠债，有谁真的希望偿还这样的债务呢？生活在负罪的状态下意味着有罪，意味着人生的不完整；但是完整就意味着毁灭。从这个角度看，献祭的“贡金”能被看作支付的利息。作为祭品的动物的生命，是用来暂时代替真正亏欠神明的债务，即人类自己——人类最终牺牲自己是不可避免的，以动物献祭只是推迟这一结果到来的时间。[35]

关于如何走出这一困境，不同的解经者提供了不同的方法。有些雄心勃勃的婆罗门人开始告诉他们的客户，献祭的仪式如果正确无误，那么将保证可以突破人类的条件限制，达到永生（因为在永生面前，所有的债务都将变得毫无意义）。[36] 另外的方法就是扩展债务的概念，使得所有的社会责任都变成某种形式的债务。因此，在梵书最著名的两个章节里，都认定人类的出生不仅欠下神明的债务，需要用献祭的方式来偿还；而且我们还欠编写《吠陀》的圣人的债，需要通过学习典籍来偿还；欠祖先的债，需要通过生儿育女来偿还；最后，还欠“其他人”（很明显，“其他人”在这里指全人类）的债，需要通过招待陌生人来偿还。[37] 因此，任何按规矩生活的人，都在持续地偿还某种已有的债务；但是同时，因为债务的概念重新回到社会责任的角度，它就变得远没有“一个人的存在是欠死神的债务”这种说法那么可怕。[38] 还有一个重要的原因就是社会责任会出现在以上两种方式中。尤其是当一个人抚养了自己的子女以后，他就同时具有了债户和债主的身份。

“原始债务”理论家提出，在铁器时代早期，以生活在恒河谷的祭司所采用的特定思想传统来看，吠陀经文中蕴含的观点并不奇怪。这些观点对于人类思想的历史和本质，是不可或缺的。下面这段话，节选自法国经济学家布鲁诺·特莱的一篇论文，标题并不吸引人——《货币的社会文化性：向欧元转变的启示》，1999 年发表于《消费者政策期刊》（*Journal of Consumer Policy*），我们可以把它当作例子。

在货币诞生之时，我们拥有死亡的“代表关系”。这是一个看不见的世界，它在生命诞生之前，并且超出生命之外——这种代表性，是适用于全人类的象征性的产物，把人类的诞生看作由全人类所引发的原始债务，债主是人类从中降生的超自然力量。

这种债务的偿还，永远无法在现实世界中完成（它的偿还已经超出了现实世界的范畴），只能采用献祭的方式偿还。献祭，补充了活人的信用，使得延长生命成为可能，甚至在某些特定的情况下，能够加入神灵之列，达到永生。但是这种最初的信仰宣言，也伴随着国家主权力量的诞生。主权的合法性，在于它可以代表最初的超自然整体。正是这些主权力量发明了货币，作为解决债务的手段——这些手段的抽象性，使其能够解决牺牲的悖论，即死亡是保护生命的永久手段。通过这种机制，信仰也相应地变成了货币，上面印有国家统治者的肖像——货币开始流通，但是其回收由另外的机制安排，即生命债务的税收 / 解决方案。因此，货币同样承担了支付手段的功能。[39]

这非常明确地表明，在欧洲进行辩论的标准，和北美世界使用的辩论标准是多么不同。你无法想象北美任何一个流派的经济学家会写出这样的东西。但是，作者在这里进行了非常聪明的总结。人类的本性，并不会把我们推向“交易和以物易物”。它会确保我们创建象征符号，例如货币。这就是我们在被看不见的力量包围的超自然中看待自己的方式，我们都是超自然的债务。

当然，这种聪明的做法又使得我们回到了货币的国家理论——因为特莱写到“主权力量”，实际上他是指“国家”。最初的统治者都是神圣的国王，他们要么就是神明，要么是作为站在人类和统治超自然的终极力量之间的特权调停人。这使人们逐渐认识到，我们对于神明的债务，实际上是对于社会的债务，而正是社会使得我们成为现在的模样。

英国社会学家杰弗里·英厄姆（Geoffrey Ingham）写道：“原始债务是人们欠长久存续的社会的，而社会保证了个人的存在。”[40]从这个意义上说，不但罪犯欠“社会债务”，而且在一定程度上，所有人都是有罪的，甚至是罪犯。

例如，英厄姆提出，尽管没有实际的证据表明货币是以这种方式诞生的，“但有大量的语言学证据可以间接证实”这一点。

在所有的印欧语系中，“债务”这个词和“原罪”“有罪”是同义词，表明宗教、偿还和神圣的/不洁的“货币”领域之间的联系。例如，在“货币”（德语 Geld）、“赔偿”或“牺牲”（古英语 Geild）、“税收”（哥特语 Gild）、“有罪”（guilt）之间存在着词根联系。[41]

或者我们可以来看另一个有趣的联系：为什么人们频繁地使用牛作为货币呢？德国的历史学家伯纳德·劳姆（Bernard Laum）早已指出，在古希腊荷马时代，当人们衡量一条船或者一套盔甲的价值时，总是使用公牛作为度量单位——尽管他们在实际进行物品交换时，从来不会真的为任何物品支付公牛。这么做的原因是，公牛是人类用来供奉给神明的祭品，因此代表着绝对的价值。从苏美尔文明到希腊古典时期，金银作为寺庙的祭品用于供奉。在世界各地，货币似乎都是从最适宜供奉给神明的物品中诞生的。[42]

社会创造了人类，因此我们欠社会原始债务。如果国王接过了保卫原始债务的责任，那么就非常明确地解释了为什么政府认为自己有权让我们缴税。税是一种手段，衡量我们欠社会的债务的多少。但是，这并不能解释这种绝对的生命债务如何转变成货币，而货币的定义就是衡量和比较不同物品的价值。在信用理论家和新古典主义经济学家看来，这都是很严重的问题，尽管对于他们来说，这些问题的结构并不相同。如果站在货币的以物易物理论的角度来看，你需要解决的问题是，为什么你会选择某种商品来衡量你需要的其他商品的数量，以及这一过程如何实现；如果站在信用理论的角度来看，你面对的问题就是我在第一章中所描述的：如何把道德的责任转变成具体数额的货币，欠某人一个人情的概念如何最终转变成会计制度，使得一个人能够计算为了偿还债务，自己究竟需要多少只羊、多少条鱼或者多少重量的银子。或者在这个例子里，我们如何将欠神明的债务转变成欠亲属或者酒吧服务生的具体债务？

原始债务理论家提供的答案也是非常聪明的。如果税代表人们欠社会的绝对债务数量，那么创造真正货币的第一步，就是开始计算更加具体的债务数量，建立罚款、罚金和报酬体系，计算我们以某种形式欺骗了别人而欠下的债务。正因如此，我们才处于“原罪”或“有罪”的关系中。

这听起来似乎有些道理，但实际上并非如此。截至目前，在我们所看到的所有货币起源的理论中，最令人困惑的一件事情是，这些理论都完全忽略了人类学的证据。对于经济在国家尚未形成的社会中如何运转，人类学家确实掌握了相当丰富的证据和知识——在国家和市场尚未完全打破已有运行方式的地方，经济如何发挥作用。例如，东非或南非使用牛作为货币，美洲或巴布亚新几内亚使用贝壳（最有名的例子），或者珠子、羽毛、铁环、子安贝、海菊蛤贝壳、黄铜棒、啄木鸟的头皮等作为货币——关于这些情况都已经有无数的研究成果。[43] 经济学家忽略这些研究文献的原因很简单：这种类型的“早期货币”极少在买卖东西时使用；即使交易中确实使用这些货币，它们也不是日常生活中经常出现的物品，使用频率要远远低于母鸡、鸡蛋、鞋、土豆等。而且货币通常不是在雇佣关系中作为报酬支付，它们通常用来重新安排人们之间的关系。最重要的是，安排婚姻和解决争端，尤其是因谋杀或人身伤害而引起的争端。

人们有充分的理由相信，我们自己的货币也是以同样的方式诞生的（在英语中，“支付”这个词原本是从表示“安抚情绪，使息怒”意义的词语中衍生出来的）。例如，你在一次酒后的斗殴中误杀了某人的兄弟，为了表示歉意，也为了显示你希望避免两家因此结下世代的血海深仇，你愿意把非常珍贵的东西赠送给那个人，货币由此诞生。[44]

债务理论家尤其关注后一种可能性。部分原因在于，他们希望跳过人类学研究的文献，直接着眼于早期的法典。让我们从 20 世纪最伟大的货币学家菲利普·格里尔森（Philip Grierson）开创性的研究成果中吸取一些灵感。他在 20 世纪 70 年代首先提出货币可能诞生于早期的法律实践。格里尔森是研究欧洲黑暗时代的专家，他着迷于研究后来被称为《野蛮人法典》（*Barbarian Law Codes*）的典籍。公元 600—700 年，罗马帝国覆灭以后，许多日耳曼人（哥特人、弗里斯兰人、法兰克人等）确立了这一法典。后来，从俄罗斯到爱尔兰，世界各地相继建立了类似的法典。当然，这些文献记录非常吸引人。此外，它们确定无疑地表明，传统上关于欧洲在这一时期“重回以物易物”状态的说法，错得离谱。几乎所有的日耳曼法典，都使用罗马货币进行估值。例如，对偷窃的惩罚，不但要求小偷归还偷窃的财物，而且在他持有所窃财物期间，失窃者所有未还清的债务都需要由小偷支付（对于偷窃金钱的情况，就是支付利息）。另外，生活在从未被罗马统治过的地区（爱尔兰、威尔士、北欧国家、俄罗斯）的人们也相继颁布了类似的法典，更加确凿地揭示了这一事实。在确定可以充当支付手段的物品及对需要补偿的伤害和侵犯类别的精确分解上，这些法典都非常有创造力。

威尔士法律规定的补偿，主要用牛来支付；在爱尔兰法律中，则用牛或者女奴（cumal）来支付。两国的法律里，支付手段都大量地采用贵金属。在日耳曼的法典中，最主要的支付手段就是贵金属……在俄罗斯法典中，最主要的支付手段是银子和皮毛，皮毛中价值最高的是貂皮，最低的是松鼠皮。法典的细节非常详尽，不但具体规定了涉及的人身伤害类型（对失去一条手臂、一只手、一根食指、一片指甲、一次导致大脑或头骨外露的头部重击等，都详细规定了补偿数量），而且有些法典对于不同种类的家庭财产也使用不同的法律章节来对应。萨利克法（Salic Law）的第二条规定了偷猪应受到的惩罚，第三条针对偷牛，第四条针对偷绵羊，第五条针对偷山羊，第六条针对偷狗，并且会按不同年龄和性别的动物进行更加精细的划分。[45]

这确实在心理方面起到了很大的作用。我已经提到，想象一个精准的等价物体系（一头健康的奶牛刚好等于 36 只母鸡）是从大多数的礼物交换形式中诞生有多么困难。如果亨利送给乔舒亚一头猪，并且感觉自己收到的回礼价值不足，他可能会把乔舒亚看作一个守财奴，但是他无法用一个数学公式精确地计算出乔舒亚到底吝啬到什么程度。另外，如果乔舒亚的猪弄坏了亨利的花园，特别是亨利在制止它的过程中失去了一个脚趾，亨利的家人在村镇的议会上要求传召乔舒亚——正是在这种情况下，人们可能变得微不足道并且遵纪守法，如果他们感到自己比应得的数量少得到1格罗特①，那么就会表达自己的愤怒。而这正是数学的特性，例如精确量度一头两岁大的怀孕母猪价值的能力。更进一步说，征收罚金需要频繁使用等价物的计算。假设罚款要用貂皮来缴纳，但是犯人的家里没有貂皮，那么他可以缴纳多少张松鼠皮来代替呢？或者多少银质珠宝是和貂皮等价的呢？这样的问题一定会不停地出现，由此将至少有一套近似等价规则的量度办法诞生，规定不同物品之间的等价关系。这就能够对解释前面出现的例子有所帮助。例如，为什么中世纪的威尔士法典不仅能够对不同年龄、不同性别的奶牛的价值进行分别规定，而且能够对家庭日常生活中可能用到的所有物品规定其货币价值，甚至细分到每一块木头的成本——尽管在当时，没人相信这些东西能够在公开市场中购买到。[46]

创造谬论

在这一切之中，存在某种非常吸引人的东西。首先，其前提包含大量的直觉成分。毕竟，我们自己确实亏欠其他人。这是真的。我们交谈甚至思

① 格罗特是古代英国的银币，1 格罗特 = 4 便士。——译者注

考所使用的语言，我们的习惯和观点，我们爱吃的食物，使我们的电灯能发光、马桶能冲水的知识，甚至是我们表明对社会传统的否定所采用的表达方式——所有这一切都是我们从其他人那里学到的，而他们中的大多数人早已去世。如果我们把欠他们的东西想象成债务，那么债务将是无穷多的。所以，问题在于，把它看成债务真的有意义吗？毕竟，从定义上看，至少我们认为债务是能够偿还的东西。希望和自己的父母实现两讫的状态是非常奇怪的，这通常意味着一个人想和父母断绝关系。我们真的希望和所有人达到两讫的状态吗？那意味着什么？这种愿望真的是所有人类思考的基础特征吗？

其次，原始债务理论家所描述的，是不是一个谬论？他们的发现，究竟是一个存在于所有社会形态中的深奥的人性真理，并且早已在某些古老的印度经文中得到清晰的描述，还是他们自己创造了这个谬论？

很显然，一定是后一种情况。他们创造了谬论。

选择吠陀经文是至关重要的。事实上，对于这些经文的作者，我们几乎一无所知；而对孕育了这些经文的社会环境，我们也知之甚少。[47] 我们甚至不知道收取利息的贷款是否存在于吠陀时期的印度——显然，对于祭司们是否真的把祭品看作人们欠死神贷款的利息，这有着重要的影响。[48] 结果，这些经文起到的作用，既可以相当于空白的画布，也可以是写满未知的象形文字的画布，通过它们，后世的人可以得出任何自己希望得到的结论。如果我们来看一看另一个古老的文明，另一个我们确实了解其存在的环境和状态的文明，我们将找不到任何证据，证明存在和印度类似的观点，即把献祭看作偿还的方法。[49] 如果我们翻阅古代神学家的著作，将会发现，大多数著作经常提到的观点，是把献祭看作人类和神明确立商业关系的切入点，但是神学家们觉得这一观点很明显是荒诞的：如果神明已经拥有了想要的一切，那么人类究竟能拿什么和神明讨价还价呢？[50] 在本书的最后一章，我们将看到赠送礼物给国王是多么的困难。而对于神明（更不要说上帝），难度将进一步被无限放大。交换需要以平等为前提，而在面对超自然的力量时，这个前提从一开始就不成立。

而对神明的债务由国家承担，并由此形成债务体系的观点，实际上也站不住脚。这里的问题在于，在古代，自由的公民通常不需要纳税。一般来说，只有被征服的人口才需要缴纳贡金。在古代的美索不达米亚，情况正是如此，独立城邦的居民们根本不需要缴纳直接税。与此相似，正如摩西·芬利所说："古典时期的希腊人，把直接税看作暴政的产物，尽一切可能避免其出现。"[51] 雅典的居民不缴纳任何形式的直接税，但是城邦有时候却会向居民分发货币，这是某种和我们认知相反的税务体系——有时候采用直接发放的形式。比如劳里厄姆（Laurium）银矿的收益，有时候城邦会采用间接的形式向参加陪审团或集会的人慷慨地派发。但是，从属的城邦需要支付贡金。在波斯帝国内部，波斯人无须向帝王缴纳贡金，但是被征服地区的人们则需要这么做。[52] 罗马也是如此。在相当长的时间里，罗马公民不用纳税，但是他们有权以救济金的形式，分享其他地区缴纳的贡金——著名的"面包与马戏"① 手段中的"面包"部分。[53]

换句话说，本杰明·富兰克林说，在这个世界上，只有死亡和税是确定的——他这种说法不正确。这显然使得"对一个人的债务，只是对其他人债务的一种变化形式"的观点，变得更加难以存继。

但是，所有这一切，都不足以给国家货币理论致命的一击。即使是那些不征税的国家，也确实征收某种形式的报酬、罚金、关税和罚款。对于其他理论（声称国家的诞生是作为某种超脱于世外的原始债务的守卫），它很难与之相一致。

尽管美索不达米亚是最早出现收利息的贷款的地方，大概比吠陀的诞生早 2 000 年，但是原始债务理论家极少提及苏美尔或巴比伦——这很奇怪，因为这两个地方也是世界上最早的国家诞生之地。但是如果我们看一看美索不达米亚的历史，这件事就没那么令人惊讶了。又一次，我们在美索不达米亚的发现，许多方面都和那些理论家预计的情况完全相反。

读者可以回忆一下前文的例子，美索不达米亚的城邦由大量的寺庙所统治：庞大、复杂的行业机构，工作人员通常数以千计，包括牧羊人、纤夫、纺纱工、编织者、舞女及管理人员。至少在公元前 2700 年，雄心勃勃的统

① 面包和马戏，即（免费的）食物与娱乐，指统治集团以小恩小惠来缓和人民的不满的手段。——译者注

治者开始兴建以相似的方式组织的宫殿，来模仿美索不达米亚——唯一的区别是，寺庙的中心是男神或女神的圣室，供奉着神像，由僧侣仆人侍奉饮食、穿衣及娱乐，仿佛这些神像有生命。宫殿的中心是国王的房间。苏美尔的国王很少宣称自己是神明，不过他们的做法也与此相差不大。但是，当他们以超自然统治者的能力去干涉臣民的生活时，则很少以施加公共债务的形式推行，一般采用取消私有债务的形式。[54]

我们不知道需要支付利息的贷款何时出现，也不知道其如何出现，因为它们的出现似乎早于文字的诞生。最有可能的情况是，寺庙僧侣发明了支付利息的贷款，作为向篷车交易提供资金支持的手段。篷车交易非常重要，因为尽管古代的美索不达米亚河谷极为丰饶，能够生产大量富余的谷物和其他食物，并供养许多牲畜，从而提供大量的羊毛和毛皮，但除此之外，那里几乎一无所有——石头、木头、金属甚至作为货币使用的银子，都需要进口。因此，很早以前，寺庙僧侣就形成了把商品分配给本地商人的习惯（有些商人是独立的个体，而有些则是寺庙里的僧侣），商人们将离开平原，到其他地区出售商品。对于寺庙来说，利息是分享商品出售收益的一种方式。[55]但是，一旦这种方式被确立下来，其原理似乎就很快扩散开来。不久，人们就发现不但出现了商业贷款，而且出现了消费贷款——“高利贷”的原始意义。到了公元前2400年，对于那些经济上有困难的农民，以担保物抵押放贷已经成为本地官员或富商的惯例做法；如果农民不能偿还贷款，放贷者就会把他们的财产据为己有。收取财产通常从谷物、绵羊、山羊和家具开始，然后是土地和房屋，最终甚至有可能发展到家庭成员。首先是仆人，然后是子女和妻子，在某些极端的情况下，债户自己也会被征收。这些人将变成债务苦工：并不是奴隶，但是和奴隶区别不大，被迫在债主的家里（有时在寺庙或宫殿里）一直工作下去。当然，从理论上说，只要债户偿还了借款，就可以把他们全部赎回。但是很显然，农民被剥夺的财产越多，他们就越难以偿还借款。

这种情况的后果是，社会通常面临分裂的危险。如果某一年，出于某种原因，农作物歉收，大量的农民将会变成债务苦工，许多家庭将支离破碎。不久，随着负债的农民出于财产被剥夺的恐惧而逃亡，在城市文明边缘的沙漠中游荡的半游牧部落的土地将被荒废。为了应对可能出现的社会的彻底崩溃状况，苏美尔和后来的巴比伦国王，会周期性地宣布大赦。经济历史学家迈克尔·赫德森（Michael Hudson）称其为“既往不咎”。这样的法令通常会免除所有未偿还的消费债务（商业债务不在此列），把土地归还给最初的所有者，允许所有的债务苦工回到自己的家庭。不久，国王在首次登基时宣布大赦基本变成了惯例，还有许多国王在位时就不得不重复地宣布大赦。

在苏美尔时期，大赦被称为“自由宣言”。令人印象深刻的是，苏美尔语“amargi”是已知的人类语言中第一个出现的意为“自由”的词，其字面意义是“回到母亲身边”——这正是重获自由的苦工终于可以做的事情。[56]

迈克尔·赫德森说，美索不达米亚的国王们这样做是由于他们宣称自己具有超自然身份：在获取权力时，他们真的认为自己是在重新塑造人类社会，因此，他们需要把以前所有的道德责任清除掉。尽管如此，这和原始债务理论家脑海里的观点仍然相去甚远。[57]

社会与债务

在整个文献主体中，最初的假设可能是最严重的问题：人类在一开始，就为某种叫作“社会”的东西背负上了无尽的债务。我们推想到神明身上的，正是这种对社会的债务；然后，同样是这一债务，由国王和国家政府接手。

正是因为人们假设整个世界的组织是由一系列被称为“社会”的压缩模块单元组成，并且所有人都知道自己属于哪个模块，才使得“社会”这个概念如此具有欺骗性。历史上，极少发生这样的情况。假设我是一个基督徒，并且是亚美尼亚商人，生活在成吉思汗统治的地区，那么我属于哪个“社会”？我属于自己从小长大的那个城市的社会，属于那个我每天在其中处理日常事务的国际商人组成的社会（拥有自己制定的行为准则），属于由说亚美尼亚语的人组成的社会，属于基督教会（或者仅是东正教会），还是属于由领土从地中海延伸到朝鲜的蒙古帝国的臣民组成的社会？从历史上看，国家和帝国很少成为人们生活中最重要的参考点。国家建立又灭亡，国力也会强盛又衰弱，而人们在自己的生活中可能偶然才会得知政府的存在，历史上有许多人从来没能确定自己究竟属于哪个政府。即使到了近代，世界上的许多人也不确定自己应该属于哪个国家，或者这件事为什么重要。我的母亲是在波兰出生的犹太人，她对我讲过一个她小时候听到的笑话：

在俄罗斯和波兰的边境有一个小镇，没人能够确定它究竟属于哪个国家。有一天，两国正式签署了条约。不久，勘探员们就来到小镇上画出边界线。他们在附近的一座山上安装设备，有些村民走了过来。

“那么我们究竟在哪儿，俄罗斯还是波兰？”

“根据我们的计算，你们的小镇现在恰好在波兰境内 37 米。”

村民们立刻高兴地跳起舞来。

“为什么这么高兴？”勘探员问道，“属于俄罗斯还是属于波兰，有什么区别呢？”

“难道你不知道这意味着什么吗？”村民们回答，“这意味着我们再也不用忍受那难熬的俄罗斯寒冬啦！”

但是，如果我们一出生就欠别人无尽的债务，而且我们依靠这些人得以存在，不过又不存在叫作“社会”的自然单位——那么我们欠下的债务是什么？债主又是谁？债务包括所有东西？债主是所有人？抑或某些东西或某些人？我们如何偿还如此模糊的债务？或者更中肯地说，究竟谁能宣称，自己有权告诉人们要如何偿还这笔债？依据什么样的基础？

如果我们以这种方式来构建问题，那么梵书的作者为这个道德问题提供了非常复杂的回答，而从未有人能够就这个道德问题提供更好的答案。我说过，我们对那些经文诞生的环境知之甚少，但是现在我们所掌握的证据证明这些重要的经文诞生于公元前 500—公元前 400 年，大约是苏格拉底生活的时代——在这个时代的印度，商业经济、铸币、收取利息的贷款等机制逐渐成为日常生活的组成部分。当时的知识阶层，和希腊、中国的知识阶层一样，抓住了时机。在这里，抓住时机就意味着询问：把我们的责任看成债务意味着什么？我们的存在究竟是欠谁的债务？

因此，他们的答案中不出现“社会”或国家就十分重要（尽管国王和政府肯定存在于早期的印度）。他们用对神明的债务、对圣人的债务、对父辈的债务、对“人类”的债务来代替“社会”或国家。把他们的构想翻译成现代语言并不难。可以这么说，人类最重要的债主是：

- 宇宙、超自然力量，或者用现在的说法——大自然。这是人类存在的基础。可以通过仪式来偿还：仪式是微不足道的人类展示对世间万物的尊敬和认知的一种举动。[58]
- 那些创造了知识、建立了人类最为看重的文化成就的人，给予了人类存在的形式、意义，同时让它具有了形态。这里，我们指的不但是创造了我们的知识体系的哲学家和科学家，还包括所有在某个领域做出过对人类有益的成就的人，从威廉·莎士比亚到中东那位发明了发酵面包但早已被人遗忘的女士。我们通过不断的学习及为人类知识和文化做出自己的贡献来偿还他们。
- 我们的父母及父母的父母——我们的祖先。我们通过生儿育女来偿还他们。
- 全人类。我们偿还他们的方式是慷慨地款待陌生人及维护基本的社交环境，使人们之间建立关系并且使共同生活成为可能。

但是，如果以这种方式进行，论证过程会破坏自身的前提。这些和商业债务完全不同。毕竟，一个人可以通过生儿育女来偿还对父母的债务，但是如果借钱给其他人，并不意味着他已经偿还了自己的债主。[59]

我自己则一直在思考：难道这不能成为我们得到的结论吗？也许梵书的作者真正想表达的和我们刚刚进行的分析一样，即说明我们和世间万物的关系和商业交易完全不同，也不可能相同。因为商业交易既要求平等，又要求隔离。这些例子都在讲述如何克服隔离：为人父母以后，你就从对先人的债务中解放出来；变成圣人以后，你就从对圣人的债务中解放出来；行为举止都带有人性的关怀以后，你就从对全人类的债务中解放出来。如果提到整个宇宙，也是如此。神明已经拥有一切，所以你无法和他们讨价还价，那么你也不能和宇宙讨价还价，因为宇宙就是一切——你自己也存在于其中。实际上，你可以把这理解成一种微妙的表达方式，说明唯一能够使人从债务中“解放出来”的方法并不是字面意义上的偿还债务，而是显示这些债务并不存在，因为一个人无法把自己隔离而开始还债。所以，取消债务、达到隔离和自治的存在状态的想法，从一开始就是荒诞可笑的。甚至“一个人把自己置于与全人类或世间万物隔离的状态，以便能和全人类或世间万物进行单独交易”这个推论本身就是犯罪，因为这只能用死亡来证明。人类的罪行，并不来自我们无法偿还自己对宇宙的债务，而是来自我们的推论——不论在什么情况下，都把我们自己看成现存的或曾经存在的任何其他事物的等价物，以便能够构想出这种最初存在的债务。[60]

或者让我们看一看等式的另一端。即使我们能够想象自己站在对超自然或全人类具有绝对债务的立场上，接下来的问题也将变成：究竟谁有权代表超自然或全人类发言来告诉我们这笔债务应该如何偿还？如果说还有事情比宣称自己独立于整个世间万物之外以便能够和它谈判更加荒谬可笑的话，那一定是宣称自己能够代表世间万物。

当前的美国属于个人主义社会。如果一个人在寻找这种社会的特质，那么可以考虑这么做：宣称所有人都对人类、社会、自然或整个宇宙有无尽的债务（你可以采用任何方式来表述这个问题），但是没人能够告诉我们该如何偿还。至少，这在逻辑上保持了前后一致。如果这样做，那么已经建立的所有权威体系——宗教、道德、政治、经济和法律体系很有可能变成不同形式的欺诈手段，因为它们都假定可以对无法计算的东西进行计算，宣称它们有权告诉我们，那些无穷债务的一部分应该以何种方式偿还。那么，人类的自由就变成了人类自己决定希望如何去做的能力。

据我所知，从没有人采用过这一方法。现存的债务理论，通常会演变成使权力结构正当化的手段。印度教的例子正是如此。对全人类的债务的描述只在早期的少数经文中出现，并且迅速被遗忘。后来，几乎所有的印度教解经者都忽略了这一点，然后把解经重点放在了一个人对自己父辈的债务上。[61]

原始债务理论家还有另外一个切入点。其实他们对宇宙并不感兴趣，而是对“社会”感兴趣。

让我们回到“社会”这个词本身。它似乎是一个简单的、不言而喻的概念，究其原因，就在于人们通常把这个词作为“国家”的同义词使用。毕竟，当美国人说偿还对于社会的债务时，他们并不是在考虑自己对于瑞典人的责任。它仅指现代国家——精确地界定自己的边境，并用社会政策确保人们以这样的方式来看待“社会”，即作为单一的、紧密相连的实体。这就是把“社会”这个概念向前应用到吠陀诞生的时代或中世纪的时候，总是具有欺骗性的原因，即使我们并没有其他的词可用。

对我来说，这正是原始债务理论家所做的事情：把这样的概念向后应用。

事实上，他们所谈论的所有看法的综合体——存在这种叫作“社会”的东西，我们对它有债务，政府能够代表它，它可以被看作某种在现实生活中的神明——都在法国大革命时期相继诞生或觉醒。换句话说，它是伴随着现代国家政权概念的出现而诞生的。

在奥古斯特·孔德（Auguste Comte）的著作中，我们可以清楚地知道，它们是在 19 世纪早期的法国同时出现的。孔德是哲学家、政治宣传册作者，以最先创造“社会学”这个术语而闻名。孔德甚至在他的晚年提出了一种社会宗教的概念，他称之为“实证主义”（Positivism）。这一概念构建在中世纪天主教的基础之上，充满各种陈腐教条，例如祭服的纽扣都要放置在背部（这样只有在别人的帮助下，才能把它穿上）。在他的最后一部著作——《实证主义问答》（*Positivist Catechism*）中，他也提出了关于社会债务的第一个清晰的理论。书中有一位虚构的实证主义牧师，有人询问他怎么看待关于人权的概念。牧师嗤之以鼻。他说，这一概念毫无意义，是个人主义才有的观点。在实证主义中，只有责任。毕竟：

> 我们的出生，背负着各种各样的责任——对我们的祖先，对我们的后人，对我们的同辈。在我们降生之后，直到我们有能力用服务报答别人之前，这些责任会不断地累积。那么，基于何种人类的基础，可以建立起“权利”的概念？[62]

尽管孔德没有使用“债务”这个词，但是他要表达的意思已经非常明确。人们在到达有能力思考偿还债务的年龄之前，已经积累起无穷的债务。

而那时，我们已经没有办法计算我们的债主是谁。偿还债务的唯一方法就是投身到服务全人类的事业中去。

终其一生，孔德都被认为是一个怪人，但他的观点是极富影响力的。人们对社会有无穷的责任这一看法，最终促成了“社会债务”概念的形成。这个概念被社会改革家采用，最终被欧洲和世界上许多国家的社会政治家所采用。[63]“人们自出生之日起，就是社会的债户”：在法国，不久之后，社会债务的概念就变成了一句政治宣传语、一句口号，最终变成了陈词滥调。[64]这一观点认为，社会创造了我们，所有人都欠社会债务，而国家仅仅是这个已有债务的管理者。每一个人的存在，都完全依赖于其他人，即使我们不知道这种依赖关系如何表现。这一事实，也体现了国家的存在。

这些也是埃米尔·杜尔凯姆（Emile Durkheim）形成自己思想的政界和知识界背景。埃米尔·杜尔凯姆是社会学的学科奠基人，他在论证各宗教中的神明是社会的投影这方面，比孔德做得出色——因此，一个清晰的社会宗教甚至不需要存在。对杜尔凯姆来说，所有的宗教都是认识到人们相互之间的依赖性的手段，这种依赖性对我们的各个方面都造成了影响，但是我们却并未察觉。“上帝”和“社会”其实是同一个概念。

问题是，数百年来，人们都简单地认定，我们所欠债务的守护者及允许我们成为个人的无形社会的合法代表，必须是国家。几乎所有的社会主义者和社会主义体制，最终都受到这种观点的某个版本的影响。让我们举一个臭名昭著的例子，过去苏联禁止公民向其他国家移民，苏联政府就采用这种观点使自己的做法正当化。它的逻辑是这样的：苏联创造了人民，养育和教育了他们，让他们得以成为他们自己。那么，人民究竟有什么权利把政府的投资成果带走，贡献给其他国家，好像他们不欠政府任何东西？这种诡辩也不仅仅局限于某种社会体制，民族主义者也会应用同样的逻辑——尤其是在战争时期。

你可能会说，以原始债务的观点来看，我们真正拥有的，其实是终极的民族主义者的谬论。过去，人类的生命属于创造人类的神明，人类以献祭动物的形式支付利息，最终用自己的生命来偿还本金。现在，我们的生命属于塑造我们的国家，我们用纳税的形式支付利息，当需要保卫国家免受敌人侵略时，我们将用自己的生命偿还对国家的债务。

这是 20 世纪的一个巨大的陷阱：一面是市场的逻辑，我们愿意把自己看作独立的个体，彼此不亏欠任何东西；另一面是国家的逻辑，每个人都带有永远还不清的债务。我们一直被告知，国家和市场是对立的，并且在它们之间只存在人性的可能性。但这种对分法是错误的。国家创造了市场，市场需要国家，离开了彼此，两者都无法维系——至少无法以我们目前认知的形式继续运转。

04

暴行和救赎

因他们为银子卖了义人，为一双鞋卖了穷人。

——《旧约·阿摩司书》2：6

典型货币形成

在之前的章节中，读者可能已经注意到，在关于货币的两种看法（把货币看作一种商品和把货币看作欠条的一种形式）之间，仍存在悬而未决的争论。货币到底属于哪种形式？现在，答案已经很明显：两种形式兼而有之。凯思·哈特在许多年前就指出了这一点，他也许是目前在这个问题上最知名的人类学权威。对此，他有一段著名的论述，每一枚硬币都有其正反两面：

从兜里拿出一枚硬币，看着它。硬币的一面是正面，上面印有发行硬币的政治权威的标志；另一面是反面，展示了硬币在交易过程中充当支付手段所具有的准确价值。硬币的正面提醒我们，国家为货币提供担保，货币最初代表社会中个体之间的相互关系，也许是一种象征符号；反面则表明硬币也是一种物品，与其他物品之间具有确定的相对关系。[1]

很明显，货币的诞生，并非为了消除邻里之间进行以物易物时所遇到的不便——因为邻里之间根本没有理由进行以物易物。不过，一个纯粹由信用货币组成的体系也存在严重的不便之处。信用货币赖以存在的基础是信任，而在竞争市场中，信任本身就是稀缺商品。在陌生人之间，情况更是如此。

在罗马帝国的疆域内，印有提比略（Tiberius）① 肖像的银币在流通中承担的价值，要远远高于与硬币等重的银子的价值。古罗马硬币的流通价值，总是高于铸造它们所使用的金属的价值。[2] 主要原因在于，提比略政权愿意按照硬币的币面价值收取银币，但是波斯政权可能不会这么做，而孔雀王朝和中国的政权肯定不会这么做。尽管大量的罗马金币和银币最终都流通到了印度甚至中国，但据推测，其主要原因在于，这些硬币本身是由金银铸造而成的。

在罗马或中国这样庞大的帝国中出现的情况，同样会出现在苏美尔或希腊的城邦中，更不要说那些中世纪欧洲和印度随处可见的王国、市镇和小型公国了。一般而言，内与外并不存在清晰的界限。在社区范围内（一个市镇、一座城市、一个行会或宗教社团），基本上任何东西能都承担货币的功能，但前提是，每个人都知道有人愿意接受这个东西来抵销债务。我这里有一个非常明显的例子，在 19 世纪暹罗的某些城市里，小额零钱就是由当地赌场制作的中国陶瓷赌博筹码——基本上，这种筹码等同于扑克筹码。如果某个赌场倒闭，或者失去了营业执照，赌场的所有者就会派人走到大街小巷，边敲锣边大声叫喊，通知那些仍然持有筹码的人，他们有三天的时间到赌场兑换筹码。[3] 当然，对于重要的交易，所使用的货币一般是那些在社区范围以外也能被人接受的货币（通常是金银）。

英国商店的情况也与此类似。许多世纪以来，英国的商店会发行自己的代币，质地是木头、铅或皮革。这种做法严格来说是违法的，但是它一直延续到近代。图 4.1 就是 17 世纪的一种代币，由某个叫作亨利的人发行，他在白金汉郡的斯托尼斯特拉福德拥有一家商店。

这个例子显然说明了同样的原理：亨利以欠条的形式提供小额零钱，并且使欠条能在他自己的商店中赎回。如此，这些零钱可能的流通区域就变得更加广阔，至少能在那些和亨利的商店保持规律性的生意往来的人群中流通。但是，代币的流通范围不会离斯托尼斯特拉福德太远——实际上，绝大多数代币的流通范围只在几个街区之内。对于更大额的交易，包括亨利在内

---

① 提比略（公元前 42—公元 37 年），中文又译提庇留，是罗马帝国的第二位皇帝，公元 14—公元 37 年在位。——译者注

的所有人，都会希望自己使用的货币同样能被其他地区接受，这些地区也包括意大利或法国。[4]

图 4.1　17 世纪的一种代币

纵观历史，即使在复杂的市场已经诞生的地方，我们同样能看到不同种类货币混合使用的情况。其中的一些货币可能诞生于陌生人之间进行的以物易物活动：中美洲的可可豆货币或埃塞俄比亚的食盐货币是经常被提及的例子。[5] 另外一些则诞生于信用体系，或诞生于对用来缴税或偿还债务可以使用何种类型的商品的争论中。这些问题能引起无尽的争论。通过分析作为货币使用的商品种类，以及当时当地各方政治势力的博弈情况，能够得到许多信息。例如，在殖民时期的弗吉尼亚州，当地的种植园主成功推动通过了一项立法，规定商店店主必须接受他们种植的烟草作为货币；波美拉尼亚的农民似乎一度成功说服他们的统治者，把本来要求用罗马货币支付的税金、费用和关税，改用酒、奶酪、辣椒、鸡、鸡蛋甚至鲱鱼来支付——这让商旅之人十分恼火，因为他们需要随身携带这些产品，以支付通行费，或者他们不得不以明显对卖方有利的价格，从当地购买商品。[6] 这个地区的农民都是自由身，不是农奴，所以他们的政治地位相对更高。而在其他的时间、其他的地点，一般是地主和商人的利益占据上风。

因此，货币的性质总是在商品和债务代币之间徘徊。这可能就是硬币（小块的金银，本身已经是有价值的商品，但是随着被印上当地政治权威的标志，其价值会变得更高）仍然被我们看作最典型的货币形式的原因。硬币完美地包含货币的两重定义。更进一步说，货币这两重定义之间的关系，是持续的政治争论的来源。

换句话说，国家和市场之间的战争、政府和商人之间的战争，并非人性所固有。

债务催生出的人类道德

货币起源于以物易物或原始债务，这两种说法似乎大相径庭，但是从它们自身来看，这两个版本同样是硬币的两面——一方为另一方的前提。只有当我们把人类的生活看作一系列的商业交易时，才能够把我们对宇宙的关系用债务来描述。

为了说明这一点，让我介绍一位可能出乎大多数人意料的见证人——弗里德里希·尼采。当人们用商业的视角来看待整个世界时，尼采非凡的观察力就能够洞悉此时所发生的情况。

尼采的《论道德的谱系》（*On the Genealogy of Morals*）一书出版于1887年。在这本书中，他从一段可能直接取自亚当·斯密的论证开始（但他比斯密更大胆）得出了斯密不敢得出的、更进一步的结论。尼采坚持认为，不但以物易物的出现早于人类之间的其他任何关系，而且买卖行为本身也远比其他人类关系类型更加古老。他论述道，个人责任感——

起源于最古老、最原始的人际关系，起源于买主和卖主的关系、债权人和债务人的关系。在这种关系中，人反对人的现象第一次出现，人和人较量的现象也第一次出现。我们发现，不管发展水平多低的文明，都在某种程度上存在这类关系。价格的制定、价值的衡量、等价物的发明及物品的交换——这些活动在相当大的程度上占据了古代人的思想，甚至从某种意义上说，它们就是古代人的思想。从这里培育出了最古老的关于精确性的意识。同样，我们可以认为，人类最早的骄傲，人对于其他动物的优越感，也由此而产生。或许我们对于“人”（manas）的称呼，也是出于这种自我感觉的直接表达：人类把自己看成衡量价值的生灵，他们认为自己有价值、会衡量，是“本身会估价的动物”。买和卖，连同它们的心理属性，甚至比任何一种形式的社会组织和社会群体还要古老。在人类最原始的个人权利中，那些关于交换、契约、罪孽、法律、责任、补偿等的萌芽意识，首先转化形成了最粗糙、最原始的公共群体（和其他类似的群体相比较而言），与此同时还形成了对不同的权利相互比较、相互衡量和相互计算的习惯。[7]

我们知道，斯密认为语言（以及人类思维）起源于人类“用一种物品交换另一种”的倾向，并且他认为市场也起源于此。[8] 交易的渴望，比较价值的渴望，使得我们成为智慧的生物，区别于其他动物。社会随后形成——这就意味着人们对于责任的认识，首先是在严格的商业条件下形成的。

但是，和斯密不同，尼采不认为可以存在这样一个世界：所有交易都能立即互相抵销。尼采假设，任何商业会计体系都将产生债主和债户。事实上，他相信人类的道德也是从这一事实中诞生的。他说，德语中的“schuld”同时具有“债务”和“有罪”的含义。最初，欠债就意味着有罪，债主非常愿意惩罚那些不能偿还债务的债户，债主向债户施加“各种形式的肉体羞辱和折磨，例如直接从债户身上切下足够偿还债务的肉”。[9] 事实上，尼采的观点更进一步，他认为在原始的野蛮人法典中，有关瞎眼、断指赔偿金额的条款，本意并不是规定对这种伤残的金钱补偿比例，而是要确定债主能从债户身上取下哪些部位抵债！当然，他并没有找到证据支持自己的这一看法（这样的证据也不存在）。[10] 但是，纠结于证据就错过了问题的关键。我们在这里面对的并不是实际的历史论证，而完全是想象出来的情景。

尼采还指出，在社会开始形成时，人们就开始以这种方式看待自己和社会的联系了。部落保障和平，保卫人们的安全，因此人们欠部落债务。遵守部落的法令是一种偿还的方式（又是“偿还你对社会的债务”的一种形式）。尼采说道，但是这一债务也是以祭品的形式偿还的：

在最初的部落联合体之内——这里说的是原始时代，当前活着的人们总是认为自己对先人背负着责任，尤其是对那些建立了部落的祖先……占据统治地位的看法是，部落之所以存在，完全依赖于祖先的牺牲和成就，因此人们需要用牺牲和成就来偿还他们。祖先虽逝，但他们仍然以强大的灵魂形式存在，持续地给予部落新的好处，并慷慨地把自己的力量借给部落的民众。因此，人们对祖先的债务在持续增长。祖先们的做法是无偿的吗？但是对于原始的、“精神贫困”的时代来说，不存在“无偿”的概念。人们可以用什么东西来回报他们呢？祭品（起初人们出于自己低下的理解力，认为食物就是祭品）、庆典、教堂、荣耀的标志及最重要的顺服——所有的习俗，都是祖先建立起来的，同时也成为后人要遵守的规章和法令。人们能够还清这笔债务吗？这种怀疑始终存在，并且在持续增长。[11]

换句话说，尼采从亚当·斯密关于人类本性的假设出发，就意味着我们得到的结果必然和原始债务的理论相符。另外，人们正是出于对祖先的负债感，才遵守祖先定下的法律：也因为如此，我们认为社会有权表现得“像一个愤怒的债主”，一旦我们违法，社会就有权对我们进行惩罚。从更广的意义上看，人们形成了一种卑微的感受，即永远无法还清自己对祖先的债务，没有祭品能够真正满足这一点（即使人们献上自己的长子做祭品也不行）。我们惧怕祖先，并且随着社会变得更加强大，祖先也随之变得强大，直到最后，“祖先必然化身成为神灵”。随着社会进化成王国，王国进化成更加庞大的帝国，那些神灵也继续进化，他们展露出威严的、无边的权力，统治着天堂，能够释放闪电——最终变成基督教中的上帝，成为最高的神明，不可避免地“激发起存在于世界上的最大的亏欠感”。即使是人类的祖先亚当，其形象也不是债主，而是反叛者，因此他是一个债户。而他背负的重担，也以原罪的形式传给了我们：

最终，由于不可能还清债务，人们还产生了一个看法，即不可能免除苦修，也就是它无法被还清（“永恒的惩罚”）……直到突然之间，人们发现自己面对一个自相矛盾的、可怕的权宜之计，有了它，受苦的人性终于能得到暂时的解脱，并且促成了基督教的巨大影响力：上帝因人类的罪行牺牲了自己，上帝用自身偿还了人类欠自己的债务，人类自己不可能赎回自己，只有上帝才能赎回人类的债务——债主为债户而牺牲自己，是出于爱（人们能相信这种说法吗？），出于对他的债户的爱！[12]

但如果从存在于尼采观点背后的基本假设出发，这一切就完全成立。问题就在于，他的假设是疯狂的。

而且我们有充足的理由相信，尼采自己也知道他的假设是疯狂的。事实上，这正是他的全部论点。在尼采的时代，关于人类本性的一系列假设占据了统治性地位（其实从更广的意义上来看，现在也占据统治性地位），而尼采的行为正是从这个标准的、常识性的假设开始——人们都是理性的计算机器，商业的利己主义先于社会诞生，“社会”本身是把某种临时的限制加于由此产生的冲突的一种方式。也就是说，尼采从普通的资产阶级假设出发，把这些假设推进到只能使资产阶级震惊的程度。

这个游戏非常值得去做，没人比尼采做得更好。但是这个游戏完全是在资产阶级的想法边界条件下进行的，不涉及任何存在于边界条件之外的东西。尼采幻想着原始的猎人因为别人不能偿还欠下的债务，就从债户的身体上割下肉来。对于那些真的相信尼采的幻想的人，一位真正的猎人的话就是最佳回答——这个猎人是一名因纽特人（Inuit），来自格陵兰岛——丹麦作者彼得·弗卢岑（Peter Freuchen）所写的《因纽特人之书》使这个猎人闻名世界。弗卢岑写道，有一天，他捕猎海象的行动失败了，回家后饥饿难忍。当时有个收获颇丰的猎人送来几百磅肉，他不停地感谢那个人。但是那个人却甚感恼怒，拒不接受他的感谢：

> “在这个国家里，我们都是人！”那个猎人说，“因此，我们互相帮助。我们不愿意听到别人因受到帮助而表示感谢。今天我收获颇丰，但明天可能就轮到你。在这里，我们认为礼物造就奴隶，鞭子造就狗。”[13]

最后一句话正是人类学中的经典。在平等的狩猎社会中，人们拒绝计算借贷状况时，可以找到大量类似的言论。猎人认为自己之所以成为人，并非因为具有完成经济计算的能力。恰恰相反，猎人坚持认为，作为人类，就意味着拒绝进行类似的计算，拒绝衡量或记住什么人给了什么人哪些东西，因为这种行为所创造的世界，将不可避免地变为人类开始“对不同的权利相互比较、相互衡量、相互计算”的世界，通过债务把彼此变为奴隶或狗。

和存在于整个历史长河中不计其数类似的平等主义精神一样，他的做法并非源自没有意识到人类拥有计算的倾向。如果他没意识到这一点，就说不出那番话。当然，我们都有计算的倾向，我们拥有各种各样的倾向。在实际生活中，我们的倾向将同时把我们推向几个不同的甚至是互相矛盾的方向。每个人都同样真实。真正的问题在于，我们选择以哪一个方向作为人性的基础，也就是选择了以哪个方向作为人类文明的基础。如果尼采关于债务的分析对我们有帮助，那也是因为他的分析揭示出，如果我们从人类思维的本质是一种商业计算且买卖构成了人类社会的基础这一假设开始，当我们一旦开始思考人类和宇宙万物之间的关系时，将必然得出这种关系是以债务的形式展开的。

救赎与债务

我认为尼采还在另一个方面对我们有所帮助：理解救赎的概念。尼采关于“原始时期”的描述可能是荒唐的，但是他对于基督教的描述（负债感如何转变成伴随而来的负罪感，负罪感如何变成自我憎恨，自我憎恨又是如何变成自我折磨的）确实是非常正确的。

例如，为什么我们要把耶稣称为“救赎主”？“救赎”原本最主要的含义是把东西买回来，或者是将因为用作贷款抵押而丧失的物品的所有权重新恢复；通过还清债务获得东西。救赎是基督教的核心，它是指上帝牺牲了自己的儿子，从而将人类从永恒的惩罚中解救出来。这一核心观点竟然是用金融交易的语言来表达的，确实令人惊奇。

尼采的出发点可能和亚当·斯密的假设相同，但是很明显，早期的基督徒和他俩的出发点并不相同。基督徒想法的根源，要比斯密提到的那个由商店店主组成的国家更深。把市场的语言作为思考人类生存的一种手段，并不是梵书的作者所独有的。事实上，从某种程度上说，世界上所有主要的宗教都在这么做。

从拜火教①到伊斯兰教，所有宗教这么做的原因，源于有关货币和市场在人类生活中所扮演角色的频繁争论，尤其是这些习俗对于人类之间欠彼此什么东西这一根本问题的意义。债务的问题和有关债务的争论，存在于政治生活中的方方面面。这些争论在叛乱、请愿、改良运动中都会出现。有些运动能够获得寺庙和宫廷的支持，其他的则被粗暴地镇压。但是，绝大多数条款、口号和讨论的具体问题都消失在了历史的长河中。对于公元前750年在叙利亚小酒馆中发生的一场政治辩论，我们并不了解其实际发生的情况。因此，人类花费了几千年的时间才创作出充满政治典故的神圣经文。生活在经文诞生时代的读者们立即就能明白这些政治典故，但是对于生活在现代的我们来说，它们的含义就只能靠猜测了。[14]

《圣经》有众多不同寻常的地方，其中之一就是它保存了一些更深层次的文本意义。让我们回到救赎的概念：希伯来语中的“padah”和“goal”这两个词语，都可以翻译成“救赎”，用于描述把已经卖给其他人的东西买回来的情况，尤其可以用于描述收回祖先流传下来的土地的所有权及收回用典当的方式抵押给债主的物品。[15]先知和神学家认为，最为重要的例子是最后一种情况：赎回抵押的物品，尤其是赎回充当债务抵押的家庭成员。到了先知的时代，希伯来王国的经济面临的债务危机，和普遍存在于美索不达米亚王国的债务危机是同样的类型：尤其是在粮食歉收的年份，穷人们欠下一笔债，债主是他们有钱的邻居和城镇中富有的放贷者，因此穷人开始失去土地的所有权，变成了佃户，在曾经属于自己的土地上劳作；而他们的子女将前往债主的家中充当仆人，甚至被当作奴隶卖到国外。[16]早期的先知之言都包含对于这种危机的暗示，其中完成于波斯时代的《尼希米记》，是最为清晰直白的：[17]

有的说：“我们典了田地、葡萄园、房屋，要得到粮食充饥。”

有的说：“我们就指望着田地、葡萄园，借了钱给王纳税。我们的身体与我们弟兄的身体一样，我们的儿女与他们的儿女一般。现在我们将要使儿

---

① 拜火教始于古代波斯，由琐罗亚德斯创立，宣扬一神论，认为世界上存在光明与黑暗之间的永恒斗争。——译者注

女成为人家的仆婢，我们的女儿已有为婢的，但我们无力拯救，因为我们的田地、葡萄园已经归了别人。”

我听见他们呼号，说这些话，便甚发怒。

我心里筹划，就斥责贵胄和统治者说：“你们各人向弟兄取利！”于是我召集大会攻击他们。[18]

尼希米是出生于巴比伦的犹太人，以前是波斯国王的祭酒。公元前444年，他成功说服波斯大帝，委任他担当自己的故乡犹太地的长官。同时，他还肩负重建耶路撒冷圣殿的使命。在两个多世纪以前，圣殿被当时的巴比伦国王尼布甲尼撒二世（Nebuchadnezzar）摧毁。在重建的过程中，神圣的经文也被修复，并且被保存起来。从某种意义上说，如今我们所说的犹太教（Judaism），就是在这时诞生的。

尼希米面临的问题是，他很快发现自己正面对着一场社会危机。在他的周围，到处都是没钱缴税的贫穷农民，而债主则不断带走穷人的孩子们。他首先采取的应对措施是发布一条官方公告，性质类似于传统的巴比伦风格“销账石板”——尼希米自己出生于巴比伦，所以他对这种做法背后的原理（所有的非商业债务都将被免除，利息的利率有上限）了如指掌。同时，尼希米成功找到了更加古老的犹太法律，对其进行了修改，然后重新发布，现在保存于《圣经》的《出埃及记》《申命记》和《利未记》中。并且在某些方面，他发布的法律把巴比伦的原理更进一步制度化了。[19] 在这些法律中，最著名的就是禧年律（Jubilee），它规定在“安息年”（每七年），所有的债务都将自动被免除，那些因债务仍在奴役中受苦的人，将被解放。[20]

《圣经》中的“自由”和在美索不达米亚提到的一样，最主要的含义是指所有人从欠债的状态中被解放出来。随着时间的流逝，这个观点也被用来解读犹太人自己的历史：上帝在埃及把犹太人从受奴役的状态解救出来，这是上帝的第一个救赎行为，也是最典型的；犹太人历史上所遭受的苦难（战败、被征服、流亡）被视为不幸。但随着弥赛亚（Messiah）的到来，这种不幸终将带来最后的救赎——耶利米（Jeremiah）等先知警告说，只有当犹太人真正为自己的罪孽（奴役别人、崇拜假神、违反律例）[21] 而忏悔时，最后的救赎才能实现。从这个意义上看，基督徒自然就会采用这些名词术语。救赎是把一个人从原罪和愧疚中解放出来，而当所有存在于欠债石板上的记录都被清除，当仿佛来自天国的号角宣布最终的禧年到来，所有的债务都将被免除时，这也就是历史的尽头。

如果是这样，“救赎”的含义将不再是把某些东西重新购买回来，而是摧毁掉整个记账体系。在许多中东的城市里，这种情况真的会发生：在清除债务的时候，最普遍的一种行为就是举行毁掉石板（石板上记录着债务的情况）的仪式。历史上，在每次重大的农民起义过程中，都会有以不那么正式的形式重复毁掉债务记录的举动。[22]

这将导致另一个问题：在最终的救赎到来之前，可能发生什么事呢？“不饶恕人的恶仆”是耶稣讲述的最令人不安的寓言故事之一，在这个故事中，耶稣很明显在处理这个问题：

天国好像是一个国王要和他的仆人算账。刚开始算的时候，一个欠国王10 000塔连特①的人被带到他面前。因为他几乎没有偿还之物，主人吩咐把他和他的妻子儿女及他们所有的一切都卖了偿还。

那仆人就俯伏拜他，说：“主啊，宽容我！将来我必还清。”那仆人的主人就动了慈心，把他释放了，并且免了他的债。

那仆人出来后，遇见一个欠他一百银币的同伴，便揪着他，掐住他的喉咙，说：“你把所欠的还我！”

他的同伴就俯伏央求他说：“宽容我吧！将来我必还清。”

他不肯，还让他被关在监牢里，直到他还了所欠的债，众同伴看见他所做的事，就甚忧愁，去把这事告诉了主人。

于是，主人叫了他来，对他说：“你这恶奴才！你央求我，我就把你所欠的都免了。你难道不应当怜恤你的同伴，像我怜恤你一样吗？”主人大怒，把他交给掌刑的，直到他还清了所欠的债才被释放。[23]

这是一段不同寻常的记录。从某个意义上看，它是一个笑话；从另一个

① 塔连特，古代一种计量货币或重量的单位。——编者注

意义上看，它极为严肃。

在故事的开头，国王希望“解决”和仆人之间的账目问题。这个前提假设是荒唐的。国王和神明一样，不会和别人交换自己的东西，因为他们的身份不可能和别人对等。这里的国王很明显是上帝，于是肯定不存在最终解决账目问题的办法。

所以，我们面对的充其量是国王一次异想天开的举动。当第一个欠债的人被带到他面前时，更加确立了前提的荒唐性。在古代的犹太地区，如果某个人欠债主“10 000 塔连特”，就好像现在的某个人欠别人“1 000 亿美元”。欠债的金额是个玩笑，它只是代表“绝对没有人能够还清的金额”。[24]

面对欠下的无限债务，仆人只能撒谎：“1 000 亿美元？当然，对我来说没问题！只要再给我一点时间，我一定能还清。”然后，突然之间，国王又断然原谅了他。

但是，这个故事表明，仆人并没有意识到主人对他的赦免是有条件的，即他应该义不容辞地对其他人采取相似的行为——在这个故事里，其他人是指另外一个仆人同伴，欠他 1 000 美元（仍然转换成现代的金额）。他没能通过这个考验，于是被打入地狱面临永远的折磨，或者“直到他能够还清债务”。在这个故事里，这两种情况是相同的。

对于神学家来说，这个寓言故事一直是一个难题。它通常被解读成一种说明，通过对比表现出上帝的恩惠是多么慷慨，而他对人类的要求又是多么微不足道——因此，暗指上帝让人类因自己的错误而陷入地狱中遭受永久折磨的做法，并不像看上去那么不可理喻。当然，那个不可饶恕的仆人是一个令人作呕的角色。但是，对我来说，更加令人惊讶的是那个暗含的建议，即在这个世界上，宽恕是不可能存在的。基督徒几乎在每一次背诵主祷文时都会提到，他们请求上帝“免我们的债，如同我们免了人家的债”。[25] 它几乎完整地复述了寓言故事，其寓意也同样可怕。毕竟，绝大多数背诵祷文的基督徒都知道自己一般不会免除自己债户的债务。那么，为什么上帝要宽恕他们的罪孽呢？[26]

更进一步说，还有一种挥之不去的看法认为，即使我们努力尝试，也没有办法按照那些标准生活。《新约》中的耶稣是一个极具诱惑力的人物，原因之一就是耶稣说的话含义模糊，每一句话都能以两种方式理解。他要求自己的追随者免除别人欠下的所有债务，拒绝首先挑衅，被别人羞辱时隐忍，爱自己的敌人，把自己的财物分发给穷人——他是真的希望追随者们这么做吗？抑或这样的要求只是一种表达方式？因为很明显我们不准备依照这样的标准行事。耶稣这样做，将使我们都意识到自己是罪人，救赎只能来自另一个世界——这种姿态可以用于（并且已经用于）促使任何事情正当化吗？这种看法认为人类天生腐败，但它同时也把精神上的事情用商业的术语来表达：计算罪孽、苦修和宽恕，撒旦和圣彼得及他们的账本，一般会令人产生所有的一切都是字谜游戏的可怕感觉，因为我们都陷于列举自己罪孽的游戏这一事实，揭示出人类从根本上来说是不值得宽恕的。

我们将会看到，世界上的宗教充斥着类似的矛盾。一方面，他们强烈抗议市场；另一方面，他们希望把自己的反对用商业术语的形式来表达——好像要论证把人类的生命转变成一系列交易的做法，其实并不是一笔非常划算的买卖。但是，我认为这几个例子所揭示出来的是，在传统的关于货币起源和货币历史的描述中，没有多少是真正用白纸黑字记录下来的。在邻居们用土豆交换鞋的故事中，存在着某些天真到令人感动的东西。当古代人在思考货币问题的时候，友好的交换绝不可能首先出现在他们的脑海中。

当然，有些人会想到本地酒馆保存的记载自己喝酒情况的标签，或者假设这些人是商人或官员，他们会想到仓库、账本、令人着迷的外来物品。但是，对绝大多数人来说，可能想到的是出售奴隶、赎回囚犯、腐败的税吏、侵略军队的劫掠、抵押和利息、盗窃和勒索、复仇和惩罚，以及最重要的——存在于用来创建家庭、迎娶新娘以生儿育女带来的对金钱的需求和用同样的金钱来破坏家庭的做法（通过债务把债户的妻子和孩子全部带走）之间的紧张状态。“我们的女儿已有为婢的，但我们无力拯救。”你只能想象从感情上说，这些话对于父权社会中（男人保护家庭的能力就意味着一切）的一位父亲意味着什么。但是在人类历史中的大部分时间里，这就是金钱对于大多数人的含义：意味着儿子和女儿被带到可恶的陌生人家中刷洗碗罐，甚至偶尔提供性服务，遭受任何你能想象出来的暴力行为和虐待。子女们可能在那里待几年，但一般来说再也不可能回来，而他们的父母则无助地等待孩子的归来，在生活中尽量避免和邻居有眼神的接触，因为邻居们对发生的事情一清二楚，知道他们没能保护自己应该保护的子女。这是多么可怕的情景！[27]很明显，这是一个人可能经历的最糟糕的事情——这就是在寓言故事里，它被理解成“被交给狱卒遭受折磨”的同义说法的原因。这只是从父亲的角度来看待这件事。但是，在人类历史的发展过程中，不计其数的女儿们清楚地知道将要发生什么（事实上，现在仍然有许多人知道）。

你可能会反对说，这些只是根据事物的本质而假设会发生的情景，就好比向被征服的人民强纳贡金，这种做法令人愤怒，但是它并不是一个道德问题，并不是一个事关对错的问题。有些事情就是会发生，这只是在整个人类历史中，农民对这种现象所产生的最普遍的反应。在历史记录中最令人惊奇的事情是，当债务危机发生时，这其实并不是大多数人的反应。许多人变得非常愤怒。实际上，愤怒的人数是如此之多，以至于我们用以谈论社会公正的现代语言，我们谈论人类受奴役和解放的方式，仍然是古代关于债务争论的回音。

确实有许多其他的事情被人们当作事物的本质而简单地接受。正因为如此，这件事才显得尤其突出。例如，你不会看到有人强烈抗议印度的社会等级体系，或者就子女被带走那件事来说，你也不会看到有人强烈抗议奴隶制度。[28]当然，奴隶和印度最下等的贱民至少会经历相同的恐惧，毫无疑问，许多人也会抗议自己的处境。为什么只有债户的抗议似乎带着如此重的道德分量？为什么债户能够如此有效地争取到牧师、先知、官员和社会改革家听取自己的声音？为什么像尼希米这样的官员，愿意对他们的抱怨给予同情，对权贵进行猛烈抨击，并召集大规模的集会？

有些人说了很实际的原因：债务危机摧毁了农民阶级的自由，而在古代的战争中，应征入伍的都是自由的农民。[29]毫无疑问，这是一个原因，但很明显，它并不是唯一的原因。例如，我们没有理由相信尼希米对放高利贷者的痛恨首先是出于为波斯国王征兵能力的考虑。尼希米的愤怒出于更加根本的原因。

让债务变得与众不同的原因在于，它的前提是建立在平等的假设之上。

沦为奴隶或者成为下等阶层的人，意味着从根本上变得低人一等。我们面对的是纯粹的等级关系。在债务的例子里，我们面对的情况是，两个人作为平等的个体签署合约。从法律上说，至少在合约的范围内，他们是平等的。

此外，在古代，当原本平等的人之间产生了借钱的行为，合约的条款看上去总是很慷慨的：通常不收取利息，或者收取非常低的利率。“不要向我收利息，”在一块大约公元前1200年的石板上，一位富有的迦南人写道，“毕竟，我们都是绅士。”[30]在近亲之间，许多“贷款”可能只是作为礼物馈赠（即使现在也一样），没人真的指望偿还。但是，如果穷人向富人借钱，就是另外一回事了。

问题是，和等级社会或者奴隶制度的身份差别不同，富人和穷人之间的界限并不清晰。你可以想象，当一个农民走进自己富有兄弟的家门，带着“人们会互相帮助”的假设，向他的兄弟借钱，而一两年之后，他看着自己的葡萄园被抢占、子女被领走时，他会有怎样的反应。在法律上，坚持声称借款并不是互相帮助的一种形式，而是商业的联系，可以使这样的行为正当化——合约就是合约（这同样需要能够和更高层的权力有比较可靠的联系）。但是它会带给人强烈的背叛感。而且，把这件事表述成违反合约，事实上意味着把它描述成道德问题：双方本来是平等的，但是一方没能维护交易的荣耀。从心理上讲，这将会使债户受到的侮辱更加难以承受，因为这样将使别人能够说，是债户自己的堕落剥夺了他女儿的未来。但这只会使得用道德诽谤来回击的动机变得更加令人难以抗拒：“我们的身体与我们弟兄的身体一样，我们的儿女与他们的儿女一般。”我们都是同样的人，我们有责任照顾彼此的需要和兴趣。那么，为什么我的兄弟要这样对待我？

在《旧约》的例子中，债户成功地整理出了一个非常有力的道德论证——《申命记》的作者不断提醒读者，犹太人不是都在埃及为奴吗？难道他们没有被上帝拯救吗？他们所得的“应许之地”是从别人的手中抢来的，这种做法对吗？一群被解放的奴隶去奴役其他人的孩子，这样做对吗？[31]但是在古代，世界各地几乎都在相似的情况下得出了类似的论证：在雅典、罗马如此，在中国也是这样——传说在一次毁灭性的洪水灾害过后，许多家庭被迫卖儿鬻女，于是一位皇帝为了赎回这些被卖出去的孩子而发明了货币。

在历史的大多数场景中，当阶级之间公开的政治冲突出现时，采用的形式是要求取消债务——解放那些被奴役的人，一般还要求更加公正地重新分配土地。我们在《圣经》及其他宗教传统中所看到的是把这种要求正当化的道德论证的踪迹，那通常经受了一切想象出来的迂回曲折，但是从某种程度上说，它不可避免地植入了市场本身的语言。

05

经济关系中的道德基础

为了讲述债务的历史，我们有必要重现市场的语言在人类生活中逐渐遍及的全过程——正好也可以给那些明显反对这一观点的道德和宗教声音上一课，教给他们术语的正确使用方法。我们已经看到，吠陀和基督教教义最终都归结为同样奇怪的举措：首先将全部道德准则描述成债务，但是接下来，他们这样做的方式，却表明道德准则并不能真的被简化成债务。道德准则，一定植根于其他一些东西。[1]

但是，其他的东西是什么呢？对这一问题，传统宗教偏向宽泛的、属于宇宙哲学范畴的答案：债务道德的替代品，存在于对宇宙连续性的认识中；存在于预计宇宙将要毁灭时，对生命的盼望中；存在于对虔诚信仰的完全顺服中；存在于退往另外一个世界的退路中。我自己的目标要审慎得多，所以我将采用与之完全相反的方法。如果我们真的想要理解经济生活中的道德基础，或由此延伸出来的道德基础，那么对我来说，我们似乎必须从非常小的事情入手：社会生活的日常细节，我们对待朋友、敌人和孩子的方式（通常都是些再普通不过的动作，例如递来盐罐、要支雪茄），我们绝对不会停下来思考这些动作背后的含义。人类学家已经向我们展示人类照料自己所采用的方式的数量之多、差别之大。但同时还揭示出一些不同寻常的共性——似乎无处不在的道德原则。只要人们相互之间转让物品，或争论谁拥有哪些物品，就一定会提及道德原则。

相应地，人类生活如此复杂的原因，就在于许多原则之间是相互冲突的。我们将会看到，这些原则将把我们推向完全不同的方向。交换的道德逻辑，还有债务，都只是其中之一。在任意一种既定的情况下，可能都会有完全不同的原则被拿出来应用。从这个意义上说，第一章中讨论的道德困惑其实并不新鲜，在某种程度上，这种张力正是道德思维的基础。

社会互动关系中的债务

那么，为了真正弄清楚债务的意义，就有必要首先了解债务和其他可能存在于人们中间的责任有什么区别——相应地，这就意味着弄清楚其他责任究竟是什么。但是，这样做将会带来特殊的难题。包括经济学和人类学在内的当代社会理论，在这方面能够提供的帮助少得简直令人无法相信。例如，有一部论述礼物的人类学巨著，即使在论述和市场经济的运转方式完全不同的“礼物经济”时，这部书也用了法国人类学家马塞尔·莫斯（Marcel Mauss）于1925年发表的论文作为切入点——但是最后，几乎整部著作都把焦点放在礼物的交换上。它假设，不论何时，只要一个人送出了一份礼物，这一行为就将导致产生一笔债务，接收礼物的人最终也必须用实物来回报。和伟大的宗教例子类似，对于那些明确反对市场的人，市场的逻辑也能神不知鬼不觉地渗透进他们的思维。因此，我准备在这里创建一个基本上是凭空想象出来的全新理论。

部分问题在于，经济学目前在社会科学中占据着不同寻常的地位。在许多方面，经济学都被看作一门重要的学科。在美国，对于任何掌管着重要东西的人，大家都认定他们应该接受过一些经济学理论的培训，或者认为他们至少熟悉经济学最基本的原则。于是，那些原则开始被看作人们一致认可的知识，这一点毋庸置疑。[当一个人认为自己所掌握的是被一致认可的知识时，那么如果有人对他提出质疑，他的第一反应则是忽略那些质疑——“你显然从来没听说过‘拉弗曲线’（Laffer Curve）”；“很明显，你需要学习一下《经济学101》这门课”。很明显，理论是正确的，任何懂得这个理论的人，不可能对其提出怀疑。] 更有甚者，那些声称具有很高的“科学地位”的社会理论分支（例如“理性选择理论”），它们最初对人类心理的假设和经济学家的做法完全相同：看待人类的最佳方式就是把他们看作计算如何在任何情况下都尽可能获得最大利益的行动者，以最少的牺牲或投资换来最大的利润、快乐或幸福。我对此很好奇，因为实验心理学家已经反复证明，这些假设是错误的。[2]

从很早以前开始，就有人希望创建一种根植于更广泛地看待人性的观点、关于社会互动关系的理论——坚持认为道德生活并不只是为了给彼此之间带来利益，驱动它的最主要因素是公正的感觉。这里，核心的概念是“互惠性”，平等的感觉、均衡的感觉、公平的感觉、相等的感觉，它们组成了一个天平，包含在正义的画面中。经济交易，只是均衡交换原则的一个变种——而且这个变种臭名昭著，总是容易出错。但是如果仔细地研究这些问题，就会发现，所有的人类关系的基础都是互惠性的某些变种。

在 20 世纪 50 至 70 年代，对于这种观点，存在着一种时髦的看法。这一看法当时被称为“交换理论”的外衣所伪装，发展出了无数的变种，从美国的乔治 · 霍曼斯（George Homans）提出的“社会交换理论”，到法国的克劳德 · 列维 – 斯特劳斯（Claude Levi-Strauss）提出的结构主义。列维 – 斯特劳斯当时的地位相当于人类学界的知识上帝，他提出了一个非凡的观点，认为人类的生活可以看作由三个球组成：语言（由词语的交换组成）、亲属关系（由女人的交换组成）和经济（由物品的交换组成）。他说，这三个球都由同样的基础规则支配，那就是互惠性。[3]

列维 – 斯特劳斯现在的地位已经大不如前，而我们回头审视他的极端观点时，也会发现其似乎有荒唐的一面。但是，这种情况并不是有人提出了一个大胆的全新理论，想要取代以前的一切；相反，其采用的假设可以退居到背景之中。几乎所有人都仍然假设，从社会生活最根本的性质来看，它的基础是互惠性原则，因此，把所有的人类之间的互动关系都看作某种形式的交换，才能最好地理解这些关系。如果是这样，那么债务就真的是所有道德的根基，因为它是在有些均衡仍然没有得到修复的情况下所发生的事情。

但是，所有的正义真的都能用互惠性来概括吗？可以很容易地找到一些互惠性的形式，看起来并不公正。“你们愿意人怎样待你们，你们也要怎样待人”看起来似乎是伦理学的完美基础，但是对于我们中的大多数人来说，“以牙还牙，以眼还眼”并不会唤起正义，只能带来恶意的暴行。[4]“礼尚往来”是令人愉快的，但是“你关照我，我也会关照你”就是政治腐败的隐晦表达。相反，似乎明显符合道德要求却和互惠性无关的关系也是存在的。母亲和子女之间的关系是被使用最频繁的例子。我们中的大多数人，从父母身上首先学到的，是正义感和道德感。但是，想把父母和子女之间的关系看成是互惠的，极为困难。难道我们真的希望因此得出父母和子女之间存在的不是道德关系的结论吗？难道这种关系和公正毫不相干？

加拿大小说家玛格丽特·艾特伍德（Margaret Atwood）的一本关于债务的书，也以相似的悖论为起点：

> 加拿大的自然作家欧内斯特·汤普森·西顿（Ernest Thompson Seton）在自己21岁生日时，收到了一张账单。这是一份保存在他父亲那里的记录，上面详细记载了欧内斯特青少年时期所有的相关花费，包括为他接生的医生所收的费用。更加奇怪的是，据说欧内斯特支付了账单的金额。我曾认为老西顿先生是个傻瓜，但是现在我动摇了。[5]

我们中的大多数人并不会动摇。这样的行为看上去是可恶的、没有人性的。难怪西顿会有那样的做法：他支付了账单，但从那以后再也没有和他的父亲说过一句话。[6] 在某种程度上，这正是递上账单的举动如此令人震惊的原因。账目两清，就意味着双方能够对彼此不管不顾。他的父亲递上账单，表明他们之间将马上不再有任何瓜葛。

换句话说，我们中的大多数人能够想象自己欠父母怎样的一笔债，但几乎没人会想真的偿还它——甚至没人会想这样的债务应该偿还。如果它不能被偿还，那它还怎么能被称为“债务”呢？如果它不是债务，它又是什么？

当期望互惠性的想法破灭以后，我们明显可以在这种情况下存在的人与人之间的关系中来寻找替代物。例如，19世纪旅行家的记录，记载的满是类似的情况。在非洲一些地方工作的传教士，在给当地的居民分发药物后，会被人们的反应所震惊。有一个非常典型的例子，发生在刚果的一位英国传教士身上：

在抵达瓦瑙（Vana）后的一两天，我们发现一个本地人患有严重的肺炎。库默为他治疗，用浓稠的鸡汤维持他的生命。因为这个人就住在我们的营地旁，所以我们给予了他大量的护理和照顾。当我们准备离开瓦瑙，继续上路的时候，这个人已经痊愈。让我们震惊的是，他走到我们面前，要求我们送他一份礼物。当我们拒绝他的要求以后，他的行为令我们更加震惊，甚至有些反感。我们说，要送礼物的人应该是他，因为他可以用这种方式来表达感激之情。他对我们说："真是没错！你们这些白人毫无廉耻心！"[7]

在20世纪的前几十年，法国哲学家卢西安·莱维–布吕尔（Lucien Levy-Bruhl）试图证明"当地人"奉行的是一套形式完全不同的逻辑。在寻找证据的过程中，他收集了许多类似的故事：例如，有一个溺水者在获救后，反而要求救他的人送给他上好的衣服；另一个人被老虎袭击，在被人照顾恢复了健康以后，要求照顾他的人送给他一把刀。一位在中非工作的法国传教士，声称这样的事经常发生在他身上：

如果你救了一个人的性命，那么不久以后这个人就会上门拜访你。你现在对他负有责任，除非你送给他一些礼物，否则他将一直缠着你。[8]

当然，拯救生命总是一件不同寻常的壮举。任何与诞生和死亡相关的事情，几乎全都不得不参与到无限之中，由此导致日常生活中衡量道德的方法偏离正轨。这可能就解释了，为什么在我成长的过程中，类似的故事在美国已经变成了陈词滥调。我记得当我还是个孩子的时候，有好几次别人告诉我，在因纽特人（或者是佛教徒，但奇怪的是从来不会是非洲人）之间，如果一个人救了另一个人的性命，那么施救一方就被认为有责任永远照顾被救方。这和我们关于互惠性的认知相抵触。但是，不知为什么，这种说法似乎也有一定的道理。

在故事中出现的病人们真实的思维方式，我们没办法知道，因为我们不知道他们是谁，也不知道他们怀着怎样的期望（例如，他们怎样与医生保持正常的互动关系）。但是我们可以对此进行猜测。让我们尝试进行一个思维实验。想象我们来到这么一个地方，如果一个人救了另一个人的性命，那么这两个人之间就形成了兄弟般的关系。双方都应该分享拥有的一切，向对方提供他所需要的东西。如果是这样，那么病人当然会注意到，他新的兄弟看起来极为富有，几乎不需要任何东西；但是传教士能够提供的许多东西，病人自己都需要。

让我们换一个场景（也是更现实的），想象我们面对的并不是极端平等的关系，而是完全相反的关系。在非洲的许多地方，有能力实施治疗的人，同时也是重要的政治人物，从前的病人构成了他庞大的客户团。因此，一个自称是追随者的人来到他的面前，声称自己对他有政治忠心。在这个例子中，使得事情变复杂的因素就是在这一部分非洲的土地上，伟大人物的追随者在讨价还价中处于相对强势的地位。出色的忠实追随者一般不会主动上门；重要人物通常会对追随者非常慷慨，以防止他们投奔对手的阵营。如果是这样，一件衬衫或一把刀的要求，就是向传教士确认他是否希望把那个人作为追随者留在身边。相对地，如果病人为所获得的治疗付钱，和西顿对他父亲的态度类似，这种行为是一种侮辱：意思是，尽管传教士救了我的性命，但是我希望能尽快划清和传教士的界限，彼此不再有任何瓜葛。

这是一个思维实验，因为我们无法真正知道非洲病人的想法。关键在于，这种形式的完全平等和完全不平等，在这个世界中确实存在，而且每一个都有其道德体系，每一个对于任意一种情况下的对与错都有自身的思考和论证方式。这些道德原则和针锋相对的交换下的道德有本质的区别。在这一章余下的内容中，我将提供一个粗略的方法，来找到最主要的可能性。这个方法就是：提出三个主要的道德原则，作为经济关系形成的基础。在任意一个人类社会中，这三个原则都会出现，我称之为：共产主义、交换、阶层。

共产主义

在这里，我把共产主义定义为任何一种以“各尽所能，按需分配”为原则的人类关系。

我承认，这里的用法有一点煽动性。“共产主义”这个词，能够激发起强大的情感反应——当然，主要是因为我们倾向于用“共产主义”的体制来定义它。这很有讽刺意味，因为统治过苏联及其附属国的共产党，从不把自己的体系描述为“共产主义”，他们称自己的体系是“社会主义”。“共产主义”是遥远的、有些模糊的人类理想，通常伴随着国家的消失，只能在遥远的未来的某个时间点上实现。

一直以来，我们对共产主义的认知都被一个谬论所主导。很久以前，人类所有的东西都是共有的——在伊甸园里、在神农时代、在旧石器时代狩猎人的部落中。然后人类堕落了，因此现在权利和私有财产的分配方式就是对人类的诅咒。人类的梦想是，随着技术的进步和人类整体的繁荣，在社会变革或政党领导的作用下，有一天人们最终能让一切回到原点，重新回到对集体资源的共同所有和共同管理的状态。在过去的两个世纪里，对于这一梦想的可行性，以及它的实现究竟是福音还是噩梦，共产主义者和反共产主义者一直争论不休。但是双方对于共产主义最基础的框架的认识是一致的：共产主义的核心是集体财产，“原始共产主义”在很久以前确实存在过，也许在未来的某天它将再次归来。

我们可以把这称为“神话共产主义”（或者甚至叫作“史诗共产主义”），它是一个我们愿意对自己讲述的故事。在法国大革命以后，这个故事鼓舞了千百万人，但是它也给人类造成了巨大的伤害。我想，现在正是把整个争论搁置在一边的时候。事实上，“共产主义”并非神奇的乌托邦，它和生产资料的所有权也没有任何关系。它只是现在存在的一种东西——从某种程度上说，它存在于任意一种人类社会形态中，尽管其中没有一种社会形态是完全按照共产主义的描述构成的，而且也很难想象这样的社会能够切实地存在。在大多数时候，我们中的每个人都表现得像是共产主义者，但没有任何人能够坚持像共产主义者一样行事。一个社会的形成完全依赖单一的共产主义原则而建立，这种意义上的“共产主义社会”永远不可能存在。但是所有的社会体系，都是在实际存在的共产主义基石上建立的，即使如资本主义一样的经济体系也不例外。

如我所说，从“各尽所能，按需分配”这个原则出发，我们就能够跳过私有权的问题（无论如何，它的内涵都不只限于其正式的合法性），专注于更加直接和实际的问题——在何种条件下，什么人能够获得什么东西。[9] 一旦它成为实际发挥作用的原则，即使它仅仅作用于两个人之间的互动，我们也可以说这是某种形式的共产主义。

如果人们在合作完成某个共同的项目，那么几乎所有人都遵守这一原则。[10] 如果某个人在修理损坏的水管时说："把扳手递给我。"一般而言，他的同事并不会这么回答："那我能得到什么回报呢？"即使他们在为埃克森美孚、汉堡王或高盛工作，这样的情景也不会出现。理由很简单，就是为了提高工作效率（真够讽刺的，想一想传统的观念认为"共产主义就是干不好活儿"）：如果你真的希望做完某件事，很显然，最有效率的做法就是按照能力分配任务，然后给予人们完成任务所需要的一切资源。[11] 你甚至可能会说，大多数资本主义公司，都是按照共产主义的方式来运转的，这对资本主义来说真是一个丑闻。没错，他们并不打算以非常民主的方式来运转。绝大多数情况下，他们的体系是按照军事化的、自上而下的管理体系来构建的。但是这里常常会存在一种有趣的紧张状态，因为自上而下的管理体系并不高效：上层的人经常提出愚蠢的主意，下层的人则心存怨恨，拖沓敷衍。即兴行事的需求越强，组织的构成就越民主。投资者一直非常明白这一点，刚起步的资本家很快就会理解这一点，而计算机工程师近些年再次发现了这一原则：它不仅限于每个人都在谈论的免费软件等东西，甚至存在于他们的公司中。

这可能也是当人们意识到巨大灾难（洪水、断电或经济崩溃）临近的时候，倾向于表现出行为一致的原因，他们的表现类似于共产主义。不管等级和市场的形式多么简洁，在这一刻，对于人们来说，它们就像是无力购买的奢侈品。任何经历过这样的事件而活下来的人，都能讲一讲自己的特质。通过这种方式，陌生人变成了兄弟姐妹，人类社会似乎获得了重生。这很重要，因为它表明我们不仅仅是在简单地谈论合作。事实上，共产主义是所有人类社交性的基础。正是由于共产主义，社会才得以存在。有一种假设认为，任何人，只要他不是敌人，就会希望"各尽所能"这一原则适用，至少是在某种程度上适用。例如，有一个人想要知道如何去某个地方，而其他人知道该如何前往。

事实上，我们认为这一点是理所当然的，因此并没有考虑例外情况的存在，所以例外情况都是自我显露出来的。20世纪20年代，人类学家E. E.伊文斯–普里查德（E. E. Evans-Pritchard）对苏丹南部的尼罗河牧民——努尔人进行了研究，当他意识到有人故意给他指错路的时候，他提出了自己的困惑：

有一次，我向人询问如何前往一个地方，结果被有意地欺骗了。我带着懊恼返回营地，问他们为什么要告诉我错误的路。其中一个人回答："你是一个外国人，为什么我们要告诉你正确的路？即使是一个陌生的努尔人问路，我们也会告诉他，'沿着刚才的路继续往前走'，但是我们不会告诉他那条路是分岔的。我们为什么要把正确的路告诉他？但是你现在是我们营地的一名成员，而且你对孩子们很友好，所以今后我们会告诉你正确的路。"[12]

努尔人会不停地卷入世仇争斗之中，任何人都可能是敌人，敌人来到这里可能希望找到一个适合发起袭击的位置，把有用的信息提供给这样的人是不明智的。更何况伊文斯–普里查德自己的情况也明显与此有关，因为他是英国政府的使者——在人们被强迫搬到这个营地定居之前，正是英国政府派遣了皇家空军用机枪扫射和投掷炸弹攻击营地的定居者们。在这种情况下，居民们对待伊文斯–普里查德的方式已经算是非常大度了。但是，关键的问题在于，需要发生某种程度的事件（对生命和肉体的直接威胁、对人群的猛烈轰炸），才会导致人们考虑不告诉陌生人正确的方向。[13]

这种情况并不仅限于问路。交谈是一个尤其倾向于共产主义的领域。谎言、侮辱、奚落及其他形式的言语攻击是重要的——但是这种攻击传达的力量，大部分都来自一个大家普遍认可的假设，即人们平时的行为举止是另外一番情景：只有当一个人认为别人平时会顾及自己感受的时候，他才会因这个人的侮辱言语而受到伤害；如果一个人平时在别人眼里的形象就是谎话连篇，那么他是不可能再撒谎欺骗别人的。当我们希望断绝和某人友好的关系时，我们会选择再也不和他说话。

相同的情况也发生在一些细微的举止上，例如向别人借火，甚至向别人要一支烟。向陌生人要一支烟，比向他索要等价的现金甚至食物更合情理。

事实上，如果一个人被别人认为是烟友，那么别人将很难拒绝他要一支烟的请求。在这种情况下（一根火柴、一份信息、摁住按钮保持电梯门开启），你可能会说“各尽所能”的成分是如此微不足道，以至于我们中的大多数人可能想都不想就会照做。相反地，如果别人（甚至陌生人）的需求特别惊人或极端，同样的情况也成立：例如，如果一个小孩跌落到地铁轨道上，我们会假设任何一个有能力帮助她离开铁轨的人，都会这样做。

我将把这称为“底线共产主义”：除非人们认定对方是敌人，否则如果人们意识到需求足够大，或者成本足够合理，那么“各尽所能，按需分配”的原理就将被应用。当然，不同的社会应用的标准也各不相同。在庞大的、人情淡漠的城市社会中，这样的标准可能仅限于借火或问路。也许这看起来并不多，但是它却建立了更大的社会关系的基础。在更小的、人情不那么淡漠的社会（尤其是那些阶级还没分化的社会）中，同样的逻辑可能会延伸得更远。例如，通常很难拒绝的请求不仅限于要一支烟，索要食物的请求也一样——有时请求甚至来自陌生人。当然，提出请求的人都被认可是属于社会的一分子。伊文斯 – 普里查德在书中描述了自己在问路时遇到的困难，然后他提到，在面对某个已经被接纳成为营地成员的人的时候，同样是这些努尔人，他们发现自己基本不可能拒绝这个人索取几乎任意一种共有消费品的请求，因此如果有人拥有多余的谷物、烟草、工具或农业工具，一旦被别人知道，他们积累的物品几乎立即就会消失。[14] 但是这种大方的分享和慷慨的基础，不会扩展到每一件东西上。事实上，正是出于这一原因，一般免费共享的东西都被认为是微不足道的。努尔人财富的真正表现形式是牲口。没人会免费共享自己的牲口。事实上，年轻的努尔男人们认识到，他们要用自己的生命来保卫牲口。基于同样的理由，牲口不能进行买卖。

分享食物的责任，或者任何被认为是基础需求的东西，在一个社会成员认为人与人之间是平等关系的社会中，倾向于变成日常道德的基础。另一位人类学家奥德烈 · 理查兹曾经写道，本巴人（Bemba）给孩子们一个橘子或别的东西后，如果孩子没有立即提出要和朋友们分享，那么那位“在其他任何事情上都满不在乎”的母亲将狠狠地责骂自己的孩子。[15] 但是，在这样的社会中（如果我们仔细想一想，说法应该变为“在任何社会中”），分享本身也是生命乐趣的一个最重要的焦点。因此，不论在收成好的年景还是收成差的年景，分享的需求都是非常急迫的。早期传教士在描述北美原住民时，几乎无一例外都会无比钦佩地提到他们在饥荒年景里的慷慨大方，并且对完全陌生的人也是如此。[16] 慷慨——经常面对的是完全陌生的人——几乎总是包括肃然起敬的陈述。同时，

他们在捕鱼、打猎和交易归来的路上，交换各种礼物。如果他们得到某些特别好的东西，或者甚至是他们买来的或是别人直接给他们的，他们就会请全村的人参加宴会。他们对各种各样陌生人的好客态度，令人印象深刻。[17]

宴会组织得越精心，你在宴会上就越有可能见到把某些东西（例如食物和饮品）的无偿分享和另一些东西的精心分配相结合的情景。例如，奖励用的肉不论来自比赛还是献祭，通常都会根据设计复杂的条款或同等复杂的礼物交换机制来分配。礼物的馈赠与收取，通常都明显带有类似比赛的性质，一般是实际的比赛、竞技、盛会和表演的延续，而这些通常也代表宴会的受欢迎程度。而对于社会整体来说，分享的欢宴能够被看作某种共产主义的基础，其他所有事情都建筑其上。对于“分享并不仅仅关乎道德，更关乎快乐”这一观点，它也起到了辅助的强调作用。个体的快乐总是存在的，但是对于大多数人来说，最令人愉快的活动几乎总是包含分享某些东西：音乐、食物、酒精、毒品、流言、戏剧、床铺。对于绝大多数我们认为有趣的东西，其根源都存在某种共产主义的概念。

确定一个人是否处在共产主义的关系中的最准确的方法就是，在这段关系中，不能包含记账的行为。而且还不仅如此，即使仅仅考虑一下记账这种想法，都会被认为是无礼或者奇怪的举动。例如，属于长屋同盟（League of the Hodenosaunee）或者伊洛奎斯人的每一个村镇、氏族或国家，都被分成两部分。[18] 这是普遍的形式：在世界的其他地方（亚马孙古陆、美拉尼西亚）也存在类似的约定，即一方的成员只能与来自另一方的成员结婚，或者只能吃产自另一方的食物。这样的设计，明确地使得双方都依赖彼此才能生活下去。在 6 个伊洛奎斯民族中，每一个民族都会安葬其他民族的死者。没有什么比这种情景更荒唐——一方抱怨道：“去年，我们安葬了 5 个你们的死人，

而你们只安葬了 2 个我们的死人。”

底线共产主义可能被看作构成人类社交性的原料，是对于人类最终的相互依存关系的认知，而这种依存关系是社会和平的本质。但是，在大多数情况下，最低的底线并不够。一个人的行为举止，总是和某些人更加契合，而某些习俗的基础，正是齐心协力和相互帮助。在这些习俗中，最重要的就是那些我们爱的人，而母亲正是无私的爱的化身。其他的还包括近亲、夫妻、情人、最好的朋友。我们和这些人分享一切，或者至少我们知道在自己需要帮助时，可以向这些人求助。无论在什么地方，这都是真正的朋友的定义。这样的友谊可以通过一种仪式来正式确立，然后仪式的参与者将被称为“过命之交”或“结拜兄弟”，不能拒绝彼此之间的任何要求。于是，任何社会都能被看作和“个人主义共产主义”（人们之间的一对一的关系，尽管强度和程度有差异，但这种关系运转的基础都是“各尽所能，按需分配”）有交集。[19]

同样的逻辑能够在人群中扩展，并且也确实在扩展：不仅在合作工作的团体中，而且几乎任何一个圈内的团体都会创造特有的底线共产主义来定义自身。在团体内部，某些东西是无偿分享的；其余的东西如果有成员提出需要，就应该会有其他人提供。但是团体内部成员不会和圈外人分享任何东西，也不会向圈外人提供任何东西：在渔夫的组织内，帮助修补某人的渔网；在办公室中，提供文具；在商品贸易商之间，分享特定种类的信息；等等。此外，在特定的情况下，我们还能向特定的人请求帮助：搬家、收割庄稼，甚至在陷入困境时请求提供无息贷款。[20] 最后会存在不同种类的“共有权”，即对公共资源的共同管理。

研究日常生活中共产主义的社会学，是一个潜在的庞大领域。但是出于意识形态所特有的有色眼镜，我们无法写这个领域的事情，因为人们在很大程度上无法发现目标。在这里，我将把我的看法限定在三个最终的观点上，不会进一步尝试勾勒出这个领域的轮廓。

第一，我们在这里面对的并不是互惠性的问题——或者说，我们面对的至多是互惠性最宽泛的意义。[21] 对于双方来说，有这样一种共识：另一个人可以用同样的方式对待你，但他不一定会这么做。伊洛奎斯的例子明确地说明了使之成为可能的原因：此类关系的存在，是以永恒的假设为基础的。社会一直存在，因此，村镇总是分为南、北两部分，这就是不需要记账的原因。与此相似，对待自己的母亲和最好的朋友，人们倾向采用的方式是仿佛他们总会在自己身边，不论人们有多清楚实际情况并非如此。

第二个观点和著名的“殷勤好客法”有关。人们认为在所谓的“原始社会”中（国家和市场都没有出现），存在一个普遍的模式，即对一个社群来说，只要不是社群成员的人，都会被认为是敌人；而在早期的欧洲旅行者留下的记录中，频繁出现了他们被那些真正的“野蛮人”展现出来的不同寻常的慷慨所震惊的记载。这两者之间存在一种奇怪的张力，但是两者都存在一定的真实性。当一个陌生人被认为是危险的潜在敌人时，克服危险最常用的方法就是展示令人印象深刻的、慷慨的姿态。慷慨的力量，将把他们置于互动的社交性中，而这正是所有和平的社会关系的基础。没错，在一个人面对完全未知的事物时，通常会有一个试探的过程。克里斯托弗·哥伦布（Christopher Columbus）在伊斯帕尼奥拉岛时，库克船长（Captain Cook）在波利尼西亚时，都提到岛民逃跑、攻击或献上一切的相似故事——但是他们通常不久后就回到船上，自顾自地拿走任何他们看上的东西，导致船员威胁要对他们使用暴力。随后船员会竭尽全力确定原则，即陌生人之间的关系应该用“正常的”商业交换来调停。

在面对可能有敌意的陌生人时，提倡“要么拥有一切，要么失去一切”的逻辑是可以理解的。这种张力甚至在英语的词源学中也得以保存，“主人”“敌意”“人质”和“殷勤好客”这些词，都是由同样的拉丁语词根衍生出来的。[22] 在这里，我想强调的是，类似的姿态仅仅是“底线共产主义”的夸张表现形式，而我已经论证过它是所有人类社会生活的基础。例如，人们经常使用食物来阐述朋友和敌人的区别，其原因也在于此——并且通常都是使用最常见、最普通、当地能够生产的食物种类：这和在欧洲及中东常见的原则一样，那些互相分享面包和盐的人，绝对不会彼此伤害。事实上，这些常用来分享的东西，常常会转变成你不能和敌人分享的东西。对于努尔人来说，分享食物和日常财产是常见的，如果一个人谋杀了另一个人，随之而来的就是家族世仇。住在附近的每一个人，都需要选择自己站在哪一方，一方的人绝对禁止和另一方的人共同进餐，甚至不能使用刚刚变成敌人的人用过的杯子或碗喝水，否则将带来极为可怕的结果。[23] 这给人们的生活带来了极大的不便，因此这种不便就演变成了人们希望通过谈判达成和解的主要动力。出于同样的原因，人们常说彼此分享了食物——或者说分享了正确种类的食物的人，不论他们之间有多强的意愿要互相伤害，他们都被禁止这样做。有时候，这种情形会以滑稽的形式展现。例如，在一个阿拉伯的故事里，一个小偷在洗劫某人屋子的时候，把手指伸进一个坛子，挖出一些粉末尝了尝，想确认坛子里是不是装满了糖，结果发现坛子里是盐。小偷意识到自己此前曾在屋主人的饭桌旁吃了盐，于是他忠实地把自己偷走的所有东西又还了回来。

第三，当我们不再单单把共产主义看作财产分配制度的问题，而开始认为它是一种道德原则的时候，那么就可以清楚地看到，这种道德几乎在每笔交易中都占据一定的位置——即使在商业中也是如此。如果两个人之间有着友好的关系，那么就很难完全忽略他们所处的情况。商人通常会把商品降价卖给需要的人。贫困地区的商店店主总是和他们的顾客属于不同族群，这就是主要原因之一。一个商店店主在他长大的地区几乎不可能赚到钱，因为他经常面对压力，需要免除贫穷的亲戚或学校好友所欠的账款，或者至少要给予他们宽松的赊账期限。相反的情况同样成立。一位在爪哇乡村住过一段时间的人类学家告诉我，她根据自己在当地集市里讨价还价的熟练程度，来衡量自己的语言能力。她似乎永远没办法获得和本地人一样低的价格，这让她很沮丧。最后，她的一个爪哇朋友向她解释说："嗯，对于富有的爪哇人，他们的要价也更高。"

我们又一次回到了那条原则：如果需求（例如可怕的贫穷）或能力（例如极其富有）都足够大，那么除非完全不存在社交性，否则某种程度的共产主义道德几乎将不可避免地渗透到人们记账的方式中。[24] 在土耳其，有一个关于中世纪伊斯兰教苏非派智者纳斯列丁·霍加（Nasruddin Hodja）的故事，说明了这一原则的复杂性，同时也引入了供给和需求的概念：

有一天，在纳斯列丁负责掌管当地茶室时，国王和一些仆从在附近打猎，来到茶室吃早饭。

“你这有鹌鹑蛋吗？”国王问。

“我肯定能找到一些。”纳斯列丁回答说。

于是国王点了用一打鹌鹑蛋烹饪的煎蛋饼，纳斯列丁急忙跑出去寻找鹌鹑蛋。国王和他的随从吃完饭以后，纳斯列丁向他们收取100枚金币。

国王感到很迷惑。“在这个地区，鹌鹑蛋有这么稀有吗？”

“收取这些金币并非因为鹌鹑蛋稀有，”纳斯列丁回答道，“而是因为国王的到访稀有。”

交换：礼物经济

因此，共产主义的基础既不是交换，也不是互惠性——如我所说，除了它确实包含相互间的期望与责任这一点。即使如此，为了强调交换所依赖的是完全不同的原理，似乎最好也使用其他的词（“相互性”？）来表示这一点。从根本上来说，交换是另一种道德逻辑。

交换的核心是平等。它是包含双方在内的往复过程，一方的付出与获得都是对等的。这就是为什么我们可以说，人与人之间存在交锋（如果发生争论）、交恶甚至交火。[25] 在这些例子中，即使存在某种衡量精确对等的方法，也并不存在完全精确的对等，而是存在倾向于实现平等的持续互动过程。实际上，这里有个悖论：在每个例子中，每一方都试图压制对方，但是除非有一方最终被打败，否则当双方认为结果基本上公平的时候，是最容易使整件事情暂时中止的。当我们在进行物质商品的交换时，也会发现相似的张力。一般来说，交换都存在着竞争的因素。即使该因素不存在，也总是存在着出现的可能性。但是同时，双方都存在记账的概念（这一点就和共产主义不同，共产主义总是带有某种程度的永恒的概念），整个关系都可以被抵消，任意一方在任何时候都可以要求中止。

这种竞争的因素，能够以完全不同的方式发挥作用。在以物易物或商业交换的例子中，当交易双方只对交易的物品的价值感兴趣时，他们可能会尝试寻求自身获得的物质利益的最大化。经济学家对此坚信不疑。另外，正如人类学家早已指出的那样，当交换的物品是赠品的时候（也就是说，人们认为在彼此之间来回传递的物品的最主要作用在于它们如何反映出进行交易的人们之间的关系，并且如何对这些关系进行重新安排），一旦有竞争因素参与进来，它将很可能以另外一种形式发挥作用——变成比拼慷慨的物质竞赛，每个人都会炫耀谁能馈赠得更多。

让我逐一进行分析。

商业交换的标志，是其"与人无关的客观性"。那些卖东西给我们的人，或从我们手中买走东西的人，从原则上来说，应该和我们完全没有关系。在交易中，我们只是在比较两个物品的价值。诚然，正如其他原则一样，在实践中，这种说法并不是完全成立的。一笔交易要发生，一定得存在某种最小程度的信任因素，除非你是从自动售卖机中买东西，否则交易通常需要一些社交性的外在展示。即使在最客观的购物中心或超市，至少人们会认为工作人员应该具备个人热情、耐心及其他可靠的品质。在中东的集市里，一个人进入复杂的讨价还价过程之前，必须先经过一些同样复杂的、建立临时友谊的过程，比如分享茶叶、食物或烟草（这是一个很有趣的惯例，通过底线共产主义来建立社交性是其开端），围绕价钱的争论将持续很长时间，过程类似于模拟的战争。所有这一切进行的基础，是假设买卖双方是朋友，至少在买卖的当时如此（因此，任意一方都有权对另一方不合理的要求感到愤怒），但这只不过是逢场作戏。一旦物品易手，没人期望买卖双方之间还会有任何联系。[26]

大多数时候，这种类型的讨价还价（在马达加斯加，"讨价还价"这个词的意思就是"通过争斗做成一笔买卖"）本身就是快乐的来源。

安纳雷克里（Analakely）是马达加斯加首都的一个非常大的服装市场。我第一次去那里是和一个马达加斯加人一起，他想要买一件毛衣。购买毛衣大概花了我们 4 个小时，过程基本上是这样的：我的朋友找到一件挂在货棚里的合适的毛衣，询问价格，然后开始和卖家进行漫长的智斗，其间难免出现以夸张的形式羞辱一下对方、表现自己的愤怒，并且还会假装因反感而离开。一般来说，似乎还价过程的 90% 的时间，都用在解决最后几阿里亚里

（相当于几便士）的微小差距上，这微不足道的差距似乎对双方来说都是原则性的问题，因为如果卖方拒绝让步，整个交易就很可能失败。

我第二次去安纳雷克里的时候，是和另一个朋友一同前往。她是一个年轻的女孩，她的妹妹交给她一个单子，让她买一些布回去。在每一个货棚，她都采用同样的步骤：她径直走过去，询问价格。

卖家会给她一个报价。

"好的，"然后她问道，"你真正的底价是多少？"

他会告诉她，然后她就交钱。

"等一等！"我问道，"这样行吗？"

"当然，"她说，"为什么不行？"

我向她讲述了上一次我到这里来时那位朋友的做法。

"噢，是的，"她说，"有人很享受那样的过程。"

交换使我们能够抵销各自的债务。它让我们能够扯平，由此结束相互之间的关系。通常，人们只是假装自己和卖家之间存在关系；而对于邻居，正是由于这一原因，人们可能会选择不偿还债务。劳拉·波汉南（Laura Bohannan）描述过自己到尼日利亚乡村的蒂夫人（Tiv）社区所发生的事情。当时周围的邻居立刻带着小礼物来拜访她："两个玉米、一个西葫芦、一只鸡、五个西红柿、一把花生。"[27] 她不知道邻居们期望从自己这里得到什么，于是她感谢了这些人，并把他们的名字和送来的礼物记在一个笔记本上。最后，两个女人收留了她，并向她解释这样的礼物确实需要归还。如果你接受了邻居的三个鸡蛋，但是不回送任何礼物，这是非常无礼的行为。你不需要以鸡蛋作为回礼，但是你应该送还价值相当的东西。你甚至可以送钱（这一点儿都不失礼）。唯一要注意的就是要谨慎选择回礼和收礼的时间间隔。而且最重要的是，你不能用和鸡蛋成本完全相同的东西回礼，要么稍微高一点，要么稍微低一点。不回礼的话，别人将认为你是剥削者或者寄生虫；如果用完全等价的东西回礼，则意味着你不希望再和邻居有联系。她了解到，蒂夫族的女人会花费大半天的时间，走数英里[①]到遥远的农庄去回赠一把黄秋葵或

① 1 英里约为 1.6 千米。——编者注

少量零钱，“处在礼物的无尽循环之中，因为没人会送上和自己上一份收到的礼物完全等价的东西”——通过这种方式，他们继续创建自己的社会。在这里，当然有共产主义的痕迹存在（当出现紧急情况时，也可以相信关系融洽的邻居将互相帮助），但是和被认为永远存在的共产主义关系不同，这种邻里关系需要人们持续地创造和维持，因为任何一环都随时有可能断裂。

这种形式的等价礼物交换，或者说几乎等价的礼物交换，有无数的变种形式。人们最熟悉的就是礼品交换：我请某人喝杯啤酒，他将请我喝下另一杯。完全的等价意味着平等。但是让我们来看一个稍微复杂一点的例子。我请了一个朋友到一家高级餐厅吃晚饭。在一段合理的时间间隔以后，他也同样带我去高级餐厅吃晚饭。正如人类学家一直以来习惯于指出的那样，这种习俗（尤其是一个人真的应该偿还某个人情的感觉）的存在不能用经典的经济学理论解释。经典的经济学理论认为，任何人类之间的互动，本质都是一笔商业交易，我们都是自私的个体，试图让我们自己以最小的代价或最少的努力获得最大的利益。[28] 但是这种感觉是很真实的，而且对于那些财力有限、又想尽力保持自己形象的人来说，这种感觉能够带来名副其实的压力。所以，如果我带一个自由市场经济理论学家去吃一顿丰盛的晚餐，为什么经济学家会觉得在他能够偿还这个人情之前，他自己的形象有些被降低了呢——因为欠我的债而感觉不太舒服？如果他对我有竞争意识，为什么他打算带我去一家更加昂贵的餐厅呢？

回忆一下前文中提到的宴会和节日对上面的情况的启示：在这里，同样存在着狂欢和快乐（有时并非那么快乐）竞争的基础。一方面，每个人的快乐都被提升了——毕竟，有多少人真的愿意一个人来到法国餐厅，独自享用一顿丰盛的大餐？另一方面，事情很容易就演变成单利现象的比赛——因此，带来痴迷、耻辱、愤怒……或者，正如我们将要看到的，更糟糕的结果。在有些社会，这些比赛有其固定的形式，但是有一点是很重要的——这样的比赛只有在彼此认为双方基本处于同一水平的人或人群之间，才能真正进行下去。[29] 让我们回到刚才那位我们想象出来的经济学家那里，我们不知道他在哪种情况下（收到一份礼物、受邀请吃晚餐）会觉得自己的形象被降低。如果对方是他认为大概和自己处于同一水平或有同等身份的人，他可能会产生这种感觉，例如对方是他的同事。如果比尔·盖茨或乔治·索罗斯请他吃晚餐，他可能会认为自己确实免费享用了一顿晚餐，而不需要有任何回报的举动。如果某个年轻的同事或他自己的某个研究生，出于奉承的目的而做出同样的事，他可能会认为自己接受邀请就已经是给这个人一个人情。如果他确实接受了邀请，完全可以这么认为；但他很可能不会那么做。

无论在哪里，只要社会被明确地划分成身份和尊严的等级，这种情景就会发生。皮埃尔·布迪厄（Pierre Bourdieu）描述过“挑战和反击的辩证法”，它是管理阿尔及利亚的卡彼勒·柏柏尔人（Kabyle Berber）之间所有荣誉竞争的原则。在那里，相互侮辱、（在世仇或斗殴中）相互攻击、相互偷窃或威胁，被认为采用了和交换礼物完全相同的逻辑。[30] 送出礼物是一项荣誉，同时也是一种挑衅。回应需要无穷的技巧，时机非常重要。回馈的礼物也需要制作成和收到的物品完全不同的样子，但是也要稍微高级一点。最重要的是不言而喻的道德原则，即一个人必须选择和自己一样的人。挑战更年长、更富有、更尊贵的人要冒着被忽视的风险，因此就会受到羞辱；对于一位贫穷但可敬的人，如果用一份他可能无力偿还的礼物去压制他的话是很残酷的，而且对赠予人的声誉也将造成同等的损坏。关于这一点，有一个印度尼西亚的故事：一个富人把一头极好的公牛作为祭品，以羞辱贫穷的对手；但穷人不动声色地献祭一只鸡，反而彻底地羞辱了他，并且赢得了比赛。[31]

当在某种程度上身份待价而沽的时候，这种比赛会变得尤其复杂。当事情太过清晰明确的时候，会带来特有的问题。把礼物送给国王，通常是一件非常复杂、棘手的问题。这里的问题是，一方面，一个人没办法真正找到适合送给国王的礼物（除非这个人是另一个国王，才有这种可能），因为从定义上来看，国王拥有一切。另一方面，这个人也应该进行合理的努力：

有一次，纳斯列丁被国王召见。一个邻居看见他背着一袋萝卜，匆匆赶路。

“你为什么带着那些萝卜？”邻居问。

“我被国王召见，我觉得最好带些礼物去。”

“你给国王带萝卜？萝卜是农民吃的食物！他可是国王！你应该给他带一些更加适合的东西，比如葡萄。”

纳斯列丁表示同意，于是他带着一串葡萄去见国王。国王却并不觉得满意。“你送给我葡萄？但我是国王！这太荒唐了。把这个白痴拉出去，教他一些礼仪！把每颗葡萄扔到他身上，然后把他踢出王宫。”

国王的卫士把纳斯列丁拖到旁边的屋子里，然后开始用葡萄砸他。在士兵扔葡萄的时候，纳斯列丁双膝跪倒，开始大喊：“感谢您，感谢上帝，感谢您无限的宽恕！”

“你为什么要感谢上帝？”士兵们问，“你正在遭受彻底的羞辱！”

纳斯列丁回答道：“噢，我只是在想，感谢上帝我带的不是萝卜！”

另外，送给国王一些他没有的东西，可能带给你更大的麻烦。在罗马帝国早期，流传着一个故事，讲述一个发明家大张旗鼓地把一个玻璃碗作为礼物献给皇帝提比略。皇帝很迷惑：一块玻璃有什么特别之处？发明家把碗扔到地上，但是碗没有碎，只是出现了凹痕。他把碗捡起来，用手一抚，碗变得完好如初。

“你有没有告诉别人这个东西是如何制造出来的？”提比略在震惊之余问道。

发明家向他保证自己并没有告诉任何人，于是皇帝下令处死他。因为如果制造打不破的玻璃的方法流传开来，皇帝自己的金银财宝将变得一文不值。[32]

面对皇帝时最佳的赌注，就是以合理的尝试进行比赛，但是你在比赛里注定要失败。14 世纪的阿拉伯旅行家伊本·白图泰（Ibn Battuta）讲述了信德国王（King of Sind）的习惯。他是一位可怕的君主，肆无忌惮，为所欲为。[33] 国外的知名人士来拜访国王，献上宝贵的礼物，这已经是惯例。但是不管献上的是什么礼物，这个国王都会用相当于其数倍价值的礼物再回赠给拜访者。由此诞生了一个庞大的产业，当地的银行家借钱给此类拜访者，用来提供购买珍贵礼物的资金。因为这些银行家知道，通过皇室单利现象的过程，他们能够得到丰厚的收益。国王肯定知道他们的行为，但是他没有表示反对——因为这里的关键在于，国王希望显示自己的财富超过所有可能的等价物；而且如果他真的需要，他随时可以剥夺银行家的财产。银行家们知道比赛中真正重要的不是财富，而是地位，而国王的地位是绝对的。

在交换中，交易的物品被看作等价物。因此这含蓄地表明，人也是如此：至少，在礼物和回礼交换的那一刻，或者货币换手的那一刻是如此的；当没有进一步的债务或责任联系，并且双方有相同的权利离开的时候是如此的。相应地，这暗含着自主的概念。对于君主来说，这两种原则都令人不太舒服，因此国王通常不喜欢任何形式的交换。[34] 但是，从隐隐出现的撤销前景来看，或从根本的等价物前景来看，我们会发现无数的变种，无数能够参加的比赛。你可以索要其他人的某些东西，你知道通过这种方式，就给予了另一个人索要同等价值物品作为回报的权利。在某些情况下，即使表扬某个人拥有的东西，也可能被解读成索要那件东西。在18世纪的新西兰，英国移民很快就发现，赞美毛利族（Maori）勇士戴在脖子上的玉坠并不是一个好主意。毛利勇士会坚持把它赠送给他人，还不允许别人拒绝，然后经过一段合适的时间，他会回来赞美移民的大衣或枪。唯一的解决办法是在他回来索要礼物之前迅速送给他一件礼物。有时候，赠送礼物是为了使赠予者能够提出这样的要求：如果一个人接受了礼物，就相当于他郑重地同意，可以把赠予者看中的任何等价值的东西送给赠予者。[35]

反过来，所有这一切都能逐渐变成和以物易物非常相似的某种东西，直接用一个东西交换另一个东西——我们已经看到，即使在马塞尔·莫斯倾向于叫作“礼物经济”的体系里，即使主要在陌生人之间，这种情况也确实存在。[36] 在社区的范围内，正如蒂夫族的例子所表明的，总是存在不愿意让物品两清的想法——这也是如果存在普遍使用的货币，那么人们也拒绝在朋友和亲戚之间使用它们的原因（在一个村镇社会中，朋友和亲戚几乎就包含了村子里的所有人）；或者像第三章提到的马来西亚人那样，以完全不同的方式使用货币。

阶层

因此，交换意味着正式的平等，或者至少意味着实现真正平等的可能性。这正是国王难以接受等价交换的原因。

作为对比，带有明确阶层性质的关系（即存在于至少两方之间的关系，其中一方被认为高于另一方），其运转完全不倾向于互惠性。这一点很难看出来，因为互惠的说法通常使这种关系正当化（“农民提供食物，地主提供保护”），但是它们运转依赖的原理，是完全对立的。在实际中，阶层是通过先例逻辑来发挥作用的。

为了说明我这番话想表达的意思，让我们想象一种连续统一的单边社会关系，范围从最严酷的盘剥到最慷慨的善行。一个极端是盗窃，或者抢掠；另一个极端是无私的善举。[37] 只有在这两种极端情况下，才可能使本来不存在任何社会关系的人们之间，产生物质的互动联系。只有疯子才会抢劫自己的邻居。一伙到处抢劫的士兵或游牧骑手，冲入一个村子中奸淫抢掠，显然他们并不打算和幸存者建立任何持续的关系。但是出于相似的方式，宗教传统一般坚持真正的善举是匿名的——换句话说，即不打算把接受者置于债户的位置。这种情况的一个极端形式，在世界上的许多地方都有记载，就是秘密馈赠礼物，其方式与入室盗窃完全相反：馈赠者在晚上偷偷潜入接受者的屋子中，然后把礼物放下，所以没人知道到底是谁留下了礼物。圣诞老人或圣尼古拉斯（Saint Nicholas，别忘了，他不仅是孩子们的守护神，也是小偷的守护神）的故事，就是这种原则的神话版本：一个善良的“窃贼”，人们和他之间不可能产生任何社会关系，也就没人能够欠他任何东西。在这个例子中，最重要的是，他实际上并不存在。

但是，当一个人在连续统一体上，向每个方向的移动都不那么激进时，看看将发生什么。有人告诉我（我不知道是不是真的），在白俄罗斯，犯罪团伙对火车和汽车上的旅客下手是非常有组织的，以至于他们养成了送给每个受害者一个小标志的习惯，让受害者知道自己已经被打劫了。很明显，这向着国家的建立又迈出了一步。实际上，关于国家的起源有一个流行的理论，至少要追溯到 14 世纪北非历史学家伊本·赫勒顿（Ibn Khaldun）。他正是沿着这些方向前行：游牧抢劫者最终使得他们和村民的关系系统化，掠夺品变成了贡品；强奸变成了“初夜权”；或者带走可能的人选，招募进皇室作为女眷。区域征服和不受限制的权力变得系统化，因此其框架并不是一种掠夺性的关系，而是一种道德关系：领主提供保护，村民则献上食物。但是，即使所有的参与方都假定他们是按照共同的道德法则行事，即使是国王也不能为所欲为，其行为必须符合法则，允许农民就国王的仆从有权带走他们收获的粮食数量的对与错进行辩论，参与方也不太可能依照提供保护的质量和数量进行计算，而是以习惯和先例作为依据：我们去年上缴了多少？我们的先辈需要上缴多少？对于另一方来说，情况同样如此。如果某种社会关系的基础是慈善捐助，那么这种关系是不会建立在互惠性的基础上。如果你给一个乞丐几枚硬币，而后来的某一天，那个乞丐认出了你，他不可能给你钱，倒是很可能认为你会再次给他一些钱。当然，如果一个人向慈善机构捐款，情况也是如此。（我给“联合农场工人”捐过一次款，直到现在它仍然向我发送募捐消息。）这种单边的慷慨行为，就成为一种先例，是人们预期后续发生事情的参考。[38] 如果你把糖送给一个小孩，情况也基本如此。

这正是当我说阶层运转的原理和互惠性完全相反时，想要表达的意思。不论何时，只要上下级之间的界限被清晰界定，并且作为一种关系的框架被所有的参与方认可，并且我们不再是简单地面对不受限制的权力，使这种关系能够充分地延续下去，那么这种关系就会被看作是由一张习惯或习俗所构成的网所管理。有时，人们认为这种情况起源于征服过程中的某些基础法令；或者它可能被看作从祖先那里流传下来的习俗，因此不需要解释。但是对于向国王或任何一个上级赠送礼物的问题，这就带来了另一个复杂因素：总是存在着它将被作为先例对待的风险，从而加入管理的习俗网络之中，因此在随后的日子里，被看作一种义务。色诺芬（Xenophon）宣称，在早期的波斯帝国，每个省都争相把自己最独特、最珍贵的物品作为礼物献给大帝。这就变成了贡品体系的基础：最后，每个省每年都需要提供同样的“礼物”。[39] 与此相似，根据研究中世纪的权威历史学家马克·布洛克（Marc Bloch）所说：

在19世纪，有一天，位于沃尔的皇家酒窖缺少葡萄酒，圣丹尼的修道士们被要求提供所需的200个大桶。随后，这次捐助就变成了每年修道士们都要完成的任务。在阿德尔，我们听说过去这里有一只熊，是当地领主的财产。当地的居民非常喜爱看熊和狗打架，于是答应负责喂养这只熊。最后，这只野兽死了，但是领主仍旧向居民索要大块的面包。[40]

换句话说，在封建时代，送给上级的任何礼物，“尤其是重复赠送了三四次以后”，礼物就很可能被看作先例，然后成为习俗的一部分。因此，那些向上级赠送礼物的人，通常都会索要一封“非认识偏误书”，以便在法律上确定，未来上级不会继续索取这些礼物。尽管事情变得如此正式的情况并不多见，但是任何从一开始就被认为是不平等的社会关系，将不可避免地按照类似的逻辑运转——因为一旦这种关系的基础被认为是“习俗”，那么唯一表明一个人有责任或有义务做某件事情的方式，就是证明这个人以前做过这件事。

一般而言，这种安排能够转变成种姓制度的逻辑：某些氏族负责缝制庆典用的服装，或者为皇家宴会提供鱼，或者为国王理发，因此他们便开始作为缝纫师、渔夫或理发师而闻名。[41] 后面这个观点，再怎么强调也不过分，因为它将引出另一个通常被忽视的真相：在各个地方，身份制度的逻辑一直都和阶层的逻辑纠缠在一起。只有当某些人被置于其他人之上的位置时，或者在每个人都因与国王、大祭司或建国者有联系而高人一等时，才可以开始谈论那些被其最本质的属性所限制的人——那些本质类别不相同的人。种族或其姓氏的意识形态只是极端的例子。不论什么时候，只要一个族群把自己提升到其他的族群之上，或者把自己置于其他族群之下，种族或种姓就会产生。在这种情况下，公平交易的一般标准将不再适用。

事实上，即使在我们最亲密的社会关系中，类似的事情也会小规模地发生。自我们意识到某人和自己不是同一种人的那一刻起（不论地位在我们之上还是在我们之下），互惠性的一般原则就将被修改或被弃之不用。如果一个朋友某次表现出不同寻常的慷慨，我们可能希望报答他；但如果他总是做出类似的行为，我们就会认为他是一个慷慨的人，因此报答的可能性就降低了。[42]

在这里，我们能够描述一个简单的公式：某个特定行为重复多次，就会变成惯例。由此，它会定义行为实施者的本性。或者一个人的本性也可能这样被定义：通过其他人在过去对他做出的行为来决定。要想成为一名贵族，你得坚持声称过去其他人把你作为贵族对待（因为贵族其实不用做什么特别的事情，他们大多数人只需花时间保持好那些被假定为是上等人所特有的行为或状态就可以了），因此现在自己应该受到同样的待遇。成为这种人的艺术，主要在于对待自己的方式——你希望别人如何对待你，你就如何对待自己：在国王的例子中，他们身上披满黄金，因此暗示其他人也要这样做。另外，这就是虐待变得自我合法的方式。萨拉·斯蒂尔曼（Sarah Stillman）是我教过的一名学生，她指出：在美国，如果一个中产阶级家庭的13岁女孩被拐卖、强奸，然后被害，这将成为一个震惊全国的新闻，每一个有电视机的人，在接下来的几周里都会密切关注事态进展。而如果是另一个13岁的童妓，多年来有组织地被强奸，最后被害，那么这一切都将被认为不值一提——人们倾向于认为，这种事正是那样的人最终会得到的结果。[43]

在上下级之间，当物质财富被作为礼物或薪水的形式往复传递时，关键的原则似乎是，给予任意一方的这种东西，在品质上应该有本质的区别，它们的相对价值不可能被量化——结果是，甚至没有办法设计出一个两讫的记账方法。即使中世纪的作家坚持认为存在一个虚构的阶层社会，在那里，牧师为每个人祈祷，贵族为每个人战斗，农民为每个人提供食物，也不会没有人想到去确定多少次祈祷或何种程度的军事保护才能和一吨小麦等价，也没有人想到要进行这样的计算。没有人认为“低等”的人必然只能享受低等的东西，反之亦然。有时候，情况恰好相反。直到近些年，几乎任何著名的哲学家、艺术家、诗人或音乐家都需要找到富有的资助人提供支持。在著名的诗作或哲学著作的前言中，对于那些只提供微薄的薪水、早已被人遗忘的伯爵，作者往往大加赞美他们的智慧和美德。事实上，贵族资助人仅仅提供食宿或者金钱，而受助人通过画《蒙娜丽莎》、创作《D小调托卡塔与赋格》来表达自己的感激之情，这绝不会被看作对贵族内在优越性的妥协。

这个原则有一个著名的例外，即阶层的再分配现象。但是，这里互相赠送的并不是同类的东西，而是一模一样的东西。例如，在某尼日利亚歌星的演唱会上，歌迷把钱扔到舞台上；而歌星偶尔会到歌迷居住的地区，在豪车中把（那些收到的）钱扔出来。如果事情就这么简单，那么我们所谈论的可能是一种绝对微不足道的阶层。在巴布亚新几内亚的大部分地区，社会生活以“大人物”为中心，这些人极富魅力，其大部分时间都在用花言巧语哄骗人民、操纵人民，以便获得大量的财富，用于在一些盛大的宴会上派发。在实际情况中，你也可以把目光转向一个亚马孙河流域印第安人或北美原住民的酋长，和大人物不同，他们的角色更加正式；但是实际上，这些酋长无权强迫别人做任何他们不愿意做的事情（北美印第安酋长最著名的能力是演讲术和说服别人的能力）。因此，他们倾向于分发的数量，要远多于自己收到的。观察者通常会说，从个人财产来看，在一个村庄里，酋长通常是最穷的，这是他因持续地慷慨赠予而受到的压力所致。

因此，通过这种方法，你可以判断一个社会究竟有多么平等：那些拥有权力的人是再分配的中转人，还是利用自己的地位来积累财富。后一种情况似乎最可能出现在贵族社会中，而贵族社会又添加了另一个因素：战争和抢掠。毕竟，几乎任何拥有大量财富的人，最终都至少会把一部分财富分发出去——通常是用炫耀性的方式，送给数量众多的人。一个人通过抢掠或敲诈获取的财富越多，那么他分发财富的方式就会越自我吹捧，越大张旗鼓。[44]而对于武士贵族阶层成立的事，对于古代的国家同样成立，国家的统治者们几乎无一例外地把自己的形象展示成无家可归者的保护人，寡妇和孤儿的扶持人，穷苦之人的捍卫者。现代再分配国家的谱系（它最为臭名昭著的倾向是促进身份认同政治的产生），能够追溯到任何一种“原始共产主义”，但最终将指向暴力和战争。

道德模式的转换

我应该再次强调一下，这里我们并不是在讨论不同类型的社会（我们已经看到，认为人们曾经被组织而成为分散的“社会”这一观点，是不可靠的），而是在讨论共同存在于各个地方的道德标准。和最亲近的朋友在一起的时候，我们都是共产主义者；面对小孩子的时候，我们都是封建时代的领主。很难想象存在这样一个社会，其中的人们不同时拥有这两方面的特点。

这里有一个很明显的问题：如果我们所有人都在完全不同的道德计算体系中间转换，为什么没人注意到这一点？为什么我们反而仍然感觉有必要把每一件事情都置于互惠性的框架之下？

这里，我们必须回到这样一个事实，即互惠性是我们用来构想公平的最主要方式。尤其是当我们思考抽象概念时，当我们试图创建一幅理想的社会图景时，更是如此。我们已经给出了说明这件事的例子。伊洛奎斯社会的道德观基础，是要求每个人都要留意几种不同身份的人的需求——他们的朋友、家人、母系家族中的成员，甚至艰难处境里的友好的陌生人。当他们必须从抽象意义上思考社会的时候，他们就要开始强调存在于村镇的两方，其中的每一方都要埋葬另一方的死者。这是通过互惠性来想象共产主义的一种方法。相似地，封建主义的混乱和复杂臭名昭著，但是不论何时，当中世纪思想家把它普遍化的时候，他们会把所有的等级和阶层都简化成一个简单的原则，即每一个阶层都贡献了自己的力量："有人祈祷，有人战斗，其他人工作。"[45] 即使阶层被看作终极的互惠形式，这一原则仍然适用于实际情况，但它和牧师、骑士及农民之间的相互关系没有任何联系。人类学家对这一现象很熟悉：有人从来没有机会真正把自己的社会或文化作为一个整体来思考，他们可能甚至都没有意识到自己生活在某种其他人认为是"社会"或"文化"的东西之中。只有当这些人被要求解释每一样事物所起的作用时，他们要么以"这是我们报答母亲养育之恩的方式"之类的话回答，要么苦苦思索概念性图表（氏族A让自己族内的女人和氏族B联姻，氏族B让自己族内的女人和氏族C联姻，氏族C让自己族内的女人和氏族A联姻），但似乎从来不能把它们和人们的真实行为对应起来。[46] 在努力想象出一个公正的社会时，很难避免引发平衡和对称的概念，以及一切都能互相抵消的优雅的几何学概念。

认为存在某种叫作"市场"的东西的观点，并没有多么不同。如果你以正确的方式向经济学家提问，他们通常都会承认这一点。市场并不是真实的，它们是数学模型；想象一个自我约束的世界，其中的每个人都有完全相同的动机和完全相同的知识，并且都参与到同样的自私计算的交易之中，如此就创造了市场。经济学家清楚地知道，现实情况总是更加复杂。但是他们同样清楚地知道，为了想出一个数学模型，肯定需要对世界进行一定程度的简化。这并没有错，但当它使某些人（通常也是这些经济学家）能够宣称任何无视市场规则的人都将受到惩罚的时候——或者宣称既然我们生活在市场体系里，每一件事（除了政府干预）都是建立在公正的基础之上：我们的经济系统是一个大型的互惠关系网络，在这里，最终所有的账目都将被结清，所有的债务都将被偿还——就出现了问题。

这些原则互相纠缠，因此一般很难说在给定的情况下，哪一种原则发挥了最主要的作用——认为人们可以假装在经济或其他层面上把自己的行为简化成某种数学公式的观点是荒谬的，这就是原因之一。但是，这就意味着某种程度的互惠性，在任何情况下都有存在的可能性。因此一个坚定的观察者总能找到一些理由，宣称互惠性存在。而且，某些原理似乎具有融入其他原理的内在倾向。例如，许多极端的阶层关系能够以共产主义为原则运转（至少能维持一段时间）。如果你有一位富有的资助人，你在有需要的时候去找他，期待他会帮助你。但是这种帮助只限于一定程度之下，没人指望资助人能提供足够的帮助，以至于有可能破坏这段关系中隐含的不平等性。[47]

相似地，共产主义关系能够轻易地融入阶层不平等的关系中——通常没有人会注意到这一点。这一现象发生的原因其实不难理解。有时候，不同的人的“能力”和“需求”是极度不匹配的。真正的平等社会会敏锐地意识到这一点，于是会建立起极其复杂的保障措施，以杜绝某些人（例如在狩猎社会中的一个极为出色的猎人）的地位提升得过高——正如他们对于任何可能导致社会中的一个成员对另一个成员产生负债感的事物都抱有怀疑的态度。如果一个成员吸引别人来注意自己的成就，那么他将变成被嘲笑的对象。一般情况下，如果某个人完成了一项非凡的成就，最礼貌的做法反而是拿自己解嘲。丹麦作家彼得·弗卢岑在他的《因纽特人之书》中，介绍了发生在格陵兰的例子：通过某人在开饭前对食物的贬低程度，就可以判断他提供给客人的是怎样的美食。

老人笑了。“有些人并不了解。我是一个糟糕的猎人，我的妻子是糟糕的厨师，她会毁掉任何食物。我有的也不多，但是我想外面有一块肉。它可能还在，因为连狗都不想吃它。”

这是一种反向的夸耀，是因纽特式建议。听完这些，每个人都开始流口水……

读者会回忆起上一章中提到的海象猎人。他给了作者一份肉，当作者试图感谢他的时候，他认为自己受到了侮辱——毕竟，人类应该互相帮助，一旦我们把某个东西看作礼物，我们就变得不那么像人了：“在这里，我们认为礼物造就奴隶，鞭子造就狗。”[48]

这里的“礼物”，并非指免费赠送的东西，也不是指我们通常认为人类应该给彼此提供的帮助。感谢某人，暗指他可能没有以那样的方式做事，因此选择这样做就造成了一种义务，一种负债的感觉——由此也带来了低人一等的感觉。美国的社区或平等主义集体经常面对相似的困境，他们需要建立起自己的保障机制，以防止阶层的出现。这并不是说，共产主义融入阶层的倾向是不可避免的（像因纽特人那样的社会，数千年来都成功地把它拒之门外），而是说，一个人必须保持对它的戒备。

相反地，要想从基于原始共产主义的平均分配的关系，转移到平等交易的关系，是非常困难的——一般而言，完全不可能。我们和朋友在一起的时候，总是能看到这一点：如果你认为别人在利用你的慷慨，那么和他彻底断绝关系，要比要求他偿还你容易得多。一个极端的例子是毛利人的一个故事：一个臭名昭著的贪吃鬼总是要求渔夫把捕获的最好的水产品送给他，因此惹怒了他居住区域内的渔民。因为无法拒绝赤裸裸索要食物的要求，渔夫们只好老实地把食物交给他。直到有一天，人们无法忍受了，于是杀了他。[49]

我们已经看到，在陌生人之间建立社交性的基础，经常会带来确定其他人底线的复杂过程，通常的做法是自顾自地拿走别人的财产。在调停的过程中，甚至在建立商业合作制度的时候，也会发生同样的事情。[50]在马达加斯加，人们告诉我，两个打算一起做生意的人经常会变成结拜兄弟。俗称的

“拜把子”包含无限制的互相帮助承诺。双方都要庄严地宣誓，他们绝不会拒绝彼此的任何要求。在现实中，达成这种协议的合作伙伴，通常都会十分谨慎地对待自己所提的要求。但是，我的朋友坚持认为，当人们第一次达成这一共识的时候，他们有时喜欢进行试验。一个人可能索要另一个人的房子、身上穿的衬衫，或者和其妻子共度一晚的权利（所有人都爱用的例子）。[51] 唯一的限制，是知道一方要求的任何事，另一方也可以有此要求。在这里，我们再次谈到了关于信任的最初建立问题。一旦互相承诺的真实性被确认，那么基础就已经准备好，两个人就可以委托买卖、预付款、分红，以及彼此相信对方会照顾自己的商业利益。但是，最著名也最戏剧化的时刻，是交换的关系可能崩溃而变为阶层关系的时候：当双方以平等的地位来往，交换礼物、攻击、商品或任何其他东西的时候，一方却做了某件超出范围的事情。

我已经提到礼物交换变成单利游戏的倾向。在一些社会中，这一潜在的倾向在盛大的公众比赛中被形式化。最重要的是，这是非常典型的所谓“英雄社会”：政府弱小，甚至不存在，社会的组织反而是以武士贵族为核心，每一个人都带着忠实的随从，通过不断转变的盟友及对手的关系和其他人相联系。大多数史诗（从《伊利亚特》到《摩诃婆罗多》，再到《贝奥武夫》）都回头倾听了这种类型的世界；而人类学家在新西兰的毛利人、夸扣特尔人（Kwakiutl）、特里吉特人（Tlingit）和美国西北海岸的海达族人（Haida）之间，都发现了类似的协议。在英雄社会里，宴会的举办和随之而来的慷慨比赛，通常作为战争的延续被提及：“与财产作战”或“与食物作战”。那些举办宴会的人，通常沉醉于生动的演讲之中，讲述他们的敌人如何被慷慨的辉煌战绩击败和摧毁（夸扣特尔人的酋长喜欢把自己描述成宏伟的山峰，礼物像山顶的巨石一样滚落下来），以及被征服的敌人如何就此沦为奴隶（和因纽特人的寓言故事类似）。

这样的说法不能按照字面意思去理解。这种社会的另一个特征，就是高度发达的自吹自擂艺术。[52] 英雄酋长和勇士吹捧自己的倾向，和那些平等社会中的人贬低自己的方式完全一样。并不是说某个礼物交换比赛的输家真的变成了奴隶，而是说他自己的心理感受可能和奴隶并无二致。这样做的后果可能是灾难性的。一份古希腊的资料描绘了凯尔特人的节日，比赛的双方将交替进行骑马格斗和慷慨比赛，向敌人展示大量的金银财宝。有时候，这将导致出现某种彻底的失败——某一方面对着无与伦比的礼物，则不可能拿出与之匹配的礼物。在这种情况下，对此人来说，唯一保持尊严的回应方法就是割断自己的喉咙，从而把自己的财富分发给自己的追随者。[53] 600年后，我们在冰岛的一个长篇故事中发现了一个例子：一位名叫艾基尔的老海盗，和一位名叫爱因纳尔的年轻人成为朋友，后者仍然热衷于打家劫舍。他们喜欢坐在一起作诗。有一天，爱因纳尔得到了一面华丽的盾牌，“上面镌刻着古老的传说；在文字之间，覆盖着带有宝石的黄金饰片”。没人见过类似的东西。爱因纳尔带着盾牌来拜访艾基尔，艾基尔不在家。爱因纳尔按照习俗等待了三天，然后把盾牌悬挂在大厅中间，作为送给艾基尔的礼物，就骑马离开了。

艾基尔回到家，看到了盾牌，然后问这个宝贝的主人是谁。别人告诉他爱因纳尔曾经登门拜访，把盾牌送给了他。艾基尔随后说：“他真该死！难道他认为我会整夜不睡，作一首关于这面盾牌的诗？把我的马牵出来，我要追上他，然后杀死他。”爱因纳尔很走运，他离开得足够早，因此他和艾基尔之间的距离非常远，艾基尔没有追上他。于是艾基尔放弃了，以爱因纳尔的礼物为主题作了一首诗。[54]

竞争性的礼物交换，并不会导致任何人变成奴隶，它仅仅关乎荣誉。但是，对于这些人来说，荣誉就意味着一切。

无法偿还债务，尤其是荣誉的债务，是相当严峻的危机，其主要原因在于这是贵族吸引追随者的方式。例如，古代的殷勤好客法，坚持认为每个旅行者都应得到食物、住处，并被当作贵宾来招待——但是只会维持很短的一段时间。如果一个客人不离开，最终他将变成无足轻重的属下。这些停留者的角色，一直以来都被人类历史学学生所忽略。在很多时期（从罗马帝国到中世纪中国的明清），至少在城镇中最重要的关系，可能就是资助关系。任何有钱的重要人物，都会发现自己身边围绕着势利小人、阿谀奉承之辈、永远出现在晚餐桌上的客人及其他愿意依附于自己门下的人。当时的戏剧和诗歌里，满是这样的角色。[55] 相似地，在人类历史的大多数情景中，受人尊敬和中产阶级身份，意味着早晨挨家挨户地拜访当地的重要资助人，向他们表示敬意。直到今天，非正式的资助体系仍然存在，相对富裕和有权势的人感到自己随时需要聚集支持者的网络——在地中海、中东和拉丁美洲的许多地区，都详细记录了这样的实例。这样的关系，似乎包括我在这一章中写到的三个原则，并且草率地混合在一起。但不管怎么说，这些关系的观察者，坚持用交换和债务的语言尝试整理它们。

最后一个例子：在 1971 年出版的一部名为“礼物和战利品”（*Gifts and Spoils*）的文集中，有人类学家洛兰·布拉克斯特（Lorraine Blaxter）关于法国比利牛斯山脉乡村的简短散文，那里的大部分居民都是农民。每个人都非常看重互相帮助的重要性——当地的说法为“给予服务”。生活在同一个社区的人，应该互相照顾，并在邻居遇到麻烦时提供帮助。这是共产主义道德的精髓。事实上，这也是一个人知道任意形式的社区存在的方式。到目前为止，一切正常。但是，她说，当有人完成了一次巨大的善行以后，互相帮助将变成其他的东西：

> 如果工厂里的一个人走到老板面前，要求找份工作，然后老板给他安排了一个岗位——这是给予服务的例子。得到工作的人，永远没办法偿还老板，但是他可以对老板表示尊敬，或者把花园的产品作为象征性礼物送给他。如果一份礼物要求回报，而又不可能提供有形的回报，那么偿还就将通过支持或尊敬来实现。[56]

因此，互相帮助融入了不平等之中；因此，资助人—受助人的关系开始诞生。我们已经看到了这种情况。我之所以选择这个特别的段落，是因为作者的用词非常奇怪，完全是自相矛盾的。老板帮了那个人一个忙，那个人无法偿还人情，因此那个人的偿还方式是来到老板的门前，有时送上一篮子西红柿，并向老板展现自己的尊敬。那么，这究竟属于哪一种情况？他能偿还人情，还是不能？

毫无疑问，彼得·弗卢岑的海象猎人认为自己知道这里到底发生了什么。带来一篮子西红柿，就是说“谢谢你”的等价表达方式。它是一个人承认自己欠下了感谢债务的一种表达方式。事实上，那份礼物造就了奴隶，正如鞭子造就了狗。老板和雇员，现在从根本上变成了两种人。问题在于，在所有其他方面，他们从根本上来看都没有什么差别。很可能他们都是法国中年男子，都身为人父，都是共和国的公民，在音乐、体育和美食方面有着差不多的品位。他们应该是平等的。西红柿是一种象征，象征着雇员意识到存在着无法偿还的债务。结果，即使是西红柿，其展示方式似乎也把自身看作某种偿还手段——一笔贷款的支付利息，每个人都同意假定它有一天能够被还清，因而使得这两个人重新回到合适的平等状态。[57]

[这就是说，在这里人情是帮助受助人在工厂里找到一份工作，因为这里发生的情况，和你自己在工厂里找到一份工作开始并没有很大的区别。很明显，一份领取薪水的劳动合同，是在平等的双方之间签订的自由合同——但是双方都承认，一旦有一方开始打卡上班，他们之间就不再是平等的。[58]法律意识到这里确实存在着问题。这就是法律坚持一个人不能永久出售个人平等的原因（你无权自行卖身为奴）。只有当老板的权力不是绝对权力的时候（他的权力被限定在工作时间内，并且你有权在任何时候终止合同，从而恢复自己完全平等的地位），这样的协议才能被接受。]

在我看来，在平等的双方之间的这种协议，使得双方不再平等（至少在一段时间内不平等）是非常重要的。这正是我们所说的“债务”的本质。

债务：尚未完成的交换

那么，什么是债务？

债务是一个非常具体的东西，它从非常具体的情境中产生。首先，它需要两个人之间存在某种关系，这两个人都认为自己和对方在本质上并不是完全不同的两种人，至少双方之间存在平等的可能性，双方在真正重要的方面是平等的，并且双方当前并不处在平等的状态中——但是对他们来说，存在某种方法能让双方解决这一问题。

我们看到，在赠送礼物的例子中，需要地位上的平等。这就是我们的经济学教授在被比自己地位高得多或低得多的人请吃晚饭的时候，并不会感到有任何义务（任何荣耀之债）的原因。对于货币贷款来说，所需要的就是双方处于平等的法律地位上。（你不能借钱给一个孩子或疯子。当然，你借也无妨，但是将来法庭不会帮助你把钱要回来。）法律（而非道德）债务还拥有其他独特的性质。例如，它们能够被免除，而道德债务则不能。

这就意味着，并不存在真正无法偿还的债务。如果想不到偿还的方法，我们不会把它叫作"债务"。可以想到的是，即使是法国村民也能通过拯救资助人的生命或赢得彩票买下工厂来偿还债务。即使我们提到一个罪犯"偿还了对社会的债务"的时候，也是指他因为做出了非常可怕的事情，所以依法被剥夺了他们国家的公民享有的权利，从和其他公民平等的地位上被驱逐出来。我们把它称为"债务"，因为它可以被偿还，平等的地位能够恢复，即使需要付出的代价是注射死刑。

在债务仍然没有被偿还的时候，阶层的逻辑将发挥作用。这时，不存在互惠性。任何曾经在监狱中服刑的人都知道，狱卒宣布的第一件事，就是在监狱中发生的任何事都和公正无关。相似地，债户和债主面对彼此的时候，就像农民遇到了封建地主。这时先例的法律将发挥作用。如果你从园子里给债主送去了西红柿，他绝对不会回赠你任何东西，但是他可能会认为你还会继续这样做。但是总是存在这样的认识，即这种情况是有些不正常的，因为债务确实应该被偿还。

这就是使无法支付的债务的情况变得如此困难、如此痛苦的原因。因为债主和债户最终是平等的，如果债户做不到恢复自己的平等地位，那么很明显是他的错，这肯定是他的问题。

如果我们查看一下在欧洲语言中表示"债务"的词语的词源，这种联系就变得很清楚。许多词汇是"过错""原罪"或"有罪"的同义词。正如罪犯欠社会债务一样，债户也是某种形式的罪犯。[59] 据普鲁塔克（Plutarch）所说，在古代的克里特岛，当地的习俗认为，那些借款的人是从放贷者的钱包里把钱抢走的。普鲁塔克在想，这是为什么？也许是，"这样的话，如果债户违约，他们就将以暴力行为被起诉，并且受到更加严重的惩罚"。[60] 这就是为什么在很多历史时期，还不起钱的债户会被投入监狱，甚至会被处以极刑（在早期的罗马共和国）。

这样看来，一笔债务，就是尚未完成的一次交换。

按照这种观点，债务就严格属于互惠性的产物，和其他的道德形式（共产主义及其需求和能力，阶层及其习俗和性质）没有关系。诚然，如果我们真的下定决心，就能坚称（有些人也确实在这么做）共产主义是永久互不欠债的状态，或者阶层是基于无法偿还的债务而建立起来的。但是，难道这不是同样老套的故事吗？首先假设所有人类的相互关系，从定义上看，都一定是交换的形式；然后为了证明这一假设，绞尽脑汁、想尽一切办法。

不，人类之间的相互关系并不都是交换的形式，只有其中的一些是。交换鼓励以特殊的方式来构想人类关系。这是因为交换隐含着平等，但是它同样隐含着分离。就在货币换手的时候，在债务被取消的时候，身份的平等就将恢复，双方能够走开，未来彼此之间不再有任何联系。

债务介于两者之间：双方因为尚未恢复平等，所以不能离开彼此。但是债务在执行的过程中，也伴随着最终平等的阴影。因为实现该平等将摧毁保持关系的理由，那么在这之间，任何有意思的事情都有可能发生。[61] 实际上，在这之间会发生几乎一切人类的事情——即使这意味着所有类似的人类关系，都至少能忍受极少的一部分罪行或耻辱。

在前文中，我提到了蒂夫族的女人。对于她们来说，这并不算是个大问题。通过保证让每两个人之间都彼此欠一点债务，他们实际上建立了人类社会，尽管是非常脆弱的那种社会——一张精心编织的网，由归还三个鸡蛋或一袋黄秋葵的责任构成，联系被不断地更新和重建，而且其中任何一个联系都能随时被取消。

我们自己的礼貌习惯也没有什么不同。想一想美国社会的习惯，人们频繁地用到“请”和“谢谢”。这种做法通常被当作基本的道德：我们总是因为孩子忘了这样做而责怪他们，就像我们社会的道德守卫者（例如老师和牧师）对每个人所做的一样。我们通常认为这种习惯是普遍存在的，但是因纽特猎人已经清楚地表明，事实并非如此。[62] 和我们的许多日常礼仪一样，它是一种民主化的形式，过去是封建社会里服从的习惯：对待每个人的方式，都坚持采用过去只对领主或者有着相似身份的上层人物才使用的方式。

也许并非在每个例子里都如此。想象我们正在一辆拥挤的公交车上寻找座位，一位同行的乘客把自己的包移开，腾出一个位置；我们相视一笑，或点点头，或者做一些其他表示感谢的细微举动。或者我们也可能说“谢谢你”。这样的举动就是对共同人性的一种认知：我们意识到，挡住座位的女人不仅仅是一个物理上存在的障碍，还是一个人，而且我们由衷地感谢这个可能再也不会见面的人。当一个人向桌子另一边的人说“请把盐递给我”，或者当邮递员感谢你签收了邮件的时候，上面的情况都不成立。我们把它们既看作没有意义的形式，又看作社会的道德基础。在原则上，几乎没有人会拒绝在任何场合都使用“请”或者“谢谢”（即使那些可能很难开口说“对不起”或“我道歉”的人也可以做到），这就可以看出它们确实不重要。

事实上，英语中的“请”是“如果你高兴”“如果这样做能让你高兴”的缩写。在绝大多数欧洲语言中，情况也是如此（法语 *si il vous plait*，西班牙语 *por favor*）。它的字面意思是：“你并没有义务要这么做”“把盐递给我，但我并没有要求你必须这样做！”这么说并不对。这里存在着社会责任，而且几乎不可能不照做。但是，礼仪主要包括虚构礼貌的交换（使用不太礼貌的语言，撒谎）。当你请求一个人把盐递给你时，你同样是在给他一个命令。通过附加“请”这个字，你想表明它并不是一个命令。但是，实际上它就是命令。

在英语中，“谢谢你”衍生自“想”，它的本意是“我会记得你为我做的事”（一般来说，这也不是事实），但是在其他语言中（葡萄牙语 *obrigado* 就是一个很好的例子），标准的措辞都是依据英语“有很大义务”的形式，它的实际含义是“我欠你的债”。法语中的 *merci* 更加形象：它由“宽恕”衍生而来，像在祈求宽恕。通过这一说法，你象征性地把自己置于捐助人的权力中——毕竟，债户就是罪犯。[63] 回答“不用谢”或者“没什么”（法语 *de rien*，西班牙语 *de nada*）——至少，后一种说法的优势在于通常它说得没错——就确保了当你把盐递给他的时候，在自己想象中的道德账本中并没有记上一笔债务。回答说“我很荣幸”也是如此——你是在说：“不，实际上它是一个信用，并不是一笔债务。是你帮了我的忙，因为你让我把盐递给你，你让我有机会做一件本身就有回报的事情！”[64]

破译债务暗含的计算（“我欠你一笔”，“不，你什么都不欠”，“事实上，如果有的话，是我欠你的”……这一切仿佛在记录、擦除一本无穷的账簿上的许多极小的条目）使人很容易理解为什么这种事情通常不会被看作道德典范，而只是中产阶级的道德典范。诚然，到目前为止，中产阶级的感性统治着社会，但是仍然有人发现这种做法很奇怪。那些在社会顶层的人，仍然感到人们的服从通常主要是由于阶层上的差距，并且觉得看着邮递员和糕点师轮流假装把对方当作小的封建领主来对待，有点愚蠢。在另一个极端，那些在欧洲所谓“普通的”环境里（小镇、贫困区，以及任何仍然认定人们如果不是敌人通常就会互相照顾的地方）长大的人，经常感觉受到了冒犯，因为别人一直告诉他们，事实上他们有可能无法正确地完成服务员或出租汽车司机的工作，也可能无法正确地为借宿的客人倒茶。换句话说，中产阶级礼仪坚持认为人人平等，但是它以非常特别的方式来实践这一点。一方面，它假设没人向其他人发号施令（不妨想象一下购物中心中魁梧的警卫，在有人进入受限区域之前，他就会出现，然后说：“有什么我能帮助您的吗？”）；另一方面，它让我称为“底线共产主义”的每一个细小的举动，都被看作交换的一种形式。因此，和蒂夫人居住的区域类似，中产阶级社会也必须不停地重建，好像某种翻牌游戏，和无数临时的债务关系纵横交错，其中的每一个都几乎能立即抵销。

所有这些，都是相对较近的创新。总是使用“请”和“谢谢你”的习惯，最先在 16 世纪和 17 世纪的商业革命中开始形成——那些中产阶级要负主要的责任。这是机构、商店和办公室里使用的语言。而在过去的 500 年发展中，这种习惯随着中产阶级一起传播到了世界各地。它通常只是一个更广泛的哲学象征，有关人类是什么、他们彼此亏欠什么的一系列假设，如今已经变得如此根深蒂固，以至于我们对其视而不见。

有时候，在一个新的历史时代的边缘，有些人具有先见之明，能够预见将要发生的事情及其影响——有时候，他们使用的方式后人无法借鉴。让我以这样一个人所写的文章作结。16 世纪 40 年代的某个时候，放弃信仰的修道士、医生、法律学者弗朗索瓦·拉伯雷（Francois Rabelais）在巴黎创作出了一段著名的嘲讽颂词。拉伯雷把这段颂词加入他的不朽著作《巨人传》（*Gargantua and Pantagruel*）的第三部中，这就是后来闻名遐迩的"债务颂"。

拉伯雷借巴汝奇之口说出这段颂词。巴汝奇是一位流浪学者，他拥有极为渊博的古典学识，自称"知道 63 种赚钱的方法，最光荣也是最普通的方法就是偷窃"。[65] 善良的巨人庞大固埃收养了巴汝奇，甚至给他一份相当可观的收入。但是巴汝奇继续花钱如流水，总是债务缠身，这让庞大固埃很烦恼。庞大固埃说，能够偿还自己的债务难道不是更好吗？

巴汝奇惊恐地回答："上帝禁止我摆脱债务！"事实上，债务正是他自己人生哲学的基础：

总要欠什么人一些东西，然后他就会一直向上帝祈祷，保佑你有一个健康的身体，长命百岁。由于害怕会失去你欠他的东西，他在所有人面前都会说你的好；他会一直向你介绍新的放贷人，因此你能够借钱来还他，用别人的钱来满足他自己的需求。[66]

最重要的是，他们总是会祈祷你变得有钱。这就像是注定要在主人的葬礼上陪葬的古代奴隶，当他们祈祷自己的主人长命百岁的时候，他们是发自真心的！而且，债务能让你变成某种神明，能够从一无所有中创造出某些东西（钱，为你祈福的债主）。

再说得难听一点：如果我不是一辈子都把债务看作天堂和俗世之间的联系（在我看来，这是唯一保存着的人类的血脉，如果没有了债务，人类将很快灭亡），把债务看作可能是学者们所说的给予万物生命的伟大的世界灵魂，我就把自己献给圣巴伯林（Saint Bobelin）。

如果真的是这样，你冷静地想象一下，一个没有债户也没有债主的世界有着怎样的概念和形式——如果你愿意，可以用美特洛多罗斯（Metrodorus）想象出来的第三十个世界做参考。一个没有债务的宇宙！天体将不再规律地运行：一切都将彻底紊乱。朱庇特认为自己不欠农业之神债务，因此他将把农业之神赶下祭坛，并用自己的锁链把所有的天神、天堂、恶魔、精灵、英雄、魔鬼、大地、海洋和一切元素都锁在一起……月亮将变黑，成为暗红色。为什么太阳要和她分享光芒呢？他没有这个义务。太阳再也不会普照大地，星体也不会再带来有益的影响。

在元素之间，不存在性质间的相互分享，不存在互换，不存在变化，每个元素都认为自己和其他元素没有关系。它们没借给其他元素任何东西。地上不再出水，水不再化为水汽进入空气；空气不再产生火，火不再温暖大地。地球上将只会产生怪物、伟人、巨人。雨水不再降临，光芒不再照耀，风不再流转，也没有四季交替，路西法（Lucifer）将扯断自己的锁链，从地狱的最深处冲出，带着复仇女神和长角的恶魔，把大大小小的天神全部赶出天堂。

而且如果人类彼此不欠任何东西，生活将“沦为一场混战”，只是一场混乱的争斗。

人群之中将不会有人去拯救他人。当有人大喊“救命！”“着火啦！”“我快淹死了！”“杀人啦！”都是没有用的，没有人会来救他。为什么？因为他从未外借什么东西，也就没人欠他任何东西。没人会因他遭受的火灾、海难、失势或死亡而蒙受损失。他从未借给别人什么东西，而且此后他也不会借给别人任何东西。

总之，信仰、希望和博爱将会从世上消失。

巴汝奇没有家庭，孑然一身，人生的全部欲望就是赚大量的钱，然后花掉；对于一个正在形成的世界来说，他是最合适的先知。当然，他的视角属于富有的债户，而不是那种因为无法偿还债务而被关进地牢的债户。尽管如此，他所描述的是符合逻辑的推论：用归谬法（和平常一样，拉伯雷采用令人愉悦的反常手法展示出来）得到关于世界的假设，即把它看作在人们所有令人舒服的资产阶级礼仪背后的交替休眠（顺便提一句，拉伯雷痛恨资产阶级礼仪——从基本上说，这本书是经典学识和下流笑话的混合体）。

而且他的话都是真的。如果我们坚持把人类之间的所有互动关系就定义成人们互相赠送物品，那么任何持续存在的人际关系，只能以债务的形式表现出来。一个没有债务的世界，将会回到本初的混乱状态，成为一场将世间万物卷入其中的战争；人们彼此之间没有丝毫的责任感；作为人这一事实，将没有任何意义；我们都将变成孤立的行星，甚至无法指望能保持在合适的轨道上运行。

庞大固埃完全没有这种感觉。他说，他对这个问题的感受，能够用使徒保罗的一句话来概括："除了彼此相爱，对任何人都不可欠什么债。"[67] 然后，他以一种得体的、圣经般的口吻宣布："我赦免你过去的债。"

"除了感谢你，我还能做什么呢？"巴汝奇回答。

06

性与死亡的游戏

如果我们回头审视传统的经济学历史，不难看出，很多事情由于人为原因而消失不见了。把人类的整个生活简化成交换的过程，不但意味着把所有其他形式的经济体验（阶层、共产主义）转至一边，而且也确保了绝大多数非成年男性逐渐融入背景之中——这些人的日常生活，相对来说很难简化成寻求互惠而进行的物品交换过程。

因此，对于交易实际进行的过程，人们最后形成了过滤后的观点。由商店和购物中心组成的整齐有序的世界，是中产阶级环境的精髓；但是在这一体系中，对于由金融家构成的顶层人群，或者由强盗构成的底层人群，通常进行交易的过程和冈温古人或者南比克瓦拉人的方式没有本质的区别——至少在性、毒品、音乐、穷奢极欲和潜在的暴力通常所起到的作用上，没有什么不同。

让我们来看一下内尔·布什（Neil Bush，乔治·W. 布什的兄弟）的例子。他在和妻子离婚的过程中，承认自己和多名女子有染。他声称，自己在泰国和中国香港开完重要的商业会议以后，这些女子会神秘地出现在自己的酒店房间里。

“你得承认这是很不同寻常的，”他妻子的一位律师说道，“一个男人走到自己的酒店房间门前，打开门，发现有一个女人就站在那里，然后两个人做爱。”

“确实很不正常。”布什回答道，但他还是承认他在数不清的场合都遇到过这种事。

“她们是妓女吗？”

“我不知道。”[1]

事实上，当交易涉及巨额资金的时候，这样的事情几乎一定会出现。

从这方面说，经济学家坚持认为经济生活源于以物易物。双方交易，用箭换取帐篷支架，没有哪方的利益受损，也没有谁蓄意要逼迫、羞辱或折磨任何人，而且以物易物就是以这样的方式持续下去的——这其实只是一个动人的乌托邦或空想。

因此，我们讲述的历史到处都是空白，女人似乎凭空出现，没有合理的解释，很像出现在布什屋里的泰国女人。回忆一下在第三章中，我引用的货币学家菲利普·格里尔森《野蛮人法典》一书中关于货币的段落：

> 威尔士法律规定的补偿，主要用牛来支付；在爱尔兰的法律中，则用牛或者女奴隶（称为 cumal）来支付。在两国的法律里，支付手段都大量地采用贵金属。在日耳曼的法典中，最主要的支付手段就是贵金属……[2]

你在阅读这段文字的时候，肯定会在第一句话的末尾停下。“女奴隶”？这不就是“奴隶”吗？（确实如此。）在古代的爱尔兰，女性奴隶数量如此之多、作用如此重要，以至于她们开始被当作货币使用。这样的事是如何发生的？而且如果我们试着理解货币的起源，难道人们把彼此作为货币来使用这一事实，不是很有趣且至关重要吗？[3]但是在所有与货币有关的文献资料中，对于这一问题，都没有大量的记录。看起来似乎是在法典有效的时期里，女奴隶并不会真的被交易，她们只是被当作价值尺度使用。尽管如此，在某些时点上她们肯定会被交易。她们是谁？她们是如何沦为奴隶的？她们是因为在战争中被俘虏、被父母出售，还是因为欠债而成为奴隶的？她们是最主要的交易物品吗？所有这些问题的答案，似乎都是肯定的；但是答案中很难包含更多的内容，因为几乎不存在相应的历史记录。[4]

或者我们可以回到那个讲述不可饶恕的恶仆经历的寓言故事。“因为他没有什么偿还之物，主人吩咐把他和他妻子儿女及所拥有的一切都卖了偿还。”这是如何发生的？注意，我们在这里所说的并不是他沦为仆人还债（因为他本来就是债主的仆人），而是彻底地变为奴隶。一个人的妻子和孩子，怎么能等同于他的羊群与陶器——在违约的情况下，都是能够用来出售偿债的资产吗？在 1 世纪的巴勒斯坦，一个人可以卖掉自己的妻子，这是正常的吗？（不正常。）[5] 如果他并不对自己的妻子具有所有权，那么在他无法偿还债务的时候，为什么别人会允许他出售自己的妻子？

对《尼希米记》中的故事，也可以提出同样的问题。很难不去强调当父亲看着自己的女儿被陌生人带走时所经历的痛苦。另外，你或许会问：为什么他们不带走父亲？女儿并没有借钱。

这并不是说，在传统社会中，父亲可以售卖自己的子女是普遍的现象。这种行为，是存在于非常具体的历史阶段中的：它出现在大农业文明中（从苏美尔到罗马，再到中国），人们几乎在同一时期，开始找到有关货币、市场和收取利息的贷款出现的证据；随后，它开始逐渐出现于环绕在文明区域周围的内陆地区，那些地区提供奴隶，支持这些文明。[6] 而且，如果我们仔细研究历史证据，似乎有充足的理由相信，在中东和地中海地区，对父权荣誉的痴迷起到了定义“传统”的作用，而痴迷本身就伴随着父亲出售自己的子女的权力而出现——这是作为对被看作市场道德危险部分的一种反应。所有这些，都被看作游离于经济学历史的边界之外。

但把这一切都排除在外是有欺骗性的，不仅在于它排除了过去货币被投入使用的主要目的，而且因为它并没有给我们一幅关于现在的清晰图景。毕竟，没人了解那些神秘地出现在内尔·布什住宿的酒店客房里的泰国女人，但有一点几乎可以肯定，即她们的父母背负着债务；并且，她们很有可能也债务缠身。[7]

但是，关注于性产业也会产生误导。那时和现在一样，大多数陷入债务的女人都会把大量的时间花在缝补衣服、准备食物和擦洗厕所上。即使在《圣经》里，也有十诫劝告人们不可“贪恋别人的妻子”，很明显这并不是指心中的色欲（因为十诫中的第七诫已经包括了通奸），而是指不要企图把她作为债奴带走——换句话说，不要把她当作打扫院子和晾晒衣物的仆人。[8] 在绝大多数这样的情况里，满足性欲最多也只是偶尔发生的（一般来说是违法的，但有时候还是会发生，因为有重要的象征意义）。当我们摘掉障目的眼罩时，就能够看到，在过去 5 000 年左右的发展历程中，事情的变化程度要远远小于我们的想象。

“社会货币”与“人性经济”

如果你翻看那些论述历史观念中的“原始货币”（即在国家和市场诞生之前某些地区出现的货币类型）的人类学著作时，就会发现，不论是伊洛奎斯的贝壳念珠、非洲的布料货币，还是所罗门岛的羽毛货币，几乎都只用在经济学家不愿意谈论的交易种类中。这时，那些蒙蔽我们的眼罩显得尤为讽刺。

事实上，正是由于这一点，“原始货币”这个词本身就具有误导性，因为它暗含的意思是，我们面对的是当前人们所使用货币的原始版本。但是我们发现的情况根本不是这样的。一般来说，这样的货币从来不会在买卖过程中使用。[9]它们反而是用在创建、维持和重新组织人们之间的关系上：安排婚姻、确定孩子的生父、防止结下世仇、在葬礼上安慰送葬者、犯罪后寻求宽恕、谈判条约、赢得追随者——几乎在任何情况下都可以使用这些货币，但在交易山药、铲子、猪或珠宝时除外。

这些货币通常极为重要，以至于社会生活本身据说也围绕着对它们的获取和处理而运转。但是很明显，它们和货币或者说经济是完全不同的概念。因此，我决定把它们叫作“社会货币”，而把使用它们的经济称为“人性经济”。通过这种方式，我并不是想说这样的社会更加人性化（有些确实很人性化，但是有些也极为残忍）；我想表达的是，这些经济体系考虑的首要问题并不是积累财富，而是创造、摧毁、重新安排体系中人与人之间的关系。

在历史的舞台上，商业经济（我们现在喜欢称之为“市场经济”）相对来说只是一个新事物。在绝大多数的人类历史中，“人性经济”占据着主导地位。那么，要开始撰写一部真正的债务历史，我们必须首先提问：在“人性经济”中，人们积累的是哪种形式的债务、哪种形式的借贷方式？当人们开始放弃“人性经济”，或者它开始被商业经济取代的时候，将发生什么？还有另外一种提问的形式：义务如何转变成债务？但是我们并不只是针对抽象的概念发问，而是仔细检查历史上的记录，试图重建实际发生的情况。

这就是我在接下来的两章中要做的事情。首先我将介绍货币在“人性经济”中担任的角色，然后描述当“人性经济”突然被整合进入更大的商业经济运行轨道中，将会发生的情况。在这一点上，非洲的奴隶交易是一个特别悲惨的典型案例。然后，在下一章中，我将回到欧洲和中东地区的早期文明，介绍首次出现的商业经济。

聘礼：钱无法解决的债务

关于货币起源的最有趣的理论，是近些年由法国人类学家菲利皮·罗斯帕比（Philippe Rospabé）提出的。罗斯帕比以前是一位经济学家，在英语世界中几乎没人知道他的研究成果。但是他另辟蹊径，其成果和我们的问题直接相关。罗斯帕比的论点是，“原始货币”的诞生并不是为了偿还债务，它是一种手段，用来承认存在某种不可能偿还的债务。他的论点值得我们仔细思考。

在大多数“人性经济”中，货币最初也是最重要的用途就是安排婚姻。实现这一作用最简单、可能也是最常见的方式，就是过去被叫作“娶亲价”的东西：男性追求者的家里将拿出一定数量的犬牙、贝壳、黄铜指环或任何一种在当地充当货币的东西，送到女方家中，然后女方的家长将把女儿交给追求者。很容易看出为什么这一过程被理解为购买这名女子。而在 20 世纪早期，非洲和大洋洲的许多殖民地官员都认定这一过程就是购买新娘。这种行为导致了某些丑闻的产生，到了 1926 年，国家联盟（League of Nations）开始争论是否需要把这种行为归为奴隶制度的一种形式而加以废止。人类学家表示反对。他们解释道，实际上这和购买一头公牛的过程完全不同——更不可能和买一双草鞋类似。毕竟，如果你购买一头公牛，你对公牛不负有任何责任，你购买的其实是随意处置这头公牛的权利。婚姻则完全不同，因为一般来说，丈夫对妻子负有的责任，和妻子对丈夫负有的责任在数量上是对等的。所以支付货币的过程，是重新安排人们之间关系的一种方式。另外，如果你真的是购买了妻子，那么你就可以卖掉她。最后，支付过程的真正意义，关乎女人所生的孩子们的身份：如果男方的行为是购买，那么他就有权利把女人生下的孩子叫作自己的后代。[10]

最后，人类学家赢得了争论，“娶亲价”以更符合实际情况的方式被重新命名为“聘礼”——但是实际上人类学家从来没有回答这个问题：在此究竟发生了什么？当斐济的一名追求者的家庭拿出一枚鲸鱼牙齿要求迎娶一个女子时，这枚牙齿究竟是不是为女子在未来丈夫的花园中劳作所提供的服务预先支付的报酬？或者男方用其购买了她的子宫未来的生殖能力？抑或这只是一种纯粹的形式，和美元换手是同样的情况，只是为了达成某种协定？在罗斯帕比看来，以上说法都不对。不论鲸鱼牙齿多么珍贵，它都不是一种支付的形式。实际上它代表一种认可，承认某人索要的东西是如此珍贵，以至于不可能存在支付的形式。想要得到一个女人，最合适的支付手段就是另一个女人；同时，一个人所能做的，只有承认这份无与伦比的债务。

在有些地方，追求者对于这种用女人换女人的表达是非常直接的。让我们回到上一章中已经简单提到的例子——位于尼日利亚中部的蒂夫族。关于蒂夫族，我们所获得的大部分信息都来自 20 世纪中期，当时尼日利亚仍然在英国的殖民统治下。[11] 当时，每个人都坚持认为，得体的婚姻应该采用姐妹交换的形式。一个人把自己的姐妹嫁给另一个人，然后这个人就可以迎娶他的新妹夫或姐夫的姐妹。这是最完美的婚姻，因为在交换女人的过程中，一个人所能给出的最合适的等价物就是另一个女人。

很明显，即使每个家庭都有相同数量的兄弟姐妹，事情也不可能丝毫不差地运转。例如，我娶了你的妹妹，但是你不想娶我的妹妹（可能你不喜欢她，或者她才 5 岁）。在这种情况下，你就变成了她的“守卫”，这就意味着你拥有把她嫁给任何人的权利——例如，如果你想娶某个人的妹妹，你就可以把你的妹妹嫁给那个人。这个系统很快就变得十分复杂，其中最有权势、最重要的男人变成无数女子的守卫，这些女人常常分散在各个地区；这些男人会交换并交易女人，在此过程中他们给自己积累了数不清的妻子，而没那么幸运的男人则只能在晚年结婚，或者终身不娶。[12]

还有另外一个权宜之计。那时的蒂夫人，把成捆的黄铜棒当作最重要的货币形态。黄铜棒只能由男人掌握，但不能拿到市场上买东西（市场由女人统治着）；只有当男人们互相交换更重要的东西，如牛、马、象牙、仪式头衔、医疗、魔法符咒等时，他们才会使用黄铜棒。人类学家阿奇亚·塞（Akiga Sai）就是蒂夫人，他解释说黄铜棒可以用来娶妻，但是所需的数量非常大。你需要交给女方父母两到三捆黄铜棒，才能成为女方的追求者。接下来，如果你要带着她逃离（这样的婚姻开始总是被认为属于私奔），她母亲会气冲冲地对你严加盘问，这时你还需要拿出另外几捆黄铜棒以平息母亲的怒火。随后，通常你还需要给她的守卫 5 捆或者更多的黄铜棒，使他至少暂时能够接受发生的情况。而当她生下孩子的时候，如果你想让她的父母承认你是孩子的父亲，就还需要给他们更多的黄铜棒。如此，你或许能够摆脱她父母的纠缠；但是对于守卫，你就一直都是他的债户，因为你不可能用钱来买一个女人。每个人都知道，想要合法地通过交换的方式获得一个女人，你能给出的唯一交换物就是另一个女人。在这种情况下，每个人都必须接受这种借口，即总有一天会有一个女人到来。同时，正如一个人类学家一针见血指出的，“这份债务永远不可能还清”。[13]

根据罗斯帕比的说法，蒂夫人的做法只是使得随处可见的聘礼的隐含逻辑直接显现出来。追求者支付聘礼，并不是为女人付钱，甚至不是为了能够宣称自己是孩子的父亲而付钱。如果是那样，就意味着黄铜棒、鲸鱼牙齿、贝壳或者牲畜在某种程度上是人类的等价物；按照“人性经济”的逻辑，这是十分荒唐的。一个人的等价物只能是另一个人。而在婚姻的情况里，我们所谈论的是比一个人的生命更加珍贵的东西，所以情况更是如此：我们谈论的是能够孕育新生命的人类生命。

当然，和蒂夫人类似，许多支付了聘礼的人对于这一切也非常直接。聘礼的钱并不是为了解决一份债务，而是对存在一份不能通过钱来解决的债务这一事实的认可。通常来说，双方至少会保持一种礼貌的假设，即某一天将会有某种补偿：追求者的家族最终会提供一个女人——甚至可能会是那个女人的女儿或者孙女，去嫁给妻子家族中的某个男人。或者可能对她子女的安排达成某种协议，或者可能她的家族会为自己留下一个孩子。可能性是无穷的。

赔偿金：欠下比钱更珍贵的债务

用罗斯帕比自己的话说，从此，货币开始变成“生命的替代品”。[14] 你可能会把它称为对生命债务的认知。相应地，这也解释了为什么用来安排婚姻关系的货币，也用来支付赎杀金（有时也称“赔偿金”）：即在凶杀案件中，支付给受害人家属的钱，用以避免结下世仇或者解决世仇。货币这种用途的出处，甚至更加直接。一方面，交出鲸鱼牙齿或者黄铜棒，是因为凶手的亲属认为自己欠受害人的家庭一条性命；另一方面，鲸鱼牙齿或者黄铜棒并不是（也永远不会是）对受害人家属所遭受损失的补偿。当然，没人会蠢到认为这种形式的赔偿意味着一定数量的钱能够成为某人父亲、姐妹或孩子对这个人所具有的价值的“等价物”。

所以，在此可以再次看出，货币最初、最重要的作用，是承认某人欠下了比金钱珍贵得多的东西。

在世仇的例子中，其实双方都知道为复仇而进行的杀戮并不能真正平息受害者一方的悲伤和痛苦，尽管至少这种情况符合一命换一命的原则。双方的这种认识，使得不使用武力解决世仇成为可能。但是即使在这种情况下，也存在着和婚姻的例子中相似的情形，这个问题真正的解决方案，仅仅是被暂时推迟了。

举一个现实的例子可能会很有用。在努尔人中存在着一个特殊的阶层——类似于祭司的人物。他们负责调停世仇，在文献中被称为“豹皮酋长”。如果一个人杀害了另一个人，这个人会立刻前往某个豹皮酋长的家宅，因为他们的家宅被认为是不受侵犯的庇护所：即使被害者的家人出于维护荣誉的义务一定要向凶手复仇，他们也知道自己不能闯入豹皮酋长的家中，更不要说随后因复仇带来的可怕后果了。根据伊文斯–普里查德的经典记录，酋长将立刻开始寻求在凶手和被害者家人之间通过谈判达成一个解决方案，这是一门复杂精妙的业务，因为被害者家人开始总是会拒绝提出的条件：

酋长首先要了解凶手一方拥有多少牲畜以及他们准备用来赔偿的数量……然后他会拜访被害者的家人，询问他们愿意接受多少牲畜作为赔偿。被害者的家属通常会拒绝，因为坚持拒绝关乎荣誉，但是他们的拒绝并不意味着他们不愿意接受赔偿。酋长知道这一点，并坚持希望被害者家属接受赔偿，甚至威胁说，如果他们不妥协，就会受到诅咒……[15]

远房亲戚开始发表意见，提醒每个人他们对更大的社区背负的责任及结下的世仇将对无辜的亲属造成的麻烦；受害者家属在信誓旦旦，声称决不妥协之后（坚持声称不论用多少头牲畜来为自己的儿子或者兄弟的性命作为补偿，都是一种侮辱），他们通常会勉强接受赔偿方案。[16]事实上，即使从技术层面上说，这个问题得到了解决，但实际上也并非如此——凶手通常需要数年的时间积累足够数量的牲畜，并且即使牲畜已经支付完毕，双方也会避免相遇，“尤其是在舞会上，因为受舞会兴奋情绪的刺激，仅仅撞上一个亲戚被杀的男人也可能导致双方斗殴，因为谋杀的伤害永远不会被原谅，它最终必须由另一条性命来偿还”。[17]

所以这和聘礼的情况差不多，钱并不能抵销欠下的债务。一条性命只能用另一条性命来偿还。那些支付聘礼的人，承认这种债务的存在，明知不可能还清它还坚称希望自己能够还清，他们至多也只能做到使这件事被永久地推迟。

在地球的另一端，你会发现刘易斯·亨利·摩根所描述的由伊洛奎斯6个民族所建立的精妙机制，刚好可以用来避免此类争端。如果一个人杀了人——

受凶手的委托，这一事件将立刻由凶手和被害者所属的部落接手，部落将努力促使双方达成和解，以免私下的复仇导致灾难性的后果。

第一个长老将确定罪犯是否愿意承认罪行并进行赔偿。如果他愿意，那么长老会立刻以罪犯的名义把一条白色的贝壳串珠腰带送到另一个长老会，这一行为就表示他们愿意和解。随后，另一个长老将努力安抚受害者的家属，平息他们的激动情绪，劝导他们接受那条串珠腰带，表示对凶手的宽恕。[18]

和努尔人的例子类似，对于凶手应该赔偿多长的贝壳串珠腰带，有着复杂的规定，要依据受害者的地位和罪行的性质来确定。同样类似于努尔人的情况，每个人都坚持认为这并不是偿还。贝壳串珠腰带的价值，绝不代表受害者生命的价值：

从性质上说，白色贝壳串珠腰带并不是要补偿已逝的生命，而是凶手充满悔意的认罪，并请求受害者家属的宽恕。它是一个请求和平的提议，双方的朋友都会敦促受害者家属接受它……[19]

事实上，在许多情况下都可以用某种方式操控整个体系，把旨在平息一方怒火和悲伤的支付形式转变成创造新生命的方式。新的生命，在某种意义上是已逝生命的替代品。对于努尔人来说，40 头牲畜是赔偿金的标准数量，但它同样也是聘礼的标准数量。其中蕴含的逻辑是：如果一个人在他可以结婚并生育后代之前被杀，那么很自然他的灵魂将非常愤怒，这是因为他实际上被剥夺了永生的权利。最佳的解决方案就是把赔偿得到的牲畜用来获取一名"鬼新娘"：这个女人将正式嫁给死去的男人。在实际情况中，她通常和受害者的一名兄弟成为夫妇，但这没什么特别重要的；谁使这个女人怀孕也不太重要，因为死去的人无论如何都不会是她孩子的父亲。她的孩子，将被认为是受害者鬼魂的子女——因此，其中的男孩将被认为是背负着特殊的使命降生，那就是，某一天他要为受害者的死复仇。[20]

后一种情况并不常见，但是努尔人似乎对世仇特别固执。罗斯帕比所提供的来自世界其他地方的例子，更加具有说服力。例如，在北非的贝都因人（Bedouin）中，对于凶手的家族来说，有时解决世仇的唯一方式就是交出一名女儿，嫁给受害者的一名近亲——例如他的兄弟。如果她生下一个男孩，那么这个男孩的名字就将和他已故叔叔的名字一样，并且至少在更宽泛的意义上被认为是被害者的替代者。[21] 伊洛奎斯人在母系一方寻找血缘，并不会以这种方式交易女人。但是，他们有另一种更加直接的方法。如果一个男人死了——即使是死于自然原因——他的妻子的亲戚们将"把他的名字放在垫子上"，派发贝壳串珠腰带招募人们组成军队，然后进攻一个敌对的村镇，抢回一名俘虏。这名俘虏可能被杀，或者如果氏族的女族长突发善心（这种情况很难讲，因为她们完全也可以装作很悲伤），她们也有可能收养他：把一条贝壳串珠腰带围在他的肩膀上，由此确立收养关系。他将被赋予已故人的名字，从此以后被认为是已故人妻子的丈夫、财产的主人，并且实际上在各个方面，他都会被认为就是已经死去的那个人。[22]

所有这一切，都更加突出了罗斯帕比的基本观点——在“人性经济”中，货币最初、最重要的作用，就是承认存在有无法偿还的债务。

在某种程度上，这让我们想起原始债务理论：人们认识到自己对给予了自己生命的人负有绝对的债务，货币即从这种认知中诞生。两者的区别在于，在“人性经济”中，并不会把这样的债务看作存在于个人和社会之间，或个人和宇宙之间，而是把它们看作某种二价关系的网络：在这样的社会中，几乎每个人都处在对其他人负有绝对债务的关系中，人们并不欠“社会”什么。如果这里有任何关于“社会”的概念（我们尚不清楚这一概念是否存在），那么“社会”就是我们的债务。

血债（莱利人）

很明显，这将再一次带给我们那熟悉的问题：象征着对无法支付的债务的认知，如何转变成能够偿还债务的支付形式？总之，这个问题似乎比我们之前遇到的更加严重。

事实并非如此。在非洲发现的证据清楚地表明它是如何发生的，尽管答案有些让人困扰。为了说明这一点，让我们更加仔细地聚焦在一两个非洲社会形态上是很有必要的。

我将从莱利人开始。玛丽·道格拉斯（Mary Douglas）在20世纪50年代对莱利人的研究中，发现他们成功地把血债的原则转变成其整个社会的组织原则。

那时，莱利人的数量可能有一万，生活在比属刚果（Belgian Congo）[①]卡塞河（Kasai）附近连绵起伏的土地上，他们更加富有、更加见多识广的邻居库巴人（Kuba）和布尚人（Bushong）认为他们是穷乡僻壤的粗鲁居民。莱利族的女人种植玉米和树薯；男人则自认为是勇敢的猎人，但是把多数时间花在用棕榈树叶织布上。这种布料是这个地区真正出名的产品，它不只用于制作各类服装，而且还出口：莱利人认为自己是那个地区的裁缝，他们用布料和周围的人交易奢侈品。在莱利人内部，这种布料还承担着货币的功能。但是，在市场中并不使用它（那里不存在市场）。并且玛丽·道格拉斯发现，这种货币的使用非常不方便，即使在村镇内，一个人也不能用它来购买食物、工具、餐具等东西，或者说用它几乎不能购买任何东西。[23] 它是一种典型的社会货币。

> 用棕榈树叶布料做的非正式礼物，使所有的社会关系缓和下来：丈夫对妻子、儿子对母亲、儿子对父亲。它们作为和平的请求，解决出现的紧张状态；它们能够充当离别时的礼物，或者用于传达祝贺。也有棕榈树叶布料做的正式礼物，但它们只有在牵扯到社会关系断裂的风险时才被使用。一个男人将要成年时，应该送给他的父亲 20 块布料。否则他将羞于向父亲开口，请求帮忙筹集结婚所需的东西。男人的妻子每生一个孩子，他都应该送给妻子 20 块布料……[24]

布料也用于支付各种各样的罚款、罚金及给医生的报酬。例如，如果一个男人的妻子坦白承认有人勾引自己，按惯例她应该因忠诚而获得 20 块布料的奖励（这并不是必需的，但是如果不这样做显然不明智）；如果一个奸夫被抓，他应该向女人的丈夫支付 50 或 100 块布料；如果丈夫和这名情人在事情解决之前大打出手，扰乱了村镇的和平，那么双方都要支付 2 块布料作为补偿；等等。

礼物倾向于向上层积累。年轻人总是赠送布料做的小礼物，表示对父

---

① 比属刚果，昔日非洲中西部的比利时殖民地，1960 年独立为刚果民主共和国，后更名为扎伊尔共和国。——编者注

亲、母亲、叔叔等人的尊敬。这些礼物在本质上是具有阶层性的：即对于那些收礼的人来说，他们从来不认为自己应当进行任何形式的回报。因此，年长者，尤其是年长的男人，通常身边都有几块额外的布料；而年轻人永远没办法编织出足够的布料满足他们的需求，因此不得不在自己需要进行重要的支付时，寻求年长者的帮助。例如，如果他们想要聘请医生帮助妻子生产，或者希望加入某个宗教社团，就需要支付一笔不菲的费用。因此，他们总是欠长辈们的债，或者至少负有一定的责任。但是每个人也都帮助过很多朋友和亲戚，因此也可能向他们寻求援手。[25]

婚姻尤其昂贵，因为这种安排通常需要一个人能够拥有几条紫木棒。如果棕榈树叶布料是社会生活的零钱，那么紫木（一种稀有的进口木材，用来生产化妆品）就是大面额货币。100 块棕榈树叶布料相当于 3~5 条紫木棒，很少有人拥有大量的紫木。通常，人们把它磨成粉末后刚好足够自己使用。大多数紫木都被保存在村庄的集体仓库中。

这并非表明紫木被用来充当聘礼——实际上，它被用在婚姻谈判中，其间双方互赠各种礼物。这里并不存在聘礼。男人不能用钱获得女人，他们也不能因钱而有权宣称自己是孩子的父亲。莱利人是母系社会，孩子们不属于父亲的氏族，而属于母亲的氏族。

但是，有另外一种方法可以使男人们获得对女人的控制权。[26] 这就是血债系统。

在许多传统的非洲民族中，人们的一个普遍共识是：人不会无缘无故地死去；如果谁死了，那一定是有人杀了他。例如，如果一名莱利女人在生孩子时死亡，人们会认为这是因为她曾经与人通奸。因此，奸夫就要对女人的死负责。有时，她在临死前会坦白自己的罪行，否则通奸的事就要通过占卜来确定。如果婴儿死了也是同样的原因。如果有人病了，或者爬树时手脚一滑而坠落，那么别人就会追究他是否卷入过某种是非，由此导致这一不幸。如果没有其他原因，那么可以通过采用魔法的手段来确定背后的元凶。一旦整个村庄都认同采用这种方法而确定的元凶的身份，那么这个人就欠下了血债：即他欠受害人的近亲一条人命。因此，元凶就必须把自己家族中的一位年轻女性（他的妹妹或者外甥女）变成受害者的被监护人，或者叫作“抵押人”。

和蒂夫人的例子一样，这一系统很快变得十分复杂。抵押人的身份具有继承性，如果一个女人是某人的抵押人，那么她的孩子也将是抵押人，她的女儿的孩子们也是抵押人。这就意味着，绝大多数男性也被认为是某些人的男性抵押人。尽管如此，在偿还血债时，没人会接受一名男性抵押人：整个过程的核心在于掌握一名年轻的女性，她可以继续生下其他的抵押人。莱利族人中配合道格拉斯研究工作的人强调，任何一个男人天生都希望尽可能多地拥有抵押人。

询问："为什么你们想要更多的抵押人？"他们总是会说："拥有抵押人的好处，在于如果你引发了一次血债，那么可以通过支付其中一个抵押人来解决，这样自己的姐妹就将继续保持自由身。"询问："为什么你希望自己的姐妹保持自由身？"他们将回答："啊！那么如果我引发了一次血债，我就可以把她们中的一个作为抵押人支付，从而解决问题……"

每个男人都清楚地知道，在任何时间，他都可能为一笔血债负责。如果任何一个他曾经勾引的女人，在分娩时因剧痛而坦白了奸情，并且随后死去；或者如果她的孩子死去；或者如果他曾经与之争吵的人死于疾病或意外——他都可能要负责任……甚至假如一个女人从她的丈夫那里逃跑，因此导致斗殴，那么死者将被带到她的门前，她的兄弟或者她母亲的兄弟就需要偿还血债。因为血债的偿还只接受女性，并且不论男女，所有人的死亡都要求进行偿还，那么很明显，女性的数量永远也不够用。男人因为抵押人所有权的责任而债务缠身，而女孩在出生之前——甚至在她们的母亲还未到达适婚年龄之前，就已经被抵押出去。[27]

换句话说，整个事情变成了没有终局的、复杂的棋类游戏——道格拉斯认为，这就是"抵押人"这个词似乎用得非常恰当的原因。几乎每个成年莱利男性都既是其他人的抵押人，又处于获取、交换或赎回抵押人的连续游戏中。村人生命的每一次重大事件或悲剧，一般都会导致女人所有权的交换。几乎所有这些女人，最后都会被再次交换。

在这里，需要强调几点。第一点，在这里，被交易的东西非常具体，是人类的生命。道格拉斯把它们称为“血债”，但是称为“命债”应该更加贴切。例如：一个男人溺水，而另一个男人救了他；或者一个人病入膏肓，但是一位医生治好了他。在这两种情况里，人们很可能会说这个人欠另一个人一条命。莱利人也是如此，但是他们按照字面意思来解读这一过程。救了某个人的性命，他欠你一条命，而欠下的一条命需要偿还。一般来说，解决办法是获救的男人把自己的妹妹交出来作为抵押——如果不是自己妹妹的话，就是另外的女人；或是他从别人那里获得的作为抵押的人。

第二点，没有任何东西能够替代人命。“补偿的原则是等价，一条性命换另一条性命，一个人换另一个人。”因为人命的价值是绝对的，所以不论多少棕榈树叶布料、紫木棒、山羊、半导体收音机或者随便其他什么东西，都不可能取代人命。

第三点，也是最重要的一点。在实践中，“人命”实际上意味着“女人的性命”——或者更具体来说，“年轻女人的性命”。很明显，这是为了使一个人持有的抵押人数量最大化。最重要的是，一个人希望抵押人能够怀孕、生儿育女，因为这些孩子也能成为抵押人。尽管如此，即使玛丽·道格拉斯绝对不是一名女权主义者，她也不得不承认，整个安排的运转似乎是用来确保男人控制女人的巨大设备。这是真的，最主要的原因就是女人自己不能拥有抵押人；[28]她们只能充当抵押人。换句话说，当面对命债的时候，只有男人能够成为债主或债户。年轻女人只是被借入和贷出的债务——在棋盘上移动的棋子，而控制她们移动的始终是男人。[29]

当然，因为几乎每个人都是抵押人，或者在生命中的某个阶段是抵押人，所以成为抵押人本身并不能算是一个悲剧。对于男性来说，成为抵押人甚至在某种程度上非常有好处，因为一个人的“拥有者”必须替这个人支付大部分的费用和罚金，甚至血债。正如道格拉斯的合作者一直坚持认为的那样，抵押人所有权和奴隶制完全不同。莱利人确实也蓄奴，但是奴隶的数量绝对不会很多。奴隶是战争的俘虏，通常是外族人。奴隶没有家庭，没人保护他们。另外，成为抵押人就意味着照顾自己的家庭数量从一个变成了两个：你仍然有自己的母亲和她的兄弟，但是现在，你同时还有了自己的“主人”。

对于女人来说，她们自己是男人游戏中的筹码，这一事实使她们有机会根据自身利益来调节整个体系。原则上，一个女孩可能作为抵押人而降生，最终会被指派嫁给某个男人。但是，在实践中，

一名莱利族的小姑娘长大后将成为卖弄风情的女子。从婴儿时期开始，她就是迷恋、挑逗和调情的焦点。和她有婚约的丈夫对她只有非常有限的控制权……因为男人们为了女人互相竞争，所以女人们就有密谋和操控的空间。她的身边从不缺少有望成功的勾引者，并且没有女人会怀疑她能得到另一个更适合她的丈夫。[30]

此外，一个年轻的莱利族女人还有一张独特的、有力的王牌。每个人都清楚地知道，如果她完全不满意自己目前的处境，她总是可以选择成为“村庄之妻”。[31]

“村庄之妻”的制度，是莱利族的一个奇怪的制度。对它最佳的描述方式，要通过一个假想的例子来实现。让我们假设一个年老但很有地位的男人通过血债获得了一名年轻女子作为抵押人，他决定迎娶这名女子。从常理上说，他有权这么做；但是对于一名年轻女子来说，成为一个年长男人的第三任或第四任妻子则没什么乐趣。或者让我们假设，年长男人决定把她嫁给属于自己的一名男性抵押人，但这个抵押人生活在另一个遥远的村庄，如此女子就要远离自己的母亲和故乡。她会提出抗议，但男人无视她的抗议。于是她等到一个合适的时机，在晚上偷偷溜走，前往一个敌对的村庄寻求庇护。这总是有可能的，因为所有的村庄都有自己的传统敌人。一个敌对的村庄，也不会拒绝在这种情况下前来投奔自己的女人。他们会立刻宣布这名女人成为“村庄之妻”，村庄里生活的所有男人都有义务保护她。

这里和非洲的许多地区一样，大多数上年纪的男人都有几个妻子。知道这一点，对理解是很有帮助的。因为这意味着对年轻的男人来说，可以获得的女人数量大幅减少了。正如我们的人类学家所解释的那样，这种不平衡是大量的性张力的根源。

每个人都意识到年轻的未婚男人觊觎他们长辈的妻子。确实，他们的消遣活动之一，就是计划怎么引诱她们，而那些声称自己从未引诱过其他女人

的男人，则会受到嘲笑。因为年长男人仍然希望保持一夫多妻制，拥有2~3个妻子，并且通奸者会被认为扰乱了村子的和平，所以莱利人需要达成某种约定，从而抚慰未婚的年轻男子。

因此，当足够数量的男人年届18岁的时候，他们将被允许购买一位共有的妻子。[32]

在使用棕榈树叶布料向村子金库上交一笔合适的费用以后，这些年轻人就可以搭建一个共同的房屋。然后，或者村子将分配给他们一个妻子住在里面，或者允许他们组成一支队伍，尝试从敌对的村庄中偷一个女人回来。（或者，如果有一个难民出现，他们将向村庄其余的居民要求接纳她——这总是会得到允许。）这名共有的妻子，就是被称作“村庄之妻”的人。“村庄之妻”得到的不仅是尊敬；事实上，一个刚刚嫁人的“村庄之妻”几乎能得到公主一般的礼遇。她不必去田地播种、除草，也不必砍柴、挑水，甚至不用下厨做饭。家庭中的所有事务都由她热情洋溢的年轻丈夫们完成，丈夫们提供最好的一切，把大量的时间都用来到森林中捕猎，互相竞争谁能带回最上等的食物，或者不断地带给她棕榈酒。她能随意地获得这些人的财产，并且可以在丈夫们对她的纵容与宠爱下，做出各种调皮的行径。不过她首先得确保，不论丈夫们何时产生性需求，她都要能够满足他们——可能一共有10个或者12个不同的男人。[33]

随着时间的流逝，“村庄之妻”一般会和3~4名丈夫安顿下来，最终变成一夫一妻。村镇内的安排是有弹性的。但是不管怎么说，在原则上她嫁给了整个村庄。如果她生下了孩子，那么整个村庄的男人都被认为是孩子的父亲，并应该抚养孩子成长，提供孩子必需的资源，并且最终为他们安排合适的婚姻——这也就是村庄首先要维持一个装满了棕榈树叶布料和紫木棒的共有金库的原因。因为在任何一个时点上，一个村庄都可能拥有几名“村庄之妻”，它也有自己的子女和孙子女，因此就处在同时需要获取和支付血债的位置，因为需要积累抵押人。

结果，村庄变成了联合的实体、共同的人群，和现代的公司一样，必须作为为了法律的目的而走到一起的个体来对待。但是，这里有一个核心差异，即和普通的个体不同，村庄以武力为后盾支持他们的要求。

道格拉斯强调，这一点至关重要，因为普通的莱利族男性彼此之间不能这样做。[34] 在每天发生的事情中，几乎完全不存在任何系统的胁迫手段。她指出，这也是抵押人所有权不会招致反对的主要原因。尽管存在着各种各样的规定，但是没有政府、法庭、法官来做出权威的决定，没有全副武装的人群愿意或者能够以武力威胁作为后盾支持这些决定，那么规定的作用只剩下调整和解读。最终，必须考虑到每个人的感受。在日常生活中，莱利人极为看重彬彬有礼、令人愉悦的行为。在炉火中烧的时候，男人们可能确实会产生斗殴的冲动，但是他们极少这么做。而且如果确实爆发了一场斗殴，那么每个人都会立刻冲进来制止斗殴，然后把整个事件交由公共调停。[35]

相反地，村庄被武装起来，其中的同龄人群能够被调动来充当军事组织。在这里——也只有在这里，有组织的武力开始出现。诚然，当村镇之间爆发战争时，通常也由女人来终结（存在这样一种看法，即在任何地方的成年男性，能够就任何其他的事情开战，而每一个和道格拉斯聊天的人，都对这一看法表示怀疑）。但是在村庄的例子中，它能演变成真正的战争。如果另一个村庄的长老忽略一个村庄索取抵押人的要求，那么被忽略的村庄的年轻人就可能组织起一支偷袭的力量，把抵押人绑架，或者带走其他年轻女人作为共有的妻子。这可能导致伤亡，并带来进一步的补偿要求。“因为有武力作为后盾，”道格拉斯不动声色地写道，“村庄对于抵押人的愿望就可以不那么在乎。”[36]

也正是在这一节点上，潜在的暴力将出现，在生命价值和货币价值之间构建起的长城，或许会突然崩塌。

有时候，两个家族会在血债补偿问题上产生争执，索取方可能会感到自己不可能从对手那里获得满意的方案。而政治体系又不能提供直接的方法，以帮助一个人（或家族）使用物质胁迫或上诉到更高的权力层来确保要求的实行。在这种情况下，这个人不会放弃自己索取女性抵押人的要求，如果可能的话，他将准备好接受等价的财物。常见的步骤是，他将把自己和被索取方之间的案子交由唯一能够使用武力来获取抵押人的群体，即村庄来解决。

打算把问题交由村庄来解决的人，向村庄索要 100 块棕榈树叶布料，或者 5 根紫木棒。村镇会凑齐需要的数量（通过自己的金库，或者从某个成员那里贷款），然后村庄将把索要抵押人的要求变成自己的要求。[37]

一旦这个人收到了钱，他自己的要求也就满足了；而村庄购买了索要权，于是会开始准备组织一场偷袭，把作为争端焦点的女人抢过来。

换句话说，只有在这时，武力才被引入买卖人口问题的等式。动用武力的能力，将直接穿过由代表真正人类之间关系的偏好、义务、期望和责任所构成的无尽迷宫，也使得克服本来是莱利人经济关系中的首要准则成为可能：一个人的性命只能用来换取另一个人的性命，永远不能用于物质交换。意味深长的是，支付的数额（100 块布料，或者与之等价的紫木棒数量）同样是一名奴隶的价格。[38] 如我所说，奴隶是战争俘虏，数量似乎从来不会太多。在 20 世纪 50 年代，道格拉斯仅仅成功地找到了两名奴隶的后代，此时奴隶制已被废除了 25 年左右。[39] 尽管如此，数量并不重要。他们的存在就开创了一种先例。人命的价值有时能够被量化；但是如果一个人能够从 A=A（一条生命等价于另一条生命）变成 A=B（一条生命 =100 块棕榈树叶布料），唯一的原因就是该等式由武力建立。

人肉债（蒂夫人）

我以如此详尽的方式介绍了有关莱利人的部分细节，原因在于我希望大家能了解，为什么我使用“人性经济”这个名词？在“人性经济”中的生命是什么样子的？人们的日常生活中发生着怎样的事情？货币如何在这一切中间运转？如我所说，莱利人的货币是典型的社会货币。它们被用来标记每一次拜访、每一项承诺、在男人或女人生命中的每一个重要时刻。当然，在这里，用来充当货币的物品也很重要。棕榈树叶布料被用来制作服装。在道格拉斯的调查时期，它是用来蔽体的主要物品。紫木棒磨成的红色糊状物，能作为化妆品使用——不论男女，这种东西都能让人在每天的生活中变得更美丽，因此它是最主要的化妆品。这些是用来决定人们形象的材料，能够使人们相对于其同伴显得成熟、体面、富有吸引力、高贵。是这些材料把一个个裸露的躯体，变成了得体的社会生物。

这并非巧合。事实上，在我所谓的“人性经济”中，这是极为普遍的现象。货币总是首先从人们的装饰物中诞生，串珠项链、贝壳、羽毛、犬牙或鲸鱼牙齿、金、银都是能够说明这一点的著名例子。除了让人们看上去更加有趣，因此显得更为美丽，这些东西没有其他任何用途。蒂夫人使用的黄铜棒似乎是一个例外，但实际上也不是这样：黄铜棒的主要作用是充当生产珠宝的原始材料，或者简单地弯成圆环，在跳舞的时候佩戴。例外的东西确实存在（如牲畜），但是一般的原则是，只有当政府及随后的市场开始出现的时候，人们才开始看到类似大麦、奶酪、烟草、盐等东西作为货币出现。[40]

这同样可以解释经常用来标记“人性经济”的一系列特有的想法。另外，人命拥有绝对的价值，不可能存在等价物。当生命降临或逝去，债务都是绝对的。在某些地方，这一原则确实是神圣不可侵犯的。而更加常见的是，它经由蒂夫人（处理生命的降生）和莱利人（处理生命的逝去）所进行的精心设计的游戏实现了妥协，即创建了只能通过递送另一个人才能偿还的债务。在每个例子中，实际的情况最终也将带来非常复杂的游戏。在其中，有地位的男人最后将交换女人，或者至少交换女人的生育权利。

但这已经成为某种形式的发轫。当游戏存在的时候，当替代品的原则加入的时候，就总是存在扩展的可能性。当这种可能性开始实现，基于创造人类的前提形成的债务体系，即使在这里也能够突然变成摧毁它们的手段。

为了说明这一点，让我们再次回到蒂夫人的例子。读者会记得，如果一个男人没有姐妹或者受监护人来交换另一个人的性命，那么就有可能通过货币的礼物来安抚她的父母和守卫。但是，这样的妻子永远不会被真正承认是他的妻子。在这里，也存在一个极为戏剧性的例外。这个男人可以购买一名奴隶——在偷袭遥远村庄的过程中所劫持的女人。[41] 毕竟，奴隶没有父母，或者人们就认为他们没有父母。普通人获取自己的外在身份，要通过由相互义务和债务构成的网络实现，而奴隶则被强迫从这种关系网络中剥离出来。这也是奴隶能够进行买卖的原因。

但是，一旦结婚，买来的妻子很快就会转换出新的关系。她再也不是一个奴隶，而且她的孩子也是完全合法的——事实上，这种合法性更高于那些仅仅通过黄铜棒获取的妻子所生下的孩子。

我们可能拥有一项通用的原则：在“人性经济”上，要想使某种东西可以出售，就需要首先把它从它所处的环境中剥离出来。这就是奴隶的实质：那些从使自己拥有身份的社会环境中被偷出来的人。奴隶在全新的社会环境中和陌生人类似，再也没有母亲、父亲及任何亲属。这就是他们能够被买卖甚至被杀的原因：他们所拥有的唯一的联系，就是和他们主人的联系。一个莱利人村庄组织发动对其他村庄的袭击并劫持女人的能力，似乎是他们开始用女人交换货币的关键所在——即使在这样的例子中，他们的做法也被限制在极为有限的程度下。毕竟，她的亲属所在的地方并不是太远，他们一定会过来讨一个说法。最后，一定会有人提出每个人都能接受的协议。[42]

尽管如此，我仍然坚持认为事情不仅限于此。当事情出现微小差错的时候，这些精心设计的债务网络能够变成非常可怕的东西，许多非洲社会都受到这一点的困扰；而在许多文献资料中，都可以看到人们对此有着清晰的认识。蒂夫人就是一个戏剧化的例子，用在这里非常合适。

人类学教材中列举了蒂夫人作为例子：研究蒂夫人最著名的人类学家保罗和劳拉·波汉南认为，蒂夫人的经济生活被分成三个单独的“交换领域”。一般情况下，日常的经济活动主要是女人的事情。市场上都是女人，也正是这些女人会走很远的路去赠送和回赠黄秋葵、坚果、鱼等小礼物。男人们则关注他们自认为的更加高等的事情——使用蒂夫人的货币可以完成的那种交易。和莱利人的情况类似，这种交易包含两种面值的“货币”，一种是本地生产、称为“土古度”（tugudu）的布料（这种布料大量出口），另一种就是在重要的交易中成捆使用的进口黄铜棒。[43]黄铜棒可以用来获取某些光鲜、奢侈的东西（牛、买来的外族妻子等），但是它们最主要的用途是政治事件中的互相让步、雇用医生、获取魔力、加入宗教群体。在政治事件中，蒂夫人甚至比莱利人更加坚决地主张平等主义：成功的老年男子拥有数不清的妻子，他们可能在自己房屋的范围内对子孙或者其他被赡养者作威作福；但是在自己房屋的范围之外，不存在任何类型的正式政治组织。最后，存在着监护体系，它完全由男人对女人的权利构成。“领域”的概念由此产生。从原则上来说，这三个等级——普通消费品、代表男性威望的商品和对女人的权利，是完全独立的。不论多少株黄秋葵都不可能帮你换来一根黄铜棒，从原则上来说，这和不论多少根黄铜棒都不能换来你对一个女人的完全所有权是同样的道理。

在实践中，有一些方法能够操纵这一体系牟利。假如一个邻居举办了一场宴会，但是缺少一些供给品，可能有人会来资助他，不久以后，这个人会索要一两捆黄铜棒作为偿还。通过讨价还价实现如谚语所说的“变鸡为牛”，并最终把自己的财富和威望变成获取妻子的手段，需要一颗“强大的心”——一种积极进取、富有个人魅力的性格。[44] 但是“强大的心”也有其他的含义。蒂夫人相信，在人类的心脏中长有一种特殊的生物物质，叫作“萨维”（tsav）。萨维赋予某些人魅力、活力和说服其他人的能力。因此，萨维即是一种实际存在的物质，也是使某些人能够让别人服从自己意愿的看不见的力量。[45]

问题在于（那时，绝大多数蒂夫人似乎相信这就是他们社会的问题所在），人们相信，通过人工手段能够增加一个人的萨维，那就是吃人肉。

这里我应该立刻强调一下，这并不是说蒂夫人中实际上有人吃人的行为。相反，蒂夫人和几乎所有人一样，对吃人的想法同样感到恶心和恐惧。但是几个世纪以来，大多数蒂夫人似乎真的怀疑他们的某些邻居（尤其是那些实际变成政治领袖的杰出男人），实际上是秘密的食人族。据说，通过这种方式增加自己萨维的男人获得了不同寻常的力量：他们能飞，而且刀枪不入；夜晚派出自己的灵魂杀人，而受害人都不知道自己已经死去，茫然而行，沦为食人宴会上的盘中餐。简而言之，他们变成了恐怖的男巫。[46]

姆巴萨维（mbatsav，男巫社群）一直在寻找新的成员，而实现的方式，就是骗人们吃人肉。男巫会谋杀自己的至亲，然后把尸体的一部分混入目标人选的食物里。如果那个人蠢到吃下食物，他就缔结了一笔“人肉债”，男巫社群将确保人肉债总是被偿还。

可能你的朋友或某些上年纪的人，已经注意到你有许多子女或兄弟姐妹，那么他就会欺骗你和他缔结人肉债。他邀请你来到他的房子里，和他单独进餐。当你开始进餐的时候，他会在你面前放两盘菜，其中一盘里含有人肉……

如果你误食人肉，但却并没有一颗“强大的心”（变成男巫的潜力），你会感到恶心，然后在惊恐中逃离那幢房子。但是如果你有那种潜力，人肉将在你的体内起作用。当晚，你会发现自己的房子被尖叫的猫和猫头鹰包围，空气中充满奇怪的噪声。你的新债主将出现在你面前，背后站着他邪恶的同党。他会告诉你他是如何杀死自己的兄弟，因此你们两个人才能够共同进餐；并且看到你坐在自己健康的亲戚中间，他会假装受到失去亲属之痛的折磨。其他的男巫一致赞同，他们的行为似乎表明这一切都是你自己的错。“你寻找麻烦，麻烦就找上了你。过来躺在地上，让我们割断你的喉咙。”[47]

只有一种办法能够脱身，那就是保证你自己的一个家人会成为替代品。这是可能的，因为你将发现自己拥有了可怕的新力量，但是只有当其他男巫要求的时候才能使用这些力量。你必须一个接一个地杀掉自己的兄弟、姐妹、孩子；一群男巫将把这些尸体从坟墓中偷走，重新赋予他们生命，把他们养肥、百般折磨、再次杀死，然后切碎并烤熟，供给另一个宴会。

人肉债将一直持续下去。债主不断出现。除非债户一方是萨维非常强大的人，否则他将无法从人肉债之中脱身，直到他杀死了所有的家人，家庭不复存在。然后他自己躺在地上引颈受戮，如此债务才最终偿清。[48]

奴隶交易

从某种意义上说，这里发生了什么是很明显的。有着“强大的心”的男人，拥有能力和魅力；使用它，他们就能够操纵债务，使得额外的食物变成财宝，然后将财宝变成妻子、被监护人和女儿，因此变成持续扩大的家庭的头领。但是允许他们这么做的那种能力和魅力，也使得他们面临两种持续的危险：整个过程会突然崩溃；造成人肉债，并凭借这一点把一个人的家庭重新变为食物。

现在，如果一个人试图想象发生在某个人身上最糟糕的事情，毫无疑问，被强迫吃掉自己孩子残缺不全的尸体，无论在哪里都可算是极可怕的。尽管如此，人类学家开始理解，随着时间的推移，每一种社会都受到略有差别的噩梦的困扰，而这些差别意义重大。恐怖的故事，不论是关于吸血鬼、鬼魂还是吃人肉的僵尸，似乎总是代表讲述者自己社会中某些人的特点。在他们之中，在他们相互之间已经习惯采用的互动方式之中，存在着潜在的可能性，他们不希望承认或面对这种可能性，但却总忍不住谈论它。[49]

很明显，当时的蒂夫人对权威的认识有重大的问题。他们生活的画卷上散布着许多大院，每个都围绕着唯一的老男人及他无数的妻子、子女和各种各样的随从建立。在每个大院里，那个男人都拥有近乎不受限制的权威；在大院外，不存在正式的政治结构，而蒂夫人是强烈的平等主义者。换句话说，所有的男人都渴望成为一个大家庭的主人，但是他们却极度怀疑任何形式的掌控。那么，毫无疑问，蒂夫族的男人对于权力的本质抱有如此矛盾的心情，以至于他们开始相信，使得一个人能够合情合理地变得杰出的品质，也能够把他变成一个怪物。[50] 事实上，大多数蒂夫人似乎都认为大多数男性长者是男巫，如果一个年轻人死了，长者很可能收到一笔作为赔偿的人肉债。

但是这一切仍然没有回答一个显而易见的问题：为什么所有这一切都被置于用债务来表达的框架之下？

在此有必要先交代一些历史。蒂夫人的祖先到达本尼河谷和邻近的土地上，大约是在1750年。当时，该地区（即现在的尼日利亚）因大西洋奴隶交易而四分五裂。早期的故事讲述了蒂夫人在迁徙期间，在自己的妻子和孩子的身上画满类似天花疤痕的图案，所以那些潜在的抢劫者将因为害怕而不敢对他们下手。[51] 他们建立的国家臭名昭著，奋起反抗来自北方和西方邻近王国的定期袭击——最终，他们和附近的王国建立了友好的关系。[52]

在此后的日子中，蒂夫人非常清楚自己的处境。想一想铜棒的例子，蒂夫人非常小心地限制着铜棒的使用，以避免它们成为一般意义上的货币形式。

现在，在这一部分的非洲地区，铜棒作为货币使用了几个世纪；至少在某些地区，铜棒已经用于普通的商业交易。很容易就可以做到：一个人只需要把铜棒分成更小的部分，或者把铜棒拉得更细，然后拧成小圆环，就得到了在日常市场交易中畅通无阻的零钱——这是很容易做到的。[53] 18 世纪末，这种零钱开始在蒂夫人的大部分土地上流通；另外，它们也在伯明翰的工厂中被大量生产，并由利物浦和布里斯托尔的奴隶商人携带，通过位于克洛斯河（Cross River）河口的老卡拉巴尔港口进口。[54] 在毗连克洛斯河的所有地区（即位于蒂夫人领土正南方的区域），铜棒的作用都是充当日常货币。这可能就是它们进入蒂夫土地的过程；它们要么是由经过克洛斯河的小贩带进来的，要么是蒂夫族的商人到其他地区行商得到的。但是，所有这一切，使得蒂夫人拒绝把铜棒作为日常货币使用的事实，显得尤为重要。

仅仅在 18 世纪 60 年代，可能就有 10 万非洲人通过船运沿着克洛斯河顺流而下，到达卡拉巴尔和其他邻近的港口。在那里，非洲人被戴上镣铐，然后分别送往英国、法国或其他欧洲国家的船上，随后横穿大西洋——这是在整个大西洋奴隶交易时期，经由比夫拉湾（Bight of Biafra）运走的 150 万非洲人中的一部分。[55] 有些人在战争或袭击中被俘或被绑架，但是绝大部分人都是因为债务而被带走的。

但是，在此我必须解释一下奴隶交易的组织。

从整体上看，大西洋奴隶交易是一张由信贷合约交织的巨大网络。位于利物浦或者布里斯托尔的船主们，能够以宽松的赊购条件从本地的批发商那里得到商品；这些批发商期望能够通过把奴隶（同样采用赊欠的形式）出售给安地列斯群岛（Antilles）和美洲的种植园主获得补偿。伦敦的佣金代理人，则通过由糖和烟草交易获得的利润，最终出资支持整个过程。[56] 船主将把自己的货物运送到老卡拉巴尔等非洲港口。卡拉巴尔本身是典型的贸易城邦，由富有的、身着欧洲服饰、住在欧式房屋中的非洲商人统治，这些人有时甚至会把自己的孩子送到英国去接受教育。

货船进港以后，欧洲的贸易商将使用铜棒（港口所使用的货币）来谈定货物的价值。1698 年，“巨龙”号上的一名商人把自己商品中已经谈妥的价格记录如下：

1 根铁条	4 根铜棒
1 串珠子	4 根铜棒
5 个大珠子[57]	4 根铜棒
1 个一号盆	4 根铜棒
1 个啤酒杯	3 根铜棒
1 码亚麻布	1 根铜棒
6 把小刀	1 根铜棒
1 个一号铜钟	3 根铜棒[58]

50 年后，这种交易达到了顶峰，英国船只带来大量布料（都是来自曼彻斯特新建立的作坊和印度印花布厂的产品）、铜铁制品、珠子项链等附带商品；并且，由于显而易见的原因，还会带来大量的军火。[59] 这些商品同样以赊欠的形式转手给非洲商人，他们把商品分发给自己的代理人，到上游地区去销售。

一个很明显的问题是，如何确保债务的安全。这种交易充满诡诈，冷酷无情，而奴隶劫掠者的信用也不可能可靠——当面对永远不会再见的外国商人时，情况尤其如此。[60] 因此，一个系统迅速诞生了。在这一系统里，欧洲船长们要求以抵押人的形式确保债务的安全。

我们在这里说的“抵押人”，很明显和我们在莱利人例子中看到的抵押人有很大的区别。在西非的许多国家和交易城镇，当 1 500 年前后欧洲人走向舞台的时候，抵押人所有权的性质似乎已经发生了重大的变化——它实际上变成了一种劳役偿债的形式。债户以家庭成员作为贷款的担保；抵押人将变成受抚养人，前往债主的家中，在债主的土地上干活，并负责债主家中的日常家务——他们自己充当担保物，而他们的劳动，实际上就是利息的替代品。[61]抵押人并不是奴隶。他们和奴隶不同，并没有从自己的家中被剥离出来；但是他们也不具有严格意义上的自由。[62]在卡拉巴尔和其他港口，奴隶船的船主在把自己的商品交给非洲商人的时候，很快就建立起要求以抵押人作为担保的习惯——例如，两名非洲商人自己的受抚养人，能为他们应该提供的三名奴隶充当担保，在这两名受抚养人中，最好能够至少包含商人自己的一个家人。[63]在实践中，这和索要人质没有什么区别。当船长厌倦了等待迟到的货物时，有时他们会决定带走一船抵押人，这样就会带来严重的政治危机。

在上游地区，债务抵押人也在交易中扮演了重要的角色。从某方面说，这一地区有些不寻常。在大部分西非地区，这种交易贯穿于达荷美（Dahomey）、阿撒蒂（Asante）等主要王国，带来了战争，并强加了非常严酷的惩罚——对于统治者来说，一个普遍使用的应急措施，就是操纵法律体系，使得几乎所有的罪犯都遭受惩罚：或沦为奴隶；或自己被处以死刑，妻子和孩子则沦为奴隶；或被处以天文数字的罚款，如果他不能支付，就将导致违约，因而全家都会作为奴隶被卖掉。另外，因为缺乏大型的政府结构，人们能够很容易看到真正发生的事情，因此它具有不同寻常的揭露性。无处不在的暴力环境，使得现有“人性经济”的所有机构都发生了系统的扭曲，变成了灭绝人性和毁灭性的庞大组织。

在克洛斯河流域，交易似乎分成两个阶段。第一个阶段是充满绝对恐慌和彻底混乱的初始期，此时袭击频繁发生，任何独自外出的人，都有可能被蒙面的歹徒绑架，然后卖到卡拉巴尔。村镇一片荒凉，许多人逃入森林中，男人们需要组成武装力量才能耕耘田地。[64]相对来说，这一时期比较短暂。当本地商会的代表开始在该地区的各个群落中立足，承诺要恢复秩序的时候，第二个阶段就开始了。这些代表中最出名的就是阿罗联盟（Aro Confederacy），他们自称“上帝之子”。[65]由全副武装的雇佣兵和联盟里位于阿罗楚库（Arochukwu）的著名先知作为后盾，他们建立起一个全新但臭名昭著的严酷法律体系。[66]绑架者被追捕，然后被作为奴隶卖掉。农场和街道都恢复了安全。同时，阿罗和本地的长老合作，建立起一套非常复杂和严酷的典章和律法，几乎每个人都有触犯的可能性。[67]任何人只要违背了法典中的一项，就会被交给阿罗，然后被送到海岸边，而告发者将得到用铜棒支付的报酬。[68] 根据当时的一些记录，如果一个男人只是不喜欢自己的妻子，并且需要一些铜棒，他总是可以找到一些理由出卖她；而村庄里的长者们会从中获得部分利润，因而几乎总是一致认可男人的告发。[69]

但是，商会最独特的把戏，是协助一个叫作艾克皮（Ekpe）的秘密组织的传播。艾克皮因发起盛大的化装舞会和通过神秘的仪式接收新成员而闻名，但它实际上扮演着强制执行债务的秘密机制的角色。[70] 例如，在卡拉巴尔，艾克皮组织拥有一系列的权力，包括抵制（所有成员都被禁止和违约的债户进行交易）、罚款、没收财产、逮捕及处决——最倒霉的受害者将被吊死在树上，他们的下颚被切除，作为对其他人的警告。[71] 它经过了尤其精心的设计，因为这样的组织总是允许别人交钱入伙，如果他们能付得起费用，可以经过 9 个等级层层向上——当然，这些费用正是使用商人们提供的黄铜棒支付的。在卡拉巴尔，每个等级的收费表和下面列出的类似：[72]

<table>
<tr><td>1. 尼亚姆皮（Nyampi）
2. 奥库 · 阿卡纳（Oku Akana）
3. 布拉斯（Brass）
4. 马康达（Makanda）</td><td>最高的 4 个等级，300 盒黄铜棒，
每盒 2.45 英镑，一共 735 英镑</td></tr>
<tr><td>5. 马卡拉（Makara）
6. 姆博克 · 姆博克（Mboko Mboko）
7. 邦库 · 阿邦库（Bunko Abonko）
8. 姆博克 · 尼亚 · 艾克坡（Mboko Nya Ekpo）
9. 艾克皮</td><td>低一些的等级，每个需要 50 盒黄铜棒</td></tr>
</table>

换句话说，它是非常昂贵的。但是，会员制度会迅速变成荣誉的主要标志，并且在各个地方都高人一等。不用说，入会费在偏远的小型社区不那么高，但是起到的作用仍然是相同的：数以千计的人最终欠下了商人债务，无论是欠下了入会费，还是欠下了他们本应提供的商品（大部分是艾克皮表演中使用的服装和道具所需要的布料和金属——因此可以说是他们施加给自身的债务。这些债务，也可以用人来支付，这会明显导致抵押人的数量持续增加）。

实际上，它是怎么起作用的？似乎因为地区的不同，它起作用的方式也不相同。例如，在阿非坡（Afikpo）地区（克洛斯河上游的一个偏远地区），我们看到如获取食物这类日常事务的开展方式和蒂夫人的类似，“并不通过交易进行，也不使用货币”。商会提供的黄铜用来买卖奴隶，但是在其他情况下主要还是充当社会货币，“在葬礼、授衔和其他仪式上作为礼物和支付款项使用”。[73] 大部分支付款项、头衔和仪式，与商人带来的秘密组织联系在一起。所有这些看上去确实有点类似于蒂夫人的安排，但是商人的存在，使得结果与蒂夫人大相径庭：

> 从前，在克洛斯河上游地区，如果有人因为陷入了麻烦或者欠债而需要钱，他通常会把自己的一个或多个子女、亲属或家中的其他成员“抵押”给阿库纳库纳（Akunakuna）的商人，这个商人将定期拜访他的村镇，或者袭击邻近的其他村庄，抓走一个孩子，将其卖给同一个愿意出钱的买家。[74]

由于债户是秘密组织的成员，因此债户也是收集人。只有当一个人认识到这一点的时候，上面这段文字才有意义。抓走孩子的行为，可以参照当地称为“panyarring”的一种行为。这种行为在西非十分常见：当债主感到无望收回债务时，就会带着一队武装人员冲到债户的社区，抢走任何能够轻易带走的东西（人、物品、家养动物），然后把这些东西作为抵押的担保品。[75] 这些人或者物品是否属于债户甚至债户的亲属，其实并不重要，邻居的山羊或者孩子也可以，因为债主的主要目的是向欠债人施加社会压力。正如威廉·博斯曼（William Bosman）所说：“如果债户是一个诚实的人，而欠下的债务又很合理，那么他将竭力满足债主的要求，以释放他的同胞。”[76] 在没有中央权力的环境里，人们只对自己社区的其他成员感到具有重大的责任，而对其他人几乎不闻不问，所以这实际上是一个非常敏感的权宜之计。在上文中引用的秘密组织的例子中，债户很可能会要求收回那些社区以外的人欠他的债务（真实存在的或者捏造出来的），以避免自己的家人被带走。[77]

这样的权宜之计并不是每次都有效。通常，债户受迫不停地交出自己的孩子或受抚养人作为抵押人，最后只能抵押自己。[78] 当然，在奴隶交易的巅峰时期，“抵押”变成了一种委婉的说法。抵押人和奴隶之间的区别，已经基本消失了。和之前的家人一样，债户最终被交给阿罗，然后运到英国。最终，他们被戴上镣铐和锁链，塞入拥挤的小型奴隶船中，卖到大洋另一边的种植园里。[79]

那么，如果一个隐秘的组织让蒂夫人深受其害，如噩梦般挥之不去（它引诱毫不怀疑的受害者陷入债务陷阱，由此他们自身摇身一变成为债务的强制实施者；债务将用他们子女的身体来偿还，并且最终用他们自己的身体偿还），原因之一，在于这真的是发生在那些生活在几百英里以外的人身上的事。"人肉债"这个短语的用法也没有任何不妥。奴隶商人可能不会把他们的受害者简单地看成肉，但是在他们眼里，那些奴隶也和躯壳一般无二。成为奴隶，就意味着从自己的家庭、亲戚、朋友和社区中被移除，被剥夺了名字、身份和尊严；使得人之所以为人、而不仅仅是能够听懂命令的人肉机器的一切事，在奴隶身上都被剥夺了。绝大多数奴隶也没有机会建立持续的人际关系。但是，大多数最终到达加勒比海或者美洲种植园的奴隶，一直工作到死。

引人注目的是，所有这些的实现和概念的提炼，都是通过"人性经济"的机制完成的，其前提正是人类的生命具有最根本的价值，没有东西能与之相比。所有相同的制度（入会费、计算罪行和补偿的方法、社会货币、债务抵押所有权），反而都站到了它们的对立面；该体系实际上被置于这种相反的境地；并且——蒂夫人也意识到，为创造人类而设计的装置和机制崩溃了，变成了埋葬自身的方法。

我不想给读者留下这样的印象：我这里所介绍的例子，都是只在非洲才有的现象。无论在哪里，只要"人性经济"开始和商业经济（尤其是带有先进的军事技术和对人类劳动力无止境的需求的商业经济）接触，同样的事情就会发生。

在整个东南亚，尤其是在那些生活在大国边缘的山地或者岛屿的居民中，也能发现几乎一模一样的情况。正如研究这些地区的最好的历史学家安东尼·里德（Anthony Reid）早已指出的那样，整个东南亚劳动力的组织形式中，最重要的一种就是通过债务束缚的关系完成的。

> 即使在相对简单的社会，金钱几乎还未渗透进去，也有着耗费不菲的仪式需求——比如支付婚姻中的聘礼，以及当家庭成员去世时请屠夫屠宰水牛的费用。人们普遍认为，对这种仪式的需求，是穷人欠下富人债务最常见的原因……[80]

例如，从泰国到苏拉威西岛（Sulawesi）都有这样的实例：一群贫穷的兄弟向一个富人求助，请求富人支付其中一人的婚礼费用。尽管富人在支付费用后，将被称为他们的“主人”，但是这更像是资助人和受助人的关系：那些兄弟可能有义务偶尔去做一些奇怪的工作，或者在富人需要装点门面时去充当他的随从——但并没有更多其他的要求。但是，严格地说，穷人兄弟们的孩子归富人所有；并且，“如果保证人不能履行义务，富人也能要回穷人的妻子”。[81]

在其他地方，我们也能听到和非洲相似的故事——农民以自己或自己的家人作抵押，或者甚至因赌博而沦为奴隶；很多王国在惩罚时总是采取高额罚款的形式。“当然，经常有人拿不出这笔罚款；而被宣告有罪的人，通常和由他抚养的人一起，变成统治者的奴隶，或者变成贷方的奴隶，或者变成那些替他缴纳罚款的人的奴隶。”[82]里德坚持认为，这种情况一般是相对无害的——事实上，有时候穷人可能就是为了变成某些富有的赞助人的债户而借钱，因为在年景不好的时候，赞助人将为自己的债户提供食物、住所、妻子。很明显，这并不是“奴隶”这个词一般的含义。除非赞助人决定把自己的一些受抚养人，送到自己的某些债主那里——他们住在满者伯夷（Majapahit）、特尔纳特（Ternate）等遥远城市；然后，那些受抚养人可能发现自己和其他的奴隶一样，在某些贵族的厨房或辣椒种植园中辛苦劳作。

指出这一点是很重要的，因为奴隶交易的一个影响就是让那些并不生活在非洲的人产生一种印象，认为那片大陆只有无可救药的堕落和野蛮——对于生活在那里的人们来说，这种印象将给他们带来灾难性的后果。在这里，我们不妨看一个和非洲的情况完全相反的例子：巴厘岛，著名的“万庙之岛”——这个岛的照片经常出现在人类学教材和旅游手册上，仿佛岛上的住民全都是性格沉静、喜欢幻想的艺术家，他们每天都把时间花在摆放鲜花和练习花式舞蹈上。

在17~18世纪，巴厘岛还没有获得这种声望。当时，它分裂为十多个好斗的小王国，几乎总是处在战争的状态中。事实上，在居住于爪哇附近的荷兰商人和官员看来，巴厘岛的名声几乎和它如今的名声完全相反。巴厘人被视为一个原始而暴力的民族，由沉溺于鸦片中的堕落贵族统治，贵族们把自己的臣民当作奴隶出售给外国人，换来巨额财富。到了荷兰完全统治爪哇的时候，巴厘岛基本变成了人口贩卖的储备库——地区内的各个城市都需要大量年轻的巴厘女人，作为妓女和小妾。[83] 当岛屿卷入奴隶交易之后，岛上的整个社会和政治体系几乎都转变成暴力抢掠妇女的机器。即使在村庄内部，普通的婚姻也采用“抢婚”的形式——有时候表现为私奔；有时候是真正的绑架，随后绑架者向女人的家庭支付一笔钱，以平息事件。[84] 但是，如果一个女人被地位十分重要的人抢走，那么她的家人就得不到任何补偿。即使在20世纪60年代，一些老年人还能回忆起过去父母如何把自己年轻漂亮的女儿藏起来：

> 不许她们接受参加庙会的邀请，以免被皇室的侦探发现，被强行送往宫殿里严密保护的女人区。在那里，男性拜访者的视线被严格限定，只能看到她们的脚。一个女孩成为王侯的合法下等妻子（penawing）的可能性极小……更大的可能性是在被奸淫几年以后，沦为奴隶一般的仆人。[85]

即使她真的备受宠爱，以至王侯的上等妻子们开始把她看作对手，最终她也可能被毒死，或被运到海外，变成日惹（Jogjakarta）的某个妓院中的慰安妇，或者印度洋留尼旺岛（Reunion）上某个法国种植园主家中更换便盆的仆人。[86] 同时，皇家的法律被重写，其他的方面都很正常，只有一处例外，就是法律的力量明确针对女人。不仅罪犯和债户沦为奴隶，被驱逐出境，任何已婚男人也都获得了抛弃妻子的权利；如果一个男人抛弃了妻子，那么他的妻子将自动变成当地统治者的财产，由统治者随意处置。即使一个女人的丈夫在她还没能生下儿子之前死亡，她也会被上交皇宫，然后卖到海外。[87]

正如阿德里安·维克斯（Adrian Vickers）所说，即使巴厘岛著名的斗鸡（每个一年级的人类学学生对此都很熟悉），最初也是皇家法庭招募人口贩子的一种手段：

国王甚至通过在首都举办盛大的斗鸡活动这一方法，为使人们身陷债务而推波助澜。这一令人激动的活动所引发的激情和挥霍，导致许多农民押上自己不能承受的赌注。和任何赌博一样，一夜暴富的期望和比赛的戏剧性，激起了很少有人能够承受的野心；到那一天结束，当最后的狂热和指望在最后一只公鸡的身上灰飞烟灭的时候，许多农民已经无家可归。他们及他们的妻子和孩子，将被卖到爪哇。[88]

反思暴力

在本书的开头，我提了一个问题：人们之间的道德义务，是如何被看成债务，以及如何因此而使得本来完全不道德的行为正当化的？

在本章的开头，我提供了一个答案：对商业经济和我所说的“人性经济”加以区分——“人性经济”是货币主要充当社会货币使用的经济形式，即用来创造、维持或者断绝人们之间的关系，而不是用来购买东西。罗斯帕比已经非常中肯地说明，这种社会货币的独特性质，是它们永远不会和人类等价。它们的作用，是提醒人永远不可能和任何东西等价，甚至人与人之间最终也不可能等价。这就是世仇的深刻真相。没人能够真正原谅杀死自己兄弟的凶手，因为每个兄弟都是独一无二的。没有东西能够替换——其他人不能替换，即使他和你的兄弟拥有一样的名字、同样的社会地位；小妾不能替换，即使她生下以你兄弟的名字而命名的孩子；鬼妻不能替换，即使她会生下有一天能够为你的兄弟复仇的孩子。

在“人性经济”中，每个人都是独一无二的，都是无价的，因为每个人都是和其他人关系的独一无二的纽带。对于不同的人来说，从不同的方面来看，一个女人可以是一位女儿、姐妹、情人、对手、同伴、母亲、同龄人和导师。每一段关系都是独特的，即使在通过不停地赠予和接受棕榈树叶布料、成捆的黄铜线等普通物品才能维系这些关系的社会中，它们也是独特的。从某种意义上说，那些东西使一个人成为他自己，而不是别人——这一事实可以如此说明：充当社会货币的物品，通常本来的用途是为人体提供衣服或者装饰，帮助一个人成为别人眼中的那个他 / 她。尽管如此，正如我们的衣服并不是我们之所以成为自己的原因，通过赠予和接受棕榈树叶布料而维持的关系，并不仅局限在这一层次。[89] 相应地，这就意味着棕榈树叶布料的价值相对较小。这就是我认同罗斯帕比观点的原因。他强调在这样的经济中，货币永远不能代替一个人：这种债务不能偿还，货币只是承认这一事实的方式。但是即使是一个人能够代替另一个人、一个人的姐妹总归能和另一个人的姐妹等价这一观点，也绝对不是不证自明的。从这个意义上说，“人性经济”这个术语也有其两面性。毕竟，它们都是经济；也就是说，它们都是把质简化为量的体系，允许计算收益和损失的体系——即使那些计算只是简单的（例如在姐妹的交换例子中）1 等于 1，或者（例如在世仇的例子中）1 减 1 等于 0 的问题。

这种计算如何实行？它为什么能把人们当作完全相同的个体来看待？莱利人的例子给出了一个提示：要把一个人变成能够交易的物品——例如让一个女人和另一个女人等价，首先需要把她从她的生活环境中剥离出来；也就是说，把她从那张关系网中抽离出来，而正是那张关系网使她成为由各种人际关系汇聚而成的、独一无二的自己。因此，她就变成了一个通用的价值数量，可以进行加减，并可以作为衡量债务的一种方法。这一过程的完成，需要特定的暴力支持。要让她和紫木棒等价，甚至需要更多的暴力；而要想把她完全从生活的环境中剥离出来，沦为奴隶，则需要大量、持续、系统化的暴力。

在此，我应该清楚地说明我的意思。我使用“暴力”这个词，并不是使用它的比喻义。我并不是在谈论概念上的“暴力”，而是真正的手断骨折、皮开肉绽。这和古代希伯来人说起他们处于“奴役”中的女儿类似，希伯来人并不是在展示诗意，而是真的在谈论绳索和枷锁禁锢下的奴役。

我们中的绝大多数人，并不喜欢过多地思考暴力。那些住在城市中，生活相对舒适、安全的幸运儿，要么倾向于认为暴力并不存在；要么在别人提醒他们暴力确实存在时，迅速把“外面”的世界定义为危险、野蛮之地，他们对此无能为力。即使我们自身的日常存在是由暴力或至少是暴力威胁所定义的，但上面的两种想法使我们不用去思考这一事实的严重程度（我经常说，设想一下，如果你没有有效的身份证件，却坚持要进大学的图书馆，这种情况下会发生什么事情），也不用去思考我们对战争、恐怖主义和暴力犯罪的重要性和严重性（或者至少是发生频率）进行怎样的夸大。在为人际关系建立框架的过程中，暴力所扮演的角色比在所谓的“传统社会”中所扮演的角色更加直接——即使在许多“传统社会”中，一个人对其他人实际进行的肢体伤害，也要比在我们自己的社会中少得多。在这里，有一个来自东非巴友柔（Bunyoro）王国的故事：

从前，有一个男人搬到了一个新的村子里。他想看看他的邻居们是怎样的人，于是，他在半夜三更假装暴打自己的妻子，想看看邻居是否会向他抗议。他并没有真的动手打他的妻子，而是在打一张山羊皮；同时他的妻子则凄惨地尖叫，仿佛丈夫要杀了她。没人来找他。第二天，这个男人和他的妻子收拾行李，离开了这个村子，寻找其他的地方居住。[90]

这个故事要表达的意思很明显。在一个适合居住的村子里，邻居应该冲进他家，制止他打人，并要求知道他的妻子究竟为什么遭此毒打。争执将变成大家共同关心的事情，最终将达成某种共同的解决方案。这是人们应有的生活方式。任何一个理智的男人或女人，都不想生活在一个邻里互不关心的地方。

这个故事以其特有的方式发人深省，甚至可以说很吸引人，但是我们仍然要问：如果在一个社区（甚至是故事中的男人认为适合居住的社区）里，邻居们发现是妻子在殴打丈夫，那他们将有怎样的反应呢？[91] 我想人人都知道问题的答案。第一个例子将引起人们的关注，第二个例子将招致人们的嘲笑。在16世纪和17世纪的欧洲，村民们曾经用表演讽刺喜剧的形式，嘲笑被妻子殴打的丈夫；他们甚至会让被妻子殴打的丈夫游街，丈夫倒坐在一头驴上，每个人都可以嘲笑他。[92] 据我所知，在非洲，没有任何一个社会做得如此过分。（也没有任何一个非洲社会烧死那么多女巫——当时的西欧是一个尤其残暴的地区。）但是在世界的大多数地方，认为一种形式的野蛮行为至少可能合法而其他的全部非法这种假设，是两性之间建立关系的框架。[93]

我想要强调的是，在上面提到的事实和一命换一命的可能性之间，存在着直接的联系。人类学家喜欢用图表的形式来展示优先的婚姻形式。有时，这些图表是非常漂亮的。[94]

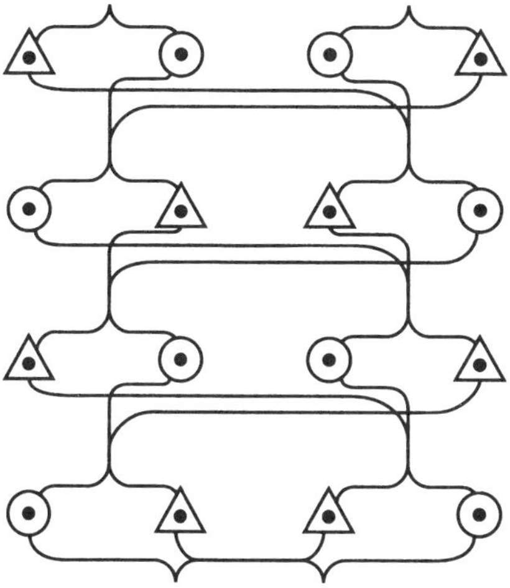

图 6.1　双方交表婚制的理想形式

有时，它们具有优美的简洁性，如下面蒂夫人姐妹交换的例子：[95]

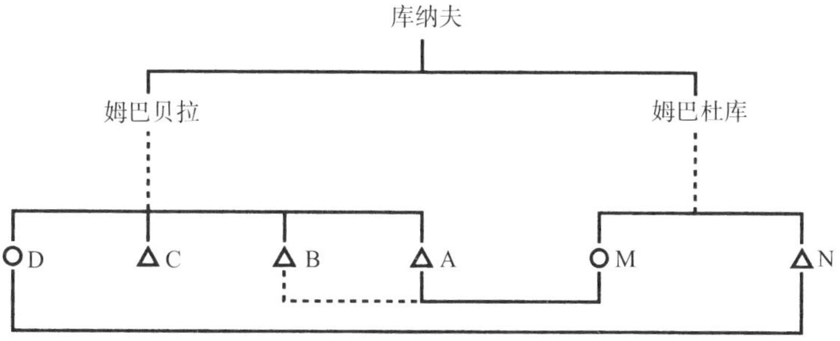

图 6.2　蒂夫人姐妹交换的例子

如果遵从自己的欲望，人类极少把自己安排到对称的模式中，因为这种对称性会使人类付出惨痛的代价。在蒂夫人的例子中，阿奇亚实际上情愿如此描述：

在古老的体系中，拥有受监护人的老人，无论他多么老态龙钟，哪怕他是一个失去了手脚的麻风病人，他也总是能够娶一个年轻的新娘，没有女孩敢拒绝他。如果另一个男人被老人的受监护人吸引，那么这个人就会把自己的受监护人强行送给老人，以实现交换。那个男人的受监护人就要悲惨地背上老人的山羊皮口袋，和他一起回家。如果她跑回了自己的家，她的主人将把她抓住并殴打，然后把她带回去交给老人。老人很满意，咧嘴笑起来，露出他黑黑的臼齿。“不论你去哪儿，”老人告诉她，“你都会被带回来交给我；所以别再胡思乱想了，安心定居下来做我的妻子。”女孩烦躁不安，恨不能早一点死去。当一些女人被强迫送给老人时，她们甚至会自杀。尽管如此，蒂夫人也毫不在乎。[96]

最后一句话说明了一切。引用这句话似乎有失公平（显然，蒂夫人还是很在乎的。因为他们知道阿奇亚支持采用立法的方式废除类似行为，但他们还是选他作为首席议会代表），但是这已经十分清楚地表明了观点：某些暴力行为在道德层面是可以被接受的。[97]如果一个守卫殴打逃跑的受监护人，没有邻居会冲进来干涉。即使邻居真的出面干涉，他们也只是建议守卫采用更温和的手段，把她交给她的合法丈夫。正是因为女人们知道这是她们的邻居甚至父母将会采取的做法，“交换婚姻”才成为可能。

我所说的人们“从生活的环境中被剥离”，就是这个意思。

莱利人足够幸运，基本上没有受到奴隶交易的摧残；蒂夫人几乎已经坐在鲨鱼的牙齿上，他们需要竭尽全力，才能确保自己不被吃掉。但是，在这两个例子中，都存在将年轻女人强行从她们的家庭中剥离的机制，而正是这一做法使她们能够被交易——尽管在每个例子中，也有一条原则明确规定，一个女人只能用来交易另一个女人。极少数情况下女人能够用来交易别的东西，这些例外情况都直接诞生自战争和奴隶制度——也就是说，是在当暴力等级显著提升的时候。

当然，奴隶交易代表的暴力，程度与此完全不同，我们在这里所谈论的是种族灭绝的程度。在世界历史中，能够与之相比的只有对新世界文明的毁灭，或者纳粹对犹太人的大屠杀。我也绝没有责备受害者的意思：我们只需要想象一下，如果在我们自己的社会中，突然出现了一群外星生物，他们携带着无敌的军事技术、无穷的财富和与我们完全不同的道德准则，宣布他们愿意为每一个人类工人支付 100 万美元——那么没问题，大家都乐见其成。肯定会有一小撮不择手段的人想要利用这种形势，但也只有这些人需要外星生物来摆平了。

阿罗联盟这样的组织，代表了一项耳熟能详的策略，法西斯分子、黑手党、右翼匪徒等处处都采用了这一策略：首先，释放一个不受限制的市场暴力罪行，在这个市场中，什么都可以出售，人命变得毫不值钱；然后，他们闯进来，提议修复某种程度的秩序——尽管这是一种粗糙的秩序，丝毫不会触及之前的混乱中最能产生利益的方面。暴力被保存在法律的结构中。这样的黑手党，也几乎总是最终开始强制推行严厉的荣誉法典，使得道德准则变成偿还债务的核心内容。

如果我不是在写一本有关债务的书，我可能会反思在克洛斯河社会和巴厘岛之间存在的奇妙相似性。这两个社会都经历了艺术创造性的大爆发（克洛斯河艾克皮面具对毕加索产生了深远的影响），最重要的表现就是戏剧表演的全面盛行。表演带有复杂的音乐伴奏、精妙绝伦的舞台服装和极具格调的舞蹈——一种政治秩序的替代物，表现为想象出来的壮观场景；与此同时，普通人的性命处于持续的危险状态中，走错任何一步都可能导致被贩卖为奴。这两者之间有何联系？这是一个有趣的问题，但是没人在这里能够真正给出答案。出于我们现在的主要目的，最关键的问题必然是：这种情况有多普遍？如我所说，非洲奴隶交易是前所未有的惨剧，但是商业经济把奴隶从“人性经济”中提取出来，已经有数千年之久。它是一个和文明同样古老的习俗。我想问的问题是：它究竟在何种程度上构成了文明本身？

在这里，我并非严格地指涉奴隶制，而是讨论一种流程，它把人们逐出由彼此承诺、分享的历史和共有责任编织成的网，正是这张网使一个人能够成为他自己。把人们从这张网中剥离出来，就使得他们能够被交易——使人们有可能受到债务逻辑的控制。奴隶制度只是逻辑终点，是解开这种牵连最极端的形式。但是正是由于这一原因，它其实为我们打开了一扇窗，使我们能够看到流程的全貌。进一步说，由于它在历史中扮演的角色，奴隶制塑造人们的基础假定和习俗所采用的方式，是我们现在感觉不到的；而它的影响，我们可能永远不愿意承认。如果我们变成了一个债务社会，是因为战争、征服和奴隶制的遗留问题从来没有完全消失。它仍然在那里，存在于人们对于荣誉、财产甚至自由最私人化的概念中。只不过我们再也看不到它在那里。

在下一章中，我将开始介绍这一过程是如何发生的。

07

荣誉与降级：当代文明的基础

Ur_5[HAR]：（名词）肝；脾；心脏，灵魂；主体，躯干；基础；贷款；义务；利息；盈余，利润；有息贷款；偿还；女奴隶。

——早期苏美尔词典[1]

这只是把每个人所欠的东西给他。

——西蒙尼戴斯（Simonides）

在上一章中，我大致介绍了“人性经济”及其使用的社会货币（用来衡量、评估和维持人们之间的关系，只有在偶然的情况下才会用于购买实物商品）如何转变成其他的东西。我们发现，如果不考虑纯粹意义上的暴力因素，就无法思考类似的问题。在非洲奴隶交易的例子中，主要是外界强加的暴力。虽然如此，它的突然性和野蛮性，让我们看到了发展过程中的某种定格——在其他的时间和地点，这一过程的发生更加缓慢、更加偶然。这是因为我们有理由相信，在世界各地市场形成的过程中，奴隶制度（其独特的能力，是把人类从他们的生活环境中剥离出来，变成抽象的概念）都扮演了关键的角色。

那么，如果同样的过程进行得更加缓慢，将发生什么呢？似乎大多数这样的历史过程都已永久地消失不见——因为在古代的中东和地中海，绝大多数类似的重要时刻，似乎都发生在文字记录诞生之前。但是，我们仍然有办法重现大概的轮廓。我相信，实现这一点的最佳方法，是从一个独立、奇怪而棘手的概念入手：荣誉——它可以被视作一种人工产物，甚至一种象形文字，它是历史保存下来的一个碎片。对于我们目前努力想要理解的一切，似乎其答案都被压缩在这个碎片中。一方面是暴力。靠暴力生存的人，不论士兵还是强盗，几乎全部痴迷于荣誉；人们认为荣誉受到攻击，是促使暴力行为正当化的最明显的理由。另一方面是债务。我们既谈论荣誉的债务，也谈论把荣誉赋予债务；事实上，要说明债务如何自义务中诞生，两者之间的过渡就提供了最佳线索；荣誉的概念，似乎是对“金钱债务实际上并不是最重要的”这一坚持的共鸣；在这里，是对追溯到市场诞生时期的争论（与吠陀及《圣经》中出现的争论类似）的共鸣。更令人不安的是，如果没有降级的可能，荣誉的概念就没有意义。重建这段历史将揭示出在人类拥有的关于自由和道德的基础概念中有多少是在制度中形成的——奴隶制度显然是其中之一，但并不是唯一。很快，我们将不再把制度加入我们的思考。

“人性经济”中的荣誉

为了强调围绕在这一概念周围的一些悖论，并且帮助我们了解真正处于危机中的是什么，让我们首先看一个故事——讲述了一个人经过大西洋中央航道（Middle Passage）却得以幸存下来的经历。1745 年前后，奥拉达·艾奎亚诺（Olaudah Equiano）出生于贝宁王国的某个乡村中。他 11 岁的时候被绑架，最终被卖给比夫拉湾的奴隶主。他从那里先被运到巴巴多斯，然后被运到弗吉尼亚殖民地的一个种植园里。

艾奎亚诺的著作《一个非洲黑奴的自传》（*The Interesting Narrative of the Life of Olaudah Equiano: or, Gustavus Vassa, the African*）出版于 1789 年，他在书中讲述了自己后来的冒险——他的冒险经历非常多。在七年战争（Seven Years' War）时期，艾奎亚诺在一艘英国军舰上搬运火药。后来，他的主人答应给他自由，继而却反悔，然后把他卖给其他人做奴隶。这些人总是对他说谎，承诺给予他自由，然后又违背承诺。最后他被卖给宾夕法尼亚州的一个公谊会教徒商人，这个商人允许他赎买自己的自由。在随后的日子中，他逐渐凭借自己的努力成为成功的商人、畅销书作者、北极探险家。最终，他成为英国废奴运动的领导者之一。在促使英国于 1807 年禁止奴隶交易的运动中，他的口才和他的亲身经历所蕴含的力量，扮演了至关重要的作用。

艾奎亚诺的读者常常会产生一个困扰：在他人生早期的大多数时间里，他并不反对实行奴隶制。在他为自己的自由积攒赎金的时期内，甚至短暂地做过一份涉及在非洲购买奴隶的工作。当他变成基督教卫理公会信徒之后，他才成为废奴主义者，和反对奴隶交易的宗教活动家一起做活动。许多人心存疑问：为什么他的转变经历了这么长时间？如果说在这世界上谁最了解奴隶制的邪恶，他肯定是其中之一。

奇怪的是，问题的答案似乎就在于这个人的正直性格。艾奎亚诺的自传中显露出来令人震惊的一点，就是他不仅是一个足智多谋、意志坚定的人，而且最重要的是，他是一个有荣誉感的人。但正是这一点，创造了一个可怕的困境。如果一个人沦为奴隶，他将被剥夺所有可能存在的荣誉。艾奎亚诺最大的希望，就是取回自己被夺走的东西。但问题在于，从定义上看，荣誉是由别人眼中的看法决定的。那么，为了能够恢复自己的荣誉，一个奴隶必须接受他身边社会的规矩和标准；至少在实践中，这就意味着他不能彻底地反对那种最初剥夺了他荣誉的制度。

让我感到震惊的是，艾奎亚诺的这一经验（为了恢复曾经失去的荣誉，重获行为正直的能力，他就要屈服于体系，按照体系的标准行事；而他通过自身无比痛苦的经历了解到，这一切完全是不公平的）本身，就是奴隶制最深刻的暴力面之一。这可能是又一个例子，可以说明前文中提到的采用主人的语言进行辩论的需求，不过它是一个极端情况下的例子。

所有基于奴隶制建立起来的社会，似乎都以这种痛苦的双重意识为标志：意识到一个人需要为之奋斗的最崇高的事情，从根本上来说是错误的；但是同时，又知道这就是现实的本质。这可能可以解释，为什么在大多数历史中，当奴隶们真正奋起反抗他们主人的时候，却很少反抗奴隶制本身。但另一方面，甚至奴隶主似乎也觉得整个安排从本质上看是荒谬、反常的。例如，一年级罗马法学生的课程将从背诵下面这个定义开始：

奴隶制

是根据国家法律建立的一种制度，由此，一个人成为另一个人的财产，这是违背自然的。[2]

至少，奴隶制似乎总是与声名狼藉及丑陋脱不了干系。任何太接近它的人都会受到玷污。人们尤其蔑视奴隶交易商，认为他们是非人的畜生。在整个历史中，即使是奴隶制的支持者，也很少认真考虑奴隶制的道德正当性。在整个人类历史的大多数时间里，大部分人对待奴隶制的态度，和现在的人们对待战争的态度相似：无疑，这门生意不太干净，但是如果你认为它能被简单地消除，那么你就太天真了。

那么，什么是奴隶制？在上一章中，我已经开始给出答案的要点。奴隶制是把一个人从自己生活的环境中剥离出来的最终形式，因此这个人将和自己的全部社会关系断绝联系，而正是这些社会关系定义了他自己。这一观点的另外一种表达方式是，从真正意义上说，奴隶就是死人。

得出这一结论的首个学者，对奴隶制进行了一次贯穿人类历史的调查。这位埃及社会学家名叫阿里·阿布德·阿尔–瓦希德·瓦菲（Ali' Abd al-Wahid Wafi），他于 1931 年在巴黎发表了这一结论。[3] 他说，从古代世界到当时的南美，在每一个地方都能发现同样的清单，上面列举了能够使一个自由人沦为奴隶的所有可能方式：

（1）通过暴力法则

a. 战争中投降的人或俘虏

b. 袭击或绑架的受害人

（2）作为对罪行（包括欠债）的依法惩罚

（3）通过父亲的权威（父亲卖掉自己的孩子）

（4）通过自愿地出售自己[4]

同样，在每个地方，战争俘虏都被认为是把人变成奴隶唯一完全合法的方式。其他所有方式的周围，都存在着关于道德的争论。绑架很明显是犯罪；除非到了绝望的境地，否则父母也不会卖儿鬻女。[5] 我们曾经读到在中国发生的大饥荒，饥荒如此严重，以至于数以千计的穷人自宫，希望能把自己卖到皇宫里当太监——但这也被视为整个社会崩溃的信号。[6] 即使是法律程序，也很容易变得腐败，古代人对这一点早已经有清晰的认识——尤其在审判因债务而沦为奴隶的案例中。

阿尔–瓦希德的论证只是为伊斯兰世界奴隶制背书的广义的辩解书——伊斯兰世界奴隶制广受批评，因为伊斯兰法律从未消除奴隶制。即使在中世纪，当奴隶制在世界上绝大多数地区都已消失的时候，伊斯兰世界仍存在奴隶制度。诚然，他论证道，穆罕默德并未禁止奴隶制度的实行，但对于几千年来人们眼中的社会问题（滥用法律、绑架、卖儿鬻女），早期的哈里发帝国是已知的第一个成功消除这些问题的政权，而且也严格限定使奴隶制只适用于战俘。

但是，他的书所起到的深远影响在于他提出了一个简单的问题：这些环境有什么相同之处？阿尔－瓦希德的答案之简洁，令人震惊：一个人在使他沦为奴隶的环境下，如果他不变成奴隶，他就得死。很显然，这是以战争为例。在古代，胜利者对于战败者（包括他们的女人和孩子）拥有完全的权力；战败者被屠杀是很简单的事情。与此相似，他论证道，罪犯也只能因其死罪才会沦为奴隶，那些自愿卖掉自己或其孩子的人，通常都面临饿死的威胁。[7]

但是，这并不是说，因为奴隶在其他情况下会死，那么奴隶的命就被认为是欠他主人的。[8] 也许这一点在他变为奴隶的那一刻是成立的，但是在那之后，一名奴隶不可能欠债；因为从任何方面来看，奴隶就是死人。在罗马的法律中，这一点表现得非常直白。如果一名罗马士兵被俘，失去自由，人们认为他的家人应宣读他的遗嘱，并处理他的财产。如果后来他又恢复了自由身，那么他将不得不从头开始，甚至需要重新迎娶他那已被看作遗孀的妻子。[9]

根据一名法国的人类学家所言，在西非也存在同样的原则：

> 一旦一名奴隶因被俘而最终从自己生活的环境中被移除，那么他将被认为在社会上已经死亡，就好像他在战争中被杀死了一样。以前，在曼德人（Mande）中，征服者带回来的战俘会得到“德格”（小米和牛奶制作的粥）——因为人们认为一个人不应该饿着肚子死亡；然后，征服者们会把俘虏的武器还给他们，让他们自杀。如果一个人拒绝自杀，那么俘虏他的人将抽他耳光，然后把他作为俘虏留下：他被剥夺了人格，而他接受这种蔑视。[10]

蒂夫人的恐怖故事（已经死了的人却不知道自己已经死亡，或者死人从墓地中被挖出来服侍杀害他们的凶手）和海地的僵尸故事，似乎同样都在表现奴隶制一个本质的恐怖之处：事实上，奴隶就是某种类型的活死人。

有一本名为《奴隶制和社会死亡》（*Slavery and Social Death*）的书，无疑是对奴隶制度进行比较研究最深刻的著作。作者奥兰多·帕特森（Orlando Patterson）通过研究，弄清楚了一个人被如此彻底和绝对地从他生活的环境中剥离以后，究竟意味着什么。[11] 首先，他强调，奴隶制与其他任何形式的人际关系都不同，因为它不是一种道德关系。奴隶主可能会使用各种各样的合法语言或家长式作风的语言来装扮奴隶制，但这只不过是表面文章，没人真的相信这些说法。实际上，奴隶制是完全基于暴力建立的关系。一名奴隶必须服从，因为如果他不这么做，他可能会受到殴打、折磨，甚至被杀。每个人都清楚地知道这一点。其次，变成社会性死亡的状态，意味着一名奴隶和其他任何人都不再有道德方面的联系。他被疏离于他的先人、社区、家庭、氏族、城市之外；他不能签订合约，不能给出有意义的承诺，除非他的主人一时兴起，给予他这样的权利；即使他组建了家庭，也随时都有被拆散的可能。因此，使他依附于他的主人的纯粹暴力，是最终起作用的唯一人际关系。结果（这一点是第三个必要元素），奴隶所处的情境就是彻底的降级。因此，曼德战士才会有扇耳光的行为。自杀是挽救自己荣誉的最后机会，如果俘虏拒绝这么做，他就必须认识到，从此他的存在将被视为尘埃，无足挂齿。[12]

但是同时，对于主人来说，这种剥夺别人尊严的能力，就变成了主人荣誉的基础。如帕特森所记录，在一些地方（伊斯兰世界提供了无数令人震惊的例子），富人甚至不会让奴隶去工作、为自己赚钱，他们特别重视用奴隶组成的军队拥戴自己，只是为了彰显自己的身份，标志自身的重要性。除此之外，奴隶再无他用。

对我来说，正是这个原因，荣誉才变得如此脆弱，一碰即碎。荣誉感强的男人，倾向于把从容和自信的感觉相组合，喜欢发号施令、出尔反尔，并且对轻视和侮辱更加敏感，如果任何"荣誉的债务"获准不必偿还，那么一个男人（几无例外都是男人）将在某种程度上产生被贬低、受辱的感觉。这是因为荣誉和尊严不同。一个人甚至可能会说，荣誉是过剩的尊严。这种对权力及其危险性更强的意识，源自剥夺其他人的权利和尊严，或者至少源自认识到一个人具有剥夺别人权利和尊严的能力。简而言之，荣誉是多出来的尊严，必要用刀剑来捍卫（我们都知道，暴力的男人总是痴迷于荣誉）。因此战士们的道德观（一句不适当的话，一次不适当的眼神交会……几乎任何事情都会被认为是不尊敬的信号），被认为是一种挑战，或者能够被当作挑战来处理。但即使在那些公开的暴力几乎都已消失的地方，只要涉及荣誉，就会带来可能失去尊严的感觉，因此荣誉必须被持续不断地捍卫。

结果就是，直到今天，“荣誉”有两个互相矛盾的含义。一方面，我们提到“荣誉”的时候，可以仅仅指正直。体面的人十分看重自己的承诺。很明显，这是“荣誉”对艾奎亚诺的意义：成为一个有荣誉感的人，意味着成为讲真话、遵守法律、信守诺言、在商业交易中公平有良心的人。[13] 另一方面，他的问题是，荣誉同时意味着其他东西——和导致人类沦为商品的暴力息息相关。

读者可能会问：但是，所有这一切和货币的起源有什么关系？答案出人意料：货币的起源离不开这一切。我们知道的一些最古老的货币形式，似乎正是用来衡量荣誉和降级的手段。也就是说，从根本上讲，货币的价值就是能够将他人变成货币的那种权力的价值。中世纪爱尔兰女奴隶货币的奇特谜题，看来就是一个极具戏剧性的说明。

中世纪早期的爱尔兰，绝大多数情况都和我们在上一章中看到的非洲社会类似。商业经济正在扩张，“人性经济”不安地栖息在它的边缘。甚至在特定的时期，爱尔兰还存在着活跃的奴隶交易。正如一个历史学家所言：“爱尔兰没有矿产，所以国王们购买国外的奢侈品主要通过两种出口商品——牛和人。”[14] 牛和人是货币的两个种类，这可能并不让人意外。但是，在公元前 600 年前后，奴隶交易似乎已经消失了，奴隶制本身也是逐渐衰弱的制度，教会对其严厉抵制。[15] 那么，为什么女奴隶仍然能够作为价值尺度来使用？适合用女奴隶计算的债务，在实际偿还时也使用其他东西完成——母牛、杯子、胸针和其他银器，或者在处理小额交易时使用的成袋的小麦或燕麦。甚至还有一个更加明显的问题：为什么使用女人？在早期的爱尔兰，有大量的男性奴隶，但是似乎从来没人把他们作为货币使用。

如今，人们关于中世纪早期爱尔兰经济的了解，绝大部分都来自法律资料——一系列的法典，由非常有权势的法理学家阶级制定，大约存在于公元前 9 世纪—公元前 7 世纪。但是，这些立法者非常富有。当时的爱尔兰经济基本上属于“人性经济”，具有浓重的乡土气息：人们生活在分散的家宅中；

和蒂夫人不同的是，爱尔兰人种植小麦并养牛。它和城镇最相近的一点，就是两者都有一些建筑集中分布在修道院周围。当时的爱尔兰，几乎完全不存在市场，只在海边有少量的分布（很可能主要是奴隶交易市场或牛交易市场），经常有外国的船只光顾。[16]

因此，货币只服务于社会目的：礼物，支付工匠、医生、诗人、法官、艺人的费用，各种各样的世仇赔偿（领主把牛作为礼物送给人们，然后这些人就会按时向领主献上食物）。法典的制定者们甚至不知道如何给日常生活中所使用的绝大多数商品（水罐、枕头、凿子、培根肉条等）定价，似乎从没有人花钱买这些东西。[17]食物要么在家人之间被分享，要么被献给封建统治者；封建统治者则在奢侈的宴会上向朋友、对手和仆从提供食物。任何需要工具、家具或衣服的人，可以求助于掌握相关手工技艺的亲属，也可以付钱请别人来制作。物品本身并不用于出售。相应地，国王们向不同的氏族分派任务：这个氏族要提供毛皮，那个氏族要提供诗歌，而另一个氏族要提供盾牌……正是这种不方便的安排，促使不久之后产生的市场迅速发展起来。[18]

人们可以贷款。当时的爱尔兰，存在非常复杂的抵押物和担保物体系，以确保债户能够偿还他们欠下的债。但是，贷款主要还是用于支付罚款。法典没完没了，不厌其烦地细致规定了罚款，但是真正使现代评论家震惊的是，这些抵押物和担保物被仔细地划分了级别。几乎所有的“野蛮人法典”都会规定，罚金的多寡，不但和受害者的地位有很大的关系，而且和伤害的性质也密切相连——但是，没有任何一个地方能够像爱尔兰这样，如此系统化地把它们一一对应起来。

这一系统的关键，就是荣誉的概念：从字面意义上看，荣誉就是“面子”。[19]一个人的荣誉，就是其他人眼中那个受人尊敬的自己，它是一个人的诚实、正直和个性，但同时也包括一个人的权力，这种权力主要是保护自己、家人及追随者免受任何形式的降级和羞辱。那些拥有最高等级荣誉的人简直就是圣者：他们的人和物都是神圣的。凯尔特人体系（爱尔兰人体系把它进一步发扬光大）的不同寻常之处，就在于荣誉能够被精确地量化。每一个自由人都拥有自己的“荣誉价格”——一个人需要为冒犯了别人的尊严而支付的价格。这些价格多种多样。例如，国王的荣誉价格是 7 个女奴隶——这是随意一位圣者的标准荣誉价格，和大主教及大师级诗人相同。因为（正如所有的资料都指出的那样）在实际支付过程中，通常不直接使用女奴隶，那么当一个人冒犯了这些人的尊严的时候，就意味着他不得不支付 21 头奶牛或者 21 盎司白银。[20] 富农的荣誉价格是两头半牛，对于一个领地较小的领主，他拥有的每个自由的受赡养者都能为他的荣誉价格在富农价格的基础上增加半头牛——因为领主为了能保持自己的身份，至少需要有 5 名自由的受赡养者，所以这就使得领主的荣誉价格至少是 5 头牛。[21]

荣誉价格并不会和杀人的赔偿金（男人或女人的生命的实际价格）混淆。如果一个人杀了人，那么他将支付等价于 7 名女奴隶的物品，作为杀人的赔偿；在此基础上，还需要加上被害人的荣誉价格，因为凶手杀死被害者，就冒犯了被害者的尊严。有趣的是，只有国王的生命赔偿金额等于荣誉价格。

对人身伤害也有赔偿：如果一个人使另一个人脸部受伤，那么这个人就需要向伤者支付荣誉价格及伤害的赔偿。（原因显而易见，打坏了某人的脸可不是件小事。）既然这种赔偿由身体所受的伤害及受害者的身份地位共同决定，那么问题就在于如何计算伤害。这里，爱尔兰的法理学家设计了一个巧妙的对策，用不同种类的谷物来衡量不同的伤害：国王的脸颊上被划了一个伤口，用小麦来量度；对于一个有地位的农民，用燕麦来量度；对于一个小农，则仅仅用豌豆来量度。每一个人都获赔一头牛。[22] 相似地，如果一个人偷走别人的胸针或猪，那么他就侵犯了失窃者家宅的神圣。殴打处于一个领主保护下的农民和强奸一个人的妻子或女儿一样，不仅侵犯了受害者的荣誉，而且冒犯了那些本应保护受害者的人。

最后，如果一个人只是冒犯了某个无关紧要的人，他也必须支付荣誉价格。例如，在宴会上没有理睬某个人、给某人起了令人窘迫的外号（如果这个外号流传开来），或者以讥讽的方式羞辱了某人。[23] 在中世纪的爱尔兰，嘲弄是一门精妙的艺术，而诗人被认为和魔术师相近。据说有才华的讽刺作家能够凭一张嘴把老鼠说死，或者至少他们能让讽刺的对象脸上长满水泡。任何人如果受到了公开的嘲弄，那么他别无选择，只能捍卫自己的荣誉；而且，在中世纪的爱尔兰，荣誉的价值是被精确定义的。

我应该指出，尽管国王 21 头牛的荣誉价格似乎并不高，但你要知道，在当时的爱尔兰大概有 150 位国王。[24] 绝大多数国王只有数千名子民，而也确实存在等级更高、区域性的国王，他们的荣誉价格也要翻倍。[25] 进一步说，因为法律体系和政治体系是完全分离的，理论上，包括国王在内的任何人只要其行为不合荣誉，法理学家都有权把他的荣誉降级。如果一个贵族拒绝让一位值得尊敬的人进入家门或参加自己举办的宴会，或者收留逃犯，或者食用由明显是偷来的牛制成的牛排，或者他在受到讥讽之后并没有把冒犯他的诗人送上法庭，那么他的荣誉价格会比同等级别的贵族要低。如果一位国王在战场上逃跑、滥用自己的权力，甚至被人发现下地干活或者做出任何被认为与其尊严不符的行为，他的荣誉价格也将被降低。如果一位国王做了某些十分骇人的事情（比如谋杀了自己的一个亲戚），那么他很有可能彻底失去荣誉价格。这就意味着只要人们愿意，他们可以对他说任何话而无须担心赔偿，而且他将不能在法庭上担任证人，因为一个人的誓言和合法性同样是由他的荣誉价格决定的。这种情况会发生，但并不经常发生，而法律则确保提醒人们记住这一点：在一篇著名的法律文献中，包含着一张“失去了荣誉价格的七位国王”的清单，这份清单确保每个人都记得，无论一个人多么神圣、多么有权势，他都有可能堕落。

有关爱尔兰的资料不同寻常的一点，就是它非常清晰地阐述了所有的一切。部分原因是爱尔兰法典是一群法律专家的作品，他们几乎把整个事情变成了某种娱乐的形式——他们投入了无数小时的工作，确保法典照顾到每一个可能性。有些限制性条款是如此异想天开（“如果一个人被别人的蜜蜂蜇伤，那么他必须计算受伤的程度；但是，如果他在这一过程中把蜜蜂拍死，那么需要在赔偿金额中减去一只蜜蜂的价值”），以至于只能把它们当作玩笑对待。但是，从结果来看，任何精心制作的道德法典背后的道德逻辑，在这里以令人震惊的诚实性展示出来。那么女人呢？一个自由的女人，其荣誉价格就等于与她关系最近的男性的一半（如果她的父亲还在世，那么就是她父亲荣誉价格的一半；如果她父亲已经去世，那么就是她丈夫荣誉价格的一半）。如果她的荣誉受到冒犯，那么赔偿将支付给这名亲属。只有两种情况例外：或者她是独立的地主，或者她举止轻浮。如果她拥有一片土地，不依附于任何人，那么她的荣誉价格将和男人完全一样；如果她举止轻浮，那么她的荣誉价格等于零，从而说明她也没有荣誉可以被冒犯。那么婚姻呢？追求者将按妻子的荣誉价格，把物品支付给她的父亲，从而成为妻子荣誉的守卫者。那么奴隶呢？适用于同样的原则：当领主得到一名奴隶时，他就购买了这个人的荣誉，支付了和荣誉价格等价的牛。从那一刻起，如果任何人侮辱或者伤害了这名奴隶，都会被看作对领主荣誉的攻击，那么就将由领主收取相应的费用。同时，领主因为又多了一个受赡养者，他的荣誉价格也会升高；换句话说，领主把奴隶的荣誉变成了自己的。[26]

相应地，这些既使得我们能够理解有关荣誉的本质，也使得我们能够理解为什么女奴隶能够作为计算荣誉债务的单位，即使（毫无疑问是由于宗教的影响）她们实际上并不会如商品般被交换。初看上去，贵族或国王的荣誉用奴隶来衡量似乎有些奇怪，因为奴隶是那些荣誉为零的人。但是，如果一个人的荣誉，最终建立在获取其他人荣誉这种能力的基础上，这就完全说得通。一个奴隶的价值，是他被取走的荣誉的价值。

有时，一个偶然的细节将泄漏整个游戏的秘密。这个细节不是来自爱尔兰，而是来自威尔士的迪麦什法典（Dimetian Code），这部法典完成的日期比爱尔兰的法典要晚，但是所依据的原则是相同的。在法典中的某处，在列举了得韦达王国（Kingdom of Dyfed）最受人尊敬、最神圣的7名大主教应有的荣誉之后，法典详细论述道：

> 任何人，如果他惹任何一个前面提到的主要修道院的院长生气，他就需要支付7镑；而且他的一名女性亲属也要成为洗衣女工，这对女性亲属来说是一种羞辱，对荣誉价格的支付也会有所影响。[27]

洗衣女工是最低等的仆人，而这个例子中提到的是终身作为洗衣女工。事实上，她已沦为奴隶。她永久性的耻辱却是对院长荣誉的恢复。用女奴隶来计算爱尔兰“圣者”的习惯背后，是否也存在相似的体制，我们不得而知，但是很明显原理是相同的。荣誉是一个零和游戏。一个男人保护家庭中女性的能力，是荣誉的关键部分。因此，强迫他让家里的一个女人到其他人家中从事卑微、低等的家务事，是对他荣誉的终极打击。相应地，这也是对被取走荣誉之人的最终确认。

以我们的视角来看，中世纪爱尔兰的法律是非常奇怪的，这是因为该法律的倡导者对于给人类的尊严明码标价这件事，不以为意。对我们来说，牧师的神圣性和国王的权威性等价于100万个煎蛋或10万次理发，这种概念真是太奇怪了。这些东西应该是超出所有量化的可能性的。如果中世纪爱尔兰法理学家不这么认为，那是因为当时的人们并不使用钱来购买鸡蛋或者支付理发的费用。[28] 事实上，当时的爱尔兰仍然是“人性经济”，货币只出于社会目的使用，因此才有可能创造如此复杂精妙的体系，不仅能够衡量人类的尊严，而且能为人类尊严增加或减少具体的数量——这种做法，为我们打开了一扇独特的窗户，让我们能看到荣誉真正的本质。

很明显，这里有一个问题：当人们把过去用来测量尊严的钱，拿来购买鸡蛋或支付理发费用时，这种经济将发生怎样的变化？古代的美索不达米亚和地中海世界的历史，揭示出其结果是十分深刻而持久的道德危机。

荣誉与债务

在古希腊语中，表示“荣誉”的词是“tīme”。在荷马时代，这个词的用法似乎和爱尔兰的“荣誉价格”十分类似：它既指战士的荣耀，又指在造成伤害和侮辱的情况下支付的赔偿。但是伴随着接下来几个世纪的市场发展，“tīme”这个词的意义开始变化。一方面，它变成了表示“价格”的词——就是一个人在市场中购买东西需要支付的价格；另一方面，它指一种完全藐视市场的态度。

实际上，到今天情况也是如此：

在希腊语中，“tīme”这个词表示荣誉，通常人们认为这是希腊村庄社会中最重要的价值。在希腊，荣誉通常被具体描述成无比的慷慨和对金钱成本与计算的明显蔑视。但是同样是这个词，也表示“价格”，就是一磅西红柿的价格的含义。[29]

“危机”这个词的字面意义是指分岔路口。在这里，事情可以走向两个完全不同的方向。存在于荣誉概念中的危机，奇怪的是它似乎从来没有被解决。荣誉是支付其他人金钱债务的意愿吗？或者它是指一个人并不觉得金钱债务真的有那么重要的感觉？似乎它同时两者兼具。

还有一个问题，就是在荣誉感强的人心中，实际上最重要的东西是什么。当我们大多数人思考地中海村民对于荣誉的感觉时，相比于对新婚之夜处子之身的迷恋，我们并不会过多地考虑他们对待货币的随意态度。对于男性的荣誉来说，保护和他有关的女性在性方面的声誉，要比他保护这些女性重要。如果对于他的母亲、妻子、姐妹或女儿有任何不合适的言行冒犯，他的回应就好像这种冒犯是对他直接进行身体上的攻击。这是一种固定的套路，但它并非完全不合情理。有一位历史学家浏览了19世纪艾奥尼亚（Ionia）50年来记录械斗的警方报告，他发现几乎所有械斗都始于一方宣称另一方的妻子或姐妹是妓女。[30]

所以，为什么突然沉迷于性的合宜？在威尔士或爱尔兰的文献中，似乎并不存在这一点。在那些地方，最大的羞辱是看着自己的姐妹或女儿刷洗其他人的衣服。那么，关于货币和市场的崛起究竟发生了什么，使得如此多的男人对性变得如此在乎？[31]

这是一个很难回答的问题，但至少人们可以看到，从“人性经济”到商业经济的转变可能带来特定的道德困境。例如，当过去用来安排婚姻和解决荣誉事件的货币，现在也能用于召妓时，将会发生什么？

我们将会看到，有理由相信在这种道德危机中，我们不但能够找到我们现在通用的荣誉概念的起源，而且能够找到父权制本身的起源。如果我们从更加具体的《圣经》意义上来定义“父权制”，至少这是成立的：父亲的统治，是身穿长袍、长满胡须的严肃男人的熟悉形象，他们严密地监视着深居简出的妻子和女儿，一如他们严密地守护着家禽和家畜——通过《创世记》中的描述，我们已经对这一幕很熟悉。[32]《圣经》的读者总是假设，在这一切中存在着某种更加本源的东西，就是沙漠中的居民（即近东地区最早的居民）为人处事的方式。20世纪上半叶，对苏美尔人记录的解读结果令人震惊，原因就在于此。

在最早有关苏美尔人的记录中，尤其是在那些大约在公元前3000—公元前2500年的记录中，女人无处不在。早期的历史不仅记录了无数女性统治者的姓名，而且清晰地指出医生、商人、抄写员和官员阶层中的女人，很好地代表了女性的形象，并且女人自由地参与到公众生活的各个方面。我们并不能说苏美尔人完全实现了男女平等，在这些阶层中，男性的数量仍然比女性多。尽管如此，人们还是能看出，与现在世界的绝大部分地区占统治地位的社会形态相比，这个社会是非常不同的。但在接下来的约1 000年中，这一切都发生了改变。女人在社会中的位置被蚕食；我们更熟悉的父权社会形态逐渐成形，它强调贞洁和婚姻之前保持处子之身。女人在政府和自由职业中扮演的角色先是逐渐衰弱，最终完全消失。女性失去了独立的法律地位，使得她们变成受丈夫监护的人。在青铜时代末期，公元前1200年前后，我们开始看到大量的女人深居闺房（或其他地方），与世隔绝，被强制要求戴着面纱生活。

事实上，这似乎反映了一个更加宽泛的、世界范围内的形态。有些人倾向于把科学和技术进步、知识累积、经济增长（我们一般称之为“人类进步”）看作带给人类更大自由的必备条件，但在女人身上发生的似乎是完全相反的情况（至少在近代之前，情况一直如此），这一点对那些人来说似乎一直是某种形式的丑闻。在印度和中国，也能观察到对女性自由的逐渐限制。很明显，人们不禁要问，为什么？在苏美尔人的例子中，标准答案是来自生活在周边沙漠中的牧民的逐渐渗透，人们认为父权制在这些牧民的生活中占据了更大的分量。毕竟，在底格里斯河和幼发拉底河沿岸能够支撑密集的灌溉工作（进而支持城市生活）的，只有一条狭长的土地。所以，从早期开始，围绕文明中心的都是那些过着如《创世记》中所描述的生活、说着同样的闪米特语的人。有一点无可否认：随着时间的推移，苏美尔语逐渐被取代——首先被阿卡德语取代，接下来被亚摩利语、亚拉姆语取代，最终被距今最近的阿拉伯语取代，而阿拉伯语也被沙漠中的牧民带到美索不达米亚和黎凡特（Levant）。很明显，尽管这一切确实也带来了深远的文化变更，但它并不是一个令人非常满意的答案。[33] 在所有的生活形式中，以前的游牧民族似乎倾向于城市生活。为什么不呢？但这是一个与地区高度相关的解释，实际上对于解释更宽泛的形式并没有起到任何作用。女权主义的理论，反而倾向于强调战争规模和社会重要性的逐渐扩大及国家随之变得更为集权的情况。[34] 这个解释更有说服力。当然，国家的军国主义越盛行，它的法律对待女人就将越严苛。但是我会增加一个补充论证。正如我强调的那样，在历史上，战争、国家和市场是互相依靠的。政府带来赋税；赋税是创造市场的手段，相应地将给予士兵和统治者更多便利。具体到美索不达米亚的例子中，所有这些都和债务的爆发有着复杂的关系，而债务的爆发带来了将所有人际关系（进一步延伸至包括女人的身体）变成潜在的商品的危机。同时，它创造了经济游戏胜利一方（男性）的可怕反应，即随着时间的推移，男人们感到自己需要采取一切手段，明确他们的女人无论如何都不会被买卖。

浏览一下关于美索不达米亚人婚姻的已有资料，就能够为我们提供线索，明白这一切可能是如何发生的。

人类学理论普遍认为，在人口相对较少、土地并不稀缺的情况下，聘礼是一种典型的存在，因此政治的核心就是控制劳动力。在人口密集、土地非常珍贵的情况下，人们反而会观察到嫁妆的出现：家中多出一个女人，就意味着多出一个人分享粮食。因此，新娘的父亲不会收到聘礼，反而需要贡献一些东西（土地、财产、金钱……）来支持女儿在新家中立足。[35] 例如，在苏美尔人的时代，婚礼上最主要的支付形式，是新郎的父亲以大量的食物作为赠予新娘父亲的礼物，这些食物预计将用在盛大的婚礼宴会上。[36] 但是不久，婚礼上的支付形式似乎分成了两份：一份用于婚礼宴会，一份付给新娘的父亲。两份都以银币计算，通常也用银币支付。[37] 富有的女人似乎会提前把金钱的问题解决好，至少许多人会佩戴具有相同价值的银臂环和银腿环。

但是，随着时间的推移，这种被称为“terhatum”的聘礼逐渐开始带上购买的性质。它被称作“处女的价格”——并不只是一个喻义，因为非法把一个女孩破处，被认为是对女孩父亲财产的犯罪。[38] 婚姻被认为是“拥有一个女人”，和“拥有物品”的用词完全相同。[39] 原则上，妻子一旦被丈夫拥有，那么她就要完全服从自己的丈夫，即使受到身体上的虐待也不能提出离婚。

对于那些父母有钱或有权势的女人，这些条件就大部分停留在原则的层面，在实践中将被大量修改。例如，商人的女儿出嫁一般会陪送丰厚的嫁妆，因而她能以自己的名义做生意，或者成为丈夫的合作伙伴。但对于穷人（即大多数人）来说，婚姻越来越类似简单的现金交易。

这里面有一些肯定是奴隶制的结果。尽管真正的奴隶数量并不多，但这类人没有亲属，只是单纯的商品，因此他们的存在确实会导致不同的后果。例如，在古代的努兹（Nuzi），“聘礼用家畜和银子支付，总价值相当于 40 锡克尔银子”。接下来作者一本正经地补充道：“没有证据表明，这一价格和女奴隶的价格相等。”[40] 这使得事情非常明显，甚至有些令人不舒服。同样在努兹，我们恰好找到了极为详尽的记录，从中发现了这样的例子：富有的男人向穷人家庭支付打折的“聘礼”，获得穷人的女儿后自己收养，但实际上女孩会成为他的妾或者保姆，他也可能将她嫁给自己的一个奴隶。[41]

尽管如此，在这里真正至关重要的因素是债务。正如我在上一章中指出的那样，人类学家一直都在强调支付聘礼和购买妻子并不是一回事儿。毕竟，如果一个男人真的是购买了一个女人，难道他不应该有卖掉她的权利吗（在 20 世纪 30 年代国际联盟的最初辩论上，这也是达成的最终定论之一）？很明显，生活在非洲和美拉尼西亚的丈夫们无权将自己的妻子向第三方出售。在最糟糕的情况下，他们也只能把妻子送回娘家，并要求对方归还自己所付的聘礼。[42]

美索不达米亚人也不能出售自己的妻子，或者说一般情况下不能出售。但是，只要他借了一笔钱，所有的一切就改变了。因为如果他借了钱，那么用自己的妻儿作为担保品就是完全合法的——我们已经看到这种情况；如果他无力偿还借款，那么他的妻儿就会作为债务的抵押品被带走，和他失去自己的奴隶、绵羊和山羊的情况完全一样。同时，这也意味着荣誉和信用实际上变成了同样的东西：至少对于穷人来说，他的商誉正是他对家庭的控制力；相对地，家庭权威的关系（这种关系在原则上意味着关心和保护）变成了财产权，从而确实可以进行买卖。

同样，对穷人来说，这意味着家庭成员变成了商品，能够出租或出售。努兹的石板表明，一个人不但能让自己的女儿变成在富人家中工作的“新娘”，而且只要他借了一笔钱，就可以把家庭成员出租。在石板记录的例子中，有些男人把儿子甚至妻子当作借款的“抵押品”。很明显，这种借款只是债主为男人的家庭成员在自己的农场或服装作坊中劳动而预先支付的报酬。[43]

尽管如此，最戏剧化、最持久的危机还是围绕在卖淫周围。从最早的资料来看，很难弄清楚在这里人们是否可以用“卖淫”这个概念。苏美尔人的寺庙确实经常举办不同的性活动。例如，有些女祭司被认为是与神结婚，或者已献身给神。在实践中，它的含义千差万别。对大多数女祭司来说，她们和后来印度教的“寺庙舞者”（devadasis）类似，仍保持独身；其他人则期望找到富有的赞助人，成为精英的情妇；还有一些人生活在寺庙里，在特定的宗教仪式中满足信徒们的性需求。[44] 早期的资料中有一个明确的事实，就是所有这些女人都被认为是非常重要的。从现实意义上说，她们是文明的终极化身。毕竟，苏美尔经济的整个体制都是以支持寺庙（被认为是神的家）为中心。如此，它们代表了从音乐和舞蹈到艺术、烹饪和生命的华美所有这一切最终可能的升华。寺庙的女祭司和神的配偶，是这种完美生命的最高层级人类化身。

至少在最初的时期，苏美尔男人似乎并不认为自己的姐妹为了钱进行性交有何不妥——强调这一点也是很重要的。恰恰相反，在这个意义上发生的卖淫（记住，这里的卖淫和在信用经济中那种无关个人情感、冰冷的金钱交易并不相似），苏美尔的宗教文献认为它是人类文明的基本特征之一，是神在黎明时期赠予人类的礼物。为了繁衍后代而进行的性交是自然的（毕竟，动物全都如此）；不以繁衍后代为目的的性交，为了享乐而进行的性交，则是神圣的。[45]

关于卖淫和文明的最著名的解释，来自吉尔伽美什（Gilgamesh）史诗中恩启都（Enkidu）的故事。在故事的开头，恩启都是一个怪物，一个赤身裸体、残忍的“野蛮人”，和瞪羚一起吃草，和野牛一同饮水，用暴力胁迫城市中的人们。城民们无法战胜他，最终他们派出了一名妓女，她也是伊诗塔（Ishtar）女神的一名女祭司。她在恩启都面前宽衣解带，两人在接下来的六天七夜中不停性交。后来，恩启都从前的动物伙伴离开了他。女祭司告诉恩启都，他现在已经学习到了智慧，有如神明（毕竟，她是神的配偶），于是恩启都同意穿上衣服，像一个正常文明人一样回到城市中生活。[46]

但是，在恩启都的故事中，可以发现存在某种矛盾的心理。在后面的故事中，恩启都被神判处死刑，而他的直接反应，是谴责那名妓女把他从野生环境中带走：他诅咒她变成普通的街头拉客妓女，或小酒馆的老板娘，生活在醉酒的呕吐物中，被客人虐待殴打。后来，他后悔自己的诅咒，转而求神赐福于她。但是这种矛盾的心理，从一开始就存在，随着时间的推移而变得更加有力。从早期开始，苏美尔和巴比伦的神庙周围就有姿色平平的妓女提供性服务。事实上，等到我们比较了解这些妓女的时候，她们已经是真正的红灯区的中心。红灯区里到处都是充满脱衣舞女的小酒馆、身穿女装的男人（有些是奴隶，有些是逃亡者）及各种各样的妓女。与之相关的专有名词数不胜数、精巧繁复，很多妙味我们已无从得知。多数词语有双层意思：小酒馆老板娘又指乐师；男性异装癖者不但是歌手和舞者，通常也会表演飞刀。许多人是被主人派出来工作的奴隶，或者是为了履行宗教誓言或偿还债务的女人，或者是充当债务抵押的女人，或者是逃脱债务的束缚但没有其他地方可去的女人。随着时间的推移，许多低等的寺庙女人作为奴隶或债务苦工被买走，在举行色情仪式的女祭司和充当寺庙所有的妓女（因此从原则上讲，她们属神所有）这两种角色之间，界限可能会变得非常模糊。这些妓女有时就住在神庙中，她们的收入增加了寺庙的财富。[47]因为美索不达米亚绝大多数的日常交易都不是现金交易，所以我们可以假设嫖妓也不使用现金（就像小酒馆老板娘，她们中的许多人以前都是妓女，和自己的顾客建立了持续的信用关系）。这意味着绝大多数妓女并不像我们想的那样，站在街边招揽生意，而更像是情妇。[48]尽管如此，商业卖淫的起源似乎和神圣（或曾经神圣）的宗教仪式、商业、奴隶制度和债务的奇特混合有关。

父权制最初也是最重要的起源，是以纯净之名摒弃大城市文明，再次主张对乌鲁克、拉加什、巴比伦等大城市的父本控制而开始的，这些城市被看作官僚、商人和妓女云集的地方。城市的边缘地区是远离河谷的沙漠，那里的人们过着游牧生活，同时无家可归、欠债的农民也会逃向那里。在古代的中东，民众抵抗很少发生暴乱，而是选择逃亡，逃离自己的财产和家人——一般发生在这两者被拿走之前。[49]总有部落人群生活在城市的边缘。在年景好的时候，他们会融入城市生活；在年景差的时候，城市里逃出来的难民会让他们数量猛增——农民们实际上又变回了恩启都般的野人。然后，他们会周期性地创建自己的盟军，以征服者的身份再次横扫城市。很难确切说明他们如何看待自己的处境，因为只有在记录这片新月沃土的另一面的《旧约》里，才能找到有关这些造反的游牧民族的观点。我们在那里发现了对于两种情况的非同寻常的强调：有关父亲的绝对权威，以及有关对于他们常会变化的女眷群体的戒备性保护。正是在他们逃离的城市中这种对人的商品化，才使得这种强调成为可能，但同时这种商品化也是对该强调的抗议。不过，对于这一推断，没有任何发现与之相悖，能够弱化其合理性。

世界上的圣书，《旧约》《新约》《古兰经》及从中世纪直到今天的宗教文献，都在回应这种反叛的声音，把对城市生活的蔑视、对商人的怀疑及通常具有的对女人的强烈厌恶结合到一起。只需要想一想巴比伦，它在人们心中的永恒印象，不但是文明的摇篮，而且是妓女之地。当希罗多德宣称每个巴比伦的处女都有义务到寺庙卖淫，以积攒自己的嫁妆时，他是在迎合希腊人普遍的幻想。[50]在《新约》中，使徒彼得经常把罗马称作“巴比伦”，《新约·启示录》也许为他提到巴比伦时真正想表述的意思提供了最为生动的图景。“大淫妇”骑在“朱红色的兽上……遍体有亵渎的名号”：

> 17：4　那女人穿着紫色和朱红色的衣服，用金子、宝石、珍珠为妆饰；手拿金杯，杯中盛满了可憎之物，就是她淫乱的污秽。
>
> 17：5　在她额上写着：“奥秘哉！大巴比伦，做世上的淫妇和一切可憎之物的母。”[51]

这就是城市的父权主义憎恨，这就是古代穷人家中父亲千百年来的愤怒呐喊。

据我们所知，父权制似乎形成于新的权贵与新的穷人之间的拉锯战中。我对于这一点的分析，在很大程度上是受女权主义历史学家戈尔达·勒纳

（Gerda Lerner）的杰出工作成果所启发，她在一篇关于卖淫起源的论文中陈述道：

商业卖淫的另一个原因，就是农民的贫穷化，以及他们为了在饥荒的年代活下来对贷款日益增长的依赖程度，这就导致了债务奴隶制的产生。男孩和女孩都被用作债务担保，或者卖给别人“收养”。出于这样的现实，家庭中的女性为了家庭的利益而卖淫，这种情况就很容易发展起来。女人最终沦为娼妓，可能是因为她们的父母把她们作为奴隶卖掉，也可能是因为她们贫穷的丈夫这么做；或者是因为她们自己选择这样做，以避免自己沦为奴隶。如果运气足够好，她们可能成为某些权贵的妾，从而向更高的社会地位转移。

到了公元前 1500 年前后，卖淫已经成为穷人家女儿的一个可选的职业。随着有产阶级对女人的性掌控变得更加牢固，尊贵的女儿的处子之身就变成了家庭的财产。因此，为了满足男人们的性欲，商业卖淫就变成了社会的必需品。而如何清晰、永久地辨别尊贵的女人和下贱的女人，仍然是一个问题。

最后一点至关重要。勒纳说，尝试解决这一问题最戏剧性的尝试，存在于一部亚述法典中，诞生的年份是公元前 1400—公元前 1100 年。这部法典也是已知的第一部介绍中东历史的文献——并且勒纳强调，它也是第一部明确把保卫社会的分界线界定为国家职责的文献。[52] 这其实并不让人惊讶，因为它诞生于可能是整个古代中东最臭名昭著的军事国家中。

这部法典仔细地区分了 5 个等级的女人。尊贵的女人（已婚妇女或者妾）、寡妇、自由的亚述人的女儿——这三类女人出门上街时，“必须用面纱遮盖自己”。妓女（这里所说的妓女，包括未婚的寺庙仆人及一般意义上的妓女）和奴隶不能戴面纱。这部法典最不同寻常之处，是它所规定的惩罚，并不会施加于没有戴面纱的尊贵女人身上，而是施加在戴了面纱的妓女和奴隶身上。妓女会被公开地打 50 大板，还会被人用沥青从头上淋下；女奴隶则会被削去耳朵。一个男人，如果他故意教唆尊贵的女人去冒充妓女和女奴隶，他也将受到鞭打的惩罚，并被罚做一个月的苦力。

针对尊贵女人的情况，法律本身就具有强制力：哪个尊贵的女人愿意打扮成妓女出门上街？

当我们提到“尊贵”的女人，我们指的是那些不论在什么情况下，都不会被买卖的女人。她们本人藏了起来，永久地把自己降低一等，躲在某个男人的家庭领域中；当她们戴着面纱出现的时候，即使公开露面，她们实际上也是在这个领域之内炫耀性地四处行走。[53]另外，那些可用金钱来换取的女人，也必须同样便于辨认。

亚述人的法典是一个单独的例子。在公元前1300年以后，面纱当然没有在世界各地普及开来。但是它提供了一扇窗户，让我们知道整个地区正在发生怎样的变化（不论多么不稳定，甚至时断时续），商业、阶级、男性荣誉的大胆断言、穷人反叛带来的持续威胁等因素交织在一起，如何推动这些变化。国家似乎扮演着一个复杂的两面角色，同时孕育了商品化，并在此期间改良了它的作用：推动债务法律的施行，保证父亲的权利，并周期性地提供大赦。但是在千百年来的发展中，这种变化同样导致性行为级别的系统性堕落，从神圣的礼物和文明优雅的化身，沦为人们更熟悉的一种关联物：伴随着降级、腐化和罪孽。

在所有伟大的城市文明的绝大部分历史中，都能观察到女性自由的全面衰退。在这里，我认为对这种现象存在一种解释。在所有的文明中，都在发生类似的事情，尽管在每个具体的例子中，这些事情是以不同的方式形成的。

例如，中国的历史见证了政府试图消除聘礼、债务奴隶制及“贩卖女儿的市场”所导致的周期性丑闻而进行的持续努力，但这些努力均以失败告终。[54]在印度，社会等级体系将贫富之间的差别规定得正式而清晰。婆罗门人及其他上等阶层谨慎地把自己的女儿隔离起来，然后在她们出嫁的时候陪送丰厚的嫁妆；而低等阶层的人们则需要聘礼，因出售自己的女儿而被上等阶层的人们（“再生族”）嘲笑。再生族同样被保护起来，免于因债务陷入奴役；而对大多数乡下的穷人来说，债务附属是制度化的，可以预见，贫穷债户的女儿通常会被送到妓院，或者送到富人家中的厨房或洗衣房干活。[55] 在这两个例子中，商品化的推动（不相称地由女儿来承担）和那些重申“保护”女人免于以任何形式被商品化的父权的阻力之间，女人正式而实际的自由似乎逐渐被限制、被抹杀了。结果，荣誉的概念也发生了变化，它变成了针对市场暗示的一种保护手段，同时（像世界性宗教一样），它们开始以非常微妙的方式来体现市场的逻辑。

但是，我们在任何一个地方获得的信息，都不可能比古希腊留下来的信息更加丰富、拥有更多的细节。发生这种情况，部分原因在于商业经济在希腊出现的时间太晚，几乎比苏美尔晚了 3 000 年。因此，古希腊文学给予了我们一个独一无二的机会，得以观察变化的实际发生过程。

《荷马史诗》描述的世界，由英勇的武士主宰，这些人对交易都抱着蔑视的态度。在许多方面，它都和中世纪的爱尔兰非常类似。货币存在，但并不是用来购买东西；有地位的男人们的生活是为了追求荣誉，这一追求过程的物质体现形式，就是追随者和财富。财富赠送给别人，作为礼物；财富奖励给别人，作为奖品；财富被掠夺，作为战利品。[56] 毫无疑问，这就是为什么“tīme”最初的意思是“荣誉”和“价格”——在这样的环境下，没人会觉得两者之间存在任何矛盾。[57]

200 年之后，当商业市场开始发展时，一切都发生了剧变。希腊铸币最初的用途，似乎主要用来支付士兵的军饷，同时用来支付政府设立和征收的罚款、费用和其他支付名目。但是到了大约公元前 600 年，几乎每个希腊城邦都在生产自己的铸币，以作为城市独立的标志。但是，不久铸币就开始普遍在日常交易中使用。到了 5 世纪，在希腊城市中，原本用于公开辩论和人民集会的广场，同时也开始用作集市。

商业经济的出现最先带来的影响之一，就是一系列债务危机，和我们已经熟知的美索不达米亚及以色列出现的债务危机类似。亚里士多德在他的《雅典政制》（*Constitution of the Athenians*）一书中简明扼要地指出：“穷人和他们的妻子女儿们一起受到富人的奴役。”[58] 然后革命派出现，要求大赦。大多数希腊城市，至少在某一时期都被信奉平民主义的铁腕分子掌握了权力，部分原因是他们要求实行激进的债务减免政策。但是，大多数城市最终找到的解决方法，和近东地区采用的方法有很大的区别。希腊城市并没有把周期性的大赦制度化，而是采用立法来限制或废弃劳役偿债。然后，为了预防未来可能产生的危机，开始采用扩张的政策，把穷人的孩子用船运到海外建立军事殖民地。不久，从克里米亚到马赛的整个海岸，都分布着希腊城市，反过来这些城市也充当了活跃的奴隶交易的载体。[59] 由此突然产生的数量充裕的奴隶彻底地改变了希腊社会的本质。改变的第一个方面，也是最著名的一个方面，在于它甚至允许最平庸的公民参与到城市的政治和文化生活中，并且拥有强烈的公民责任感。但相应地，这也推动了旧的贵族阶级发展出越来越复杂的手段，使自己超脱于他们所认为的新民主城邦的庸俗和道德腐化。

在 5 世纪，当希腊商业的大幕真正拉开的时候，我们发现每个人都在谈论货币。贵族们是绝大多数现存文献的撰写者，他们认为货币是腐化的象征。贵族回避市场。在理想的状况中，一个有荣誉的男人应该有能力获得家中需要的所有东西，完全不需要接触现金。[60] 在实践中，他们知道这并不可能。但是在一切可能的地方，他们都努力让自己和市场中普通居民的价值观划清界限；用他们在葬礼或婚礼上互相赠送的美丽的金银高脚杯和三足鼎，与普通人庸俗地获取香肠或木炭做对比；用通过自身不懈地训练从而在田径比赛上赢得的尊严，和普通人庸俗的赌博做对比；在酒吧里照顾他们的、高雅而有品位的情妇，和“公共妓女”（她们是住在广场附近妓院中的女奴隶，妓院通常由民主城邦提供资助，以服务于城邦中男性公民的性需求）做对比。在每种情况中，他们都使自己处于由礼物、慷慨和荣誉构成的世界中，远离肮脏的商业交易。[61]

这就导致罗马发生的情况，和我们在美索不达米亚观察到的推拉作用有些许不同。一方面，我们看到贵族文化对普通公民商业感觉的抵制，他们认为这种感觉是低等的；另一方面，我们在普通公民身上看到了类似精神分裂的反应，他们在限制甚至禁止贵族文化因素的同时，又努力模仿贵族的行为。在说明这一点上，鸡奸是非常好的例子。娈童恋被看作典型的贵族行为——事实上，在年轻的贵族准备融入更高的贵族阶层中时，它是最普遍的一种方式。因此，民主城邦认为它在政治上具有颠覆性，于是把男性公民之间的性行为定义为非法。同时，几乎每个人都开始接受娈童恋。

众所周知，希腊人特别迷恋男性的荣誉。这一点表明，希腊城邦社会日常生活中的大多数特征，并非主要来自荷马提到的荣誉，而是来源于贵族的这种对于市场价值的抵制，最终促使每个人都产生自己的抵制行为。[62]但是，对女人的影响要比中东地区的例子更加严重。在苏格拉底的时代，对商业的蔑视及对公众生活的自信逐渐和男性荣誉被绑定在一起，而女性荣誉的定义几乎只从性的方面出发，全部与守身如玉、端庄贞洁相关，甚至发展到受尊敬的妇女应该在家庭生活中保持缄默的地步，任何参与公众生活的女人都会因此被认为是妓女，或者等同于妓女。[63]亚述人戴面纱的习惯在中东并没有普及，但是希腊却采用了这一做法。它变成了我们已经非常熟悉的老套路，即使雅典的女人冒险出现在公众的面前，她们也应该把自己的容貌隐藏在面纱之后。[64]

荣誉降级与债务危机

这样，货币就从衡量荣誉的手段，变成了衡量与荣誉毫不相关的东西的手段。提议一个人的荣誉可以用货币来购买，成为一种可怕的羞辱——尽管实际上，男人们经常在战争中被俘，甚至被强盗或者海盗绑架，作为索取赎金的筹码，他们确实会经历戏剧性的劳役偿债和救赎的过程，但和许多中东女人的经历并不相同。有一个令人尤为震撼的方式可以确凿无疑地说明这一点（实际上，这个例子中几乎完全可以依照字面意思去理解）。这种方式就是，把人质所使用的货币标志，烙印在他们的身上。这和今天想象出来的外国绑匪的做法相似，他们在收到美国人质的赎金后，在释放人质之前，会在人质的额头上烙印一个美元的标志。[65]

在所有这一切中，有一个问题仍然没能得到明确的回答，那就是：为什么货币尤其变成了荣誉降级的象征？是由于奴隶制度的原因吗？你可能想要得出结论，确实是由于奴隶制度：在古希腊城邦中，新发现的几千个荣誉被彻底降级的人，也许暗示着一个自由人（更不用说自由的女人）不管在任何意义上被买卖，都是非常具有侮辱性的。但是这显然不是事实。我们关于爱尔兰奴隶货币的讨论清楚地表明，人类荣誉彻底降级的可能性绝不会形成对英雄荣誉的威胁——甚至在某种程度上，它是必不可少的。荷马时代的希腊人也没有表现出任何不同。《伊利亚特》被认为是西方文学的第一部杰作，阿伽门农和阿喀琉斯之间的争吵带来了《伊利亚特》中的行动。这是在如何处置一名女奴隶的问题上，两名英雄武士之间爆发的关于荣誉的争执，这绝不是巧合。[66]阿伽门农和阿喀琉斯也清楚地知道，自己只要在战争中不幸走错一步，或者遭遇海难，就会变成奴隶。在《奥德赛》中，奥德修斯有好几次差点沦为奴隶。甚至在3世纪，罗马皇帝瓦莱里安（Valerian）在埃德萨之战中失败被俘，余生都作为萨珊王朝的皇帝夏普尔一世（Shapur I）上马之前的脚凳。这就是战争的危险之处，但对于军事荣誉的本质来说，这一切都是不可或缺的。一名战士的荣誉，在于他心甘情愿参加孤注一掷的游戏。他能够承受多大的打击，他的行为就可能有多伟大。

那么，是否商业货币的出现，使得传统的社会等级变得混乱无序呢？希腊贵族经常这样说，但是这种抱怨似乎并不真诚。当然，起初是货币使得优雅的贵族得以存在。[67]他们在货币的问题上的真正困扰，只是因为他们太想占有货币。因为货币几乎可以用来购买任何东西，每个人都想要它。也就是说，因为货币没有歧视性，所以它值得拥有。可以看出，为什么"公共妓女"的隐喻是非常合适的。一个"人们共有的"女人——如诗人阿尔基洛科斯（Archilochos）所说，意味着每一个人都能得到她。从原则上来说，我们不应该被这种没有歧视性的东西所吸引。事实上，我们当然会被吸引。[68]并且没有任何一种东西，能够像货币这样既没有歧视性，又拥有如此的吸引力。当然，尽管希腊贵族坚持声称他们并没有被这样的东西吸引，那些时常光顾他们聚会的情妇、吹奏长笛的女孩、杂技演员和美丽的男孩，其实根本不是妓女（尽管有时他们也会承认这些人确实是妓女），而他们也对一个事实挣扎不已：即他们为崇高思想所追求的东西（例如战车竞赛、为海军装配船只、资助悲剧的演出）使用的货币，和一个人为渔夫的妻子购买廉价香水和馅饼所使用的货币一样；唯一真正的区别是他们的追求需要的货币数量要多得多。[69]

那么，我们可能可以说，货币引入了一种欲望的民主化。突然之间，每个人都开始追求相同的杂乱东西。但是还存在另一个因素。逐渐地，在获取必需品的过程中，也开始需要使用货币。荷马时代的世界和大多数“人性经济”中的情况一样，我们几乎听不到对人类生活不可或缺物品的讨论（食物、住处、衣服），因为它假设每个人都拥有这些东西。一个没有财产的人，至少可以成为某个富人家中的随从。即使奴隶也拥有充足的食物。[70]这里，妓女是能够成为已经发生的改变的有力象征，因为尽管妓院中的有些人是奴隶，其他人则都是穷人；她们的基本需求再也不能被想当然认为可以得到满足，正是这一事实使得她们屈服于其他人的欲望。这种对于其他人即兴想法依赖性的极端恐惧，根植于希腊人迷恋于自给自足的基础上。

所有这一切的背后原因，是希腊城邦的男性公民（和后来的罗马人一样）以非同寻常的勤勉努力把自己的妻子和女儿，与市场带来的危险和自由隔离开来。希腊男人的做法与中东男人的做法不同，他们似乎并没有把自己的妻子和女儿作为债务抵押品；至少在雅典，把自由公民的女儿变成妓女也是违法的。[71]结果，尊贵的女人消失了，基本从经济和政治生活的高级场面中被移除。[72]如果任何人因债务沦为奴隶，那么这个人通常是债户。更加戏剧性的是，一般是男性公民指责对方卖淫——雅典的政治家通常会声称对手年轻时从追求者那里收到的大量礼物，实际上是通过出卖肉体换取金钱，因此他们应该失去自由公民身份。[73]

在这里，回顾一下在第五章中确立的原则，可能会有一定的帮助。我们观察到的最重要的现象，既是对旧的等级（荷马时代的伟人和他们的随从）的腐蚀，同时也是对旧的互助形式的侵蚀，共产主义的关系逐渐被限定在家庭内部应用。

公元前600年前后，希腊的商业市场正在逐渐成形，“债务危机”袭击了许多希腊城邦。[74]在这场危机中真正处于危险境地的，正是前面的一种——对等级的腐蚀。当亚里士多德提到雅典的穷人正在变成富人的奴隶时，他真正想表达的意思是在年景不好的时候，许多贫穷的农民将陷入债务之中；结果，他们最后会变成自己财产的佃农和受抚养者。有些人甚至被卖到国外做奴隶。这导致社会产生动荡和骚乱，并带来了一系列要求：清理债务，恢复那些身处奴役之中的人的自由，以及重新分配农业土地。在少数的几个例子中，它带来了彻底的革命。我们听说在墨迦拉（Megara）有一个激进的派系，它不仅把收取利息的贷款定义为非法，而且以回溯的形式实现这一点（强迫债主归还他们从前获得的所有利息），这个派系最终掌握了权力。[75] 在其他的城邦里，平民主义暴君许诺废除农业债务，因而也获得了权力。

从表面上看，这一切并不让人感到意外：从商业市场发展的那一刻起，希腊的城邦就迅速产生了曾经在中东的城市中肆虐了上千年的全部社会问题：债务危机、债务抵制、政治骚乱。在现实中，事情没有这么明显。穷人"沦为富人的奴隶"并不是新近产生的。即使在荷马时代，人们也认定富有的人将生活在受抚养人和随从的簇拥之下，受抚养人和随从都来自附属的穷人阶层。但是，这种资助关系最重要的地方是它包含双方的责任。一位高贵的勇士和他谦卑的对手被看作本质上不同的两种人，但是人们认为他们双方都应该照顾对方（本质上有区别）的需求。这种资助关系变为债务关系（例如，把预付玉米种子看作一笔贷款，更不要说一笔收取利息的贷款）改变了所有这一切。[76] 进一步说，它在两个完全对立的层面上实现了这一切。一方面，一笔贷款意味着对于债主来说，将没有任何后续的责任；另一方面，正如我一直强调的那样，一笔贷款确实代表签订合约双方是一种正式的、合法的对等关系。至少在某些方面，在某种程度上，它代表着签订合约双方从本质上来说是同样的人。当然，这是你能想象出来的所有对等形式中，最冷酷、最暴力的一种。但是它的诞生先于市场，这一事实使它更加让人难以承受。[77]

邻居之间也存在着同样的张力。在农业社会中，他们倾向于互相赠送或借用东西——这些东西五花八门，从漏勺和镰刀，到木炭和烹饪用油，再到玉米种子或者耕牛。一方面，在农业社会中，这种赠予和给予被看作人际交往的基础中不可或缺的部分；另一方面，索要无度的邻居是声名狼藉的刺激物——当所有人都清楚地知道购买或租借原本赠送的东西要花费多少钱之后，情况将变得越来越糟糕。又一次，了解地中海地区农民日常生活困境的最佳方法之一，就是看幽默故事。在土耳其的爱琴海地区流传的故事，精确地反映了这种顾虑：

有一次，一位邻居过来说自己临时有事，询问纳斯列丁是否可以借用纳斯列丁的驴子。纳斯列丁同意了邻居的请求。但是第二天，这个邻居又来了——他要把一些谷物送去碾磨，想借用驴子。不久，他几乎每天早晨都会出现，甚至都不再说理由。最终，纳斯列丁忍无可忍，一天早晨，纳斯列丁告诉那个邻居说驴子被自己的兄弟带走了。

那个邻居正要离开，忽然听到纳斯列丁的院子里传来驴子洪亮的叫声。

“嘿，你刚才不是说驴子被带走了吗？”

“我说，你要相信谁呢？”纳斯列丁问，“相信我，还是相信牲口？”

随着货币的出现，礼物和贷款之间的界限变得不再清晰。一方面，即使是收到礼物，一般人们也认为应该回赠比收到的礼物稍好一点的东西。[78] 另一方面，朋友们并不会彼此收取利息，任何说明他们应该收取利息的建议肯定会让朋友痛苦不已。那么慷慨地回赠礼物和支付利息这两种做法，到底存在什么不同呢？这就是纳斯列丁最著名的一个故事的基础。几百年以来，这个故事为地中海及其邻近地区的农民带来了欢笑。（我得说明，包括希腊在内的许多地中海区域使用的语言中，“利息”这个词也有“后代”的意思，这个故事也是对这一事实的戏谑。）

纳斯列丁的邻居是一个声名狼藉的守财奴。有一天，他告诉纳斯列丁自己要为朋友们举办一个聚会，询问是否可以借用纳斯列丁的罐子。纳斯列丁的罐子也不多，但是他说自己很愿意把所有罐子都借给他。第二天，守财奴回来了，带着从纳斯列丁这里借走的三个罐子及一个额外的小罐子。

“那是什么？”纳斯列丁问。

“噢，它是罐子的孩子。罐子在我那儿的时候生下了后代。”

纳斯列丁耸耸肩，收下了四个罐子。守财奴高兴地离开了，因为他已经确立了产生利息的原则。一个月以后，纳斯列丁要举办一个聚会，他向守财奴邻居借了一打豪华陶器。守财奴等了一天，纳斯列丁没来。他又等了一天，纳斯列丁还是没来。

第三天，守财奴来到纳斯列丁的家中，询问他的陶罐怎么了。

“噢，那些陶罐？”纳斯列丁悲伤地说，“真是一个可怕的悲剧，它们死了。”[79]

在英雄体系里，只有是荣誉的债务（回赠礼物、要求复仇、要求拯救或赎回沦为囚犯的朋友或亲属）在一报还一报的交易逻辑下运转。荣誉和信用一样，它是一个人信守诺言的能力，但在错误的例子中，它就是一个人“扯平”的能力。“扯平”这个词，暗示它是货币的逻辑，但是金钱或者任何类似金钱的关系，都受到这个逻辑的限制。逐渐而微妙地，没有人能够完全理解正在发生事情的完整含义，道德关系的本质变成了各种不诚实花招的手段。

许多审判词留存至今，但从中我们对这种变化知之甚少。这里有一段来自4世纪的审判词，可能出自365年前后。阿波罗多罗斯是一位成功但出身卑微的雅典公民（他的父亲是银行家，但出生时是奴隶），和许多绅士一样，他获得了农村中的大片田地和庄园。在那里，他和自己最近的邻居尼克特拉特斯成了朋友。尼克特拉特斯出身贵族，但当时出于某种原因经济上出了问题。他们之间的交往和一般的邻居一样，借贷小额金钱，互相出借牲口或奴隶，在对方外出的时候帮忙照看财产。有一天，尼克特拉特斯倒了大霉。在追捕逃走奴隶的过程中，他被海盗绑架，关在爱琴海的奴隶市场中，要求以赎金换取。他的亲戚只能凑齐赎金的一部分，所以他被迫向市场中的陌生人借剩下的部分。那里的人似乎是专门提供这种贷款的专家，而他们因条件苛刻而臭名昭著：如果30天内不归还，金额就加倍；如果一直不归还，债户就将成为给他提供赎身资金的那个人的奴隶。

尼克特拉特斯声泪俱下地向他的邻居求助。他自己所有的财产都已抵押给不同的债主；他知道阿波罗多罗斯身边也没有那么多现金，但是他最亲爱的朋友是否可以把一些财产用来抵押呢？阿波罗多罗斯被感动了。他愿意勾销尼克特拉特斯已经欠他的所有债务，但是剩下的金额比较难办。不过，他愿意尽力尝试。最后，他自己向熟人阿瑟萨斯借了一笔钱，以自己在城镇中的房子作抵押，年利率 16%，以满足尼克特拉特斯债主的要求；同时，他安排自己的亲戚向尼克特拉特斯提供一笔无息的支持贷款，这种贷款被称作“伊拉诺斯”（eranos）。但是不久，阿波罗多罗斯意识到自己被陷害了。贫穷的贵族决定利用他的暴发户邻居。尼克特拉特斯实际上和阿瑟萨斯及阿波罗多罗斯的一些敌人串通，使阿波罗多罗斯错误地被判为“公共债户”；也就是说，他违约了，没有履行应承担的对公库的责任。首先，这意味着他将失去把任何人告上法庭的权利（即他不能控告欺骗他的人，以追回自己的钱）；其次，这将使他的债主找到借口，洗劫他的房屋，带走他的家具和其他财产。据推测，阿波罗多罗斯在尼克特拉特斯眼里属于下等人，尼克特拉特斯对于自己欠这种人的钱感觉很不舒服。和维京人艾基尔类似（相较于为爱因纳尔送给他的精美礼物创作一首感谢诗，他宁愿杀了自己的朋友），尼克特拉特斯似乎认为，通过暴力和欺诈的手段把钱从他下等朋友的手中榨取出来，比余生都感觉自己要承担偿还的义务更加有荣誉，或者自己更加可以接受。不久，事情发展成了彻底的暴力，最终整个事情在法庭上得到了解决。[80]

我详细地讲述这个故事，是因为这个故事包含了一切。我们看到了互相帮助：如果需求足够强烈，或者成本可以被接受，朋友和邻居应该互相帮助。[81] 事实上，许多人确实都有社交圈子，当自己确实遇到危机的时候，这些人愿意提供金钱帮助：无论是婚姻、饥荒还是赎金。我们也看到了掠夺暴力那无所不在的危险，把人类变成商品，并通过这种方式把最不道德的计算引入经济生活——不仅是对于海盗一方，可能对于那些潜伏在市场中的放贷者来说更是如此。放贷者以苛刻的条件，为那些筹集亲属的赎金但数额不够的人提供借款，然后这些人将向国家提出申请，允许他们雇用人员，以武力保证合约的执行。我们看到了英雄的骄傲，把过度慷慨的行为当作一种蔑视的袭击行为。我们看到了礼物、贷款和商业信贷合约之间的模糊性。在这个例子中，可能除了尼克特拉特斯那异常的忘恩负义，事情结束的两种方式其实都没有什么不同寻常之处。有名望的雅典人为了追求自己的政治抱负，经常借钱；没那么出名的人时刻都在担心自己的债务，或者如何从自己的债户手中搜刮钱财。[82] 最后，这里还存在另一个微妙的元素。尽管这里每日进行的市场交易（不论在广场的商店中还是在摊位上）和其他地方一样，一般都以信用的方式进行；但是铸币的大量生产允许交易在某种程度上匿名进行，这种匿名的交易，不可能存在于纯粹的信用交易体制下。[83]海盗和绑架者以现金进行交易——爱琴海市场中的放高利贷者离开了现金就没法儿进行交易。通常包含暴力的违法现金交易，以及通过暴力保证实施的极度苛刻的借贷条款，这两者的结合从此使得无数的地下犯罪行为得逞。

在雅典，带来的结果就是极端的道德混乱。货币、债务和金融的语言，提供了有力并最终无法抗拒的方式来思考道德问题。和印度吠陀时代的人类似，人们开始谈论生命是对神的债务，谈论责任是债务的一种，谈论字面意义上的荣誉债务，谈论债务是罪行，谈论以收回债务形式进行的复仇。[84]但是如果债务是道德（当然，至少它存在于债主收取的利息中，债主一般没有合法的求助对象可以强迫债户支付债务，或声称债户应当偿还债务），因为正是货币成功地把道德变成了一门精确、可量化的科学，那么对于货币似乎鼓励了最糟糕的行为这一事实，该如何理解呢?

现代伦理学和道德哲学，正是起源于这样的困境。我想这从字面意义上说也是正确的。想想柏拉图的《理想国》，这是4世纪雅典的又一部作品。这本书的开篇写道，苏格拉底前往比雷埃夫斯（Piraeus）的港口拜访一位老朋友，一个富有的武器制造商。两个人开始讨论正义，因为那位老人声称货币不可能是一个坏东西，它使得拥有货币的人具有正义，正义包括两种东西：讲真话，总是偿还欠下的债务。[85]这个说法能够轻易被推翻。苏格拉底问，如果有人把他的剑借给了你，后来当他产生了疯狂的暴力倾向，让你把剑还给他（假定这样他会去杀人），这时你要怎么做? 很明显，不论在什么情况下，向一个疯子提供武器都不可能是正确的。[86]老人轻松地耸耸肩，不再理会这个问题，然后准备去参加某个仪式，让他的儿子继续进行讨论。

他的儿子普雷马科斯转换了话题：很明显，他的父亲提到“债务”的时候，并不是指它的字面意义——归还某个人所借的东西。他更多是指给予人们别人欠下的东西；以善报善，以怨报怨；帮助自己的朋友，伤害自己的敌人。推翻这一说法花费的工夫更多（我们是不是说在决定什么人是朋友、什么人是敌人的时候，正义不起任何作用？如果答案是肯定的，那么是不是如果一个人认定自己没有朋友，因此即使他去伤害别人，他也是正义的？而且即使你确实可以通过某种方式认定自己的敌人真的是个坏人，应该受到伤害，那么通过对他施加伤害，你不就使他变得更糟吗？把坏人变得更坏，真的能成为正义的例子吗？），但是它最终还是被推翻了。这时，诡辩家斯拉雪麦格（Thrasymachos）走了进来，指责他们都是软弱的理想主义者。他说，在现实中谈论"正义"的都是政治托词，只是为了使有权势的人们的利益正当化。而它也本应如此，因为在现有的范围内，正义就是有权势的人们的利益。统治者就像牧羊人，我们喜欢把他们想象成慈爱地照顾自己羊群的人，但是牧羊人最终会怎么对待绵羊？他们宰杀绵羊，然后吃掉，或者出售羊肉换钱。苏格拉底回应指出，斯拉雪麦格把照顾羊群的技艺和利用羊群赢利的技艺混淆了。医术是为了促进健康，与医生是否在治病的过程中获得利益无关。放牧的技艺是为了保证羊群的安康，不论牧羊人（或他的雇主）是不是一个知道如何利用羊群赢利的生意人。统治的技艺也是如此。如果这种技艺存在，那么它必然有着与一个人能从中获得的利益有所不同的目标，这个目标除了确立社会正义，还能是什么呢？苏格拉底指出，只有货币的存在，使我们能够想象"权力"或"利益"这样的词暗指社会现实，它们从自身而言能够被追求，更不用说实际上所有的追求都最终指向对权力、好处或自身利益的追逐。[87] 他说，问题在于，如何确保那些坐在政界办公室的人出于荣誉做事，而不是为了获取自身利益。

在此我要说句题外话。我们都知道，苏格拉底最终四处旅行，提出自己的政治主张，关于哲学的主张也包括在内；废除婚姻、家庭和私有财产；只有精心挑选的人才能生育后代。（很明显，他的这本书就是要激怒读者，两千多年来，该书出色地达到了这一目的。）但是我要强调，我们要考虑的是，如今的道德和政治理论的核心传统，有多少起源于下面这个问题：偿还债务意味着什么？柏拉图首先向我们展现了简单的、字面意义上的商人视角。当这一点被证明不足够以后，他把这一点用英雄的语言重新构造。毕竟，可能所有的债务其实都是荣誉的债务。[88] 但是在一个商业、阶级和利润已经混淆所有一切，使得人们的真正动机再也不清晰的世界中（正如阿波罗多罗斯悲伤的发现一样），英雄荣誉不再起作用。我们如何知道谁才是敌人？最后，柏拉图为我们提出了犬儒主义权力政治。也许没有人欠别人任何东西。也许那些追求利益的人获得利益的方式就是正当的。但是即使这样的说法也不成立。我们确信现在已有的标准是不和谐的、自相矛盾的，为了创造一个符合逻辑的世界，需要某种激进的破坏行为。但是那些真正按照柏拉图的建议考虑采取激进的破坏行为的人，大多数都得出了这样的结论：可能会有远比道德不和谐更坏的事情。由此，我们就站在了无解的困境之中。

柏拉图思考这些问题并不奇怪。不到7年前，他有过一次悲惨的海上旅行，受伤被俘，本应和尼克特拉特斯一样被带到爱琴海的拍卖区出售。但是柏拉图的运气不错。一位伊壁鸠鲁学派的利比亚哲学家安尼克里斯（Annikeris）当时恰好在市场上。他认出了柏拉图，并支付了赎金。为了尊严，柏拉图试图偿还赎金安尼克里斯，于是他在雅典的朋友为他筹集了20迈纳[①] 银币，但是安尼克里斯拒绝接受，坚称能够给热爱智慧的同道人带来好处，是他的荣誉。[89] 确实，从那以后，安尼克里斯就因自己的慷慨而被人们铭记和歌颂。柏拉图用那20迈纳银币购地建学，就是后世著名的柏拉图学院。尽管他并没有表现出如尼克特拉特斯那样的忘恩负义，但是别人确实留下了这样的印象：柏拉图后来的学术生涯得以继续，在某种意义上说是拜一个人所赐；在柏拉图眼里，这人可能是个默默无闻的哲学家，甚至不是一个希腊人！欠这样一个人债务，柏拉图很是不高兴。至少这有助于解释，为什么像柏拉图这种以提到别人的名字为乐的人，却绝口不提安尼克里斯。我们是从后世的传记作者那里才了解到安尼克里斯的。[90]

① 迈纳，古希腊的金额单位和重量单位。——编者注

自由对奴隶制的反击

如果说柏拉图的著作表明，债务带来的道德混乱怎样深远地塑造了我们的思维传统，那么罗马的法律则揭示了它如何塑造我们最为熟悉的体制。

德国法律理论家鲁道夫·范·耶林（Rudolf von Jhering）有一段著名的言论，说古罗马一共三次征服全世界：通过它的军队完成了第一次征服，通过宗教完成了第二次征服，通过法律完成了第三次征服。[91] 他补充说：每次征服都比上一次更加彻底。毕竟，罗马帝国的版图在全世界只占据了很小的一部分，罗马的天主教会扩张得更远，罗马法则为地球上的每部法律和宪法提供了用语和概念上的基础。从南非到秘鲁的法学学生，都被要求花费相当多的时间来记忆用拉丁语表述的法律名词，而且罗马法几乎提供了我们关于合约、责任、侵权、财产和司法权的所有基础概念——并且，从更广泛的意义上说，提供了对政治活动的基础性认识：公民身份、权利和自由。

耶林认为，这之所以可能，是因为罗马人最先把法理学变成了一门真正的科学。可能（尽管如此）罗马法中有为数不多、声名狼藉的离奇特征，有一些特征是如此的奇怪，以至于自从罗马法在中世纪鼎盛时期的意大利大学中重新兴起的时候起，就一直困扰着法理学家。其中最臭名昭著的特征，是它定义财产的独特方式。在罗马法中，财产（dominium）是人和物体之间的一种关系，由这个人对该物体的绝对权力定义。这个定义带来了无数的概念性问题。首先，它并没有清晰地指出，一个人和一个无生命的物体之间存在一种“关系”是什么意思。人类互相之间能够存在关系，但是和一个无生命的物体存在“关系”是什么意思？如果这种关系确实产生了，那么给予它法律地位意味着什么？这里可以做一个简单的说明：想象一个人被困在孤岛上，他可能和岛上的棕榈树发展出了极端私密的关系。如果他待在岛上的时间足够长，他可能会给岛上所有的棕榈树起名字，并且把自己一半的时间用来和棕榈树进行假想的对话。但是，他拥有这些棕榈树吗？这个问题是没有意义的。在其他人来到这个岛上之前，根本没有必要担心财产权的问题。

那么，很明显，财产并不是人和物体之间的关系，而是人们关于物体达成的共识或合约。有时，我们没有注意到这一点，唯一的原因就是在许多例子中（尤其是当我们在谈论对于鞋、汽车或者动力工具的权利时），我们是在谈论持有的权利，就像英国法律的表述，“针对整个世界”——即我们自身和地球上的其他人之间形成的共识，别人都会控制自己不干涉我们的财产，因此使我们几乎可以用任何自己喜欢的方式来处置财产。一个人和地球上的其他人之间的关系，很难被这样看待，这一点可以理解。把它想象成和物体有关的关系则要简单些。但是即使这样，在实践中按照自己的意愿行事的自由也是受到相当限制的。宣称我拥有一把链锯，给予了我一种可以用链锯来做任何我想做的事情的“绝对权力”，这种说法很明显是荒唐的。在我自己的家或者我所拥有的土地范围之外，我能想到的用链锯来做的事情，几乎都是违法的；即使在我的家里或土地范围内，我实际能用链锯做的事情也是非常有限的。在我对链锯的权利中，唯一“绝对的”事情就是我阻止其他人拥有这把链锯的权利。[92]

虽然如此，罗马法确实坚持认为财产的基本形式是私有财产，而私有财产是所有者用他的财产做任何想做之事的绝对权力。12世纪的法理学家将其限定为三个原则：usus（对物体的使用）、fructus（成果，即享用这个物体的产品）和abusus（这个物体的滥用或销毁）。但是罗马法理学家对详细叙述它们并不感兴趣，因为在特定的情况下，他们认为细节完全位于法律的领域之外。事实上，学者们花费了大量的时间，争论罗马法的创立者是否认为私有财产是一种权利（ius），[93] 因为权利最终是建立在人们之间的共识之上，而一个人处理自己财产的权力并不需要建立在这种共识上：它是当社会干涉不存在时，一个人随心所欲行事的自然能力。[94]

如果你仔细想想，这真的是建立财产法理论的一个相当奇怪的出发点。我们可以很公正地说，在世界上的任何地方，在历史上的任何时期，不论是在古代日本还是马丘比丘（Machu Picchu），拥有一根线的人有权把线扭曲、打结、扯断或者扔进火堆，他们想怎么处理这根线都可以。在其他任何地方，法律理论家都不会认为这是一个有趣的事实。当然，没有其他的传统文明把它当作财产法的基础——因为这种做法使得几乎所有现实的法律都变成了一系列的特例。

这是如何发生的？又是为什么发生的？我所知道的最有说服力的解释，是奥兰多·帕特森提出的：绝对私有财产的概念，实际上是从奴隶制衍生出来的。如果某人的出发点是两个人之间的关系，其中一个人同时又是一个物体，那么就可以不把财产看作人们之间的关系，而是看作人和物体之间的关系。（这就是罗马法中对奴隶的定义：他们是人，但也同时是 res，即物体。）[95] 对绝对权力的强调，由此开始具备意义。[96]

Dominium 这个词，含义是绝对私有财产，其实它的历史并不是很长。[97] 罗马共和国晚期，它才出现在拉丁语中，当时成百上千的被俘劳动力涌入意大利，罗马因此成为真正的奴隶社会。[98] 到了公元前 50 年，罗马法创立者简单地假设工人（无论是在乡村种植园中收获豌豆的雇农，是把豌豆运到城市商店中的赶骡人，还是记录交易的职员）是别人的财产。数百万同时是人和物体的生物的存在，带来了无穷的法律问题，罗马法的创新性天才，大部分被耗费在解决无数隐而不现的影响上。一个人只需要翻开罗马法的案例记录，就能感受到这一点。下面的文字来自 2 世纪的法理学家乌尔比安（Ulpian）：

> 梅拉再次写道，如果几个人在玩球，其中一个人击球用力过猛，把球打到了理发师的手上。而理发师当时正在给一名奴隶刮胡子，结果导致奴隶的喉咙被剃刀割破了。那么，根据阿奎利亚法（Lex Aquilia，民事伤害法），谁是有罪的？普罗克洛斯说有罪的是理发师；事实上，如果他选择提供理发服务的场所是人们进行游戏的地方、交通拥堵的地方，那么他就有过失。但如果有人把自己托付给一个在危险的地方提供服务的理发师，那么理发师的过失就没那么严重，因为这个人要为自身负责。[99]

换句话说，如果真正的问题是奴隶主人购买了一个愚蠢的奴隶，那么他就不能因玩球的人或理发师毁坏了他的财产，而声称他们造成了民事伤害。我们可能会震惊于许多案例的奇特性（你能因一个人说服奴隶逃跑，就控告他偷窃吗？如果你的儿子也是你的奴隶，一个人杀死了他，那么在评估损失的时候，你会受到个人情感的影响吗？或者你会坚持按奴隶的市场价格计算赔偿吗？），但是我们现代的法学，就直接建立在这样的争论上。[100]

Dominium 这个词由 dominus 演化而来，但最终的词根是 domus。dominus 的意思是“主人”“奴隶主”，domus 的意思是“房子”或“家庭”。当然，它和英文中的“domestic”也有关系，现在 domestic 既可以用来表示“附属于私人生活”，也可以用来指打扫房间的仆人。domus 的含义和 familia（家庭）重叠——但是，“家庭价值观”的支持者可能有兴趣知道，familia 这个词最终是由 famulus 这个词衍生出来的，后者的含义是“奴隶”。最初，家庭的形成是一群人围绕在家庭内的 paterfamilias（家长）权威身边形成的，至少在早期的罗马法律中，这种权威被认为是绝对的。[101] 一个人对他的妻子并没有完全的所有权，因为她仍然在某种程度上受到她父亲的保护；但是他可以随意处置自己的孩子、奴隶和其他受抚养人——至少在早期的罗马法中，他可以自由地鞭笞、折磨或者出售他们。如果父亲发现自己的孩子犯下死罪，他甚至能够处死孩子。[102] 而对于他的奴隶，他甚至不需要理由就能处死他们。

那么，在建立 dominius 的概念从而建立绝对私有财产的现代原则的过程中，罗马法理学家的做法首先采纳的就是家庭权威、对于人们的绝对权力的原则，把那些人（奴隶）定义为物体，然后把最初应用在奴隶身上的逻辑延伸到鹅、战车、仓房、首饰盒等，即应用到和法律有关的每种物体上。

即使是在古代，父亲有权处死自己的奴隶，也是非常不一般的现象，更不用说处死自己的孩子了。没有人确切地知道为什么早期的罗马人在这方面如此极端。但千真万确的是，最早的罗马债务法同样无比严酷，因为它允许债主处死不能偿还债务的债户。[103] 罗马的早期历史，和希腊城邦的早期历史类似，也是债主和债户之间持续的政治斗争，一直到罗马的精英最终发现了大多数成功的地中海精英们学到的原则：自由的农民意味着更有效的军队，胜利的军队能够提供战俘，战俘同样可以完全充当过去债务奴隶的角色。因此，社会妥协（允许有限的公众抗议，废除债务奴隶，把帝国的部分收入用于支付社会福利）实际上对他们有利。据推测，父亲的绝对权力的发展也是这整个过程的一部分，其发展方式和我们在别处看到的一样。债务奴役把家庭关系变为财产关系；社会变革保留了父亲的全新权力，但是保护他们免于陷入债务。同时，日益涌入的大量奴隶，不久就意味着中等收入的家庭可以保留奴隶。这表明征服的逻辑已经延伸到日常生活最私密的方面。被征服者帮人们梳头、放洗澡水，被征服的老师教孩子们诗歌。因为主人及其家人，甚至他们的朋友和宾客都可以用奴隶满足自己的性欲，所以很可能大多数罗马人的第一次性经验的对象的身份都是被征服的敌人。[104]

随着时间的推移，这种说法变得越来越像是一个法律的谎言——真正的奴隶，很可能是被父母出售的穷人，被海盗或强盗绑架的倒霉蛋，战争受害者及帝国边缘地区野蛮人审判的受害者，或者其他奴隶的孩子。[105] 但是，这个谎言仍在继续。

从历史条件来看，是两个因素的结合使得罗马的奴隶制如此不同寻常。其中之一是它的武断性。和美洲的种植园奴隶制形成鲜明的对比的是，在罗马并不存在有人生来比别人低等而注定成为奴隶的观点。奴隶制反而被看作一种不幸，可能发生在任何人身上。[106] 结果，奴隶有可能在某些方面比他的主人更加优秀：更聪明，道德感更好、品位更高，对哲学的理解更深。主人甚至也愿意承认这一点。而且主人没有理由不这样做，因为他对这种关系的本质（就是简单的权力）不会产生影响。

第二个因素是这种权力的绝对本质。在许多地方，奴隶就是战俘，他们的主人作为征服者对于其生死有着绝对的权力——但通常，这都是一种抽象的原则。几乎在每一个地方，政府都会迅速限制这样的权利。至少，皇帝和国王会坚持认为，只有他们自己才有权把其他人处死。[107] 但是在罗马共和国时期，并不存在皇帝；当时存在的主权实体，是奴隶主自己组成的联合实体。只有在早期的罗马帝国，我们才能够看到立法限制奴隶主处置他们（人类）财产的方式：最早的立法出现在提比略皇帝时期（公元 16 年），规定主人必须在获得皇帝批准之后，才可下令公开让野兽把奴隶撕成碎片。[108] 但是，主人权力的绝对本质（在这里，主人其实是指国家），最开始也意味着对于解放没有任何限制：主人能够释放他的奴隶，甚至收养他，如此（因为离开了社会成员的身份，自由没有任何意义），那个奴隶就自动成为罗马公民。这就导致了一些非常奇特的安排。例如，在 1 世纪，受过教育的希腊人把自己卖给一些需要秘书的富有罗马人当奴隶是很常见的，这些希腊人会把自己的财富托付给亲密的朋友或某些家庭成员，经过一段时间后赎回他们的自由，因此获得罗马公民的身份。但在他们充当奴隶的这段时间里，如果主人决定把自己秘书的一只脚砍下来，法律对他的做法没有任何限制。[109]

因此，dominus 和奴隶的关系把征服的关系、绝对政治权力的关系带到了家庭中（事实上，它成了家庭的基础）。这对任意一方而言都不是一种道德关系——强调这一点至关重要。一个名叫昆图斯·赫特留斯（Quintus Haterius）的罗马共和国律师提出了一条众所周知的法律原则，清晰地阐述了这一点。对于罗马人来说，和雅典人一样，一个提供性服务的男人被认为不适合成为公民。在为一名被释放的奴隶（他被指控在获得自由后，仍然为以前的主人提供性服务）辩护的过程中，赫特留斯创造了一句名言，这句名言后来变成一个流行的黄色笑话："提供肛交对自由人来说是罪，对奴隶来说是种必要，对被释放的奴隶来说则是责任。"[110] 在这里，重要的是只有对被释放的奴隶来说，提供性服务才被认为是"责任"，这又是因为奴隶制并不是一种道德关系。主人能够为所欲为，奴隶对此束手无策。

但是，在法律上受到保护的罗马奴隶制，带给后世更深层面的危害却改变了对人类自由的理解。罗马词汇 libertas 的含义，随着时间的推移发生了显著的变化。古时候，在每个地方，"自由"最初、最重要的意义就是不充当奴隶。因为奴隶制意味着消除所有的社会联系，并有能力再造它们，因此自由也就意味着做出并信守对他人道德承诺的能力。例如，英语单词"free"（自由），来源于德语词汇，意为"friend"（朋友），因为自由意味着能够交朋友，能够信守承诺，能够生活在平等的社会中。这就是为什么罗马重获自由的奴隶变成了公民：从定义上说，自由意味着定居在公民社会中，拥有所有必要的权利和责任。[111]

但是，到了 2 世纪，情况开始改变。法理学家逐渐重新定义 libertas，直到它的含义无法与主人的权力相区分。这就是能够做任何事情的权利，一个人不能做的那些事情再一次被排除在外。事实上，在《罗马法汇编》（*Roman Digest*）中，自由和奴隶制的定义总是一起出现的：

自由就是只要不违反法律，一个人能够按自己的希望做任何事的自然能力。奴隶制是根据国家的法律，一个人变成其他人私有财产（dominium）的体制，这是违背自然的。[112]

中世纪的评论家立刻注意到了这里的问题。[113] 但是难道这不意味着每个人都是自由的吗？毕竟，即使是奴隶，也可以做他们被允许做的任何事。我们说一个奴隶是自由的（但实际上他并不自由）有点像说地球是方形的（但实际上地球是圆的），或者像说太阳是蓝色的（但实际上太阳是黄色的），或者再次回到那个比喻，说我们有权用链锯做任何事（那些我们不能做的事除外。）

事实上，这种定义引入了所有暗示。如果自由是自然的，那么奴隶制就肯定是不自然的；但是如果自由和奴隶制只有程度上的差别，那么，从逻辑上说，所有对自由的限制在某种程度上不也是不自然的吗？这不就意味着社会、社会规则，甚至财产权，也都是不自然的吗？这正是罗马的法理学家在敢于冒险评论这样的抽象概念时得出的结论。但这种情况是很少见的。最初，在人类的生活状态中，所有的东西都是共有的；首先分割世界的是战争，随之而来的“国家法律”（人类惯于使用它们来调节诸如政府、奴隶制度、条约和边境等事情）最先确立了财产的不平等性。[114]

相应地，这意味着在私有财产和政治权力之间并没有本质的差别——至少，在这里权力是建立在暴力的基础上。随着时间的推移，罗马皇帝开始声称拥有类似 dominium 的东西，坚持认为在他们的领域内，他们拥有绝对的自由——事实上，他们不受法律的约束。[115] 同时，罗马社会开始转变，由奴隶主组成的共和国变得越来越像后来的封建欧洲，权贵们宏伟的领地周围被受抚养的农民、债务仆人和无数各种各样的奴隶环绕；对于这些人，他们基本上可以为所欲为。颠覆了帝国的野蛮人入侵只不过使这种情况正式确立了，基本上消灭了奴隶制，但是同时也带来了这样一种概念：贵族阶级实际是日耳曼征服者的后裔，普通人原本就是处于附属地位的下等阶层。

但是，即使在这个新的中世纪世界，古罗马的自由概念仍然存在。拥有自由就是拥有权力。当中世纪的政治理论家谈论“自由”的时候，他们实际上是指领主在自己的领地里为所欲为的权利。又一次，人们通常认为这并不是通过协议确立的东西，而是征服带来的事实：英国一个著名的传说提到，大约在1290年，国王爱德华一世（Edward I）要求他的领主们撰写文件，说明何种权利使他们拥有当前的特权（或者“自由”），瓦伦伯爵（Earl Warenne）仅把自己生锈的宝剑交给了国王。[116]就像罗马的dominium，比起自由，它更多的是权力，而权力最初及最重要的作用，就是用在人身上——这就是在中世纪经常提到“绞刑的自由”的原因，意思是一个领主保留在自己私人领地上将别人处死的权利。

到了12世纪，罗马法开始恢复并被现代化，这时dominium这个术语带来了一个特别的问题，因为在当时教会使用的拉丁语中，它的意思已经等同于“统治”和“私有财产”。中世纪法理学家花了大量的时间和论证，来确定在这两者之间是否存在着差别。这是一个非常棘手的问题，因为如果像《罗马法汇编》中指出的那样，财产权实际是绝对权力的一种形式，那么除了国王，其他人将很难拥有它——甚至在某些法理学家看来，只有上帝才能拥有它。[117]

这里不适合介绍随之而来的争论，但是我觉得在此结束这个问题很重要，因为从某种意义上说，它为我们带来了完整的循环，使我们能够精确地理解为什么像亚当·斯密这样的自由主义者可以按照自己的方式想象这个世界的运转。自由就是一个人可以随心所欲地处置自己的财产，这个假设是一种传统。实际上，它不但使财产成为一种权利，也把权利本身当作某种形式的财产来对待。在某种程度上，这是最伟大的悖论。我们已经如此习惯于“拥有”权利的观点（权利是一个人能够拥有的东西），以至于我们很少去想它的实际含义。事实上，（中世纪的法理学家清楚地知道）一个人的权利就是另一个人的义务。我自由发表演说的权利，就是其他人不会因此而惩罚我的义务；我接受一个由同龄人组成的陪审团审判的权利，就是政府维持陪审团体系的义务。这里的问题和财产权的问题一样：当我们提到世界上的每个人承担的责任时，很难以这种方式来看待。而说起“拥有”权利和自由，则要容易得多。尽管如此，如果自由基本上是我们拥有东西的权利，或者处理东西的方式就好像我们拥有它们，那么“拥有”自由意味着什么——难道它不意味着我们对自己财产的权利本身就是财产的某种形式吗？这种复杂的曲折化似乎确实没有必要。是什么原因使人想要以这种方式来定义它呢？[118]

在历史上，这个问题有一个简单而有些令人困扰的答案。那些论证我们天生拥有权利和自由的人，主要对主张我们有权放弃甚至出售它们感兴趣。

现代关于权利和自由的观点，来自“自然权利理论”。大约 1400 年，巴黎大学校长让·格尔森（Jean Gerson）基于罗马法的概念，开始构建这一理论。理查德·塔克（Richard Tuck）是研究这些观点最好的历史学家。他很早就指出，这一理论主体的支持者并不是当时的进步人士，反而是保守人士，这一事实是历史莫大的讽刺。“在一个格尔森支持者眼里，自由是财产，能够和其他的财产以同样的方式和条件进行交易”——出售、交换、借贷或自愿放弃。[119] 如此，劳役偿债制度，甚至奴隶制其实在本质上并没错。而这正是自然权利理论家认定的观点：事实上，在接下来的几个世纪里，这些观点尤其在安特卫普和里斯本发展起来，这些城市正是出现奴隶交易的中心。他们论证道，毕竟我们并不知道在卡拉巴尔等地背后的土地上发生了什么，但是没有理由认为运送到欧洲船只上的绝大部分奴隶不是自愿出售自己，或者被他们合法的监护人出售，或者在完全合法的情况下失去了自己的自由。毫无疑问，有些人的确不属于这种情况，但是在任何体系中都存在着滥用的情况。重要的是，对于自由能够被出售这一观点，并没有本质上的不自然或违法。[120]

不久，相似的论证就被用于使国家的绝对权力正当化。托马斯·霍布斯（Thomas Hobbes）是 17 世纪第一个真正发展这一理论的人，但不久这一理论就普及开来。政府的本质是一纸合约，是商业约定的一种，由此公民自愿放弃一些与生俱来的自由，以形成国家。最后，相似的观点变成了我们当前经济生活最根本、最显著的体制的基础：雇佣劳动，实际上，我们这种出租自身自由的方式，和奴隶制度下出售自由的方式一模一样。[121]

我们不仅拥有自由，同样的逻辑甚至可以应用于我们的身体。在这样的构想中，处置我们身体的方式和处置我们的房子、车子或家具的方式并没有实质性的区别。我们拥有自己，因此外人无权干涉。[122] 这似乎是无害甚至积极的看法，但是当我们考虑到它的基础是罗马关于财产的传统观点时，它看起来就完全不同了。声称我们拥有自己，非常奇怪地使我们同时具有了主人和奴隶的身份。“我们”既是拥有者（对我们的财产拥有绝对的权力），但同时，也是被拥有的东西（成为施加绝对权力的客体）。古罗马的家庭，不仅没有在历史的迷雾中被遗忘，它存在于我们对于自身最基本的概念中——又和在财产法中一样，结果是如此奇怪地不连贯，以至于当一个人试图弄清楚实际发生的情况时，它就被分拆成无数个悖论。正如 1 000 年来律师们努力弄清楚罗马的财产概念，哲学家也花了几个世纪努力理解为什么我们能够对自己产生统治的关系。最流行的解决方法（认为每个人都拥有一种叫作“思想”的东西，它和其他的东西完全分离，其他的东西可以叫作“身体”，而思想天生就统治着身体）存在于我们对认知科学的各种了解中。这明显不是真的，但是我们却坚持这样认为，原因很简单，我们关于财产、法律和自由的日常假设，如果离开了它就将全部失去意义。[123]

结论

这本书的前四章描述了一个困境。实际上我们并不知道如何思考债务。更精确地说，我们似乎困在两种情境之间：亚当·斯密模式下的想象社会（它把社会看作个体的集合，这些人之间唯一重要的关系都和自己的财产有关，为了相互提供便利，他们开心地进行以物易物，债务几乎完全被排除在外），以及把债务想象为一切（是所有人际关系的实质，当然，这会给每个人留下不舒服的感觉，认为人际关系本质上是一门华而不实的生意，我们对彼此的责任已经建立在原罪和罪行之上）。它并不是一个吸引人的替代选择。

在接下来的三章中，我尝试展现看待事物的另一种方式，然后描述我们是如何走到今天的。这就是我提出“人性经济”概念的原因：在“人性经济”中，对人类最重要的事情，是他们每个人都是由和其他人的关系构成的独一无二的节点——因此，没人能够被认为和任何东西或任何人等价。在“人性经济”中，货币并不是购买或交易人类的一种手段，而是用于表明为什么一个人不能这样做。

然后，我继续介绍了这一切是如何崩溃的。人类如何变成交易的对象？首先，可能通过婚姻付出女人；最后，通过战争俘虏奴隶。我提到，所有这些关系的共性就是暴力。不论是蒂夫女孩因为逃离自己的丈夫被捆绑着抓回来并遭到毒打，还是丈夫被赶上奴隶船、死在遥远的种植园中，总是适用同样的原则：只有棍棒、绳索、长矛和枪炮的威胁，才能把人们从和别人的关系（姐妹、朋友、对手……）构成的无比复杂的网络中剥离出来，正是这种关系网使得每个人独一无二，因此，被剥离的人们就变成可以交易的物品。

需要强调的是，所有这一切发生的地方，普通的市场、日常商品（衣服、工具、食物）甚至都不存在。事实上，在大多数“人性经济”中，一个人最重要的财产永远不能进行买卖，其中的原因和人类不能被买卖是一样的：这些财产都是独一无二的物品，也包含在与人类独一无二的关系网中。[124]

我以前的教授约翰·科马洛夫（John Comaroff）曾讲述他在南非的纳塔尔开展调研的故事。在一周中的大部分时间，他都开着吉普车，带着装满调查问卷的盒子和一个会讲祖鲁语的翻译，经过似乎数量无穷的牛群，挨家挨户地走访。大约6天以后，他的翻译突然一惊，指向牛群中间。“看！”他说，“同一头奶牛！就是那边那一头，后背上有红色斑点的。我们3天前见过它，在离这里10英里的地方。这是怎么回事？有人结婚了吗？或者解决了一次争端？”

在“人性经济”中，当把人们从他们的关系网中剥离出来的能力确实出现的时候，这本身通常被认为是一个终结。你可以在莱利人中间看到这种提示。有权势的男人偶尔会获得其他地方的战俘做奴隶，但是这些奴隶几乎总是会在主人的葬礼上陪葬。[125] 遏制一个人的个性，会被认为是增强了其他人的声誉或社会存在。[126] 在我所说的英雄社会中，这种荣誉和羞辱的加减当然是从微不足道的实践里产生，然后变成政治的本质。无数的史诗、传奇和诗集已经证实，通过让其他人变得渺小，才能使英雄成为英雄。在爱尔兰和威尔士，我们都能看到这一能力如何贬低他人，如何把独一无二的人从他们的家庭中移除，由此使得这些人变成了无名的计数单位（爱尔兰的女奴隶货币、威尔士的洗衣女）这种能力本身就是荣誉的最高展现。

在英雄社会中，暴力所扮演的角色并不是隐藏的——它反而被人称颂。通常，它能够形成一个人最亲密关系的基础。在《伊利亚特》中，阿喀琉斯并不认为他和奴隶女孩布里赛伊丝（阿喀琉斯杀死了她的丈夫和兄弟）的关系是可耻的；他把她称为自己的“荣誉奖品”，但同时，他也坚持认为一个体面的男人必须关爱自己家中的受抚养人，“所以我从心底爱着她，即使她是我用自己的长矛赢来的”。[127]

在有荣誉的男人和那些他们剥夺了其尊严的人之间，经常能够发展出类似的亲密关系，历史已经证实了这一点。毕竟，销毁了任何使双方平等的可能性，也就销毁了所有债务的问题，销毁除了权力的所有其他关系。它提供了一种特有的清晰性。据推测，让奴隶或太监簇拥在自己周围，皇帝和国王这一臭名昭著的爱好就是来源于此。

但是，我们的探讨还不能停留于此。纵览广阔的历史长河，你一定会注意到在最受颂扬的人和最受贬低的人之间，存在着一种奇特的定义感觉；尤其是在国王与奴隶之间。国王用奴隶把自己围绕起来，任命奴隶大臣——就像埃及的马穆鲁克（Mamluk），历史上真的存在过由奴隶构成的王朝。国王用奴隶把自己围绕起来的原因，和他们用太监把自己围绕起来的原因一样：因为奴隶和罪犯没有家人、朋友，不可能对别人效忠——或者至少从原则上说，他们不应该这么做。但是在某种程度上，国王也应该是这样的。正如许多非洲谚语强调的那样：一个合格的国王也没有亲戚，或者至少他的行为应该表明自己没有亲戚。[128]换句话说，国王和奴隶是一对镜像。普通人由他们对别人给出的承诺定义，但国王和奴隶只由权力的关系定义。他们的状态，是彻底的孤立、隔离的生物，是一个人能够改变的极限。

我们有着奇怪的习惯：把自己同时定义为主人和奴隶，重复在我们对自我的概念和古代家庭最残酷的方面，我们是拥有人身自由的主人，或者是自身的所有者。现在，我们终于能够了解在这种习惯中，究竟什么面临着危险。但只有通过这种习惯，我们才能把自己看作完全孤立的生物。对于霍布斯、洛克和斯密这样的自由主义哲学家怀有的奇怪幻想，即关于人类社会的起源是三四十岁男性的集合（这些人似乎来自已经完全形成的世界，然后他们决定是否需要互相残杀或者开始交换海狸皮），在罗马人对自由的新概念中，存在直接的对应——认为自由不是和别人建立相互关系的能力，而是对于组成了富有罗马人家庭主体的被征服奴隶，所具有的那种“使用和滥用”的绝对权力。[129]

欧洲和美洲的学者，在过去 200 年的大部分时间里，都试图远离这种思维传统带来的令人困扰的暗示——这一点千真万确。托马斯·杰弗逊拥有许多奴隶，他选择用直接反驳奴隶制的道德基础方式，作为《独立宣言》的开篇，他写道：“我们认为下列真理是不证自明的：人人生而平等，造物主赋予他们若干不可分割的权利……”——因此，同时否定了非洲人是低等的种族及他们或其祖先能够被公正、合法地剥夺自由的所有论证。但是，他并没有通过这种做法提出关于权利和自由的某些激进的新概念。随后的政治哲学家也没有这么做。大多数时候，我们还是保留了以前的说法，只是把“不”这个词加入各处。我们绝大部分最宝贵的权利和自由，都是一个道德和法律整体框架（认为我们最初不应该拥有这些权利和自由）的一系列特例。

正式的奴隶制度已经被消灭，但是（每一个朝九晚五工作的人都能做证），一个人能够转让自己的自由，至少是暂时转让的想法，仍然存在。事实上，它决定了我们大多数人在醒着的时间，一般来说，不包括周末必须做的事情。暴力基本已经消失不见。[130] 但是这主要是因为我们已经不再有能力想象，一个基于不需要武器和监视带来持续威胁的社会约定建立起来的世界，会是什么样子。

08

信用货币与金银货币：历史周期的循环

金银货币是战争的附属品，而非和平交易的产物。

——杰弗里 · W. 加德纳

（Geoffrey W. Gardiner）

有人很可能会问：如果我们的政治和法律理念确实是以奴隶制的逻辑为基础，我们曾经又是如何废除了奴隶制的呢？当然，一个愤世嫉俗的人可以回答说，我们从来没有废除过奴隶制，只是给它换了种说法罢了。这个人会摆出这样一个论点：一个古希腊人肯定会看出，一个奴隶和一个负债的雇佣劳工的区别，顶多是一种法律上的细节。[1]但是，我们仍应当把废除正式的传统奴隶制，看作一项十分值得注意的成就，它究竟是如何实现的也是值得我们思考的问题，更何况历史上人类不止一次废除过奴隶制。如果考查一下历史记录，可以发现人类历史上奴隶制被多次废除（或有效地废除）。这是真正引人注目的事情。

比如说，欧洲的奴隶制很大程度上在罗马帝国崩溃之后的几个世纪里消失了——那些习惯于将这段时间称为“黑暗时代”开端的人很少认识到这一历史成就。[2]没有人能确信这是如何发生的。人们普遍认为，基督教的传播肯定对此有一定影响。但是，由于基督教教会本身从没有公开反对奴隶制，甚至在许多情况下为之辩护，基督教的传播不会是直接原因。与此相反，奴隶制的废除似乎有悖于当时的知识权威和政治权威的态度。不过它却发生了，而且有持久的效果。在民众层面，对奴隶制的厌恶十分普遍，以至于一千年以后，当欧洲商人开始试图重启奴隶贸易时，发现自己的同胞根本不赞同在他们本国蓄奴——这是种植园主最后不得不从非洲购买奴隶，然后在新世界设立种植园的一个原因。[3]现代种族主义（也许是近两个世纪中最大的罪恶）之所以需要虚构出来，很大程度上是因为欧洲人一直拒绝听从知识分子和法学家的论点。堂而皇之地奴役一个在他们看来完整而平等的人，是他们难以接受的。这真是历史的莫大讽刺。

此外，古代奴隶制的终结并不仅限于欧洲。值得注意的是，我们可以发现，就在相同的时间（约公元 600 年），印度和中国也正发生着同样的事情。经历了多个世纪的动荡和混乱，传统奴隶制几乎在这两个国家绝迹。这一切表明，历史性机遇的到来时刻，也就是有可能发生有意义的变革的时刻，它遵循一种明显，甚至周期性的模式。它穿越地理空间相互呼应，超出了我们既往的想象。过去有一种可以捉摸的形状，只有了解它，我们才能觉察出现今存在的历史性机遇。

虚拟与金属货币交替的历史周期

要让这些周期显露出来，最简单的办法就是重新审视我们在全书中关注的现象：货币、债务和信用的历史。一旦我们着手描绘贯穿欧亚 5 000 年历史的货币史，惊人的模式就开始浮现。就货币史而言，铸币的发明是最为重大的事件。铸币似乎独立地在三个不同地方发端，时间几乎是相同的。公元前 600—公元前 500 年，中国的华北平原、印度东北的恒河河谷及爱琴海沿岸地区都出现了铸币。这并不是因为发生了某种突然的技术革新：在每个地区，用于铸造最早的钱币的技术各不相同。[4] 铸币的出现是社会转型的结果。而这为什么恰恰是以这种方式发生的呢？这是一个历史之谜。但我们可以知道的是，出于某些原因，利迪亚（Lydia）①、印度和中国的地方统治者认为他们王国中长期存在的信用体系是有欠缺的。他们因此开始发行小块贵金属硬币，并鼓励他们的臣民在日常交易中使用。在此之前，金属大多铸成锭块，用于国际贸易。

这个创新从这些地方传播开去。在之后的一千多年里，各个地方的国家都开始发行各自的钱币。不过，正是到了大约600年奴隶制开始消失的时候，

---

① 利迪亚，铁器时代小亚细亚西部的小国。根据希罗多德的记载，利迪亚是世界上最先开始使用金币和银币的地方。后为罗马帝国所灭，成为其一个行省。——编者注

整个趋势突然发生了逆转。现金枯竭了，各地再次回归到信用货币。

如果我们看一看 5 000 年来的欧亚历史，可以看到明显的交替变化：在一段时期，信用货币占据主导地位，而随后黄金和白银成为主流——也就是说，至少很大部分交易是通过贵金属硬币的转手而进行的。

这究竟是为什么？战争看来似乎是最为重要的因素。暴力十分普遍的时期是金银货币的天下。关于出现这个现象的原因很简单。金银钱币有一个有别于信用安排（credit arrangements）的显著特征——它们可被盗窃。从定义上讲，一笔债既是一种信任记录，也是一种信任关系。而在商品交易中使用黄金或白银的人只需要确信其重量是否准确、品质是否优良和他人是否会接受它即可。在一个遍布战争、充斥着暴力威胁的世界（战国时代的中国、铁器时代的希腊和孔雀王朝之前的印度正符合这一状况），交易的简单化有明显的益处。士兵们则更需要用贵金属交易。一方面，他们总是会经手很多战利品。这些战利品大多包含黄金和白银。士兵们会千方百计把它们交易出去，换来更好的生活用品。另一方面，九死一生、转战四方的士兵正是高风险信用对象的典型。居住在同一个小山村社区的邻里，相互之间进行经济学家所设想的那种物物交换也许是荒谬的，但这样一个社区的居民若是与一个雇佣兵进行交易，采用金银顿时就是合情合理的了。

那么，在人类历史上，黄金或白银的锭块（不论是否带有印记）大多扮演了与当代毒品交易商的手提箱里所装满的无标记票据（unmarked bills）相同的角色：它是没有历史的物件，价值在于人们知道几乎在所有地方都可以用它来交换其他财货，而没有任何条件。因此，在社会相对平和的时期，或在信任网络之中（信用网络可能是国家创设的，但在多数时期，它的形式可能是跨国的机制，如商人行会或信仰团体），往往以信用体系为主。而在战争和掠夺十分普遍的时期，信用体系往往会被贵金属替代。此外，尽管掠夺性贷款在人类历史的每个时期都上演过，它导致的债务危机似乎只在货币最容易兑换为现金的时期造成最为有害的影响。

这里我根据虚拟和金属货币之间不断交替的情况，提出一个欧亚历史的断代，作为看清当前历史时刻大旋律的出发点。历史周期始于最早的农业帝国时代（公元前 3500—公元前 800 年），此时虚拟信用货币居于主导地位。

然后是我们在下一章中会述及的轴心时代（Axial Age，公元前 800—600 年）。在轴心时代，铸币兴起，人们普遍改用金属货币。虚拟信用货币在中世纪（600—1450 年）回归，这是第十章的内容。第十一章将要讲述接下来的一个周期——资本主义帝国时代。这个时代始于 1450 年，全球大规模地重新使用金银货币，直到 1971 年理查德·尼克松宣布美元与黄金脱钩时才能算是真正结束。它的终结标志着又一个虚拟货币阶段的开始。这个阶段才刚刚开始，它的终极轮廓必然还不可见。第十二章，也就是最后的一章，力图应用历史的洞察来理解这个时代可能意味着什么，又可能开启何种机遇。

美索不达米亚（公元前 3500—公元前 800 年）

在此之前，我们已经注意到了信用货币在美索不达米亚这一人类所知最早的城市文明中普遍流通。在巨大的庙宇与宫殿中，货币很大程度上起到的是记账单位的作用，而不是实际的转手。而且，商人和小贩还发展出了他们自己的信用安排。这些大多以泥板为物理形式出现，上面刻有某些未来偿还的义务，这然后又用黏土封装起来，上面盖上借款人的标志。出借人会保留这个包封，作为信物，到偿还时打开它。至少在一些时候或地方，这些封存的文件似乎发挥了我们今天所说的可转让票据（negotiable instruments）的作用。这是因为泥板里并不是简单地记录着借款人偿还出借人的承诺，而且还是针对“持有者”（bearer）的。换言之，一块记载着 5 舍客勒白银债务（按通行利率）的泥板，可以在流通中等同于一张 5 舍客勒的承付票（promissory note），这也就等同于货币。[5]

我们不知道这种泥板出现得是否频繁，通常会转手几次，有多少交易基于信用，商人是否频繁使用粗糙的金银锭块来买卖他们的商品，或者他们在什么时候最有可能这样做。所有这些无疑因时而变。承付票通常流通于商人行会或城市中相对富裕的邻里居民之间，因为他们相互足够熟悉，信任对方会履约。如果并不那么熟悉，他们可以通过更为传统的互助形式相互依靠。[6]

对于普通美索不达米亚人光顾市场的情况我们所知更少。我们只知道客栈老板在信用的基础上经营，叫卖小贩和市场货摊经营者很可能也是如此。[7]

利息的起源会永远难以捉摸，因为它早于书写的发明。在大多数古代语言中，指代利息的术语都是从某个和“后代”有关的词语中衍生出来的，这使得有些人猜测它起源于牲畜贷款，但这显得有点拘泥于字面意义了。最早普遍流行的有息贷款更有可能是商业上的：寺庙和宫殿会预先把一些物件交给商人，商人然后会前往附近的山地王国或远航海外，出售这些物件。[8]

这种做法值得注意，因为它暗示着上述两者之间根本上缺乏信任。毕竟，为什么不直接要求从利润中分一杯羹？这似乎更为公平（无论如何，破产回来的商人大多偿还手段很少），而且这种类型的利润共享合伙制在后来的中东成了十分普遍的做法。[9] 对此的解答也许是，利润共享合伙制通常是在商人或有类似背景与经验的人之间缔结，他们有办法了解到对方的行踪。宫殿或庙宇中的官员与游走四方的商人冒险家鲜有共同点，而且官员似乎一般认为，不能指望从远处归来的商人将他的冒险投机完全如实道来。如果设定一个利率，那么一个能言善道的商人，不管怎样捏造有关遭遇强盗、沉船或飞蛇、大象攻击的故事，都不能改变分毫。收益预先就固定好了。

巧合的是，这种借钱和撒谎之间的联系在历史上显得引人注目。希罗多德注意到，对于波斯人而言，“撒谎被看作最大的耻辱，其次是身负债务……这尤其是因为他们认为负债的人必然会撒谎。”[10]（然后，希罗多德记载了一个波斯人讲给他听的故事。这个故事是有关波斯人在印度所获黄金的来源的：他们从巨蚁的窝巢中偷取了黄金。）[11] 耶稣拿不饶恕人的恶仆所做的比喻则对这种联系开了个玩笑（“一万塔兰同？没问题，只要给我多些时间就行”），但即便在这里，我们也能够看到，由于无休无止的说谎，在宽泛的意义上，一个将道德关系视作债务的世界，虽然在某些方面是有趣的，但却必然是一个腐化、犯罪和罪恶的世界。

在苏美尔人的文献最早出现的时候，也许世界还没有到如此境地。不过，在那时，有息贷款乃至复利贷款的原则，已经为人们所熟悉。例如，在公元前 2402 年，拉格什（Lagash）① 国王恩美铁纳（Enmetena）的一块王室铭文（这是我们发现的最早的铭文之一）指责他的敌人、乌玛的国王占据一大片法律上原本属于拉格什王国的农田长达数十年之久。他宣布：通过计算那整片土地的租金及为此租金需要支付的利息（按年复利率计），得出乌玛王国现在欠拉格什王国 4.5 万亿升大麦。这个总额和之前那个比喻中的一样，是有意夸大了的，[12] 它只是发动战争的一个借口而已。不过，恩美铁纳想要每个人都知道，他清楚应该如何计算。

高利贷（这里指的是有息消费信贷）在恩美铁纳的时期也已十分完备，国王最终发动战争并取得了胜利。两年之后，刚得胜归来的他不得不发布另一条政令，普遍废除其王国内的债务。他后来以此为荣："他在拉格什王国创立了自由（amargi）。他让母子重逢，他废除了所有的利息。"[13] 这事实上是我们有记录的第一份废除债务宣言，也是"自由"一词第一次出现在政治文献之中。

恩美铁纳的文本在细节上有些模糊，但半个世纪之后，他的继承者乌鲁伊宁基那（Uruinimgina）在公元前 2350 年的新年仪式期间宣布大赦令。它的条款列得清清楚楚，成了大赦令的典型：废除所有未偿贷款及所有形式的债务奴役，甚至包括针对那些不能支付罚金或犯罪处罚的人。唯一例外的是商业贷款。

类似的宣言，在苏美尔人及后来的巴比伦人和亚述人的记录中反复出现，主题总是相同的：重建"正义和公平"，保护寡妇和孤儿，确保"强者不会欺凌弱者"——正如汉谟拉比在公元前 1761 年废除债务时所要说的。[14] 用迈克尔·赫德森的话说：

清除巴比伦金融债务的时间指定在春天庆祝新年期间。巴比伦的统治者监督"砸碎泥板"（也就是债务记录）的仪式，恢复经济的平衡，与其他自然事物一道，迎接新年新气象。汉谟拉比和随同他的统治者一道，举起火炬（这也许象征着正义的太阳神沙玛什，它被视为智慧而公平的统治者的向导）

① 拉格什，苏美尔城邦，位于今天伊拉克境内铁罗（Tellon），在幼发拉底河与底格里斯河相汇处的西北、乌鲁克城以东。——编者注

发出这些宣告。作为债务保证被质押的人获得释放，与家人团聚。另外一些负债者恢复了耕种他们固有土地的权利，而从所有累积起来的抵押留置权（mortgage liens）中脱身。[15]

在那之后的数千年中，各地农民革命所呼喊的要求都将以这份清单（废除债务、毁坏记录、重新分配田地）为标准。在美索不达米亚，统治者本人提起这种改革，似乎消除了动乱的可能性。他们这么做，体现的是革新宇宙的宏大姿态，他们重新创造了社会宇宙——在巴比伦，这就发生在国王扮演他的神马杜克（Marduk）重现它创造物质宇宙场景的仪式上。债务和罪恶的历史已经被扫除，世界将重新开始。但统治者们所认为的另一种结果也是显而易见的：世界陷入混乱，农民叛逃进入游牧行列。最终，如果社会继续分解，那么他们会回来蹂躏城市，将现存的经济秩序完全摧毁。

埃及（公元前2650—公元前716年）

埃及体现了一个有意思的对比，因为在历史上的多数时间里，它一直试图完全摆脱有息债务。

与美索不达米亚一样，从古代的标准看，埃及极为富庶，但也是一个封闭自足的社会，有一条河横穿沙漠。它比美索不达米亚要集权化得多。法老是一个神，国家和寺庙长老掌控一切：税收种类繁多，国家不时发放分配款、工资和报酬。在这里，货币同样明显是会计手段。基本单位是德本（deben），或者说“度量”——最初指的是谷物的度量，然后延伸到铜或银。有少数记录明确指出，这些材料在交易中通常不会拿出来称重量：

拉美西斯二世统治的第15年（约公元前1275年），一个商人向埃及人埃莉诺芙女士出售一个叙利亚女奴，价格（无疑是讨价还价之后的）定在4德本1基特（约373克）白银。埃莉诺芙收集了一些衣服和毛毯，价值2德本2又1/3基特，这在详细清单里有记录。然后她向邻居们借了各种物件——铜器、一罐蜂蜜、10 件汗衫、10 德本铜块，直到达到那个价格为止。[16]

商人多数是行商，不是外国人就是大地主的商业代理。不过，鲜有证据表明商业信用的存在，埃及的贷款很有可能仍然以邻里互助的形式出现。[17]

简而言之，在美索不达米亚，王宫和寺庙官员提供的有息贷款，很大程度上弥补了完整税收体系的缺失。在埃及，这一点并无必要。

实质性、可以依法执行的贷款，也就是会导致欠债者失去土地或家庭成员的那种，虽然有所记录，但似乎十分罕见——而且危害也小得多，因为这些贷款并不带利息。类似地，我们有时候确实会看到债务仆人，甚至债务奴隶，但这些看似只是非常现象，也没有迹象表明问题曾像在美索不达米亚和黎凡特（the Levant）那样经常性地演变成危机。[18]

事实上，在历史上的最初几千年中，世界似乎有很大不同，债务确实是“犯罪”问题，大多是被当作刑事问题处理的：

如果债户未能按时偿还债务，债主可以将他告上法庭。在法庭上，债户会被要求在一个具体日期还清债务。作为这一保证的一部分（债户要对此宣誓），债户也要发誓如果他在指定日期未能偿还，他要被打 100 记，和 / 或归还双倍的贷款。[19]

“和 / 或”是一个重要的细节。一笔罚金和一顿打没有正式的区别。事实上，誓言的所有目的似乎就是为惩罚行动创造理由，这与克里特岛上让借款者假装抢夺出借者的钱的习俗十分相近：这样的话，就可以以伪誓或盗窃的罪名惩罚债户。[20]

在新王国时期（公元前 1550—公元前 1070 年），有关市场的证据多了起来，但一直要到铁器时代，埃及并入波斯帝国前夜，美索不达米亚式债务危机才初现端倪。例如，根据希腊的资料记录，贝肯拉内夫（Bakenranef）法老（公元前 720—公元前 715 年在位）发布了一道法令，废除债务奴隶，取消所有未偿付的债务，因为“他觉得一个也许正要去前线为祖国作战的士兵，因为未偿还一笔贷款而要被债主送入监狱的事情是极其荒谬的”——这也应该是最早提及债务监狱的资料之一。[21] 托勒密王朝（也就是继亚历山大大帝之后统治埃及的希腊王朝）时期，不时地公布清理债务的石碑已经成为定例。以希腊文和埃及文写就的罗塞塔石碑是破解埃及象形文字的关键，这一点广为人知。不过，很少有人知道它到底在说什么。竖立罗塞塔石碑原本是为了宣告大赦，对象是债户和囚犯。那是公元前 196 年托勒密五世时期的事。[22]

中国（公元前 2200—公元前 771 年）

我们对于青铜时代的印度所知甚少，因为此时的印度文字我们还未能破解。早期中国的情况也差不多。我们所知的一点内容，大多是在后来的文字资料中零星搜集而来的。从中可以看出，早期中国的国家官僚化程度远远低于西方。[23] 那里没有集权的寺庙或宫殿体系，没有祭司和官员管理库房和记录收支，因此也就很少有创设一个单一、统一的会计单位的需要。与此相反，有资料表明中国走的是一条不同的路线，种类繁多的社会货币在乡间流行，在与外人交易时转为商业用途。

后来的资料回忆早期的统治者“使用珍珠和玉作为上好的支付手段，黄金作为中等的支付手段，刀和铲作为低级的支付手段”。[24] 这句话的作者所讲的只能是礼物货币。等级制的货币出现在王公诸侯赏赐其属下的时候，他们的属下理论上讲是自愿为他们效劳的。在多数地方，长串的贝壳货币脱颖而出，但即使如此，虽然我们经常听说“早期中国的贝币”，也非常容易找到用贝壳计量奢侈礼物的价值文本，但人们是否真的携带它们到市场上买卖东西向来没有定论。[25]

最有可能的解释是，人们确实会把贝壳带到市场上去做买卖，但市场本身长期以来都是微不足道的，因此贝币在市场上的作用，远没有社会货币的一般用途（作为婚嫁礼物、罚金、酬金和荣誉的象征）那么重要。[26] 不论如何，所有的资料都表明当时有多种货币流通。正如当代的古代货币研究的顶尖学者戴维·沙伊德尔（David Scheidel）所注意到的：

在秦统一中国之前，货币的形式多种多样，有贝壳（贝壳原物，或者是越来越多的青铜仿制品）、龟壳、一定重量的金块和银块（较少），以及最引人注意的铲刀和刀具造型的青铜工具货币。[27]

相互并不十分熟悉的人之间通常使用这些货币。为了记录邻里之间的债务，地方小贩的赊账或是与政府有关的事情，人们似乎采用了多种信用工具：后来的中国历史学家称最早的记事方法是结绳记事。这与印加的奇普（Khipu）记事法十分相像。然后用的是有凹口的木条或竹条。[28] 这些东西似乎比文字的出现要早得多，与美索不达米亚的情况相同。

我们既不知道中国最早是在何时出现有息贷款的，也不知道青铜时代的中国是否发生过类似于美索不达米亚的那种债务危机，但后来的文献有一些引人注目的暗示。[29] 例如，后来的中国神话将铸币的起源归咎于先王为减轻自然灾害的影响所创造的发明。一个西汉的文本记载道：

古代，在禹的时候发大水，在汤的时候干旱，一般人生活在水深火热之中，不得不相互借贷以获取食物和衣服。禹（帝）用历山的黄金为他的子民铸造钱币，汤（帝）也用到了燕山的铜。因此，天下人没有不说他们仁慈的。[30]

另外一些版本更直接。《管子》在中国早期成为政治经济学标准入门书，这部文集记载："有人甚至喝不上稀粥，他们不得不变卖子女。为了拯救这些人，汤铸造了钱币。"[31]

故事显然是不现实的（铸造的钱币真正出现至少要在 1 000 年之后），我们很难知道究竟是怎么一回事。这能反映一种子女被当作债务抵押而带走的记忆吗？表面上看，它似乎更像是在说饥饿的人直接卖掉他们的子女——这个做法在中国历史后来的某些时期会变得司空见惯。[32] 但是，把贷款和出售子女放在一起也是有意义的，尤其是考虑到亚洲的另一面此时此刻正在发生的事情。《管子》随后说明，这两位统治者创制了丰年在公共粮仓保留 30% 的收获，以备紧急时期发放需要的习俗，从而确保这种事情不会再次发生。换言之，他们开始设立政府性的储藏设施。而在埃及和美索不达米亚这类地方，这些设施最初是作为一种计数单位导致了货币的出现。

09

轴心时代
（公元前 800—600 年）

我们把这一时期称为“轴心时代”。非凡的事件在这一时期层出不穷。在中国出现了孔子和老子，哲学百家争鸣……在印度，这是《奥义书》和释迦牟尼的时代；与中国一样，所有哲学流派，包括怀疑论、唯物论、诡辩派和虚无主义，都是在这个时代成型的。

——卡尔·雅斯贝斯，《智慧之路》

铸币与军事力量的隐秘关系

“轴心时代”的说法是德国存在主义哲学家卡尔·雅斯贝斯创造的。[1] 在撰写哲学史的过程中，雅斯贝斯着迷于这样一个事实：像毕达哥拉斯（公元前570—公元前495年）、释迦牟尼（公元前563—公元前483年）和孔子（公元前551—公元前479年）这样的人物生活在几乎相同的时期；在这一时期的希腊、印度和中国，都突然出现了思想界百家争鸣的繁荣景象，当然，这三个地区明显互不相通，没有往来。为什么会发生这样的事？就像同时期为什么会发明铸币一样，一直以来都是一个谜。雅斯贝斯本人也没有给出完全令人信服的答案。他提出，从某种程度上说，这肯定是由于相似历史条件的影响。对当时大多数伟大的城市文明而言，铁器时代早期，各个帝国进入一种停滞状态。政治景观碎裂成了错综复杂的棋盘，小国和城邦林立，它们外部是接连不断的战争，内部则陷于持续的政治论争之中。三个地区都见证了某种类似于出世文化（drop-out culture）的发展，出现了出走荒原或游走于城市之间寻求智慧的苦行者和圣人。也是在这些地区，不论是希腊的智者、犹太的先知、中国的圣人还是印度的神人（holy men），最终都被重新吸纳到政治秩序之中，成了一类新的思想或精神精英。

雅斯贝斯称，不论何种原因，这种情形的结果是，出现了人类历史上第一个将理性探索的原则应用到解答人的存在这类重要问题之上的时期。他发现，世界上所有这些伟大的地区（中国、印度和美索不达米亚）都涌现了惊人类似的哲学流派，从怀疑论到理念论——事实上涵盖了几乎所有看待宇宙本质、心灵、行动和人类存在目的的立场，直至今日都是哲学的素材。正如雅斯贝斯的一个学生后来（略为夸张地）说的："从那个时期以后，再没有出现过真正新颖的观点。"[2]

在雅斯贝斯看来，这一时代开始于公元前 800 年前后的波斯先知琐罗亚斯德（Zoroaster）时期，终结于公元前 200 年前后，随后是一个以耶稣和穆罕默德这类人物为中心的心灵时代（Spiritual Age）。就我自己的目的而言，将两个时代合并到一起更为有用。那么，就让我们把轴心时代定义为公元前 800—600 年。[3] 这就使得轴心时代不仅仅见证了世界主要哲学流派的诞生，还见证了今日世界上主要宗教的诞生：琐罗亚斯德教、先知犹太教、佛教、耆那教、印度教、儒教、道教、基督教和伊斯兰教。[4]

细心的读者也许会注意到，雅斯贝斯的轴心时代（即毕达哥拉斯、孔子和释迦牟尼生活的年代），其核心的时段恰恰对应着发明铸币的时段。而且，世界上三个发明铸币的地方，正是那些圣人生活的地方；事实上，这三个地方成了轴心时代宗教和哲学创新的中心：中国黄河流域的王国和城市国家、北印度的恒河流域和爱琴海沿岸。

两者之间有何联系？我们也许可以先问：什么是硬币？通常的定义是，硬币是一块有价值的金属，被铸成标准的单位，刻上符号或标志作为认证。世界上最早的硬币似乎是公元前 600 年前后在西安纳托利亚（今土耳其）的利迪亚王国制造的。[5] 这些最早的利迪亚硬币基本上只是圆形的琥珀金块——帕克托罗斯河附近自然储藏的一种金银合金。它们被加热后打上某种记号。最早的一些硬币只印了很少的几个字母，似乎是由普通的珠宝商制造的。不过这些硬币很快消失了，取而代之的是在一个新建的王室造币厂铸造的硬币。安纳托利亚海岸的希腊城市很快开始打造它们自己的硬币。这些硬币又在希腊本土流通，公元前 547 年，波斯帝国吞并利迪亚之后也发生了同样的事情。

在印度和中国，我们可以观察到相同的模式：铸币起先是私人发明，很快就被国家垄断。印度最早的货币（大致出现在公元前 6 世纪）是裁切到统一重量，然后以阳文刻上某种官方标志的银块。[6] 考古学家发现的例子大多还有许多附加的阴文刻痕，据推测类似于一张支票或其他信用工具在转让前的背书。这强有力地说明，使用它们的人习惯于对付较为抽象的信用工具。[7] 中国早期的很多铸币也体现出从社会货币直接演化而来的迹象：有些实际上是贝壳样式的铸造青铜，而另外一些则是小型的刀具、圆盘或铲子的样式。但凡有货币出现，当地政府就会快速介入——大约在一个世代的时间里。[8] 不过，由于这三个地方都处于小国林立的状态，也就意味着三个地方都出现了不同货币体系并行的局面。例如，在公元前 700 年前后，北印度还处于小部落王国（Janapadas）——“部落林立”的状态，它们有些实行君主制，有些实行共和制，到公元前 6 世纪的时候仍然有至少 16 个主要王国。在中国，这是西周分化成多个相互争斗的诸侯国的时期（春秋时期，公元前 770—公元前 476 年），然后是群雄争霸混战的战国时期（公元前 475—公元前 221 年）。与希腊城邦一样，所有因此产生的王国，不论多么小，也都竞相发行它们自己的官方货币。

近些年的研究对产生这种情况的原因进行了很多讨论。金、银和铜（制造硬币的原料）一直以来都是国际贸易的媒介；但在那个时期之前，只有富人才拥有这些贵金属。一个普通的苏美尔农民一生中除了在婚礼上，也许根本没有机会接触到一块货真价实的白银。贵金属的形式有如贵妇人的脚镯和国王赐予臣下的传家酒杯，或者就是以锭块状简单地堆积在寺庙里，作为贷款的担保。出于某种原因，在轴心时代，所有这些都开始改变。正如经济史学家所乐于说的，人们开采了大量的白银、黄金和铜；它们不再只是宫殿和富贵人家的宝贝，而是流入寻常百姓的手中，从原来的锭块变成了更小的金属片，开始在日常的交易中流通使用。

这一切是如何发生的？以色列古典学家戴维·夏普斯（David Schaps）为我们提供了一个最为可信的解释：大部分贵重金属只不过是被偷走了。这是一个战火纷飞的时期，战争的本质就是掠夺珍贵的东西。

劫掠的士兵也许确实会先去抢女人、酒或食物，但他们也会四处寻找有价值而且易携带的东西。一支长期驻扎的军队倾向于积累许多有价值又可携带的东西——而最有价值又便于携带的物件便是贵金属和宝石。很有可能正是因为这些地区的国家之间连绵不断的战事，导致了一大群拥有贵金属，而且需要购买日常必需品的人的出现……

有人想买就有人想卖，这一点体现在有关黑市、毒品交易及卖淫的数不胜数的记录上……希腊的古朴时代（archaic age），印度的小部落王国和中国的战国时期持续不断的战争有力推动了市场贸易，尤其是基于（通常是少量的）贵金属交换的市场贸易的发展。如果说劫掠让贵金属流入士兵的手中，那么可以说市场使之在人群之中传播。[9]

现在，有人也许会反对：但毫无疑问，战争和劫掠并不是什么新鲜事。例如荷马史诗就对分配劫掠品体现出了几乎过度的兴趣。情况确实如此，但轴心时代时有一种新的军队出现，它并不由贵族武士和他们的家臣组成，而是由受过训练的职业军人组成。希腊开始使用硬币的时候也形成了著名的密集方阵战术，这需要长期的操练。其成果十分显著，以至于从埃及到克里米亚都在招募希腊雇佣兵。但与荷马所讲述的私兵不同的是，一支为数 5 000 人的训练有素的军队往往需要注意，而不能轻易忽视。也许可以给他们发放牲口，但牲口难于运输；或者给他们发放承付票，但这些票据在雇佣兵的本国可能一文不值。显而易见的解决办法，似乎就是允许每人拥有一小部分掠夺得来的战利品。

这些新的军队，直接或间接地处于政府的控制之下，而要让这些金属块变成真正的货币，也正需要依靠这些政府。主要的原因就是规模：要制造足够人们日常交易使用的硬币需要大规模的生产，这超出了地方铁匠铺的能力。[10] 当然，我们已经看到了它们为什么可能有兴趣这样做：市场的存在对政府而言十分便利，而且这还不仅仅在于它极大地方便了大型常备军的供给。政府规定只接受用它们自己的硬币缴纳的费用、赋税和罚金，从而压倒了国内已经存在的无数社会货币，并建立起统一的国家市场之类的建制。

事实上，有这样一种推测，即最早的利迪亚硬币本身就是发明用于支付雇佣军的。[11] 这也许可以解释，为什么养着众多雇佣军的希腊人那么快就习惯于使用硬币，也解释了为什么硬币在希腊世界普及得如此之快，以至于到公元前 480 年，在各个希腊城市中总共有至少 100 座铸币厂在运作——即便在那个时候，地中海的大型贸易国家对这些硬币还没有表现出丝毫的兴趣。比如说，腓尼基人被视为古代最伟大的商人和银行家。[12] 他们也是伟大的发明家，最早发明了字母和算盘。不过在发明铸币的数个世纪之后他们依然乐于继续照一直以来做生意的习惯，使用没有加工过的金属锭块和承付票。[13] 腓尼基的城市到公元前 365 年才开始铸造硬币。尽管腓尼基人在北非的重要殖民地，统治西地中海贸易的迦太基铸造硬币的时间更早一些，但它只是在“不得不以此支付西西里雇佣兵”的时候才这样做的；而且发行的硬币上印有迦太基语：“供军人使用。”[14]

另外，在轴心时代超常的暴力威胁下，作为一个“伟大的贸易国家”（而非一个像波斯、雅典或罗马那样的侵略性军事强国）终究会有落败的命运。腓尼基城市的命运很有启发性。最为富裕的西顿，在公元前 351 年的一场反叛之后被波斯皇帝阿达薛西三世（Artaxerxes III）摧毁。该城的 4 万居民据说没有投降，而是集体自杀了。19 年后，推罗在亚历山大的长期围攻下被摧毁，1 万居民战死，3 万幸存者被卖为奴隶。迦太基幸存的时间较长，但罗马军队最终于公元前 146 年摧毁了这座城市，成千上万的迦太基人被强奸和屠杀，5 万俘虏被带到拍卖区……随后，罗马人将整座城市夷为平地，把盐撒在它的田地上，防止它重新建立。

所有这些都可以体现出轴心时代的思想是在怎样在暴力之中发展的。[15] 但它也令我们想发问：铸币、军事力量及这场前所未有的思想大潮之间的关系究竟是什么？

地中海

最好的信息依然是从地中海世界获取的。我之前已经提供了它的一些轮廓。将雅典（它在地中海沿岸建立了广阔的海上帝国）和罗马来比较，我们就能立即发现它们惊人的相似之处。两者的故事都从一系列债务危机开始。在雅典，第一次债务危机的爆发，引发了公元前 594 年的索伦改革。那时，年代尚早，铸币几乎不会是其中一个因素。在罗马也是一样，最早的几次债务危机似乎发生于货币出现以前。不过，在雅典和罗马，解决的办法都是铸币。简单地说，这些债务上的冲突有两种可能的结果。第一种是贵族获胜，穷人继续做“富人的奴隶”——在现实中也就意味着大多数人会依附于某些富裕的主子。这种状况通常在军事上是没有效率的。[16]第二种可能是群众派系获胜，然后通常会开展土地再分配和防止债务奴役的群众运动，从而为自由农民阶级创造基础。这些自由农民的孩子然后又可以抽身参与军事训练。[17]

铸币对维持这种自由农民阶级起到了关键作用——保护他们所拥有的土地，不让他们因为债务关系而依附于大领主。事实上，很多希腊城市的财政政策只能算得上是一些精致的战利品分配系统。值得强调的是，古代的城市很少能（如果有的话）做到完全禁止掠夺性贷款，甚或债务奴役的。相反，它们通过扔钱解决问题。黄金，尤其还有白银，是在战争中获取的，或是由战争中俘获的奴隶开采出来的。铸币厂位于寺庙中（存放战利品的传统地点），城市国家分配硬币的方式多种多样。硬币不仅被分配给士兵、水手和那些生产武器或装备船只的人；还作为陪审团费用、参加公共集会的费用发放给一般民众；有些时候还是直接发放，就像雅典人在公元前 483 年于拉里姆的矿山中发现新的矿脉后所发生的著名举动。与此同时，规定国家只接受这种硬币保证了这些硬币会有充分的需求，市场不久就会发展起来。

古希腊城市中多次发生的政治危机类似地也导致了战利品分配。亚里士多德记载了另外一个事件，保守地陈述了公元前 391 年前后罗得城发生政变的原因（这里的“煽动政治家”指的是民主派的首领）：

> 煽动政治家需要付钱让人民参加集会和担任陪审员；因为如果人民不参加的话，煽动政治家们就会失去影响力。三桨战船指挥官与城市有契约，为罗得海军建造和装备三桨战船。他们通过克扣向他们支付的钱至少筹集了一部分他们所需的钱。由于三桨战船的指挥官没有拿到酬劳，他们就不能支付欠供应商和工人的钱，因而遭到控告。为了逃避这些诉讼，三桨战船的指挥官们联合起来推翻了民主制度。[18]

不过，是奴隶制使这一切成为可能的。西顿、推罗和迦太基的数据都表明，冲突可以产生相当多的奴隶。当然，很多奴隶最后会在矿山劳作，生产更多的金、银和铜。（据记载，拉里姆的矿山使用了 1 万 ~2 万名奴隶。）[19]

杰弗里·英厄姆将这种结果称为“军事—铸币合成体”，不过我认为称其为“军事—铸币—奴隶制合成体”会更准确。[20]不过不管怎么说，英厄姆的术语相当好地描述了这种体系在实践中的运作方式。亚历山大着手征服波斯帝国之际，借了许多钱用于支付和补给他的军队，然后铸造了他最早的硬币，用于支付他的债主。他还通过熔铸他一开始几场胜利中劫掠来的金银，源源不断地获取货币供应。[21]不过，一支远征军需要他付钱，而且数目不菲：亚历山大的军队有大约 12 万人，每天的薪水就要半吨白银。出于这个理由，征服波斯也就意味着现有的波斯采矿系统和铸币厂需要围绕满足入侵军队的需要而重组，而且古代的矿山当然是靠奴隶运作的。反过来，矿山中的奴隶大多是战俘。亚历山大围攻推罗城，该城不幸的幸存者们最有可能就是在这种矿山工作。从这里我们看到了这个过程是如何自我维持下去的。[22]

亚历山大还摧毁了残存的古代信用体系：因为除了腓尼基人，在古老的美索不达米亚腹地，人们也同样抵制新的硬币经济。他的军队不仅摧毁了推罗，还掠走了巴比伦和波斯神庙中的金银储备——它们的信用体系得以维持的保障。他规定向新政府缴纳的所有税金都要用他自己的货币。结果是“数个世纪积攒起来的硬币在一个月之内投入市场”，约有 18 万塔兰同，约合现在的 2 850 亿美元。[23]

亚历山大死后，他的将军们在从希腊到印度这片广阔的区域建立起了许多个希腊化的国家。这些国家使用雇佣兵，而不是国民军队，但罗马的故事（再一次）与雅典的故事相似。根据李维这样的官方史学家记载，罗马的早期历史是一段贵族和自由平民持续进行政治斗争，以及债务危机反复发生的历史。这些事件经常性地导致所谓的“平民独立”的时刻：城市民众离开他们的田地和厂房，在城外露营，威胁要发起全体叛乱——这介于希腊的群众反叛与在埃及和美索不达米亚通常出现的逃离策略（strategy of exodus）之间，十分有趣。在这种时候，贵族归根结底还是要面临抉择：他们可以选择使用农业贷款逐渐将自由平民群体变成依附在他们的地产上的劳动者阶层，或者可以选择接受民众所要求的债务保护，维持一个自由农阶层，然后让自由农家庭中的小儿子们参军。[24]危机、独立和改革的漫长历史清楚地表明，贵族是十分不情愿去选择的。[25]平民实际上不得不强迫贵族阶层选择帝国政策。他们做到了，并且逐渐主持建立了一个福利体系，至少将一部分战利品分配给士兵、退伍军人及他们的家庭。

就此而论，传统认为的罗马最早开始铸币的时间（公元前 338 年）与最终废除债务依附的时间（公元前 326 年）相吻合似乎意味深长。[26] 我们再一次看到，用战利品铸造的硬币并没有造成危机，而是被用于解决危机。

事实上，我们可以将鼎盛时期的罗马帝国理解为一个庞大的机器，吸收贵金属、铸币，然后分配给军队——这与旨在鼓励被征服地区民众在日常交易中接受硬币的税收政策相结合。即便如此，在罗马帝国历史的大部分时期，硬币的使用仍主要集中于两个地区：意大利和一些大城市，还有就是军团实际驻扎的边境。在既没有矿山也没有军事行动的地区，更为古老的信用体系很有可能在继续运作。

这里我还要最后做一些解释。不论是在希腊还是在罗马，试图通过军事扩张的手段解决债务危机问题，归根结底只是在回避问题——这个手段不可能永远有效。一旦扩张停止，一切都会再次分崩离析。事实上，甚至在像雅典和罗马这样的城市里，所有形式的债务奴隶是否完全消失过还并不明了。在那些军事上并不成功的城市，由于没有任何收入来源可以用来设立福利政策，债务危机每一个世纪大概都要爆发一次——而且这些城市的债务危机通常比中东的情况要尖锐得多，因为除了彻底的革命，它们没有宣布美索不达米亚式的清除债务的机制。很大的一群人，甚至在希腊世界，事实上也沦为奴隶和依附者。[27]

我们已经看到，雅典人似乎认为有身份的人是远离债主的。罗马政治家有所不同。当然，大部分的债是元老院贵族成员之间相互亏欠的：从某种角度讲，这只是富人之间通常有的共产主义，以非常低的条件相互借贷，而对于外人而言他们绝不会这样做。尽管如此，在共和国晚期，历史记录了多起由绝望的负债者发起的密谋。他们通常是贵族，在不留情面的债主的逼迫下，与穷人走上了同一战线。[28] 我们之所以在罗马帝国时期很少听到这种事情发生，很有可能是因为反抗的机会更少了；如果要说我们有的证据能够说明什么，只能说问题反而比先前要严重得多。[29] 在约公元 100 年，普鲁塔克这样描述自己的国家，仿佛它正遭受外国侵略：

国王大流士（Darius）把他的军官达提斯（Datis）和阿尔塔普列涅斯（Artaphernes）派往雅典城，他们携带镣铐，去绑缚他们应该带走的囚犯。于是这些高利贷者将满箱满箱的表格、账单和义务契约带到希腊，就像为可怜的罪犯准备的镣铐一样多……

他们一借出钱，就立刻要求返还，在放下钱的时刻又拿起；然后他们再出借，收取利息。

所以他们嘲笑那些认为不可能无中生有的自然哲学家，因为他们确实在用既没有也未曾有的东西获取孳息。[30]

早期基督教父的著作发出了同样的回响，对那些身陷富裕出借者罗网的人的悲惨和绝望有数不清的描述。最终，通过这种手段，自由平民所打开的自由的小窗又完全封闭了。自由农民几乎消失。在罗马帝国末期，并非完全是奴隶的乡下人，事实上也大多成了一些富裕地主的债务劳力；帝国的政令最终又将这个情形在法律上正式化，将农民绑定在土地上。[31] 没有了一个自由农民阶级作为军队的基础，国家被迫日益依赖于在帝国四境装备和雇用日耳曼野蛮人——其结果是众所周知的。

印度

在很多方面，印度文明都迥异于古代地中海文明，但令人惊讶的是，这里也有相同的基本模式在重演。

印度河谷的青铜时代文明于公元前1600年前后覆灭，直到1 000年后才出现了另外一个城市文明。这个文明以向东流走的恒河周边肥沃的平原为中心，这里我们首先也是看到了不同种类的政府林立，从著名的“刹帝利共和国”（Ksatriya，以全民皆兵和城市民主集会为特征）到选举制君主国，再到柯撒拉（Kosala）和摩揭陀（Magadha）这样的集权帝国。[32] 乔达摩（即后来的佛陀）和尊者大雄（Mahavira，耆那教创始人）都出生于某个共和国，不过两人最终在更大的帝国传播教义。这些大帝国的统治者通常成了流浪的苦行僧和哲学家的资助者。

王国和共和国都生产它们自己的银和铜铸币。但从某些方面来说，共和国更为传统，因为自治的“武装人口”由传统的刹帝利（武士阶层）组成。他们往往共享土地，让农奴或奴隶耕作。[33] 另外，王国则建立在一个全新的制度之上：一支训练有素的职业军队，向各种背景的年轻人开放；士兵的武器由中央政府供应（他们进城时必须寄存武器和铠甲），薪水给得也十分慷慨。

然后，同样在这里，不论最初是如何起源的，硬币和市场涌现出来，首要就是为了供养战争机器。摩揭陀王国最终能够脱颖而出，很大程度上是因为控制了大多数矿山。摩揭陀王国之后是孔雀王朝，它的重臣之一考底利耶（Kautilya）写了一部政治论著《政事论》（*Arthasastra*），其中就明确讲到了这个问题：“国库的基础是矿山，军队的基础是国库；同时掌控军队和国库者能够征服整个地球。”[34] 政府首先从有土地的阶层吸收人员。这个阶层为政府提供受过训练的官员，甚至还有全职士兵：每个位阶的士兵和官员，薪水都有细致的规定。这些军队可能十分庞大。希腊的资料显示，摩揭陀能够在战场上投入 20 万名步兵、2 万匹战马和大约 4 000 头大象的军力——亚历山大的士兵纷纷哗变，不敢与他们交锋。不论在战场还是要塞，不可避免地会有各种人随着军营流动——小商贩、妓女和受雇用的仆人。这些人和士兵一道成为现金经济最初形成的媒介。[35] 到了考底利耶的时代，也就是再过几百年，国家便介入了这个过程的每个方面：考底利耶建议表面上慷慨地给士兵发放薪水，然后秘密地用政府人员代替小商小贩，这样就可以对补给品收取两倍于常规的价格。卖淫也由一个部门组织。妓女在这个部门可以接受间谍训练，从而可以向政府详细报告她们的客人是否忠于国家。

正是这样，起源于战争的市场经济逐渐由政府接手。这个过程非但没有阻止货币的传播，反而将传播效果扩大了两倍，乃至三倍：军事逻辑延伸到了整个经济体，政府有系统地设立了谷仓、厂房、贸易所、货栈和监狱。都由带薪官员经营，在市场上出售产品，从而回收向士兵和官员支付的银币，把它们再次放回王国的国库。[36] 这样做的结果是使日常生活货币化，这样的情形再次出现是 2 000 年后。[37]

奴隶制也发生了某种类似的变化。大型军队的兴起总是伴随着奴隶制，但这逐渐也被置于政府的控制之下。我们再一次看到，这不同于印度历史上其他任何时期。[38] 在考底利耶的时代，多数战俘并没有在市场上出售，而是被分配到政府的村庄，耕种政府新近收回的土地。他们不得离开，而这些政府村庄，至少根据其规则来看，是极其乏味无聊的地方：这真正是劳动集中营，政府禁止了所有形式的节日娱乐。奴隶雇工（Slave hireling）是最常见的罪犯，政府在他们服刑期间租用其劳动力。

既然有了军队、间谍和掌控一切的管理部门，新的印度国王对旧的神职阶层及吠陀习俗表现出很少的兴趣——尽管他们中很多一直对当时似乎遍地开花的新的哲学和宗教思想保持着浓厚的兴趣。不过，随着时间的推移，战争机器开始出现故障，情况何以至此我们并不清楚。到了阿育王（公元前273—公元前232年）的时候，孔雀王朝控制了几乎今日印度和巴基斯坦全境。但印度版本的军事—铸币—奴隶制合成体已经明显显出疲态。也许最明显的标志就是硬币被降低成色，这使王国的铸币在约两个世纪中从几乎纯净的银币转变为含铜量大约50%的铜币。[39]

众所周知，阿育王在征服中开始了他的统治：公元前265年，他摧毁了最后残存的印度共和国之一羯陵伽（Kalingas）。根据他自己的描述，在这场战争中，数十万人被杀或沦为奴隶。阿育王后来称这次屠杀的阴影一直萦绕心中，挥之不去，这使得他宣布完全停止战争，皈依佛教，并宣称从此以后他的王国会根据不杀生（ahimsa）或非暴力的原则来统治。“这里，在我的王国，”他在首都巴特那的一块巨型花岗岩上刻下了这样一条法令，“不可杀生或用活物祭祀。”[40] 这让希腊大使麦加斯梯尼（Megasthenes）大为吃惊。这样一个声明显然不能过于从字面上理解：阿育王确实可以用素宴替代祭祀仪式，但他没有废除军队、死刑，甚至没有废除奴隶制。但他的统治标志着国家气质的革命性变化。阿育王停止了侵略性的战争，还似乎遣散了很多军队及间谍网络和国家官僚。同时，政府支持新的、充满生命力的行乞僧侣（佛教徒、耆那教徒和同样排斥俗世的印度教徒）在乡村就社会道德问题讲经布道。阿育王和他的继任者将大笔资源拨给这些宗教僧人，结果在接下来的几个世纪里，印度次大陆上建起了成千上万座佛塔和寺院。[41]

我们在此仔细关注阿育王的改革是有益的，因为这些改革可以帮助我们发觉我们的一些基本假设是多么错误：尤其是货币等于硬币，流通中硬币越多意味着商业活动越多、自由商人越重要这个假设。在现实当中，摩揭陀政府推进了市场的发展，但对自由商人一直心存疑虑，很大程度上将他们看作竞争对手。[42] 而商人是新宗教最早和最热切的支持者（禁止杀生的原则在耆那教中执行得十分严格，这几乎使耆那教徒成了商人阶层）。商业利益完全支持阿育王的改革，但其结果是，日常事务中使用的现金并没有增加，反而减少。

佛教早期的经济态度一直以来都被认为有点神秘。一方面，僧人不能拥有个人财产；按宗教规定他们应该过艰苦的清心寡欲的生活，个人最多只能拥有一件道袍和乞讨用的钵。他们的行为受到严格的限制，乃至触碰任何金或银做的东西都是被严格禁止的。另一方面，不论他们对贵金属多么警惕，佛教一直对信用安排持开放态度。它是世界主要宗教中少数几个从未正式谴责过高利贷的宗教之一。[43] 不过，如果考虑到时代背景，这一点也就没有什么特别神秘之处了。一项宗教运动完全可以既排斥暴力和军事主义，又不反对商业。[44] 我们后来将会看到，尽管阿育王自己的帝国没能延续多久就被许多更为弱小的国家所取代，但佛教却在印度生根。王国大军的衰微最终导致铸币几乎绝迹，但与此同时，日益复杂的信用形式却获得了真正的繁荣发展。

中国

在大约公元前 475 年之前，中国北部名义上还是一个帝国，但帝国的君主已经成了傀儡，出现了一系列事实上的王国。公元前 475 年到公元前 221 年被称为“战国时期”，此时连名义上的统一也已经被公然抛之脑后。最后，秦国统一中国，但秦王朝很快就被一系列大规模农民起义推翻，随后汉朝建立（公元前 206—220 年）。汉朝的创建者刘邦原本是默默无闻的地方亭长，后来成为农民领袖。他是中国第一位采用将要延续近 2 000 年之久的儒家学说、察举制度和民事管理模式的统治者。

尽管如此，统一之前的混乱时期依然是中国哲学的黄金时期，这也遵循了标准的轴心时代模式：同样有破碎的政治格局，同样有受训练的职业军队的兴起，也同样有大量铸币用于支付军人的薪水。[45] 我们也可以看到政府政策同样旨在鼓励市场发展，传统奴隶制达到了中国历史上空前的规模，四处游历的哲学家和宗教幻想家纷纷出现，百家争鸣，最终政治领袖试图将新的哲学转变为国家宗教。[46]

显著的区别也是有的，我们不妨从货币体系说起。中国从来没有铸造过金币或银币。商人使用锭块状的贵金属，而实际流通中的硬币基本上是小额零钱：型铸的铜钱，中间通常有一个孔，便于串在一起。这样的一串串“现金”产量巨大，对于大规模的交易需要聚集非常多的铜钱：例如，如果富豪希望向寺庙捐款，他就需要用牛车运钱。最为可信的解释是，尤其是在统一以后，中国军队的人数虽然极其庞大（一些战国群雄的军队就超过百万人），但与在其西面的那些王国比，却算不上职业化，报酬也不丰厚。从秦汉时代起，统治者们都小心地确保这种情况维持下去，以避免军队成为独立的权力基础。[47]

另一个显著的区别是，中国的新宗教和哲学运动从一开始便是社会运动。在其他地方，新的宗教和哲学运动是逐渐转化为社会运动的。在古希腊，哲学起源于对宇宙的思索；哲学家更多地以个人形式出现，也许会有少数几个热切的学生追随他，他们便成了一切运动的创始人。[48] 在罗马帝国，像斯多葛派、伊壁鸠鲁派和新柏拉图派这样的哲学学派确实成了某种运动：它们各自拥有数千名受过教育的追随者，这些人不仅仅通过阅读、写作和辩论，甚至还通过冥想、节食和锻炼来“践行”哲学。从这个意义上说，它们确实算得上是运动。尽管如此，哲学运动基本上仅限于民众中的精英；只有随着基督教和其他宗教运动的兴起，哲学才超越了这个范围。[49] 在印度也能看到类似的发展。从个体的婆罗门厌世者、森林里的隐居圣人和游走的托钵僧人（他们有着各自的有关灵魂本质或物质宇宙构成的理论）发展到诸如佛教、耆那教、邪命外道（Ajivika）和其他早已被人忘却的宗教，到最后的群众宗教运动，成千上万的僧侣、神殿、学校和世俗信奉者网络涌现出来。

在中国，尽管战国时代繁荣的诸子百家的创始人中，有许多是四处游历的圣人，在列国之间来回穿梭，试图让君主采纳他们的建议，但也有另外一些学派的创始人从一开始就是社会运动的领袖。这些运动有的甚至没有领袖，比如“农家”①，此派出自上古管理农业生产的官吏。他们着手在群雄割据的夹缝中创建平均主义的社区。[50] 似乎以城市手工业者为社会基础的“墨家”是平均主义的理性主义者，他们不仅在哲学上反对战争和军事主义，而且还有一大批从事武侠者，称“墨侠”，他们通过自愿参与抗击攻击一方而积极地阻止冲突。即便是“儒家”，不论它对宫廷仪礼多么看重，最早也是因其普及教育的努力而闻名的。[51]

唯物论 1：追逐利润

我们应该如何理解这一切呢？这个时期的民众教育运动也许能提供一个线索。在轴心时代，识字不再是神职人员、官员和商人的专利，而是完整地参与公民生活所必需的——这是有史以来的第一次。在雅典，人们普遍认为只有土包子才不识字。

如果读写能力没有大规模普及，那么智力运动和轴心时代观念的大规模传播都将是不可能的。到了轴心时代末期，甚至连袭击罗马帝国的野蛮人军队领袖也觉得必须在三位一体奥义（Mystery of the Trinity）的问题上采取立场，而中国僧人则会花费大量时间对经典印度佛教的 18 个门派的相对优劣展开辩论。

市场的发展无疑发挥了一些作用。市场不仅使人脱离了众所周知的等级或社团的桎梏，而且还鼓励了某种理性计算，衡量投入与产出、手段与目的的习惯。所有这些都必然在与此同时同地出现的新的理性探求精神中有所体现。我们甚至可以用“理性的”（rational）一词略窥端倪：它当然是从

① 农家，又称“农家流”，是先秦时期反映农业生产和农民思想的学术流派，奉神农为祖师，祖述神农，主张劝耕桑，以足衣食。——编者注

ratio“比率”（如X中有多少算为Y）一词衍生出来的。比率是一种数学运算，之前主要是建筑师和工程师在使用，但随着市场的兴起，每个不想在交易中受欺骗的人都必须学习如何进行这个运算。不过，我们此处可要慎重，毕竟货币本身并不是什么新鲜事物。苏美尔的农民和商人早在公元前3500年就能够十分自如地进行这种计算；但就我们目前所知的而言，还没有人像毕达哥拉斯那样对此有如此深刻的印象，以至于断言数学比率是理解宇宙本质和天体运动的关键，所有东西在终极意义上都由数字构成——他们当然也就没有组成分享这种理解，进行相互辩论、清洗和排斥的秘密社团。[52]

为了理解发生了什么变化，我们需要再一次考察在轴心时代之初出现的那种类型的市场：非人格市场。它是战争的产物，在这样一个市场中，即便是邻居，也可能被当作陌生人对待。

在人类经济体中，我们假定人的动机是十分复杂的。一个领主给家臣礼物，我们没有理由怀疑这确实是由一种使那个家臣受益的真切欲求所带动的，即便这同时也是确保忠诚的策略举动，以及一种意在提醒其他人，他大而家臣小的张扬行为。这里并没有矛盾的感觉。与此类似，平等的人之间送礼通常也充满了许多层的情感：爱、嫉妒、骄傲、怨恨、团结或者其他种种。揣度这些情感是日常娱乐的一种主要形式。不过，最为真实的动机必然也是最为自私的动机在这里是说不通的：那些揣测行动中暗含动机的人很有可能假设某人正在暗中试图帮助一个朋友，或者损害一个仇人，从而为他人或自己获取某种利益。[53]这些揣测在早期信用市场兴起的过程中很有可能未曾发生多大的改变。在早期的信用市场中，借条的价值非常依赖于对开票者性格、可支配收入的评估，也不可能完全撇开爱、嫉妒、骄傲等动机。

陌生人之间的现金交易与此不同。在战争的背景之下，应处置战利品和供应士兵需要而生的交易更是两种面貌，因为此时最好不要询问所交易的物件是从哪里来的，而且也没人有意发展人际关系。这里，交易确实变成了简单的计算：多少X可以换成多少Y。人们计算比率、估计质量，然后试图达成最好的买卖。这导致在轴心时代出现了一种新的思考人类动机的方式，各种动机有了激进的简化，人们得以开始讲“利润”和“利益”之类的概念——并且假定这就是所有人在生存的每个方面真正在追求的。战争的暴力或者市场的非人格性仿佛让人们抛开了他们曾为其他东西所牵挂的表象。反过来，正是这个事实使人类生活似乎可以归结为手段与目的的计算。因此，研究人类生活与研究天体相互吸引和排斥的手段并无二致。[54] 如果他们的假设与当代经济学家的十分相似，这并非巧合——差别仅在于，在一个货币、市场、国家和军事事务都有内在联系的时代，国家需要货币去支付军队开支、捕获奴隶、开采金矿、生产钱币；当“割喉式竞争”（cutthroat competition）确实涉及割断敌人的喉咙时，不会有人设想可以通过和平的手段达到自私的目的。当然，这幅将人性描绘得极其凶残的图景的确开始以惊人的一致性出现在整个欧亚大陆——那些只要我们还能同时发现铸币和哲学的地方。

中国提供了一个非常明显的典型案例。早在孔子的时代，中国思想家们就已经说过，逐利是人类生活的驱动力。他们用的词是“利”，这个词最早用来指人在田里播下种子后，收获了更多种子（这个字的象形字象征的是一束小麦在一把刀的旁边）。[55] 从这个意思中，它引申出了“商业利润”的意思，因此也就成了“利润”或“回报”的统称。下面这个故事精彩地展现了这个进程。它讲的是商人之子吕不韦在得知一位被流放的太子就住在其附近时的反应：

> 在回家的路上，他问父亲：“犁地的回报是多少？”
>
> “十倍。”父亲回答道。
>
> “投资珍珠和玉呢？”
>
> “百倍。”
>
> “那如果是扶植一个统治者，掌控国家呢？”
>
> “那可就无法计算了。”[56]

吕不韦选择了为太子效劳，最终助其成为秦国的国王，自己后来则成了国王的儿子秦始皇的丞相，辅佐他击败其他战国群雄，使其成为中国第一位皇帝。吕不韦为这位新的皇帝编纂了一本有关政治智慧的集子《吕氏春秋》，其中对军事提出了如下建议：

一般情况下，如果敌军来袭，他们是在寻求某些利益。现在，如果他们前来侵犯，却发现必死无疑，就肯定会将逃跑看作最有利的事情。如果所有敌人都将逃跑看作最有利的事情，也就不需要大动干戈了。

这是军事事务中最根本的要点。[57]

在这样一个世界中，不论是以尊严和荣誉为准则的英雄主义行为、对神祇的虔诚，还是复仇的欲望，充其量不过是容易被操纵的弱点。在当时写就的许多讨论治国方术的手册中，所有东西都被看作关于发现利益、好处，计算如何平衡统治者的利益与老百姓的利益，以及决定统治者利益与人民利益是否冲突的问题。[58]政治学、经济学和军事战略的术语（“投资收益”“战略利益”）在这些著作中混合交织在一起。

战国时期占据主导地位的政治思想流派是“法家”。法家认为，就治理国家而言，唯一要考虑的是统治者的利益，即便统治者公开承认这一点可能是不明智的。不过，群众是容易被操纵的，因为他们有着相同的动机。商鞅写道，人民追逐利益是完全可预测的，就像水往低处流一样。[59]商鞅比多数法家人士都要严酷，因为他认为普遍的繁荣最终会损害统治者动员人民参与战争的能力。所以，治理的最有效工具是酷刑。但即使是他，也仍然坚称政权应当披着法律与正义的外衣出现。

凡是出现军事—铸币—奴隶制合成体的地方，我们都可以发现鼓吹类似观念的政治理论家。考底利耶也是如此，其著作的标题“政事论”，通常因为它包含了对统治者的建议，而被译为“治国手册”；但它最字面的翻译是“获取物质利益的科学”。[60]和法家一样，考底利耶强调了政府需要创造一个借口，即治理是关乎道德和正义的问题；但在向统治者本人提供建议时，他认为“战争与和平只是从利益的角度考虑的”——聚敛财富打造一支比别国更为有效的军队，用这支军队统治市场、控制资源、聚敛更多的财富，如此反复。[61]在希腊我们已经看到有斯拉雪麦格。希腊的确有些许差别。希腊城邦没有国王，私人利益和国家事务一旦崩溃，这样的国家一般会被谴责使用暴政。尽管如此，这实际意味着城邦乃至政治派系最终也同印度和中国的政权一模一样，根据冷酷的算计行事。在修昔底德《弥罗斯人对话》

中，雅典将军向原来的一个友好城邦的民众宣布了推理十分讲究的论据，解释为什么如果这些民众不愿成为缴纳贡金的国民，雅典人认定可用集体屠杀来胁迫这些人符合自己帝国的利益，以及为什么服从雅典人统治同样也符合弥罗斯人的利益。任何读过《弥罗斯人对话》的人，对事情的结果想必是一清二楚的。[62]

这份文献的另一个惊人特征是它坚定地坚持唯物论。男神和女神、魔法和神谕、祭祀仪式、祖先崇拜，甚至等级制的种姓和礼仪制度，或是完全消失，或是被边缘化。它们不再被当作目的本身来对待，而只是一些用于获致物质利益的工具。

热衷于创造这种理论的知识分子，赢得王储的欢心是不足为奇的。而同样不足为奇的是，其他知识分子因为强烈感受到这种犬儒主义的冒犯，在民众运动中找到了共同的目标，不可避免地组织起来反对那些王储。但通常情况下，居于反对派立场的知识分子面对两个选择：或是采用盛行的术语进行论辩，或是产生逆转。墨家的创始人墨翟采取了第一种进路。他将“利”转变成某种更接近于“社会效用”的概念，然后尝试证明，战争本身——就其定义而言，就是一项无利可图的活动。他写道，例如，只可以在春天和秋天打仗，但不论春秋，战争都会产生极为有害的结果：

> 如果在春天打仗，那么人民就会错过播种和种植；如果在秋天，他们会错过收割和收获。即便只是错过了一个季节，因为寒冷和饥饿而死亡的人数都无法估量。现在让我们再来算算军队的装备，弓箭、战旗、帐篷、铠甲、盾牌和剑柄，这些会破损和消耗而无法再次使用的东西有多少……同样还有牛和马的数量……[63]

他得出的结论是：如果加总算出战争在人的生命、动物的生命和物质损害上的所有成本，就必须承认成本绝不会大过收益，即便对于胜者而言，也是如此。事实上，墨子将这种逻辑推进到非常远，并最终断言人类总体福利最优化的唯一方式是完全停止追逐私利，而采用他所说的“兼爱”的原则。这实质上也就是说，如果用市场交换的原则推理到它的逻辑终点，只能得出一种共产主义的结论。

儒家采取了相反的进路，反对最初的假设。孟子见梁惠王时所说的人们耳熟能详的开场白是一个很好的例子：

“老先生，”梁惠王向他致意，“你不远千里而来，一定有什么对我的国家有利的高见吧？”

孟子回答道：

“大王！何必说‘利’呢？只要说‘仁义’就行了。”[64]

虽然如此，结论与墨子是大致相同的。儒家的“仁”的理想基本上只是比墨子“兼爱”更为完整地倒转了利益计算——主要的差别在于儒家对计算本身有某种厌恶感，更倾向于依照礼义行事。道家后来做得更绝，信奉直觉和自发性。有许许多多思想家尝试为市场逻辑提供相对应的镜像。不过，镜像归根结底与市场逻辑没有区别，只不过方向颠倒了罢了。不久，我们就有了无数令人眼花缭乱的成对反义词——利己主义对利他主义、利润对慈善、唯物论对唯理论、计算对自发性——这些如果没有纯粹的、算计的、自利的市场交易为出发点，是不可能被想象出来的。[65]

唯物论 2：物质

临近死亡之时，轻视这可怜的肉体吧，那只是血液和骨头组成的垃圾，一种神经、静脉和动脉的网状结构。

——马可·奥勒留，《沉思录》2.2

文爽可怜饿狼，对它说：“我并不怜惜这副臭皮囊。我把它给你，这样也许我能很快得到一个更具持久力量的躯体。我这一捐赠，对你我双方都有利。”

——《论净土》（*Discourse on the Pure Land*）21.12

前文已提及，中国有点不同寻常，因为在那里，哲学发源于对伦理的辩论，后来才转向对宇宙本质的探讨。在希腊和印度，都是宇宙论的探讨先出现。而且在这两个地方，有关物理宇宙本质的问题很快让位于有关心智、真理、意识、意义、语言、幻觉、世界精神、宇宙智慧及人类灵魂命运的探讨。

这些异常混乱的镜像过于复杂和炫目，以至于要辨别出它们的起点出奇困难——人们究竟在反复思考什么？这里可以用上人类学，因为人类学家独特的优势在于能够观察那些之前并不处于这些对话之中的人，第一次接触到轴心时代的概念，会有什么反应。我们时而能看到清晰异常的时刻：这些时刻揭示出我们自己的思想之实质，几乎与我们想象的完全相反。

在新喀里多尼亚（New Caledonia）传播福音多年的天主教传教士莫里斯·利恩哈尔特（Maurice Leenhardt）在 20 世纪 20 年代经历了这样一个时刻。当时他问他的一个学生、年长的雕刻师比欧苏（Boesoou）在接触到了灵魂观念后是何种感受：

> 有一次，在等待对我传教多年的这个肯纳卡人（Canaques）的心智水平进行评估的时候，我冒险问了这么一句："总之，我们将灵魂的概念引入到你们的思考方式中去了吧？"
>
> 他表示反对："灵魂？呀！你们没有把灵魂带给我们。我们早就知道灵魂是存在的，而且一直以来都根据灵魂行事。你们带给我们的是躯体。"[66]

人有灵魂的观念似乎对于比欧苏而言不言自明。而传教士告诉他，除了灵魂，还有一种叫作"身体"的东西，只不过是神经和组织的物质集合。不论这个身体是灵魂的监狱，抑或身体的衰亡能够意味着灵魂获得荣耀和释放——这个观念在他看来是完全新颖和外来的。

那么，轴心时代的精神性是建立在唯物论的基础上的。我们几乎可以说，这是它的秘密，也就是说，我们已经看不到这一点了。[67]但如果我们观察一下希腊和印度哲学探究的最开始（也就是我们现在所说的"哲学"和"科学"之间还没有分别的时候），我们能够看到的正是这一点。如果我们称其为"理论"，它是从这样的问题开始的："世界是由什么物质构成的？""世界万物的物理形态背后潜藏着什么物质？""所有东西是不是由一些基本元素（土、气、水、火、石、动作、心智、数字等）的不同组合构成的，或者这些基本元素是否只是一些更为基本的物质（例如正理派和后来德谟克利特提出的原子粒子……）的表现形式？”[68]在各个案例中，上帝、心智和圣灵的某种概念也出现了，它们本身不是物质，但却是形成物质的某种积极的组织原则。但这种灵魂，就像利恩哈尔特的上帝一样，只在涉及无生命物质时才会出现。[69]

将这种冲动与铸币的发明联系起来似乎有些牵强，但至少就古典学界而言，相关的学术著作却逐渐浮现出来——最早的哈佛大学文艺理论家马克·谢尔（Marc Shell）的成果，还有近些年英国古典学家理查德·西弗德（Richard Seaford）的《货币与早期希腊人的心智》（*Money and the Early Greek Mind*）一书，都意图说明这两者之间的联系。[70]

事实上，有些历史上的联系异常紧密，让我们难以用其他方式对其进行解释。让我举一个例子。在大约公元前600年，利迪亚王国铸造了最早的一批硬币之后，铸币的做法很快传到了相邻海岸的爱奥尼亚（Ionia）的希腊城市。在这些城市中，最大的是拥有城墙的大都市米利都（Miletus），它似乎也是最早开始铸造自己的硬币的希腊城市。在当时同样也是爱奥尼亚提供了大部分在地中海活跃的希腊雇佣兵，米利都则是他们实际的总部。米利都也是这个地区的商业中心，而且也许还是世界上第一座主要使用硬币（而非信用）进行市场日常交易的城市。[71]与此对应，希腊哲学的三位始祖分别是：米利都的泰勒斯（Thales，约公元前624—约公元前546年），米利都的阿那克西曼德（Anaximander，约公元前610—约公元前546年）和米利都的阿那克西美尼（Anaximenes，约公元前585—约公元前525年）——换言之，他们都生活在这座城市，年代正是它最先引入铸币的时候。[72]他们都是因为主要探讨产生世界的物理物质的本质而被人们铭记。这个本质，在泰勒斯看来是水，在阿那克西美尼看来是空气，阿那克西曼德则造了一个新的术语——元质（apeiron），意思是“无限之物”，是一种纯粹抽象的物质，人无法感知其本身，但它却是所有人可以感知的所有东西的物质基础。不过他们都假设这个太初的物质，通过加热、冷却、混合、分割、压缩、延展或推动，产生了人现实中遇到的无数种具体的器物和物质，它们构成了物理的对象。而所有这些物质形式最终又会转化归于太初的物质。

这是某种可以变成一切的东西。而正如西弗德所强调的，货币也是。铸造成硬币的黄金是一种物质实体，但也是一种抽象。它既是一块金属，又是某种超乎一块金属的东西——它可以是 1 德拉马克或者是 1 奥波尔，也就是一个单位的货币。至少只要攒有足够的数量，在正确的时间将之带到正确的地点，交给正确的人，就能换来其他任何东西。[73]

在西弗德看来，硬币真正的新颖之处在于它们的两面性，也就是它们还不仅仅是有价值的金属块。古代硬币，至少在打造它们的社区里，通常比它们所含黄金、白银或铜的成分价值更高。西弗德用一个有些生涩的术语“信用性”（fiduciarity）指代这个额外的价值。这个词源于指代公共信用的术语，指的是一个社团对其货币的信心。[74] 确实，在古希腊盛期，数百个城邦根据许多不同的重量和面额体系生产不同的货币时，商人确实经常携带天平，把硬币（尤其是外国硬币）当作一堆银块处理，印度商人也是这样对待罗马人的硬币的；但在城市里，本城的货币有特殊的地位，因为居民可以用它的面值支付税费或法律惩罚。这恰巧是古代政府为什么经常能够在硬币中掺入劣等金属却没有立即引起通货膨胀的原因；成色降低了的硬币可能在境外交易中失去价值，但它在本土被用来购买许可证或者公共剧院的门票时，价值仍然与以前相同。[75] 这同样是希腊城邦在公共危机之际不时会铸造完全是铜或锡质的硬币，而每个人都会同意，只要危机延续，就把这些硬币当作真的银币一样对待。[76]

这是西弗德关于唯物论和希腊哲学论述的关键。一个硬币是一块金属，但通过打造出特定的形状、印上字和图像，公民群体就同意把它看作不只是一块金属的东西。不过这个权力不是毫无限制的。青铜硬币不能永久性使用；如果降低铸币成色，最终必然导致通货膨胀。共同体的意志和物体的物理性质之间好像有一种张力。希腊思想家遭遇了一类全新的物体，它极为重要（有那么多人甘冒生命危险来获取它便是明证），而本质却还是一个深奥的谜。

想一想“唯物论”这个词。接受一种“唯物论”哲学意味着什么？这里的“物”又究竟是什么呢？通常，我们用它指代可以改造成另外某种东西的物体。一棵树是一个生物，它只有变成“木头”的时候，我们才开始想它能够刻成其他什么样的东西。当然，一块木头可以刻出几乎所有东西，泥土、玻璃或者金属也是如此。它们坚硬、真实而有形，但同时也很抽象，因为它们有变成几乎任何其他东西的潜质——或者说，不能完全变成另一种东西；我们无法将一块木头变成一头狮子或是一只猫头鹰，但却可以将它们的形象雕刻出来。也就是说，木头可以转变成任何一种我们可以想见的形式。因此，我们在任何唯物论哲学中就已经在讨论这样的两组对置：形式和内容、物质和形态；还有创造者心智中的观念、符号、象征或模型与将要被雕刻、塑造或压制的材料的物理性质之间的冲突，这会将创造者带回现实之中。[77]就硬币而言，这甚至提升到了更抽象的水平，因为我们不能将硬币上的符号想成是对某人头部的复制，而应当看作一种集体协议的标志。希腊硬币印制的图案（米利都硬币上的狮子、雅典硬币上的猫头鹰）往往是城邦神祇的象征，但同时也是一种集体承诺——公民们相互保证，他们会在支付公共债务时使用这种硬币；但在更广的意义上，它保证的是所有人都会接受用这种硬币偿还的债务，即人们可以用这种硬币获取任何想要的东西。

问题在于，这种集体权力不是处处通行，毫无限制。它只在城邦内有效。离开城邦越远，来到充满暴力、奴隶制和战争的地方——那种甚至会把四处游历的哲学家摆上奴隶拍卖台的地方，它就越有可能变成区区一堆贵金属。[78]

灵与肉之间，然后是高贵的理念与丑陋的现实之间的斗争，理性的智识与顽固的肉体驱动力和阻碍理性的欲望相互对抗，乃至和平与共存的观念，都不是自发出现的，而需要印到我们材料劣质的本性上，就像为廉价金属印上神圣的标记一般——所有那些萦绕于轴心时代宗教和哲学传统的观念，还有从那时起仍然使比欧苏那样的人惊讶的观念，都已经铭刻在这种新货币形式的本质之中。

把所有轴心时代的哲学都说成只是对铸币本质的一种反思会是愚蠢的，但我认为西弗德论证这是一个关键的起始位置是正确的：理由之一是，前苏格拉底哲学家正是用这种独特的方式建构他们的问题的。（例如）他们问道：什么是范式（Idea）？范式只是集体的习惯吗？它们是否存在于某种超越物质存在的神圣领域当中，就像柏拉图认为的那样？或者它们是否存在于我们的心智当中？或者，我们的心智本身，在终极上就带有那种神圣的非物质领域的性质？如果是的话，我们与我们躯体之间的关系又是怎样的？

结论

在印度和中国，论辩采取了不同的形式，但总是以唯物论为出发点。要了解最货真价实的唯物论思想家的观点，我们现在只能借助于他们的论敌的著作。例如印度国王弊宿（Pāyāsi），他热衷于与佛教和耆那教哲学家辩论。他的立场是，灵魂并不存在，人的躯体只不过是空气、水、土和火的特殊配置，人的意识是不同元素交互的结果，而人的死亡不过是这些元素的分解罢了。[79] 不过，明显的是，这种观念是很常见的。即使是轴心时代的宗教，与这个时代之前和之后的宗教相比较，有关超自然力量的东西也惊人地稀少：正如我们所看到的，人们长期以来都在辩论，佛教究竟是不是一种宗教。提出这个疑问的原因是佛教排斥任何有关最高存在的概念。还有一个疑问是，孔子劝诫人们尊敬自己的祖先，仅仅是一种鼓励子女尽孝的方式，还是因为有死去的祖先在某种意义上继续存在的观念？我们有这些疑问的事实说明了一切。不过与此同时，那些（尤其是从那个时代）延续下来的信仰，用制度上的术语来讲，就是我们今天所说的“世界宗教”。

那么，我们所看到的，就是一种奇怪的拉锯、攻击和反击。其中，市场、国家、战争和宗教，都持续不断地分分合合。让我尽可能简洁地总结一下：

（1）最早出现的市场似乎是政府行政体系的一个副产品（至少在近东是如此）。随着时间的推移，市场的逻辑卷入到军事事务当中，而在其间，市场逻辑与轴心时代战争的雇佣军逻辑几乎难以区分。最后，这种逻辑征服了政府本身，政府据此定义其目的本身。

（2）结果就是，我们随处可见军事—铸币—奴隶制合成体的出现，也看到了唯物论哲学的诞生。这些哲学唯物论事实上兼具两种意义：一者，它们将世界看作由物质力量而非神圣力量组成的；二者，它们将人类存在的终极目标看作积累物质财富，道德和正义的理想被重构成用来满足民众的工具。

（3）我们也随处可见另外一批哲学家对此的反应：探究人性和灵魂的理念，试图发现伦理和道德的新基础。

（4）在各地，面对这些新的、极度暴力而犬儒的精英，一系列社会运动应运而生。这些哲学家中有的支持这些社会运动。人类历史上出现了新的事件：民众运动同时也是智识运动，这是因为那些人是以某种有关现实的本质的理论为名反对现存权力设置的。

（5）在各地，这些运动起先是和平运动，因为它们反对新的暴力观，尤其反对把攻击性的战争作为政治的基础。

（6）在各地似乎还有一种用非人格的市场所提供的新智力工具来为道德建立新基础的原始冲动，但却处处碰壁。墨家哲学采用的是社会利益的概念，它短暂地兴盛起来，然后就消亡了。替代它的是完全排斥这种观念的儒家思想。我们也已经看到，将道德责任看作债务（在希腊和印度都涌现出这种冲动），在给定的新的经济条件下，似乎都不尽如人意。[80]更为强烈的冲动是去想象出另外一个世界，这是一个可以完全没有债务的世界，伴随债务一起消失的是所有其他世俗关联；社会联系在这个世界里被看作一种束缚，就像身体是灵魂的监狱一般。

（7）统治者的态度一直在改变。起先，大多数统治者似乎对新的哲学和宗教运动持困惑而宽容的态度，而私底下信奉的是某种愤世嫉俗的权力政治思想。但是随着大帝国取代混战的城市和公国，尤其是随着这些帝国的扩张逐渐达到极限，军事—铸币—奴隶制合成体陷入危机，所有这一切都突然发生了转变。在印度，阿育王尝试用佛教重建他的王国；在罗马，君士坦丁皈依基督教；在中国，面临类似军事和财政危机的汉武帝采用儒家思想作为国家哲学。这三者中，最终只有汉武帝是成功的：中国一个朝代接着一个朝代延续了两千多年，儒家思想几乎一直都是其官方的意识形态。君士坦丁之后的情况是，西罗马帝国分崩离析，但罗马教会延续了下去。阿育王的计划可以说是最不成功的。不仅他的帝国瓦解，取而代之的是一系列更为弱小、领土也通常并不完整的王国，而且佛教本身也几乎被赶出他一度所拥有的领土——尽管佛教确实在中国、尼泊尔、斯里兰卡、韩国、日本和东南亚大部分地区建立了稳固的基础。

（8）最终的影响是人类活动的领域产生了一种理念上的划分，并且延续至今天：一方面是市场，另一方面是宗教。直接地说，如果一人将某片社会空间简单地归为去自私地获取物质的东西，很快就不可避免地会有别人开创出另外一块领域。在这个领域里，他们宣扬从终极价值的角度看，物质的东西是无关紧要的；自私性（甚至自我）是一种幻觉，给予比接受更好。起码，轴心时代的宗教强调了慈善的重要性，这个概念之前几乎未曾存在——这一点无疑是值得注意的。纯粹的贪婪和纯粹的慷慨是互补的概念；缺乏了任何一个，另一个就是无法想象的；两者都只会出现于保持纯粹而专一的行为方式的制度背景之内；而且两者似乎在任何非人格的、物理的现金货币出现的地方共同出现。

至于那些宗教运动，很容易被看作一种逃避。它们向轴心时代帝国的受害者允诺在来世获得解脱，作为让他们接受现世的一种方式，同时又让富人相信，他们真正欠穷人的，只是不时的施舍而已。激进的思想家几乎总是如此。当然，政府本身最终认可这些思想家的意愿似乎可以支持这一点。但问题其实更为复杂。首先，有必要谈谈逃避主义（escapism）。古代世界的民众反抗通常以叛乱者被屠杀而告终。正如我前文所言，物理上的逃避，例如结队离去或是叛逃，从我们所知最早的年代以来一直都是对压迫性环境的最为有效的回应。但在物理逃避不可能的地方，一个受压迫的农民又该如何是好呢？坐下来思考他的悲剧？有关其他世界的宗教最起码提示了另一种激进的解决方案。这些宗教通常在此岸创造彼岸，也就是一种或另一种获得解放的空间。无疑，值得我们注意的是，在古代世界只有那些宗教团体成功地废除过奴隶制，例如爱色尼派信徒，他们通过脱离大的社会秩序，组建自己的乌托邦社团而实现了这一点。[81] 或者，我们举一个更小但延续时间更长的例子：大帝国最终荡平了北印度的民主城邦（考底利耶就如何颠覆和破坏民主制度提供了大量的建议），但释迦牟尼欣赏那些城邦的公共集会民主的组织形式，因而将它作为佛教徒的模范。[82] 佛教的寺院到现在一直叫作僧伽（sangha），这是那些民主共和国的古称。这些寺院到今天仍然采用相同的寻求共识的过程来运作，维持着某种平均主义民主制的理念。若是没有它们的存在，这个理念早就被完全遗忘了。

最后，这些运动的历史成就事实上是显著的。当它们生根之后，事情开始转变。战争不再像原先那么残暴，也不那么频繁。作为一种制度的奴隶制逐渐消失，以至于到了中世纪，贯穿欧亚大陆几乎难以看到、甚至根本无法看到它的影子。新的宗教权威也开始在各地严肃地指出债务所引发的社会错位。

10

中世纪（600—1450 年）

人为的财富包括那些本身不能满足任何自然需要的东西，例如货币，它是人类的一种发明。

——托马斯·阿奎那

如果说轴心时代见证了商品市场和普世宗教互补理念的出现，中世纪则可以说是这两种制度开始结合的一段时期。

帝国的崩溃是各地中世纪的开始。最终，新的国家存续了下来，但是在这些新的国家中，战争、金属块和奴隶制之间的纽带已经断裂，征服和获取财富本身已不再是政治生活的重点和终极目标。与此同时，涵盖了从国际贸易到地方市场组织的经济生活越来越受到宗教权威的规制。这导致的结果，一是教会发起了广泛的控制，甚至禁止掠夺性贷款的运动；二是在欧亚大陆的各个地方，各种形式的虚拟信用货币重新回到了日常生活之中。

但是，这不符合我们对中世纪的惯常看法。对于我们大多数人而言，“中世纪”是迷信、不宽容和压迫的同义词。不过对于大多数地球居民而言，对比轴心时代的恐怖，无疑应该将这段时期看作非凡的进步。

我们之所以对中世纪有扭曲的认识，一个原因是我们习惯于将中世纪看作西欧的事情，主要也就是比罗马帝国边境哨站沿线略大的领土。传统观点认为，随着罗马帝国的崩溃，城市大多被废弃，经济“回到了物物交换的局面”，在至少 5 个世纪之后才恢复元气。不过，就像我之前说过的，即便对于欧洲而言，如果我们深究这种论调的假设，也会发现它们是站不住脚的。这些假设中最首要的一个是没有硬币也就意味着没有货币的观念。确实，罗马战争机器的毁灭也意味着罗马硬币退出流通领域；而且，在旧帝国废墟之上建立起来的哥特或法兰克王国生产的少量硬币，本质上带有很大程度的信用货币性质。[1] 尽管如此，我们只需要粗略浏览一遍“野蛮人的法典”就可以发现，即使在黑暗时代的顶峰，人们仍在用罗马货币仔细地记账，以及计算利息、合约和抵押。此外，城市日益萎缩，许多甚至遭到废弃，但即便存在这个事实，也并不一定是坏事。无疑，这给文化普及带来了可怕的后果；但我们必须记住，古代城市只有通过从农村榨取资源才能维持。例如，在罗马高卢有过一个城市网络，著名的罗马大道将它们与数不清的奴隶种植园连接起来。这些种植园是城市里的大人物所拥有的。[2] 大约 400 年以后，城市人口锐减，不过种植园也同样消失了。在随后的几个世纪中，大多数种植园被采邑、教堂甚至后来的城堡替代，新的地方领主在这些地方向周边农民收取税金。但我们只需要做个计算：由于中世纪农业在效率上并不输给古代农业（事实上，它的效率很快就遥遥领先于后者），供养一批骑士和牧师所需的工作量不可能比供养整座城市更大。中世纪的农奴，不管怎样受到压迫，其处境还是要比轴心时代的奴隶好得多。

不过，更确切地说，中世纪并不是从欧洲，而是 400—600 年从印度和中国开始的。然后，中世纪伴随着伊斯兰教的到来横扫了欧亚大陆的西半部分。中世纪真正到达欧洲是 400 年后的事情。那么，就让我们从印度讲起吧。

中世纪印度（走向等级制度）

我之前讲到阿育王拥护佛教为止，但我发现他的计划终究是失败的。他的帝国和他的教派都没能延续下去。不过，这需要假以时日，才会显露出失败的端倪。

孔雀王朝代表着帝国的全盛时期。接下来的五百多年，接替它的是一连串王国，它们多数强烈支持佛教。各地涌现出一大批佛塔和寺院，不过赞助它们的国家日渐式微；在国家集权指挥之下的军队消失了；国家越来越多地把土地授予士兵和军官，而不是给他们发放薪水。这导致流通中硬币的数量稳固减少。[3] 在印度，中世纪早期也见证了城市的大幅衰退：当年，希腊使官麦加斯梯尼将阿育王的国家首都巴特那描述成当时世界上最大的城市；而现在，中世纪的阿拉伯和中国旅行者将印度描述为有无数小村庄的地方。

这使得多数历史学家像讲述欧洲的情况一样，写到了印度货币经济的崩溃及商业活动“退化到物物交换”的地步。在这里，这种说法当然是不符合历史事实的。真正消失的是从农民那里榨取资源的军事手段。事实上，从当时写就的印度法律书籍中可以看出，人们日益关心信用安排，它记载了有关担保、抵押、承付票和复合利率的复杂术语。[4] 我们只需思考一下印度四处涌现出来的佛教机构是如何获得资金的就可以理解这一点。尽管最早的僧人是云游的托钵僧，拥有的东西不过是他们的行乞钵，但早期的中世纪寺庙通常建得十分宏伟，有大量的财宝。不过，原则上，寺庙的运作几乎是完全通过信用获取资金的。

发挥了关键性作用的一项创新是“永久捐赠”（perpetual endow-ment），或者说“无尽藏”（inexhaustible treasuries）的机制。比方说，有一个世俗的信徒希望向她所在地方的寺庙提供一笔捐赠物。她会给寺院一笔钱或是值不少钱的某种东西，而不是直接为寺院提供某个仪式所需的蜡烛，或提供打扫寺院的仆人。寺院然后将她捐的那笔钱（或那种东西）以寺院的名义按照公认的 15% 的年利率借出。贷款所得利息会被用于特定的目的。[5] 从尚奇大寺庙中我们发现了一块大约刻于公元 450 年的铭文，其中记录着不少例子。一位叫作哈里斯瓦米妮的妇女向“僧人圣会”（Noble Community of Monks）捐赠了一笔钱——略显寒酸的 20 第纳尔。[6] 铭文仔细地记录了这笔钱的贷款收入是如何分配的：从 5 个第纳尔获取的利息用于为 5 个僧人提供每天的伙食，另 3 个第纳尔产生的利息用于支付为佛陀所点的佛灯，以纪念她的双亲，等等。铭文的结尾说，这笔钱是永久捐赠：“刻在石头上，将与日月长存”——因为本金永远不会动用，施主的功德会一直持续下去。[7]

这些贷款，有的可能流向个人，有的可能作为商业贷款借给“竹匠、铜匠和制陶匠行会”或村庄议会。[8] 我们应当把多数案例中的货币看作一种记账单位：实际交易的是动物、谷物、丝绸、奶油、水果和其他各种财货，当时的法典仔细地规定了它们的合理利率。尽管如此，还是有大量黄金深藏在寺庙的宝库里。当硬币退出流通的时候，毕竟金属不会就这样消失。似乎在欧亚大陆都发生过的事情是，在中世纪，大部分硬币最终流入宗教设施（教堂、修道院或寺庙）之中，有的被窖藏起来，有的被镀在神坛、圣所和圣器上，或是被铸成这些物件。不过，贵金属最主要还是被用来铸成神祇的形象。结果是，那些试图重启轴心时代的那种铸币体系的统治者（无不是为了给军事扩张的计划提供资金），通常都有意识地推行反宗教政策。也许其中最臭名昭著的一位统治者就是 1089—1101 年统治克什米尔的哈尔萨（Harsa），据说他任命了一位"灭神主管"。根据后来的历史记载，哈尔萨收买了邋遢的僧人，到处用粪便亵渎神像，以此摧毁它们的神力，然后再将它们推倒、融化。[9] 据说在他遭到背叛和杀害之前，他摧毁了超过 4 000 处佛教建筑。他的王朝的没落及他的悲惨下场，一直都被当作例子警世：试图恢复旧习惯可能最终将人带入险恶的境地。

那么可以说，大多数黄金一直是作为圣物累积在神圣的地方的——不过在印度，这些场所越来越多的是印度教的，而不是佛教的。目前我们看到的由传统印度村庄构成的印度，在很大程度上是中世纪早期的创造。我们并不知道这具体是如何发生的。随着一个又一个王国的沉浮，国王和君主居住的世界日益远离了多数人日常生活的世界。例如，孔雀帝国崩溃之后的那段时期，外国人统治了印度的很大一部分地区。[10] 显然，这种日益扩大的距离使地方上的婆罗门得以根据严格的等级制原则重新塑造新的、更为农村化的社会。

要做到这一点，首要的是攫取控制司法的权力。《法论》（*Dharma-sastra*）是婆罗门学者在公元前 200—400 年编纂的一部法典，从中我们可以很清楚地了解这种新的社会景象。这本著作恢复了旧有的观念，比如吠陀教的人负债于神祇、圣人和祖先的观念——不过，现在它们仅仅具体适用于婆罗门种姓，他们的职责和特权是代表全人类，面对的是那些控制宇宙的力量。[11] 对于劣等种姓的人，法律不仅没有要求他们去学习，甚至禁止他们这样做。例如《摩奴法典》规定，任何首陀罗（印度等级最低的种姓，职责是种地和物质生产），只要偷听了法律或神圣文本的教导，就当用熔化的铅灌入他的耳朵作为惩罚；若是再次冒犯，他则要被割去舌头。[12] 与此同时，婆罗门，不论是如何凶残地护卫他们的特权，也接受了一度被视为极端的佛教和耆那教思想的一些方面，如因果报应、投胎转世和不杀生。婆罗门应当避免任何种类的暴力行为，甚至还应当成为素食者。他们与旧的武士阶层代表联手，还成功掌控了古老村庄的大部分土地。因为城市的衰败或毁灭而出逃的手工艺者通常变成了乞讨的难民，然后逐渐成为低级种姓的附庸。这导致乡村地方的依附系统（后来人们称其为贾吉曼尼系统）越来越复杂，难民向拥有土地的阶层提供服务，后者则履行之前由国家承担的职能——提供保护和公正，榨取义务劳动，等等。他们还保护地方社团免受王室代表的侵扰。[13]

后面的这项功能十分关键。外国游客后来会因此惊讶于传统印度村庄的自给自足——它拥有一套精致的系统，囊括了拥有土地的阶层、农民及这种"服务阶层"（诸如理发师、铁匠、制革匠、行商和洗衣工），并将他们安排在等级制的秩序之中，每个人都对他们的小小社会做出各自独特而必需的贡献，而这个系统的运作通常完全看不到金属货币的使用。只有因为地方地主的压榨，规模远比不上之前的帝国政府（当时，农民需要供养人口超过百万的城市），那些地位降低为首陀罗的人才有可能接受他们这种卑微的地位。还有一个原因则是村庄社团已经成了有效（至少部分有效）抵御国家及其代表的手段。

我们不知道是什么原理造就了这个世界，但债务在其中的角色无疑是显著的。光是建立起数千座印度教庙宇就必然牵涉到数不清的有息贷款——因为尽管婆罗门自己是被禁止贷款取息的，但寺庙并不受这个限制。我们在最早的新时期法典《摩奴法典》中，就已经能够看到地方权威在旧有习俗和建立起一个人人各得其所、五脏俱全的等级制系统的欲求之间进行调和所采用的方式。《摩奴法典》根据其沦为奴隶的缘由（诸如战争、债务、卖身等）细致地区分了 7 种奴隶，并解释了他们可能获得解放的条件——不过它继续写道，首陀罗贱民永远不得获释，因为毕竟神创造他们是用来服务其他种姓的。[14] 与此相类似的是，较之更早的法典规定，除了商业贷款，[15] 所有贷款的利率当为每年 15%；而新的法典根据种姓决定利息：规定最多向一位婆罗门收取每月 2% 的利息，刹帝利（武士）3%，吠舍（商人）4%，首陀罗 5%——两个极端相差悬殊，一端是年利率 24%，另一端是非常高的年利率 60%。[16]《摩奴法典》也确定了 5 种偿还利息的不同方式，最值得我们关注的是"身体利息"（bodily interest）：在债权人的家中或田地里从事体力劳动，直到本金偿清为止。不过即便是这条规定，也十分看重种姓的差别。此外，由于债务可以转嫁给负债者的子女甚至孙辈，“直到本金偿清为止”可能意味着很长一段时间——正如印度历史学家夏尔马（R. S. Sharma）注意到的，这种规定“让我们想起当前的做法，即为了偿还一小笔钱，一个家族的好几代人将沦落到做世袭农夫的境地”。[17]

确实，使印度臭名昭著的一个方面就是，它很大一部分劳动人群实际上是在债务劳役下为地主或其他债主工作，这一情况甚至随着时间的推移愈演愈烈。大约在公元 1000 年，印度教法典对上层种姓成员之间放贷的约束几乎消失了。另外，公元 1000 年也正是伊斯兰教在印度出现的时候——这是一种致力于完全消灭有息贷款的宗教。因此，我们至少可以说，有关这些事情的争议从来没有停息过。而即使是当时印度教的法律，也比古代世界我们可以发现的所有法律都要人道得多。负债者通常说来没有沦为奴隶，而且买卖妇女或儿童的证据也并不普遍。事实上，明目张胆的奴隶制此时在乡村已经大体上消失了。确切地说，债务劳役工也不是拿自己做抵押，而只不过是按照自由缔结的协议支付利息罢了。即使债务需要花费几代人的时间才能还清，法律也另有规定，在第三代时如果本金尚未还清，负债者可以获得自由。

这里有一种特殊的张力，一种悖论。债务和信用安排也许确实在创造印度村庄体系中发挥了关键的作用，但它们绝不可能成为自己的基础。也许这样说会有点道理——就像婆罗门需要偿还他们欠神祇的债务一般，所有人在某种意义上都欠地位在他们之上的人债务。但从另一种意义上说，这会完全颠覆种姓观念本身，即世界是一个大的等级制度，各种不同的人被认为有根本不同的本质，他们的等级和地位是永远固定的；另外，财货和服务在等级制度中上下流通，根本不是根据交换的原则，而是像所有等级制体系一样，根据习惯和先例。法国人类学家路易·迪蒙（Louis Dumont）提出了一个著名的论点，即对此我们甚至根本不能用“不平等”来描述，因为使用这个词意味着我们相信人应该或可以是平等的，但这对于印度人而言是完全陌生的观念。[18] 对于他们而言，将他们的责任想成债务会有深刻的颠覆性，因为根据定义，债务是平等的人之间可以偿清的契约安排——至少他们是订立一个契约的平等的两方。[19]

政治上，先告诉人民你们是平等的，而后又羞辱和贬低他们总不是什么特别好的想法。这很有可能是世界各地所兴起的农民起义倾向于关注债务问题，而不是关注更为结构性的问题，如种姓制度，甚至奴隶制的原因。[20] 英国人统治印度时，利用债务劳役作为印度殖民地劳动体系的基础。但他们不时因这种强加于种姓制度之上的做法所带来的恶果感到懊丧。也许最为典型的民众起义就是1875年的德干暴动（Deccan Riots）了——债务缠身的农民奋起反抗，抢夺并全面摧毁了当地放债人的账本。这样看来，相比一个纯粹建立在不平等之上的体系，债务劳役制度激发愤怒和集体行动的可能性要大得多。

中国：佛教与无限债务经济

根据中世纪的标准，印度的不同寻常之处在于抛弃了轴心时代的大型宗教，但我们可以观察到基本的模式：帝国、军队和现金经济衰亡，独立于国家的宗教权威兴起。后者在群众中的合法性很大一部分得益于他们有能力管制新兴的信用体系。

我们也许可以说，中国代表的是与之相对的另一个极端：在这个地方，轴心时代末期将帝国与宗教整合在一起的尝试取得了完全的胜利。确实，这里和别处一样，一开始也经历了一个崩溃瓦解的过程：从220年前后汉朝覆灭，中国进入分裂状态，城市缩小、硬币消失，出现了种种变化。但在中国，这只是暂时现象。正如马克斯·韦伯早已指出的，一旦建立起了真实有效的官僚制度，要摆脱它就几乎是不可能的。而中国的官僚制度在世界上正是一枝独秀。不久之后，旧时汉朝的体系又重新出现：一个中央集权的国家，它由受过文学经典训练的儒家士大夫负责运作，这些人由全国性的科举考试体系选拔出来，在有精细组织的国家和地区机关工作。货币供应量，自然和其他经济事务一样，一直受到监控和管制。中国的货币理论历来奉行国家货币理论。这应当部分归因于它的规模：中国及其内部市场是如此之大，外国贸易从来不会占据多大的重要性；因此，那些执掌政府的人十分清楚，他们只需要规定税收按照何种形式征收，就可以将那种东西变成货币。

对政治权威最大的两个威胁总是不变的：北方的游牧民族（中国历代政府有系统地贿赂他们，不过他们仍然会不时劫掠和占领中国的部分领土）与民众的骚乱和叛变。后面的这种威胁几乎是挥之不去的，其规模也是人类历史上其他地方所未曾有过的。在中国历史的有些年头，有记载的农民起义频率大约达到每小时 1.8 次。[21] 而且，这种起义经常会取得成功。中国最为著名的王朝，只要不是蛮族入侵的产物（元朝或清朝），则大多起源于农民起义（汉朝、唐朝、宋朝和明朝）。在世界的其他地方，我们没有看到与此类似的情形。因此，中国的治国方略根本上可以归结为，在吸取足够资源到城市来供养城市人口、防止游牧民族进犯的同时，避免导致因顽固而出名的农村人口拿起武器反抗。官方的儒家意识形态，推崇家长权威、机会均等、鼓励农业、轻减税收，以及由政府严密控制商人的活动。这种设计似乎明显符合（潜在可能叛变的）农村家长的利益和情感。[22]

在这种情况下，限制各地村庄放高利贷者对农民的掠夺自然而然成了政府一直以来关切的问题，因为放高利贷者历来是农村家庭的毒药。我们反反复复地听到过这样一个熟悉的故事：农民运气不佳，因为自然灾害或为父母举行葬礼的需要，落入掠夺性放债人的手中，他们的田产被攫取，被迫在曾经是他们自己的土地之上劳作和缴纳租金；反叛的威胁然后会驱使政府发布戏剧性的改革方案。据我们所知，这类事件最早是以 9 年一次政变的形式出现的。一位名叫王莽的儒家官员篡夺了王位，自称目的是为了处理全国性的债务危机。根据当时发布的公告，高利贷行径已经导致有效税率（也就是平均每个农民的收获最终被另外某人收走的数量）从仅仅 3% 攀升到 50%。[23] 对此，王莽发布了一项改革币制的方案，将大型地产国有化，推动国有产业（包括公共谷仓）发展并禁止私人蓄奴。王莽还创设了一个国家贷款机构，会向那些因亲属死亡而无力准备葬礼的人提供无息葬礼贷款，最高期限为 90 天；同时还有长期贷款，收取每月 3% 或每年 10% 的商业或农业投资收益率。[24] “有了这个方案，”一位历史学家评论道，“王莽信心十足地认为，所有商业交易都会受到他的严格检查，高利贷的泛滥会被根除。”[25]

不用说，它没能实现王莽的理想。后来的中国历史也充满了类似的故事：先是普遍的不平等和动荡，紧跟着的是政府指派官员进行调查，减轻地方债务（或是全体债务赦免，或是取消所有利息超过本金的贷款），发放廉价的谷物贷款，救济饥荒，以及颁布禁止出售子女的法令。[26] 所有这些成了政府政策的标准。它并没有取得普遍成功，无疑也就没有创建一个平均主义的农民乌托邦，却阻止了国家大范围回归轴心时代的可能。

我们习惯于将这种官僚干预（尤其是垄断和管制）看作国家对“市场”的约束。这是由于一种流行的偏见，即把市场看作自发出现的准自然现象，而政府只扮演压榨市场的角色。我已经反复指出这种想法是多么错误，中国就提供了一个尤为突出的例子。儒家政府也许拥有世界上最大和最持久的官僚制度，但它积极地鼓励市场发展。这样做的结果是，中国的商业生活很快变得比世界其他任何地方都要复杂，市场也更为发达。

儒家正统学说公开敌视商人，乃至牟利动机本身。合理的利润是对商人将财货从一个地方运到另一个地方所花费的劳动的酬劳，而不应该是投机的成果。这意味着，实际上儒家正统学说支持市场，但反对资本主义。

这似乎很奇怪，因为我们习惯于将资本主义与市场看作相同的东西，而正如伟大的法国历史学家费尔南 · 布罗代尔（Fernand Braudel）指出的，在很多方面，我们也同样可以将它们看作相互对立的。市场是以货币为媒介交换财货的方式（在历史上，就是用剩余谷物换取蜡烛的方式，反之亦然。在经济学中这可以速记为 C-M-C’，也就是商品—货币—另一种商品），而资本主义则最主要是一种用钱生钱的艺术（M-C-M’）。通常，钱生钱最简单的方法就是确立某种正式或实际的垄断。出于这个原因，资本家（不论是商人巨贾、金融家还是实业家）总是试图与政治权威结盟，以限制市场的自由，这样他们就可以更轻而易举地让钱生钱。[27] 从这个角度看，中国在其历史的大多数时期本质上是反对资本主义市场的国家。[28] 中国的统治者不同于后来欧洲的君主，一概拒绝与有意成为中国资本家的人（这种人总是存在的）合作。这些统治者与他们的官员一样，将这些人看作具有破坏性的寄生虫。不过与高利贷者不同的是，他们还是可以在某些方面将他们自私而反社会的动机付诸实施的。用孔子的话说，商人就像士兵。那些以军事为业的人很大程度上想必是出于对暴力的喜好。从个体看，他们不是好人；但就保卫边疆而言，他们是不可或缺的。与此类似，商人受到贪婪的驱动，根本上是没有道德的；不过，如果他们受到严格的行政监管，就可以让他们为公共利益服务。[29] 不论我们对这些原则怎么看，结果都是难以否认的。在历史上的大部分时间里，中国维持着全球最高的生活水平——甚至于英国大概也只是在 19 世纪 20 年代才真正赶上中国的水平，此时正是工业革命时代。[30]

也许儒家确切来说并不是一种宗教，通常人们更倾向于把它看作一个伦理和哲学体系。所以，我们可以认为中国同样偏离了一般的中世纪模式，因为在一般的模式中，几乎所有地方的商业都受到宗教的控制。但中国没有完全偏离这个模式，因为佛教就在这个时期的经济中扮演了显著的角色。佛教通过中亚商队路线传入中国，刚开始在很大程度上是一种商人推动的宗教。但在 220 年汉朝覆灭之后的混乱状态中，它开始取得民众基础。梁朝（502—557 年）和唐朝（618—907 年）都爆发过宗教热潮，中国各地成千上万的农村青年抛弃他们的农田、商店和家庭，剃度出家，成为和尚和尼姑；商人或拥有土地的巨贾为弘扬佛法一掷千金；人们削崖凿壁，建造菩萨和佛像；佛教盛会上，僧人和虔信徒依据仪式烧伤自己的头和手，甚至自焚。到了 5 世纪中叶，这种惊人的自杀经常发生；正如一位历史学家所说的，这成了“一种恐怖的时尚”。[31]

有关自杀行为的意义，历史学家们还有争议。无疑，不受约束的宗教激情提供了一种不同于呆板的儒家正统的选择，但这出现在一种首先由商业阶层推广的宗教当中，不得不说是令人惊讶的。法国汉学家谢和耐（Jacques Gernet）评论道：

> 很明显，这些非常有悖于传统道德的自杀行为，目的在于为所有生命赎罪，达到人神合一的境界。它们是这样上演的：通常，在 5 世纪，人们会在一座山上搭起一个柴堆。一群人在场围观自杀。他们呼喊悲叹，献上丰富的祭品。社会各个阶层的人一起参加这次奇观。待火烧尽，人们把僧人的骨灰收集起来，放到一座为储藏它而建的佛塔中，供后人顶礼膜拜。[32]

谢和耐所描绘的十来个基督般的赎罪者的图景似乎有所夸张，但这些备受争议的自杀仪式的具体意义我们并不清楚——甚至在中世纪时也是如此。当时的人有的将它看作蔑视肉体的终极表达；有的则认为这是看破了自我及所有物质的虚幻本质；还有人认为这是慈善的终极形式——为所有生物的利益而牺牲最为珍贵的东西，也就是人的物质存在本身。一位10世纪的传记作家用如下诗句表达了这种观念：

放弃那些难以割舍的东西，
就是最好的捐献。
让这不纯而有罪的肉体，
变成钻石般的东西。①[33]

也就是说，这种自我牺牲会带来一种具有永恒价值的东西，是一笔永远不会干涸的投资。

我之所以注意这一点，是因为这种观念高雅地展示了最早出现于拥有纯粹慈善概念的世界中的一个问题。这个问题似乎往往与轴心时代的宗教相伴，带来了无尽的哲学难题。在人类经济体中，似乎并没有出现过纯粹自私或纯粹利他的行为。正如我在第五章中注意到的，绝对无私奉献的行为只有可能同样产生绝对的反社会效果——因为从某种意义上讲，它是无人性的。它只是盗窃，乃至谋杀行为的镜像；因此，将自杀看作无私的终极礼物有某种合理性。不过，这是人一旦形成“利润”的观念后试图设想它的对立面所必然会打开的一扇门。

这种张力似乎笼罩了中世纪中国佛教的经济生活。中国佛教由于它与商业的渊源，保留了采用市场语言的显著倾向。一位僧人写道：“人买入幸福，卖出罪恶，就像是商业运作。”[34]这种观念尤其盛行于采用“因果债务”（karmic debt）这一概念的流派，例如三阶宗——该教派认为，一个人过去几生几世累积下来的罪恶作为需要偿还的债务在今生延续。因果债务的概念虽然在经典印度佛教中没有地位，却在中国获得了富有活力的新生。[35]正如一

① 根据原文注释，此为北宋僧人赞宁（919—1001年）的诗句。译者采用直译，原诗句殊难查考。——编者注

篇三阶宗经文所说，我们都知道，未能偿债者会投胎为动物或奴隶；但事实上，我们所有人都是未能偿债者，因为获取货币去偿清我们当下的债务必然意味着产生新的、心灵上的债务。这是由于每种获取财富的手段必然涉及剥削、损害和折磨其他生存之物。

有的人利用他们作为官员的权力与权威，贪赃枉法、攫取财富。有的人在市场中发达……他们说了太多的谎言，有太多的欺诈，从他人那里榨取利润。另外还有农民，他们烧毁山林和沼泽，把水灌入田地，犁耕磨碾，毁坏了动物的巢穴……

我们无法躲避过去的债务，也难以数清我们需要一条条去补偿的生命有多少。[36]

正如谢和耐所言，将生命看作无尽的债务负担的观点，肯定引起了中国农民的共鸣，因为生活对他们而言总是如此。但是，正如他同时指出的，古代中国人与古代以色列人一样熟悉类似官方债务大赦带来的顿时解放的感受。古代中国人也是有方法获得赦免的。他们要做的就是向某个寺院的无尽藏中定期捐赠。在捐赠的那个时刻，捐赠者前生的所有债务立刻一笔勾销。谢和耐甚至还给出了一个小小的比喻，它虽然与耶稣所说的不义的恶仆的比喻没有什么区别，但态度远比耶稣的比喻乐观。也许有人会问，一个穷人微不足道的贡献怎么可能有如此宏大的效果？

答案：在一个寓言故事中，有一个穷人欠另一个人 1 000 吊钱。他一直饱受债务的折磨，每次债主来收钱他都十分害怕。

他前往富人债主的宅舍，为他逾期不还的行为忏悔，祈求富人原谅他的过错——他是那么穷，也没有任何社会地位。他告诉富人，他会将每天赚到的每个硬币都交还给他。听到这句话，富人十分满意，原谅了他的逾期行为；而且，他没有让官府把这个穷人投入监牢。

向无尽藏捐赠也就像如此。[37]

我们几乎可以称此为分期付款的救赎方式——但它蕴含的意味是，支付人生之债（就像财富贷出之后的利息支付那样）是永久性的。

另外一些流派关注的不是因果债务，而是人对父母的债。儒家的道德体系主要建立在向父亲尽孝之上，中国佛教则首要关注对母亲的孝，因为母亲在生养、教育子女中付出了艰辛的努力。母亲的慈爱是没有限度的，她的无私是绝对的；这似乎最集中展现在母亲哺乳的行为上——母亲将她们的血肉转化成母乳，用自己的身体喂养子女。不过，这样做也使得她们无限的爱可以精确地量化。一位作者计算，平均每个新生儿在生命的前3年差不多吸了180配克（peck）① 母乳，而当他长大成人后，这就成了他的债。这个数字不久就成了标准。要偿还这笔母乳债，或者更宽泛地说，偿还对双亲的债，根本是不可能的。[38]"即使你把宝石堆积到第二十八层天堂"，一位佛教作家写道，"这也无法比拟"你母亲的养育之恩。即使你"每天割自己的肉，一日三餐喂养母亲万万年"，另一位作家写道，"也不能偿还你母亲一日的恩情"。[39]

不过，消解这笔债务的办法是相同的：向无尽藏捐款。这形成了一个精致的循环，其中包括各种债务和各种偿还形式。人出生后就背上了无法偿还的母乳债。只有佛法，也就是佛教真理本身的价值可以与之相比。因此，把佛教的真理带给双亲可以偿还欠他们的债；而且，这甚至可以在他们死后做，否则一个人的母亲到最后会成为地狱里的饿鬼。如果一个人以他母亲的名义向无尽藏捐款，会有僧人为她诵经，让她得到超度；与此同时，这笔钱中的一部分会当作纯粹的礼物用于慈善（但也有一部分就像在印度一样，作为有息贷款贷出），改善佛教教育、仪式和寺院生活。

中国佛教徒做慈善可以是多方面的。在宗教节日，经常会有大规模的捐赠，富裕的信徒竞相攀比他们的慷慨，通常会把他们所有的财富捐给寺院，数百万吊钱币装满了一辆辆牛车——这是一种经济上的自我牺牲，与壮观的僧人自杀并行不悖。无尽藏因为他们做的功德而盆满钵溢。这些钱，有的会被发放给穷人，尤其是处于困难时期的穷人；有的会被贷出去。有一种处于慈善和商业之间的做法是为农民提供贷款，使他们的选择不仅仅局限于地方放债者。大多数寺院有附属的当铺，供当地穷人抵押某些有价值的财产（比

① 配克为英制容积单位，1配克＝8.809 768升。——编者注

如一条裙子、一张卧榻或一面镜子），换取一笔低息贷款。[40] 最后，还有寺院本身经营的生意：无尽藏中这一部分财富交由世俗的信徒管理，有的用于放贷，有的用于投资。由于僧人是不允许吃他们自己田地的物产的，所以他们要到市场上出售水果或谷物，这进一步增加了寺院的收入。大多数寺院周围不仅有商业农场，而且还有各种工业作坊，比如榨油作坊、磨面粉作坊及店铺和客栈，通常有数千依附劳工在这些地方工作。[41] 与此同时，无尽藏本身成了世界上第一个真正集中金融资本的组织——这一点也许是谢和耐最早指出的。它们聚集了巨大的财富，实际上由“寺院公司”管理，这些“公司”一直寻找着新的有利投资机会。它们甚至都把握住了资本主义规则的精髓，也就是持续增长；宝库需要扩张，因为根据大乘佛教的教义，只有全世界都皈依佛法，人才能获得真正的解放。[42]

这正是儒家经济政策意在阻止出现的情况——唯利是图的资本高度集中。不过，中国政府并不是立刻就觉察到了这个威胁。政策时而宽松，时而严厉。一开始，尤其是在中世纪早期混乱的年代里，国家是欢迎僧人的，甚至送给他们大片土地和开拓森林、湿地的犯罪劳工，而且他们的商业活动也享受税收减免。[43] 尽管大部分官僚与僧人保持距离，仍然有皇帝皈依了佛教，而且佛教在宫廷妇女、太监和富家子弟之间也变得极为流行。不过，随着时间的推移，国家管理者对僧人的看法发生了改变。一开始，他们觉得僧人有利于农村社会，后来却发现他们有可能摧毁农村社会。因此，到了公元 511 年，就有政令谴责僧人挪用原本用于慈善目的的谷物来放高利贷及更改债务契约——政府指派专员核查账目，并取消了所有利息超过本金的贷款。公元 713 年又有另外一条政令，没收了三阶宗的两个无尽藏，因为它们的成员被控欺骗性地吸收资金。[44] 不久之后出现了政府的大规模宗教压迫，这起先仅限于一些地区，但不久后便通常在全国范围展开。在发生于 845 年的一次最为严酷的灭佛运动中，一共有 4 600 多座寺庙连同它们的商店和作坊被夷为平地；26 万僧尼被迫还俗——但与此同时，政府报告还写到这次行动解除了 15 万寺院农奴的奴隶身份。

不论这一波波迫害背后真正的原因是什么（原因无疑有很多个），官方的理由总是相同的：这是出于恢复货币供应量的需要。官员们认为，寺院已经变得太大太富有，导致中国的金属已经快耗竭了：

574—577年周武帝灭佛，842—845年唐武宗灭佛，最后一次灭佛是在955年。灭佛运动展现出来的目的是促进经济恢复：每次灭佛都为帝国政府提供了机会，以取得足够多的铜用于铸造新硬币。[45]

原因之一是僧人似乎一直在融化吊钱（经常是一次上万吊铜钱），以建造巨大的铜质佛像，有时甚至还要在佛像上镀金——一起铸造出来的还有其他物件，诸如铃铛和铜铎，乃至铺张的镜面佛堂和镀金的铜屋瓦。根据政府专员的研究，这在经济上会引发灾难性的后果：金属价格暴涨，铸币消失，乡村集市停止运作；更有甚者，农民的孩子如果不出家的话，通常会在欠寺院的债务中越陷越深。

中国佛教先是商人的宗教，然后才有了民众基础，它朝这个方向发展也许是合乎道理的。它真正成了一种有关债务的神学，甚至是一种绝对自我牺牲的实践；它要求修行者抛弃一切，抛弃自己的财富乃至生命；最终，它导致的是通过集体的方式管理金融资本。这个结果如此诡异，如此充满矛盾，原因在于，佛教也是一种将交换的逻辑应用到有关永恒的问题上的尝试。

请回顾一下本书之前提出的一个观点：只要交换，就会创造债务，除非是瞬间的现金交易。债务并不会随时间而消散。如果你将所有人类关系看作交换，那么只要人与人之间还有现存的关系，那些关系就意味着债务和罪恶。唯一的出路就是消除债务，但社会关系也会随之消失。这和佛教十分相似，因为它的终极目标确实是获得“空”的状态，从所有人类和物质联系中解放出来，这样也就能消除痛苦的所有终极原因。不过，大乘佛教认为，一个人不可能独立地取得绝对的解放；每个人的解放都取决于其他所有人的解放；因此，直到时间终结，这种事情在某种意义上说都是悬而未决的。

与此同时，在话语中，“交换”的概念占据了主导地位：“人购入幸福，出售罪过，就像是商业运作。”即便是慈善和自我牺牲的行为也不是纯粹的慷慨；这是在向菩萨购买“功德”。[46] 这种逻辑避开了“真如”（the Absolute）的概念（或者也许更应该说是某种完全违反交换逻辑的东西），让无尽债务的概念随之踏入。因为确实有违反交换逻辑的事物，这也就能解释一些奇怪的看法，例如先量化一人吸取母乳的精确数量，然后又说我们无法想象该如何偿还这笔恩情。交换是对等的人之间的互动。而你的母亲并不是与你对等的生命。她用她自己的血肉创造了你。这正是我之前提到的吠陀教作者在讨论欠神祇的“债务”时，所试图精巧地证明的论点：你当然不能真的“向宇宙偿还贷款”——这会意味着你和所有存在物（包括你在内）在某种意义上是对等的实体。这明显是荒谬的。人若是能认识到这一点，就已经算是最接近于偿清债务了。牺牲的真正含义也正蕴含在这种认识之中。根据罗斯巴贝（Rospabé）研究原始货币的成果，牺牲献祭不是一种偿还债务的方式，而是一种承认不可能偿清债务的方式：

在一些神话传统中也不乏类似的东西。一个著名的印度神话讲，有两个神仙兄弟——韦驮天和象头神，争吵谁应该先结婚。他们的母亲雪山女神帕瓦蒂提议进行一次竞赛：谁最快环绕整个宇宙，谁就是胜利者。韦驮天骑在一只巨大的孔雀上出发了。他花了三年时间贯穿了宇宙的极限。象头神则等待时机，最后围着他母亲走了一圈，说道：“你就是我的宇宙。”

任何交换的体系必然总是建立在其他某种东西上的。这种东西至少从它的社会表现看，终极形式是共产主义。对于所有那些我们看作永恒的东西、我们认为会永恒存在的东西（母爱、真正的友谊、社会性、人道、归属、宇宙的存在）而言，没有计算的必要，而且计算也是根本不可能的；只要涉及给予与接受，它们所遵循的就是一套完全不同的逻辑。那么，如果一个人试图将世界看作一系列交易，这些绝对和无限的现象会发生什么？一般来说，我们会有两种选择：或忽视它们，或蔑视它们。（母亲和一般意义上提供关爱的妇女就是典型的例子。）或者，我们同时选择了这两者。我们与他人的现实关系中被当作永恒的事物来对待的东西消失，然后重新以一种抽象、绝对的形式出现。[47] 例如，佛教就设计了菩萨所拥有的无穷无尽的功德，而菩萨在某种意义上说，是存在于时间之外的。它们既是无尽藏的模范，又是其实际基础：人的因果债务（或者母乳债）是无穷、无限的；只有通过同样无穷、无限的报偿池才能够偿还这些债务；而报偿池反过来又成了寺院现实物质资金的基础，这些资金同样是永恒的——由于在这里财富是集体拥有、集体管理的，这个机制事实上是共产主义的一个实用形式：它是大型人类合作项目的中心，这些项目也被认为是永恒的。不过与此同时，这种共产主义反过来成了某种与资本主义非常相似的组织形式的基础（这里我认为谢和耐是正确的）。首要原因在于这种组织需要不断地扩张。任何东西——乃至慈善，都是劝人信教的机会。佛法必须弘扬，并最终将所有人、所有事物都涵盖进去，从而实现对所有生命物体的拯救。

中世纪到来的标志之一是一切走向抽象：真实的金银大多积存在教堂、修道院和寺院里，货币再次成为虚拟的单位。而与此同时，各地都设立了无所不包的道德制度的倾向，意在规范这个过程，特别是建立某种机制保护负债者。

中国的不同寻常之处在于，一个轴心时代的帝国尽管一开始只能勉强维持，却能够设法在这个地方存活下来。中国历代政府确实在大多数地点和大多数时间成功地让硬币保持流通，这也得益于它们只依赖于小面额的铜币。即便如此，它们显然也付出了巨大的努力。

照样，日常的经济交易是如何发生的，我们所知甚少；但从我们所知道的看，在小规模的交易中，人们与陌生人打交道时用得最多的可能是硬币。与其他地区一样，地方店主和商人提供贷款。大多数账目似乎是用符木记录的，它们与英国用过的工具有惊人的类似，只不过它们不是用榛木，而通常是用一分为二的竹片。同样也是出借方持有一半，借入方持有另一半；它们在偿还的时候合二为一，随后将其打碎，标志着债务已经一笔勾销。[48] 这些竹片的可转让程度如何？我们并不十分了解。我们对此的了解大多来源于讲述其他事情的文本中随意提及的片段：轶事、笑话和诗词中的典故。大概写于汉代的道家智慧汇编《列子》，里面就有这样一个故事：

有个宋国人在街上闲逛，拾到了某人掉下的半个符木。他把它带回家，存放起来，偷偷地数了数断面的缺口。他告诉一个邻居说："现在，我随时都能成为穷人啦。"[49]

这就像是某人发现了一把钥匙，然后想，"只要我能找到它配的是哪把锁，就能……"[50] 另一个故事则讲述了酗酒的亭长刘邦（也就是后来汉朝的开国皇帝）曾彻夜饮酒，欠下了很多账单。一次，他因为醉酒而瘫倒在一家酒肆里，酒肆的店主看到一条龙在他的头上盘旋（这无疑是未来出人头地的迹象），于是立即"打破符木"，将他一直以来饮酒欠下的债一笔勾销。[51]

符木不仅用于贷款，还用于各种类型的契约——这就是早期纸质契约也需一分为二，双方各执一份的原因。[52] 有了纸质契约，债主的那一半凭证有绝对的可能性变为借据，因此也就可以在人与人之间转让。例如，在公元 806 年，也就是在中国佛教的鼎盛时期前后，从遥远的南方远距离运输茶叶的商人及押运赋税到京城的官员，由于担心长距离携带金属货币的危险，开始将他们的钱存入京城的银行，并设计了一个承付票据的系统。这些票据称为"飞钱"，和符木一样也是一分为二，在各省的银行分支都可以兑换为现金。"飞钱"很快就开始转手，发挥类似于货币的作用。政府一开始试图禁止使用飞钱，不过一两年后，它就意识到它无法压制飞钱，于是就改变手段，设立了一个官僚机构，授权它发行这种票据——这在中国成了我们如今极为熟悉的模式。[53]

到了北宋初年，中国各地的银行都在经营类似的业务，接收现金和金银锭块代为保管，然后允许储户用他们的收据作为承付票；它们也参与政府茶盐息票的交易。这些银行券很多在流通中成为实际的货币。[54] 政府与往常一样，首先试图禁止，然后试图控制这种做法（向 16 家为首的商号授予特权），并最终设立一个政府垄断机构——即 1023 年设立的"交子务"。不久之后，借助新发明的印刷术，它在许多城市开设工厂，雇用上千名工人，印制了数百万纸币。[55]

一开始，这种纸币设计用于有限的流通时间（纸币会在 2 年、3 年再 7 年之后作废），并且可以兑换为金属。随后，尤其随着宋朝的军事压力日益严峻，印制只有少量储备或无储备的纸币越来越具有诱惑力——此外，在税收上，中国政府很少完全乐于接受它们自己的纸币。再加上中国纸币在国外无法流通，因此这个系统能够运作确实令人十分吃惊。当然，通货膨胀一直以来都是个问题，纸币需要回收和重新发行。有时整个系统会崩溃，不过人们会采取权宜之计，“私下发行了茶叶支票、面条支票、竹符木、酒符木等”。[56] 尽管如此，1271—1368 年统治中国的蒙古族人仍选择维持这个系统，直到 17 世纪才废弃。

注意到这一点很重要，因为一般我们倾向于将中国的纸币试验看作一次失败；对于支持金属货币的人来说，这甚至证明了仅仅由国家权力支撑起来的“法定货币”（fiat money）最终总是要崩溃的。[57] 这一点尤为奇怪，因为在纸币流通的几个世纪里，中国的经济通常被认为最为活跃。无疑，如果美国政府最终在 2400 年被迫废止使用联邦储备券，没有人会说这证明了法定货币的概念本身一直都是行不通的。尽管如此，这里我想要强调的重点是，类似于“法定货币”的术语，不论使用得如何普遍，都具有欺骗性。几乎所有新形式的纸币最初都不是政府的创造；它们只是一种方式，用于实现和扩展产生于日常经济交易之中的信用工具的使用范围。在中世纪，只有中国发展出了纸币，这很大程度上是因为只有在中国才有一个足够庞大而有力的政府。而且，它对商人阶层保持着充分的怀疑，因而觉得它有必要管理纸币的运作。

近东伊斯兰（信用是资本）

价格取决于安拉的意志，它的起伏是由安拉决定的。

——先知穆罕默德

每个合伙人的利润必须与他在商业活动中所占的份额成比例。

——伊斯兰教法规

在中世纪的大部分时间里，世界经济的中枢及最为活跃的金融创新源头既非中国也非印度，而是西方——从世界其他地区的角度看，也就是伊斯兰国家。坐落在日渐衰微的拜占庭帝国与默默无闻、半野蛮的封邑之间的基督教国家，当时还无足轻重。

由于生活在西欧的人一直以来习惯将伊斯兰世界看作“东方”，于是他们也就很容易忘记，从任何其他伟大文明的角度看，基督教和伊斯兰教的差别几乎可以忽略。比如，我们如果拿起一本有关中世纪伊斯兰哲学的书，看一看巴格达的亚里士多德派和巴士拉的新毕达哥拉斯派或波斯的新柏拉图派的争论——本质上，这些学者的工作是相同的，也就是用希腊哲学的范畴梳理启示宗教传统（源自亚伯拉罕和摩西）；另外，他们这么做的大背景是商业资本主义、普世传道宗教、科学理性主义、浪漫爱情的颂歌，以及时不时出现的东方神秘智慧的热潮。

从世界历史的角度看，将犹太教、基督教和伊斯兰教看作同种伟大的西方思想传统的三个不同表现形式似乎更为合理。在人类多数历史时期，这一传统以美索不达米亚和黎凡特为中心，一直延伸到欧洲的希腊和非洲的埃及，有时候也进一步往西传遍地中海，或往南沿尼罗河而下。经济上，欧洲在中世纪鼎盛期之前可能和非洲大部分地区的情况一模一样：如果说它融入了世界经济，很大程度上也是以奴隶和原材料出口者的身份出现，有些时候它还出口一些珍奇物件，如琥珀、象牙等。它进口的则是制成品（中国的丝绸和瓷器、印度的印花棉布、阿拉伯的钢铁）。为了对不同地区的经济发展有个概念，请看下面这张表格。例子在时间上多少有些零乱，但这并不影响我们的观察：[58]

表 10.1　公元前 350—1200 年的人口和税收

	人口（百万）	税收（吨白银）	人均税收（克白银）
波斯，约公元前 350 年	17	697	41
埃及，约公元前 200 年	7	384	55
罗马，约公元 1 年	50	825	17
罗马，约公元 150 年	50	1 050	21

（续表）

	人口（百万）	税收（吨白银）	人均税收（克白银）
拜占庭，约公元850年	10	150	15
阿巴斯王朝，约公元850年	26	1 260	48
唐朝，约公元850年	50	2 145	43
法国，1221年	8.5	20.3	2.4
英国，1203年	2.5	11.5	4.6

而且，就中世纪大部分时间而言，伊斯兰世界不仅仅是西方文明的核心，而且是其扩张的刀刃——往东占领印度，往西向非洲和欧洲扩张，跨越印度洋四处派遣传教士，并成功扩大了信众的范围。

伊斯兰教对待法律、政府和经济问题最为普遍的态度与中国恰恰相反。儒家对通过严酷的法令进行治理抱有怀疑态度，更倾向于依靠受过教育的儒者内心的正义感——儒家通常假定一位儒者同时也是一位政府官员。与此相反，中世纪伊斯兰世界热切地拥护法律，因为法律被视为从先知那里得来的宗教制度；而他们通常更倾向于把政府看成是一种不幸的必需品，真正虔诚的人会做得更好，可以避开它。[59]

出现这种看法的一部分原因在于伊斯兰政府的特殊性质。公元632年穆罕默德去世后，阿拉伯军事领袖征服了萨珊帝国，建立了阿巴斯哈里发帝国。不过此后他们一直将自己视为从沙漠来的人，从未能完全融入他们所统治的城市文明。阿拉伯统治者从来没有消除过这种不适——不论是在沙漠还是在城市。阿拉伯征服者的信仰花了几个世纪才转化给了被征服的民众，而这些民众似乎从没有真正与他们的统治者有过共鸣。人们将政府视为军事权力——也许对捍卫信仰而言是必要的，但从根本上说它外在于社会。

这种观念的产生，部分也应当归因于商人和一般民众之间为反对政府而结成的特别联盟。公元832年，麦蒙（al-Ma' mum）哈里发建立神权统治的图谋流产后，政府在宗教问题上采取了不干涉的立场。伊斯兰法律的各个学派可以自由地创设它们自己的教育机构和维持它们各自的宗教正义体系。同一时期，在美索不达米亚、叙利亚、埃及和北非的民众中成功传播伊斯兰教的人之中，最为主要的推动者正是乌理玛（ulema），即教法学家。[60]但是，他们与那些管理行会、公民组织、商业联合会和宗教兄弟会的长者一样，尽最大努力与政府及其军队和威仪保持距离。[61] 有一句谚语是这样的：“那些拜访宗教导师的君主是最好的，那些让君主拜访自己的宗教导师是最差的。”[62] 一个中世纪土耳其的故事更为尖锐地体现出这一点：

国王有一次宣召纳斯鲁丁到他的宫廷来。

国王说道：“听说你是个神秘术者、哲学家，见识非凡。我最近对有关价值的问题十分感兴趣。这是一个有趣的哲学问题。我们是怎样确定人或物品的真正价值的？以我为例，如果我要你估算我的价值，你会怎么说？”

“哦，”纳斯鲁丁说，“我想大概值 200 第纳尔吧。”

国王大吃一惊：“什么?！但我这条腰带就值 200 第纳尔！”

“我知道，”纳斯鲁丁说，“事实上我正是把这条腰带的价值考虑在内了。”

社会中两个方面的分离对经济的影响十分深远。它意味着哈里发王朝和后来的那些伊斯兰帝国，在很多方面可以接近于旧时轴心时代的帝国——创建职业军队，发动侵略战争，捕获奴隶，融化战利品并以钱币的形式分发给士兵和军官，然后要求用那些钱币纳税。但与此同时，政治上的这些举措对于一般人的生活却影响甚微。

例如，在侵略扩张的过程中，哈里发王朝从宫殿和寺庙中掠夺了大量的黄金和白银，用于铸造钱币。丰富的金银使哈里发王朝得以生产出纯度极高的金第纳尔和银迪拉姆，每个钱币的价值几乎没有信用的成分，而差不多完全等于所含贵金属的重量。[63] 因此，哈里发王朝能够非常好地犒劳军队。在哈里发的军队中，士兵的工资收入几乎是罗马军团士兵的 4 倍。[64] 我们也许能将哈里发王朝描述为一种“军事—铸币—奴隶制”合成——但它的存在是名不副实的。扩张战争，以及与欧洲、非洲的贸易，确实使阿拉伯世界有较为稳定的奴隶来源；但与古代世界形成强烈反差的是，奴隶很少在农场或作坊工作。大多数奴隶成了富人屋里的摆设，后来又有越来越多的奴隶成为士兵。事实上，在阿巴斯王朝时期，帝国的军事力量几乎已经完全依赖于从土耳其大草原俘获或购买受过严格训练的马木路克（mamluk）军事奴隶。随后的伊斯兰国家，包括莫卧儿王朝在内，都延续了这种用奴隶作为士兵的政策，并在 13 世纪埃及著名的马木路克苏丹国达到顶峰。不过这是史无前例的。[65] 出于显而易见的原因，在多数时间和地点，人们总是要将奴隶与武器隔离开来。但在这里，奴隶使用武器成了惯例。不过从某种奇怪的角度讲，它也是完全合乎情理的：如果说根据定义，奴隶是那些脱离了社会的人，那么这种建制可以说是社会和中世纪伊斯兰国家之间的隔离关系的逻辑推论。[66]

宗教导师似乎不遗余力地要在社会与国家之间立起这堵墙。他们赞同使用奴隶士兵打仗的原因之一是这可以阻止信徒在军队服役（因为这可能意味着信徒之间相互残杀）。他们创设的法律体系同样确保了穆斯林（甚至哈里发王朝的基督教和犹太教子民）几乎不可能沦为奴隶。就此瓦希德（al-Wahid）的说法似乎大多是正确的。伊斯兰教的法律纠正了几乎所有先前轴心时代社会大部分臭名昭著的恶习。伊斯兰法律禁止了通过各种方式（包括绑架、司法惩罚、负债、出售子女，甚至自愿卖身）所产生的奴隶制，或是使之失去了强制执行的效力。[67] 法律也触及所有其他形式的债务劳役，消除了自有文字记载伊始便萦绕于可怜的中东农民和他们的家庭心头的梦魇。最后，伊斯兰教严格地禁止高利贷。伊斯兰法学家将之解释为禁止所有以货币或商品取息的安排，而不论它究竟出于何种目的。[68]

从某种角度讲，我们可以将伊斯兰教法庭的建立看作数千年前便已开始的族长反叛的最终胜利。它也象征着（真实的或想象的）沙漠或草原精神的胜利——即使伊斯兰教信徒竭力将真正的游牧民装备精良的后代限制在他们的军营和宫殿之中。是社会阶层联盟发生了深刻变化才使之成为可能的。中东地区伟大的城市文明之前一直由实际上结成联盟的行政官员和商人统治，这两个阶层使其他民众一直处于沦为债务奴隶的危险之中。随着商人阶层改信伊斯兰教，一直以来被普通农民和城里人看作大恶棍的商人改变了立场，抛弃了他们所有受到憎恶的做法，转而开始领导一个与国家相对抗的社会。

这之所以成为可能，是因为伊斯兰教对商业的看法历来都是积极的。穆罕默德本人自成人以来就是商人；而且没有哪个伊斯兰教思想家曾将诚实地追求利润看作本质上不道德或有违信仰的行为。反对高利贷的禁令（它在多数地方得到了严格的执行，甚至包括商业贷款）也根本没有减缓伊斯兰世界的商业增长，乃至复杂的信用工具的出现。[69] 相反，这两者在哈里发王朝早期的几个世纪里都立刻出现了繁荣的景象。

伊斯兰教法学家小心地允许某些服务费用的存在，并考虑到了其他因素——尤其是允许赊账购买的财货价格略高于现金购买的财货。因此，在商业活动中获取利润仍然是可能的，银行家和贸易商仍然有提供信用服务的动力。[70] 不过，这些动力一直都不足以让银行业成为一项全职工作：相反，多数经营规模大到一定程度的商人一般都会将银行业务捆绑到一系列其他赚钱的活动之中。信用工具因此在贸易中有了至关重要的地位，以至于几乎所有有地位的人都会储存他们的财富，然后在日常交易中使用签名券，而不是数出一个个硬币交付。承付票叫作“sakk”（支票），或者“ruq’ a”（纸券）。支票可以转手。一位德国历史学家在仔细研究了大量的古代阿拉伯文学资料后写道：

在大约公元 900 年的时候，一个大人物用这种方式支付一位诗人的报酬，但银行家拒绝兑换这张支票，于是这位失意的诗人又写了一首诗，妙到银行家乐意为此兑付百万第纳尔。这位诗人兼歌手的保护人在一次音乐会中赏赐他一张可以从银行家处兑现的 500 第纳尔支票。在兑付时，银行家告诉诗人，习惯上每个第纳尔要收取一个迪拉姆（也就是大约 10%）的贴现。除非诗人陪他一个下午和晚上，他才不会扣走这笔钱……

在大约公元 1000 年的时候，银行家已经成为巴士拉不可或缺的人物：每个生意人都有自己的银行账户，在集市上只用银行账户的支票付款……[71]

支票可以会签和转让，信用证可以穿越印度洋和撒哈拉沙漠。[72] 它们没有变成实际的纸币，是因为它们完全独立于国家而运作（例如不能用它们纳税），故而它们的价值几乎完全基于信任和声誉。[73] 将纠纷上诉到伊斯兰教法庭通常出于自愿，或者也可以通过商人行会和公民组织从中调解。在这样一种背景下，如果有一个远近闻名的诗人写诗嘲笑你退回了支票，也许会是个大灾难。

至于融资，相比有息投资，伊斯兰世界更倾向于采用合伙制，（通常）由一方提供资本，另外的人进行经营管理。投资者收到的会是一定份额的利润，而不是固定的收益。劳动安排甚至也通常是在利润共享的基础上组织起来的。[74] 在所有这类事务中，声誉是至关重要的——事实上，早期商业法律中引发激烈讨论的问题就是声誉本身能否（像土地、劳动、货币或其他资源那样）被视作资本的一种形式。有时候，有的商人只靠他们的好名声组成合伙企业，根本没有任何资本。这叫作“好声誉合伙企业”（partnership of good reputation）。一位法律学者是这样解释的：

信用合伙制，又叫“无钱合伙制”（sharika al-mafalis）。两人没有任何资本可用于赊账购买商品然后出售，由此组建合伙企业，就叫作信用合伙制。这个名称同时也说明，这是一种依靠良好声誉的合伙制，因为他们的地位和好声誉构成了他们的资本；贷款只提供给在人们之中有良好声誉的人。[75]

有些法律学者反对认为这种契约具有法律约束力的观点，因为它并不是以一笔原始物质资本支出为基础的。另外，有学者认为，只要合伙人利润分配公平，它就具有合法性——因为声誉无法量化。这里值得注意的是一条不言而喻的原理：在一个几乎没有国家强制（没有警察逮捕那些欺诈者，也没有法警没收负债者的财产）而运转的信用经济体中，一张承付票的很大一部分价值必然是签发人的良好名声。皮埃尔·布尔迪厄后来在描述当代阿尔及利亚一个类似的信用经济体时指出：荣誉易于转化为金钱，但金钱难以转化为荣誉。[76]

这些信用网络反过来在很大程度上推动了伊斯兰教在中亚和撒哈拉，尤其是印度洋周边的传播。印度洋是中世纪世界贸易的主要枢纽，在中世纪进程中实际上成了穆斯林的湖泊。似乎是在穆斯林商人的主要影响下，国王和各自军队之间的纷争应当在陆地上解决的原则得以确立；海洋是和平贸易的区域。与此同时，伊斯兰法庭提供的功能（它为商人提供如下手段：订立契约、偿还债务、建立一个有能力偿付或转让信用证的银行分支等），使伊斯兰教徒在从亚丁到马六甲的各个贸易中心站稳了脚跟。[77] 著名的马来西亚贸易中心马六甲（也是通往盛产香料的印尼群岛的通路）的商人之间因此建立起高度的信任，十分富有传奇色彩。这座城市有斯瓦希里人、阿拉伯人、埃及人、埃塞俄比亚人和亚美尼亚人的街区，也有来自各地的商人所住的街区，如印度、中国和东南亚。虽然有如此复杂的人员构成，但据说马六甲的商人却回避可强制执行的契约，而更倾向于“握一握手，望一望天”的印章交易。[78]

商人在伊斯兰社会中不仅成了备受尊敬的人物，还是一种模范性的人物：商人像勇猛的战士，敢于去遥远的地方探险；但与战士不同的是，他们能够以不伤害任何人的方式做到这一点。法国历史学家莫里斯·隆巴尔（Maurice Lombard）描绘了一个具有典型性的，甚至可以说是理想化了的商人形象：住在市内富丽堂皇的宅舍里，被奴隶和食客簇拥着，沉浸在他的藏书、旅行回忆录和奇珍异宝之中。当然，他的屋里也摆满了他的账本、通信和信用证。他通晓复式记账的技巧，还会用秘密代码和暗号。他施舍财物给穷人，资助宗教场所的建设与维护。也许，他们在投身于诗歌创作的同时，还能通过讨好家族和合伙人，将他远近闻名的好信用转化为巨大的资本储备。[79] 隆巴尔描述的这幅图像在某些程度上受到了著名的《一千零一夜》的启发。《一千零一夜》中讲述了一个叫作辛巴达（Sindbad）的商人，他年轻时到遥远的地方进行危险的商业投机，到洗手不干的时候已是富可敌国，于是在花园和舞女之中打发余生，娓娓讲述他冒险的故事。下面的这段文本，以一位卑微的守门人（也叫辛巴达）的眼睛，让我们得以窥见他的生活。这是他主人第一次让男侍从传话召见他：

> 他发现这是一座美好的宅邸，光明而威严。男侍从带他到了一个宏大的客厅，在这里他看到许多贵族和领主，坐在以各种各样花朵和散发香甜气息的香草为装饰的座位上。另外，有许许多多精心制作的食品、干果、新鲜水果及糖果，还有用最上乘的葡萄酿制的葡萄酒。乐器弹奏出美妙动人的旋律，可爱的奴隶姑娘嬉戏欢唱。所有的人都按照地位列座，最高的地方坐着一个备受崇拜、十分高贵的人，他两鬓斑白，身材魁梧，端庄大方，相貌堂堂，显得庄严、高贵而伟岸。看到眼前这个场景，守门人辛巴达不知所措，暗自想道：“真主，想必这要么是某个国王的宫殿，要么是天堂的一角吧！”[80]

这段话具有引用价值，不仅是因为它代表了某种理想，一幅完美生活的图景，还因为它在基督教世界里是找不到的，就像这幅景象不可能出现在中世纪法国的小说中一样。

与尊重商人相称的是世界第一个流行的自由市场意识形态——我们只能用这样的话称呼它。在这里我们应当小心，不要将现实与理想混为一谈。市场似乎从没有完全独立于政府。历代伊斯兰教政权确实曾采用了所有惯用的策略，操纵税收政策，以鼓励市场的发展，而且它们不时地试图干预商业法律。[81] 尽管如此，民众中仍有很多人认为政府不应该这样做。地方的集市，一旦从旧日的债务和奴隶制之中解放出来，通常就不再是一个危害道德的地方，转而起到恰恰相反的作用——它体现了最高层次的人类自由和社群团结，因此应当竭尽全力防止国家侵犯它。

带有规定价格的意味的政策尤其受到人们的敌视。一个人们时常转述的故事称，在麦地那城陷入短缺之际，先知本人曾拒绝强迫商人低价出售商品，他的理由是这样做亵渎神明，因为在自由市场的环境下，“价格取决于真主的意志”。[82] 大多数解释穆罕默德这一决定的法律学者认为，这意味着政府干涉市场机制同样应当被判为亵渎神明，因为市场就是真主所设计、自行调控的制度。[83]

如果说所有这些都与亚当·斯密“看不见的手”有惊人的相似（“看不见的手”也是神意之笔），这也许并非完全巧合。事实上，斯密所用到的很多具体论据和例子，可能正是直接取材于中世纪波斯流传下来的经济记录。例如，他所论证的交换是人类理性和言语的自然结果，已经在加沙里（Ghazali，1058—1111 年）和图西（Tusi，1201—1274 年）两人的著作中出现过，而且用的例证也是完全相同的：没有人曾观察到两只狗交换骨头。[84] 更具有戏剧性的是，斯密最为著名的例子，也就是那个有关劳动分工的别针厂的例子，已经在加沙里的《圣学复苏》（*Ihya*）中出现过。加沙里在这本书中讲述了一个针厂如何用 25 道不同的工序生产一根针。[85]

不过，他们之间的差异与相似之处一样明显。一个明显的例子就是，与斯密一样，图西在他的经济学论著的开头讨论了劳动分工；但在亚当·斯密看来，劳动分工是人类为了获得个人利益，进行“以物易物”的“自然倾向”的结果，图西则认为这是互帮互助的延伸：

假设每个人都要忙于实现自给自足，独立制作衣服、打造住所和武器，他就必须独自制造木工的工具，学会铁匠的工艺，然后才算准备好了播种和收获、碾磨和捏合、纺织和编制所需要的工具和技能……显然，在这种情况下他会一事无成。不过，如果人们相互帮助，各自在这些个人能力无法全部达成的任务之中选做一项，并且知晓公平交易的法则，大度地出让自己的产品，换取他人的劳动成果，那么人们也就能够轻易地维持生存，进而确保人类的生生不息。[86]

因此，他认为，我们拥有不同的能力、欲望和倾向是神意的安排。市场只是体现了这种更为普遍的互助原则和能力（供给）与需要（需求）相匹配的原则——或者，用我自己之前提出的术语来说，市场经济不仅以那种作为社会底线、终极意义上任何社会都需依靠的共产主义为基础，而且正是它的延伸。

图西的这些论述不能从任何意义上表明他是一个激进的平均主义者。他的理念恰恰相反。“如果人人平等，”他说，“他们就会全部灭亡。”他认为，贫富差距与农民和木匠之间的差异一样无可厚非，都是我们所需要的。尽管如此，一旦从他们的原始假设（市场最主要关乎合作而非竞争）开始推论，尽管穆斯林经济思想家确实认识到并接受了市场竞争的必要，他们也从来没有将竞争看作市场的本质[87]——这个区别的道德含义是非常特别的。纳斯列丁讲的鹌鹑蛋的故事也许是一个玩笑，但穆斯林伦理学家确实经常与商人携手，与富人进行强硬的谈判，让他们在与较不富裕的人做生意的时候少收取、多付出。[88]

加沙里分析劳动分工的方式也与此类似，他对货币起源的叙述甚至更具有启示意义。他的叙述一开始看上去和物物交换的谬误十分相似，只不过和所有中东作者一样，他并不是从想象中的原始部落民众开始推演，他选择的起点是陌生人在某个想象的市场中会面的情景。

有时，一个人可能需要他并不拥有的东西，而却不需要他所拥有的东西。例如，某人有一些红花，但需要一头可以用来运输东西的骆驼；另外一个人则拥有骆驼，不过目前却不需要它，他想要的是红花。此时，就有了交换的需要。不过，他们如果要实现交换，就需要有一种方式衡量这两个东西的价值，因为骆驼的主人不能为了一定数量的红花出让整头骆驼。红花和骆驼之间没有任何相似之处，因此不可能出现以重量和形式均等为原则的交换。某人想要一幢房子却拥有一些衣服，或者想要一个奴隶却拥有许多袜子，或者想要面粉却拥有一头驴，他也面临着相同的情况。因为这些财货没有直接的比率，所以没人知道多少红花才等于一头骆驼的价值。所以说，这种物物交换是十分困难的。[89]

加沙里还注意到另外一个问题——一个人可能根本不需要另一个人可以提供的东西，不过这几乎是事后才有的想法；对于他而言，真正的问题是概念上的。两种没有共同特性的东西该如何比较？他的结论是只能将两者都与第三种根本没有特性的东西相比较。出于这个理由，他解释道，真主创造了金银硬币第纳尔和迪拉姆。金银这两种金属除此之外别无他用：

真主创造迪拉姆和第纳尔并没有什么具体的目的。它们本身是没有用的，和石头没什么两样。不过，它们被创造出来后，就可以用于转手流通，促进交易。它们是使人们了解财货的价值和等级的象征。[90]

正因为它们没有什么用处，除了用于表示财货的价值，没有任何具体的特质，人们才可以把它们当作象征，当作衡量价值的单位：

一样东西只有当其本身没有具体特殊形态或特质时，才能与其他东西相联系——例如，一面没有颜色的镜子可以反射出所有颜色。货币也是如此，它本身没有目的，但它起到媒介的作用，促使实现财货交换的目的。[91]

从这个前提推论，出借货币收取利息肯定是非法的，因为这种使用货币的方式意味着将货币本身作为目的："真主创造货币，不是为了用它赚取更多的货币。"事实上，他说："从迪拉姆和第纳尔与其他财货的关系来看，它们就像句子中的前置词（介词）"。语法学家告诉我们，前置词用于使其他词语有意义，而它只有本身没有意义时，才能实现这个功能。因此，货币是一种为评估财货价值提供手段的度量单位，而它只有不停地流动才能实现这种功能。根据加沙里的看法，如果进行货币交易是为了获取更多的货币，别说

M-M’的模式，即便是 M-C-M’的模式也等同于绑架勒索。[92]

虽然加沙里讲到的只是黄金和白银，但是他所描述的东西（货币是一种象征，一种抽象的度量，本身没有特质，只有依靠不断流动才能维持自身价值）只有在人们完全习惯于以纯粹虚拟的形式使用货币的时代才能够被想象出来。

那也就是说，我们似乎零碎地从伊斯兰世界借用了许多概念，拼凑出我们的自由市场理论的大部分内容，而伊斯兰世界无论在社会还是道德上都与我们有很大的差异。[93] 中世纪近东的商人阶层有一项壮举。他们废除了无数世纪以来使他们遭到邻人厌恶的高利贷行径，从而得以成为他们的社团的实际领袖；这些社团至今在人们看来，很大程度上仍然是围绕清真寺和集市这两级组织起来的。[94] 伊斯兰教的传播让市场成了一个全球性的现象。市场的运作大多与政府无关，内部自有一套法律。这种市场从某种角度来看算得上是真正的自由市场，它不是政府的创造，也没有政府的警察和监狱在背后支持——这是一个人与人握手建立协议，票据上的承诺只以签发者的诚实为依托的世界。但是，这个事实本身意味着，自由市场不可能真的变成后来那些采用了许多相同观点和论据的人所想象的世界：完全自利的个人用任何可用的手段谋取物质利益。

欧洲：教会崛起、高利贷与商人冒险家

在战争有理的地方，高利贷也同样有理。

——圣安布罗斯（Saint Ambrose）

正如我之前提到的，欧洲进入中世纪的年代相当晚，而且它的大部分地

方都是穷乡僻壤。尽管如此，中世纪欧洲与其他地方一样，铸币随着这个阶段的开始而消失。货币回到了虚拟状态，人们继续根据罗马货币计算成本。之后，到了加洛林时代，人们使用的是“想象的货币”——这是一套纯粹构想出来的系统，包括镑、先令和便士。这个系统通行欧洲，用于记账，直到17 世纪。

地方的铸币厂确实逐步地回到了运转状态，生产出无数种不同重量、纯度和面值的硬币。不过，让这些硬币与泛欧洲的虚拟货币体系相联系，是依靠货币操纵实现的。西欧国王定期发布政令，修改他们的硬币与记账货币的关系。有时候他们会提升硬币的价值，例如宣布从今往后他们所铸造的埃居等于 1/8 先令，而不再等于 1/12 先令（这样也就可以有效地收取税金）。[95]或者采用相反的做法，降低硬币的价值（从而有效地削减他们的债务）。硬币真实的黄金或白银含量处于不断的调整之中，国王频繁地召回硬币进行重铸。与此同时，日常生活中大多数交易完全不需要使用现金，使用的是赊账、辅币、分类账或以货代款交易。因此，13 世纪的经院派学者在讨论这种问题时，轻易地接受了亚里士多德的立场，认为货币不过是一种社会的约定俗成：人类选择的任何东西都能成为货币。[96]

这一切符合更为普遍的中世纪模式：实体的黄金和白银虽然没有消失，但越来越多地被存放于神圣的场所；随着集权国家的消失，市场日益开始受到教会的调控。

在一开始，天主教对高利贷的态度与穆斯林一样严酷，对商人的态度更是比穆斯林严酷得多。就高利贷而言，天主教徒没有什么选择余地，因为《圣经》中的许多文本对此的态度都十分明了。比如《出埃及记》22：25：

> 我民中有贫穷人与你同住，你若借钱给他，不可如放债的向他取利。

《诗篇》（15:5、54:12）和先知书（《耶利米书》9:6、《尼希米记》5：11）都明确指出高利贷者的下场——死亡和地狱火焰。此外，奠定了教会有关社会问题的教义的早期基督教神父，正是在罗马帝国羸弱、古代世界最后一次大规模债务危机爆发的时候写作的。那次危机有效地清除了罗马帝国残存的自由农民阶层。[97]他们之中尽管鲜有谴责奴隶制的，却无不谴责高利贷。

在教会看来，高利贷的罪恶最主要在于它违反了基督教的慈善精神。耶稣禁止他们如此对待穷人，就像他们会这样对待基督自己一样。他要求基督徒给予而不期望回报，让借款人决定如何偿还（《路加福音》6：34~35）。例如，公元 365 年，圣巴西略（St. Basil）在卡帕多西亚就高利贷问题进行布道，为这类问题定下了标准：

主已经十分明白地给出了他的要求："有向你借贷的，不可推辞。"[98]

但一个爱财如命的人又是怎样呢？他看到他前面有一个迫于生存压力而五体投地乞求他的人。他看到乞求者放弃了一切尊严，就是为了打动他。他看到乞求者遭受莫名的不幸，但仍然对乞求者冷酷无情。他不把乞求者看作自己的同类，丝毫不被乞求者的乞讨打动。乞求者的祈祷和泪水无法改变他的决定。他坚持拒乞求者于门外……[99]

最后，直到乞求者提到了"利息"。

放债者极不诚实的作风使圣巴西略受到了格外的冒犯，他们讹诈基督教的弟兄姊妹。一位穷人前来寻找一位朋友，富人装出友善的样子。事实上，他将穷人视为敌人，他说的都是谎话。圣巴西略作为这种事情的见证者，讲述了富人在见面的一开始会怎样发毒誓，说自己名下根本没有一分钱：

然后，乞求者提到了利息和抵押。富人的态度一下子转变了。紧锁的眉头松了下来；他面露亲切的微笑，说想起了旧日两家之间的联系。现在，他用"我的朋友"称呼对方了。

他说："我看看我手头有没有钱。哦，对了，我一个朋友在我这里放了一笔钱，让我用它赚钱。他规定了很高的利率。不过，我肯定会去掉一部分利息，开好的条件给你。"富人用这种借口和腔调迷惑可怜的受害者，让他乖乖上钩。然后，他把穷人与抵押保证书捆绑在一起，在穷人难以糊口的窘境之下，又剥夺了他的自由。那个穷人被迫背负起他无法偿还的利息，只能自愿接受终身的奴役。[100]

向富人借款的人，带着新找来的钱回家，先是满心欢喜，但很快"钱就溜走了"，利息层层累积，他的财产被拍卖得一干二净。圣巴西略在描述负债者的困境时变得十分诗意。每个白天和夜晚都在加害于他，因为它们是利息的父母。他公然受到侮辱，生活变得“朝不保夕，江河日下”；而在家中，每一个出乎预料的敲门声都会吓得他躲到床下；他难以入睡，在噩梦中看到他的债主站在他的床前。[101]

不过，古代有关高利贷最为有名的训诫也许是圣安布罗斯的《论托比特书》（*De Tobia*），公元前380年，他在米兰城曾花了数天时间宣告这一训诫。他复制了与圣巴西略同样生动的细节：被迫出售子女的父亲们及因羞耻而上吊自杀的负债者。他说，必须将高利贷视为某种形式的暴力抢劫，甚至谋杀。[102] 不过，安布罗斯添加了一个小小的附加条件，这在后来将产生巨大影响。他是第一个在布道词中仔细检查《圣经》每处有关货币借贷内容的教父。也就是说，他不得不提到一个一直困扰后世作者的问题——事实上，《旧约》并没有禁止向所有人放高利贷。症结始终在于《申命记》23：19~20这句：

> 你借给你弟兄的，或是钱财，或是粮食，无论什么可生利的物，都不可取利。借给外邦人可以取利，只是借给你弟兄不可取利。

那么，究竟谁是这个“外邦人”？我们容易推测，抢劫和谋杀外邦人也是合法的。毕竟，古代犹太人生活在许许多多部落之间，其中有如亚玛力人，上帝曾明确要求犹太人与他们作战。如果说收取利息是不用刀剑的战争，那么只有当对象是向那些收他们的息“不会算作杀人罪过”的人才是合法的。[103] 对于生活在米兰的安布罗斯而言，这一切都只是技术性的问题。他将所有基督徒和罗马法管辖下的人纳入“弟兄”之中；那么，周边的敌人并不多。[104] 日后，人们所说的“圣安布罗斯的特例”将会变得极其重要。

所有这些布道词，虽然数量很多，但却留下了一些关键性的问题没有回答。困顿中的邻居前来拜访，穷人应该如何对待？确实，耶稣说过给予而不期望回报，但指望大多数人这样做似乎是不现实的。但即使他们做到了这一点，这又会产生何种持续的人际关系？圣巴西略采取了激进的立场。上帝创造一切让我们共享，并且具体指明要富人将他们的财产施舍给穷人。使徒之间的财产共有（储藏所有的财富，人人各取所需）因此是一个真正的基督教社会唯一符合严格教义的生活模式。[105]很少有其他基督教教父乐于宣扬如此严格的立场。他们认为，财产共有是理想的模式，但在这个堕落和暂时的世界里，这显然是不合实际的。教会应当在接受现存财产安排的同时，提出精神上的论据鼓励富人以各种方式按照基督教的慈善精神行事。这些论据中很多明显地采用了商业作为隐喻。圣巴西略甚至也乐于沉浸于此：

> 只要你出于信仰上帝为穷困者提供所需，这不仅是一个礼物，也是一笔贷款。你并不指望收回，所以它是一个礼物；主会以他的名义慷慨地报答你，你给予穷人一小笔钱，他会还你一大笔，所以这是一笔贷款。“因为怜悯穷人也就是贷款给上帝。”[106]

由于基督是穷人中的一员，出于慈善的施舍是贷款给耶稣，作为回报的利息是尘世所无法想象的。

不过，慈善是一种维持而非摧毁等级制度的方式。这里，圣巴西略所讨论的实际上与债务没有什么关系，搬弄这种隐喻最终似乎只是为了强调富人并不欠贫穷的乞讨者任何东西，同样，上帝也没有任何义务拯救施舍者的灵魂。在这里，“债务”暗含于一个纯粹的等级制度之中（也就是“主”），完全不同的生物相互提供完全不同类型的好处。后来的神学家将会明确地确认这一点：圣·托马斯·阿奎那注意到，人类生活在时间之中，因此说罪恶是我们欠上帝的惩罚债是有意义的。但上帝处在时间之外。根据定义，他不可能欠任何人任何东西。因此，他的恩典并非一种出于义务而给予的礼物。[107]

这反过来为这个问题提供了一个答案：教会神父到底要求富人做什么？教会反对高利贷，但它很少谈及富人提供慈善，穷人乞讨者用其他方式表示感激的封建依附关系。当这种安排开始在基督教西方世界出现时，也没有遭到教会明显的反对。[108]之前的债务奴隶逐渐转变成农奴或附庸。从某些方面看，等级关系没有发生多大改变，因为附庸制在理论上是一种自愿的、契约的关系。就像基督徒必须能够自由地选择是否委身于“主”，附庸也可以同意让自己成为他人的手下。这些完全与基督教精神相协调。

另外，商业仍然是一个问题。谴责高利贷收回金额“超过贷出的金额”与谴责任何形式的获利只有一步之遥。许多基督教神父（其中就包括圣·安布罗斯）乐于迈出这一步。穆罕默德宣称一个诚实的商人升入天堂能在真主身旁有一席之地，而像安布罗斯这样的基督教神父甚至怀疑“诚实的商人”是否真正存在。他们认为一个人不可能既是商人又是基督徒。[109] 在中世纪早期，尤其是因为当时大部分商业活动是由外国人进行的，这还不是一个迫切的问题。不过，这些观念上的问题从来没有定论。只能向“外邦人”放贷收息意味着什么？它只是高利贷，甚或还意味着商业等同于战争？

也许这个问题最著名而且通常最具灾难性的结果，体现在中世纪盛期基督徒与犹太人之间的关系上。从尼希米时代开始，犹太人对放贷的态度本身便已发生了转变。到了奥古斯丁的时代，拉比希勒尔已经将安息年变成一纸空文，允许缔结贷款契约的双方添加一项附加条款，说明安息年不影响契约的正常履行。尽管妥拉和塔木德都反对有息贷款，但与外邦人打交道可以不受此约束——尤其是在 11 世纪和 12 世纪，欧洲的犹太人几乎不能从事任何其他工作，而只能向基督徒放贷。[110] 这反过来又使得戒律难以维持。有一个流行于 12 世纪犹太地区的笑话为证。笑话讲的是如何通过用疑问句的语调诵读《申命记》23：20 一句，使之表示与其意思明显相反的含义，从而说明犹太人之间放高利贷是合乎教规的：“借给外邦人可以取利，只是借给你弟兄不可取利？”[111]

在基督教方面，“圣·安布罗斯的特例”于 1140 年写入格拉提安的《教令集》（*Decretum*）。《教令集》后来被视为具有决定性的教会法全集。与此同时，经济生活的很大部分处于教会的司法管辖之下。虽然这看似可能让犹太人安全地在体制外活动，但是在现实中，事情要复杂得多。一方面，尽管犹太人和基督徒都会不时援引安布罗斯的特例，普遍的观点是它只真正适用于撒拉逊人或其他基督教世界实际正与之交战的民族。毕竟，犹太人和基督徒生活在相同的城镇和村庄中。如果承认安布罗斯的例外允许犹太人与基督徒之间相互放贷取息，这也同样意味着他们有权相互谋杀。[112] 不过没有人真的想这样说。另一方面，基督徒与犹太人之间真实的关系，确实经常滑入与这个不幸的设想十分接近的危险境地——尽管现实中的谋杀（单纯的经济侵略除外）显然是一边倒。

发生这种情况部分的原因在于，基督教君主习惯于利用犹太人相对脱离于宗教控制体系的事实，达到自己的目的。很多君主鼓励犹太人以放贷为业，并给予他们庇护，不过这种庇护是可能在任何时候撤回的。英国国王在这一方面极为出名。他们主张将犹太人排除在商人行会和工匠行会之外，但却授予犹太人收取高额利息的权利，并用法律支持这些贷款契约的履行。[113] 中世纪英国的负债者通常会被投入监狱，直到其家人与债主商量妥当。[114] 不过同样的情况也经常发生在犹太人身上。例如，在 1210 年，约翰王宣布收取一项赋税，或者说是紧急征税，用来支付他在法国和爱尔兰的战争费用。根据当时一位编年史作家的记载："英国全境所有犹太人，不论男女，都遭到逮捕、拘禁和严酷的拷打折磨，为的是确保国王没收犹太人的钱财。"多数受到拷打的犹太人交出了自己的一切财产，但当时有个特别富裕的商人，来自布里斯托的亚伯拉罕（Abraham of Bristol），却因抗命而出了名。国王认定亚伯拉罕欠他 1 万马克的白银（相当于约翰王每年总收入的 1/6），但亚伯拉罕拒不上交钱财。国王因此下令，每天拔掉他一颗臼齿，直到他交钱为止。被拔了七颗牙齿之后，亚伯拉罕妥协了。[115]

继承约翰王王位的亨利三世（1216—1272 年）习惯于把犹太受害者转交给他的弟弟康沃尔伯爵处置，因此另有一位编年史作者写道："两个兄弟一个被剥皮，另一个还要生吞他。"[116] 我认为，读到莎士比亚虚构的威尼斯商人索要他的"一磅肉"时，一定要记得拔牙、剥皮和抽肠这样的残忍故事。[117] 莎士比亚错误地突出了犹太人从未真正向基督徒施加过的恐怖手段，而历史事实是，犹太人一直受到基督徒的恐怖残害。

国王们制造的恐怖包含一种特殊的认识：欠犹太人的债务归根结底是欠国王的债务，而迫害犹太人和征收他们的财产只是它的逻辑延伸；国王们甚至为国库设立了一个分支（"犹太财政部"）来管理这些债务。[118] 这无疑十分符合英国民众对他们的君主的印象——一群贪婪的外族诺曼人。不过，国王也可以借此不时地打打民粹牌，戏剧性地斥责或羞辱他们的犹太人金融家，不加阻止乃至鼓励那些从字面上理解圣·安布罗斯特例的市民屠杀犹太人。

这些市民把放贷的犹太人看作基督的敌人，认为应当将他们毫不手软地消灭干净。1144年的诺里奇和1171年法国的布卢瓦，都发生了极其可怕的大屠杀。不久之后，正如诺曼·科恩（Norman Cohn）所言："原本欣欣向荣的犹太人文化转眼间成了一个充满恐怖的社会，被锁在一个更大的社会之内永久进行争战。"[119]

我们不能夸大犹太人在贷款中扮演的角色。大多数犹太人和贷款生意没有关系，而那些做贷款生意的人往往只是小角色，通常不过是贷出一些谷物或衣服，收取实物的回报。另外一些放贷者根本不是犹太人。早在12世纪90年代，传教士就抱怨领主和基督徒放贷者勾结，声称他们是"我们的犹太人"——也由此受到他们特别的保护。[120]到12世纪初，大多数犹太人放贷者就已经被来自意大利北部的伦巴底人和来自法国城市卡奥尔的卡奥尔人取代——他们的足迹遍及西欧，成了远近闻名的农村高利贷者。[121]

农村高利贷的兴起本身就是自由农民阶层发展壮大的一个标志（向农奴放贷是没有意义的，因为从他们身上是不能收回什么的）。与此同时还有蓬勃的商业农业、城市手工业行会及中世纪盛期的"商业革命"，所有这些最终将西欧的经济活动推进到可以与世界其他地方相比的水平，不过这种水平在那些地方一直被认为是十分正常的。教会很快就得面对广泛的民众压力，要求它处理这个问题。一开始，教会确实曾试图从严管束。教会全面修补了高利贷法的现存漏洞，尤其像使用抵押支付利息的做法。后者一开始是一种权宜手段：就像在中世纪伊斯兰世界一样，决意规避法律的人只需要拿出钱，宣称是购买负债者的房子或田地，然后"回租"给负债者，直到他付清本息。而对于抵押而言，债主在理论上甚至根本不用买下房子，而只是将它当作抵押物，而收取所有从中产生的收益。在11世纪，这成了修道院最为喜爱的伎俩。1148年，教会认定它是违法的：从今往后，所有收入都要从本金中减去。同样，1187年，教会禁止商人在赊账销售时收取更高的价格，因此在这一领域的管制已经超过了任何一个伊斯兰法律学派。1179年，高利贷成了可以判处死刑的重罪，高利贷者被开除教籍，不得使用基督教葬礼。[122]不久，如方济各会和多明我会之类新的云游教派组织了传道运动，在城镇与城镇之间旅行，威胁放贷者如果不赔偿他们的受害者，就会丧失他们永恒的灵魂。

新成立的大学都在热烈地探讨这些问题，不仅要探讨高利贷是否有罪、是否违法，也要探讨其有罪和违法的具体原因。有些人认为放高利贷是在偷取他人的物质财产；也有些人认为高利贷是在盗窃时间，为时间这种只属于上帝的东西向他人收取利息；还有人认为它属于懒惰罪，因为天主教思想家与儒家思想家一样，往往认为，商人的利润只有在作为他的劳动补偿时才是正当的（例如，将财货运输到有需求的地方），而放贷者甚至无所作为就能积累利息。不久，西欧重新发现了以阿拉伯语译文形式回归的亚里士多德的著作，也受到了穆斯林学者的影响，例如加沙里和伊本·西纳（Ibn Sina）。反对高利贷有了新的论据：将货币当作目的本身来对待有悖于其真正的目的；收取利息是违背自然的，因为这将单纯的金属当作一种可以繁衍或结出果实的生物。[123]

但教会权威很快就发现，一旦人们开始这样思考问题，事态就难以控制了。不久，各地开展了新的民间宗教运动，其中许多运动的目标与在古代晚期如出一辙，它们不仅诘难商业，而且质疑私有财产的合法性本身。这些运动大多被贴上异端的标签，受到教会的暴力镇压，但募缘会（mendicant orders）本身却吸取了这些论断中的很大一部分。在 13 世纪，方济各会和多明我会之间发生了一场著名的智识论辩——主题是“使徒的贫困”（apostolic poverty），主要辩论基督教精神是否与任何种类的贫困相冲突。

与此同时，罗马法的重生为那些认为至少在商业贷款中应当放松高利贷法的人提供了新的智识武器。我们之前已经知道，罗马法是以绝对的私有财产为起点的。就此而言，interesse（利益，利息）的概念是较为重大的发现，这也是英语中“利息”（interest）一词的词源：对由于超过偿还期限而造成的损失所做的补偿。[124] 这个论据不久演变为，如果一个商人只是在某个极小的期限内（例如一个月）贷出一笔商业贷款，他在这个月之后的每个月收取一定比例的额外费用并不构成高利贷，因为这是一种惩罚，而不是在收取货币的租金。他收这笔钱，是补偿他如果将贷出的钱用在某项有利可图的投资上，本可以赚取的利润——一般而言所有商人都会这样做。所以，这种做法是正当的。[125]

读者也许想知道，高利贷法怎么可能同时向两个相反的方向发展。这似乎只能用欧洲政治局势十分混乱来解释。大多数国王权力微弱，他们拥有的财产零散而不定；欧洲大陆上男爵领地、封邑、城市公社、庄园及教会地产星罗棋布。司法管辖范围变动不居——通常受到战争的影响。在欧洲，近东穆斯林早已十分熟悉的那种商人资本主义，一直要到商人资本家在意大利北部独立的城市国家（最著名的有威尼斯、佛罗伦萨、热那亚和米兰）以及随后参与汉萨同盟的德国城市中取得政治上的一席之地后才得以出现，这与中世纪世界其他地方相比算是十分落后的。[126]意大利银行家最终通过他们控制政府的手段，使自己的财富免受被征收的威胁。他们在这样做的同时，取得了自己的法庭体系（有权强制执行契约），更为关键的是他们甚至拥有军队。[127]

与伊斯兰国家相比，金融、贸易和暴力的这些联系是基督教欧洲所特有的。波斯和阿拉伯思想家认为市场是互助的一种延伸，而基督徒一直怀疑商业是高利贷的延伸，而高利贷是一种诈骗的形式，只有用于对付死敌的时候才算得上是正当的。对于交易的双方而言，债务确实是罪恶。竞争是市场的本质，但竞争（通常）是非暴力的战争。这也就是我之前提到的，在几乎所有欧洲语言中，表示“以物易物和物物交换”的词语都派生于表示“欺诈”、“迷惑”或“欺骗”之类含义的词语的原因。有些人为此敌视商业，有的则举手欢迎。不过很少有人否认商业和战争之间的联系。

我们只需要考察一下欧洲人最终是如何接受伊斯兰信用工具（或就此而言，亦即商人冒险家的伊斯兰理念）的，就能看出这种联系事实上是多么紧密。

通常我们认为，现代银行业最早的先驱是所罗门圣殿骑士的军事修会，也就是我们熟知的圣殿骑士团。这个由僧侣组成的战斗修会为十字军东征提供资金起到过关键性的作用。一位法国南部的领主，可以通过圣殿骑士，抵押他的一座房屋，并取得一张“汇票”（这种汇票效仿穆斯林的suftaja，但是是用一种秘密代码书写的）。这张汇票可以在耶路撒冷的圣殿兑现。换言之，基督徒似乎是最早采用伊斯兰的金融技术的，为的是融资攻打伊斯兰世界。

圣殿骑士团从 1118 年延续到 1307 年，但最终落入与许多中世纪贸易小团体相同的命运：欠骑士团大笔债务的国王菲利普四世拿骑士团开刀，谴责他们犯下了罄竹难书的罪行；他逮捕了骑士团的领袖，对其百般折磨，最后将他们杀害并没收了他们的财富。[128] 圣殿骑士团的问题主要在于没有一个强有力的基地。意大利的银行，例如巴尔迪（Bardi）、佩鲁奇（Peruzzi）和美第奇（Medici），做得比圣殿骑士好很多。在银行业的历史上，意大利人因有着复杂的合资组织，和率先使用伊斯兰式的汇票而闻名遐迩。[129] 最初的汇票十分简单，基本上只是远距离货币兑换的一种形式。商人可以将一定数量的弗罗林交给意大利银行家，换取一张得到认证的票据，上面标记有同等价值的国际记账货币（加洛林第纳尔），可以在若干月后兑现。若干月以后，商人或他的代理人可以在香槟酒集市上将之兑换为与之价值相等的地方货币。香槟酒集市既是一年一度盛大的商业中心，也是欧洲中世纪盛期大型的金融票据结算地。不过汇票很快就有了过分繁多的新花样、新创造，这主要是为了操控欧洲极端复杂的货币局面，甚至是为了从中渔利。[130]

这些银行企业的大部分资本来源于印度洋香料和东方奢侈品的地中海贸易。不过，与印度洋的和平局面相比，地中海历来战乱不断。威尼斯的大帆船同时扮演商船和战船的角色，配有大炮和水兵。要分辨出它究竟是在进行贸易、战争还是海上劫掠，通常取决于某个时候的力量均衡情况。[131] 在陆地上也是如此：亚洲的帝国倾向于划清战士和商人的范围，而在欧洲，战士和商人的身份经常是双重的：

> 欧洲大陆由南往北，从托斯卡纳到佛兰德斯，从布拉班特到利沃尼亚，参与政事、发动战争的商人不仅提供战士，有时候还自己披挂上阵。我们可以列出一长串有这种情况的地方：不仅仅有佛罗伦萨、米兰、威尼斯和热那亚，还有奥格斯堡、纽伦堡、斯特拉斯堡和苏黎世；不仅仅有吕贝克、汉堡、不莱梅和但泽，还有布鲁日、肯特、莱顿和科隆。这些城市中，有的建立了相当大的领土国家，比如我可以记起的佛罗伦萨、纽伦堡、锡耶纳、伯尔尼和乌尔姆。[132]

威尼斯人在这一方面是最为出名的。从 11 世纪起，他们建立了一个名副其实的商业帝国，占领了诸如克里特、塞浦路斯等岛屿，并建立了甘蔗种植园。这些种植园最后大多使用非洲奴隶——这是新世界普遍采用的模式。[133] 热亚那紧随其后，他们最有利可图的生意是在黑海沿岸抢劫和发展贸易，获取奴隶，然后将他们转卖给埃及的马穆鲁克，或是送他们到从土耳其人那里租来的矿山工作。[134] 热那亚共和国还发明了一种独特的军事融资方式，那些计划远征的人向投资者出售一定份额股份，投资的回报是可以拿走相同份额的战利品。正是这些载有"商人冒险家"的大帆船，满载着肉豆蔻或辣椒、丝绸及木制品，最终穿越"赫拉克勒斯之墩"（the pillars of Hercules），沿着大西洋海岸线到达佛兰德斯或香槟酒集市。当然，在其中汇票是不可或缺的。[135]

我认为，在这里暂停片刻，考虑一下"商人冒险家"这个术语，会对我们有所启发。一开始，它只是指在本国以外经商的商人。不过，与此同时，在香槟酒集市和意大利商业帝国的鼎盛期，1160—1172 年，"冒险"一词逐渐有了现代意思。这当归功于法国诗人特罗亚的克雷蒂安（Chretien de Troyes），著名的亚瑟王传奇的作者——也许最让他出名的，是他第一个讲述了柏西法爵士（Sir Percival）和圣杯的故事。他的传奇是一种新的文学形式，讲述的是一种新的英雄——"骑士游侠"。骑士游侠周游世界，寻求的正是"冒险"。它包含的内容与当代的理解相同：危险的挑战、爱情、宝藏和名誉。骑士冒险的故事十分走俏，有无数的人模仿克雷蒂安进行创作。故事的中心人物（亚瑟、格尼维尔、兰斯洛特、高文、柏西法等）家喻户晓，流传至今。这些故事所营造的高雅理想——英勇的骑士、寻宝、厮杀、浪漫和冒险，仍然左右着我们对中世纪的看法。[136]

令人好奇的是，这些传奇几乎与现实没有任何联系。我们难以找到真实的"骑士游侠"在历史上留下的蛛丝马迹。"骑士"一词最初指的是长矛武士；下层贵族的幼子或者私生子（通常如此）会成为骑士。由于不能继承父亲的遗产，很多骑士不得不聚集到一起寻找出路。很多骑士与结伙的暴徒相差无几，烧杀劫掠，无恶不作——正是这种人使商人的生活变得十分危险。他们在 12 世纪最为肆虐，因此政府部门开始协力控制这股危险的人群：不仅仅发布了骑士条例，还鼓励骑士竞技，进行马上比武——最主要的目的就是防止他们制造麻烦。一方面，让骑士之间相互争斗厮杀；另一方面，试图用规定的礼制约束他们的存在。[137] 而传奇中讲述的理想形象——独自流浪、寻找英勇冒险机会的骑士，似乎从来没有出现过。

这一点很重要，因为我们有关中世纪的想象正是受到了传奇的影响。因此我认为，对此差异的解释具有启示意义。让我们回忆一下，大约在这个时期，商人开始获得前所未有的社会乃至政治权力，但是，欧洲的商人并不像勇士那样，被人们看作某一方面的模范。这与伊斯兰世界形成了鲜明的对比，比如成功的商人冒险家辛巴达，就是一个虚构的完美生活的典范。

克雷蒂安生活在特罗亚很有可能并非巧合。这个地方正是香槟酒集市的中心地带，这类集市反过来构成了西欧的商业枢纽。[138] 尽管他描述的卡米洛特，原型似乎出自他的资助者香槟伯爵自由者亨利（Henri the Liberal，1152—1181 年）和玛丽伯爵夫人（ 阿基坦的埃莉诺之女）所主持的精致的宫廷生活，但他们的宫廷真正的门客是出身卑微的商人（commerçant），他们主要担任集市警官的职务——而大部分真正的骑士是旁观者、侍卫或者艺人。

这并不等于说竞技没有因为自身的魅力而成为一种经济重心。根据 20 世纪初的中世纪史学家艾米·凯利（Amy Kelly）的观点：

纪尧姆·拉·马夏尔（Guillaume le Marechal）的传记作者表现了这群宫廷常客是如何在西欧的竞技场上聚众打斗、自得其乐的。从圣灵降临节到圣约翰节，在这个欢快的季节里，每月举行两次竞技，年轻的血液聚集到一起，有时候参与者会达到 3 000 多人，占据了最邻近的城市。那里也同样聚集起了来自伦巴底、西班牙、布列塔尼和低地国家的马贩子，还有卖铠甲的、为人和坐骑设计军服的、高利贷者、小丑和说书人、杂技表演者、巫师，以及竞技场和街道中其他有身份的人。形形色色的表演者都找到了慷慨的资助者……宴会大厅在举办盛宴，铁匠铺彻夜忙于锻造。竞技会有可怕的

> 结果，随着打赌升温，往往有敲破脑壳、剜出眼珠这类事情发生。有身份的妇女，还有其他根本没有身份的，都来到竞技场为冠军们捧场。
>
> 危险、比赛和奖金吸引人们到竞技场孤注一掷。赌注十分可观，因为胜利者可以获得失败者的仆从和马，让失败者赎回。为了支付赎金，失败者不得不抵押他的封邑。倒霉的失败者还可能落入高利贷者的手中，只好把他的仆从甚至他自己（在某些极端情况下）当作人质抵押。就在长矛刺出之间，有人获得财富，有人失去财富，很多母亲的儿子再也不能骑马回家。[139]

因此，鉴于被击败的骑士严格说来欠胜利者一命，商人的角色不仅仅在于提供了举办集市所必需的材料；商人作为放贷者，最终靠清算失败骑士的资产做起了很好的生意。也有一个又一个向商人借大笔钱把自己装点得十分伟岸的骑士，都是想要靠胜利吸引某位（有可观的亡夫遗产的）集市妇人；另外一些骑士则不停地买春和赌博，这两项活动总是这种盛事的主题。失败者会不得不出售他们的铠甲和战马，这使他们有可能回去做拦路劫匪并激发他们的反犹情绪（如果他们的债主是犹太人的话）。或者，如果有地的话，失败者会加重对那些依附者的横征暴敛，使他们的不幸雪上加霜。

其他人投入战争中去，而战争本身就可以推动形成新的市场。[140] 最为戏剧性的一幕发生在 1199 年 11 月。一大群在香槟埃克里城堡参加竞技（由亨利之子希尔保特赞助）的骑士受一股强大的宗教热情所驱动，放下他们的游戏，转而发誓要收复圣地。东征军行进到威尼斯，委托威尼斯人的舰队将他们运送到圣地，并许诺用东征缴获的所有物品的一半作为回报。结果，他们非但没有行进到圣地，反而在一场旷日持久和血腥的围城后掠夺了基督教城市君士坦丁堡。君士坦丁堡比西欧富庶得多，信奉东正教。佛兰德斯一位名叫鲍尔温的伯爵在此受封为“君士坦丁堡的拉丁皇帝”（Latin Emperor of Constantinople）。但是，这个城市毁坏严重，有价值的东西都已被洗劫一空，要实行统治注定会陷入极大的财政困难。君士坦丁堡成了小规模竞技的放大版本，他们最终不得不依靠剥下教堂穹顶的金属和拍卖圣物偿还他们的威尼斯债主。1259 年，鲍尔温沦落到要抵押自己儿子的地步，他把儿子留在威尼斯做人质换取了一笔贷款。[141]

所有这些并没有真正地回答这个问题：特立独行的骑士游侠在神秘英国的森林中游荡，挑战对手，遭遇食人魔、仙女、巫师和神秘怪兽的形象是如何形成的？现在，答案应该已经明了。事实上，这只是行商人自己的一种升华过的、浪漫化了的形象：毕竟，他们是那些独自投入冒险、穿越荒野和丛林的人；冒险的结果永远是飘忽不定的。[142]

那么，圣杯，也就是所有骑士游侠都在寻找的终极神秘物件，又是怎么回事呢？奇怪得很，是理查德·瓦格纳在他谱写的歌剧《帕西法尔》（*Parzifal*）中最早提出一种观点，认为圣杯是受到新的金融形式启发而创造出来的一种象征。[143] 早先史诗中的英雄追寻和争夺的是真金实银——尼伯龙根指环（Nibelung's hoard）；这些出生在新的商业经济下的新商人，追求的是价值的纯粹抽象的形式。毕竟，没有人确切知道圣杯是什么。即使是史诗也众说纷纭：有时候圣杯是一个盘子，有时候是一个杯子，有时候是一块石头［沃尔夫勒姆·冯·艾森巴赫（Wolfram von Eschenbach）将它想象为一块宝石，是创世之初一场战争中从撒旦的头盔上敲下来的］。从某种角度来看，我们并不需要知道它究竟是怎样的；关键在于它是人们无法看见和触摸的。而与此同时，它有着不可估计的价值。它包含任何东西，能够让不毛之地重新长出茂盛的植被，能够养活世界上的人口，能够提供精神食粮，能够医治受伤的躯体。马克·谢尔甚至认为最好将它视为一张空白支票——最为终极的金融抽象。[144]

精神化的中世纪：货币形式背后的道德哲学

我们每个人都只是半个人，就像儿童们留做信物的半个硬币，也像一分为二的比目鱼。我们每个人都一直在寻找与自己相合的另一半。

——柏拉图，《会饮篇》

从某个角度来看，瓦格纳是错误的：在欧洲引入金融抽象并不标志它正在脱离中世纪，而恰恰是它最后姗姗来迟，进入了中世纪。

这里我们不能怪罪瓦格纳。几乎每个人对此都有误解，因为最有代表性的中世纪制度和观念引入欧洲的时间十分晚，以至于我们往往误以为它们是现代性最早的悸动。我们在汇票上已经看到了这一点。东方早在公元700年或公元800年就已经使用汇票，但抵达欧洲一直要到数个世纪以后。独立的大学（也许是中世纪制度的精髓）是另一个典型的例子。纳兰达（Nalanda）创建于公元427年，中国和临近西方世界（从开罗到君士坦丁堡）也遍布独立的高级学习机构。牛津、巴黎和博洛尼亚出现类似机构要到好几个世纪之后。

如果轴心时代是唯物主义时代，中世纪则首先是超验时代。在大部分情况下，古代帝国崩溃之后没有新的帝国出现。[145] 相反，曾经具有颠覆性的民众宗教运动一跃成了主导性的制度。奴隶制衰败或消失，暴力的总体水平也下降了。交易的进展加速了技术革新；更普遍的和平不仅仅使丝绸和香料的流通更为方便，也加速了人与观念的交流。中世纪中国的僧侣可以潜心于翻译古代梵文佛学著作，中世纪印度尼西亚的穆斯林神学院学生能够用阿拉伯语讨论法律术语。这些事实见证了中世纪深刻的世界主义。

我们把中世纪看作“信仰的时代”，因此也就是盲目服从权威的时代。这是法国启蒙运动的遗产。不过需要再次注意的是，这种看法只有在把“中世纪”的主要舞台放在欧洲时才是有意义的。从世界的标准看，西欧不仅是一个极其残暴的地方，相比其他宗教教会，天主教会也是极其不宽容的。例如，我们很难在中世纪的中国、印度或伊斯兰世界找到与火烧巫师和屠杀异端类似的事情。中世纪的世界更为典型的是中国历史中某些时期出现过的模式：年轻时浸淫于道教，中年时信奉儒教，到晚年醉心佛教，是完全可以接受的。中世纪思想的精髓，并不是盲目服从权威，而是坚持认为支配我们日常事务的价值（尤其是那些宫廷和市场中流行的价值）是混乱、错误、虚假和堕落的。真正的价值蕴藏在别处，在一个无法直接认知的领域，要接近它只能通过研究或冥思。但这又反过来使思考的能力及整个有关知识的问题，成了无穷无尽的难题。例如，穆斯林、基督教和犹太教哲学家都在思索一个重大难题——我们说只能通过理性的能力认识上帝，但同时又说理性本身是上帝的一部分，这意味着什么？中国的哲学家也纠结于类似的难题，他们问道：“是我们阅读经典，还是经典阅读我们？”这个时代几乎所有重要的智识辩论都以某种方式转向了这个问题。是我们的思想创造了世界，还是世界创造了我们的思想？

在几种主要的货币理论中我们也能看到同样的张力。亚里士多德论证了黄金和白银本身没有内在价值，因此货币只不过是一种社会习惯，是人类社团发明出来用于促进交换的。由于它“源于协议”，所以我们只要决意，就“可以改变它，或者让它变成无用之物”。[146] 这一立场在轴心时代唯物主义的知识环境下缺乏吸引力，但在后来的中世纪，它成了公认的智慧。加沙里是最早拥护亚里士多德观点的人之一。他还将此理论推向极致，认为金币没有内在价值正是其货币价值的基础。正是这种内在价值的缺失赋予它“统治”、度量和规定其他东西的价值。但与此同时，加沙里否认货币是一种社会习惯。它是上帝给予我们的礼物。[147]

加沙里是神秘主义者和政治上的保守主义者。因此我们也许可以认为，他最终避开了自己的观点中最激进的推论。但我们同样可以问，在中世纪，宣称货币是一种随意的社会习惯是否真的是一种如此激进的立场？毕竟，当基督教思想家和中国思想家认为货币确实如此时，通常是在说货币是由国王和君主的意志所决定的。从这层意义上看，加沙里的立场与伊斯兰教保护市场不受政治干预的诉求完全一致，两者都在说市场处于宗教权威的正当保护之下。

中世纪货币拥有如此抽象、虚拟的形式（支票、符木、纸币），这意味着这类问题（“说货币是一种象征是什么意思？”）切入了当时哲学议题的核心。“象征”一词本身的历史最好地体现了这一点。这里我们发现了货币形式与哲学讨论之间出奇的平行性，我们只能用“惊人”来形容。

亚里士多德在论证货币不过是社会习惯时，使用的术语是 symbolon——我们的“象征”（symbol）一词正是由此派生出来的。Symbolon 一开始是一个希腊语词汇，意思是“符木”——一种一分为二来标识一项契约或协议的物件，也可以在上面打上记号或将之打碎用于记录一笔债务。因此，英语中的“象征”一词最早可以追溯到记录某种债务契约的物件。这已经十分令人惊讶了。不过真正让人目瞪口呆的是，现代汉语中的同义词“符”或“符号”有几乎相同的来源。[148]

让我们从希腊词语symbolon开始说起。餐桌上的两个朋友可以将某个物件（例如一个指环、一个关节骨、一片陶器）一分为二，造出一个symbolon。在未来的任何时刻，他们之中若是有人需要对方的帮助，就可以拿出自己的一半，提醒两人之间的友谊。人类学家已经在雅典发现了数以百计的类似物件，其通常为黏土质地。后来这成了签署契约的方法，起见证的作用。[149] 这个词也可以用于指各种类型的凭证：那些给予雅典陪审员授权他们投票权的东西，以及允许公民进入剧院的门票。它还可以指货币，不过仅指没有内在价值的货币：根据地方习俗才拥有固定价值的铜质硬币。[150] 在书面文件中，symbolon还可以指通行证、契约、委托书或收据。延伸一下词义它就有了预言、前兆、征召的意思；最后有了我们现在熟悉的意思，即符号。

Symbolon的词义演变为“符号”似乎有两条路。亚里士多德十分注重符木可以有各种形式的事实：物件具体是什么无关紧要，要紧的是它可以一分为二。语言正是如此。词语是我们用于指示物体或观念的声音，但它们之间的关系是随意的：英语用dog（狗）指一种动物，用god（神）指一种神祇而不是相反，没有任何特别的原因。社会习俗是唯一的原因，一种语言的所有使用者共同约定用某种声音指示某种东西。从这个意义上讲，所有词语都代表着人们随意的协定。[151] 当然，货币也是如此——在亚里士多德看来，由于我们的协定而拥有价值的，并非只有没有价值的铜币；所有货币，甚至黄金，都不过是一种symbolon，一种社会习俗的产物。[152]

这一切在13世纪的托马斯·阿奎那看来几乎就是常识，因为在当时，统治者只需要发布一条法令就可以改变货币的价值。尽管如此，中世纪有关符号的理论更多地来自古代的神秘宗教，symbolon一词的意思是某种神秘的公式或符咒，只有独具慧眼的人才能理解。[153] 它因此成了一种具体的符号。人可以感知它，但只有借助于某种隐藏的真相才可以理解它。而这种真相是完全超乎人类感官经验的范围的。[154]

在中世纪有一位符号理论专家，他的著作广为流传，备受推崇。他是 6 世纪的一位希腊基督教神秘主义者，虽然真实姓名不详，但他的化名亚略巴古的丢尼修（Dionysius the Areopagite）广为人知。[155] 丢尼修采用了后面这一种概念来回应当时重大的智识问题：人如何可能认识上帝？我们的知识局限于我们所能感知的物质宇宙，又如何能够认识一个本质完全异于物质宇宙的存在？正如他所叙述的，上帝是"超越存在的无限"，是"超越人类理解力的同一性（oneness）"。[156] 好在上帝无所不能，正因为如此，就像他把自己的身体放在圣餐中那样，他可以凭借各种各样的物质形态向我们揭示他的存在。丢尼修警告我们，我们只有摆脱神圣的东西往往是美好的这一概念之后，才可能开始理解符号是如何发挥作用的。发光的天使和天上的战车这些形象很可能只会干扰我们的心智，因为它们会诱使我们想象实际的天堂就是这样一幅图景，而事实上我们根本不能设想天堂的样子。相反，有效的符号就像最早的 symbolon 那样，是并不漂亮的物体。它们显然是人们随机选出的，通常是丑陋、荒谬的东西，这种不和谐性本身就提醒我们，它们不是上帝；提醒我们上帝"超越所有物质性"的事实，即是从另一种意义上说，它们正是上帝。[157] 不过，从任何意义上讲，它们都已经不再是平等的人定下协议的象征了。符号是礼物，绝对、免费、带有等级性的礼物，将它们赠送给我们的，是一个高高在上的存在，我们根本无法设想我们与这个存在之间存在互惠、债务或相互负有责任的关系。[158]

我们将上述希腊词典中的解释与下面汉语词典中的解释做个比较：①

符（fu）相合，一致。符木的两半

- 证据；身份证明，信任状
- 兑现承诺，信守诺言
- 调和，使一致
- 天意与人为的相互一致

① 作者此处所引汉语词典名称不详。——编者注

- 符木，支票
- 玉玺或印章
- 许可证，通行证，信任状
- 如拼合符木，完全契合
- 标志，符号……[159]

词义的变迁过程几乎是相同的。就像symbolon一样，“符”可以指符木、契约、公章、许可证、通行证或信任状。作为保证，它们可以代表一种协议、一笔债务契约，甚至一种封建从属关系——因为小领主会割开一块符木，来表示同意成为另一位领主的附庸，就像借粮或借钱的做法一样。两个词语的共同特征似乎在于，它们都是最初平等的两方缔结的契约，契约中的一方同意成为另一方的附庸。后来，随着国家走向集权化，“符”成了向官员传达命令的手段：到外省任职的官员持有符的左边一半，皇帝若是想要下达一条重要指令，就会让信使携带右边一半送到该官员处，这样官员就会知道命令出自皇帝。[160]

纸币似乎是从这种一分为二，然后合二为一的债务契约的纸质版本中发展出来的。这一点我们之前已经看到了。当然，对于中国的理论家来说，亚里士多德的论点算不上激进；货币不过是一种社会习俗的观点早就是他们的假设。货币是君王所创设的。不过，从上面的词条看，这里需要有一个小小的限定。“符”也可以指“天意与人为的相互一致”。官员由皇帝任命，与此类似，皇帝归根结底由一种更高的权力任命，而他的统治要有效，就必须服从上天的指示。这也就是为什么吉兆称为“符”，也就是上天赞赏统治者的迹象。如果统治者犯了错，上天则会降下自然灾害警示。[161]

中国人的这种思想确实与基督教的思想有些接近。但中国人观念中的宇宙有一个关键性的差异：中国思想传统并不强调凡间和天堂有绝对的鸿沟，拥有与神灵的契约关系因此绝不是完全不可能的。这一点尤其明显地体现在中世纪道教的仪式中。道士要进行一种“画符”的仪式，撕开一张象征着与上天的契约的纸条。[162]它与神奇的护身符相同，师父也许会给他的弟子一张这样的神符。这些东西完全是符木：入门修道者持有一半护身符，另一半据说由神灵保管。这种护身符上面画有图样，据说代表着神灵的书写方式，只有神灵才能理解；书写的内容是委托神灵帮助持有护身符的人，通常是赋予修道者召唤神兵的权利，协助他降妖除魔、治愈病痛，或是取得非凡的能力。不过，护身符也可以像丢尼修的象征物一样成为冥思的对象，修道者可以凭借它最终取得一些有关超越于我们世界之外的不可见世界的知识。[163]

中世纪中国许多最为引人注目的视觉符号都可以溯源到这种护身符——河图（或称阴阳图）似乎就是从中发展而来的。[164] 只要看一眼阴阳的符号，就能十分轻易地联想到符木的左右两半（符木的左右两半有时候也叫作"阴阳"两半）。

符木不需要见证人。如果两个裂面可以合到一起，那么所有人都知道缔约双方之间有过协定。这就是亚里士多德认为词语适于比作符木的原因：我们有一种默认的协议让词语 A 对应于概念 B。符木令人惊讶的地方在于，虽然它一开始可能单纯只是友谊或团结的象征，但在后来几乎所有的案例中，持有符木的双方事实上同意建立一种不平等的关系，也就是债务、义务或服从对方命令的关系。这也就使我们有可能用它比喻物质世界与更为强大、赋予物质世界意义的世界之间的关系。两个方面是同等的，但它们创造出来的是绝对的差异。所以，中世纪基督教神秘学者与中世纪中国的道士都将"符"看作从天而降的只言片语。对于前者而言，这些文字是一种语言工具，让我们得以稍微理解我们根本不可能与之产生互动的存在；而对于后者而言，它们是一种与高级存在互动，乃至制定实际举措的方式。

我们之前已经看到，当我们试图通过债务重新想象世界的时候，总是会陷入困境。债务是平等的两方缔结的一种特别协议，使他们的地位不再平等，直至履行协议之后平等的地位才恢复。在某个层面上看，上述观念不过是这个困境的另一个版本。尽管如此，这个问题在中世纪呈现得尤为尖刻。中世纪的经济几乎可以说是精神化的。由于金银都流入圣地，各地的人们在日常交易中主要使用的是信用工具。在这种情况下，有关财富和市场的论述不可避免地变成了有关债务和道德的论述，而有关债务和道德的论述变成了有关我们在宇宙中所处位置的本质的论述。我们知道，解决办法是多种多样的。在欧洲和印度，社会回到了等级制度：社会是由牧师、武士、商人和农民构成的等级秩序（在基督教国家只有牧师、武士和农民）。不同等级之间的债务被看作具有危险性，因为它们暗示着双方具有平等的可能性，并往往导致直接的暴力。与此形成鲜明对比的是，在中国，债务的原则通常成了支配宇宙的原则：因果债、母乳债、人与上天缔结的债务契约。从中国历代当局的角度看，所有这些都会产生过分的结果，有可能会造成资本的高度集中，最终导致整个社会秩序失去平衡。政府有责任时时干涉，保持市场的平稳、公平运作，从而防止新的民众动乱爆发。在伊斯兰世界，神学家认为神时时刻刻在重建整个宇宙，因此市场波动反而仅仅被视为神意的另一种体现。

令人惊奇的是，虽然儒家谴责商人，而伊斯兰教赞赏商人，它们最终都产生了相同的结果：繁荣的中国和伊斯兰社会拥有蓬勃的市场，但创建大型商业银行和工业企业的要素从来没有组合到一起，而这两个经济组织日后将成为现代资本主义的标志。伊斯兰世界的例子尤为显著。无疑，它产生过许多只有用“资本家”才能确切形容的人物。阿拉伯语中称大商人为 sāhib al-māl，意为“资本所有者”。法学理论家可以随意自如地讨论资本的创设和扩张之类的问题。在哈里发王国的鼎盛时期，有的大商人拥有数百万第纳尔，搜寻着有利可图的投资。为什么在伊斯兰世界没有出现现代资本主义？我要着重指出两个因素。首先，伊斯兰教商人似乎是十分严肃地看待他们的自由市场意识形态的。市场并不受政府的直接监管；因为契约是个人之间缔结的（理想的形式是“握一握手，望一望天，然后成交”），所以荣誉和信用很大程度上难舍难分。这是不可避免的，在人人相互残害的地方不可能有残酷的市场竞争。其次，伊斯兰教还十分严肃地对待利润是风险的回报的原则。这条原则在后来被古典经济学理论奉为圭臬，不过在实践中并没有充分的体现。伊斯兰教认为从事贸易事业的人将自己暴露在风暴与沉船、野人、丛林、大草原与沙漠、不可预知的外国风俗及专制政府的危险之下。设计用于规避这些风险的金融机制被视为不虔诚的表现。这是反对高利贷的一个原因：如果出借者要求收取固定比率的利息，他的收益也就固定下来了。出于类似理由，商业投资者理应分享风险。这使得绝大多数后来在欧洲发展出来的金融和保险形式，在伊斯兰世界不可能出现。[165]

从这种意义上讲，中国中世纪早期的佛教寺院代表了另一种极端。无尽藏之所以不会耗竭，就是因为通过不断出借资金收取利息而从不动用本金，它们可以有效地保证投资零风险。这就是要点。不同于伊斯兰教，佛教这样做也造就了某种十分类似于我们今天所说的“公司”的实体——我们有一个迷人的法律神话，将这种实体想象成人，不过它不会死去，不用经历纠结的婚姻、繁衍、衰老和死亡。中世纪有恰如其分的话语形容这种实体，它们与天使十分相似。

我们法律上有关公司的概念很大程度上是欧洲中世纪盛期的产物。将一家公司看作一个“拟制人”（persona ficta）的法律观念对我们现代人而言再熟悉不过。这个拟制人，正如伟大的英国法律史学家梅特兰所说，“是不死的，可以进行起诉和被起诉，拥有土地，拥有自己的图章，以及制定管理那些组成他的自然人的规则”。[166] 这个法律观念最先是 1250 年在教皇英诺森四世的教会法中确立的。而它最早适用的实体就是修道院——同时还有大学、教会、市政局和行会。[167]

恰巧，将公司看作一种天使般的存在的观念并非我的原创，而是我从著名的中世纪史学家恩斯特·坎托洛维奇（Ernst Kantorowicz）那里借用来的。坎托洛维奇指出，所有这些恰好与托马斯·阿奎那发展出天使实际上只是柏拉图式理念的人化的概念同时发生。[168] 他写道：“根据阿奎那的理论，每个天使都代表一个物种。”

那么，法学家拟人化的集体（它在法学上是不死的物种）体现出天使所具备的所有特征是没有什么值得惊讶的……法学家自己也认识到，他们所抽象出来的概念与天使有某种相似性。从这个角度看，我们可以说，大大小小非物质的、天使般的实体逐渐开始占据中世纪晚期的政治学和法学思想的世界：它们是看不见的，没有年龄，永恒而不朽，有时甚至无所不在；它们拥有一种智力上，或神秘的躯体，堪比天堂里的“精神躯体”。[169]

这些都是值得强调的，因为尽管我们习惯于将公司的存在看作自然的，或者说不可避免的，但从历史上看，公司实际上是奇怪的、外来的创造物。其他伟大的文明传统，无一发明出类似于公司的机制。[170] 中世纪的一大特点是，它繁衍出无数形而上的形体。公司是欧洲最特殊的创新，同时也是最持久的。

当然，公司也随着时间发生了很大的改变。中世纪的公司拥有财产，也通常参与复杂的金融协议，但没有例证表明它们是现代意义上的逐利型企业。也许并不令人吃惊的是，最接近现代企业的是修士会，尤其是西多会的修道院。这些修道院近似于中国的佛教寺院，周边是磨坊和铁匠铺；它们从事有条理的商业性农业经营，拥有一批“俗世弟兄”为劳动力。这些人实际上是支取薪水的劳工，专事毛织品的纺织和出口。有些人甚至将此称为“修道院资本主义”。[171] 尽管如此，只有当商人开始组织起来，参与组建永恒的实体，并以此为方式获取法律或实际的垄断及规避贸易的日常风险时，我们所熟悉的意义上的资本主义才真正有了基础。在这一点上最突出的一个典型例子是1407年国王亨利四世在伦敦特许的商人冒险家协会。虽然这个协会的名称听上去有点浪漫，但它主要的业务是购买英国的毛织品，然后运到佛兰德斯的市场上出售。它不是现代的合资公司，而是一家相当过时的中世纪商人商会。但它提供了一个结构，供老资历、资金充裕的商人向较为年轻的商人提供贷款。协会的商人们设法取得了对毛织品贸易足够的独家控制，保证可观的收益。[172] 不过，这种企业随后开始参与海外武装冒险活动，可以说开启了人类历史上的一个新时代。

11

大资本主义帝国时代（1450—1971 年）

“那么，你要付我 11 比索；既然你付不出，你就要再多付我 11 比索。总共是 22 比索：前面 11 比索是毛毯和棕榈叶垫子的钱，后面 11 比索是因为你付不出。没错吧，克里希埃洛？”克里希埃洛不识数，自然而然地说道：“是这样的，主人。”唐·阿努尔福是一位体面、尊贵的人。其他地主对他们的短工可是心狠手辣。

“这件汗衫要 5 比索，对吗？很好。既然你不能付这笔钱，就是 5 比索。那么，你已经欠我 5 比索，所以我要再收你 5 比索。由于我不可能从你这里拿回这笔钱，你得再付我 5 比索。所以，5 加 5 加 5 加 5，总共你欠我 20 比索，对吧？”

“是的，主人，是这样的。”

短工若是需要一件汗衫，只能找他的主人。他也只能从主人那里获取贷款。他为他的主人工作，而且只要他欠主人一分钱，就永远无法逃脱主人的掌心。

——B. 特拉文，《卡雷塔》

有许许多多新鲜事物标志着我们常说的“探索的时代”（Age of Exploration）的开始，例如现代科学、资本主义、人道主义和民族国家的兴起。将它简单地界定为历史周期的另一轮似乎显得有点奇怪。不过，从我在这本书中所展开的视角来看，它确实只是历史周期的新一轮。

这个时代大约从1450年开始。世界开始脱离虚拟货币和信用经济，再度开始使用贵金属货币。随后，美洲的金银巨流极大地推动了这个过程，在西欧爆发了一场“价格革命”，颠覆了传统的社会。此外，伴随着金银一同回归的，还有一系列在中世纪很大程度上受到压制、悄无声息的情况：大型的帝国和职业军队，大规模掠夺性战争，自由的高利贷和债务奴役，同时还有唯物论哲学，科学和哲学创新再度蓬勃——甚至传统奴隶制也随之回归。不过这绝不是简单的重复。所有轴心时代的片段都在这个时代重新上演，但它们是以完全不同的方式登台亮相的。

全球流动的金银

15世纪是欧洲历史上一个特殊的时段。这是一个充满灾难的世纪：黑死病不时在大城市肆虐；商业经济在走下坡路，在某些地方甚至完全崩溃；各地城市纷纷破产，债券违约；骑士阶层在各地发生零星的冲突，地方性的战事摧毁了很大一部分乡村。甚至，在地缘政治上，基督教世界风雨飘摇。奥斯曼帝国不仅占领了拜占庭帝国最后的领地，还不断向中欧推进，陆地和海洋力量持续扩张。

与此同时，从许多普通农民和城市劳动者的角度看，这却是一个不能再好的世纪。黑死病消灭了欧洲大约 1/3 的劳动力，这导致的异常结果是劳动力工资大幅上涨。工资上涨不是立即发生的，不过这很大程度上要归因于各个政权对此的第一反应，也就是实施控制工资的法律，有的甚至还试图重新将自由农民与土地捆绑到一起。这种努力遭到了有力的反抗，欧洲各地爆发了一系列民众起义。各地政府虽然能够镇压这些起义，但也不得不妥协。不久，大量财物流入寻常百姓手中，政府不得不开始引入新的法律，禁止出身卑微之人穿丝绸和貂皮，还限制节庆日的数量。在许多城镇和教区，节庆日占到了一年的 1/3 乃至一半。事实上，15 世纪正因此被视为中世纪节庆生活的鼎盛期，各种欢庆名目繁多，包括花灯和舞龙、五日柱和教会麦芽酒、“糊涂道长”和苛政王。[1]

随后的几个世纪里，所有这一切都将被摧毁。在英国，先是清教改革者不遗余力地攻击节庆生活；然后天主教和新教改革者，也加入了这一行列。与此同时，节庆生活的经济基础，也就是民间的繁荣，也消失了。

出现这种情况的原因，一直是几个世纪以来史学争论着墨颇多的热点。我们所知道的是，节庆生活的衰落始于一场大规模的通货膨胀。例如，1500—1650 年英国的物价上涨了 5 倍，但工资水平的上升相比之下缓慢得多。因此，不出 5 代人，真实的工资水平降至之前的 40%。欧洲各地的情况普遍如此。

为什么会发生通货膨胀？有一个最为流行的解释，最早是由一位名叫让·博丹（Jean Bodin）的法国律师在 1568 年提出的。征服新世界以后，大量黄金和白银倾注到欧洲，是导致通货膨胀的原因。继续推理下去，因为贵金属贬值了，任何其他东西的价格也就暴涨，而工资却没能跟上。[2] 有一些证据可以支持这一点。1450 年前后，正是金银十分短缺的时期，社会繁荣达到顶峰。[3] 现金短缺尤其阻碍了国际贸易；在 15 世纪 60 年代，我们可以看到满载商品的船只，因为没有人有现金购买，被迫从主要贸易港口返航的事例。一直要到 15 世纪 60 年代末，事态才开始发生转折，萨克森和蒂罗尔突然爆发出白银矿开采的热潮，随后，抵达西非黄金海岸的新海上航线开辟。

接下来是科尔特斯和皮萨罗的征服行动。1520—1640 年，西班牙珍宝船横渡大西洋和太平洋，从墨西哥和秘鲁运出了无数吨的黄金和白银。

我们通常所讲述的故事有一个问题，即长期留在欧洲的金银少之又少。大部分黄金最后到了印度的寺院里，绝大多数的银条最终流入中国。后者起到了至关重要的作用。如果我们想要真正理解近代世界经济的起源，就不应该把目光锁定在欧洲。中国废弃纸币才是这一切的发端。由于很少有人知道这个故事，我有必要简要地讲述一下。

1271 年蒙古族统治中国之后保留了纸币体系，有时甚至试图将之引入帝国的其他地区，但这种做法通常会导致灾难性的后果。不过，1368 年，又一次大规模农民起义推翻了蒙古族的统治，又有一位农民领袖当上了皇帝。

在蒙古族统治的一个世纪的时间里，他们与外国商人有密切的联系。不过，这些商人广受憎恶。这是明王朝（也就是之前的叛军）对任何形式的商业活动持怀疑态度的部分原因。明王朝有一个美好的构想，就是将中国变成一个自给自足的农业共同体。这带来了一些不幸的结果。例如，它意味着要维持蒙古族留下来的旧的税收体系，百姓以劳役和实物的形式纳税。而且，这种税收体系的基础是一种接近等级制的体系，臣民有固定登记的身份，如农民、工匠或士兵。法律禁止他们改变职业。事实证明，这种做法非常不受欢迎。尽管政府在农业、道路和河流方面的投资确实推动了一场商业繁荣，这里的商业在法律上大多是非法的。农民的税负十分沉重，以至于负债的农民开始从祖辈留下来的田产上逃离。[4]

通常情况下，这样的流动人口往往不会从事常规的产业活动；与欧洲一样，这些人大多倾向于从事一系列奇怪的职业，例如沿街叫卖、演戏卖唱甚至打家劫舍。在中国，还有一批人成了采矿者，出现了一股小小的白银热潮，非法采矿在各地纷纷涌现。没有铸成硬币的银条很快成了非正规经济中实际使用的货币，而不是官方的纸币和铜钱。明朝政府于 15 世纪 30 年代和 40 年代试图关停非法矿井，但却引发了地方性的起义，采矿者和失地农民一起占据了附近的城市，有时甚至威胁到整个行省。[5]

最终，明朝政府甚至打消了再次压制非正规经济的念头，反而采取了完全相反的措施：停止发行纸币，使开矿合法化，承认银条在大额交易中的货币地位，甚至授权私人矿厂生产吊钱。[6]这反过来使政府得以逐渐废弃徭役制度，代之以统一用银支付的税制。

那么，中国政府实际上又重新拾起了它的旧政策，也就是鼓励市场，并只在为了防止过度的资本集中时才出手干预。这个政策很快取得显著成效，中国市场迎来繁荣。的确，很多人认为明朝实现了在世界历史上几乎独一无二的业绩：虽然明朝是中国人口爆炸的时期，却同时也是生活水平显著提升的时期。[7]只是问题在于，新的政策意味着明朝政府必须确保国内有充足的白银供应量，以此维持较低的物价水平，尽最大可能消除民众的骚乱——但现实情况是，中国的银矿很快就耗竭了。16世纪30年代，日本发现了新的银矿，但也在一二十年间开采殆尽。很快，中国不得不转向欧洲和新世界。

从罗马时代起，欧洲就一直向东方出口黄金和白银。可问题是欧洲几乎没有生产出什么亚洲人想要买的东西，所以它只能用现金购买丝绸、香料、钢铁和其他进口产品。欧洲扩张的早期，商人主要想获得东方的奢侈品，或是取得用以购买它们的新的金银资源。在过去，靠近大西洋的欧洲真正优越于其穆斯林竞争对手的，只有一件：经历过地中海上数个世纪的冲突磨砺，欧洲有主动而先进的海战传统。1498年，达伽马的舰队进入印度洋，立即结束了海洋上的和平贸易原则。葡萄牙人的小型舰队开始炮轰和掠夺他们路过的每个港口城市，然后控制住战略要地，并向没有武装的印度洋商人勒索保护费，并威胁否则要骚扰他们的生意。

几乎在同一时间，热那亚的制图师、寻找前往中国之捷径的哥伦布发现了新大陆，西班牙和葡萄牙两个帝国捡到了人类历史上最大的经济馅饼：整整两块蕴藏无尽财富的大陆，而大陆的原住民还在使用石器时代的武器，他们很快就随着殖民侵略者的到来而濒临灭亡。西班牙人征服了墨西哥和秘鲁，得以发现新的贵金属资源，而且储量巨大。他们全面彻底地盘剥这些资源，甚至到了残酷役使周边人群从而以最快速度榨取尽可能多的贵金属的地步。正如彭慕兰（Kenneth Pomeranz）近些年所指出的，这种情况之所以出现，是因为亚洲的贵金属需求是一个无底洞。

要是中国没有一个如此充满活力的经济状态，因此采用白银为货币却不能吸收 3 个世纪以来新世纪所开采的大量白银，那么那些银矿也许不出几十年就会变得无利可图。1500—1640 年的欧洲，以白银计价的价格发生了大规模通货膨胀。这表明，即使亚洲吸收了白银供应量的较多部分，在欧洲，白银的价值也在缩水。[8]

1540 年，白银供过于求，致使欧洲价格体系崩溃。要是没有中国的白银需求，美洲的矿业此时无疑会停止运作，整个美洲殖民计划也会功亏一篑。[9] 很快，前往欧洲的货船减少了在欧洲的卸货量，转而绕过非洲南端的尖角，穿越印度洋直抵广东。1571 年西班牙人建立马尼拉这座城市之后，他们的船只开始直接横渡太平洋抵达亚洲。到了 16 世纪晚期，中国每年几乎要进口 50 吨白银，相当于从美洲运抵的白银的 90%。在 17 世纪早期，这个数字达到 116 吨，或 97%。[10] 为了换取这些白银，中国出口了大量的丝绸、陶瓷和其他产品。这些中国产品中有许多最终流往中南美洲的新兴城市。亚洲贸易成了促进全球经济的最为重要的因素，而那些把持金融杠杆的人（尤其是印度、荷兰和德国的商业银行家），取得的财富难以估量。

但是，新的世界经济究竟是如何导致欧洲生活水平显著下降的呢？我们确信的是，这不是因为在日常交易中人们能够使用大量贵金属。事实与此恰恰相反。尽管欧洲的铸币厂铸造了巨量的里亚尔、泰勒、达卡特和达布伦，而且它们成了从尼加拉瓜到孟加拉通用的新的贸易媒介，但却没有多少进入普通欧洲人的钱袋。相反，我们总能听到人们抱怨钱荒。在英国：

在都铎王朝的大部分时期，流通的货币之少，已经到了纳税人群没有足够硬币支付善款、工资和什一税的地步。人们一次次需要将家中的金属盘子上交国库，因为这是他们所拥有的最接近货币的东西了。[11]

欧洲大部分地区都是这种情况。虽然从美洲输入了大量金属，但大多数家庭仍现金紧缺，不得不时常融化家用的白银器具缴纳税金。

这是因为税要以贵金属的形式缴纳。而相反的是，日常活动仍在继续使用各种形式的虚拟信用货币，与中世纪的情况相比没有太大变化。人们仍然使用符木、承付票。如果是在小一点的社区，他们干脆就简单地记录谁欠谁什么东西。真正造成通货膨胀的，是那些拥有金银最终控制权的人。政府、银行家和大商人能够借助对金银的控制，改变经济规则。首先，他们规定金银是货币。其次，他们引入新形式的信用货币，供自己使用，与此同时逐渐地损害和摧毁地方的信用体系。而正是这些地方信用体系，使欧洲各地的小规模社区得以在几乎不使用金属货币的条件下运作。

尽管涉及概念上有关货币本质的争端，但是它归根结底是一场政治战争。使用金银货币的新政体只有通过史无前例的暴力才能站稳脚跟。暴力不仅仅针对海外，还针对本土。在欧洲大多数地区，针对“价格革命”及圈地运动的第一反应与不久以后在中国发生的情形相似：成千上万的失地农民逃离或是被赶出他们的村庄，成为流民或“无主人控制或保护之人”。这个过程激发民众起义，但欧洲政府的反应与中国政府完全不同。他们镇压了叛乱，之后也不作任何退让，将流民集中起来，把他们作为合同工输出到殖民地，征召至殖民地的陆军和海军，或者是让他们在当地工厂工作。

几乎所有这一切都是通过操纵债务而实现的。因此，债务的性质本身，又一次成为争论的焦点。

贪婪之恶：恐怖的征服者与愤怒的负债者

学者们有关为什么会发生“价格革命”的争论也许会一直持续下去，主要原因是我们不清楚采用哪种分析工具比较合适。现代经济学的方法是用来理解当代经济制度的运作模式的。我们是否真的能用这些方法来描述创造这些制度本身的政治斗争呢？

这不仅仅是一个概念上的问题，还有道德上的危险性。采用看似“可观”的宏观经济学进路讨论世界经济体的起源，相当于将早期欧洲的探索者、商人和征服者的行为简单地看成对机会的理性回应——就好像任何人面对相同情况也会做出与他们相同的选择。这是使用等式通常得出的结论：经济学的公式往往使人十分自然地假设，如果中国的银价是塞维利亚银价的两倍，并且塞维利亚的居民能够取得大量白银并输送到中国，那么他们显然会这样去做，即便这会要求他们摧毁多个文明。或者说，如果英国人需要糖，而且获取生产糖的必要劳动力最简单的办法是将黑人当作奴隶，那么有些人无疑会这样去做。但事实上十分明确的是，历史并非如此。有许多文明有实力像欧洲政权在 16 世纪和 17 世纪那样制造一场浩劫，明朝的中国就是其中之一，但它们几乎未曾这样做。[12]

例如，请想一想美洲的金银矿是如何开采的。采矿业几乎在 1521 年阿兹特克人的首都特诺奇蒂特兰陷落的同时开始运作。虽然我们习惯于假设墨西哥人口的毁灭是因为欧洲疾病引入美洲的结果，但当代的研究者日益发觉，强迫新征服的原住民在矿山工作至少也起到了同等的效果。[13] 茨维坦·托多洛夫（Tzvetan Todorov）在《征服美洲》（*The Conquest of America*）一书中向我们提供了一个概要，使我们得以看到一些最触目惊心的报告。报告的作者大多是西班牙的牧师和修士。他们即便在原则上相信印第安人的灭绝是上帝的审判，却也无法掩饰他们对西班牙士兵的暴行所感到的惊恐：西班牙士兵为了测试刀刃是否锋利，随意地取出路人的内脏，还强行扯下原住民母亲背上的婴儿喂狗。这种行径也许只会被当作一群拥有绝对免责权的重装军人（很多有暴力凶杀的背景）必然会做的事情而一笔带过；但来自矿山的报告说明，这种暴行比前者更有组织性。弗雷·托里维奥·德·莫多里尼亚（Fray Toribio de Motolinia）相信上帝要将 10 种灾祸降于墨西哥原住民，他罗列了天花、战争、饥荒、强迫劳动、税负（这致使许多人向放债者出售子女，还有许多人在残酷的监狱中被折磨致死），以及成千上万在建设首都的过程中死去的人们。他认为，最为首要的灾祸，就是无数人在矿山中悲惨地死去：

第八个灾祸是西班牙人将他们变为奴隶，强迫他们在矿山劳动。首先是那些阿兹特克人的奴隶，然后是有反抗倾向的人，最后是所有他们能抓到的人。征服美洲后的最初几年，奴隶贩卖十分活跃，奴隶经常几易其主。除了皇家的标志，西班牙人还在他们脸上烙下了许许多多的印记，以至于他们满脸是字，因为每个买下他们的人都会在他们的脸上印上自己的名字。

第九个灾祸是为矿山劳动。印第安人需要穿越60多里格①将沉重的补给运入矿区……如果他们的食物告罄（或是在矿山里，或是在途中），他们就会饿死，因为他们没有钱购买食物，也没有人给他们食物。有些印第安人回到家中已是精疲力竭，不久也死去。这些死在矿山中的印第安人和奴隶的尸体散发恶臭，导致了瘟疫的爆发，尤其是在瓦哈卡的几个矿山中。在这些矿山周边半里格以内及道路的大部分路段，我们都不可避免地得从尸骨上走过。成群的鸟和乌鸦飞来大饱口福，它们数量之多，遮天蔽日。[14]

秘鲁也上演了类似的情景。整个地区的人口由于矿山的强制劳动而消失。伊斯帕尼奥拉（Hispaniola）更为恐怖，那里的原住民被全部消灭。[15]

我们讨论西班牙征服者，讨论的并不是他们一般意义上的贪婪，而是上升到一种不可理喻的程度的贪婪。这毕竟正是他们留给后人的回忆。他们的欲望似乎从来得不到满足。即使在占领特诺奇蒂特兰或库斯科，并在此取得无法估量的财富之后，征服者几乎总是重新集结，出发去搜寻更多的财宝。

历代的道德家们一直在抨击人类没有止境的贪婪，就像抨击我们据称没有止境的权力欲一样。不过，历史真正揭示给我们的是，尽管人类确实倾向于谴责他人做出类似西班牙征服者的行径，却很少有人真的会做得如此恶劣。即使对于最有野心的人来说，梦想也会更接近于辛巴达的经历：冒险，获取定居下来过美好生活所需的财富，然后就是享受生活了。当然，马克斯·韦伯论证过，资本主义的神髓是从不定居、无限扩张的冲动。他认为这种精神最早出现在加尔文主义中。但西班牙的征服者是货真价实的中世纪天主教徒，即便他们通常出身西班牙社会最为鲁莽、最不道德的阶层，他们又为什么没有丝毫懈怠，一直想要获取比自己所拥有的多得多的东西呢？

我认为，回溯荷南·科尔蒂斯（Hernán Cortés）征服墨西哥的开端，也许对解答这个问题有所帮助。他的直接动机是什么？科尔蒂斯于1504年移

① 里格，长度单位。1里格 = 5.556千米。——译者注

民到伊斯帕尼奥拉殖民地，满怀荣耀与冒险的梦想。但在他到来的最初 15 年中，他的冒险大多只是勾引他人的妻子。但在 1518 年，他连蒙带骗，捞到了一支远征军的指挥官头衔，在美洲大陆确立了西班牙的地盘。陪同他的贝尔纳尔·迪亚斯·德尔·卡斯蒂略（Bernal Diaz del Castillo）后来写道，在这个时候——

他开始装饰自己，比以前更为注重自己的仪态。他帽子上插了翎毛，衣服上别了奖章，挂了一条金链子，天鹅绒的斗篷上修剪有镀金的圆圈。他看上去真像一位英勇而时髦的海军上校。不过我所说的这些，都还不是他支付得起的。因为在这个时候，尽管他有可观的地产，也在从矿山中获取黄金，但他仍然十分穷困，负债累累。他把所有的收入用于打扮自己和他新娶的妻子及款待宾朋……

他的几位商人朋友听闻他成了远征军的指挥官，于是借给他价值 4 000 比索的金币，以及以他的印第安人和地产担保的价值 4 000 比索的货物。然后他下令造两面印有标语的旗帜。旗帜上的皇家纹章用金色，两边各有一个十字架，另有一行文字如是说道："弟兄们，让我们用真正的信仰跟随神圣十字架的标志，它将引领我们实现征服。"[16]

换句话说，他一直过着入不敷出的生活，因为陷入麻烦，于是决定像铤而走险的赌徒一样孤注一掷。因此，后来他毫不理会殖民地总督在临行前决定撤销远征的决定，带着 600 人航行去美洲大陆也就不足为怪了。他向同行的人承诺均分远征的利润。登陆后他破釜沉舟，实际上也就是把一切都赌在胜利上了。

现在让我们从迪亚斯那本书的开头跳到结尾的章节。三年之后，通过某些在有史以来的军事领袖中最为天才、最为残忍、最为耀眼和最为无耻的行为，科尔蒂斯赢得了胜利。为期 8 个月、挨家挨户的屠杀消灭了大约 10 万阿兹特克人，完全摧毁了世界最大城市之一的特诺奇蒂特兰。远征军占领了阿兹特克人的国库，于是到了与存活下来的士兵分赃的时候。

不过根据迪亚斯的叙述，结果却让这些士兵大为愤怒。军官们共谋扣押了大部分黄金，最后士兵们得知他们每人只能拿到 50~80 比索。更令他们愤怒的是，又有很大部分报酬立即被之前向他们放债的官员收去——这是因为科尔蒂斯规定士兵更换的装备及在攻城中接受的治疗都要收费。大部分士兵发现，这次远征对于他们而言其实是亏本生意。迪亚斯写道：

我们都负债累累。一把弩至少要40或50比索，一支火枪100比索，一把剑50比索，一匹马800~1 000比索，甚至更贵。因此我们需要为这一切支付很大一笔钱！一位自称马斯特·胡安的外科医生照料过一些重伤员，为此收取高得不可理喻的费用。另外一个叫作穆尔西亚的庸医也如法炮制。他在远征期间做过药剂师和理发师，也料理过伤员。另外还有30种巧立名目的项目，在我们拿到自己那份钱之后立即要求我们支付。

我们对此提出了严正的抗议。但科尔蒂斯给出的唯一办法是指派两位信得过的人，他们了解商品价格，并能够对我们此前赊账购买的所有东西进行估价。他又下达了一条命令：外科医生的医疗，不论什么价格，我们都必须接受；但如果我们没有钱，我们的债主必须为还款等上两年。[17]

西班牙商人不久也来了，向远征军士兵高价出售必需品，因此进一步激怒了他们，直到：

我们的将军对无休无止的责难（说他将一切窃为己有，不停要求贷款和预付报酬）忍无可忍，于是决定立刻摆脱那些最讨厌的家伙。他在一些省份建立了殖民地，而那些省份似乎对这个目的而言是最合适不过的。[18]

就是这些人最后掌控了美洲殖民地的省份，并在那里设立了地方行政、税收和劳动制度。从这里我们可以更容易地理解，为什么会有描述说，印第安人脸上印满了名字，就像签满背书的支票一样，或者为什么矿山方圆数里之内布满腐烂的尸体。我们所面对的，不是一种冷酷或贪婪的心理，更多是一种羞耻与义愤复杂混合的心理。债务只会不断累积，这让远征军士兵急得发疯（他们的债务无疑是有利息的）。经历了那么惊险的一切，却反过来欠下一屁股债，这让他们无比愤慨。

科尔蒂斯的情况又是怎样？他也许做了一回世界历史上最厉害的江洋大盗。无疑，他最早的那些债务已经显得微不足道。不过他似乎总是陷入新的债务。1526 年，当他正远征洪都拉斯的时候，他的债主们就已经开始收回他的财产了；远征归来时，他写信给查理五世说，他的远征开支如此之高，“所有战利品都不足以把我从悲惨和贫困中解脱出来。在我给您写这封信的时候，我还欠着 500 盎司的黄金，而手头却没有一个比索可以还债”。[19] 很有可能的是，科尔蒂斯没有诚实地写下自己的境况（当时他拥有自己的私人宫殿）。但没过几年，为了募集远征加利福尼亚的资金，他沦落到典押妻子的珠宝的地步。他希望这一系列远征能够使他重获财富。不过这没能转变成利润；最后他被债主团团包围，不得不回到西班牙，当面向皇帝请求帮助。[20]

所有这一切似乎与第四次十字军东征有可疑的相似性。当时，负债的骑士洗劫了一座座外国城市的财富，最后还只是勉强打发走了他们的债主。这种相似性是有原因的。支持这些远征的金融资本，多少来自相同的地方，不是热亚那，就是威尼斯。此外，两次远征涉及的两个方面之间的关系，正是我们所说的“资本主义”的核心：一方面是勇敢的冒险家，他们是赌徒，愿意承担任何程度的风险；另一方面是小心谨慎的金融家，他们的整个经营活动都围绕稳定、低风险的收入增长而进行。

因此，我们现在的经济体系总是带有一种有双重特征的特殊标记。在桑坦德大学这类西班牙大学里，人们辩论印第安人是否属于人类（他们是否有灵魂？他们能否拥有法律上的权利？强制奴役他们是否合法？），也讨论西班牙征服者的真实态度（是对敌人的蔑视还是厌恶？甚或是因钦佩而生嫉妒？）这些讨论一直以来让学者们十分着迷。[21] 但真正的要点是，在做出决策的关键时刻，这些讨论都毫无作用。那些决策者并没有觉得自己处于任何控制之下；那些受到讨论影响的人也没有特意做细致的了解。让我们看一个有说服力的例子。莫多里尼亚所描述的那些金矿银矿，没开采几年，就有数百万印第安人被集中起来奴役至死。之后，殖民者制定了债务奴隶的政策，采用的是通常的伎俩：要求印第安居民支付高额税款，向那些无力缴税者提供有息贷款，然后要求他们用劳动偿还贷款。皇家专员时常试图禁止这种行径，理由是印第安人现在已经是基督徒，这侵犯了他们作为西班牙国王忠实子民所享有的权利。不过，皇室这种旨在保护印第安人的努力几乎从没有奏效过。最后，皇室也不得不应对财政上的紧急局势。查理五世本人也欠下佛罗伦萨、热那亚和那不勒斯银行企业大笔债务，而来自美洲的金银大概占到他总收入的1/5。到头来，国王派往美洲的使者不过是雷声大雨点小。即便他们对殖民地的做法在道德上感到十分愤怒（而且往往是十分真诚的愤怒），但是国王的谕令在殖民地仍旧遭到忽视。最好的情况也只是推行一到两年，然后就中止了。[22]

所有这一切可以帮助我们理解，为什么基督教曾一直坚持对高利贷的强硬态度。这不单单是一个哲学上的问题，而且还是一种道德上的对抗。货币往往有成为道德规则的潜能。如果允许用钱生钱，赚钱很快就成为一种极为重要的德行，让其他一切与之相比都黯然失色。对于负债者来说，世界可以归结为潜在危险、潜在工具和潜在商品的一个集合。[23]即使是人际关系，也成了成本—收益计算的事。很明显，这正是西班牙征服者着手征服时看待世界的方式。

现代资本主义的特征就是，它创建一系列社会安排，并迫使我们这样认为。公司的结构就是很有说服力的一例——而且，绝非巧合的是，世界上最早的大型合资公司是英国和荷兰的两家东印度公司；它们从事的，正如西班牙征服者一样，是探险、征服、压榨等一系列活动。公司的结构是为清除所有道德规则，只留下利润而设计的。作为公司决策者的执行经理可能宣称（他们也经常这样做），如果公司的钱是他们自己的，他们当然不会在为公司终身工作的员工退休前的一周将之解雇，或者将致癌废物倒在学校附近。不过，他们在道德上往往顾及不到这些，因为他们不过是公司的雇员，唯一的职责是向公司股东提供最大的投资回报。（当然，公司股东对此不需要任何解释。）

之所以说科尔蒂斯的形象具有启示意义，还有另一个原因。我们所说的，是一位于 1521 年征服了一个王国，得以坐在一大堆黄金之上的男子。他也没有任何分享这笔财富的意图，甚至对他的追随者也一毛不拔。5 年之后，他宣称自己是身无分文的负债者。这怎么可能呢？

我们可以得到一个明显的答案：科尔蒂斯不是国王，他是西班牙国王的臣民，生活在西班牙王国的法律框架之下。该框架规定，如果他没有好好打理自己的财富，就会失去它。不过，我们已经看到，国王的法律在其他情况下可以被视而不见。更有甚者，国王们也不能完全我行我素。查理五世一直背负债务。他的儿子菲利普二世当政时，军队在三条战线上同时作战。于是他玩起了中世纪时的违约伎俩，引来了他所有的债主的联手制裁——从热那亚的圣乔治银行到德国的富格银行和韦尔泽银行，它们将不再向他提供贷款，直到他践履之前的债务承诺。[24]

因此，资本不仅仅是钱。它甚至不仅仅是可以转化为钱的财富。同样它也不仅仅是使用政治权力协助某人钱生钱——这正是科尔蒂斯想要做的：采用经典的轴心时代做法，他试图通过征服获取战利品和在矿山劳动的奴隶，这样他就可以用现金回报他的士兵和供应商，然后开始进一步的征服。这个公式对他而言屡试不爽，但对于所有其他征服者而言，带来的却是一场惊人的失利。

这似乎可以展现轴心时代与资本主义时代的差异。在轴心时代，货币是帝国的工具。确实，统治者可以轻易设立市场，让人们在市场中以钱为目的追逐利益；有时候，统治者甚至可能将整个政府机器看作一个赢利企业；但货币一直只是一个政治工具。这就是为什么当帝国崩溃、军队解散后，整个机器也就烟消云散了。在新兴的资本主义秩序下，货币的逻辑有了自主性；政治和军事权力随后逐渐围绕它重组。的确，这种金融逻辑，若是没有国家和军队作为后盾，是不可能出现的。正如我们从中世纪伊斯兰世界的例子中看到的，在真正的自由市场条件下（即在国家不以任何明显的方式介入和管制市场，甚至不承担强制执行商业契约的责任），是不会发展出纯粹的竞争性市场的，那么收取有息贷款实际上也就是不可能的了。真正使设立一个如此独立于国家的经济体系成为可能的，也只有伊斯兰教反对高利贷的禁令。

1524 年的马丁 · 路德正是在表明这一点。当时大约是科尔蒂斯第一次开始与他的债主闹纠纷的时候。路德说，我们想象所有人都可以像真正的基督徒一样，按照福音书的命令生活，这无可厚非。但事实上很少有人能够真正做到：

在这个世界上基督徒十分罕见；因此，世界需要一个严厉的现世政府，驱除和约束邪恶的人，让他们不去抢劫并归还他们所借来的东西——即便一个基督徒按道理不应要求收回出借的东西，甚至根本不应期望能够收回。现世政府这样做是必要的，否则世界就会变成一片沙漠，和平就会消失，贸易和社会会被完全摧毁；如果我们根据福音书统治世界，而不通过法律和强制驱使邪恶之人从善，所有这一切就会发生……不要相信统治世界无须流血；统治者的利剑必须是鲜红而血腥的；这是因为世界会也必然会是邪恶的，而这剑是上帝对它的惩罚和报复。[25]

在将有息贷款本身视为盗窃的经院哲学理论看来，“不去抢劫及归还他们所借来的东西”是一个鲜明的并置。

这里路德指的正是有息贷款。有关他如何得出这一点的故事很有意思。路德的改革生涯始于 1520 年，当时他正猛烈地反对高利贷。他反对教会出售赎罪券，原因之一便是他认为，赎罪券本身就是心灵上的高利贷的一种形式。他的立场在城镇和村庄中得到了民众的普遍支持。不过，他很快发觉，自己招来了一个有可能颠覆整个世界的鬼怪。更为激进的宗教改革者宣称，穷人没有偿还高利贷贷款利息的道德义务，并建议恢复《旧约》中类似于安息年的制度。不久，革命的传教士又一次开始质疑贵族特权和私有财产的合法性。1525 年，也就是路德布道的后一年，德国各地兴起了大规模农民、矿工和城市贫民的起义：在大多数情况下，这些叛乱者自称不过是真正的基督徒，目标是重建福音书中真正的共产主义。在镇压起义的过程中，超过 10 万人被屠杀。早在 1524 年，路德就感觉到事态日渐失控，因此必须选择站在哪方：在那篇布道中，他选择了立场。他宣称，《旧约》中如安息年之类的法律已不再有效；福音书描述的只是理想中的行为；人类是有罪的生物，因此需要法律；尽管高利贷是一种罪，4~5 个百分点的利息率在当前某些情况下是合法的；而且，尽管收取利息是罪恶的，但以此为理由违反法律的规定，在任何情况下都不会是合法的。[26]

瑞士的新教改革者慈运理（Zwingli）甚至说得更为直白。他认为，上帝给了我们神圣的法则：像爱自己一样爱邻人。如果我们真的恪守这条法则，那么人类会免费地相互赠予，私有财产就不会存在。不过，除了耶稣，还没有人能够按照这种纯粹的共产主义标准生活。因此，上帝还给了我们第二条、次一等的人类法则，由世俗政权负责推行。这条次等的法则，虽不能强迫我们按照我们真正应该遵循的方式行事（“长官不能强迫任何人出借他们自己的东西却不求补偿或利润”）——但至少可以让我们跟随使徒保罗的指引，因为他说过：“凡人所当得的，就给他。”[27]

不久之后，加尔文抛弃了完全禁止高利贷的禁令。而到了 1650 年，几乎所有新教派别都同意他的立场，即合理的利息率（通常是 5%）并不是罪恶。这个判断的前提条件是放贷者是出于好心而放贷收息，不把放贷当作自己的主业，也不盘剥穷人。[28]（天主教的教义对此反应迟缓一些，但最后也被动默许了这一立场。）

如果我们观察一下所有这些是如何取得正当性的，便会有两件事情跃入眼帘。首先，所有新教思想家都继续采用中世纪古老的论点，即“利息”实际上是在补偿放贷者如果把贷款用于某项更有利的投资所可能取得的利润。最开始，这个逻辑只适用于商业贷款。现在，它越来越多地适用于所有贷款。于是，钱生钱也就不再是违背自然的了，人们反而期望钱能够增长。所有的钱都被视为资本。[29] 其次，下面这条假设从未完全消失——向敌人放高利贷是完全合适的行为，由此我们可以推断，所有商业活动都带有某种战争的性质。例如，加尔文并不认为《申命记》只肯定了向亚玛力人贷款收息的行为；他认为，《申命记》明显表示，向叙利亚人或埃及人，乃至向所有与犹太人进行贸易的民族放高利贷，都是可以接受的。[30] 打开高利贷之门，至少就是心照不宣地提示，一个人现在可以将包括邻人在内的任何人，当作外邦人对待。[31] 要理解这在实践中可能意味着什么，我们只需要观察一下，当时欧洲商人冒险家在亚洲、非洲和美洲是如何对待外邦人的。

或者，我们可以看一下欧洲本土的例子。当时还有一位负有盛名的负债者，即著名的霍亨索伦王朝的勃兰登堡—安斯巴赫的卡西米尔侯爵

（1481—1527年）：

卡西米尔是勃兰登堡的老弗雷德里希侯爵之子，也就是人们所知的德国文艺复兴的“疯狂诸侯”之一。至于他究竟有多么疯狂，资料上没有定论。当时的一份编年史描述他“因太多赛马和马上枪术比赛而多少有点神经错乱”：大多数人认为，他会暴怒发作而不能自禁，也热衷于狂野、铺张的庆典，据说这些庆典经常成为放浪形骸、酗酒纵欲的好机会。[32]

不过，他不善于管理钱财是众所周知的事情。1515年年初，弗雷德里希陷入严重的财政麻烦（据说欠了20万荷兰盾的债），不得不警告他的债主（多数也是贵族），他可能不久将被迫暂时中止偿还债务利息。这似乎导致了一场信任危机，不到数周时间，他的儿子卡西米尔策划了一起宫廷政变——1515年2月26日凌晨，率军控制了普拉森堡。他逼迫此时正忙于庆祝嘉年华的父亲签署退位诏书，理由是后者精神衰弱。弗雷德里希被软禁在普拉森堡度过了余生，不让见客，信息全无。后来他的侍卫请求新侯爵提供一些荷兰盾，供老侯爵赌博、消磨时间。卡西米尔在公众面前作秀，公开拒绝了侍卫的请求，并宣称（当然是荒谬地宣称）他的父亲留下的局面一团糟，他根本拿不出这笔钱。[33]

卡西米尔忠实地将总督职位和其他荣誉职位少量授予他父亲的债主。他打算让自己的家族恢复秩序，但这却困难重重。他在1521年热心地拥护马丁·路德的宗教改革，显然有很大一部分原因在于他可以借此染指教会的土地和修道院的资产，而并不是出于什么特别的宗教狂热。不过刚开始的时候，如何处置教会财产还是悬而未决的问题，卡西米尔本人又乱上加乱，自己积累了一大笔赌债，据说高达近5万荷兰盾。[34]

让他的债主担任行政管理职务，其结果显而易见：这些人会变本加厉地盘剥他的臣民，很多臣民也成了绝望的负债者。不出所料，1525年，卡西米尔在法兰哥尼亚堡河谷的领土成了叛乱的中心之一。武装村民成群聚集到一起，宣布他们不会遵守任何有悖“上帝圣言”的法律。最初，在零散的城堡中被孤立隔绝的贵族没有多少抵抗。叛军领袖（他们很多是当地的店主、屠夫和来自附近城镇的优秀人士）开始了井然有序的拆城运动。他们向占据城堡的骑士承诺，如果与叛军合作，同意抛弃他们的封建特权，并发誓遵守叛军的“十二条”（Twelve Articles），就保证他们的人身安全。许多骑士顺从了。真正遭到叛军残害的，是教堂和修道院，其中有好几十座遭到洗劫和毁坏。

卡西米尔对此的反应是局势未明了以前先不投注。一开始他静候时机，召集了一支由大约 2 000 名有作战经验的士兵组成的军队，但却拒绝在叛军劫掠数座周边修道院时出兵介入；实际上，他看似十分诚恳地与多路叛军队伍谈判，让很多人相信他正准备“作为基督徒弟兄”加入他们。[35] 不过，在 5 月士瓦本同盟的骑士在南方击败基督教联盟的叛军后，卡西米尔开始了大的动作，他的军队击垮了缺乏训练的叛军，并像一支征服军一样在自己的领土上纵横驰骋，焚烧、劫掠村庄与城镇，屠杀妇女和儿童。在每个城镇他都设立了惩罚性的法庭，并攫取所有掠夺来的财产。表面上他将这些财产作为紧急贷款，用于支付军队报酬，但实际上他的士兵也已经将该地区教堂中尚存的财富洗劫一空了。

在所有德意志诸侯中，卡西米尔既是在出兵干预前踌躇时间最长的一位，也是做出决定后手段最为凶残的一位。这一点似乎意味深长。他的军队之所以臭名昭著，不仅因为他们处死受指控的反叛者，还因为他们大肆切掉受指控勾结叛军之人的手指。卡西米尔的刽子手把切下来的身体部分记在一本冷酷的账上，好在事后讨取酬劳——分类账给他的一生制造了太多的麻烦，这也是一种。有一次在基青根（Kitzingen）城，卡西米尔命令剜掉 58 个市民的眼睛，因为据他宣称，他们“没有把他这个主人放在眼里”。随后他收到如下清单：[36]

80 颗首级	
60 件剜出的眼睛或切下的手指	114 又 1/2 弗罗林
从中减去	
从罗滕布格尔处收到的	10 弗罗林
从路德维希 · 冯 · 胡滕处收到的	2 弗罗林
余项	
加上两个月的报酬，每月 8 弗罗林	16 弗罗林
总计	$118^{1}/_{2}$ 弗罗林

（签名）奥古斯丁（行刑者，基青根人称他为“哎哟大师”）

最后，卡西米尔的兄弟格奥尔格（后来被称为“虔诚者”）受到残酷镇压的刺激，向卡西米尔写信询问他是不是打算去做生意了——因为，正如格奥尔格善意地提醒他的，如果他的农民死绝，他也就不可能继续做封建领主了。[37]

鉴于有这种事情发生，像托马斯·霍布斯这样的人将人类之间的战争视为社会的基本性质，因而认为只有君主的绝对权力才能将我们从中拯救出来也就不足为奇了。与此同时，卡西米尔的行为体现出一种没有原则、冷酷、算计的心态，喷发出一种几乎无法解释的、复仇般的残忍。这与科尔蒂斯手下愤怒的步兵在阿兹特克各省区恣意妄为的行径一样，似乎体现出了债务心理的某种本质。或者，更为确切地说是负债者发觉自己要被扫地出门，却又无力阻止时表现出来的特征：他们迫切地希望将周围的一切变成钱，并因沦为这样的人感到愤怒不已。

信用经济转向利息经济

人类思维所独有的东西中，没有什么比信用更美妙。它从不需要强制；它随意见而飘摇；它取决于我们对希望和恐惧的情感；它多次与我们不期而遇，又时常毫无理由地离去；而一旦信用丧失，要找回来真是太难了。

——查尔斯·戴维南特，1696 年

对世界而言，失信者即死人。

——英国和德国谚语

农民所幻想的人与人之间共产主义式的兄弟情谊是有渊源的。他们的幻想源于日常生活的真实体验：农民要一起料理公共的田地和森林，每天都要相互合作、维护邻里的团结。从每天这种平常的共产主义体验出发，通常会构建出宏伟的幻想。[38] 显然，乡村社团内同样有分歧和争吵，这是所有社团都会发生的情况——不过只要是社团，它们就必然建立在互助的基础之上。可以说，贵族阶层也恰巧如此，他们也许会因为爱情、土地、荣誉和宗教而无休止地相互厮杀，但在紧要关头仍然能够很好地合作（尤其是当他们的贵族地位受到威胁的时候）；这就像商人和银行家，纵然相互竞争，但在紧要关头总能够团结一致。我称此为“富人的共产主义”，它是人类历史中一股重要的力量。[39]

正如我们已经多次看到的，信用方面也有同样的情况。对于我们视为朋友或邻居的人，我们通常会用不同的标准对待。有息贷款的本质是无情的，而为债务所困的人，又会做出野蛮和算计的行为。在对待陌生人时，这些表现是最典型的：科尔蒂斯对阿兹特克人没有任何亲情可言，卡西米尔对其农民的态度也好不到哪里去（事实上很有可能比科尔蒂斯更差，因为阿兹特克武士至少是贵族）。在国家没有触及的小城镇和小村庄，中世纪的标准原封不动地延续了下来，而“信用”就像一直以来的那样，只是荣誉和声望的问题。有关我们当前的时代，还有一个重要但却无人讲述的故事，就是这些古老的信用体系最终是如何被摧毁的。

近期的史学研究几乎完全推翻了我们对当时日常经济生活的旧有看法。尤其是克雷格·缪尔德鲁（Craig Muldrew）的研究，他详细研究了 16 世纪—17 世纪英国的财产清单和法庭案件。毫无疑问，运抵欧洲的美洲黄金和白银，只有很少一部分最终流入普通农民和商贩的口袋。[40] 大部分金银藏在贵族、伦敦大商人或是王室国库的保险箱里。[41] 小额零钱几乎是不存在的。我之前已经指出，在城市或大型城镇周边较为贫穷的地区，店铺老板会发行他们自己的铅质、皮质或木质代币；16 世纪，这成了一股热潮，手工艺者，乃至贫穷的寡妇也在生产他们自己的货币，以便量入为出。[42] 在另外一些地方，光顾当地肉店、面包店或鞋店的居民会直接把东西放在柜台上。那些参加每周集市的人，或者向邻居出售牛奶、奶酪或烛蜡的人也会这么做。在一座典型的村庄里，只有过路的旅行者或是底层流民可能支付现金。乞丐和无业游民名声很坏，因此没人愿意借钱给他们。由于每个人多少要出售一些东西，他们同时既是贷方也是借方；家庭收入的形式大多是其他家庭的承诺；每个人知道邻里之间相互亏欠的具体数额；然后每 6 个月或一年左右，社团会进行一次公开“清算”，人们相互抵销债务，之后剩下来的差额才使用硬币或财货补足。[43]

我之所以说这颠覆了我们的旧有假设，是因为我们一直批判某种叫作“市场”的模糊概念，将它看作资本主义兴起的原因。市场破坏了旧的团结互助的体系，创造了一个冷漠的、算计的世界，所有东西都可以定价。事实上，英国的村民似乎根本没有看出两者之间有什么矛盾。一方面，他们深信有必要集体管理田地、溪流和森林，有必要帮助陷入困难的邻居。另一方面，市场因为完全基于信用，所以只是相同原则的一种弱化表现。比邻而居者认为他们相互之间应当一直亏欠些许债务，这与用甘薯和秋葵送礼的蒂夫族妇女的观念一致。而与此同时，大部分人似乎十分适应买卖的观念，甚至能够接受市场的波动，只要没有威胁到这些诚实家庭的生计的地步。[44] 1545年，有息贷款甚至也得到了法律的承认。只要有息贷款在相同的大的道德框架下进行，就不会激起太大的愤怒。例如，放贷被认为是十分适合于寡妇的职业，因为她们没有其他收入来源；它也可以是邻里之间分享某项小型商业投机的利润的一种方式。来自兰开夏郡的贵格派商人威廉·斯托特对他最早做学徒的那家店的店主亨利·科沃德盛赞不已：

> 我的主人当时经营百货、五金器皿和其他多种财货。尊敬他和信任他的人，不仅有他自己教派里的人，还有其他各种教派、各路身份的人……他的信用之佳，使有一点闲钱的人都会把钱寄存在他那里，让他放贷取利或是利用起来。[45]

在这样的世界里，信任是最重要的。因为大多数信用安排是握手协议，所以钱几乎等于信任。人们使用“信用”一词时，他们首先指的是因诚实和正直而取得的声誉；另外，一个人的荣誉、德行、社会地位，还有慷慨、正派的声名及好的社交天赋，在决定是否向其放贷时，至少也是和净收入评估同等重要的考虑因素。[46] 因此，金融上的术语与道德上的术语是无法区分的。人们可以说某人“有价值 / 受尊崇”，“估价很高 / 备受尊崇”或者“没有价值 / 不中用”。同样，当相信某人的话时，可以说为他的话“赊账”。或者当相信某人会兑现承诺时，可以说是向他的诺言“贷款”。“信用”一词与“信条”和“公信力”这两个词有相同的词根。

不过我们不应该把当时的情境理想化。这是一个高度父权化的社会：妻女的贞洁对于一个男人而言，与他的仁慈或虔诚一样，是他的“信用”的一部分。另外，几乎所有年龄在 30 岁以下的人，不论男女，都受雇在他人的家庭干活（例如农场工人、挤奶女工、学徒）。而从事这些行当的他们，是根本“没有价值”的。[47] 最后，那些在社团眼中失去公信力的人实际上沦为贱民，下降到犯罪或半犯罪阶层，成了无依无靠的劳动者、乞丐、娼妓、扒手、小贩、算命者、街头艺人和其他“没有主人的男人”或“坏名声的女人”。[48]

陌生人之间，或在支付租金、什一税及向领主、地方长官、牧师和其他上级缴税时，大多使用冷冰冰的现金。拥有土地的贵族和富裕的商人往往避免握手协议，而在相互之间使用现金，尤其是他们要用现金兑付伦敦在市场上开出的汇票。[49] 金银最主要是被政府拿来购买武器、发放士兵的薪水，也在犯罪阶层内部通用。这也就是说，最有可能使用硬币的有两类人：一类是那些管理法律体系的人——行政官员、治安官员和裁判官员，另一类人是社会中的暴力成分，控制他们是前面一类人认为自己的职责所在。

久而久之，这导致了道德宇宙日益分裂。对大多数既避免与法律体系纠缠，又避免与士兵和罪犯扯上关系的人来说，债务一直是社交的本质结构。但那些终生在政府大厅和大型商业机构工作的人，却逐渐形成了一种十分不同的看法。现金交易在他们看来是十分正常的，倒是债务反而与犯罪有染。

每种看法都反映了某种隐含其中的有关社会本质的理论。对于多数英国村民而言，社会和道德生活真正的焦点，是教会和当地的啤酒店——具体体现社团存在的，是像圣诞节、五朔节等公众节日时的宴饮交际，以及庆祝活动所包括的一切：分享快乐、谈论感受，还有一切从身体的活动中体现出来的“好邻居”关系。社会最主要的基础是朋友和亲属之间的“爱和友谊”，这在日常各种形式的共产主义中得到了表达和展现（比如帮助邻居做家务和为老寡妇送牛奶或奶酪）。人们并不认为市场与这种互帮互助的主导思想相矛盾。市场在他们看来是互助的一种延伸，这种看法与图思的基本相同。产生这种看法的原因也是基本相同的：市场完全是通过信任和信用运作的。[50]

英国也许未曾出现像图思一样伟大的理论家，但我们可以在大多数经院派作家的著作中发现相同的假设。1605 年英译本问世后广为流传的让·博丹的《论共和国》(*De Republica*) 便是一例。博丹写道，“友善与友情是一切人类和公民社会的基础”——它们构成了那种“真实、自然的正义”，必须在此基础上建构整个有关契约、法庭，乃至政府的法律结构。[51] 与此类似，在经济思想家思考货币的起源时，他们讨论的是“信任、交换和贸易”。[52] 在他们看来，人际关系自然而然总是第一位的。

因此，思想家将所有道德关系看作债务。“免我们的债”——正是在中世纪晚期，主祷词的这一翻译版本普遍流行开来。罪是欠上帝的债：人不可避免要犯罪，但这也许是可以控制的。这是因为到了末日，上帝在最后的审判中，会抵消人们相互之间的道德债务和道德信用。债务的概念甚至被植入最为私密的人际关系之中。就像蒂夫人一样，中世纪的村民有时候会提到“肉体债”，不过意思和蒂夫人的完全相反：它指的是婚姻中任意一方要求与对方做爱的权利，按此原则一方有做爱的欲望就可以行使这个权利。“还债”因此有了与数个世纪之前罗马人“履行义务”的说法相同的意思。杰弗里·乔叟（Geoffrey Chaucer）甚至在《坎特伯雷故事集》中讲述了一个女人用性的欢愉向她的丈夫还债的故事：“如果我还不了，我反正是你的妻子，记账下来好了，我还是要赶早还清……我这个身子已经全部抵押给你了；我尽可在床上还清你这笔债。”[53]

伦敦的商人甚至也会不时地将之用于社交语言，坚持认为所有贸易归根结底建立在信用的基础之上，而信用实际上只是互助的一种延伸。例如，1696 年，查尔斯·戴维南特曾写道，即使人们普遍对信用系统丧失信心，这种情况也不会持续太久，因为最终人们会思考这个问题，而意识到信用不过是人类社会的一个延伸：

他们会发现，从事贸易的国家，从没有完全凭借真实的货品（即只是用硬币和商品）展开和维持它们的生意；人与人之间的信任和信心，就像服从、爱、友谊或语言交流一样，对于联结人类同样是不可或缺的。经验告诉人们完全依靠自己是多么脆弱，因此人们会有意帮助他人，并向他们的邻人寻求帮助。这样，信用当然又逐渐重新流动了起来。[54]

戴维南特是一个不一般的商人（他的父亲是一位诗人）。他所处的阶层里，更为典型的是像托马斯·霍布斯那样的人。霍布斯 1651 年出版的《利维坦》全面批判了先前的某种观念，即认为社区团结的纽带构成了社会的基础。

我们可以认为，霍布斯是这种新的道德视角的始作俑者。不幸的是，这个视角是毁灭性的。《利维坦》出版之初，不知是哪一点更让读者感到愤怒：无情的物质主义（霍布斯认为人本质上是机器，可以用一条原理理解他们的行为：趋乐避苦），还是由此推导出来的犬儒主义（霍布斯质问，如果爱、友情和信任是人类行为最有力的推动力，那我们为什么即便在家中，也要将最为贵重的财产锁在保险柜里）？而且，霍布斯认为，受自利所驱使的人类自然不可能公平地相互对待，因此只有当人类觉察到，出让一部分自由、接受国王的绝对权力符合他们的长远利益时，社会才会出现。他的这条终极论据与马丁·路德这些神学家在一个世纪前所提出的相差无几。霍布斯只不过是用科学的语言替代了《圣经》的引文而已。[55]

我要格外强调“自利”（self-interest）一词的潜在内涵。[56] 它无疑是新哲学的关键概念。这个词最早正是在霍布斯的时代前后出现的，也无疑是直接借用了罗马法中指代利息支付的术语 interesse。在这个词最早被引入英国的时候，大多数英国作家似乎认为它与英国传统道德并不协调。在他们看来，将所有人类生活归结为追求自我的利益是一种犬儒的、外来的、马基雅维利式的观念。到了 18 世纪，受过教育的人大多已将其当成一种简单的常识了。

但为什么用“利”（interest）这个字呢？这个字最早的意思是“迟还贷款的惩罚”。为什么用它来创设一个有关人类动机的一般理论呢？

之所以要用这个词，有一部分原因在于它是从记账派生出来的。它是数学化的，这让它看似客观，甚至科学。相信我们实际上都在追逐自己的利益为我们提供了一种手段，得以穿越那些似乎主宰了我们日常存在、激励人们所作所为的激情和情感（不仅包括爱情和友情，还包括嫉妒、怨恨、忠诚、同情、色欲、尴尬、麻木、愤怒和骄傲），并发现这些都不是关键。真正最为重要的决策，是建立在理性计算物质利益的基础之上的——这意味着它们也是十分容易预测的。“正如物理世界受运动的法则所支配，”爱尔维修（Helvétius）在一篇论及商鞅的文章中写道：“道德宇宙同样由利益的法则所支配。”[57] 当然，也正是以这个假设为基础，经济学理论中的那些二次式方程最终才得以建构起来。[58]

不过问题在于，这个概念的起源根本不是理性的。它来自神学，而且支撑它的神学假设也仍然依附于它。“自利”最早可见于意大利历史学家弗朗西斯科·奎奇亚迪尼（Francesco Guicciadini）在 1510 年前后的著述（这个人事实上是马基雅维利的朋友）。在他笔下，“自利”是圣·奥古斯丁“自爱”（self-love）概念的委婉表达。在奥古斯丁看来，“爱上帝”引领我们善待同胞；相反，自爱指的是，从人堕落以来，我们就被无休无止的自我满足欲所诅咒——以至于如果对我们的行为不加干涉的话，我们肯定会陷入全面竞争（乃至战争）的状态。像奎齐亚迪尼这些试图抛弃爱是初始情感这一假设的作家，显然会用“利”代替“爱”。但这只不过是把人类的欲望不可能满足的假设，用客观的数学计算掩盖起来了，因为如果让钱永远生钱的条件不是“利息”，那又是什么呢？这个词作为投资术语时情况也是如此，指的是投资于无休止的逐利活动中的资金，例如某人也许会说：“我在那个项目里有 25% 的股份。”[59] 因此，人类首要受“自利”驱使的观念，本身就根植于基督教的假设之中（即我们都是不可救药的罪人；如果让我们自行其道，我们不会在某个安逸和幸福的水平上停下追求的脚步，然后去享受它）；我们决不会像辛巴达那样歇手享受生活，更不用问为什么我们一开始会决定投资生财了。而正如奥古斯丁已经预测到的，在一个有限的世界中，无限的欲望意味着无尽的竞争，这又反过来解释了为什么如果社会要获得和平，只有依靠契约上的安排及国家机器对此的严格执行。这正是霍布斯坚持的观点。

那么，资本主义的起源与其说是一部有关市场的非人格力量逐渐摧毁传统社团的历史，毋宁说是一部有关信用经济是如何转变为利息经济、非人格（往往也具有报复心理）的国家权力如何侵入并改变道德网络的历史。伊丽莎白和斯图亚特时代的英国村民不喜欢上诉到法律体系，甚至在法律对他们有利的情况下也是如此——这种态度的部分原因在于他们信奉邻里之间应该一同解决问题的原则，但更主要的原因是法律太过严苛。例如，根据伊丽莎白时代的法律，对流浪罪（即失业罪）的处罚是：初犯，在耳朵上钉枷；惯犯，直接处死。[60]

债法的严苛程度也是有增无减，特别是因为，如果债主报复心理重的话，欠债不还通常可以被当作一种犯罪处理。在 1660 年前后的切尔西，

玛格丽特·沙普尔斯因为偷窃布料而被起诉。她将从理查德·本内特的商店里偷来的布料“为自己缝了一条衬裙”。她的辩护词声称，这块布料，她已经和本内特的仆人讨价还价，“但由于钱包里现金不够，就先拿走了布料，想着等钱凑齐后尽快付清。而且她事后也和本内特先生议定了这块布料的价格”。本内特承认确实如此：玛格丽特在同意支付他 22 先令之后，“送来了一篮子东西作为这笔钱的抵押物，此外还有 4 先令 9 便士的现金”。但“他深思熟虑后却反悔了；他将篮子和东西退了回去”，然后通过正式的法律程序起诉她。[61]

最终，玛格丽特·沙普尔斯被判处绞刑。

显然，像本内特那样做得那么绝，想要看到最令他恼怒的顾客被绞死的店主是很少见的。因此，有身份的人会完全回避上法庭解决纠纷。克雷格·缪尔德鲁的研究中最有趣的一个发现是，随着时间的推移，这一点越来越远离现实。

即便在中世纪晚期，如果涉及数额巨大的贷款，债主到地方法庭提出索赔也并不鲜见——但这种做法实际上只是为了把这个案件写入公共记录（当时大部分人不识字）。负债者乐于走法庭程序的原因，似乎部分在于，如果这笔贷款收取了丁点儿利息，那么也就意味着如果他们违约，放贷者在法律面前和他们一样都是有罪的。闹上法庭的债务纠纷不足案件总数的 1%。[62]利息法律化的进程开始改变公平竞争的性质。在 16 世纪 80 年代，有息贷款

在村民之间成了较为普遍的做法，而与此同时，债主们也开始要求使用签名的法律契约；很多小城镇的法庭诉讼量因此猛增，似乎每家每户都陷入这种或那种债务纠纷之中。不过，这些诉讼中只有极少一部分得到法院的判决；通常的权宜之计仍然是依靠简单的惩罚，鼓励负债者在法庭外解决纠纷。[63]尽管如此，欠债入狱（或者更糟）的危险便因此悬在每个人的头上，社会交往本身也有了些许犯罪的色彩。即使是像科沃德先生那样的好店主，最后也陷入困境。尤其是他意识到，使用他良好的信用去帮助较为不幸的人关乎自己的名誉时，良好信用本身就成了一个麻烦：

> 他也用商品与关系并不紧密的合伙人打交道，并日渐担心起那些每况愈下的人，因为从他们那里既得不到利润，也得不到信用；他时常走访一些名声不佳的商户，这引起了他妻子的不安。而他的妻子又是一个极为懒惰的女人，私自从他那里拿钱。他的境况越发艰难，以至于每天都期待自己被投入监牢。他耻于丧失了早年的声誉，绝望而心碎，继续经营了一段时间后，就在悲伤和耻辱中死去了。[64]

如果我们查阅一下当时的资料，看看那些监狱（尤其是那些为非贵族出身的人提供的监狱）是怎么样的，也许就会觉得这并没有什么令人惊奇的。科沃德先生当时肯定知道，诸如以恶劣条件而臭名昭著的弗利特和马歇尔西两处监狱，它们经常在议会或大众新闻中爆出丑闻，报纸整版整版地报道那些戴着脚镣的负债者“身上污秽不堪，爬满寄生虫，受尽饥饿和监狱伤寒的折磨而死去，没有任何人怜悯他们”。而相比之下，被关在同座监狱里面贵族的享乐者却待在为他们精心设计的牢房里，生活舒适，不时还有修甲师和妓女的造访。[65]

那么，将债务定为刑事犯罪，也就是将人类社会的基础本身定为刑事犯罪。在一个小的社团里，通常来说，几乎每个人都既是贷方也是借方，这一点已经不用再强调了。而当人们发现，通过足够聪明的阴谋诡计，也许加上一点策略上的贿赂，就能够将几乎所有他们所憎恨的人送入监牢乃至绞死的时候，我们不禁想象社团中会存在多大的紧张和诱惑——社团尽管是以爱为基础的，但事实上正因为如此，社团中也总是充满了憎恨、敌对和愤怒。理查德·本内特如此残酷地对待玛格丽特·沙普尔斯是出于何种情感？我们无从知晓这背后的故事，但打赌这背后肯定有故事，总是很有胜算的。这对于社团团结肯定有毁灭性的影响。突然之间，人人都可以利用暴力，无疑威胁到了社会交往的实质，将之转变为一场债权所有人对债务所有人之间的战争。[66] 因此不足为奇的是，到了 18 世纪，个人信用的概念落得个坏名声，这是因为放款人和借款人同样被视为犯罪嫌疑人。[67] 至少在能够获取货币的人之间使用硬币，则似乎本身就是合乎道德的了。

理解了所有这一切，我们就能够从一种完全新颖的视角来看待之前几章中讨论过的那些欧洲作者。以巴汝奇对债的歌颂为例：真正的笑话并不在于他认为债务将社区联系在一起（当时任何英国或法国农民无疑都会这么认为），甚至宣称债务是联系社团的唯一纽带；可笑的是，拉伯雷让这种观点从一位富裕的学者嘴里说出，而他实际上是一个屡教不改的恶棍——他以大众的道德作为镜子，反观、嘲笑那些宣称反对这种道德的上层阶级。

或者，我们可以援引亚当·斯密的看法：

我们不是靠屠夫、酿酒师、面包师的善行才吃得上饭，而是靠他们对自身利益的关心。我们要注意的不是他们的仁慈，而是他们的自爱；我们绝对不要告诉他们我们需要什么，而是要告诉他们自己的利益。[68]

诡异的是，在斯密写下这些文字的时候，社会实际情况并非如此。[69] 英国大部分店主的大部分业务仍然是用信用来达成的，这意味着顾客无时无刻不仰仗他们的仁慈。斯密当然不大可能对此一无所知。他写的这些话，更是在描绘一种乌托邦的图景。他在设想一个每个人都使用现金的世界。这样做的部分原因在于他认同新兴的中产阶级的意见，即如果所有人真的都这样做的话，这个世界会变得更好，可以避免各种混乱，以及可能腐化人的无休无止的纠缠。我们在购物时要做的只是付钱，说“请”和“谢谢”，然后离开。更为重要的是，他利用这个乌托邦图景提出了一个更大的论点：即便所有行当都像大型商业公司那样进行，只着眼于自身的利益，也没有关系。即便是拥有“天然的自私和贪婪”和“空虚而无厌的欲望”的富人，从看不见的手的逻辑看，也能够惠及所有的人。[70]

换句话说，斯密不过是在当时环境下想象了消费者信用的角色，就像他通过想象解释了货币的起源那样。[71] 这使他能够忽视经济事务中仁慈与恶意所起到的作用；忽视构成某种类似于自由市场的制度（即不只是简单地由国家创建和维持的一套市场制度）的必要基础的互助精神，以及融入他所使用的模型（竞争性、自利性的市场）之中的暴力和绝对的恶意。

尼采则采用了斯密“生活即交换”的前提，却把所有斯密避而不谈的东西公之于众，比如酷刑、谋杀和伤害。即使我们只看到了很少的社会背景，一旦读到尼采有关古代猎人和牧人记账并相互之间要求用对方的眼睛和手指还债，我们就不会对此疑惑不已了。这立即让我们想到卡西米尔的刽子手，他真的把一份账单给他的主人看，要求取得剜眼和切指的酬劳。尼采所真正描述的，是从一位富裕的中产阶级教士之子（正如尼采本人），一个相信人类生活的一切以算计、自利的交换为前提的人眼中，营造这样一个世界所需要的手段。

新信用形式的兴起

历史学家过了这么长时间才开始注意都铎王朝和斯图亚特王朝时期英国的民间信用体系，原因之一是当时的知识界讨论的大多是抽象的货币概念；他们很少提到各种信用体系。对于受过教育的阶层来说，一提到“货币”，他们马上想到的就是黄金和白银。这些人大多理所当然地认为，黄金和白银在所有民族的历史上向来就是货币，也可能会一直延续下去。

这种看法不仅仅与亚里士多德的看法相冲突，还与当时欧洲探险家的发现有直接的冲突。探险家们陆续发现了贝壳货币、珠子货币、羽毛货币、盐货币，以及他们所抵达的每个地方所使用的各种不同的货币。[72] 但这些都没有让经济思想家们做出让步。有些人用上了炼金术的理论，认为黄金和白银的货币地位有自然的基础：黄金（取其精华于太阳）和白银（取其精华于月亮）是金属最为完美、永恒的两种形式，所有低级金属都会向这两种形式进化。[73] 不过，大部分人似乎并不觉得有必要对此做出什么解释；贵金属的内在价值是不言而喻的。所以，皇家的顾问或者伦敦的小册子作者，在经济问题上辩论的议题总是相同的：我们如何防止金银流出本国？硬币严重紧缺，应该如何应对？大多数人，是绝对不会去想"我们如何保持对地方信用体系的信任"这样的问题的。

这一点在英国甚至比在欧洲大陆体现得更为极端。在大陆，人们至少还可以"推崇"或"废止"货币。在英国，经过都铎王朝进行的货币贬值的灾难性尝试之后，这种应急手段也被弃而不顾了。从此之后，减低硬币成色成了一个道德问题。政府将贱金属混入硬币纯净而永恒的实质之中明显是错误的。因此，裁剪硬币也是一个道德问题，只不过程度上略轻一等。裁剪硬币是偷偷地将硬币边上的银刮下，然后把硬币压扁，这样它们看起来仍然和原来的大小一样。这在英国是极为普遍的做法，几乎可以看作货币贬值的公众版本。

此外，那些在这个新时期开始出现的各种新式虚拟货币，深深扎根于这些假设中。这一点十分关键，因为它有助于解释一个原本看似诡异的矛盾：这个冷酷无情的物质主义时代，这个抛弃了货币是一种社会习惯的观念的时代，为什么同时又见证了纸币及一整套新的信用工具和金融抽象形式的兴起，并继而成为现代资本主义中的典型特征？确实，这些信用工具多数在中世纪的形而上世界中发源，比如支票、债券、股票和年金。不过，在这个新的时代，它们经历了一个极度繁盛的过程。

不过，如果我们看一下当下的历史，就能很快地、清楚地发现，所有这些新形式的货币，根本没有动摇货币是以黄金和白银的"内在"价值为基础的这个假设。事实上，它们反而更强化了这个认识。一旦信用脱离了个人（无论是商人还是村民）之间真实的信任关系，实际上人们显然就可以无中生有地生产货币；但这种做法是以不道德的竞争性市场为背景的，所以几乎不可避免地会导致各种骗局和欺骗——这又使体系的监管者周期性地感到恐慌，寻求新的方式将各种形式纸币的价值栓回金银上。

这个故事一般被称作“现代银行业的起源”。不过，从我们的视角看，它所揭示的只不过是战争、金银和这些新的信用工具有多么紧密的联系。我们只需要思考一下中世纪的欧洲并没有走过的路径。例如：一张汇票完全可以背书转让给第三方，进而能够普遍流通——因此也就实际上将其变成了纸币的一种形式。这就是纸币最早在中国产生的方式。在中世纪欧洲，不时有朝这个方向发展的运动，但由于多种原因，并没有走得很远。[74]不过，银行可以换一种方式，通过将高于它们所拥有的现金储备的金额计入账目中的贷项来生产货币。人们视此为现代银行业真正的精髓，它可以让私人银行券得以流通。[75]在意大利，也有向这个方向发展的运动，但这是十分冒险的举措。这是因为储蓄者因恐慌而进行挤兑的危险总是存在，而且中世纪的政府对在这种情况下无力偿还的银行家，采取了极为严酷的惩罚：例如弗朗西奇·卡斯特罗（Francesch Castello），1360 年他在自己位于巴塞罗那的银行前被枭首。[76]

在银行家有效控制了中世纪政府的地方，操纵政府的财政显得更为安全，也更有利可图。现代金融工具的历史及纸币的终极起源，事实上是从城市政府发行债券开始的。12 世纪的威尼斯政府最早开始发行市政债券。当时出于军事目的，威尼斯亟须快速获取一笔收入，因此它向其纳税公民征收了一笔强制性的贷款，并保证 5% 的年利率；而且它允许“债券”或契约的流通，也就设立了政府债券的市场。威尼斯政府虽然在支付利息上一丝不苟，但由于它发行的债券没有确切的到期日，所以它们的市场价格总是随着城市的政治、军事命运而大幅度波动，这也影响了人们对威尼斯政府是否会偿付债券的评估。其他意大利城邦和北欧商人也纷纷效仿：荷兰尽管发行过为数众多的自愿采购债券，但很大程度上也是凭借了一系列强制贷款来支撑它摆脱哈布斯堡王朝（1568—1648 年）统治而独立的漫长战争。[77]

强迫纳税人放贷在某种意义上不过是要求他们提前缴税；但在威尼斯城邦最早承诺支付利息的时候，这原则上是在惩罚自己不能立即偿还所借款项——利息在法律术语上仍然是 interesse，也就是对延迟偿还贷款的惩罚。我们容易看出，在人民与政府之间的法律和道德关系方面，这很有可能引发各类问题。最终，在首创这些新式融资形式的商人共和国中，商业阶层更多地把自己当作政府的所有者，而没有欠政府什么债。除了商业阶层，1650 年，大部分荷兰居民都至少拥有一些政府债券。[78] 不过，只有当人们开始将这些债务“货币化”的时候，才出现了真正的悖论。这里的货币化，指的是相信政府的偿还承诺，故而让债券像货币一样流通。

虽然早在 16 世纪，商人就在使用汇票清算债务，政府债券（公债、息券、年金）才是这个新时代真正的信用货币。我们正需要通过这个来看“价格革命”的真正起源。价格革命把原本独立的城镇居民和农村居民打入社会底层，使他们中的大多数人最终沦为雇工，为那些可以利用更高级信用形式的人劳动。即使在塞维利亚这个新世界驶回的珍宝船最早停泊的旧世界港口，金银也并没有在日常交易中被频繁使用。大部分新世界运来的金银直接被存入了热那亚银行家在港口开设的仓库，然后往东运送。但这一过程中，这些金银为复杂的信贷计划提供了基础。银行家向君王提供金银贷款，支撑他们的军事行动，获得的回报是有息政府年金的纸质凭证，它们可以被当作货币一样交易。通过这种方法，银行家所拥有的金银价值几乎可以无限膨胀。早在 16 世纪 70 年代，我们就听闻在梅迪纳德尔坎波（Medina del Campo）这种地方的集市里，交易完全使用纸券。梅迪纳德尔坎波离塞尔维亚不远，当时已经是“名副其实的信用凭证工厂”。[79] 由于西班牙政府是否真的会偿还债券，或者偿还有多少固定性总是有些不确定的，所以纸券通常贴水流通，尤其像开始在整个欧洲流通的息券——这导致了持续的通货膨胀。[80]

真正的纸币出现在英格兰银行成立的 1694 年，因为这家银行的银行券已经完全不是债券性质的了。英格兰银行的银行券和其他银行的一样，源于国王的战争债务。这一点再怎么强调也不为过。货币已不再是欠国王的债，而是国王欠的债。这个事实让纸币与它之前的性质非常不同。在很多方面，它已经成为旧时货币形式的反面。

读者可以回忆一下英格兰银行的成立过程。由 40 位伦敦和爱丁堡商人组成的财团（大多已经是王室的债主）向国王威廉三世提供了一笔 120 万英镑的贷款，作为其对法战争的资金。与此同时，他们说服国王允许他们组建一个公司，拥有银行券发行上的垄断权，以此作为回报。这家公司（也就是英格兰银行）发行的银行券实际上是国王偿还其所欠债务的承付票。这是第一家独立的国家中央银行，它成了清算小型银行之间债务的场所；它发行的银行券不久就演变为欧洲第一种国家纸币。不过，当时重大的公共辩论，虽然主题有关货币的本质，但讨论的只是金属货币，而与纸币无关。17 世纪 90 年代，英国铸币出现危机。白银价值一路攀升，以至于新的英国硬币（铸币厂不久之前刚采用了今天的硬币上十分熟悉的“花边轧压”技术，可以防止硬币被裁剪）的实际价值低于它的银含量。结果是我们容易预料的。足值的银币在流通中消失，剩下的都是旧的、裁剪过的硬币。而且即便如此，这些硬币也日渐稀少。应当采取行动加以应对。这引发了一场小册子论战，在 1695 年，也就是英格兰银行成立一年之后达到了高潮。我前面引用的查尔斯·戴维南特论信用的文章，正是这个特别的小册子论战中的一部分：他建议英国采用以公共信任为基础的纯粹的信用货币，但是被忽略了。国库建议收回铸币，重新发行减重至 20%~25% 的硬币，从而使硬币币值低于其白银含量的市场价。许多支持这条建议的人公然站在国家货币理论的立场，坚持认为不论怎样，白银都是没有货币价值的；货币不过是国家设立的一个度量衡。[81] 不过，在论战中取胜的，是自由主义哲学家约翰·洛克。洛克当时是艾萨克·牛顿爵士的顾问，后者后来做过皇家铸币厂的厂长。洛克认为，为一小块白银标上“1 先令”，不能使之更有价值，就像宣称 1 英尺① 等于 15 英寸并不能使身材矮小的人变高一样。金银的价值世所公认；政府在上面打上标记，只是为硬币的重量和纯度做证。同时他用愤怒得近乎扭曲的文字写道，政府出于自身利益篡改标记，与裁剪货币的人一样有罪：

在硬币上使用公共权威的标记，目的只是为了维护和保证银币的质量；这种做法对公共信赖的伤害，比裁剪、伪造货币更为严重，是从抢劫变成了叛国。[82]

因此，他认为，唯一的途径就是收回货币，根据它先前的价值重新

① 1 英尺约为 0.3 米。——编者注

铸造。

英国政府确实这样做了，其结果是灾难性的。紧接着的那一年里，几乎没有铸币流通；价格和工资暴跌；饥饿与动荡不断。只有富裕的人能躲过一劫，因为他们能够利用新的信用货币，以银行券的形式来回交易国王的债务。这些银行券的价值最初也有波动，但随着它们可以被兑换成贵金属，价格便最终稳定下来。对于其他人来说，情况真正有所好转，要等到纸币及后来的小面额货币更为普遍流通以后。改革自上而下进行，进展十分缓慢。不过，改革确实深化到底层，逐渐建立起一个畸形的世界，即便是与屠夫、面包师进行普通、日常的交易也要采用礼貌、非人格的措辞，当然还得用上零钱。将日常生活想象为一个自利的算计的问题也因此成为可能。

洛克为什么会持这种立场，我们是很容易看出来的。他是一位科学的物质论者。在他看来，“信赖”政府（正如上面所引用的）甚至并不是指公民相信政府会信守承诺，而只是指政府不会向他们撒谎；政府会像好的科学家一样，给公民准确的信息。洛克还希望看到人类行为有自然法则的基础（就像牛顿当时阐述的物理学法则一样）。而这自然法则高于任何区区政府所制定的法律。不过真正的问题在于，为什么英国政府同意他的意见，并坚守这个立场，而不顾各种立即显现出来的灾祸？事实上，不久之后，英国采用了金本位（1717 年）。大英帝国直至寿终正寝，也一直维护金本位及黄金和白银是货币的观念。

的确，洛克的物质主义也被普遍接受，甚至成了这个时代的口号。[83] 不过，主要而言，依靠黄金和白银似乎是制约新型信用货币的危险的唯一途径。这是因为这些信用货币的增加非常迅速——尤其到后来，普通银行也可以创造货币。金融投机活动没有任何的法律或社团约束，很快就引发了近乎疯狂的后果。在证券市场发展中领头的荷兰共和国，就已经在 1637 年的郁金香狂热中尝到了这种苦头——这是最早出现的一系列投机性“泡沫”，“泡沫”一词也在后来为人所知。当时，未来的价格先是喊出天价，然后暴跌崩溃。17 世纪 90 年代，又一系列投机性泡沫袭击伦敦市场。泡沫大多形成于一家新成立的合资公司（形式模仿东印度公司）或是某个未来的殖民冒险活动周围。1720 年著名的南海泡沫不过是一个高潮——一家新成立的贸易公司，取得了与西班牙殖民地贸易的垄断特权，购买了可观数额的英国国债，在赫然倒塌之前股票还曾短暂地飙升。随后一年，约翰·劳著名的法国皇家银行破产。这是类似于英格兰银行的另一番中央银行试验。它在几年内快速成长，吸收了所有法国的殖民贸易公司及法国王室的大部分债务，有权发行自己的纸币，却在1721年灰飞烟灭，它的首席执行官流亡终身。政府在这种情况出现之后都会设立法律：英国立法禁止设立新的合资公司（除了为建造收费道路和运河而设立的投资公司），法国完全废除了以政府债务为基础的纸币。

那么，牛顿式经济学（如果我们可以这样称呼它的话）——也就是我们不能随意创造货币甚至实际上是随意改造货币的假设，被几乎每个人所接受就不足为奇了。这些做法必须有某种坚实的物质基础，否则整个体系就会走向疯狂的状态。经济学家后来花了几个世纪的时间，讨论这种基础可能是什么（真的是黄金，还是土地、人力劳动或一般性商品的效用），但几乎没有得出过类似亚里士多德观点的人。

看待这个问题的另一种方式，也许是说，新的时代日益对货币的政治性质无法接受。毕竟，政治是说服的艺术；政治是社会生活的一个维度，只要有足够多的人相信，事情就能成真。问题是，为了有效地玩这个游戏，我们决不能公开承认这一点：如果我能够说服世界上所有人相信我是法国国王，我确实会成为法国国王。但如果我承认这只是我宣称自己是法国国王的唯一依据，就没有人会相信我。从这个意义上说，政治与魔术十分相似——这也就是为什么，几乎在各个地方，政治与魔术周围都环绕着某种欺骗的光环。这些怀疑在当时十分走红。英格兰银行（因此英国的货币体系）强烈依赖于公众对王室的政治稳定的信赖。（1701年的《王位继承法》保证了王位的世袭，而寄生生活是一种流行形式的违约）。1711年，讽刺散文家约瑟夫·艾迪生（Joseph Addison）为此谱写了一支小小的幻想曲。在梦里，他说道：

我看到了公共信用女王，坐在杂货店王宫的王座上，头顶大特许状的王冠，《王位继承法》一览无余。她会点金术。她的宝座后面，装满硬币的袋子堆到了天花板那么高。她左手边的门突然打开，闯进来一个伪装者，一只手拿着一块海绵，另一只手握着一把剑，向《王位继承法》挥舞。美丽的女王瘫倒在地，不省人事。她将周围所有东西变成宝藏的那种魔法被驱散了。钱袋子像刺破了的气囊一下瘪了下去，成堆的金币变回成一把把碎布或一捆捆柴火。[84]

如果人们不相信国王，那么货币就会随之消失。

因此，在这个时代的公共想象中，国王、魔术师、市场和炼金术士都混合在一起，我们至今仍然会讲到市场的“炼金术”，或者“金融魔术师”。歌德在《浮士德》里让他的男主人公以炼金术士的身份拜访了神圣罗马皇帝。奢侈的宫廷享乐引来了无尽的债务，重压让这位皇帝江河日下。浮士德和他的帮手靡菲斯特说服皇帝，让他通过发行纸币偿清债务。这种行为在歌德笔下纯粹是变戏法。“您的土地之下藏有丰富的黄金，”浮士德解释道，“只需要发行纸币，承诺你的债主，你不久之后会给他们黄金。既然没有人知道地底下究竟有多少黄金，你想承诺多少，就承诺多少。”[85]

这种魔术般的话语，在中世纪几乎从没有出现过。[86] 似乎只有可能在一个决然的物质主义时代，这种凭空说说就能无中生有的本事才会被人们看作可耻的，甚至恶毒的。而判断是否已经进入这样一个物质主义时代，最为确信的标志，正是人们看待这种本事的态度。我们已经观察过拉伯雷，他身处这个物质主义时代的开端，却说出了几乎与普鲁塔克在罗马时代责骂放贷者所说的相同的话语——他们一边做假账，要求收回他们根本没有过的钱，一边“嘲笑那些认为无中不能生有的自然哲学家”。巴汝奇反其道而行之：不，我是靠向别人借钱无中生有，然后变成某种神。

不过请考虑一下下面几行文字。通常认为，这几行文字是英格兰银行主管乔赛亚·查尔斯·斯坦普（Josiah Charles Stamp）爵士写的：

现代银行体系无中生钱。这个过程也许是有史以来所发明的最令人惊骇的花招。不平等和罪恶孕育并催生了银行业。银行家拥有土地；从他们手里拿走土地，但给他们创造信用的权力，那么只要大笔一挥，他们就能创造出足够的钱重新买回土地……如果你希望继续做银行家的奴隶，支付奴役你自己的费用，那就让他们继续创造存款吧。[87]

斯坦普爵士是否真的说过这段话难以考证，但它却被反复援引——事实上，它大概是现代银行制度批判者引用最多的一段文字。不管作者是谁，它显然引发了人们的共鸣，而引发共鸣的原因明显是相同的：银行家们在无中生有。他们不但是骗子和魔术师，更是伪装成上帝的恶魔。

但还有比单纯变戏法更深层的危害。如果说中世纪的道德家没有就此提出反对，这不只是因为他们没有对形而上的实体感到不安。他们对市场有更为根本性的意见——也就是贪婪。在他们看来，市场的动机本身就是值得怀疑的。一旦贪婪获得认可，而且无休止的赢利本身被视为一种自足的目的，这个政治的、魔术式的元素便成了一个真正的麻烦，因为这意味着，即使是那些行动者（经纪人、股票经纪人、证券交易商）也就是实际上运作整个市场体系的人，对任何事物都没有确信无疑的忠诚，即使是对这个体系本身。

霍布斯是第一个将这种对人类本性的看法发展成一种明确社会理论的人，他对这个贪婪的悖论是十分明白的。它构成了其政治哲学的基础。他认为，即便我们都足够理性，理解和平、安稳地共同生活符合我们的长远利益，就短期利益而言，杀戮和掠夺仍然是我们通常可以采用的最显著、最有利的手段；而且，只需要几个肆无忌惮的人就能制造出完全的不安和混乱。这就是为什么他觉得，市场只有在一个绝对国家的护佑下才能存在，因为后者会强制我们遵守承诺，尊重各自的财产。但如果我们讨论的是这样一个市场，其中正在交易的正是国家的债务，会出现什么样的情况？再者，如果国家在国际市场上运作，依赖于这里主要流通的货币（债券）以维持其军事力量，因此就很难说，一旦国家垄断暴力的话，又会出现什么样的情况？

新的市场体系的主人，在消灭了所有残存的穷人共产主义，甚至到了将信用变成犯罪的地步之后，发现即使是富人的共产主义——那种维持经济体系运作所要求的合作、团结的水平，也没有维持下去的明显理由了。的确，经历了不停的紧张和间歇的故障，到目前为止，这个体系还在苟延残喘。但近些年的事件戏剧性地证实，它的问题还从来没得到解决。

资本主义的本质

我们习惯认为，现代资本主义（以及现代民主制政府传统）是较晚才出现的：革命的时代（工业革命、美国和法国的革命）在 18 世纪带来了一系列深远的变革。而这些变革要到拿破仑战争结束后才完全制度化。这里我们要直面一个特别的悖论。在我们看来，与资本主义联系在一起的金融机器的几乎所有元素——中央银行、债券市场、卖空、经纪行、投机泡沫、证券化、年金，它们出现的时间不仅仅早于经济科学（这也许不是很惊人），而且还早于公司、工厂和雇佣劳动本身的兴起。[88] 这确实挑战了我们所熟悉的思维方式。我们通常将工厂和车间看作“实体经济”，其他的都是上层建筑，建立在实体经济之上。但如果真是如此，那又怎么可能是上层建筑先出现呢？这个体系的梦幻能创造它的躯体吗？

这一切引出了“资本主义”肇始于何时的问题，就此人们目前还根本没有达成共识。“资本主义”一词最早是社会主义者发明的，他们将资本主义看作那些拥有资本的人指挥那些没有资本的人劳动的体系。相反，支持资本主义的人倾向于把它看作市场自由，使那些拥有可能受市场欢迎的愿景的人得以集中资源，实现他的愿景。不过，几乎每个人都同意这一点，资本主义是一个要求持续、无止境的增长的体系。企业要维持下去就需要扩张，国家也是如此。正如在资本主义的黎明时期，人们普遍接受的合法商业利息率是每年 5%（也就是说，任何投资者都根据利息原则，预期自己的钱会增加）；现在，5% 也是任何国家国内生产总值真正应该增长的速率。原先迫使人们将周边的一切看作一种潜在利润来源的非人格机制，已经成了衡量人类公共体健康度的唯一客观标准。

从我们的基准日期 1700 年——现代资本主义的黎明时期开始，我们看到的是一个巨大的借贷金融机器，它运作的效果，在实际中是从与它接触的每个人身上压出越来越多的劳动力，结果是物质财货无止境地膨胀。使这个情形得以实现的手段，并非只是道德上的压迫，更多的是使用道德上的压迫来动员赤裸裸的暴力。对于欧洲国家来说，战争和商业纠缠在一起的事件反复出现——这通常会采取令人惊奇的新形式。这是我们十分熟悉但又极富欧洲特色的事实。荷兰和英国最早的证券市场主要是以交易东印度公司和西印度公司的股票为基础，这两家公司集军事、贸易于一身。这样一个谋求私利的公司统治印度近一个世纪。英国、法国及其他国家的国债，借来主要并不是用于挖掘运河和修建桥梁，而是获取炮轰城市所需要的火药，建设用于拘禁犯人的集中营，训练新兵。几乎所有18世纪的泡沫，都和用殖民地经营的收益支付欧洲战争军费的某个美妙方案有关。纸币是债务货币，而债务货币是战争货币，一直以来都是如此。那些为欧洲无休止的军事冲突提供资金的人，也利用了政府的警察和监狱，榨取他人日益增长的生产力。

众所周知，西班牙人和葡萄牙人率先启动的世界市场体系，最早是为了寻找香料而出现的。它很快形成了三种主要的贸易，我们也许可以将其分别标识为武器贸易、奴隶贸易和毒品贸易。最后那个“毒品”主要指的是软性毒品，这当然包括咖啡、茶叶和放在这两样东西里调味的糖，还有烟草；蒸馏酒也是在人类历史的这个阶段第一次出现的。此外我们都知道，欧洲人富有侵略性地在中国销售鸦片，作为总算可以中止贸易逆差的方式，却没有丝毫的愧疚。布料贸易要晚些，在东印度公司用武力终止了（更为高效的）印度棉布出口贸易之后才出现。我们只需要随便翻一翻下面这本书，它保留了查尔斯·戴维南特1696年有关信用和人类同胞情谊的那篇论文《著名作家查尔斯·戴维南特政治和贸易作品选：有关英国的贸易和收入、种植园贸易、东印度贸易和非洲贸易》。“顺服，爱及友谊”也许足以支配英国人之间的关系，但在殖民地，主要依靠的只是顺服。

我之前已经讲过，我们可以将大西洋奴隶贸易想象成一条巨大的债务链，它从布里斯托延伸到卡拉巴尔，直至克里斯河的源头，也就是阿罗（Aro）商人支持秘密的奴隶贸易的地方。在印度洋贸易中也有类似的链条，连接乌特勒支、开普敦、雅加达，直至吉尔吉王国（Gelgel）。巴林人的国王在此安排斗鸡比赛，引诱他们自己的臣民拿自由做赌注。这两条巨链的最终结果是一样的：它们将人完完全全地从他们所处的环境中剥离出去，因此也就完全地将他们非人化，以至于他们完全处于债务的范围之外。

这些链条的中间人，也就是债务链条的各种商业纽带，将伦敦的股票经纪人和尼日利亚的阿罗牧师、东印度尼西亚阿鲁群岛的潜水采珠人、孟加拉的茶叶种植园及亚马孙的割橡胶者连接起来。他们给人的印象是严肃、工于算计而缺乏想象力。在债务链条的两端，整个行当表现出了操纵人们幻觉的能力，造成一系列使人们陷入即便是当代的观察者看来也是疯狂至极的险境。在链条的一端是不时出现的泡沫。吹大泡沫的，既有谣言和幻想，也有这样一个事实：在像巴黎和伦敦那样的城市里，几乎每个有闲钱的人都会突然相信，他们总能够从其他人都相信谣言和幻想的事实中赚到钱。

查尔斯·麦基（Charles MacKay）为我们留下了一些有关第一个泡沫（1710 年著名的“南海泡沫”）不朽的描述。南海公司长成了一个庞然大物，大部分国债都是它购买的。实际上，它本身只是所发生的这一切的靠山。这是一个巨大的公司，其股票市值持续膨胀，用当下的话来讲，似乎是“大而不倒”的。它很快成了数百个新发行股票公司的模型：

> 各地新开的股份公司数不胜数。它们很快就背上了泡沫的名字，大多是超乎我们正常想象的……有些公司持续运作了一周或两周，就销声匿迹了。还有一些甚至连这点时间也维持不了。每天每夜都有新的计划和项目。上自王公贵族，下到康希尔（Cornhill）最最单调的股票经纪人，都急切地投入这个逐利热潮中去。[89]

作者随意举了一些例子，有 86 个项目，内容从肥皂或帆布生产到为马提供保险不等，甚至还有“用锯木屑制造交易板的方法”。每个项目都发行了股票，然后人们在城市各处酒馆、咖啡店、小巷和杂货店里热切地买入卖出。这些股票的价格很快都会被炒上天——每个新的买家实际上都相信，他可以在股价不可避免的崩溃之前将股票转手给某个更容易上当的傻瓜。有时候人们竞价购买股权卡和息票，这只不过相当于购买了下次为其他股票出价的权利。很多人发了财，但更多的人败得很惨。

> 有一个最为荒谬可笑的项目，比其他项目更完全地体现出人们的疯狂。这个项目是某个不知姓名的冒险家发起的，名为“一家做一项有极大利益，不过还没人知道是什么事业的公司”。
>
> 写了这篇大胆却成功地让公众上当的方案的天才，只在他的招股说明

书中说明，这个项目需要50万英镑，分割成5 000股股票，每股100英镑。认购者预付每股定金2英镑，支付了定金就能获取每股每年100英镑的收益。此时此刻他还不会屈尊告诉人们，这巨大的利润从何而来，但他承诺在一个月内如期公布完整的细节，并要求认购者缴纳余下的98英镑认购金。第二天早上9点，这个天才在康希尔开了一间办公室，人群把门围得水泄不通。当他在下午3点关门的时候，他发现已经认购了1 000多股，都付了定金。

十分明智的是，他满足于这次冒险的成果，在当天晚上就动身前往欧洲大陆，不知所踪。[90]

根据麦基的描述，我们可以说，伦敦的民众都相信的幻觉，并不真的是可以无中生财，而是其他人太笨，会去相信真的能出现这样的奇迹——而他们凭借这个事实，确实可以空手套白狼。

将目光投向债务链条的另一端，我们可以看到属性不一的幻想，有的十分诱人，有的具有启示性。在人类学文献中，我们有各种发现。比如阿鲁潜水采珠人美丽的“海夫人”（sea wives），她不肯交出大海的宝藏，除非赊账从当地中国店铺购买礼物来讨好她。[91]孟加拉领主购买鬼魂吓唬不服从的债务奴隶。蒂夫人的人肉债是人类社会吃同类的肉的幻想。最后，还有许多蒂夫人的梦魇几近成真的场合。[92]1909—1911年的普图马约（Putumayo）丑闻是最著名、也最令人不安的事件之一。让伦敦的公众震惊的是，他们发现，一家英国橡胶公司的子公司，在秘鲁的热带雨林建立了他们自己的“黑暗之心”（Heart of Darkness），杀死了数万维托托印第安人——公司的代理坚持称他们为“食人族”。一幕幕罪行让人们回忆起400年前的征服行动中最坏的东西。[93]

随后公众就这个事件展开辩论，直接的反应是指责那个体系内的一切，是它们让印第安人身陷债务陷阱（因此也就完全依赖于该公司的商店）：

整个罪恶的根源在于我们所说的“保护人”或“劳役偿债”体系——这种体系在英国也曾被称为“实物工资制”。被迫在其雇主的商店购买所有生活用品的雇工，绝望地深陷债务泥淖，而依照法律，他在付清债务之前都不能离开他的工作……因此，劳役偿债者通常是实际上的奴隶；而且由于在广袤大陆的偏远地区没有有效力的政府，所以他的命运完全受他的主人掌控。[94]

故事继续说道，这些落入债务陷阱的“食人族”结局十分悲惨。有的被鞭打致死，有的被钉在十字架上，有的被挂起来当作练习射击的靶子，还有的因为没能割出足够数量的橡胶而被大砍刀大卸八块。这家公司的员工用各种制成品引诱他们，让他们最终赔上性命来交换。

后来的一项议会调查发现，真实的故事并非如此。维托托人根本未曾因为上当而成为债务奴隶。真正债台高筑的是公司派往这个地区的员工和工头，这和西班牙征服者的情况非常相似。在他们的这个案例中，债主是委派他们的秘鲁公司，这家公司最终又从伦敦金融家那里获取自己的贷款。这些员工肯定是踌躇满志而来，要把印第安人囊括至信用网络之下。但他们发现，维托托人对他们带来做交易的布料、砍刀和硬币毫无兴趣，最终只好放弃贸易的方式，转而开始围捕印第安人，用枪眼强迫他们接受贷款，然后把他们所欠的橡胶量记入表格。[95] 而很多印第安人遭到屠杀，只是因为他们试图逃跑。

那么，真相是印第安人被迫沦为奴隶。只不过在 1907 年，没人敢公开承认这一点。一家合法的企业必须有某些道德基础，而公司所知道的唯一道德就是债。当那家公司清楚地看到维托托人根本不承认这个前提时，一切都乱了套。它像卡西米尔一样，陷入愤怒的恐惧之中。这种负面情感日益积聚，最终威胁到维托托人的整个经济基础。

资本主义的组织运作，多数时候都不是围绕自由劳动力而开展的。[96] 这是资本主义秘而不宣的丑闻。征服美洲的一开始出现了大规模的奴役，而后逐渐定型为多种形式的债务奴役、非洲奴隶制及“合同劳工”——即使用合同劳动力；出力的劳工事先拿到一笔现金，并以 5 年、7 年或 10 年为期限偿还。不用说，合同劳工主要是从那些已经负债的人中征募的。17 世纪初，在南方种植园劳动的负债白人有时候和黑人奴隶几乎一样多。这些人最初在法律上的处境是几乎相同的，因为在一开始，种植园社会采用的是假定奴隶制不存在的欧洲法律传统。所以当时卡罗来纳地区的非洲人甚至也被归入合同劳工。[97] 当然，后来引入了“人种”的观念，改变了这一情况。而非洲奴隶获得解放之后，在巴巴多斯到毛里求斯的种植园中，合同劳工再次取代了他们；但是这批新的劳工主要是从印度和中国招募的。中国来的合同劳工修建了北美的铁路系统，印度的“苦力”则修建了南非的矿井。俄国和波兰的农民中世纪时一直是自由的土地所有者。但在资本主义初期，当他们的领主开始在新的世界市场出售谷物供给西欧的新兴工业城市时，他们才成为农奴。[98] 非洲和东南亚的殖民政权，定期要求当地被征服的民众劳动。或者，它们可以换种方式，设计一个税收体系，通过债务的方式强迫民众进入劳动力市场。从东印度公司开始，印度的英国统治者将劳役偿债制度化，作为他们生产外销商品的首要手段，并一直延续到维多利亚女王政府时期。

之所以说它是丑闻，不只是因为这种体系时常像在普图马约那样疯狂，还因为它有损我们对资本主义真正定义的最为珍爱的假设——尤其是我们假设，资本主义就其本质而言，与自由有某种关系。对于资本家而言，它意味着市场的自由；对于多数劳动者而言，它意味着自由劳动。虽然马克思主义者质疑了领取工资的工人是否真的在某种意义上是自由的（因为一无所有、只能出卖自己的身体的人，在任何意义上都难以看作一个真正自由的行动者），但人们仍然假设自由的雇佣劳动制度是资本主义的基础。资本主义的历史最有代表性的情形是工业革命时期在工厂做苦工的英国人。如果连一条线到当下，则是硅谷忙碌的情景。上百万的奴隶、农奴、苦力和债务奴隶消失了，如果我们真要讨论他们，也不过是把他们当作过眼云烟。就像血汗工厂，我们认为这是正在工业化的国家必然经历的一个阶段。我们还认为，那些仍然存在着的偿债劳工、合同劳工和血汗工人（他们通常在同一个地区出现），也肯定能有朝一日看到他们的孩子成为正规的雇佣工人，享有医疗保险和养老金，而他们的下一代则成为医生、律师和企业家。

但是，如果我们看一下雇佣工人现实的历史，即便在英国，这个愿景就会开始退散。在中世纪的北欧，雇佣劳动主要是一种生活方式所带来的现象。那里 12~14 岁的孩子到 28~30 岁的成年人都会受雇于某人，在那户人家做仆人——通常合同是一年一签，食宿、职业训练全包，还有这种或那种类型的工资——直到他们积累了足够的家底结婚和自立门户。[99]“无产化”（proletarianization）所造成的第一个后果，就是欧洲各地数百万年轻男女发现自己实际上被卡在一种永久性的青少年阶段之中。学徒和熟练工人永远不可能成为“师傅”，实际上也就永远不会长大。最终，许多人开始放弃原来的生活路径，早早结婚——这让道德家十分恼怒，因为在他们看来，新出现的无产阶级在组建他们根本不可能养活的家庭。[100]

雇佣劳动和奴隶制之间一直存在一种有意思的亲缘关系。加勒比甘蔗种植园的奴隶生产提供能量的产品，支持了最早的那批雇佣劳动者；在工业革命时期的工厂里广为应用的科学管理技术，可以溯源至那些甘蔗种植园的组织结构。不过事情还不止如此。更为重要的是，主人与奴隶、雇主与雇员之间的关系，在理论上同样是非人的：不论你是被主人卖掉了，还是把自己租给了雇主，只要钱一转手，你是谁根本就不重要；唯一重要的就是你需要能够理解命令，并按照命令去做。[101]

这也许解释了，为什么原则上我们通常会觉得，购买奴隶和雇佣劳动力都应该用现金而非信用。而正如我已经注意到的，问题在于，在英国资本主义历史的大部分时期，现金是根本不存在的。王室铸币厂确实曾开始生产小面额的银币和铜币，但供应时断时续，并不充足。“实物工资制”正是因为这个原因而出现的：在工业革命时期，工厂主通常会支付工人当地商店的代金券。他们与这些商店的店主有某种非正式的协议。在更为偏远的地区，商店通常可能是工厂主自己开的。[102]商店店主可能实际上是老板的员工，这打破了传统上人们与店主之间的信用关系。另一种权宜之计是至少部分地向工人支付实物工资——请注意，这个词的含义十分丰富，意味着工人可以从工作场所，尤其是从废品、过量产品和副产品中取走各种东西：碎布料、木片、织边、试模、遗穗、废石料、小费、制皮废料、零件、染料。[103]拿“碎布料”来说，是做衣服裁下来的布料。“木片”是指码头工人有权从他们的工作地拿走的木板片（任何不超过 2 英尺的木材）。“织边”是从纺织机的翘曲块上拿的。当然，我们已经知道，还有用鳕鱼或钉子支付工资的。

雇主还有一个终极解决办法，就是等待货币出现，而在等待期间不发任何工资——使他们的雇员只能在他们的工作地揩油，或者靠家里人在外地工作，接收施舍，与亲友一起维持储蓄池等做法来维持生计。如果这些都失败了，就只好向放高利贷者和当铺老板借钱——他们很快就会被视为穷苦工人挥之不去的噩梦。情况极为严重，以至于到了19世纪，只要有一家伦敦当铺失火，工人阶层的居住区就会掀起一阵家庭暴力的狂潮，因为很多妻子会不得不坦白她们很久以前就偷偷地把丈夫最好的衣服抵押在了那里。[104]

时至今日，我们习惯于把工厂拖欠工资和经济不景气联系在一起，比如苏联解体期间就发生过这种事情。不过，在工业资本主义早期，这种情况是十分常见的。这是因为英国政府主要关心的是不让他们的纸币在又一次投机泡沫中飘走，因此采取了从紧的货币政策。而且即便是政府，也经常发现在支付自己的雇员工资时捉襟见肘。在18世纪的伦敦，皇家海军部（Royal Admiralty）往往要拖延那些在德特福德（Deptford）军港工作的人工资达一年多之久——这是海军容忍他们拿走木板（更不用说大麻、帆布、铁栓和绳索）的一个原因。事实上，就像莱恩博（Linebaugh）已经指出的，这个问题真正浮现出来是在1800年前后。当时，英国政府稳定了它的财政，开始按计划支付工资，因此试图清除这种现在被称为“工地偷窃”的行为——政府规定这种做法可受鞭刑或监禁的惩罚，此举遭到了码头工人方面愤怒的反抗。负责改良造船厂的工程师塞缪尔·本瑟姆不得不对造船厂严加监管，从而维持纯粹发工资雇佣劳动的制度。为了实现这个目的，他最后设想在中央建造一个巨塔，确保工厂受到持续的监视。他的兄长杰里米·边沁后来借用了这个想法，提出了著名的“圆形监狱”（Panopticon）构想。[105]

斯密和边沁这样的人是理想主义者，甚至有些乌托邦空想主义。不过，要理解资本主义的历史，我们必须逐渐认识到，我们头脑中的那副图景，也就是工人和雇主签订双方可以随时终止的临时合同，每天准时上班，每周五领取工资，在最开始是带有乌托邦色彩的。即使在英国和北美，它也是十分缓慢地实现的。它在任何时期、任何地点，都不曾是组织生产、供应市场的主要方式。

实际上这才是斯密的著作如此重要的原因所在。他创造了一幅想象世界的图景。它几乎与借贷完全没有关系，因此也就没有罪行与罪恶。在这个世界里，人们确信上帝已经预先安排了一切，让它向更好的方向发展；他们只需要计算他们的利益就可以了。这种想象的建构当然就是科学家所说的“模型”了。模型本身没有什么错。平心而论，如果脱离它们，我们是无法思考的。但建立模型的问题在于，我们会有一种把它们当作可观察的事实对待的倾向——至少当我们想象某个叫作“市场”的模型时似乎总会这样。有时我们甚至会对某些模型五体投地，开始把它们当神一样膜拜：“我们必须遵守市场的命令！”

卡尔·马克思对人类膜拜自己的创造物的倾向有一些了解。他撰写《资本论》的目的是为了证明，即使我们从经济学家的乌托邦构想出发，但只要我们同时让某些人控制生产资本，而另一些人除头脑和身体能够出卖一无所有，那么产生的结果将在很多方面和奴隶制相差无几，整个体系因此会最终毁灭自己。似乎所有人都忘记了，他的分析的性质是“似乎如此”。[106] 马克思十分明白，在他那个年代的伦敦，擦鞋童、妓女、管家、士兵、小贩、烟囱打扫工、卖花女、街头音乐家、罪犯、保姆和马车司机远比工厂工人要多。他从来没有说，他的模型就是世界的真实模样。

尽管如此，如果要说过去数百年来世界历史说明了什么的话，那就是乌托邦的设想还是有一定市场的。亚当·斯密的设想，还有那些与此相对立的设想都是如此。1825—1975 年，虽然这段时间短暂，但有一群十分强有力的人（他们得到许多最软弱之人的支持），决意将斯密的那种设想变为现实。最终，硬币和纸币有了足够的发行量，甚至于一般民众，在日常生活中也无须借助于票券、代币或信用。工资开始按时发放；出现了新型的店铺和街市，人人都用现金支付，或者，随着时间的推移，越来越多地使用非人格形式的信用，比如分期付款。因此，许多自认为“人格高尚”的工人阶级开始信奉老派的清教徒观念，即欠债是罪恶和堕落。他们把不受当铺老板或放贷者操控作为骄傲的象征，这把他们与酒鬼、妓女和挖沟工区别开来。与这些下流之辈相比，他们是完好无损的。

我是在这种工人阶级的家庭中长大的。我的哥哥 53 岁的时候去世，到死时一直拒绝办理信用卡。因此我可以在某种程度上做证，对于那些把大部分时间用于在某人命令之下工作的人来说，皮夹里能够塞满无条件属于他们的纸钞是一种十分诱人的自由。正因为如此，经济学家如此之多的假设（大部分是我在这本书中批判的）得到了历史上工人运动领袖的拥护，甚至塑造了我们对不同于资本主义的另一条路线的构想——这没有什么奇怪的。正如我在第七章所说明的，问题不仅在于它植根于漏洞百出、甚至有悖常理的自由观。强调这一点之所以很重要，是因为对于我在这里列举的批判性观点，有一种典型回应是强调我们的经济带来的政治自由、技术进步和普遍繁荣。毋庸置疑，生产力、公共卫生、教育、将科学理解应用于每日生活等方面的进步，自工业革命以来的 250 年间，为数十亿人的生活，尤其是在工作场所之外的生活，带来了前所未见的提升。但是，对我来说，所有这些改善是否能全部归因于一个叫作“资本主义”的概念并非不言而喻——还是说将资本主义经济关系、科技知识的发展及民主政治视作互相独立的因素更加合理，三者之一都可以在另外一个或者两个缺席的情况下独立发生。但即使我们不去怀疑，就认为这些好处都是资本主义带来的，那么有一点是十分清晰的：我们既不可能拥有一个普遍的世界市场，也不可能拥有一个每个人都不是资本家，但却能通过某种方式成为受到尊重、定期领取薪水、能够享受充分的牙齿保健的雇佣劳动者。那样的世界未曾存在，也不可能出现。更为重要的是，一旦人们将这样的世界可能实现的愿景付诸实践，整个体系就会开始崩溃。

结论

最后，让我们回到我们开始的地方：科尔蒂斯和阿兹特克的宝藏。读者也许会问，宝藏究竟怎么了？科尔蒂斯真的从他自己的手下那里偷走了这笔宝藏？

答案似乎是，在围攻结束时，宝藏就所剩无几了。科尔蒂斯似乎在围城没有开始之前就入手了大部分宝藏。有一部分是他用赌博赢来的。

关于这个故事，贝尔纳尔·迪亚斯也有记述，它十分诡异、令人困惑，但我想，它同时也是意味深长的。让我先填补一下我们的故事里的空缺。科尔蒂斯在焚毁他的舰船之后，开始召集一支由当地同盟者组成的军队。由于阿兹特克人广受憎恶，他轻易地做到了。然后，他开始向阿兹特克的首都进军。一直都在密切关注局势的阿兹特克皇帝蒙特苏马（Moctezuma）认为，他至少需要了解，他要对付的究竟是什么样的人。所以他邀请全体西班牙将士（只有百来个人）作为官方宾客来特诺奇蒂特兰。这最终导致了一系列宫廷阴谋，科尔蒂斯的人短暂地扣押了蒙特苏马，然后驱逐出境。

在蒙特苏马被囚禁于自己的宫殿的期间，他和科尔蒂斯花了很多时间在一起玩一个叫作“托托朵克”（totoloque）的阿兹特克游戏。输家要支付黄金。科尔蒂斯当然作弊了。蒙特苏马的手下一度让皇帝注意到了这个问题，但皇帝只是付之一笑——后来，科尔蒂斯的中尉佩德罗·德·阿尔瓦拉多（Pedro de Alvarado）更是变本加厉地作弊，每赢取一分就要求黄金，输了的时候却只支付没有价值的鹅卵石。但国王对此也并不担心。蒙特苏马为什么这样做仍然是一个历史之谜。迪亚兹将其视为一种主人的大度姿态，甚至是一种让小气的西班牙人改邪归正的手段。[107]

一位名叫英戈·克兰宁登（Inga Clenninden）的历史学家给出了另外一个解释。她注意到，阿兹特克人的游戏有一个奇怪的特征：总有一种方式让时来运转的人获取完全的胜利，比如他们的球类游戏就是这样。观察者经常感到奇怪，高高在球场之上的石圈那么微小，游戏者怎么可能得分呢？答案似乎是，他们并不得分，至少并不是通过石圈得分。一般来说，游戏和石圈没有关系。玩这个游戏的方式是两支对立的队伍，全副武装，来回击球：

> 取胜的一般方法是慢慢地积累分数。但游戏进程可能被戏剧性地逆转。把球送入一个石圈就能立即取得胜利，将得到所有下为赌注的财货及抢夺观众的外套的权利。考虑到球和石圈的大小，这无疑是一个奇迹，大概比高尔夫球中的一杆进洞还要少见。[108]

得分取胜者赢得一切，甚至包括观众的衣服。

科尔蒂斯和蒙特苏马玩的棋盘游戏也有类似的规则：如果运气够好，一颗骰子停在了棋盘边上，游戏就结束了，胜者赢取一切。克兰宁登认为，蒙特苏马肯定正是在等这个奇迹。毕竟，他身处非凡事件之中。有奇怪的生物，明显是无中生有地出现在他的国度，拥有闻所未闻的力量。有关瘟疫及周边国家灭亡的传言，他应该已有所耳闻。如果神明要发出某种宏大的启示，那肯定就是在现在了。

从我们收集的阿兹特克人文学遗存中可以窥见他们的文化，这样一种态度似乎正符合他们的文化精神，他们的文化中弥漫着一种灾难即将来临的气氛。灾难也许是星象注定，人可能避开它——也可能不能。有些学者认为，阿兹特克人肯定是通过某种方式明白，他们的文明游走在生态灾难的边缘；其他学者认为，启示性的调子是回溯历史的悲叹——因为我们对阿兹特克文学的了解毕竟几乎完全取自于经历了它的完全覆灭的人。尽管如此，阿兹特克人某些几近疯狂的做法，很难用其他方式来解释。他们曾牺牲上万战俘，最主要的是出于他们明显的信仰：如果不坚持用人的心脏喂饱太阳，太阳就会死去，世界也会随之灭亡。

如果克兰宁登是正确的，那么我们可以说，对于蒙特苏马而言，他和科尔蒂斯不仅仅在赌黄金。黄金是小事，他的赌注是整个宇宙。

蒙特苏马首先是一名战士，而所有战士都是赌徒；不过，不同于科尔蒂斯的是，他显然是个视荣誉为生命的人。我们也已经看到，勇士荣誉，也就是只有通过打压他人才能获得的伟大，其要义是他是否愿意把自己投入一个同样可能损害和压低自己的游戏之中——而且不能像科尔蒂斯那样，应该优雅地按照游戏规则进行游戏。[109] 游戏开始，也就意味着他愿意拿一切作为赌注。

他确实这样做了；不过没有什么奇迹发生，没有骰子停到棋盘的边上。科尔蒂斯继续作弊，神明却没有发出任何启示，宇宙最终被摧毁了。

我觉得从中可以学到一些东西。赌博和启示之间可能有一种更深刻的关系。资本主义体系与其他体系不同的是，它把赌徒当作其运作的核心部分供奉起来；而与此同时，资本主义又有一个独有的特点，它似乎无力构想出自己的来世。这两个事实之间是否可能有某种联系？

在此我必须说得更加准确。资本主义并非完全不能构想出它自己的来世。一方面，的确它的解释者总是觉得，必须将它呈现为永恒，这是因为他们坚称，资本主义是唯一可行的经济体系。他们有时候仍然会说，它是一个“已经存在了 5 000 年，还将万世长存”的体系。另一方面，当越来越多的人开始相信这一点，尤其是把信用制度真的当作永恒不败的时候，一切都错乱了。请看一看那些所谓最冷静、谨慎、负责任的资本主义政权（17 世纪的荷兰共和国，18 世纪的英联邦），那些在管理公共债务方面最为小心的政权，是如何奇怪地发生了投机狂潮、郁金香热和南海泡沫的。

似乎这很大程度上和国家赤字及信用货币的本质有关。政治家从这些事物一开始出现就在抱怨，国家债务是向子孙后代借的钱。尽管如此，它们的效果却总是奇怪地具有两面性。一方面，赤字财政是将军事权力进一步集中于君主、将军和政客手中的一种方式；另一方面，它说明政府欠它所统治的人某些东西。只要我们的钱归根结底是公共债务的延伸物，那么不论我们买一张报纸、一杯咖啡还是下注赌马，交易的都是国家的承诺——某些政府会在未来某个时间把某些东西还给我们，即便我们不知道那会是什么。[110]

伊曼努尔·沃勒斯坦（Immanuel Wallerstein）乐于指出，法国大革命为政治学带来了很多深刻的新理念。这些理念若是放在革命的 50 年之前，会被大部分受过教育的欧洲人看作离经叛道的。但 50 年后的大革命时期，几乎每个人都觉得他必须至少假装认为这些观念是正确的。其一是相信社会变革不可避免，而且悦人心意：历史自然会向好的方向发展，文明会逐渐进步。其二是相信，政府是掌管这种变革合适的代理人。其三是认为，政府从一个名为“人民”的实体那里获得合法性。[111] 我们很容易看出，国债的观念本身在激发这种革命性的新视角中可能扮演的角色，因为国债是政府在向人民承诺未来会不断变好（至少每年 5% 的改进）。但与此同时，如果考察米拉波、伏尔泰、狄德罗、西耶士这些最早提出我们现在所谓“文明”概念的哲学家们，我们会发现在革命即将爆发的年代，他们事实上更多的是在做论断，警告人们注定的灾难即将降临的危险，以及他们所知道的文明将被债务违约和经济崩溃摧毁的前景。

有部分问题是十分明显的：首先，国家债务源于战争；其次，它并不是平均地向每个人借款，资本家是主要的债主——而且在当时的法国，“资本家”具体指的是“那些持有若干国债的人”。更为倾向民主的人士觉得，整个形势是可耻的。托马斯·杰斐逊在大约相同的时间写道：“现今有关永久债务的理论，用血浇灌了大地，用持续累积的负担压倒了其上的居民。”[112]大部分启蒙思想家甚至担心出现更坏的情况。新的、“现代的”非人格债务概念，终究在本质上意味着破产的可能性。[113]破产在当时对个人而言无疑是大灾难，意味着监禁和丧失一切财产；对最为不幸的人而言，这可能意味着酷刑、饥饿和死亡。而国家破产意味着什么，在当时还没有人知道。这是史无前例的事情。不过，随着各国发起了规模越来越大、越来越血腥的战争，它们的债务也按几何级数暴涨，债务违约似乎就在所难免了。[114]阿贝·西耶士（Abbé Sieyes）最早描绘了推行代议制政府的宏大蓝图，主要是把它当作一种改革国家财政的方式，避开照此情形下去将不可避免的灾难。如果灾难到来，会发生什么呢？货币会不会丧失价值？会不会有军事政权攫取权力，欧洲各地政权也同样被迫陷入债务违约，就像多米诺骨牌一样接连倒下，使整个欧洲大陆陷入无尽的野蛮、黑暗和战乱之中？远在爆发革命之前，许多人就已经预见到了未来的恐怖态势。[115]

我们对此不禁感到奇怪。我们习惯于把启蒙时代看作人类乐观主义的一个独特阶段的开始。促使这种乐观主义形成的是人们假设，科学和人类知识的进步必然会使人的生活更理智、更安全，一切都会更好——这是一种天真的信念，据说在19世纪90年代的费边社会主义运动中达到顶点，直到被第一次世界大战的硝烟所埋葬。事实上，即便是维多利亚时代的人们，也被衰败和堕落的危险所困扰。最为主要的原因在于，当时的人们有一个近乎普遍的假设，即资本主义本身不会长存。暴动似乎迫在眉睫。很多资本家完全相信，自己随时可能被吊死在树上。比如有一次在芝加哥，一个朋友开车带我穿过一条漂亮的老街，两边全是19世纪70年代的豪宅。他向我解释说，这条街之所以是这个样子，是因为当时芝加哥富有的实业家大多深信革命正在迫近。所以他们集体迁移到了这条路上，而这条路正是通往最近的军事基地的。伟大的资本主义理论家，从马克思到韦伯，到熊彼特，到米塞斯，不论各自政治立场如何，都预感资本主义可能最多也就能再维持一两代人的时间。

我们还可以再往后看。第二次世界大战结束之际，虽然对迫近的社会革命的恐惧已经消散，但我们旋即又面临着核武器带来的严重威胁。[116] 然后，等核威胁逐渐散去，我们又发现全球正在变暖。我并不是要说这些威胁都不是真实存在的，但资本主义一直以来都需要想象（或实际上制造）出毁灭自己的手段，这的确显得有些诡异。这和社会主义政权（从古巴到阿尔巴尼亚）领袖的行为大相径庭。他们在上台后会立刻开始鼓吹他们的体系将恒久不衰——不过讽刺的是，他们所吹嘘的体系事实上都是历史上的昙花一现。

也许这一切的原因在于，1710 年的问题今天仍然存在。如果把资本主义（或者至少退一步说——金融资本主义）想象成永恒的体系，它就会爆炸。既然它没有终点，也就绝没有理由停止无穷尽地产生信用（即未来的钱）。近些年的事件似乎确认了这一点。2008 年前的一段时间里，有很多人开始相信资本主义真的会一直运转下去；至少可以说，当时似乎不再有人能够想象出替代资本主义的方案。这种情况直接产生了一系列越来越丧失理智的泡沫，并导致了整个资本主义经济机器的失灵。

12

不确定的时代（1971年—）

看看这些流浪汉，要是能查出他们欠了多少债就好了。

——《报信的人》（1984年）

不要让你的脑子想着应得的、想着赚钱，这样你就能开始思考了。

——厄苏拉·K. 勒奎恩，《一无所有的人》

1971 年 8 月 15 日，美国总统理查德·尼克松宣布外国持有的美元将无法再兑换成黄金，从而去除了国际金本位制最后的一点残余，宣告了金本位政策的终结。[1] 它从 1931 年开始有效地运行，并由“二战”结束之际的布雷顿森林体系巩固——即美国公民无法再将美元现金兑换成黄金，而所有境外持有的美元可按照每盎司 35 美元的比率兑换。尼克松此举开启了持续至今的自由浮动货币制度。

历史学家们的共识是尼克松没有什么选择。像所有资本主义战争一样，越南战争是靠赤字开支提供资金的，其不断攀升的费用让他手头吃紧。美国持有的世界黄金储备的一大部分，存放在诺克斯堡的金库内（由于戴高乐带头要求将他们国家持有的美元换成黄金，20 世纪 60 年代末黄金储备不断减少）；相比之下，大多数较为贫穷的国家仍将美元作为储备货币。尼克松将美元与黄金脱钩的直接影响，就是金价的飙升，在 1980 年达到 600 美元 / 盎司的顶峰。这当然使得美国黄金储备的价值急剧增长，和以黄金计价的美元价值的跳水。其结果就是，财富从缺少黄金储备的穷国向类似英美这些保有黄金的富国发生了巨大的净转移。这在美国，也引发了持续的通货膨胀。

然而，不管尼克松的理由是什么，一旦全球信贷货币系统和黄金完全脱钩，世界就进入金融史的新阶段。这段历史还没有人能彻底理解。由于我长住纽约，所以不时能听到关于曼哈顿双子塔下秘密黄金宝库的传闻。有可能这些仓库藏着的不仅是美国的黄金储备，而且还是所有主要经济体的黄金储备。据说黄金以金条的形式保存，堆放在各个独立的金库里，每个金库对应一个国家。每年计算过账户的收支平衡后，工作人员用手推车相应地调整库存，比如把价值几百万美元的黄金从标有“巴西”字样的金库里运出，转移到标有“德国”字样的金库，等等。

显然很多人都听过这些故事。至少在 2001 年 9 月 11 日双子塔被摧毁之后，许多纽约人首先问的问题就是：那些钱怎么样了？它们安全吗？仓库有没有被摧毁？金子按说已经融化了，这是袭击者真正的目标吗？阴谋论开始甚嚣尘上。有些人说大批的应急人员被秘密召集起来，穿越炽热的隧道，不顾一切地将成吨的金条运出，即使救援人员还在上面施救。一个极为有趣的阴谋论提出，整个袭击是由像尼克松这样的投机者策划的，他们期望看到美元崩溃和黄金价格飞涨——要出现这种情况，要么是因为黄金储备已经被摧毁了，要么是他们已经设计好了将其偷走的方案。[2]

有关这个故事真正值得注意的是，虽然我相信它很多年，然后被一些消息更灵通的朋友说服，认定这是一个天大的笑话（其中一个人像对孩子说话一样顺从地说道：“不对，美国的黄金储备在诺克斯堡。”）；但在“9 · 11”事件之后，我做了一个小调查，然后发现，这故事事实上是真的。美国国库的黄金储备确实保存在诺克斯堡，但美联储的黄金储备，以及超过一百家其他中央银行、政府和机构的黄金储备，存放在离双子塔两个街区远的曼哈顿自由大街 33 号。这些储备加起来大约有 5 000 吨（2.66 亿金衡盎司），根据美联储自己的网站所言，这相当于开采出来的所有黄金的 1/5~1/4。

存放在纽约联邦储备银行的黄金保存在一个非常特别的仓库里。这个仓库被搁在曼哈顿岛的基岩上——这是少有的几块能够支撑住仓库、它的门和里面黄金的总重量的地基之一。它比街面低 80 英尺，比海平面低 50 英尺……为了运达仓库，装满金条的货板要放进银行的一个电梯里，然后送到比街面低 5 层楼的仓库层……若一切秩序井然，黄金或者被运到仓库 122 个隔间中的一间或多间内（这些隔间被分配给有存款的国家和官方国际机构），或者被放置在架子上。“黄金堆垛工”通过液压升降机在隔间之间来回搬运黄金，平衡借贷。不过，各个仓库只标记出数字，所以即使那些工人也不知道谁在付给谁钱。[3]

无论如何，都没有理由相信这些仓库会受到 2001 年“9 · 11”事件的影响。

事实已经变得如此蹊跷，以至于我们难以猜测在宏伟的神秘传奇中，哪些元素是想象的，哪些是真实的。坍塌的保险库、融化的金条、神秘的工作人员在曼哈顿地下深处来回穿梭，铲车拯救着全世界的经济——所有这些画面都不是真的。但令人惊讶的是人们热衷于思考存在这种事情的可能性。[4]

在这一章，我并不打算提供一份有关当前系统如何运转的详尽分析，而是想要看看我到目前为止仔细研究的长期模式在当下如何被视作已经结束并提供给我们关于它将如何发展的一点线索。因为这肯定是一个过渡的时刻。至少，没人能够有任何机会去断言这对另一代人究竟意味着什么。另外，作为一位人类学家，我不禁认为这种对符号令人困惑的玩弄，其本身就十分重要，甚至可以说在维持它所宣称代表的权力形式方面，它扮演着至关重要的角色。在某种程度上，这些系统能够发挥作用，是因为没有人知道它们究竟是如何运转的。

在美国，从托马斯·杰斐逊时期开始，银行系统就已展现出了激发人们充满担忧的幻想的惊人能力。无论是共济会（Freemasons）、锡安长老会（Elders of Zion）、先知密令社（Secret Order of the Illuminati）、英格兰女王帮毒贩洗钱的行为，还是任何1 000桩其他的密谋和阴谋，都和银行扯上了关系。这就是设立美国的中央银行花了这么长时间的主要原因。从某个角度来说这没什么可惊讶的。美国一直被某种市场民粹主义主导着；而银行“凭空造钱”的能力（它甚至可能还有阻止其他人这样做的能力），一直是市场民粹主义者的心头大患，因为这与他们的理念（市场只是一种民主制平等的表达形式）有着直接的冲突。尽管如此，自尼克松让美元自由浮动以来，银行便已显然成为唯一的在幕后保障整个安排的正常运作的巫术师。根据随之而来的自由市场的正统学说，实际上我们都被要求接受这种观念：市场是一个自我调节的系统，价格随着自然的力量涨跌。但我们同时也忽视了一个事实，即报刊的商业版面认为市场的起伏仅仅是由对利率决策的期望或反应所决定的。做出这些决策的，是阿兰·格林斯潘，或本·伯南克，或无论哪个现任的美联储主席。[5]

新美元政策的前世今生

然而，在关于银行业的最栩栩如生的阴谋论里（更别说官方记录了），有一个要素竟然堂而皇之地消失了，那就是战争和军事力量在这些事件幕后所扮演的角色。那个巫师有这般凭空造钱的奇怪能力是有原因的，在他身后有人拿枪指着他。

确实，从某种意义上说，那个人一开始就在那里。我已经指出了现代货币的基础是政府负债，而政府借钱为的是支付战争经费。国王菲利普二世（Phillip II）的时代和我们的当下面临着同样的问题。中央银行的创立，代表着战士和金融家之间的利益联姻已经永久性地制度化了。这个趋势在文艺复兴时的意大利就已开始出现，并最终演化为金融资本主义的基础。[6]

尼克松让美元浮动是为了支付战争的费用，仅在 1970—1972 年，他就下令将超过 400 万吨的炸药和燃烧弹投向印度支那各地的城市和村庄——这让一位参议员授予他“史上最强大的轰炸机”称号。[7] 债务危机是购买那些炸弹的直接后果，或更准确地说，是大规模制造投放炸弹所需的军事基础设施的后果。这是造成美国黄金储备异常紧张的原因。很多人认为通过浮动美元，尼克松将美国货币转换为了纯粹的“法定货币”（fiat money）。美元从此只是几张纸，它们不再有内在价值，仅仅是因为美国政府的法令规定它们才成为货币。在这种情况下，人们完全可以认为，现在美国只有依靠军事力量支撑它的货币。这在某种意义上是对的，但“法定货币”的概念是假定货币最开始确实是黄金。事实上，我们是在讨论信用货币的又一个变种。

和一般的认识相反，美国政府不能“随便印钱”，因为美国的钱根本不是政府发行的，而是由联邦储备系统庇护下的私人银行发行的。美联储尽管从名字上看似乎是个政府机构，但从技术上说，它根本不是政府的一部分，而是一种特殊的公私混合体，一个私有银行的财团。它的主席经国会批准由美国总统任命，但在其他方面的运作却不受公众监督。在美国流通的所有美元钞票都是“联邦储备券”——作为美联储的承付票发行，并委托美国造币厂进行印刷，每张钞票支付 4 美分。[8] 这种安排只是最初由英格兰银行开创的机制的变种，即美联储通过购买国库券“借”钱给美国政府，接着把政府欠的货币借给其他银行，以此将美国债券货币化。[9] 两者的区别是，英格兰银行最初是把黄金借给国王，而美联储只要说有钱，然后弹指间就把钱变出来了。因此，有印钞票的权力的是美联储。[10] 从美联储获得贷款的银行自身不准再印钞票，但它们能在保留美联储规定的部分准备金的基础上通过放贷创造虚拟货币——然而在当前的信贷危机下，即在写作本书的时候，有一个动议甚至要把这些仅存的限制都除去。[11]

所有这些只是一点我简化过的内容：货币政策无比晦涩，而有时候看上去是政策制订者故意为之。（亨利·福特曾经评论道，如果普通美国人发现了银行系统实际是如何运作的，立马就会爆发一场革命。）就我现在的写作目的来说，美元是银行的创造并没有那么重要；值得注意的是尼克松让货币浮动所产生的一个明显矛盾的结果，也就是这些银行创造的美元自身取代了黄金，成为世界的储备货币，即作为世界上价值的终极贮存形式。这给美国带来了巨大的经济优势。[12]

与此同时，美国债券本质上仍然是一种战争债：美国的军费开支继续高于世上所有其他国家的总和，而且军费开支不仅是政府产业政策的基础，它们还占了预算如此大的一部分，以至于许多估计认为如果没有这些军费开支，美国根本不会有赤字。

不像其他任何国家，美国的军事秉承着全球力量投射（global power projection）的学说，即它应当有能力通过大约800个海外军事基地，在地球上任何地方运用致命打击进行军事干预。然而在某种程度上，地面力量是次要的，至少自“二战”以来，美国军事策略的关键一直是依赖空中力量。美国从未进行一场没有制空权的战争，而且它比任何其他军事力量都更系统地依赖于空中轰炸。例如在几年前针对伊拉克的军事行动中，美国军队甚至轰炸了表面上处于它自己控制之下的城市居民区。归根结底，美国在世界上的军事优势的本质是，它能够随心所欲地在几小时内对这个星球表面的任何一个目标丢下炸弹。[13] 绝对没有其他政府有过类似的能力。事实上我们可以提出一个观点，即正是这种力量让全球的货币系统围绕美元来组织。

再一次，我们在讨论符号权力。实际上，这种形式的权力之所以到目前为止基本上还能发挥作用，是因为它保持着符号性。在冷战期间，美国和苏联之所以被视作超级霸主，主要是因为两国领导人通过他们所拥有的核武器，掌握着轻拨开关就能毁灭人类的能力。显然，这种权力到目前为止之所以能够转变为政治影响力，是因为它并不会被使用。在一个更加微妙的层面上，这一点仍然适用于美国的自命不凡。它发挥作用，并不是通过直接的威胁，而是通过创造特定的政治环境，对于拥有各方能够使用的暴力手段完全不在同一水平上的认知定义了这一环境。在暴力以超出极度克制且主要是象征性的方式被使用的那一刻起，这种对绝对权力的感知就会遭到破坏。

它如何在经济方面发挥作用？

由于美国的贸易赤字，大量的美元在国外流通；尼克松让美元浮动的效果之一，就是外国央行除了把这些美元拿来购买美国国债，几乎别无选择。[14] 这就是美元成为世界“储备货币”的意义。这些债券像所有债券一样，本应最终到期并偿清，但如第一个在 20 世纪 70 年代初注意到此现象的经济学家迈克尔·赫德森所言，那些债券从没兑现过：

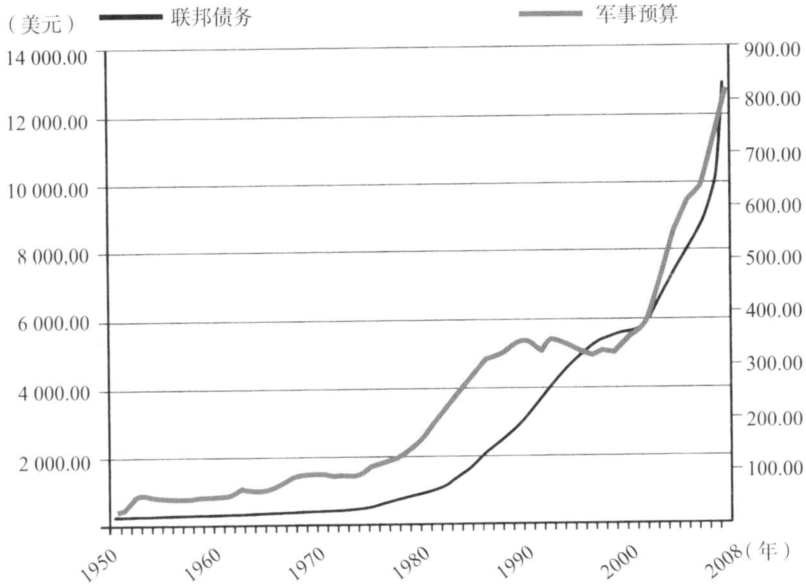

图 12.1　1950—2008 年美国联邦债务与军事预算的情况

因为这些财政借款成了世界的基础货币，所以它们不会被偿还，而是无限期地延付。这是美国财政搭便车的本质，即向全球征收了一种税。[15]

不仅如此，低利率和美元不断贬值的组合效应意味着这些国库券事实上贬值了，这加剧了征税效应，或者说增加了我在第一章中所倾向于使用的称呼——“纳贡”。经济学家倾向于叫它“铸币税”。然而，其效果就是，美国至高无上的力量是建立在一项永远不会也不能偿还的负债之上的。它的国债已经成为不仅是对它自己的国民，而且也是对世界各国的承诺。但人人都知道，它不会遵守这个承诺。

与此同时，美国的政策是要求让那些依赖美国国库券作为储备货币的国家，做出和美国恰恰相反的举动，即采取紧缩的货币政策，一丝不苟地偿还它们的债务。

正如我之前所言，自尼克松时代以来，美国国库券最重要的海外买家都是在美国军事力量有效控制之下的国家。在欧洲，尼克松在这方面最热情的伙伴是德国，那里当时驻扎着超过 30 万美军。在最近几十年焦点已经转向亚洲，特别是日本、韩国和中国台湾这类国家和地区的央行，它们同样都受到美国军队的保护。更重要的是，美元得以维持其在全球的地位，很大程度上是由于 1971 年以后它成为石油交易所使用的唯一货币，OPEC 成员国每一次尝试用其他任何货币来开展贸易，都会遭到 OPEC 成员国沙特和科威特的顽固抵制，而两国都是美国军队的保护国。[16] 2000 年，萨达姆·侯赛因单枪匹马将美元大胆地换成欧元，2001 年伊朗跟着效仿。美国则迅速地通过轰炸和军事占领来做出回应。[17] 侯赛因抵制美元的决定，究竟在多大程度上造成了美国最终做出废黜他的决定，我们已经不可能知道了。但没有哪个有意做类似转变的国家胆敢忽略这种可能性。特别对于欠发达国家的政策制定者来说，其结果就是广泛的恐惧。[18]

在所有的这一切中，自由浮动美元的出现并非标志着资本主义制度最初建立起来所依靠的战士与金融家之间的联盟的决裂，反而是将之神化到了极致。回归虚拟货币也未能促成伟大的回转，重新树立起人与人之间的荣誉和信任关系。事实恰恰相反。到 1971 年，变化才刚刚开始。第一张通用的信用卡——美国运通卡，仅仅在 13 年前才发明出来，而现代的全美信用卡系统只是随着 1968 年维萨信用卡和万事达卡的出现才产生的。借记卡是较新时代的产物，出现在 20 世纪 70 年代，而当今几乎不依赖现金的经济在 20 世纪 90 年代才形成。所有这些新兴的信贷手段不是靠相互信任的人际关系，而是靠牟利的企业来调整的。而美国信用卡行业最早及最大的政治成果之一，就是去除了所有对征收利息方式的法律限制。

如果历史适用于现在的话，虚拟货币时期应当意味着一场运动，世界离开战争、帝国建造和劳役偿债（支付工资或其他形式），转向某种全球范围的支配性机构来保护债务人。我们到目前所见的正好相反。新的全球货币比以前更牢固地扎根于军事力量。劳役偿债继续是全球范围内招募劳动力的主要原则：东亚和拉丁美洲完全符合这个原则的字面意义；或者从主观意义上讲，大多数为薪酬工作的人，感觉到他们主要是在为偿还有息贷款而工作。新型的交通和通信技术恰恰让这变得简单，它们能够向家庭和工厂工人征收几千美元的运输费，然后让他们在缺少法律保护的遥远国度拼命工作来偿债。[19] 即便已经建立起了支配性的宏伟的全球性机构——也许可以比肩古代中东的圣王，或中世纪的宗教权威，但这些机构却没能保护债务人，而是加强了债权人的权利。国际货币基金组织就是这里最具戏剧性的典型例子。它站在一个重要的新兴全球性官僚机构的顶峰，是人类历史上第一个真正的全球性行政体系，它不仅在联合国、世界银行和世界贸易组织中颇负盛名，在无数和它们合作的经济联合体、贸易组织和非政府组织中也是如此——后面这些机构主要是美国赞助的。它们全都按照一个原理运作，即“人人都应偿还欠下的债”——美国财政部除外。这是由于任何国家违约所带来的恐慌都会危及整个世界的货币体系，如爱迪生所生动描述的那样，威胁将全世界成堆的（虚拟的）黄金变成一文不值的木棍和纸片。

这些都是真话。尽管如此，我们这里谈的仅仅是 40 年间的事情。但尼克松的奇招——赫德森称其为“债务帝国主义”（debt imperialism），已经开始承受巨大的压力。第一个受害者恰恰是致力于保护债权人的帝国官僚机构，而不是那些美国欠了他们钱的人。国际货币基金组织所坚持的几乎完全由穷人来偿债的政策，同样遭遇了全球性的社会反抗运动（即所谓的“反全球化运动”，尽管这个称呼极具欺骗性）。接踵而至的是东亚和拉丁美洲直接而彻底的财政反抗。2000 年，东亚国家开始有系统地抵制国际货币基金组织。2002 年，阿根廷犯下了终极罪行：他们违约了，但未受惩罚。随之而来的美国军事行动明显是为了恐吓与威慑，但显得并不太成功。部分原因是，为了资助军事行动，美国不仅求助于它的军事客户，而且也越来越指望中国——它现存的头号军事对手。美国金融业几近全面崩溃，尽管它几乎被赋予了随意造钱的能力，却仍然陷入了它也无法偿付的数千亿美元的负债中，让世界经济受阻，连债务帝国主义能保证稳定的幌子都被破除了。

为了对我们所谈论的金融危机的严重性有所认识，这里给出一些从圣路易斯联邦储备委员会（St. Louis Federal Reserve）的网站上采集的统计图表。[20]

图 12.2 是美国海外负债的总额：

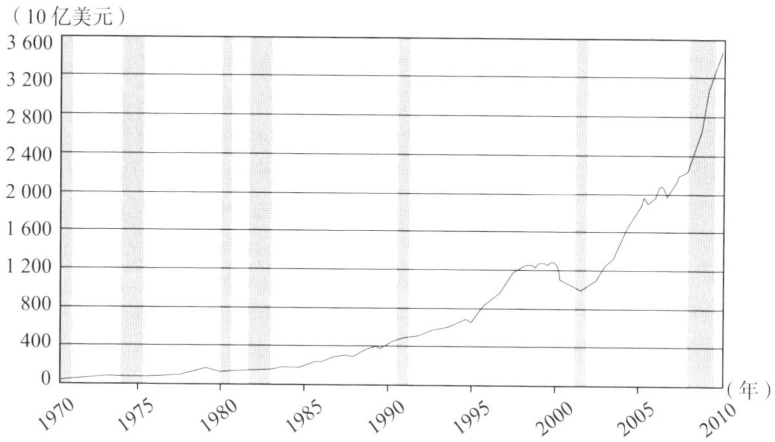

图 12.2　1970—2010 年美国海外负债总额

注：阴影部分是美国经济衰退时期

国外和国际投资者持有的联邦债务（FDHBFIN）

数据来源：美国财政部，金融管理服务局

与此同时，美国的私有银行对崩溃做出了迅速反应，不再假装他们是在应对一个市场经济，并将所有可动用资产转移到购买了美国国库券的美联储的金库内。

它们从而通过另一个我们不可能理解的神秘戏法，在最初近 4 000 亿美元储备金消失后，最终拥有了史无前例的巨大财产。

在这个时候，一些美国债权人明显感觉到，他们终于可以使自己的政治诉求得到重视了。

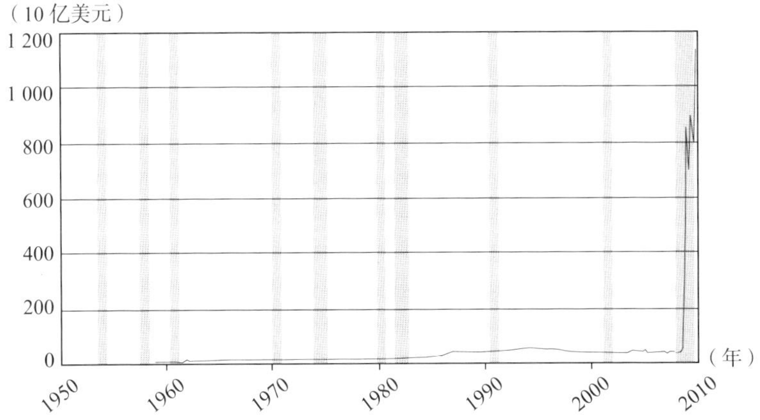

图 12.3　1950—2010 年美联储储备情况

注：阴影部分是美国经济衰退时期

联邦储备委员会总储备，已根据准备金要求修正（TRARR）

数据来源：联邦储备体系储备委员会

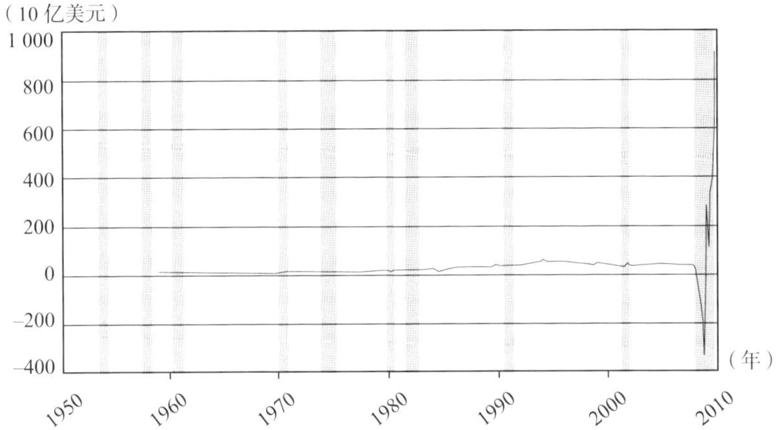

图 12.4　1950—2010 年美国私有银行储备金额

注：阴影部分是美国经济衰退时期

存款机构非借入准备金（BOGNONBR）

数据来源：联邦储备系统储备委员会

债务货币化对世界经济体系的深远影响

在达拉斯联储主席理查德·费舍尔（Richard Fisher）近些年的中国之行中，无论他走到哪里，都有人托他给美联储主席本·伯南克捎口信："别再凭空造钱来买美国国库券了。"[21]

同样的，从亚洲抽取来支持美国战争机器的钱，永远也说不清楚更该被视为"贷款"还是"贡金"。[22]但是，中国突然成为美国国库券最大的持有者已经明显地改变了态势。有些人也许会问，如果这些真是在支付贡金，为什么这个美国最主要的对手会在一开始就购买美国国库券——更不用说认可各种心照不宣的货币安排来维持美元的币值，也就是美国消费者的购买力？[23]但我认为这是一个极佳的例子，可以说明为什么采用一个非常长期的历史视角来思考会如此有益。

从长远的视角来看，中国的行为一点也不奇怪。事实上这是其一如既往的行为。中国特别的一点就是，至少从汉朝开始它就采取了一种独特的纳贡制度，即他们愿意给附庸国回馈远多于其接受的朝贡品，以换取他们对中国皇帝"世界之主"的认同。这种做法在应对一直威胁中国边疆的北方草原上的蛮夷时，已经发展成为一条计策：让他们浸淫于这些奢侈品之中，从而变得满足、柔弱且不再好战。在和类似日本、韩国及许多东南亚国家进行的"朝贡贸易"中，中国就系统地实施了这种手段；1405—1433 年，在著名太监船长郑和的率领下，这种贸易甚至扩展到了全球范围。他领导了 7 次横跨印度洋的远征，他伟大的"珍宝船"和一个世纪后西班牙的寻宝舰队形成了鲜明的反差。郑和的船队不仅携带数千名武装海员，还有数不清的丝绸、瓷器和其他中国珍宝，赠送给愿意认可皇帝权威的当地统治者。[24]所有这些表现都深深植根于一种极端的沙文主义意识形态（"不管怎样，这些蛮夷怎么可能有我们需要的东西？"）；但是，把这种策略用于应对中国的邻国——一个比它小得多但可能惹麻烦的小王国来说，这种政策被证明是极为明智的。事实上，这个政策的确明智，以至于美国政府都在冷战时期被迫或多或少地采用了它，从而给韩国、日本和某些它所偏爱的东南亚盟国（它们传统上是中国附庸国）创造了非常优厚的贸易条件；在这个情形中它的目的是遏制中国。[25]

考虑到所有这些，现在的形势变得容易理解了。当美国是一个遥遥领先的世界经济霸主时，它能够维持中国式的朝贡制度。于是这些国家从美国的军事保护国中脱颖而出，得以让自己从贫困状态一跃进入第一世界的行列。[26]在 1971 年后，美国相对于世界其他国家，经济力量开始下滑，这些国家开始渐渐地转变回更老式的进贡国。然而中国的参与引入了一个全新的元素。完全有理由相信，从中国的角度来看，这是把美国降低为一个类似于中国传统附庸国的极其漫长过程的第一步。其中总会有政治成本，之前那个新闻标题所示的是最终代价的一些前兆。

至此我所有的论述只是为了强调一个贯穿本书的事实，即货币没有实质。它事实上什么也不是，因此其本质一直是，而且估计以后也仍然是，政治争论的问题。美国历史的早期阶段恰好证明了这个论断的正确性——19 世纪在主张金本位者、绿背党、自由银行制度的支持者、金银复本位者和主张自由制造银币者之间的争锋生动地证实了这点；或者我们可以看看具体的事例——美国选民对中央银行的构想是如此怀疑，以至于联邦储备系统在英格兰银行建立 3 个世纪后，在第一次世界大战前夕才建立起来。正如我所提到的，甚至国债的货币化也是把双刃剑。在杰斐逊眼里，它可被看作战士和金融家的最致命的联盟，但它也使政府被视为一个道德上的负债者，欠国民白纸黑字写下的自由。也许没人能像 1963 年马丁·路德·金于林肯纪念堂前台阶上所做的“我有一个梦想”演讲那样雄辩地论述这一点：

从某种意义上说，我们来自己国家的首都是为兑现一张支票。当我们共和国的建造者写下宪法和独立宣言中的崇高话语时，他们给所有美国人签了一张有权继承的承付票。这张票据是一个承诺，即所有人——是的，无论黑人还是白人——将被保证拥有“生命、自由和追求幸福”的“不可剥夺的权利”。就她的有色公民而言，如今美国已明显对这张承付票违约了。美国未能履行这项神圣的职责，而是给了黑人一张空头支票；这张支票被退回，上面写着“存款不足”。

人们可以从同样的角度来看待2008年的经济大崩溃，即债权人与债务、富人和穷人之间多年的政治搏斗的结果。从某个层面上来说，正如人们所见，这确实是一场骗局，一个极为复杂的庞氏骗局，在完全意识到作恶者能够逼迫受害者帮他们脱离困境的情况下，它被设计出来的目的就是为了在某个时刻崩溃。在另一个层面上，这可以看作关于货币和信贷确切定义的论争的高潮。

“二战”结束时，工人阶级起义即将爆发的幽灵基本消散了，它在之前一个世纪里始终困扰着欧洲和北美的统治阶级。这是因为阶级斗争被一个心照不宣的调解方式延缓了。概括地说，从美国到西德的北大西洋国家的白人工人阶级和政府做了一笔交易，即如果他们同意将所有根本性地改变整个体系的本质的幻想搁置一旁，他们就可以保留其工会，享受广泛的社会福利（养老金、假期、卫生保健等）；并且最重要的是，通过资金充裕且不断扩展的公共教育机构，他们知道自己的子女有合理的机会彻底脱离工人阶级。所有这些当中最关键的一个要素就是一种心照不宣的保证，即工人生产力的提高会与工资的增长相对应。这在很大程度上导致了在这段时期里，生产力和工资都在快速增长，为今天的消费型经济打下了基础。

经济学家称之为“凯恩斯时代”（Keynesian era），因为这是约翰·梅纳德·凯恩斯的经济理论盛行的一段时期。凯恩斯的经济理论已经是美国罗斯福新政的基础，随后又被几乎所有工业化民主国家所采用。与这些理论一起到来的，是凯恩斯对货币相当随意的态度。读者应该还记得，凯恩斯完全认可银行的确是凭空造钱，因此在经济低迷时期，没有内在原因反对政府采取这种手段来刺激需求——这个立场长久以来一直深受债务人青睐，但却是债权人的厄运。

凯恩斯自己在他的时代因为一些相当激进的言论而声名大噪，比如他呼吁彻底消灭依赖别人的债务生活的阶层——他称之为“食利者的安乐死”。不过，他真正的意思是通过逐步降低利率来消除这个阶层。就凯恩斯主义的程度而言，这种观点已经远不如第一次出现的时候那么激进了。事实上，这完全属于庞大的政治思想传统的一部分。请仔细回想一下亚当·斯密没有债务的乌托邦理想，尤其还有大卫·李嘉图对像寄生虫一样的地主的谴责，他认为这种人的存在有害经济增长。凯恩斯只是沿着相同的路线继续前进，将靠收租生活的人看作与资本积累的精神格格不入的封建制残余。在他看来，这种举措远非革命，而是避免革命的最好方式：

因而，我认为资本主义中的食利现象是一个过渡阶段，它会在完成自己的任务后消失。随着它的消失，资本主义中的其他部分会经历一次重大变化。此外，我所主张的几个步骤，有一个巨大的优势，也就是食利者和没有用途的投资者的安乐死，不会是一件突如其来的事情……而且不需要革命。[27]

“二战”后，当凯恩斯主义的解决方案付诸执行时，它只提供给了世界人口中相对较少的一部分人。随着时间的推移，越来越多的人希望享受到这项政策。1945—1975 年，几乎所有的群众运动有可能是革命运动，都可被视为对进入凯恩斯主义政策范围的诉求。这是一种对政治平等的诉求，它假定没有一定程度的经济保障，平等是毫无意义的。不仅北大西洋国家少数族群运动是如此，当时被称为“民族解放”的运动也是如此。就前者而言，少数族群（比如马丁·路德·金博士为之呐喊的那些人）最初是被政策抛弃的；就后者而言，它覆盖了从阿尔及利亚到智利的广阔范围。最后，也许还有最为戏剧化的，20 世纪 60 年代末期及 70 年代的女权运动。20 世纪 70 年代的某个时间点上，事态到达了破裂点。资本主义作为一种体系，看上去完全无法将这样的政策扩展至每一个人。如果所有工人都是自由雇用的劳动者，该体系甚至很有可能不再具有可行性。它肯定无法给世界上所有的人提供 20 世纪 60 年代一个密歇根或都灵的汽车工人的生活标准（他们有自己的房子、车库，有能力让孩子上大学），而且这还是在大量的孩子开始要求生活不要那么单调乏味之前。这种结果我们也许可以用“容纳的危机”来称呼。到 20 世纪 70 年代后期，现存的制度已经明显处于崩溃的状态，同时还为金融混乱、食品骚乱、石油危机、生态危机及广为流传的关于经济增长即将停止的末日预言所困扰。结果证明，所有这些都是用来提醒民众，所有的政策交易都取消了。

当我们开始以这种方式构建整个故事时，很容易看到在1978—2009年这30年，除了政策交易和解决方案已经改变，大体上遵循着同样的模式。无疑，当美国的罗纳德·里根和英国的玛格丽特·撒切尔同时对工会的力量和凯恩斯留下来的学说发起了系统的抨击时，这是在明确地宣告以前所有的政策交易都取消了。现在所有人都享有政治权利——到了20世纪90年代，甚至拉丁美洲和非洲的大部分人都如此——但政治权利将变得毫无经济意义。生产力和工资的联系被切断，生产率持续增长，但工资陷入了停滞甚至萎缩状态：

起初，与这种趋势相伴随的，是“货币主义”（monetarism）的回归，这种学说认为，即使货币不再以任何方式和黄金或其他任何商品挂钩，政府和央行的政策也应该首先考虑小心地控制货币供给，以保证它在流通中就像稀缺的商品。即便与此同时，资本的金融化意味着大多数投资于市场的货币已完全和贸易生产脱离关系，而成为纯粹的投机。

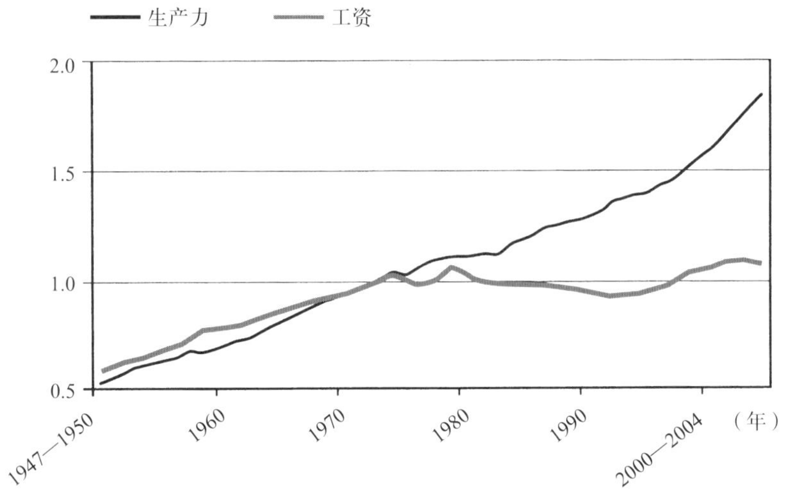

图12.5　1947—2004年美国社会生产力和员工工资情况

所有这些并不是说世界人民没有得到什么；只不过正如我所说，政策交易的条件改变了。在新的分配制度下，工资不会再涨，但工人们被鼓励去购买资本主义的一杯羹。现在的政策并没有让食利者安乐死，而实际上是让人人都可以成为食利者，可以从他们自己的程度越发惊人的剥削中吃到一块肉。政策手段丰富多样，也是我们所熟悉的。在美国，有 401（k）退休计划及其他无数鼓励普通公民入市投机的方法；但它们同时也鼓励他们借款。撒切尔主义和里根主义一个共同的指导原则是，只有普通劳动人民能够至少渴望拥有自己的房子，经济改革才能获得广泛支持。为了做到这点，无尽的抵押贷款再融资计划把人们认为其价格只涨不跌的房屋当作“ATM 机”——正如一句流行广告语所说的。尽管回过头来看时，房屋实际上更像信用卡。接下来真正的信用卡开始扩散，互相欺骗。此时对于很多人来说，“分资本主义一杯羹”不知不觉地演变为一种对低报酬工作者而言十分熟悉的灾祸难以区别的东西，即放高利贷者和典当商。它也未能阻碍国会在 1980 年废除美国联邦高利贷法。这项法案之前将利率限定为 7%~10%。这和美国通过把贿赂立法者有效地合法化（将其重新定义为“游说”），从而很大程度上摆脱了政治腐败的问题如出一辙，25%、50%，甚至在某些情况下（如发薪日贷款），120% 这种以前在有组织犯罪中才有的典型超高年利率，现在都被完全地合法化，高利贷的问题也就可以束之高阁了。从而，讨债不再通过雇用的打手或者那些在受害者家门口放伤残动物的人来执行，① 而是靠法官、律师、执行官和警察。[28]

许多新名词被杜撰出来形容这种新的分配方式，从“金融的民主化”到“日常生活的金融化”，不一而足。[29] 在美国之外，它被称为“新自由主义”（neoliberalism）。作为一种意识形态，新自由主义意味着不仅是市场，而是整个资本主义（我必须不断提醒读者这两者是不同的）成为几乎一切事物的组织原则。我们都会将自己想成一家家微型企业，按照投资者和执行者之间的关系组织起来：一边是冷血的、算计的银行家；另一边是负债的战士，已然放弃了任何个人荣誉感，并将自己变为一种耻辱的机器。

在这个世界上，也许仅仅是因为有那么多人欠债而难以偿还，才导致“还债”差不多已经可以被看作道德的定义本身。比如，大型企业，甚至一

① 美国黑帮讨债时，会通过在债务人家门口放被其打残的动物来恐吓对方。——译者注

些小企业面临某项债务的时候，几乎都会想着拖延下去，看如果它们不还债会怎么样——它们只有在提醒、催促或是法院命令的驱动之下才会遵守约定。这已经成为美国许多类型行业中的常规形态。换言之，荣誉原则几乎已经完全从市场中消失了。[30] 其结果也许就是，整个有关债务的主题开始被宗教的光环所环绕。

事实上，我们甚至可以提出一种二重神学，一边为债权人服务，另一边为债务人服务。那么，美国债务帝国主义走入新阶段同样伴随着福音右派的崛起就不是偶然了——他们无视之前一切既有的基督教神学，满腔热情地拥抱"供给学派经济学"（supply-side economics）的理论，即创造货币并将其有效地提供给富人是带来国家繁荣的最符合《圣经》的做法。推崇这种新的信条最为雄心勃勃的神学家大概是乔治·吉尔德（George Gilder）。他的著作《财富与贫困》（*Wealth and Poverty*）在1981年成为畅销书，而当时"里根革命"（Reagan Revolution）已拉开序幕。吉尔德的观点是，那些觉得钱不能被创造的人陷入了一种老式的、无神论的唯物主义，并没意识到正如上帝可以凭空创造东西那样，他给人类最大的恩赐就是创造力本身，它的发生方式和上帝的创造过程一模一样。投资者若是愿意接受信任他人的创造力所必须承担的风险，那么确实能够以此凭空创造价值。吉尔德非但没有将模仿上帝无中生有的力量视为狂妄自大，反而认为这正是上帝所期望的：创造货币是一种恩赐，一份福佑，是获得恩典的渠道；也是一项承诺，但即便不断将那些债券续期，也无法践履它们，因为它们的价值是通过信仰（这里再次回到"我们信仰上帝"）才变成现实的：

> 那些自己对资本主义的未来不抱希望的经济学家，倾向于忽视在很大程度上决定了未来的机遇和信仰的动力。不相信宗教的经济学家总是无法领悟用以实现进步的崇拜模式（modes of worship）。机遇是变化之基，是神性之舟。[31]

这种情感的倾泻激励了类似帕特·罗伯特森（Pat Robertson）的福音传道者，他们宣称供给学派经济学是"关于货币创造的第一门真正神圣的理论"。[32]

与此同时，对于那些不能创造货币的人，有一种十分不同的神学安排。

“债务是新的脂肪。”震惊于现状的玛格丽特·阿特伍德（Margaret Atwood）曾评论道。她家乡多伦多的公交车里，充斥的广告已不再像之前那样，试图用丧失性吸引力而带来的恐怖让乘客感到恐慌，而是改为给人们提供如何从报信人带来的更加迫在眉睫的恐惧中解脱出来的建议：

甚至还有债务电视节目，它们有一种熟悉的宗教复兴的声音。有很多关于购物狂放纵行为的报道，那时你不知道着了什么魔，一切都模糊不清，最后就成了那些人中的一员，声泪俱下地忏悔。他们浑身战栗，寝食不安，负债累累，毫无希望，并且采取了撒谎、欺骗、偷窃和在银行账户间拆东墙补西墙的做法。家庭成员和亲人证实了他们的生活已经被债权人有害的行为给摧毁了。电视主持人发出了怜悯但又严厉的警告，在节目里扮演了牧师或信仰复兴运动者的角色。他们一下看到了希望，接着开始悔改，并许诺绝不再犯。他们厉行苦修，把信用卡一点点地剪断，开始严格限制开支。最终，如果一切顺利的话，他们把债务偿还了，他们的罪行得到原谅，自己也得到赦免。新一天的黎明来临了，第二天早上你站了起来，成为一个更难过，但更有偿债能力的人。[33]

这里，冒险根本不是什么神性之舟，而是恰恰相反。对于穷人来说，别人的好事在他们那里总要变个样。在某种程度上，我们也许可以这样看，阿特伍德的描述完全颠覆了备受尊敬的马丁·路德·金在“我有一个梦想”的演讲中先知般的声音：战后最初的年头，盛行的是国家向其最卑微的公民还债的集体诉求，要求那些曾经做出虚假承诺的政治权威赎罪；而现在，正是那些卑微的公民，又被教导要把自己当作罪人，去寻求某种纯粹个人的救赎，这样才有权和其他人类成员发展符合道德的联系。

与此同时，这里正发生着某种具有深刻欺骗性的事情。所有这些道德戏剧，出发点都是这样一个假设，即个人的债务说到底是自我放纵的问题，一种有害亲人的罪恶——因此，要救赎，必然就要清洗自己、克制自己。不过我们都没有看到的，首先是这样一个事实：现在每个人都欠债了（据估算，现在美国家庭的债务平均达到了其收入的 130%），但这笔巨债中，只有很少一部分挥霍在赌马和不实用的物件上。经济学家通常所说的可自由支配个人开支（discretionary spending）而借的钱，主要是给了孩子，与朋友分享或用于其他可以构建和维持与他人关系的方法上。这种关系是超越单纯的物质计算之上的。[34] 可见，现在的人们只有筑起债台，才能获取一种超越于简单的存活下去的生活。

就其中的政治意味而言，它似乎偏离了我们从资本主义发端就看到的一条主线。归根结底，社会交往本身现在已经被当作犯罪和邪恶。对此，大多数一般美国人（包括黑人和拉丁裔美国人、新近的移民，还有其他先前被排除在信用之外的人）固执地坚持原来的生活方式，继续彼此相爱，以此作为对新情况的回应。他们继续在为家人购置房产，为聚会准备酒水和音响系统，为朋友准备礼物；他们甚至不顾游走于违约或破产边缘的窘境，继续举办婚礼和葬礼——他们显然是在想，既然现在每个人都是一个小资本家了，为什么他们就不能同样凭空创造货币呢？

不过，我们不能夸大可自由支配个人开支在引起家庭负债中的作用。在美国，造成破产的首要原因是灾难性的疾病；大多数借款只是为了求得生存（比如为了工作而买车）；而且，就算是上大学，现在也越来越多地意味着，一个人在随后的工作生涯中，至少一半时间都是为了还债。[35] 尽管如此，我还是要指出，仅仅是存活下去是远远不够的，人生也不应该仅仅如此。

到 20 世纪 90 年代，这种紧张态势重新在全球范围内出现。原先国家主持建设宏大工程（比如阿斯旺大坝）需要大额贷款，现在更多的是强调微型信贷（microcredit）。孟加拉的乡村银行（Grameen Bank）取得了很大的成功。受其启发，这种新的信贷模式专门寻找贫穷社区中失败的企业家，向他们提供小额低息贷款。乡村银行认为，“信用是一项人权”。同时，新的信贷模式试图利用“社会资本”（也就是知识、人际网络和世界贫困人民为了在艰苦的环境中求生存而使用的聪明才智），并将之转变成一种产生更多（扩张性）资本的方式，让它可以每年以 5%~20% 的比率增长。

朱莉娅·埃利艾克（Julia Elyachar）等人类学家发现，这种新情况产生了两面的效应。一位相当坦率的非政府组织顾问 1995 年在开罗曾向她解释道：

货币就是权力。这是权力货币。你要出手大方，往大处着眼。这里借钱的人如果还不了就要坐牢，你为什么还要担心？

在美国，我们每天都能从邮箱里拿到 10 来张信用卡。为了那点信用，你要支付惊人的实际利息率，大概有 40%。但这是别人送上门来的卡，你就收下了，钱包里塞满了各种信用卡。这让你感觉不错。这里也应该一样，我们为什么不帮助他们也陷入债务呢？只要他们偿还贷款，我真的会去关心他们把钱用到哪里去吗？[36]

这两段引文明显毫无条理。可以把它们联系在一起的主旨似乎是：人应该欠债。欠债本身就是好事——它是权力。不管怎样，如果人们的权力太大，我们还能逮捕他们。债务和权力，罪恶和救赎，几乎是难以区分的。自由即奴役，奴役即自由。埃利艾克在开罗期间，目睹了一个非政府组织训练项目里年轻的研究生举行罢工，争取获得启动贷款的权利。与此同时，几乎每一个参加这次罢工的人都理所当然地认为，与他们一同罢工的同学（更不用说其他参加这次项目的学生了）都在败坏和盘剥发放启动贷款的制度，把它当作摇钱树。这里也出现了同样的情况：那些经济生活中原来基于长期信任关系的方面，由于信贷官僚机构的介入，实际上正在逐渐非法化。

十年之后，整个微型信贷工程，即便在它发源的南亚，也开始发生危机，几乎与美国次级抵押贷款危机难以区分：出现了一大批肆无忌惮的放贷者，投资者收到了各种欺骗性的金融评估，贷款利息日积月累，借款者试图集体拒绝还债，放贷者开始雇用暴徒没收他们仅有的财富（比如波浪形的锡制屋顶），并最终导致自杀成为风尚。自杀的往往是贫穷的农民，他们的家庭落入了永远不可能逃出的债务陷阱。[37]

这段新的周期，就像 1945—1975 年的那个周期一样，在又一次"容纳的危机"中达到高潮。事实证明，真的将世界上每个人都变成一家家微型企业，或者让"信用民主化"，达到可以使每户想要房子的家庭都能拥有自己的一座房子（而且如果你想，既然我们拥有建造房屋的手段，为什么他们不应该拥有房屋呢？有家庭"不配"拥有房屋吗？），并没有比原来那种允许所有受雇劳工拥有公会、养老金和保健福利金的做法更具有可行性。资本主义不是这样运转的。它本质上是一个等级制的、排斥性的体系。而当它达到破裂点的时候，症状就会再次出现，就像 20 世纪 70 年代所发生的那样：食品骚乱、石油危机、金融危机；人们此时会突然惊奇地意识到，当下的发展道路在生态上是不可持续的，他们看到了各种启示性的图景——灾难即将来临。

次级债崩盘伊始，美国政府就被迫决定，究竟是谁有权凭空制造货币——金融家还是普通公民？结果显而易见。美国政府用纳税人的钱为金融家们纾困——基本上也就意味着他们所想象的货币被当作真实的货币对待。同时又将抵押贷款者压倒性地置于法院的怜悯之下。在他们头上还有一年前国会刚通过的一项破产法（这真是先知先觉，不禁让人怀疑），这项法律对于负债者尤为苛刻。什么都没有改变。重大的决策全都被推迟了。很多人所期待的大对话（Great Conversation）根本没有发生。

债与新历史周期的碰撞

我们现在生活在一个独特的历史转折点上。信用危机已经为我们鲜活地展示了最后一章中所提出的原理：资本主义不能真正地在一个人们都相信它能永远运作下去的世界中运作。

之前数个世纪的大部分时间里，大多数人，因为觉得经济体系本身不大有可能永远维持下去，所以也认为不能无限地生成信用。未来很有可能与现在有根本的不同。虽说如此，不知为什么，人们所预期的革命根本没有发生，金融资本主义的基本结构主体仍然健在。一直要到现在这个节骨眼上，我们才日益清楚地看到，当前的制度安排是不可行的；突然之间，我们的集体想象碰壁了。

我们有很充分的理由相信，一代或两代人之后，资本主义将不复存在——最明显的征兆就是，生态学家一直在提醒我们，一个有限的星球是不可能维持一个永久增长的引擎的；而当前的资本主义形式似乎并不能产生那种技术上的突飞猛进和动员能力，足以让我们开始寻找其他行星并前去殖民。尽管如此，面对资本主义要终结的前景，最为常见的反应只是简单的恐惧——即使那些自称为“进步主义者”的人也是如此。我们之所以紧紧抓着现存的体系不放，是因为我们不能想象出更好的方案。

我们是怎么走到这里的？我猜想，我们现在看到的，正是美国资本主义的军事化导致的最终结果。事实上，我们也有很充分的理由说，最近 30 年见证了一个庞大的官僚机构的构建。这个庞然大物是用来创造和维持人们的绝望的。最为首要的，它要摧毁人们的想象，使人们无法设想除了资本主义未来还有什么样的道路可走。机构的根系在世界的统治者方面。为了应对 20 世纪 60 年代和 70 年代的动荡，他们执着于防止社会运动的增长与兴盛，防止它们提出新的体制路线；他们深信，那些试图挑战现存权力安排的人，在任何情况下都是永远不会得逞的。[38] 为此，他们需要建立起一个庞大的军事机器、监狱、警察、各种形式的私人安保公司，以及警察和军事情报机构。他们还需要有所有我们可以想得到的宣传引擎，它们的任务不是直接攻击其他的那些路线，而是创造一种普遍的恐怖气氛，靠侵略主义让人们团结一致并传播绝望情绪，使任何改变世界的想法都看似成为空谈的幻想。对“自由市场”的阐释者来说，维持这个庞大的机器似乎比维持各种可行的市场经济更为重要。还有什么比这一点更能够解释苏联解体后所出现的情况呢？我们通常会想，冷战结束了，俄罗斯应该会拆解军队和克格勃组织，重新兴建工厂。但实际上俄罗斯的所作所为却与此恰恰相反。这只是一个极端的例子，相似的情况在世界各地比比皆是。经济上，这台庞然大物是一个沉重的负担；所有那些枪支、监视器和宣传引擎都是十分昂贵的，却不能实际生产出什么东西。这很有可能是把整个资本主义体系拖垮的另一个因素——还有一个因素就是，资本主义体系内部会不时制造资本主义的未来没有终点的幻觉，这是泡沫不停产生的根源。金融资本成了对未来的大批量买进和卖出；经济自由，对我们大多数人来说，已经沦落为相互持有一小部分要求对方永久服从的权利。

换言之，我们似乎看到了一个深刻的矛盾：一方面，在政治上，要求将资本主义作为管理所有事务唯一可能的办法而确立下来；另一方面，资本主义本身有一个没有公开承认的需要，就是限制它未来的前景，否则可以预料到的就是疯狂的投机行为。一旦投机陷入疯狂，整个机器爆炸，我们就被丢在了现在这个奇怪的地方，甚至无法设想另一种安排各种事务的方式。我们只能想象到一样东西，那就是灭顶之灾。

如果要得到自由解放，我们首先要做的是把自己重新看作历史中的行动者，是可以影响世界的人。这种看法正是历史军事化所试图抹去的。

即便我们正处在一个非常长的历史周期的转折点上，历史的走向仍然在很大程度上取决于我们的行动。例如，上一次从金银货币经济走入虚拟信用货币经济的时候，也就是在轴心时代的末期和中世纪的开端，人类大多是通过一系列巨大的灾难而体验到这种骤然的转变的。历史会不会在当下重演？这很有可能取决于我们是否对此有足够的防范之心。重新回归到虚拟货币，会不会导致帝国和庞大的常备军消失，并建立起某种更大的结构，限制债主的掠夺？尽管我们不知道发生这一切需要多长时间，也不知道它会以什么样的形式发生，我们仍然有充分的理由相信这一切是可能的——而如果人类要存活下去，就必须这样做。资本主义已经在很多方面改造了世界，而且这些改变明显是不可逆的。我在这本书里一直在尝试的，并非向读者提供下一个时代细致入微的图景，而是为读者打开视角，看到更多的可能性。这样，读者会思索，如果从一个宽广的视角，用适合于时代的那种宏伟雄壮来思考我们所看到的一切，会意味着什么。

让我举一个例子。我之前说过“二战”以来的两个民众运动周期：第一个阶段是 1945—1978 年，人们要求平等地享有公民权利；第二个阶段是 1978—2008 年，运动围绕着利用资本主义体系的权利而展开。意味深长的是，在第一个周期中，最为直接地挑战了国际现存秩序的民众运动，大多受到马克思主义的启发；而在第二个周期中，大多数民众运动是极端伊斯兰主义的某个变种。如果我们考虑到债务在伊斯兰教有关社会的教义中一直以来占据的中心位置，就能轻易理解其个中缘由。但我们为什么不做出更大胆的设想呢？ 5 000 年来，重大的、戏剧性的道德和金融创新，至少有两次发生在我们现在的伊拉克。第一个创新是有息债务，出现的时间是公元前 3000

年前后；第二个创新则是在公元 800 年前后，这一地区发展出了有史以来第一套复杂而明确反对有息债务的商业体系。有没有可能在这片土地上出现第三次创新？对于大多数美国人来说，这似乎是一个奇怪的问题，因为他们已经习惯于把伊拉克人当作独裁统治的受害者，或宗教狂热分子（占领军总是这样看待他们占领区内的人民）。但是，有一点值得我们注意：最为突出的反对美国军事占领的伊斯兰工人阶级运动，也就是萨德党（Sadrist）运动，它的名字出自当代伊斯兰经济学的创始人之一——穆罕默德·巴基·萨德尔（Muhammad Baqir al-Sadr）。的确，伊斯兰经济学从创立以来一直没有给人深刻的印象，[39] 无疑也没有对资本主义造成直接的挑战。然而，我们可以想象，在这种类型的民众运动中，正进行着各种有趣的对话，比如工资劳工的地位问题。或者，期待从古老的反抗父权运动的清教式遗产中有所新的突破是天真的。也许它会从女权主义（或伊斯兰女权主义），或某个我们尚未预料到的角落中产生。谁说得准呢？我们可以确信的一点是，历史还没有终结，令人惊奇的新观念必然会出现。

显然，如果不破除我们所习惯的思想范畴，并构建新的思想范畴，就不会产生新的观念。旧的思想范畴，即便不是让我们绝望的机器的内在部分，也几乎已经只是沉重的负担而已。为了破旧立新，是我在本书中花了这么多篇幅讨论市场并在国家和市场之间子虚乌有地选择的原因。非市场即国家的观念，在过去几个世纪的政治意识形态中根深蒂固，以至于人们很难提出什么不同的看法。

市场的真实历史并不像我们从教科书上学来的那样。我们所能观察到的较早的市场，似乎或多或少是古代美索不达米亚精致的行政系统的副产品。这些市场主要靠信用运行。使用现金的市场是随着战争而兴起的。战争中最初用于供给军队的税贡政策推动了现金的流通，而这些政策后来又在各种其他的方面发挥作用。市场一直要到中世纪，才重新采用信用货币体系，并第一次出现了也许可以称为“市场民粹主义”的流行。它认为，市场可以脱离、对抗和外在于国家而存在，比如在穆斯林的印度洋的那些市场。这种观念后来又在中国 15 世纪大规模的白银暴动中出现。它通常在商人出于各种原因，发现自己的利益与普通民众相一致的情况下，和他们共同反对某个大型国家的行政机器。但是，市场民粹主义总是充满了悖论，因为它仍然在一定程度上依赖于国家的存在，而且，更重要的是因为，它终究需要把市场关系建立在某种单纯的经济计算以外的基础之上：比如荣誉和信任，还有更为基本的，也就是人类经济中更为典型的结社和互助。[40] 这反而意味着将竞争放在相对次要的位置。从这个角度看，亚当·斯密创建他的无债市场的乌托邦，根本上是在从这个没有希望的遗产中提取一些元素，将其与基督教西方典型的市场行为观混合在一起——后者的军事化程度不同寻常。他这样做确实有先见之明。但就像所有极具影响力的作家一样，他也只不过是在捕捉他那个时代正在兴起的精神。在此之后我们所看到的，是一连串政治上的摆动，摇摆于两种民粹主义之间（国家民粹主义和市场民粹主义），却没有人注意到，他们所讨论的，其实正是同一个动物的左右两翼。

我们之所以没有注意到这一点，其主要原因我觉得是暴力的遗产已经扭曲了我们周围的一切。战争、政府和奴役不仅仅在将人类经济转变为市场经济的过程中扮演了核心的角色，也在各种程度上影响到了我们的社会中几乎所有的建制。在第七章的末尾，我讲述了我们的“自由”观是如何通过罗马奴隶制度而发生转变的故事。从结交朋友的能力，到与他人发生道德关系的权利，直至成为某种对绝对权力的与生俱来的渴望。这也许只是最具戏剧性的一幕——同时也是最为阴毒的，因为它使人们难以想象，有意义的人类自由究竟会是什么样子。[41]

如果要说这本书证明了什么，那么就是在整个人类历史进程当中，我们行至当下的处境用了多少的暴力——以至于甚至可以让我们将现在的处境想象为生活的本来面目。尤其是，我们的日常经验事实上是与之完全相悖的。正如我所强调过的，共产主义也许是一切人类关系的基础。这种共产主义在我们的日常生活中，最主要是以我们所说的“爱”的形式呈现出来的。但在此之上总是有某种类型的交换体系和一个等级制的体系。交换体系的形式无穷无尽，很多是完全无害的。尽管如此，我们在这里讨论的是一种非常特殊的、依靠算计的交换。就像我在本书一开始所指出的，欠某人一个人情和欠某人一笔债的区别在于，一笔债的数目可以精确地计算出来。计算要求对等。而要实现这种对等——尤其是涉及人与人之间的对等时（事情通常也由此开始，因为人一直是终极的价值）——唯一的办法似乎就是强制性地将人与他们的背景割裂开来，然后才能让他们等同于其他的东西，如下所述："7 张皮和 12 个大银戒指换你被俘的兄弟"，"你 3 个女儿中的一个作为这笔 150 蒲式耳谷子贷款的担保"……

这转而引出了令那些把市场视作人类自由的最高形式的人十分窘迫的事实，即在历史上，非人格的、纯粹商业的市场源于盗窃。经济学家为了避免遭遇这一事实的可能性，最为常见的办法是不停地复述物物交换的神话，像是把它当作咒语在使用。但只需要片刻的思考，它的谬误就显而易见。谁最有可能第一个看到房子里的各种物件，而立刻评估在市场上出售它们可以换回多少东西？毫无疑问，只有盗贼会这样做。乞丐、豪取强夺的士兵，然后也许是讨债者，他们是最早以这种方式看待世界的人。只有在士兵刚刚掠夺过城市和乡镇的手中，黄金或白银锭块才有可能成为简单的、统一的货币。在大多数情况下，他们融化了一些祖传的宝藏，比如克什米尔人的神像，阿兹特克人的胸铠甲，或者巴比伦妇女的脚链——它们都是历史的缩影。他们制造的货币，正因为没有历史而有价值，随处都会接受，不会被问及任何问题。这一点至今依然如此。任何把世界归结为数字的体系，只有通过武器才能维持下去，不论是刀、剑、棍棒，还是当今无人驾驶飞机投下的"激光制导导弹"。

而且，它只有通过不停地将爱转化为债才能运作下去。我知道，我使用"爱"这个词自有它比"共产主义"更有号召力的地方。尽管如此，我们还是得言归正传。市场如果能完全摆脱它们的暴力起源，就必然会成长为某种不同的东西，成长为荣誉、信任和相互连接的网络。而正像这样，要维持一个反其道而行之的强制体系，就需要把人类合作、创新、奉献、爱情和信任的成果再度转变为数字。他们通过这样做，让人们可能把世界想象成不过是一系列冷血的计算。更有甚者，他们把人的社交本身转变为债务，也就是将我们生存的根本基础——因为我们根本上只是我们与他人的关系的总和——改造为有关错误、过失和犯罪的问题，并把世界变成一个不平等的地方，而只有通过完成某种可以消去一切的大型宇宙交易才能克服这种不平等。

也许我们可以问，“我们欠社会什么”，甚至于讨论“欠大自然的债”或者其他宇宙观。这虽然看似把问题的导向翻转了过来，却不过是一个虚假的解决办法——这样做就像是根据那种把我们与宇宙割裂开来的道德逻辑，在绝望地攀爬，以图拯救某种东西。实际上，我们只是在计算这样一个过程，它把我们带到了一个完全痴呆的地步，因为它以我们的确可以绝对地与宇宙分开为前提。我们可以完全地脱离于世界，把其他所有人（或者其他所有生物，甚至整个宇宙）丢进一个布袋里，然后开始与他们谈判。这在历史上产生的结果也就不足为奇了：我们把自己的生活建立在虚假的前提上，把它看作一笔早已逾期的贷款，并因此把我们的存在本身当作罪恶。但这里如果真要说有什么罪恶，那就是欺诈。前提本身就是具有欺骗性质的。有什么比设想我们可以和自己存在的根基谈判更放肆、更可笑的呢？我们当然是不可能做到的。只要我们与绝对存有发生任何种类的关系，我们就在面对一个完全存在于时间（或人类所标度的时间）之外的一种本质；因此，正像中世纪神学家所正确认识到的，和这个绝对存在打交道，是不可能产生债务一说的。

结　论

也许这个世界真的欠你一份生计

在我看来，现有的许多关于信贷和银行业的著作，在探讨此书中所分析的那种更为宏大的历史问题时，几乎都像在诡辩。确实，早先的一些人物，例如亚当·斯密和大卫·李嘉图是怀疑信贷体系的，但到了19世纪中期，在那些十分关注这些问题的经济学家中，已经有一大部分人在努力证明，不管银行体系的外表如何，它事实上是极为民主的。一种较为常见的论断是，银行体系确实是在将资源从“怠惰的富人”那里聚集起来，输送给“勤劳的穷人”。前者缺乏把他们的钱用来投资的想象力，将其委托给了别人；后者则拥有精力与动力去创造财富。这证明了银行存在的合法性，但也强化了民粹主义者的手段。他们要求宽松的货币政策，保护债务人等——因为既然时局艰难，为什么只让勤劳的穷困百姓、农民、工匠和小商人来受苦？

这引发了第二条推论的思路：毫无疑问，富人在古代是主要的债权人，但现在形势已经逆转了。因此，在20世纪30年代凯恩斯呼吁给食利者安乐死的时候，路德维希·冯·米塞斯（Ludwig von Mises）写道：

公众意见始终对债权人有偏见，总将债权人和饱食终日的富人联系起来，将债务人和勤劳的穷人联系起来。人们痛恨前者，因为他们是无情的剥削者；又怜悯后者，因为他们是受到压迫的无辜受害者。人们认为政府旨在限制债权人索债权的行为对广大群众是极为有利的，受到损害的是一小部分强硬的高利贷者。他们根本没注意到，19 世纪的资本主义创新已经完全改变了债权人和债务人的阶级构成。在雅典人梭伦的时代、罗马土地法的时代和中世纪，债权人大多是富人，而债务人是穷人。但在这个拥有债券和公司债券、抵押银行、储蓄银行、人寿保险单及社会保障福利的时代，拥有可观收入的广大人民群众自己就是债权人。[1]

而拥有举债经营的公司的富人，成为现在最主要的债务人。这就是所谓的“金融的民主化”。这不是什么新鲜事：每当有人要求消灭靠收租生活的阶级，就会有别人反对，认为这会毁了寡妇和领退休金的人的生计。

如今值得注意的现象是，金融体系的捍卫者常常准备好了运用两种观点，根据情境所需的言辞来迎合一方或另一方。一方面，我们有托马斯·弗里德曼（Thomas Friedman）这样的“博学者”，庆祝现在“每个人”都拥有一部分埃克森（Exxon）或墨西哥，因而富有的债务人会对穷人负责。另一方面，尼尔·弗格森（Niall Ferguson），2009 年出版的《货币的兴起》（*Ascent of Money*）的作者，仍然能宣称他最主要的发现之一是：

贫穷不是贪婪的金融家剥削穷人的结果。贫穷更多的是源于金融机构的缺乏，是由于银行的缺失，而不是它们的存在。只有当借款人能利用有效的信贷网络，他们才能逃离放高利贷者的魔掌；只有当存款者将他们的钱存放在可靠的银行，才能将钱从饱食终日的富人那里传输给勤劳的穷人。[2]

这就是主流著作中的对话状况。我的目的不是直接与这种观点交锋，而更多的是说明主流的对话一直以来如何在促使我们问错误的问题。让我们以上面引用的这段话来说明。弗格森这里到底在说什么？贫困是由信贷的缺失导致的。勤劳的穷人只有从稳定、可敬的银行（而不是从放高利贷者，或者大概从信用卡公司，或现在收取高利贷利率的发薪日贷款业务那儿）获得贷款，他们才能摆脱贫困。所以弗格森事实上一点也不关心贫困；他只关心某些人的贫困，他们勤劳工作，因此不应该成为穷人。那么那些不勤劳的穷人怎么办？他们想必可以下地狱了（根据许多基督教派别分支的教义，这毫不夸张）。或许水涨船高，他们的生活会随着其他人的生活一同变好。但这很明显是具有偶然性的。他们不值得拯救，因为既然他们不勤劳，所以无论在他们身上发生了什么，都无关紧要。

对我而言，这正是债务道德最有害的地方：不管我们到底如何，金融命令一直以来都试图将我们所有人等同于抢劫者，认为我们仅仅关注世界上能变成钱的东西。它然后告诉我们，只有那些愿意将世人都视为掠夺者，才配得到追求生活中除钱以外任何东西所需的资源。它在几乎每个层面都导致了道德错乱。（“取消所有学生贷款的债务？但这对那些为了偿还学生贷款而奋斗多年的人来说不公平！”请允许我向读者保证，对那些为了偿还学生贷款奋斗多年并最终偿清的人来说，这个观点就像在说，对一个行凶抢劫的受害者来说，不去抢劫他的邻居对他是“不公平的”。）

如果有人同意其潜在的假设（由于度量作为一个物种的人类的成功的终极标准，是其将全球每年商品和服务总产出增加至少 5% 的能力，所以工作必然是有道德的），那么这个观点也许还有点意义。但问题是，如果我们持续长久地信奉这些学说，我们有可能会毁掉一切。这种迹象已经越来越明显。巨大的债务机器已经在过去 5 个世纪里将世界上越来越多的人在道德上归结为等同于西班牙征服者的水平，并看似要遭遇这个世界在社会和生态上的限制。资本主义根深蒂固的想象自己会毁灭的癖好已经在过去半个世纪改变了，变成了想着将世界其他部分一起拖下水。而且，我们没有理由相信这种癖好会消逝。现在，我们面临的真正问题是，如何将生活变得更容易，向一个人人可以靠更少的工作来获得更充裕的生活的社会靠近。

因此，我想为不勤劳的穷人美言几句，以此作为本书的结尾。[3] 他们至少没有伤害任何人。他们将不工作的时间花在了朋友和家人身上，享受这种时光并关心他们所爱的人，他们为这个世界所提供的也许比我们所承认的更多。也许我们应该将他们看作引领一种新经济秩序的先驱。这个新秩序与我们现在的秩序的区别在于，它没有自我毁灭的倾向。

在此书中我也避免了提出具体的建议，但请允许我提出一个作为结尾。

在我看来，我们与某种《圣经》意义上的禧年是久违了：这个日子将要同时影响国际债务和消费者债务。这样的一个日子不仅能减轻人类所蒙受的真切苦难中非常大的一部分，而且还能让我们提醒自己：钱不是不可言说的，偿债不是道德的本质，所有事情都是人类的安排；并且，如果民主意味着什么，那就是让所有人同意以不同方式安排事情的能力。因此，它将是十分有益的。自汉谟拉比开始，伟大的帝国无不排斥这种政策。这一点我认为是意味深长的。雅典和罗马建立了这种范式：即使面对持续不断的债务危机，他们坚持在立法时打擦边球，软化它的冲击，废除债务奴役之类明显的暴行，利用帝国的战利品将各种额外的福利洒向其较穷的公民（他们毕竟构成了军队的普通成员），以此让他们多少保持飘忽不定的状态——但所有这些都没有挑战到债务原则本身。美国的统治阶层似乎采取了一个非常类似的手段：消除最恶劣的暴行（比如债务人的监狱），用帝国的果实来提供有形的和其他的补贴；在最近几年，他们的做法是操纵美元汇率以使中国的廉价商品充斥美国国内，但从不允许任何人质疑欠债还钱这一神圣原则。

然而至此为止，这个原则已经被揭露为一个明目张胆的谎言。事实上，我们并不“全都要”偿还我们的债。没有什么会比对每人的往事一笔勾销、与我们习惯的道德决裂并重新开始更重要了。

到底什么是债务？债务就是对一个承诺的曲解（perversion）。这是一个被数学和暴力腐化了的承诺。如果自由（真正的自由）是交朋友的能力，那么自由必然也是做出真正承诺的能力。真正自由的人们会对对方做出怎样的承诺呢？我们在这里甚至还说不准。这更多的是这样一个问题——我们如何才能到达这样一个能让我们找到答案的地方？而踏上这段旅程的第一步，也就是要接受一点，即在最为广阔的世界里，正如没人有权告诉我们真正的价值是什么一样，也没人有权告诉我们，我们究竟欠别人什么。

后　记

2008年年中，当我开始着手写作本书时，正在发酵的金融危机始终萦绕在我的心头。对此类事情感兴趣的大部分人，除了那些出于职业利益而宣称情况并非如此的人，都会意识到某种形式的经济崩盘已经不可避免。我最初构思本书时，是想写一本理论导向的学术书籍。但正是遇到上面介绍的这一更大的政治经济环境，把本书的目标也变得更宏大了：本书成为一次尝试，看看像我一样的人——历史学家、人类学家、社会理论家——是否仍然可能通过使用智力工具，对公众关于真正重要议题的讨论产生实际影响。

出于这一部分原因，我同时决定想要写一本具有延展性的学术大部头著作。如今，人们再也不会写这种类型的书了。对于像我这样的人类学家来说尤其如此。关于人类学家在学术界界定自己位置的方式，我一直以来都感到存在一股悲剧性的讽刺意味。至少在一个世纪的时间里，人类学家基本上扮演着惹人讨厌的角色，就像牛虻一样：不论什么时候，当欧洲或美国出现雄心勃勃的社会理论家，就人类如何组织政治、经济和家庭生活进行宏大的概述时，人类学家总会出现，指出在萨摩亚（Samoa）、火地群岛（Tierra del Fuego）或布隆迪（Burundi）的居民采取了截然不同的做法。但也正是由于这一点，人类学家成为唯一能够提出符合证据的通用框架的群体。不过，我们越发感觉到这是错误的做法——这看上去像是某种形式的傲慢，甚至是知识霸权主义。

但是，在我看来，这样一种宏大的、比较性的工作，正是如今这个时代所呼唤的。两个原因让我产生了这样的想法。第一个（也是最明显的）原因，如我所言，我们共同的想象力出现了某种崩溃。就好像人们被说服了，开始相信当今时代的技术发展和更高层面的整体社会复杂性，其所产生的效果并不会增加我们在政治、社会和经济方面的可能性，而是使它们减少。它并不能使远见卓识得到释放，而是使得任何形式的有远见的政治构想都变得不可能出现。对人类历史的广阔范围所进行的研究，将会揭示人类在过去曾经找到多少种不同的方法来安排他们的政治和经济生活，并且通过这一做法，帮助我们扩展了对未来的感受。

第二个原因更微妙，而且它也是为什么我认为五千年的历史会尤其有帮助。很明显，2008 年将成为某种历史性的分水岭，真正的问题在于规模有多大。毕竟，如果一个人身处引人注目的历史性事件之中，而这一事件似乎意味着某种程度的崩溃，那么他所要做的最重要的事，就是获得对更大的律动结构的认识。这次危机是那种一代人才可能遇到一次的现象，还是资本主义起伏周期中的一次下行运动，抑或是技术创新和衰落的 60 年康德拉耶夫（Kondratieff）周期不可避免的发展？或者它是某种更大、更划时代的事件？这些律动会如何彼此交织？是否存在一个推动其他所有周期发展的核心节奏？它们如何融入彼此，切分、连接、和声、碰撞？

我对这一问题越深入思考，就越认定这是在可能存在的最广阔的历史范围上的一次间歇。为了理解它，我们还需要彻底重新思考对经济历史律动的认知。

如今，人类学家看起来并不是承担这一工作的必然人选，但是实际上，我们差不多是被完美地安置于此的。这是因为，历史学家和经济学家倾向于走入不同的歧途。经济学家倾向于在数学模型及其伴随模型中对人性的假设完全就位后，再分析历史：他们基本上把这一工作视为围绕方程去组合数据。历史学家的做法恰恰相反，他们如此坚决地依赖经验主义，以至于常常拒绝做出任何形式的推断。对于某一现象，比如欧洲青铜时代的民主大众集会，如果缺乏直接证据，历史学家不会去问，假设这样的集会存在是不是合理，或者如果这样的集会存在，它们会不会在可得的证据中留下蛛丝马迹。历史学家的做法很简单，他们的表现就像这些集会并不存在，也不可能存在过一样，因此他们在提到“民主的诞生”时，就指向铁器时代的古希腊。我们拥有如此多的“货币历史”，但那实际上却是硬币的历史——因为硬币会留下可见的证据，而信用记录一般不会，于是历史学家常常彻底忽略了信用记录存在的可能性。人类学家的做法则相反，他们依赖经验主义，并非仅仅应用预设好的模型，但是他们手边也拥有大量可用的比较性材料，可以实际推测欧洲青铜时代的村落集会或者古代中国的信用体系可能是什么样子的。他们还可以重新审视证据，分析这些证据会验证还是推翻他们的评估。

最后，人类学家强烈地感受到，一个人不可能把“经济生活”归为先验类别去谈论。甚至在300年前，“经济”这种事物都并不存在，至少它并不是一个独立存在、具备自有的规则和原理、可供人们谈论的事物。对于曾经在我们这个星球上生活的绝大多数人而言，“经济事务”只是我们所称的政治、法律、家庭生活，甚至宗教生活的一个侧面。经济语言从本质上来说是道德层面的，过去一直如此，并且现在仍然如此，哪怕它自己并不这样宣称（就像在轴心时代的残酷权力政治中所体现的，或者在今天经济学家“理性的”成本—收益分析中所体现的）。因此，一段真实的经济历史必然也是道德史。这就是为什么关于共产主义、交换、阶级等交易逻辑的章节，在本书中拥有如此重要的地位。关于经济事务，关于对有价值物品或资源的拥有或处置，更不必说还有债务，任何关于以上话题的讨论，总会是不同的道德论述以数十种不同方式冲突后纠缠在一起的产物。

在这一切中，我最大的灵感可能来自20世纪早期法国的人类学家马赛尔·莫斯（Marcel Mauss）。有两个原因，其一，他可能是第一个认识到所有社会都是相冲突的原则聚集在一起的杂乱一团；其二，也更为具体，因为他是为了揭开作为现代经济学基础的有关人类生活和人类本性的奇怪假设的真相，而率先尝试将对古代历史的真知灼见和现代人种学相结合的先行者之一。但最重要的，是他试图为“以物易物的谬误”提供另一个选项。他正确地指出，这一谬误，在许多重要的方面是我们现代文明的基础谬误。

在人类学的历史上，莫斯是一个不同寻常的人物。尽管他从不进行现场工作，甚至从未写过一部像样的著作（他去世的时候，身边堆放着尚未完成的文稿），但他偶尔发表的论文却产生了惊人的影响力——几乎每一篇都激发了后续完整的研究工作。莫斯有一项非同寻常的本领，他能够提出最有趣的问题，比如关于牺牲的意义，关于巫术和礼物的本质，关于预设文化铭刻在姿势或身体其他技能上的方式，或者关于自我的观念。这些问题定义了人类学的基础方向，所以作为一位理论专家，他的工作取得了巨大的成功。但是莫斯也是一名政治活跃分子，一名合作主义者，一名对社会主义报纸和杂志的积极贡献者，他积极地将有关社会理论的灼见应用于政治问题。但他的努力几乎毫无成就。他最知名的著作《礼物》(*The Gift*)，意图一劳永逸地解决原始经济依赖以物易物运转这一错误观念。这部著作尽管在学术圈享有盛名，但它对于经济学的教学方式，或者对于大众如何理解这一问题等方面，几乎没有产生任何影响。

我在写作本书时，有时会告诉自己我想写出一本莫斯可能会写出的书——假设他能成功克服自己持续的精神错乱，并真正撰写一本书的话。我不确定自己是否获得了成功，我甚至不确定假如自己获得了成功是否是一件好事，但使我感到由衷满意的是，我在一个方面为实现他的其中一个毕生目标真正提供了帮助：终于使有关以物易物的谬误得到了彻底解决。顺便一提，这并不仅是莫斯的目标。这是一个多世纪以来，人类学家无法忍受的一件事。在面对这一谬误时，当我们看到不论我们多少次展示事实情况不可能如此，同样的故事还是被经济学家令人作呕地重复时，当我们看到它重复出现在教科书和动画片中，听到到处都把它当作常识在谈论时，我们中的绝大多数人的感觉就像自己在以头撞墙。显然，需要一些时间才能看到这一改变有多么深刻，或多么持久，但是看上去，《债》的成功最终确实产生了一些影响。就在 2014 年，英格兰银行关于“现代经济中货币扮演的角色”发表了一篇声明，同时伴随一段视频和文本解释货币的起源，其开头就像要开始讲述以物易物的谬误（“想象一下，在原始时代有一个渔夫和一个农民，他们想要互相交易……”)，但实际上却讲述了一个关于临时准备的欠条的故事，而这个故事可以很容易地从我的书中直接摘录出来。实际上，我有一两位朋友强烈怀疑这个故事就是从我的书中摘录的。我不会知道事情的真实情况，因为这个故事的灵感也同样有可能来自现代货币理论的支持者，但是我必须承认，自己当时的第一反应是要代表所有人类学家去打开一瓶香槟庆祝：经过一个世纪的工作，我们可能终于成功了！

对于这本书已经产生的影响，这并不是使我感到意外甚至震惊的唯一一点。当然，本书能够获得现在的成功，其实有一个非常简单但极为重要的原因，那就是极为恰当的时机。这有着不小的讽刺意味，因为在《债》面世之前，我的学术生涯由你所能想象到的最差的时机组成。就在长篇人类学著作几乎不可能获得出版机会的大环境下，我写成了一本详尽的、像小说一样的长篇人类学书籍《迷失的人类》（*Lost People*）；在学术界认定不再对理论书籍感兴趣时，我完成了一部人类学理论著作《走向一种价值的人类学理论》（*Toward an Anthropological Theory of Value*）；就在“9 · 11”事件之前，我成了人类学中直接行动（direct action）理论的支持者。然后，在2011年，仿佛我在过去15年中错过的所有合适时机决定要补偿我。就在人们开始摒弃2008年的经济危机仅仅是昙花一现的现象这一观点时（而且这时人们似乎已经准备好针对以债为基础的政治的真正意义严肃质疑），我这本关于债的书恰好问世。另外，我出现在纽约宣传本书时，恰恰也是一项以此为基础的社会运动正在酝酿形成之时。这项运动后来不仅席卷了整个美国，事实上还横扫了全球。

显然，我确实和占领华尔街运动（Occupy Wall Street）有些关联。2011年6月，我在返回纽约后，开始寻找某种形式的社会活动计划。最终，我成为计划占领祖科蒂公园（Zuccotti Park）的80多位积极分子之一。但是，当时我并没有看出我的书和我所从事的活动之间有很大的关联。事实上，我在非常努力地让它们保持彼此独立——毕竟，我并不想成为一位把自己的意识形态愿景强加给一项运动的先锋知识分子；我也认为借助一次社会运动来宣传自己的书，是很低级的一种行为。在积极分子开会和组织的活动中，我尽力避免谈到本书，避免提及书中的论述，但是我发现这样做的难度越来越大。每当我和人群中的一些年轻人讨论本书时，他们之中总会有至少一个人（通常是几个人）在结束后走到我身边，询问围绕学生债务组织一场运动的可能性。后来，在占领祖科蒂公园开始时，我们并没有把握哪些人会真的来到占领现场，甚至不确定是否会有人前来。运动开始后，我们发现到场的最大群体，是无法偿还所欠债务的人。在运动被镇压后，我们开始举行一系列大众集会，以了解人们希望我们在哪里举办运动。关于债的集会在规模上和人们的热情上，都远大于其他主体的集会。不久，我参加了“免除债务！”（Strike Debt！）活动（这是占领活动的一个工作组，实际上，正是由于前面介绍的原因，我在它刚刚成立时曾有意避免和它发生联系），并协助为《债务抵抗者的运转手册》（*Debt Resistor's Operations Manual*）、“滚动禧年”（Rolling Jubilee）和其他项目阐明战略。

这一切将会向何方发展，仍有待于观察。本书最终的精神财富，或 2011 年的运动及随后的债务动员的最终政治意义，在不久的将来都不可能变得清晰。我怀疑，至少是倾向这么认为，对于本书中所提出问题的最有趣的讨论，也会在未来出现。本书以一种陌生的、甚至有些令人不安的术语来重构长期存在的问题，目前出现的初始回应中，绝大多数都是对于这样一本书能够预料到的回应。美国自由主义者可以接受本书的基础假设（几千年来，帝国的组织形式，和其他形式的国家暴力、债及货币制造形式存在紧密的联系）是历史上存在的一段引人入胜但出人意料的真相。但是，当我进一步指出，即使在 1945 年后，情况也是如此时，这些人的反应却是愤慨的（他们认为，我们应该相信的是，旧的体系如今已经完全被自愿的、非帝国主义的体系取代。而这一新体系，不但看上去恰好和旧体系一模一样，就连运转的方式也一样）。许多激进分子嘲笑我的理由，仅仅是因为我写了这本书，而不是其他书（比如，关于马克思主义价值理论的书，或者关于新古典主义经济学历史的书）。尽管有少数聪明的人例外［我立刻就想到了本杰明·坎克尔（Benjamin Kunkel）、乔治·卡芬特奇斯（George Caffentzis）和西尔维娅·弗德里希（Silvia Federici）］，但我想我们还需要等上一阵子，才能看到真正重要的对话出现。

当然，我最希望实现的一点，是看着这本书能以一些微小的方式对关于债、工作、货币、增长和“经济”本身的概念进行更宽泛的道德重估做出贡献。如我所言，某种被称为“经济”的概念出现，本身就是最近才发生的。有一天，“经济”这个概念可能不再存在，我们会使用完全不同的术语分析这些事情。今天出生的孩子们，有可能看到这一天的到来吗？那样的一个世界，看起来是什么样子的？从我们目前的情况来看，即使想象一下那样的世界也是很困难的。但如果我们想要创造一个世界，它不会每隔一两代人就产生可能会抹灭人性的威胁，那么这种想象就正是我们开始重新想象所需要的。在这一过程中，诸如工作的价值、偿还债务的美德等许多我们最重视的假设，很可能会被彻底颠覆。

正是因为在我的脑海深处存在这样的想法，我决定使用你们所看到的结尾来结束本书，即赞扬不那么勤劳的穷人。

那么，让我以类似的方式来结束这篇后记，即我要向亚当·斯密致敬。现在，我知道这位伟大的苏格兰道德哲学家在本书中不太走运。部分原因在于，我只谈论了他哲学中的一个侧面，即他想象出某种乌托邦式情境的决心。在其中，每个人都会公平地相互进行交易，寻求使自己的利益最大化的方法，然后离开的时候也不欠别人任何东西。但这一切都基于一条关于人类动机的理论，即认为总的来说，人们最核心的动机是成为他人共情注意的目标。人们追求财富，是因为他们知道别人更关注富裕本身。这就是斯密认为自由市场对所有人都有好处的原因：他相信，一旦获得特定的舒适的显著地位，人们通常就不会那么勤奋、那么自我吹嘘地去持续追求自己的优势地位。也就是说，他们不再会仅仅为了积累更多的财富而去这么做。对于斯密而言，当一个人已经获得了舒适的地位后，继续追求财富是没有意义的，甚至是病态的。因此，他在《道德情操论》一书中复述了普鲁塔克（Plutarch）讲述的故事：

伊庇鲁斯国王（King of Epirus）的亲信对他的主人所说的话，适用于所有处在各种平常的人生处境中的人。国王按照顺序将他准备进行的征服计划一一讲述给他的亲信，在讲完最后一项时，他的亲信问："那么，在那之后，陛下打算做什么呢？"

国王回答："我准备和我的朋友们享受生活，并努力做一个好的酒友。"

"那么，现在有什么东西在妨碍陛下这么做呢？"亲信又问。[1]

关于这个故事，有一点很有趣：当我读到它时，我意识到这基本上是我的研究生学院顾问、人类学家马歇尔·萨林斯（Marshall Sahlins）讲过的一个笑话。不过在马歇尔的版本中，它变成了发生在一名传教士和他在海滩上遇到的一个躺着的萨摩亚人（Samoan）之间的有趣会面：

传教士：看看你！你像那样躺着，正在浪费自己的生命！

萨摩亚人：为什么这么说？你觉得我应该去做什么？

传教士：嗯，这周围有很多椰子。为什么不晒干椰子肉拿出去卖？

萨摩亚人：我为什么要那么做？

传教士：你能挣很多钱。然后你可以用赚来的钱买一台晾晒机，然后更快地晒干椰子肉，赚更多的钱。

萨摩亚人：好的。我为什么要那么做？

传教士：嗯，你将变得富有。你可以购买土地，种更多的树，扩大你的产业。那时，你将不再需要做体力工作，你可以雇用一群人为你工作。

萨摩亚人：好的。我为什么要那么做？

传教士：最终，你拥有了这些椰子肉、土地、机器、雇员和财富，你变成了一个非常富有的人，就可以退休了。那时你不用再做任何事。你可以一天到晚都躺在海滩上。

写于2014年

注 释

01 基于道德困惑的经验

1. 结果是可以预测的，那就是这些交通设施的修建，并不是为了使马达加斯加人能够更方便地在自己的国家内流动，其主要目的是将产品从种植园运输到港口，换取外汇，以支付建设这些公路和铁路的费用。
2. 例如，美国在 1860 年才承认海地共和国的主权。法国顽固地拒绝这一要求。最终，海地共和国在 1925 年到 1946 年（大部分时间都处于美军占领之下）被迫支付了相当于 210 亿美元的费用。
3. Hallam 1866 V: 269– 70. 因为政府感到为这种白白浪费的维护付钱并不合适，囚犯需要承担自己被囚禁的全部成本。如果他们做不到，就会饿死，就这么简单。
4. 如果把纳税的义务视为债务，那么它就成为绝对多数——并且如果没有其他因素，这两者是紧密联系在一起的。因为在整个历史进程中，为纳税而攒钱的需求常常是陷入债务最常见的理由。
5. Finley 1960:63; 1963:24; 1974:80; 1981:106; 1983:108. 这些只是我能够确定的。他关于希腊和罗马的观点，对日本、印度或中国也同样成立。
6. Galey 1983.
7. Jacques de Vitry, in Le Goff 1990:64.
8. Kyokai, *Record of Miraculous Events in Japan* (c. 822 AD), Tale 26, cited in LaFleur 1986:36. Also Nakamura 1996:257–59.
9. ibid:36
10. ibid:37.
11. Jan Hoffman, "Shipping Out of the Economic Crisis" (www.relooney.fatcow .com/0_New_7594.pdf). 专注于将货船拆解成为废铁，是在 2008 年的危机开始后，航运相关

产业唯一有所发展的业务。

12. 国际货币基金组织当时的首席经济学家西蒙·约翰逊（Simon Johnson）在《大西洋月刊》（*the Atlantic*）上发表了一篇文章，他简明扼要地指出："监管者、立法者和学界人士几乎都认为这些银行的管理者知道自己在做什么。但回头来看，他们其实不知道。例如，美国国际集团的金融产品部在 2005 年实现的税前利润为 25 亿美元，它主要通过销售为复杂的、不怎么了解的证券提供的定价偏低的保险产品实现。这一策略通常被形容为（在蒸汽压路机前捡硬币），它在正常的年份是有盈利能力的，但是在年景不好时则会成为灾难。截至 2010 年秋，美国国际集团在证券上的未赔付保险金额超过 4 000 亿美元。到目前为止，美国政府在努力拯救美国国际集团，承诺给予约 1 800 亿美元的投资和贷款，去弥补美国国际集团复杂的风险模型宣称几乎不可能出现的损失。"（约翰逊，2010）美国国际集团有可能完全清楚最终的结果，但他们只是不在乎，因为他们知道蒸汽压路机会把别人压平——当然，约翰逊忽略了这种可能性。

13. 作为对比，英格兰在 1571 年已经有全国破产法。1800 年，建立美国联邦破产法的尝试失败了；1867 年至 1878 年，曾有一部联邦破产法，目的是为了减轻内战老兵承担的债务压力，但是它最终基于道德原因被废止了（想了解这段历史，可参见 Mann 2002 for a good recent history）。美国的破产改革更倾向于使得条款变得更加苛刻，就像 2005 年的改革一样。就在信贷大崩溃出现之前，国会在业界的催促下通过了这一改革。

14. 例如，在政府救市之后成立的贷款救助基金，仅仅向索赔人中的极少部分提供了援助。而对于 2005 年（危机爆发前两年）在金融行业压力下通过的、条款实际上更为苛刻的破产法，却没有出现任何放宽条款的动作。

15. "In Jail for Being in Debt," Chris Serres and Glenin Howatt, Minneapolis– St. Paul *Star Tribune*, June 9, 2010, www .startribune.com/local/95692619.html. See "In for a Penny: The Rise of America's New Debtor's Prisons," American Civil Liberties Union, October 2010, www.aclu .org/files/assets/InForAPenny_web.pdf.

16. "IMF warns second bailout would 'threaten democracy.'" Angela Jameson and Elizabeth Judge, business .timesonline.co.uk/tol/business/eco nomics/article6928147.ece#cid=OTC - RSS&attr=1185799, accessed November 25, 2009.

02 挑战经典经济学：以物易物的谬误

1. Case, Fair, Gärtner, & Heather 1996:564. Emphasis in the original.

2. Op cit.
3. Begg, Fischer, and Dornbuch (2005:384); Maunder, Myers, Wall, and Miller (1991:310); Parkin & King (1995:65).
4. Stiglitz and Driffill 2000:521. 原文中再次加以强调。
5. Aristotle *Politics* I.9.1257.
6. 我们在这里是否真的在讨论以物易物，也不明确。亚里士多德使用的词语是“metadosis”，在他生活的年代，这通常指“分享”或者“分配”。自斯密之后，这个词通常被翻译成“以物易物”，但是正如 Karl Polanyi (1957a:93) 一直以来所强调的，除非亚里士多德给这个词带来了一个全新的含义，否则这一翻译可能并不准确。从 Laum 到 Seaford 等研究希腊货币起源的理论学家，一直强调分配物品（例如，战利品、献祭的肉食）的习惯在希腊货币的发展过程中，可能确实扮演着关键角色。（亚里士多德学派的传统确实认为亚里士多德在谈论以物易物，关于这一点的评论文章，参见 Fahazmanesh 2006。）
7. 有关这篇文献，参见 Jean- Michel Servet (1994, 2001)。他也指出，这些论述在 18 世纪突然消失了，转而被在谈及大洋洲、非洲和美洲时到处可见的“原始以物易物”取代。
8. 《国富论》1.2.1—2。我们将会看到，这段话的来源似乎更加古老。
9. “如果我们去探究人类思维的哪种原则是这种交易处置赖以存在的基础，就会很明显地发现，是每个人具有的说服欲这一自然倾向在发挥作用。提供一先令，这一举动的意义对我们来说是如此普通和简单，实际上它是要提供一段论述，说服别人去这么做，并且这样也符合他的利益。”（*Lectures on Jurisprudence*, 56）交换是我们思维功能的基础，并且它会在语言（话语的交换）和经济（实际物品的交换）中清楚地显现。要设想出这一概念，就要追溯到斯密。这是很吸引人的一点。大多数人类学家把它归于 Claude Levi-Strauss（1963:296）。
10. 提到牧羊人是在暗示他可能指代世界的其他地方，但是他所举例子中的其他部分，比如用鹿交易海狸，很明显地体现了他所想的是北美东北的森林地区。
11. 《国富论》1.4.2。
12. 《国富论》1.4.3。
13. 《国富论》1.4.7。
14. 历史发展的顺序是从以物易物到货币，再到信用。实际上，这一观点似乎最初出现在一位名叫 Bernardo Davanzati 的意大利银行家的演讲中（1529—1606 年；so Waswo 1996）。德国经济历史学家 Bruno Hildebrand 将这一观点发展成为明确的理论（1864），他假定史前时代是以物易物的舞台，古代是硬币的舞台，然后，在中世纪退回到以物易物之后，现代社会成为信用经济的舞台。经过他的学生 Karl Bücher 的工作（1907），这一理论成了权威。如今，这一顺序成为被广泛接受的常识。在马克思的著作中，它至少以心照不宣的形式出现，而齐美尔（Simmel）则明确地将其提出——他们再一次无视了几乎所有后续的历史研究都证明该理论是错误的这一事实。

15. 但是他们确实对许多其他方面有印象。摩根的工作既强调共有财产权，又强调女性非比寻常的重要性，由女性构成的议会基本控制了经济生活。摩根的工作给包括马克思和恩格斯在内的众多激进思想者留下了如此深刻的印象，使他们成了某种逆向谬误的基础——关于原始共产主义和原始母系氏族的逆向谬误。
16. Anne Chapman 更进一步（1980）指出，如果纯粹的以物易物仅被定义为与交换物品相关，而与重新安排人际关系无关，那么这样的以物易物是否存在过，尚不明确。也可参见 Heady 2005。
17. Levi- Strauss 1943，翻译版本来自 Servet 1982:33。
18. 对于那些习惯于将所有时间都用来和另外十几个同龄人一起消磨的年轻男女，你必然能想象得到，性行为的诱惑是十分强烈的。
19. Berndt 1951:161, cf. Gudeman 2001: 124–25。Gudeman 给出的分析，与我的十分相似。
20. Berndt 1951:162.
21. 尽管我们会在后文说明，但这并不是说当今的跨国生意中不涉及音乐、跳舞、事务、毒品、高价妓女或者暴力的可能性。随意举一个强调最后两点的例子，参见 Perkins 2006。
22. Lindholm 1982:116.
23. Servet 编纂了数量庞大的类似术语。
24. 这一点是如此明显，以至于它没有被更为频繁地提及这一事实，显得有些奇怪。在我所知道的古典经济学家中，Ralph Hawtrey（1928:2，Einzig 引用，1949:375）是唯一一位似乎考虑到推迟支付可能使以物易物失去存在的必要性的人。其他所有人没来由地简单假设所有的交换，即使发生在邻里之间，也必定采用经济学家称为“现货交易”的形式。
25. Bohannan 1955, Barth 1969. cf. Munn 1986, Akin & Robbins 1998. 关于这一概念的出色总结，可参见 Gregory 1982：48–49。Gregory 提供了一个巴布亚·新几内亚高地体系的例子。这一体系中，有价值的物品被分为六个等级，活猪和鹤鸵的等级最高，“珍珠贝吊坠、猪肉、石斧、鹤鸵羽毛头饰和紫贝头带”为第二等级，以此类推。普通的可消耗物品被划分到最低的两个等级，分别由奢侈的食物和常见的素食组成。
26. 参见 Servet 1998, Humphries 1985。

27. 此处的经典论文参见 Radford 1945。
28. 至少在 17 世纪的第一个十年，人们实际上将古老的加洛林帝国的货币称为“虚拟货币”。在中间的 800 年中，每个人都坚持使用英镑、先令和便士（或者里弗、德尼尔和索尔）。尽管事实上在这一时期，实际的硬币是完全不同的，或根本不存在。
29. 以物易物和货币共存的其他例子：Orlove 1986; Barnes & Barnes 1989。
30. 如果你写的书变成经典，一个不利因素是人们经常会检查这样的例子。（而一个好处是，即使人们发现你错了，他们也会继续把你当作权威引用。）
31. Innes 1913：378. 他继续说道：“只需要短暂地思考一下，就可以知道大宗商品不可能作为货币被使用。因为根据假设，交易媒介可以被社会中的所有成员一致接受。因此，如果渔夫用鳕鱼购买自己的补给品，那么商人也要为自己的鳕鱼而支付鳕鱼，这显然十分荒谬。”
32. 神庙似乎率先出现。王权随着时间的推移变得越来越重要，接管了它们的治理体系。
33. 斯密不会想象得到，目前为这样的铸锭使用的技术名词是“hacksilber”（e. g., Balmuth 2001）。
34. 将 Grierson 1977：17 和埃及的对标物进行比较。
35. e.g., Hudson 2002:25, 2004:114.
36. Innes 1913:381.
37. Peter Spufford 不朽的作品《中世纪欧洲的货币及其使用》（*Money and Its Use in Medieval Europe*）用了数百页的篇幅讲述金银开采、铸造和硬币的贬值，只有两三处提到了似乎在普通人的日常交易中占据绝对主导地位的各种类型的铅或羽毛代币，或者小金额的信贷安排。关于这些，他说：“我们几乎一无所知。”计数棒是一个更富戏剧性的例子，我们经常能听到有关它的说法：在中世纪，计数棒广泛代替货币被使用，但对于这一问题几乎没有系统性的研究，在英格兰以外尤其如此。

03　原始债务

1. Heinsohn & Steiger（1989）甚至表示，他们的经济学家同行之所以还没有抛弃这一故事，主要原因在于人类学家并没有提供一种吸引力相当的解释。于是，几乎所有的货币历史仍然继续选择以介绍想象出来的以物易物作为开头。另外一种替代方案，是退回到纯粹的循环定义：如果“以物易物”是不使用货币的经济交易，那么任何不涉及货币的经济交易，不论其形式或内容如何，都一定是以物易物式的。Glyn Davies 因此甚至把夸扣特尔人的冬季赠礼节也描述为“以物易物”。

2. 我自己对劳动价值论的理解，参见《走向一种价值的人类学理论》(*Toward an Anthropological Theory of Value*)(格雷伯，2001)。
3. 我们经常会忘记在这一切中，存在着强烈的宗教元素。牛顿自己绝不是无神论者，事实上，他试图借助自己的数学能力，去证明乌舍尔主教(Bishop Ussher)在之前曾经提出的观点，即世界大约在公元前 4004 年 10 月 23 日被创造出来。
4. 斯密在自己的《天文学》(*Astronomy*)(III.2)一书中，首次使用“看不见的手”一词，但是在《道德情操论》(IV.1.10)中，他明确表示市场中的“看不见的手”，来自“天意”。关于斯密的神学的总体介绍，参见 Nicholls 2003:35–43；关于它和中世纪伊斯兰教可能存在的联系，参见第十章。
5. 萨缪尔森 1948:49。关于这一定位的评论文章，参见 Heinsohn and Steiger 1989；也可参见 Ingham 2004。
6. Pigou 1949. Boianovsky 提供了关于这一术语的历史。
7. “我们不知道有哪一种经济形式存在着系统化的以物易物，但却没有货币出现。”(Fayazmanesh 2006:87)——他的意思是，从有价值的货币的角度来看。
8. 想要总体了解政府在提倡“自我调解的市场”中所扮演的角色，参见 Polanyi 1949。标准的正统经济学理论认为，如果政府走到一边，市场自然会出现，不需要首先建立合适的法律、警察和政治机构。但是，在 20 世纪 90 年代，当自由市场的空想家试图把这一模型套用在苏联时，这一理论被有力地证明是错误的。
9. Innes 和往常一样，恰当地说明了这一点：“眼睛绝不会看到一美元，手也不会触摸到一美元。我们所能够触摸到的或看到的，是一个承诺，承诺支付被称为一美元的金额，或偿还等额的债务。”同样，他指出，“我们的所有度量方式都是一样的。没有人看到过一盎司，或一英尺，或一小时。一英尺是在固定的两点间的距离，但不论是距离，还是这两个点，都不是有形的存在”。
10. 注意，这的确假设了计算此类价值的一些方法，即某种形式的有价值的货币已经存在。这似乎是显而易见的，但大量的人类学家似乎错过了它。
11. 为了对规模有一定的概念，即使在相对受限制的商业城市经济体香港，目前流通的总额大约为 233 亿美元。香港大约有 700 万人，也就是平均每个居民使用超过 3 000 港币。
12. “国定论可以追溯到 19 世纪早期，追溯到(Adam)Muller 的《新货币论》(*New Theory of Money*)，此书尝试将货币价值解释为共同信任和国家意志的表现。(G. F.)纳普的《货币国定论》于 1905 年在德国首次出版，它则将这一理论推向顶峰。纳普认为，尝试理解货币，但不考虑‘国家的概念’，是十分荒谬的。货币并不是从交易中出现的媒介。它是记录并解决债务的手段，而最重要的债务是税务债。”

（Ingham 2004：47）Ingham 的书对票证主义立场进行了令人称赞的论述，而我在这里的大部分论述都可以在本书中找到更翔实的细节。但是，读者将会在后面明显看到，我在特定的方面也会和他分道扬镳。

13. 在法国：里弗、索尔、德尼尔。
14. Einaudi 1936. Cipolla（1967）把它称为“幽灵货币”。
15. 关于计数棒，参见 Jenkinson 1911, 1924; Innes 1913; Grandell 1977; Baxter 1989; Stone 2005。
16. Snell（1919：240）指出，国王在巡视自己的领土时，有时会使用优先购买权带走家畜或其他商品，然后支付一张凭据。但是之后要想找到国王的代表付钱，却十分困难：“物品被强制出售。最糟糕的是，国王的供应商们没有付现金的习惯，而是支付一张国库凭据，或将要账的人一顿毒打……在这一体系中想收回欠款绝不是一件容易的事，这使它本身变成了最糟的苛捐杂税，并且也成为我们早期流行诗中无数抱怨的对象。”
17. 请注意很有趣的一点：从这个角度而言，英格兰银行仍然使用亚当·斯密时代的计数棒进行内部记账，直到 1826 年才放弃这种方法。
18. 对于此类问题的经典研究，参见恩格斯（1978）。
19. 对债务人尤其有吸引力，可以理解，这些人很容易就被这一观点吸引，即债务就是一种社会安排，它绝不是无法改变的，而是由政府政策制造的，也可以很容易地被重新洗牌。更不必说，这些人还会从通胀政策中获益。
20. 关于债务，参见 Jacob 1987；关于贝特希米萨拉卡（Betsimisaraka）村庄的研究，参见 Althabe 1968；关于类似的马达加斯加人的案例研究，参见 Fremigacci 1976, Rainibe 1982, Schlemmer 1983, Feeley- Harnik 1991。关于非洲殖民地税收政策更一般性的研究，参见 Forstater 2005, 2006。
21. 例如，Heinsohn & Steiger 1989:188–189。
22. 银本身在中西部被开采，而采用将金和银两种贵金属作为货币的潜在支撑这种双本位制，被视为走向自由信贷货币及允许本地银行制造货币的一个举动。19 世纪晚期，现代的公司资本主义在美国率先诞生，而它遭到了猛烈地抵制，集中化的银行系统是主要的交锋领域，而互利主义——流行的民主化的（而非以追求利润为导向）银行业和保险业的安排——是主要的抵制形式之一。双本位主义者是绿背纸币党人更为温和的继承者。绿背纸币党人主张货币完全与贵金属脱钩，比如林肯在战时曾暂时强制推行的政策［Dighe（2002）提供了有关这一事件历史背景的出色概述］。
23. 它们只有在电影里才变成红宝石鞋。
24. 甚至有人指出多萝茜（Dorothy）自己指代泰迪·罗斯福（Teddy Roose-velt），因为从发音上来看，多萝茜的发音“dor-o-thee”和西奥多（译者注：罗斯福总统的名字）的发音“thee-o-dor”的音节组成完全一样，只是顺序相反。

25. 要了解关于《绿野仙踪》是一篇“货币寓言”的详细讨论，可参见 Little-field 1963 和 Rockoff 1990。鲍姆从未承认那本书有政治隐喻，很可能这样的解读是在此书出版后才出现的［Parker 也持这一观点（1994）；cf. Taylor 2005］。但事实是，这本书在某个时点获得了这样的名声，所以问题只是这一误读是鲍姆创造的，还是别人创造的。
26. 里根（Reagan）可以很容易被归为极端军事凯恩斯主义的实践者，他使用五角大楼（Pentagon）的预算来创造就业，推动经济增长。不论如何，那些实际管理着体系的人迅速抛弃了货币正统论，甚至在谈论中也不再出现。
27. 参见 27. See Ingham 2000。
28. Keynes 1930: 4–5.
29. 这一讨论被称为银行悖论。我们举一个极度简化的例子：只存在一家银行。即使这家银行不以自己拥有的任何形式的任何资产做基础，向你提供一笔一万亿美元的贷款，你最终也会把钱再次存入银行。这就意味着银行有了一笔一万亿美元的债权，并有了一万亿美元的运营资产，两者完美地互相对应。如果银行以利息的形式，向你收取比提供给你的贷款更多的金额（银行经常这样做），银行就会创造利润。如果你花了一万亿美元，情况也是成立的——不论谁最终收到了这笔钱，都将把它再次存入银行。凯恩斯指出，只要银行家们能够协作，那么存在多家银行的情景其实不会对这种情况造成任何改变。而事实上，银行家们一直以来就是这么做的。
30. 我需要指出，这一假设回应着新古典主义经济学理论的逻辑，即假设定义了所有经济活动背景的基础机构安排，都在过去某个想象出来的时点得到了各方的认可。从那时起，每件事都会并将一直会以平衡的状态持续存在。有趣的是，凯恩斯在自己关于货币的理论中明确否定了这一假设（Davidson 2006）。当代的社会契约论学者也顺便提出了类似的看法，即没有必要假设这种情况会实际发生——指出它可能已经发生，并且表现得像它已经发生就足够了。
31. 阿格利塔是一名马克思主义者，并且是“调节学派”（Regulation School）的创始人之一。奥利恩斯是 Thevenot 和 Boltanski 偏好的“惯例经济学”的追随者。原始债务理论主要由以经济学家米歇尔·阿格利塔和安德烈·奥利恩斯为核心的一群研究者发扬光大。这一理论首先出现在 *La Violence de la Monnaie*（1992），采用了精神分析的吉拉尔（Girard）框架，随后，出现在一卷名为 *Sovereignty, Legitimacy and Money*（1995）的著作中，以及一部由 11 位不同的学者编辑、名为 *Sovereign Money* 的论文集中（Aglietta, Andreau, etc. 1998）。后面两部著作摒弃了吉拉尔框架，使用了杜芒（Dumont）框架。近年来，这一立场的主要支持者是另一位调节学派学者 Bruno Théret（1992, 1995, 2007, 2008）。不幸的是，这些著作中没有一本被翻译成英文，只能在 Grahl（2000）找到对于阿格利塔诸多贡献的一篇概述。

32. 例如，美国的 Randall Wray (1990, 1998, 2000) 和 Stephanie Bell (1999, 2000)，或者英国的 Geoffrey Ingham (1996, 1999, 2004)。Michael Hudson 和古代近东经济国际学者会（ISCANEE）的其他人吸收了这一观点的元素，但据我所知，他们从未彻底接纳它。

33. *Rna. Malamoud (1983:22) 指出，它在前文中已经有了“收到的物品，因为承诺会交还该物品，或者给予至少与之等价的其他物品”及“罪行”或者“过失”的含义。也可参见 Olivelle 1993:48，指出 *rna“意为过失、罪行、有罪，常常同时指代以上含义”。但是，它和意为“职责”的词语并不相同。想了解为从债务中得到解脱的早期祷文的典型例子，参见 Atharva Veda Book 6 Hymns 117, 118, and 119。

34.《百道梵书》3.6.2.16。

35. 正如马赛尔·莫斯的导师 Sylvain Levi 所言，如果一个人严肃地信仰婆罗门教义，“唯一真正的献祭就是自杀”（1898:133，也可见 A.B. Keith 1925:459）。但是，当然没有人这么极端。

36. 更准确地说，献祭者如果想要离开这个包括他自己在内的世间万物都由神创造的世界，拥有不朽的、神圣的躯体上升到天堂，并因而“降生在一个他自己创造的世界”（《百道梵书》VI:2.2.27），在那里，所有的债务都能被偿还，从神的手中赎回他抛弃的凡人躯体（参见 Lévi 1898:130–32, Malamoud 1983:31–32），那么它指明了一条路。这肯定是关于献祭的效力所做出的诠释中，最有野心的说法之一。但是也在那个时代，中国的一些牧师也给出了类似的说法（Puett 2002）。

37. 把文章中的“圣人”翻译成我在本章开头所用的词，但是因为它指代的是神圣文章的作者，这样翻译似乎也很恰当。

38. 在这里，我把两种略有不同的版本融合在一起：一个版本来自 *Tattiriya Sarphita*（6.3.10.5），他宣称所有的婆罗门都带着一笔债务降生，但是只列举了神、祖先和圣人，省略了招待陌生人的责任；另一个来自《百道梵书》（1.7.2.1–6），宣称所有人的出生都是一笔债务，并列举出所有四个类别——但似乎真正指的是再生组（twice-born）种姓中的男性。如想了解全面的讨论，参见 Malamoud 1983 和 Olivelle 1993:46- 55，以及 Malamoud 1998。

39. Théret 1999:60–61.

40. “如要最终免除这一基本债务，则需要献祭生命，去安抚祖先和宇宙中的神灵，并表达感谢。”（Ingham 2004：90）

41. 如前引述。表达“有罪”或“罪”的术语，他引用了Hudson 2002:102–3，但我们将会看到，这一点要追溯到Grierson（1977:22–23）。
42. Laum 1924。他关于希腊在神庙分配中的货币起源的讨论引人入胜，并在当代拥有支持者，如Seaford (2004)，Hudson（e.g., 2003）也部分认同。但其实这是一个关于硬币起源的理论。
43. 我做梦都想不到会尝试去引用。关于“原始货币”，有两部标准调研著作，分别由Quiggin和Einzig完成。有趣的是，两部都在1949年面世。两部著作中的分析都已过时，但它们包含了大量有用的材料。
44. 英文的“支付”（pay）来自法文的payer，法文的payer则脱胎于拉丁文pacare，意为“去安抚”“使……平静”。pacare与pacere有关，后者意为“与受伤的一方达成一致”。（Grierson 1977:21）。
45. Grierson 1977:20.
46. 实际上，正如格里尔森指出的，作者通常似乎有意取笑自己。比如在爱尔兰的文本中，他写到一个人可以因为被蜂蜇而要求补偿，但前提是要先把死去的蜜蜂的成本扣除（Grierson 1977:26）。
47. 比如，我们有许多古代美索不达米亚的神话和赞歌，但是大多数都是在古代图书馆的遗迹中发现的。同样出土的还有法庭审判的记录、商业合同和个人往来信件。在最古老的梵语（Sanskrit）记录中，我们只找到了宗教文献。更进一步，因为这些文字在几千年来逐字逐句地从老师传授给学生，我们甚至无法准确地说出它们于何时、在何处写就。
48. 有息贷款在美索不达米亚肯定存在，但在埃及，它在希腊化时代才出现，在日耳曼世界的出现时间则更晚。提到“我欠耶摩的贡金”这段文字，可能指代“利息”。但是在Kane的*History of Dharmasastra* (1973 III:411–461)这本对早期印度法律资料的全面回顾的书中，关于利息何时出现没有得出任何明确的结论；Kosambi (1994:148)估计利息可能在公元前500年出现，但他承认这只是自己的猜测。
49. 我们可以立刻想到美索不达米亚、埃及和中国。“生命是来自天神的贷款”这一概念，确实在其他地方出现过：它似乎在古希腊自发出现，大约与货币和有息贷款在同一时间出现。“我们所有人都欠债，债主是死亡。”诗人西蒙尼戴斯（Simonides）大约在公元前500年写道。“生命是一笔债，以死亡来偿还。这一观点几乎成了众所周知的言论。”（Millet 1991a:6）据我所知，没有希腊作家把这一点明确和献祭联系在一起，尽管你可以指出柏拉图笔下的角色克法洛斯（Cephalus）在《理想国》（*Republic*）（331d）中的一个段落曾如此暗示。
50. Hubert和Mauss (1964)对关于这方面的古代文献进行了出色的调研工作。

51. Finley 1981:90.
52. 这具有法律的区分度。它在实践中的真正含义，是波斯征收的资金，它严格来讲被认为是“礼物”，但它展现了原则的力量（Briant 2006:398–99）。
53. 法老时代的埃及（Pharaonic Egypt）和帝国时期的中国肯定征收直接税，形式可以是货币、实物或劳动力，在不同的时代征收不同的额度。在早期印度，共和政体平等会议（gana-sangha）似乎并不要求公民纳税，但最终取而代之的君主政体要征税（Rhys Davies 1922:198–200）。我想表达的是，税并不是不可避免的，它常常被视为征服的标志。
54. 我借鉴的是我认为仍处于统治地位的看法。但至少在有些地区，王权从很早开始就几乎掌管了一切，而神庙处于从属地位（参见 Maekawa，1973—1974）。关于这一点，存在热烈的争论，关于神庙、王权、氏族和个体之间在不同时间和不同地点的平衡也是如此，但是不论这些争论多么有趣，我都避免介入，除非它们能直接支持我的论述。
55. 我采纳的是 Hudson 的解读（2002），尽管其他人（比如，Stein-keller 1981, Mieroop 2002:64）的解读指出，利息可能起源于租金。
56. 要获得出色的概述，参见 Hudson 1993, 2002。amargi 的含义首先出现在 Falkenstein (1954)，也可参见 Kramer (1963:79), Lemche (1979:16n34)。
57. 在古埃及，没有贷款收取利息，而我们对早期的其他帝国知之甚少，所以我们不清楚这种现象有多么不同寻常。但是，至少中国的证据有些意义。中国的货币理论一直是坚定的票证主义。在硬币起源的标准故事中，至少从汉朝开始，传说中的商朝开国皇帝不愿看到在饥荒时有如此多的家庭不得不卖掉他们的孩子，于是创造了硬币，这使得朝廷可以赎回这些孩子，并把他们送回各自的家庭（参见第八章）。
58. 即使为了我们自身的生存，夺走一只动物的生命也不是能够随意轻松完成的举动，而需要在宇宙面前带着谦卑的态度完成。除了认识到这一点，献祭还能是什么呢？
59. 除非债权人也欠接收者的钱，这就使得每个人可以按照一个闭环依次取消他的债务。看上去这可能是无关的一点，但是以这种方式进行的环状债务取消，似乎在历史上的大多数时期都是普遍的做法：比如，参见第十一章中关于“清算”的描述。
60. 我并不是要把这一立场归结于婆罗门的作者，我只是通过与它的作者进行对话，追求我所认为的这段论述的内在逻辑。
61. Malamoud 1983:32.
62. Comte 1891:295.
63. 在法国，特别是像 Alfred Fouillé 和 Léon Bourgeois 这样的政治思想家持有这一观点。后者是 19 世纪 90 年代激进党（Radical Party）的领袖，他使得社会债务这一概念成为他的“社会连带主义”哲学的概念基础之一。社会连带主义是激进的共和主义的一种形式，他表示，能够为革命性的马克思主义和自由市场的自由主义提供一种折中选择。这一概念能够克服阶级斗争的暴力，其所采用的方法是借助一套新的道德体系。这套体系基于对社会的分享债务理念，其中，国家当然只是管理者和代表（Hayward 1959, Donzelot 1994, Jobert 2003）。Emile Durk-heim 在政治上也是社会连带主义者。

64. 作为一句口号，这一表述要归功于 Charles Gide。他是 19 世纪晚期法国的合作主义者，但是常见于社会连带主义者的圈子中。在当时土耳其的社会连带主义者的圈子中，它成为一项重要的原则（Aydan 2003）。我听说在拉丁美洲也是如此，但我无法验证。

04 暴行和救赎

1. Hart 1986:638.
2. 这种情况的术语是“基于信任”（fiduciarity），即它的价值依赖公众信任而非材质金属价值的程度如何。关于古代货币的出色讨论，参见 Seaford 2004:139–146。几乎所有金属硬币都被高估了。如果政府设置的硬币面值低于金属价值，人们的当然做法就是将硬币熔化，结果通常会导致通货紧缩。正如 Bruno Théret (2008:826–27) 指出，尽管洛克的改革（使英国硬币的价值恰好与铸造它的银子相等）在思想上有充足的动机，但它们给经济带来了灾难性的后果。显然，如果硬币贬值，或者面值设定比材质金属的价值高出太多，将导致通货膨胀。但是像罗马货币最终被贬值破坏这样的传统观点显然是错的，因为通货膨胀的发生需要几个世纪的时间（Ingham 2004:102–3）。
3. Einzig 1949:104。在戈壁沙漠中的中国城也使用类似的赌博筹码，只不过那是用竹子制成的（ibid：108）。
4. 关于英国的代币，参见 Williamson 1889; Whiting 1971; Mathias 1979b.。
5. 关于可可豆，参见 Millon 1955；关于埃塞俄比亚盐货币，参见 Ethopian salt money, Einzig 1949:123–26。卡尔·马克思（1857:223，1867:182）和 Max Weber (1978:673–74) 都认为货币诞生于不同的社会团队之间的以物易物，而并非诞生于一个社会团队之内。Karl Bücher（1904）及有争议的 Karl Polanyi（1968）都持有和这一观点十分类似的想法，至少他们坚持认为现代货币是从对外交易中诞生的。不可避免地，在交易货币和本地记账体系之间，一定会出现某种形式的互相强化过程。在我们能够谈论“发明”现代意义上的货币的范畴内，这里可能是它诞生的地方。尽管在像美索不达米亚这样的地方，它一定远在文字诞生之前就存在了。因此，对我们而言，这段历史事实上是难以寻迹的。

6. Einzig (1949:266)，引用 Kulischer (1926:92) 和 Ilwof (1882:36).
7. *Genealogy of Morals, 2.8.*
8. 正如我之前指出的，亚当·斯密和尼采因此都预见了 Levi-Strauss 的著名论述，即语言是“词语的交换”。这里最值得注意的事情，是许多人成功说服自己，认为在这一切中，尼采为资产阶级的意识形态，甚至为交易的逻辑提供了一种激进的替代理论。Deleuze 和 Guattari 最令人难堪，他们坚称“现代人种学最伟大的著作不是莫斯的《礼物》，而是尼采的《论道德的谱系》。至少情况应该如此”。他们说，其原因在于尼采成功地从债务的角度解读了“原始社会”，而莫斯仍然在犹豫是否放弃使用交易的逻辑（1972:224—25）。受他们启发，Sarthou- Lajus (1997) 撰写了债务的哲学，以替代交易的资产阶级意识形态，她宣称这一意识形态剥夺了人的优先自主权。当然，尼采提出的根本不是一种替代理论，它只是同一件事的另一个方面。这一切都生动地提醒着我们：对于我们自己的资产阶级传统，误把它的激进形式当成对它的替代是多么容易［Bataille（1993），Deleuze 和 Guattari 也在同一个段落赞扬他是对莫斯的替代，这是这类事情的另一个臭名昭著的例子］。
9. *Genealogy of Morals* 2.5.
10. 显然，尼采读了太多莎士比亚的作品。古时候，并没有致残债务人的记录。有大量关于奴隶致残的记录，但是从定义来说，奴隶不可能是负债的人。在中世纪，偶尔会出现因负债而致残的案例，但是我们将会看到，犹太人通常是受害者，因为他们基本上没有权利，所以他们肯定不是行凶者。在莎士比亚的故事中，他把角色反转了。
11. *Genealogy of Morals* 2.19.
12. *Genealogy of Morals* 2.21.
13. Freuchen 1961:154. 考虑到因纽特人并没有奴隶制度，尚不清楚这是用哪种语言讲述的。很有趣的是，除非真正存在使得礼物交换能够运转的环境，并且因此会积累并产生债务，否则这段文字就没有意义。猎人所强调的很重要的一点，是这一逻辑不会延伸到诸如食物等人类生存的基本要求。
14. 举个例子，佛陀时代的恒河流域（Ganges Valley）充满了关于君主制和民主制相对优劣的讨论。乔达摩（Gautama）尽管是国王的儿子，但他却支持民主制，而在当时的民主集会中使用的许多决策机制，仍然在佛教寺庙的组织中被保留（Muhlenberger & Paine 1997.）。如果不是这一原因，我们就会对这些机制一无所知，甚至不能完全确定这样的民主政体曾经存在。

15. 例如，一个人买回他祖先的土地（Leviticus 25:25, 26），或者买回给予寺庙的任何一件物品（Leviticus 27）。
16. 这里，债务人在彻底破产的情况下，也可能失去他的人身自由。对论述先知时代的经济条件的当代文献所进行的出色调研，参见 Houston（2006）。这里，我采用的是对他的著作的总结，以及 Michael Hudson's (1993) 的重构。
17. 例子请见 Amos 2.6, 8.2 和 Isaiah 58。
18. Nehemiah 5:3–7.
19. 关于这些法律事实上究竟是否由尼希米和他的祭司同伴（尤其是 Ezra）创造，以及它们是否曾经在任何时代被执行，会继续存在激烈的学术争论：一些例子可参见 Alexander 1938; North 1954; Finkelstein 1961, 1965; Westbrook 1971; Lemke 1976, 1979; Hudson 1993; Houston 1996。最初，关于美索不达米亚的"既往不咎"是否真正执行过，也存在类似的争论，直到发现了无可置疑的证据证明了它的实施。目前，大量证据表明《申命记》中的法律也被实施过，尽管我们永远无法知道执行的效力如何。
20. "每到第七年，你就要施行豁免。豁免应这样进行：每个债主将邻居欠他的债务一笔勾销。"（Deuteronomy 15:1–3）那些因债务而来的奴隶也重获自由。每过 49 年（在有些典籍中是 50 年）就是一个禧年，届时所有的土地会被归还给它最初的拥有者，甚至被卖为奴隶的家庭成员也能重获自由（Leviticus 25:9）。
21. 这并不令人意外，因为支付外来征服者强加的税款，是主要的借钱需求。
22. Hudson 指出，在巴比伦，既往不咎被"称为 hubullum（债务）masa'um（清洗），字面意思是'清洗债务（记录）'，也就是说，溶解陶土板表面，消除上面记录的债务情况"（1993:19）。
23. Matthew 18: 23–34.
24. 为了让大家对这里涉及的数字有概念，价值一万塔连特的黄金，大体相当于罗马从它位于如今的中东地区的行省收缴的所有税款。一百迪纳里（denarii）是一塔连特的 1/60。
25. 希腊的词源是 opheilēma，意为"所欠下的""金融债务"，以及引申出来的含义——"罪"。显然，它用来翻译阿拉姆语（Aramaic）中的 hoyween 一词，即有"债务"的含义，又有引申义"罪"。这里的英文（以及之后引用的所有《圣经》内容）都来自钦定版（King James version），它在这里依据的版本是 1381 年对 John Wycliffe 的主祷文的翻译版本。大多数读者可能更熟悉 1559 年的《公祷书》（Book of Common Prayer）版，该版本替换了"宽恕我们的冒犯，正如我们宽恕那些冒犯我们的人"。但是，最初版本的用词是非常明确的"债务"。

26. 把它们改成“精神债务”，并不会真的改变这个问题。
27. 在这些情况下，预期会发生性虐待很明显会给人们带来极大的压力。“我们一些人的女儿已经成了奴隶。”犹太人向尼希米抗议道。严格来说，一个女孩因债务变为奴隶，如果她是处女，而债主不想娶她或不想让自己的儿子娶她，那么她就不会被破身（Exodus 21:7–9; Wright 2009:130–33）；而动产奴隶（chattel slave）则需要满足奴隶主的性需求（参见 Hezser 2003），但在实际情况中，角色常被混淆。有些地方拥有相关法律，在理论上保护一个人的女儿，但即使在这些地方，他通常也没有什么办法保护她，或确保法律能够真正得到执行。对男孩也是如此。例如，罗马历史学家 Livy 对罗马在公元前 326 年废除了债务奴隶的叙述，故事的主人公是一个名叫 Caius Publilius 的英俊年轻男子，他因为继承了父亲的债务而变成奴隶。他因拒绝了债主的性要求而遭到毒打（Livy 8.28）。当他走到大街上，公布了自己的遭遇之后，人群聚集在一起，并向元老院进发，要求废除这一制度。
28. 如果奴隶是在战争中抓获的外国人，情况尤其如此。我们将会看到，认为古代世界里没有人在道德层面上反对奴隶制这一普遍观点是错误的——存在大量的反对声音。但是除了像 Essenes 等个别激进分子，这一制度还是作为不幸的必需而被人们接受。
29. Hudson (2002:37) 引用了希腊历史学家 Diodorus Siculus (i.79) 的观点，他把这一动机归因于埃及法老贝肯雷内夫（Bakenranef）。但他同时也强调，军事方面的考虑并不是唯一的因素，债务免除也反映了关于公正的更广泛的感觉。
30. Oppenheim 1964:88。Oppenheim 指出，无息贷款在黎凡特地区更加常见，而在美索不达米亚社会中，具有同等社会地位的人更倾向于彼此收取利息，但条款很宽松。引用古代亚述一个商人的说法，这是“向兄弟收取的利率”（如前引述）。在古希腊，同等社会地位的人之间的友好贷款被称为 eranos 贷款，金额通常由临时的互助团队募集，不收取利息（Jones 1956:171–73; Vondeling 1961; Finley 1981:67–68; Millet 1991:153–155）。贵族们通常为彼此提供这种贷款，而奴隶们为了攒钱赎回自己的自由，也会这么做（Harrill 1998:167）。最明显的互助出现在社会阶级中的最顶层和最底层的这种倾向，一直延续到今天。
31. 因而在祷词中持续出现“你的兄弟”这一词语，在《申命记》中尤为明显，例如“放贷给你的兄弟，不应收取利息”。（23:20）

05 经济关系中的道德基础

1. 我们将在第七章看到，柏拉图在《理想国》的开头采用了完全相同的方式。

2. 一份礼貌但具有毁灭性的评估，参见 Kahneman 2003。
3. Homans 1958，以及 Blau 1964; Levi-Strauss 1963:296。在人类学中，率先提出互惠是普适原则的是 Richard Thurnwald (1916)，但 Malinowski (1922) 使这一原则真正出名。
4. 这是没有已知法典执行过这一原则的一个原因——惩罚总是会被换成其他形式。
5. Atwood (2008:1)。作者之后继续探讨人类经济道德感的本质，采用的方法是比较笼中的猩猩和加拿大中产阶级子女的行为，从而指出所有人类关系要么是交换，要么是被迫分配（ibid：49）。尽管论述中有许多闪光点，但结果却令人遗憾地证明，要使北大西洋的专业阶层的子女不把自己想象世界的特有方式看成简单的人类本性，有多么地困难。
6. 西顿的父亲曾经是航运业巨头，生意失败后变成会计。西顿后来写道，他的父亲是如此冷酷和残暴，以至于他为了躲避父亲，将青少年时期的大多数时间都花在了森林里。这笔债务是 537.5 美元，在 1881 年，这是一笔巨款，但并不是无法承担的。在还清这笔债务后，他改了名字，之后把余生中的大量时间都用来努力发展更为健康的养育方法。
7. Rev. W.H. Beatley in Levy- Bruhl 1923:411.
8. Rev. Fr. Bulléon, in Levy- Bruhl 1923:425.
9. 顺便一提，这一词语并不是马克思创造的，而很明显是法国早期工人运动的口号，在印刷品上首次出现是社会主义者 Louis Blanc 在 1839 年的著作。马克思只是在 1875 年的 *Critique of the Gotha Programme* 中使用了该词，之后甚至以一种非常特殊的方式使用它：用来指代他想象出来的原则，只要技术的发展达到确保绝对的物质极大丰富的水平，就可以应用于整体社会。对马克思来说，“共产主义”既是为了实现这样的未来社会的政治运动，也是这一社会本身。在这里，我更多利用的是革命理论的另一分支，论述最清楚的可能是 Peter Kropotkin 的 *Mutual Aid*（1902）。
10. 至少除非有具体的原因不这样做，例如，等级化的劳动分工使有些人能喝到咖啡，而其他人不能。
11. 它的含义当然是计划经济（在一个国家的领土内，由政府当局负责协调商品和服务的生产及分配过程中的方方面面）的效率通常要比其他经济形态低得多。很明显，这是对的。但如果说它完全“行不通”，那么难以想象为什么像苏联这样的政体最初会存在，更不要说它还能维持自身成为世界的极权之一了。
12. Evans-Pritchard 1940:182.
13. 相似地，一个中产阶级的行人不太可能向一个帮派成员问路。甚至如果帮派成员走近他想要询问时间，他也可能因害怕而掉头就跑，因为双方假定在彼此之间存在默认的争斗状态。

14. Ibid, p. 183.

15. Richards 1939:197。Max Gluckman 在评论这种习俗时，总结道，在这个能够谈论“原始共产主义”的范围内，它并不存在于生产环节，而是存在于消费环节，因为这一环节的组织形式更多地依靠个体。

16. 一个典型的例子：“一个小屋中有一群饥饿的人，但他们还有一些食物。如果另一个饥饿的人来到这里，无须新来者开口，他们就将分享自己所剩不多的食物，尽管这样做会使他们陷入和他们所帮助的人一样的风险，面临饿死……”（Lafitau 1974 Volume II:61）

17. Jesuit Relations (1635) 8:127，在 Delâge 1993:54. 中引用。

18. 在世界上的某些地区［尤其是安第斯（Andes）、亚马孙古陆（Amazonia）、东南亚与世隔绝的岛屿及美拉尼西亚］，这是很常见的安排。当然，不可避免地会存在一些规矩，使得在一些被认为是人类生活的必需要素上，每一方都要依赖于另一方。一个人只能与来自村庄另一边的人结婚，或者一个人只能吃另一方饲养的猪，或者一方可能需要另一方的支持，以完成本方的男孩变成男人的成人仪式。

19. 我在其他地方曾指出这一点，参见 Graeber 2001:159–60; cf. Mauss 1947: 104–5.

20. 我回避了在 Graeber 2001:218 讨论过的单边例子的整个问题。

21. Marshall Sahlins (1972) 创造了“普适互惠”一词来描述这种关系，他依据的原则是，如果每一种物品都能自由流通，那么最终一切都将互相抵消。马赛尔 · 莫斯早在 20 世纪 30 年代的演讲中就已经提出了这一论断（1947），但是他也承认存在问题：对于伊洛奎斯人的部分可能成立，但是有些关系永远无法互相抵消——例如，母子关系。他的解决方法是“交替互惠”，即我们回馈父母的方式，是自己也生儿育女。这一观点很明显来自他对《吠陀经》的研究，但是它最终表明，如果一个人已经认定所有关系的基础都是互惠，那么他总是能把互惠的定义放得很宽泛，使它能够成立。

22. Hostis：参见 Benveniste 1972:72。拉丁语中关于好客的专有名词，强调（男）主人对房屋的绝对所有权，这是任何好客招待行为的前提。Derrida (2000, 2001) 认为，这指向了一个与“好客”这一概念的中心矛盾，因为它暗含着对他人的绝对所有权。这种类型的所有权最极端的形式，就是罗得（Lot）把自己的女儿交给一群鸡奸者（Sodomite），让他们不要强奸他的客人。但是，同样是这一好客的原则，也可以以好的形式被记录在诸如伊洛奎斯人的社会中，但它绝不是父权至上的。

23. Evans-Pritchard 1940:154, 158.

24. 这当然也是一个原因，以解释为什么非常富有的人倾向于主要在彼此之间进行社交。

25. 在不那么敌对的情况下，可以谈论交换俘虏、票据、恭维话。
26. 论述讨价还价的一份优秀文献：Uchendo 1967.。
27. Bohannan 1964:47.
28. 这甚至不是一笔真实存在的生意，因为这些通常都可能涉及大量的宴请和礼物赠送。它更像是那种出现在经济学教科书中的、想象出来的生意。
29. 只需要浏览关于“竞争性宴请”的大量人类学文献：例如，Valeri 2001。
30. Bourdieu 1965 是核心文献，但是他在 Bourdieu 1990:98–101 中重述了主要观点。
31. Onvlee 1980:204.
32. Petronius 51; Pliny *Natural History* 36.195; Dio 57.21.5–7.
33. “这位国王在全人类中最沉迷于赠送礼物，也最沉迷于屠杀。他的门前不会缺少因获赠而暴富的穷人，也不缺少要被处决的人。”
34. 非常富有的人也是如此。例如，内尔森·洛克菲勒（Nelson Rockefeller）曾对自己从不带钱包引以为傲。他不需要。他有时会工作到很晚，想抽烟，这时他就会从洛克菲勒中心前台保安那里借钱去买。保安之后就能够吹嘘自己曾经借钱给洛克菲勒家族的一位成员，因此他很少会要求还钱。作为对比，“16 世纪的葡萄牙国王唐·曼努埃尔（Dom Manuel）因为印度贸易刚刚变富，他采纳的头衔是‘埃塞俄比亚、阿拉伯半岛、波斯和印度的征服、航海及商业之主’，其他人把他叫作‘杂货王’”（Ho 2004：227）。
35. 参见 Graeber 2001:175–76。
36. 即使在陌生人之间，它也有些不寻常：正如 Servet (1981, 1982) 强调的，绝大多数“原始交易”的发生，是通过贸易伙伴和专业化的区域中间人完成的。
37. 我之所以按照这种方式去论述，是因为我主要对这里的经济学感兴趣。如果我们只是在思考人际关系，我认为可能会这样写：在一个极端是杀戮，而在另一个极端是生育。
38. 事实上，就如同献给国王礼物绝不可能产生平等的互惠一样，这一点对于慈善的本质是至关重要的。即使最终发现那个可怜的乞丐真是一位用凡人的躯体在世间游荡的神明，或者是微服私访的阿拉伯国王哈伦·拉希德（Harun al-Rashid），你能获得的回报也完全是不成比例的。或者想想那些关于狂欢醉酒的百万富翁的故事，当他们找回自己的生活以后，他们向之前对他们有恩惠的人赠送豪车和豪宅。想象一个乞丐赠送给你一笔财富，要比想象他回赠和你给予的一美元完全等值的物品容易。
39. Xenophon *Cyropedia* VIII.6, Herodotus 3.8.9. 参见 Briant 2006:193–194, 394–404，他承认以这种方式出现的某些更宽泛的事情可能确实发生过，在居鲁士（Cyrus）和冈比西

斯（Cambyses）统治下的更为随意的礼物体系，在大流士（Darius）统治时期被系统化了。

40. Marc Bloch (1961:114–15) 补充道“每一条法令，尤其是如果它被重复了三四次，都可能变成一条判例——即使在初审时它是例外甚至不合法的。”

41. 该方法通常与英国人类学家 A. M. Hocart (1936) 联系在一起。重要的是，这并不必然意味着这些工作成为他们的主要或唯一的职业：在大多数时间里，这些人仍然和其他人一样，是农民。但是他们为国王所做的工作，或者后续在仪式场合为社群所做的工作，被视为定义了他们的本质，定义了他们在人群中的身份。

42. 事实上，我们可能因她的吝啬行为而对她愤愤不平，但对于其他任何人，尤其是对我们自己，我们都不会认为这是吝啬。

43. “‘The Missing White Girl Syndrome’: Disappeared Women and Media Activism,” Sarah Stillman, *Gender and Development*, Vol. 15, No. 3, Media (November 2007), pp. 491–502.

44. Karatani (2003:203–205) 使得这一观点变得极有说服力。夸扣特尔人和其他西北海岸的首批国家，是中间情形——至少在我们所知的时期内，贵族使用非强迫的方法收集资源（但是 Codere 1950 提供了不一样的看法）。

45. Georges Duby (1980) 提供了有关这一概念的权威历史，它要追溯到更为古老的印欧观点。

46. 想象中存在于父子之间的互惠的典型例子，参见 Oliver 1955:230。人类学理论的爱好者会注意到，我在这里支持了 Edmund Leach’s (1961) 关于“循环联姻”问题的立场。后来，他把同样的论述应用于著名的“库拉链条”（1983）。

47. 事实上，存在明确可以自我颠覆的阶级关系：比如老师和学生的关系。因为如果老师成功将她的知识传授给学生，那么双方关系之间的不对等就失去了存在的基础。

48. 考虑到因纽特人并没有奴隶制度，尚不清楚这是用哪种语言讲述的。很有趣的是，除非真正存在使得礼物交换能够运转的环境，并且因此会积累产生债务，否则这段文字就没有意义。猎人所强调的很重要的一点，是这一逻辑不会延伸到诸如食物等人类生存的基本要求。

49. Firth 1959:411–12（同样可见 Graeber 2001:175）。他的名字是 Tei Reinga。

50. 一个著名的例子：Chagnon 1996:170–76。

51. 相似地，两个群体可能通过约定建立“戏谑关系”而形成同盟。在这种关系中，任何一方的成员至少在理论上可以对另一方成员提出离谱的要求（Hébert 1958）。

52. 马赛尔·莫斯在他著名的《论礼物的论文》（1924）中经常如此，而结果有时会让接下来几代人的争论陷入困惑。

53. Mauss 1925，希腊的资料是波西杜尼斯（Posidonius）。和往常一样，我们不知道这些内容有多可靠。莫斯认为它可能是准确的；我怀疑它可能最多发生过一两次。

54. 由 William Ian Miller (1993:15–16) 重述。引用的第一句话直接摘录自原文，《艾基尔传说》（*Egil's Saga*）第 78 章。艾基尔对盾牌的态度仍然很矛盾：后来，他带着盾牌去参加一场婚礼，然后设法使盾牌掉入一大桶酸乳清中。随后，他得出盾牌已被损坏的结论，然后把盾牌拆解，拿走了制作原材料。

55. 例如，参见 Wallace- Hadrill 1989。

56. Blaxter 1971:127–28.

57. 例如，另一位人类学家把保护人—接收人的关系定义为“长期协议关系，接收人用支持换取保护人的保护：这里的思想是基于道德的计费，似乎不必进行严格的公开记账，但是双方都会心照不宣地保留粗略的账目；交换的商品和服务并不类似，也不存在公平交易或满意度平衡的需求，因为接收人在权势方面明显处于弱势，他需要保护人，甚于保护人需要他”（Loizos 1977:115）。它既是交换，又不是交换；它既是记账的问题，又不是记账的问题。

58. 这和一个人接受甜甜圈店工作的情况完全一样：在法律上，它一定是平等的双方之间自由达成的协议。为了能够符合这一点，我们不得不进行迷人的、合法的虚构：甜甜圈店化身为一个想象出来的人物，名字叫“卡卡圈坊”（Krispy Kreme）。

59. 比如，“应该”（should）这个词，在英文中最初是从德语“schuld”演变而来的，这个德语单词的意思是“有罪，错误，债”。Beneveniste 从其他印欧系语言中找到了类似的例子（1963:58）。像中文、日文等东亚语言，则很难将有这些含义的词语合并到一起，但是将“债”和“罪孽”“羞耻”“有罪”“错误”等联系在一起的类似例证，很容易就能被记录下来（Malamoud 1988）。

60. Plutarch *Moralia* 303 B，Finley 1981:152 和 Millett 1991a:42 也进行了讨论。类似地，圣托马斯 · 阿奎那（St. Thomas Aquinas）使罪孽是欠上帝的“惩罚性债务”这一概念成为天主教教条。

61. 为什么把其他形式的关系包装成债务如此容易，这就是原因之一。假设有一个人想要帮助急需用钱的朋友，但又不想使她感到难堪。通常，最简单的做法是把钱给她，并坚称这是一笔借款（随后，让双方都忘记这件事发生过）。或者想想在所有时间和地点，有钱人通过支付表面上是借款的一笔钱来购买仆人。

62. 你可以辩论如果一个人下定决心，那么他可以在任何一种语言中找到“请”和“谢谢”的同义词，但是你通常找到的词语会以完全不同的形式被运用（例如，只在举行仪式的环境下使用，或者对更高阶层的人使用），以至于很难说这一事实很重要。重要的是，在过去一个世纪左右的时间，几乎每一种在办公室或者在商店中进行交易时使用的人类语言，都必须创造出与英文中的“请”、“谢谢”和“不客气”起到完全相同效用的词语。

63. 在西班牙语中，你要首先请别人帮忙（por favor），然后说 gracias，以表达你意识到了别人为你做的事。Gracias 是从拉丁语的 gratia 演变而来的，它在拉丁语中的意思是“影响或帮助”。“感激”（appreciate）的含义更加与钱相关：如果你说“我真的感激你为我做的那件事”，你所使用的这个词就来自拉丁语 appretiare，意为“设定一个价格”。

64. “不客气”最早的文字见于莎士比亚时代，来自古英语 wilcuma，wil 的意思是“快乐”（pleasure），cuma 的意思是“客人”（guest）。这就是为什么人们仍然被欢迎进入一间房子。因此，它就像“请随意”（be my guest），暗示如果有任何责任，那么也是由我来承担，因为任何主人都有义务慷慨待客，并且承担这一义务本身就是一种乐趣。尽管如此，值得注意的是，卫道士极少因为某人没有说“不客气”而嘲笑他——这句话更多的是可选的。

65. Book I. 12。这句及其他引用语摘自 2006 年的 Penguin Screech 翻译版，这句话来自第 86 页。

66. 和中世纪阿拉伯（Medieval Arab）哲学家 Ibn Miskaway 的话进行对比：“债主希望借债人健康平安，这并不是出于对借债人的关爱，而是为了能拿回自己的钱。借债人对债主则没什么兴趣。”（见 Hosseini 2003:36）。

67. 合适，因为 Panurge 的全部论述只是对 Marcelo Ficino 的论述的幽默说明，Marcelo 认为整个宇宙的驱动力是爱的力量。

06 性与死亡的游戏

1. 摘自 Carlson, “The Relatively Charmed Life of Neil Bush,” *The Washington Post*, Sunday December 28, 2003, Page D01。

2. Grierson 1977:20.

3. 公平起见，Grierson 后来确实指出奴隶制在货币的诞生过程中起到了重要作用，但他从未关于性别进行推断，而这是很重要的：在中世纪的冰岛（Medieval Iceland），女性奴隶也可作为最大面值的货币（Williams 1937）；在《梨俱吠陀》中，贵重礼物和大额支付被指定用“黄金、牛和女性奴隶”支付（Chakravarti 1985:56–57）。顺便一提，我提到“年轻的”，因为在其他地方，当奴隶作为货币单位时，默认奴隶的年龄在 18 至 20 岁。一名女奴被认为和三头奶牛或六头小母牛等价。

4. 关于女奴，参见 Nolan 1926, Einzig 1949:247–48, Gerriets 1978, 1981, 1985, Patterson

1982:168–69, Kelly 1998:112–13。大多数著作仅仅提到女奴被用作记账单位，关于更早的情况，我们一无所知。但是，当几种不同的商品作为记账单位被使用时，可以注意到在法律条文中会包括该国最重要的出口物品和交易货币（这就是为什么在俄罗斯的法律中，单位是毛皮和银）。这意味着在文字记录出现之前，存在大量的女性奴隶交易。

5. 也可见 Bender 1996。
6. 我在这里借鉴了 Alain Testart (2000, 2001, 2002) 详尽的人类学调研工作。Testart 总结提炼证据的工作出类拔萃，但我们将在下一章看到，他的结论中也有一些相当奇怪的盲点。
7. “尽管比喻性短语‘卖女为娼’已广为传播……实际的安排通常要么采用对家庭借款的形式，要么采用为女孩提供的服务（通常不具体指明，或与实际不符）支付预付款的形式。这些‘贷款’的利息通常是 100%，并且本金可能因其他债务（生活开销、医疗费用、给官员的贿赂等）而增加，从女孩开始工作起累积”（Bishop & Robinson 1998:105）。
8. 也可见 Michael Hudson［Wray 引用（1999）］。但如果看一看原版的文字，就已足够清晰：“你不应垂涎邻居的房屋，你不应觊觎邻居的妻子，不应贪求他的男仆、他的女仆、他的公牛、他的驴子，不应贪求你的邻居拥有的任何一样事物。”（Exodus 20:17, Deuteronomy 5:21)。
9. 贝壳念珠是很好的例子：尽管它一直被美洲原住民用来与外来人进行交易，但他们似乎从未用它从同一社群的其他成员那里购买物品（参见 Graeber 2001:117–150）。像尤洛克人（Yurok）的贝壳钱或巴布亚人（Papuan）的某些货币等其他货币，它们除了社会效用，还被广泛作为货币使用，但是作为货币使用似乎源于其社会效用。
10. 关于“新娘价格争论”最重要的文章：Evans-Pritchard 1931, Raglan 1931, Gray 1968, Comaroff 1980, Valeri 1994。Evans-Pritchard 最初提议将“新娘价格”改为“新娘财富”的一个理由，是因为国家联盟在 1926 年把这一行为认定是奴隶制的一种形式，并宣布其非法（Guyer 1994）。
11. 关于蒂夫人的亲属关系和经济：Duggan 1932; Abraham 1933; Downes 1933; Akiga 1939; L. Bohannan 1952; P. Bohannan 1955, 1957, 1959; P. & L. Bohannan 1953, 1968, Tseayo 1975; Keil 1979。
12. 针对为什么这种情况可以发生，Akiga Sai 1939:106 进行了优秀的分析。如想了解后来在地区层面开展的比较性重新分析，参见 Fardon 1984, 1985。
13. 根据 Paul Bohannan 的说法：“一个男性和他妻子的监护人之间债务的 kem 关系绝不

会中止，因为 kem 是永恒的，债务永远不可能被付清。”（1957：73）这段论述的其他内容来自 Akiga (1939:126–127)。

14. Rospabé 1993:35.
15. Evans- Pritchard 1940:153.
16. 正如人种学家所言：“他们接受牛，是为了给予他荣耀，而不是因为他们准备用牛抵换死去亲戚的性命。”（1940:153）
17. Op cit 154–155.
18. Morgan 1851:332。Morgan 是训练有素的律师，他在这里使用的是技术性名词“宥恕”（condonation），其在《牛津英语词典》（*Oxford English Dictionary*）中的定义是“对冒犯自愿的忽视”。
19. Morgan 1851:333.。底线是一个男人 5 英寻（译者注：1 英寻约为 1.83 米），一个女人 10 英寻，但其他因素有可能影响需要的长度（T. Smith 1983:236; Morgan 1851: 331–34; Parker 1926）。关于“哀悼之战”，参见 Richter 1983；“把他的名字放在垫子上”这一表述，来自 Fenton 1978: 315。顺便指出，我在这里假设是一个男性死亡，因为这是原始资料中的例子。对于自然死亡的女性，尚不清楚做法是否相同。
20. Evans- Pritchard 1940:155, 1951:109–11; Howell 1954:71–80, Gough 1971, Hutchinson 1996:62, 175–76.
21. Rospabe 1995:47–48，引用 Peters 1947。
22. 关于哀悼之战：Richter 1983。有趣的是，在南比克瓦拉人中也有类似的现象发生。我在第三章中指出，以物易物后举行的宴会将导致引诱和嫉妒性杀人；Levi- Strauss 补充，解决此类杀人事件的一般方式是凶手迎娶被害人的妻子，收养他的孩子，因此凶手实际上变成了他所杀害的那个人（1943:123）。
23. 但人们确实使用它们向其他村庄的专业人士支付委托金，委托其制作特定的精美手工品（比如乐器）。
24. Douglas 1958: 112，也见于 1982:43。
25. Douglas (1963:58) 估计，一个成功男人至少要支付花费 300 份棕榈树叶制作的布料，并且到他在社会意义上完全成熟之时，他还要送出至少 300 份作为礼物。
26. 正如人类学家经常指出的那样，一个人通过母系分支追寻血缘的事实，并不必然意味着女性自身拥有很大的权力。它能够说明这一点：过去，在伊洛奎斯人中情况的确如此；而现在，在米南卡保人（Minangkabau）中同样如此。但是这并非一定会发生。
27. Douglas 1963:144–45，采用了 1960：3–4。
28. 实际上，她是保守的天主教徒和保守党党员（Tory），她倾向于对自由派的关注点采取蔑视态度。

29. 仿佛要把这一点做实，男人真的会因为养育女孩儿而被认为拥有一笔命债（Douglas 1963:115）——这笔债只能通过他带走自己的一个外孙女做抵押人才能偿还。要使这种情况成立，只能基于我们承认的这样一条原则：只有男人才能拥有命债，因此，对于女人来说，孕育生命被认定要免费赠予。男人可以成为抵押人，也确实有许多人是抵押人，但是他们永远不会被交易。
30. Douglas 1966:150.
31. 关于“村庄之妻”，特别参见 Douglas 1951，也可见 1963:128-40。
32. Douglas 1963:76；与 1951:11 对比。作者很明显只是在简单地复述为她提供消息的人对这一习俗的解释：莱利人并不是“必须”做这样的安排。事实上，大部分非洲社会群体都不会这样做。
33. 有些“村庄之妻”是真正的公主，因为酋长的女儿们总是选择以这种方式与某一年龄段的人结婚。酋长的女儿们被允许随自己的心意与任何人性交，不分年龄段，并且也有权拒绝性交，而普通的“村庄之妻”没有这一权利。这种类型的公主很罕见：整个莱利人的领土里只有三名酋长。另外，道格拉斯估计变成“村庄之妻”的莱利女性的数量，大约是 10%（1951）。
34. 例如：1960：4，1963:145–46, 168–73, 1964:303。显然，有时男人能给女人施加很强的肢体压力，这种情况至少在其他所有人都认可他有这样做的权利时会发生，但是即使在这里，道格拉斯强调大多数女人也有大量的操纵空间。
35. 关于平和，特别参见 1963:70-71。
36. 1963：170.
37. 1963：171.
38. 奴隶的成本：1963:36, 1982:46–47.
39. 不过，部分原因在于男性奴隶的核心目的是在重要男性的葬礼上陪葬（1963:36）。
40. 参见 Graeber 2001，第四章。最显著的例外似乎是努尔人的牛货币，以及类似的田园人口。但即使这些也可能是同一类人的装饰。
41. Akiga Sai 1939: 121, 158–60.
42. 当蒂夫人通过抢夺践行婚姻时也是如此：Akiga Sai (1939:137–41)。
43. 这里，我主要依赖 Paul Bohannan (1955, 1959) 进行的经典“交换领域”的分析。Dorward (1976) 和 Guyer (2004:27–31) 对这一分析进行了补充。
44. 也可见 Akiga Sai 1939:241; P. Bohannan 1955:66, P. & L. Bohannnan 1968:233, 235。一般的魅力：在 Akiga Sai 1939:236 中的东方，Downes 1971:29。
45. 参见 Abraham 1933:26; Akiga Sai 1939:246; P. Bohannan 1958:3; Downes 1971:27。

46. 关于女巫：P. Bohannan 1957:187–88, 1958; Downes 1971: 32–25。关于人肉债（或 ikipindi）：Abraham 1933:81–84; Downes 1971:36–40。

47. Akiga Sai 1939:257.

48. Akiga Sai 1939:260.

49. 这里采用 Wilson 1951。

50. Paul Bohannan (1958:4) 给出了相似但不完全一样的论述。

51. 蒂夫人的迁移故事（见 Abraham 1933:17–26; Akiga & Bohannan 1954;P. Bohannan 1954）并未明确指出这一点，但是它们很容易按这种方式被解读。Akiga 的故事（1939:137）讲述了蒂夫移民在他们女人的身体上画上像溃烂伤口一样的图案，使袭击者不会把她们带走，该故事的提示性尤为明显。尽管蒂夫人没有政府，但是他们确实拥有以高效著称的战争组织，正如 Abrahams 所说（1933:19），他们通过干涉自己分别与富拉尼人（Fulani）和朱昆人（Jukun）的战争，成功使得富拉尼人和朱昆人彼此敌对。

52. 这些袭击中有一部分并非完全失败。附近的朱昆王国在 18 世纪曾经几次尝试吞并蒂夫人，但最后都失败了。有一阵，朱昆王国似乎将蒂夫人俘虏卖给海滨的奴隶商人（Abraham 1933:19; Curtin 1965:255, 298; Latham 1973:29; Tambo 1976: 201–3）。有一点无疑非常值得注意，那就是许多蒂夫人在 20 世纪 30 年代坚称朱昆人会吃人。另外，姆巴萨维“组织”的起源储存在某些特定的主要头衔里，最终当蒂夫人和朱昆人恢复友好关系后，蒂夫人从朱昆人那里获得了此类头衔（Abraham 1933:33–35）。

53. Jones 1958; Latham 1971; Northrup 1978:157–64; Herbert 2003:196. 14 世纪 40 年代，著名的中世纪阿拉伯旅行家伊本 · 白图泰（我们在第二章信德王的法庭上已经遇到过他）看到人们在不远处的尼日尔（Niger）区域用它们充当货币。

54. Herbert (2003:181) 估计，在 1699 年至 1865 年，欧洲人将 20 000 吨英国黄铜和纯铜进口到非洲。这些金属在布里斯托尔（Bristol）、奇德尔（Cheadle）和伯明翰（Birmingham）生产，绝大部分都用来交易奴隶。

55. 我给出这一数字所依据的事实是，在那些年间，已知有 152 076 个奴隶自整个比夫拉湾出口（Eltis, Behrent, Richardson & Klein 2000）。老卡拉巴尔（Old Calabar）的奴隶交易从 1650 年持续到 1841 年，在这段时间内，这一港口在整个海湾区域的规模最大，而整个海湾的出口数量在巅峰期占全非洲的比例大概是 20%（Lovejoy & Richardson 1999:337）。

56. Sheridan 1958, Price 1980, 1989, 1991.

57. 更大的念珠。

58. Talbot 1926 I: 185–186 中是 barbot。

59. Inkori (1982) 说明，在 18 世纪晚期，停泊在老卡拉巴尔的英国船只，每艘船上平均携带 400 支步枪。在 1757 年和 1806 年之间，进口到卡拉巴尔—喀麦隆地区的总数为 22 986 支。但是，朗姆酒和其他烈酒的进口量极少。
60. 尤其在早年间，常用的解决方法是商人们驾驶满载货物的独木舟来到村庄市场，用货物交换奴隶。他们如果仍有配额，就会等到夜幕降临，然后袭击河边的房屋，抓走任何能找到的人（参见 Northrup 1978:66 中的 Clarkson，也在 Noah 1990:94 中引用）。
61. 在重现一种形式如何变为另一种形式的历史一事，已有的学术文献帮助不大，因为这些著作只是把抵押权要么当作亲属关系事务（例如，Douglas 1964, Fardon 1985, 1986），要么当作商业事务（例如 Falola & Lovejoy 1994），但从不对二者进行比较。结果，许多基础问题都没有被提出。例如，Falola 和 Lovejoy 指出抵押人的劳动相当于利息，但是对于施行抵押权的非洲地区是否存在有息贷款，书中没有提供任何信息。
62. 这种形式的抵押权必然从类似莱利人的体制演化而来，这一点是很清晰的。大多数规则都一样：例如，如果莱利女孩被抵押，当她成年后，债主通常都有选择与她结婚的权利，从而抵销债务。
63. Lovejoy & Richardson 1999:349–51; 2001.
64. Equiano 1789:6–13.
65. 其他还包括阿库纳库纳人和埃菲克人（Efik），他们就扎根在卡拉巴尔。阿罗人（Aro）讲伊格博语（Igbo），这一区域由讲伊格博语和讲伊比比奥语（Ibibio）的人组成。
66. 关于阿罗人的一般介绍，参见 Jones 1939; Ottenberg 1958; Afigbo 1971; Ekejiuba 1972; Isichei 1976; Northrup 1978; Dike & Ekejiuba 1990; Nwauwa 1991。
67. Dike and Ekejiuba (1990:150) 估计，经由比夫拉湾卖到欧洲的奴隶中，70% 是阿罗人。剩下的大多来自其他重商体制的社会。
68. 一位 20 世纪的老者回忆："通奸的女人会被她的丈夫卖掉，钱归丈夫所有。小偷被卖掉，钱归做出决定的年长者们所有。"（Northrup 1978: 69）
69. Northrup 1978:73.
70. 关于卡拉巴尔将艾克皮作为债务执行的论述：Jones 1968, Latham 1973:35–41, Lovejoy & Richardson 1999:347–49。关于艾克皮扩散到阿罗楚库及整个地区：Ruel 1969:250–258, Northrup 1978:109–110, Nwaka 1978, Ottenberg & Knudson 1985。Nwaka (1978:188) 写道："艾克皮组织在克洛斯河区域扩散最广，构成了当地政府的基础。在它运转的区域内，它行使执行和审判职能。通过其成员的代理，对冒犯公众的人的惩罚得以执行，习俗得以推行，长者的权威得以维持。艾克皮法律在清扫城镇和街道、回收债务、其他公众福利等事务上，在某种程度上控制着大多数团体成员的生活。”

71. Latham 1963:38.

72. 摘自 Walker 1875:120。

73. Ottenberg & Ottenberg 1962:124.

74. Partridge 1905:72.

75. 如果一个人想拥有抵押人，他就不能只是简单地从旁边的村庄随便掳走一个孩子，因为父母会迅速找到自己的孩子。

76. 来自 Lovejoy & Richardson 2001:74。要了解加纳（Ghana）的类似例子，参见 Getz 2003:85。

77. 引人注目的是，Akiga Sai (1939:379–80) 坚称，在蒂夫人中，这是奴隶制的起源：当有人拒绝偿还债务时，蒂夫人从其所在的家系中抓走人质。他说，如果此时债务人仍然拒绝还债，他们就把人质囚禁一段时间，之后最终在其他地区把人质卖掉。“这就是奴隶制的起源。”

78. Harris 1972:128 也这么介绍克罗斯河的另一个地区易科姆（Ikom）：卡拉巴尔最主要的奴隶来源之一。她指出，当抵押人的母亲和父亲家族出面干预，想要阻止他们的其他亲属再被出售时，债务人一般有义务自己变成抵押人，结果是他们最终变成奴隶，被送到卡拉巴尔。

79. 我们不知道具体比例。埃约王二世（King Eyo II）告诉一位英国传教士，奴隶“被卖掉的原因各不相同——有些是战俘，有些是因为债务，有些是因为违犯了国家的法律，有些是因为被位高权重的人记恨”。（Noah 1990:95）。这说明债务并非无关紧要，尤其是如 Pier Larson (2000:18) 所说，那时所有的资料都列举了“战争”，因为这是最合理的。与 Northrup (1978:76–80) 进行比较。

80. Reid 1983:8.

81. 如前引述。

82. Reid 1983:10.

83. Vickers (1996) 提供了巴厘岛（Bali）在北大西洋的人们想象中的形象演变的精彩历史，从“野蛮的巴厘岛”变成人间天堂。

84. Geertz & Geertz 1975; Boon 1977:121–24。Belo（1936:26）引用了 20 世纪 20 年代提供信息的人的说法，他们坚称通过抢夺形成的婚姻是最近出现的，起源是一群年轻男人到敌对的村庄去偷女性，并且经常要求女性的父亲付钱将她赎回。

85. Boon 1977:74.

86. Covarrubias (1937:12) 指出，早在公元1619年，留尼旺岛上的奴隶市场对巴厘岛女性的需求极大。
87. Boon 1977:28, van der Kraan 1983, Wiener 1995:27.
88. Vickers 1996:61。考虑到这些因素，我需要说关于巴厘岛的人类学文献可能都要重新考量。这些文献中最有名的是 Clifford Geertz's 的知名论文，论述巴厘岛斗鸡是一场“大戏”（1973），在这里，巴厘人将释放内在的魔鬼，讲述关于他们自己的故事；或者他关于前殖民时期政府是“剧院国家”的概念（1980），政治的中心围绕着聚集资源以创造出壮观的仪式。这些文献中有一个奇怪的盲点。甚至 Boon 在讲述完上面引用的关于男人把他们的女儿藏起来的那段话之后，在下一页（1977:75）继续指出，政府的“主体”其实只是一群“为仪式而被少量征税的观众”，仿佛一个人的孩子有可能被强奸、谋杀和奴役并不重要，或者并没有明确的政治含义。
89. Louis Dumont 论述，唯一真正平等的社会体制是现代社会，即使现代社会也只是默认如此：因为他们的最终价值是个人主义，而且因为每个个体的价值取决于他或她有多么特别，并无依据支持任何人拥有高人一等的本质这一说法。文中这些内容的含义，部分而言，是对这一论述的批判。即使不存在任何“西方个人主义”的教条，它也可以起到同样的作用。“个人主义”的整个概念需要被严肃地重新考量。
90. Beattie 1960: 61.
91. 许多传统社会政体的确会对毒打妻子的男人实施惩罚。但是，假设还是有些这样的行为是意料之中的。
92. 关于大吵闹（charivari），可参见 Davis 1975, Darnton 1984。Keith Tho-mas (1972:630) 在介绍当时的英格兰村庄时，引用了这个特别的尼约罗（Nyoro）故事。他介绍了一整个系列的社会制裁，比如把“村庄中爱责骂的人”浸泡在水里，这些制裁行为似乎全都以暴力控制女性为目的。但奇怪的是，他宣称大吵闹是针对殴打妻子的男性，而实际上其他所有文献都持相反的观点。
93. 并非全都如此。可以引用同时期的伊洛奎斯社会作为例子：在诸多层面上，它都是母系社会，特别是在每天的家庭生活层面，并且女人并不会被交易。
94. 摘录自 Trawick 2000:185, figure 11。
95. 图表基于 P. Bohannan 1957:87 被重新绘制。
96. Akiga Sai 1939:161.
97. 莱利人也是如此。Mary Douglas (1963:131) 指出，如果“村庄之妻”拒绝工作或性交，那么可以对她进行鞭打，但这并不是对她身份的反映，因为与一个男人结婚的莱利人妻子也存在同样的情形。

07 荣誉与降级：当代文明的基础

1. sumerianorg/prot- sum.htm, from a “Proto-Sumerian dictionary” .
2. Justinian’s Institutes (1.5.4.1) 中的 Florentius。有趣的一点是，自亚里士多德起，合理化奴隶制的尝试一般不是聚焦在这一制度，它本身无法被合理化，而是聚焦在一些被奴役的族群的劣等性。
3. Elwahid 1931。Clarence- Smith (2008:17n56) 指出，至少从 19 世纪中期开始，在中东关于穆斯林奴隶制度就一直存在着热烈的争论，阿尔 – 瓦希德的书自身就是这一争论的产物。
4. Elwahid 1931: 101–10 和其他各处。类似的清单出现在 Patterson 1982:105。
5. 贩卖儿童总会被认为是经济和道德崩溃的标志；阿尔 – 瓦希德指出，甚至后来的戴克里先（Diocletian）等罗马皇帝支持慈善机构的目标非常明确，即为穷苦家庭提供援助，使他们不必采取卖儿鬻女等手段（Elwahed 1931: 89–91）。
6. Mitamura 1970.
7. 他指出，罗马早期实行过债务奴隶制度，但原因是根据十二铜表上的法律条文，无力偿还债务的借款人甚至可以被处死。大多数地方没有类似的法律，债务人会变成抵押人或劳工，不会被彻底奴役（参见 Testart 2000, 2002，以获得对不同可能性的完整解释）。
8. Al-Wahid 从 Athenaeus 那里引用了例子，在希腊，如果一位医生拯救了病人的生命，那么病人会自愿成为这位医生的奴隶（op cit：234）。
9. 乌尔比安的说法很准确：“在每一条法律分支中，如果一个人没能从敌人手中返回，那么在他被俘的那一刻起，他就被认为死去了。”（Digest 49.15.18）。公元前 84 年至公元前 81 年的 Lex Cornelia 详细介绍了再婚的需求。
10. Meillassoux 1996:106.
11. Patterson 1982。“奴隶制，”他如是定义，“是对被冷落的和失去名誉的人的永久的、暴力的支配。”（1982:13）
12. 他在这里引用弗雷德里克 · 道格拉斯（Frederick Douglass）的话产生了明显效果：“一个没有力量的人，就没有人类的根本尊严。人类本质的构成，在于它不会尊敬一个无助的人，只会可怜他，甚至如果没有出现力量的迹象，这种可怜之情也不会持续太久。”（参见 Patterson 1982:13）
13. 大概也是一位受人尊敬的女性。但是我们将会看到，在女性的例子中，这一问题因陷入忠诚和贞洁的问题，而变得无法解决。
14. Paul Houlm（见 Duffy, MacShamhráin and Moynes 2005:431）。确实，交易的平衡

似乎在前后摇摆。在有些时期，爱尔兰的船只洗劫英国的海岸。到公元800年后，维京人抢走数以千计的人，使得都柏林（Dublin）短暂地成为欧洲最大的奴隶市场。但是，直到那时，女奴也没有被当作实际的货币使用。这和非洲的情况有些类似，即在特定的时期和地点因受交易的影响，债务也使用奴隶来结算（Einzig 1949:153）。

15. 爱尔兰教派的创建者之一圣帕特里克（St. Patrick），是早期教会神父中少数公开地、无条件地反对奴隶制度的人员之一。
16. Doherty 1980:78–83.
17. Gerriets 1978:128, 1981:171–72, 1985:338。这与仅仅在两三个世纪之后出现的威尔士法律形成了鲜明的对比。威尔士的法律对这些物品的价格有详细的规定（Ellis 1926:379–81）。物品的清单是从威尔士法律中被随机挑选的。
18. Doherty 1980:73–74.
19. 在爱尔兰和威尔士，情况都是如此，并且很明显，在其他凯尔特语（Celtic）地区也成立。Charles- Edwards (1978:130, 1993:555) 将“荣誉价格”翻译为“面值”。
20. 一种例外情形是一篇早期的教会文章：Einzig 1949:247–48, Gerriets 1978:71。
21. 关于货币体系的主要文献是 Gerriets (1978)，那是一篇学位论文，但它不幸并没能作为书籍出版。女奴、牛、银等物品之间的标准兑换比率，也能在 Charles-Edwards 1993:478–85 中找到。
22. Gerriets 1978:53.
23. 如果你把自己的马或剑借给一个人，而他并没能及时在一场争斗前归还，导致你丢面子；或者如果一位修道士把自己的修士服借给另一位修道士，而他没有及时归还，导致借出人没有合适的服装出席一次重要的宗教会议，在这两种情况下，借出人都可以索要他的荣誉价格（Fergus 1988:118）。
24. 威尔士国王们的荣誉价格要高得多（Ellis 1926:144）。
25. 等级更高的区域国王的荣誉价格是14个女奴，并且理论上在塔拉（Tara）有一位统治整个爱尔兰的至尊王，但这一位置经常处于空缺或被争夺的状态（Byrne 1973）。
26. 这些是实际上无限复杂的系统的一个简化模型，其中有些点（尤其是关于不同形式、带有不同聘礼和嫁妆的婚姻）仍不清楚。例如，在被庇护人的例子中，领主要支付两笔首期款，其中之一是荣誉价格。但是，对于“自由的被庇护人”，他不需要支付荣誉价格，被庇护人也不会沦为仆人身份（最出色的综述是 Kelly 1988）。
27. Dimetian Code II.24.12 (Howel 2006:559)。在特定的地区，杀害公众官员也会受到类似惩罚（Ellis 1926:362）。
28. “没有证据表明，商品自身能够被定价。也就是说，尽管爱尔兰的货币能够定量个人的状态，却不能计算商品的价值。”（Gerriets 1985:338）。

29. Sutton 2004:374.

30. Gallant 2000。这里也可以考虑“荣誉事务”这一表述，或者“荣誉杀戮”，它也清晰地表明，这样的观点不仅局限于希腊乡村。

31. 事实上，可以轻易地扭转这一问题，询问：首先，为什么对一个男性说他的姐妹卖身，是如此严重的侮辱？我认为，一个原因在于“荣誉”的概念仍然在以我们并未觉察的方式塑造我们的认知——世界上有许多地方，宣称一个男人的妻子卖身或他的姐妹有多个性伴侣，对方的反应可能是茫然的心情，而不会是要杀人的狂怒。我们已经在冈温古人和莱利人中看到了例子。

32. 很明显，我在这里把该术语与许多女权主义文献中使用的父权制的更宽泛的含义区分开来，那些文献中使用的含义是以女性从属于男性为基础构成的任何一种社会体系。在地中海和近东地区，父权制这一更宽泛的含义的起源明显必须到更早的历史时期中去寻找。

33. “闪米特人（Semitic）渗透”的模型，已经可以在 Saggs (1962) 等经典文献中看到。一般说来，这一形式似乎是一种周期性的城市危机，在河流社会接近崩溃之后，随之而来的是复兴，它很明显地会在新一批闪米特牧民到来后出现（Adams et al. 1974）。

34. Rohrlich 1980 是一个有说服力的例子。

35. 当然，这是对人类学家 Jack Goody (1976, 1983, 1990) 提出的主要观点的极度简化。它的基本原则是，嫁妆并不是新娘父亲支付的一笔钱（它可能来自双方），而是一种未成年时的遗产。但是，Goody 对美索不达米亚言之寥寥，而这少数内容（1990:315–17）几乎全部聚焦在上层阶级的情况。

36. Wilcke 1985, Westbrook 1988, Greengus 1990, Stol 1995:125–27。关于毛伊岛（Mari）：Lafont 1987；关于古巴比伦的情况：Greengus 1966, 1969；关于努兹：Grosz 1983, 1989。

37. 尽管受胡里安人（Hurrian）的影响，努兹在有些方面不那么典型，但最好的资料仍然来自公元前 1500 年的努兹城。婚姻支付似乎分几个步骤进行，例如，在第一个孩子出生后有一笔支付（Grosz 1981:176）——来自美拉尼西亚（Melanesia）、非洲和世界其他无数地区的人类学家都非常熟悉这一模式。

38. Finkelstein 1966, VerSteeg 2000:121, 153n91。如果有人错误地宣称一个女性并不是处女，那么她的父亲可以要求这个人补偿金钱损失，因为这样的行为会降低聘礼的金额（Cooper 2002:101）。

39. Bottéro 1992:113.

40. Stol 1995:126.

41. Cardascia 1959 关于“婚姻收养”（也可见 Mendelsohn 1949:8–12, Green-gus 1975）。在饥荒时期，有时甚至连聘礼也可以免除。一个忍饥挨饿的家庭可能把女儿送到富人家里，仅需要对方承诺保证女儿性命无忧。

42. Evans- Prichard 1931, Raglan 1931。这一争论发生在英格兰有些讽刺，因为从技术上来说，英格兰是可以合法地出售甚至拍卖妻子的少数地区之一（Menefee 1981; Stone 1990:143–48; see Pateman 1988）。斯通（Stone）指出，尽管英格兰村庄中公开“妻子出售”，其实质很明显是预先安排好的离婚，“这一形式的细节设计，通过尽可能地模仿牛或羊的出售过程，来强调其财产转移的最终本质。妻子被家人用绳索束缚，从家里带到市场，再从市场带到购买人的家中”（1990:145）。这一实践局限在大众阶层，在被哈代（Hardy）写入《卡斯特桥市长》（*Mayor of Casterbridge*）一书后引发了丑闻，但是它直到 1919 年才被彻底废止。

43. Finley 1981:153–55; Stienkeller 2003; Mieroop 2005:27–28。Mieroop 指出，此类合约的最早记录出现在公元前 21 世纪的巴比伦王国。这是一个雇用劳工早期历史的有趣案例。我在其他书中写过（Graeber 2006:66–69; 2007:91–94），古代的雇用劳工的合约基本上是奴隶租赁——美索不达米亚的这一实践的首次记录出现在新巴比伦王国时期（Oppenheim 1964:78, VerSteeg 2000:70–71；关于埃及的类似例子，参见 Ver-Steeg 2002:197）。

44. 希罗多德（Herodotus）称（1.199）除了精英阶层的女儿，巴比伦王国的所有女性都预计会到神庙卖淫，以挣到置办嫁妆的钱——这使得整个问题变得更加复杂。这很明显是假的，但是它使得在两类人［坚持神奴的重要性或者甚至宣称所有的卖淫行为实际上都是神圣的人，以及认为这种观点不过是东方学家（Orientalist）的幻想而加以反对的人］之间的争论变得非常令人迷惑（Arnaud 1973, Westenholz 1989, Beard & Henderson 1997, Assante 2003）。但是，Kish 和 Sip-par 发表的文章清晰地阐明，神庙女性参与（至少有些人因提供的服务而被付钱）的性仪式确实发生过（Gallery 1980; Yoffee 1998; Stol 1995:138–39）。顺便一提，我最先知道印度教神庙中的世袭舞女的类比，也是 Yoffee 1998:336 提出的。有关世袭舞女的总体介绍：Orr 2000, Jordan 2003, Vijaisri 2004。

45. Kramer 1963:116, Bahrani 2001: 59–60.

46. 类似的内容可见 Bottéro 1992:96，但是没有 Lerner (1980:247) 所强调的矛盾。

47. 参见 Lerner 1980, Van Der Toorn 1989, Lambert 1992。

48. 在有些地方，小规模的女性商人被比作或被误认为是妓女，原因很简单，因为她们和多个无关的男人保持持续的关联［要了解当代的哈萨克人（Kazakh）例子：

Nazpary 2001]——这些角色有时会重叠。

49. Diakonoff (1982)。牧民或难民有时也会成为士兵，他们构成的松散群体通常被归类为 hapiru 或 habiru，在美索不达米亚和西方都是如此。这可能是“希伯来人”（Hebrew）一词的起源。根据希伯来人自己的历史记录，他们从被奴役的状态中逃脱，一伙人在沙漠中游荡，最终以城市社会征服者的姿态降临。

50. Herodotus 1.199，也可见 Strabo 16.1.20。

51. Revelations 17.4–5。《启示录》似乎更多采纳的是彼得（Peter）信徒的观点，而不是保罗（Paul）信徒的观点。在拉斯特法里派教义（Rasta-farianism）今日最主要的预言声音中，巴比伦作为腐败和压迫的形象出现，但它确实想要降低性腐败图景的重要性。根据我的观察，教义在传播的过程中，其预言声音主要是想要在穷人中重新确立父权制的权威。

52. 1980:249–54; 1989:123–40。主要的论文资料是 Driver & Miles 1935；也可见 Cardascia 1969。

53. 在苏美尔人的婚礼上，新娘会被父亲盖上面纱，之后由新郎揭开面纱——通过这一举动，新郎使新娘成为自己的妻子（Stol 1995:128）。这不仅显示了面纱在何种程度上是对男性权利围绕的象征，它可能也是之后亚述人社会最终采纳的做法的来源。

54. 我对儒家学派（Confucianism）的理解采用了 Deng’s (1999) 有些非常规的方法。关于女性的商品化，参见 Watson 1980；关于女性商品化与宋朝女性自由的普遍衰退的关系，参见 Gates 1989；在明朝似乎又出现了一次严重倒退——Ko, Haboush, and Piggott (2003) 是一篇近期发表的概览。Testart (2000, 2001:148–49, 190) 强调中国的例子证实了他提出的“一般社会学法律”，即实行聘礼的社会形态也允许债务奴隶的存在（Testart, Lécrivain, Karadimas & Govo-roff 2001），因为在这样的地区，政府徒劳地尝试叫停二者。儒家学派还认为男性奴隶比女性奴隶更加可疑。但它从未像朝鲜那样极端，朝鲜在被丰臣秀吉（Hideyoshi）侵略后，通过了一项法律，规定只有女性才能被奴役。

55. 对 Goody 论点的标准评价，是 Tambiah (1973, 1989) 首次提出的。Goody 倾向于把这些视为支付的间接嫁妆，因为它们通常会被交给整个家庭（1990:178–97）。

56. 关于荷马式的荣誉：Finley 1954:118–19, Adkins 1972:14–16 Seaford 1994:6–7。牛再次成为主要的记账单位，银很明显也会被使用。古典主义者已经指出，在《荷马史诗》中，真正的买卖行为只与外国人发生（Von Reden 1995:58–76, Seaford 2004:26–30, Finley 1954:67–70）。不用说，荷马时代的社会缺乏如爱尔兰对“荣誉价格”这一概念的精准法律规定，但是背后的原则是基本一致的，因为 tīme 不仅有“荣誉”的含义，也有“惩罚”和“补偿”的含义。

57. 在《伊利亚特》或《奥德赛》中，tīme 并非用来指代大宗商品的“价格”，但在那时，大宗商品的价格很少被提及。它被用来指代“补偿”，含义是偿命金或荣誉价格（Seaford 2004:198n46）。tīme 被证实作为购买价格的首次应用，是在后来的《荷马史诗》的《德墨忒尔》（*Demeter*）（132），Seaford 指出，值得注意的是它在那里实际指代的是奴隶。

58. Aristotle, *Constitution of the Athenians* 2.2。他指的是导致梭伦（Solon）改革的大危机，在公元前594年发生的著名的“摆脱重负”。

59. 希腊的动产奴隶，实际上比当时的古代近东地区可能存在的任何事物都要极端得多（参见 Westermann 1955; Finley 1974, 1981; Wiedemann 1981; Dandamaev 1984; Westbrook 1995）。这不仅在于绝大多数近东地区的“奴隶”严格来讲并不是奴隶，而是身份可赎回的债务抵押人（因此，他们至少在理论上不能被任意虐待），更在于即使是那些绝对属于私人财产的奴隶，也拥有更多的人权。

60. “自给自足是重点，也是最优情形”（Aristotle *Politics* 1256–58；参见 Finley1974: 109–11, Veyne 1979，以了解关于这句话在实践中的含义的经典讨论）。

61. 这里的论述沿袭 Kurke 2002。关于公众妓院，参见 Halperin 1990, Kurke 1996。在希腊也存在神庙妓女，科林斯（Corinth）最为著名。在那里，Strabo (8.6.20) 称阿芙洛狄忒神庙（Temple of Aphrodite）拥有数千个此类妓女，她们明显是被虔诚的信徒献给神庙的。

62. 在上文中，David Sutton (2004) 的引语已经说明。想了解现代希腊社会论述荣誉的人类学文献例子，参见：Campbell 1964, Peristiany 1965, Schneider 1971, Herzfeld 1980, 1985, Just 2001。

63. 关于女性在家庭之外工作的不正当性，参见 Brock 1994。关于整体对女性的隔离：Keuls 1985, Cohen 1987, Just 1989, Loraux 1993。

64. 证据极为充分，但它们之前基本被忽略了。Llewellyn- Jones (2003) 指出，这一行为起源于贵族的装模作样，但是到5世纪，所有受人尊敬的女性“开始每天习惯性地戴上面纱，至少会在公众场合或在无关男性的面前这样做”（ibid：14）。

65. van Reden 1997:174，参考了 Herodotus 7.233 和 Plutarch’s Pericles, 26.4。

66. 两人中的阿喀琉斯亲自把这个女人变为奴隶。布里赛伊斯来自吕耳涅索斯（Lvynessus）的特洛伊城。在希腊进攻特洛伊的战争中，阿喀琉斯杀死了她的丈夫和三个兄弟，之后她被当作战利品奖给阿喀琉斯。（听到这个消息后，她的父亲后来上吊自尽了。）在《伊利亚特》中，阿喀琉斯坚称自己爱她。布里赛伊斯的想法被认为不值得记录，但后来的诗人觉得古代最伟大的史诗其实是对强奸的歌颂不太妥当，于是捏造了一个故事，讲述布里赛伊斯和阿喀琉斯在很久之前就坠入爱河，她操控发生了一系列事件，有意导致后来的战争爆发。

67.《荷马史诗》中的勇士根本不是贵族，或者如 Calhoun 所说（1934:308），即使他们是，也只是“从最宽泛的含义来定义”的贵族。他们基本上只是本地酋长和有野心的战士的组合。

68. 希腊对于这一主题的详细解释，参见 Kurke 1997:112–13, 1999:197–98。Seaford 也如是说：“《荷马史诗》中的礼物被赋予了其英雄般的赠予人的个性，然而与金钱类似的唯一一类人，就是妓女。用莎士比亚的话来说，它是‘所有人的娼妓’。”（2002:156，原文中加以强调。但对于它的价值，Seaford 在这里的用法稍微有误：莎士比亚把土地描述为“所有人的娼妓”，它的子宫产生了黄金，那就是钱财 *Timon of Athens* 4.3.42–45。）

69. Seaford 2002 在他对 Kurke 的回顾中指出，希腊资料在这一点上常常变化。

70. 在《奥德赛》（11.488—91）中，很著名的一段是，当阿喀琉斯在试图向他能想象的最低贱、最可怜的人祈求时，他选择的并不是奴隶，而是 thete，即不属于任何家庭的劳力。

71. 自由的妓女总是外国人或定居的异乡人的女儿。顺便一提，服侍贵族的高级妓女也一样。

72. 读者将会看到，即使在之后的逸事中，女性也不会出现。我们不知道普雷马科斯（Polemarchus）的妻子是谁。

73. 在这里，请回想鸡奸严格说来是违法的这一事实。或者，更准确地说，一个男人在鸡奸中扮演被动的角色是违法的，这样做的人可能会被剥夺公民权。尽管许多成年男人都和男孩有恋情，许多男孩也与男人如此，这些人这么做都是以不会发生性交为前提条件的。结果，几乎所有人都可以被指控为行为不端。这里最著名的例子是埃斯基涅斯（Aeschines）的《反对提马可斯》（*Against Timarchus*）（参见 van Reden 2003:120–23，以及 Dillon 2003:117–28）。同样的困境也在罗马再次浮现，比如，西塞罗指控他的对手马克·安东尼（Mark Antony）为了谋生，当过男妓（Philippics 2.44–45），以及屋大维（Octavian）[即后来的奥古斯都（Augustus）]被广泛认为在青少年时曾“献身”给朱利叶斯·恺撒（Julius Caesar），以及其他权贵（Suetonius *Augustus* 68）。

74. 最著名的例子是雅典、科林斯和迈加拉（Megara）。（Asheri 1969; St. Croix 1981; Finley 1981:156–57）

75. 法律被称作 palintokia，主要由普鲁塔克使其闻名（*Moralia* 295D，很明显，其依据是已经遗失的亚里士多德的著作 *Constitution of the Megar-ians*）。有关它的一切，当代学术界几乎都在争论（Asheri 1969:14–16; Figueria 1985:149–56, Millettt 1989:

21–22; Hudson 1992:31; Bryant 1994:100- 044）。比如，Hudson 论述道，因为这一事件据说发生在公元前 540 年前后，当时有息贷款可能还没有出现，整个故事看上去像后人的宣传。其他人指出，它真正发生的时间要晚得多。有趣的是，所有希腊文献都把它当作最激进、最粗暴的民粹主义措施而无视了这样一个事实，即类似的手段在中世纪欧洲的大多数时间里，都是标准的天主教政策。

76. 在这么早的时代，完全不能确定收取利息的贷款是否存在，因为利息被首次明确提到大约是在公元前 475 年。首次能够完全确定收取利息的贷款出现，是在这个世纪的后半部分（Bogaert 1966, 1968; Finley 1981; Millett 1991a: 44–45; Hudson 1992）。

77. 比如，比较 Leviticus 25:35–37，其中规定允许将贫穷的“乡下人”变成被庇护人或佃户，但是不能向他提供有息贷款。

78. 正如赫西俄德（Hesiod）在《工作与时日》中所强调的那样，它是在此类问题上的主要参考文献。Paul Millett (1991a:30–35) 提供了对这段文章的仔细研读，他对礼物和贷款之间存在的模糊不清进行了说明。Millett 的 *Lending and Borrowing in Ancient Athens* (op cit) 一书，是关于这一话题的基础著作。一直以来，关于希腊经济的学术研究都被现在仍（已经相当不合时宜）称为原始主义—现代主义的争论占据。Millett 坚定地站在原始主义立场，承受了来自对立方的压力（例如，Cohen 1995, Shipley 1997, 2001）。但是，大部分争论促使了商业借贷的流行，这和我当前的关注点关系不大。

79. 因为纳斯列丁几乎从未在其他地方表现出任何让当代读者认为是不公平或剥削性的行为，所以这一故事显得如此有冲击力。那些故事确实通常聚焦于他与自己的守财奴邻居的关系——他认为听众知道这一前提，即作为守财奴，他一定是不怀好意的。

80. “反对尼科特拉特斯”（Against Nicostratus）（Demosthenes 53）。我的版本基本上采用了 Millet (1991a:53–59) 的内容，但是也借鉴了 Trevett 1992, Dillon 2002:94–100, Harris 2006:261–63)。对尼科特拉特斯动机的解读是我自己做的，例如，Dillon 怀疑他在埃伊那岛（Aegina）被绑架并索要赎金的整个故事都是捏造的——尽管如果实际情况真是如此，你可以想象阿波罗多洛斯（Apollodorus）最终将发现真相，并告诉陪审员。文章并没有明确说明尼科特拉特斯是一名贵族，但这似乎是对一个人为什么有舒适的乡村庄园但却没有钱的最合理的解释。不过我们从其他地方得知，阿波罗多洛斯担心公民会因他的低级出身而轻视他，因此用慷慨大方的态度来进行补偿——有人觉得是过度大方了（参见 Ballin 1978; Trevett 1992）。

81. 当雅典人想要表现出高尚的样子时，他们的言谈至少流露出仿佛公民们都要采用这样的态度来对待彼此。向需要用钱的公民提供有息贷款，被视为显然需要受到谴责的行为（Millett 1991a:26）。从柏拉图（*Laws* 742c, 921c）和亚里士多德（*Politics* 1258c）开始，所有谈论这一问题的哲学家都认为利息是不道德的。很明显，并不是所有人都持这样的观点。在中东，在这一习俗发源传播的地方（Hudson 1992），困境在于商业贷款收取利息明显是合理的，但是其在个人消费贷款上很容易被滥用。

82. 尚不清楚债务奴隶或者至少是劳役偿债者是否在某些地方被彻底废除。在雅典以外的城邦，债务危机持续地、有规律地爆发（Asheri 1969; St. Croix 1981）。有人（Rhodes 1981:118–27; Cairns 1991; Harris 2006:249–80）相信，即使在雅典也没有完全废除债务奴役。Millett (1991a:76) 指出，像雅典及之后的罗马这样的帝国首都，能够避开债务危机的危险及将会导致的社会动荡，并非通过禁止债务的方式，而是通过使贡金流入为穷人提供持续资金支援的社会项目，从而使得高利贷失去了存在的必要——他的观点可能是正确的。

83. Millett 1991b:189–92。在罗马的加利利（Galilee），情况也是如此（Goo-dman 1983:55），推测在罗马可能也成立（Howgego 1992:13）。

84. 复仇女神（Furies）追逐俄瑞斯忒斯（Orestes），为了对他弑母的行为复仇，坚称她们是在要求偿还血债（Aeschylus, Eumenides 260, 319）。Millett (1991a:6–7) 编纂了一些例子。Korver (1934, cf. Millet 1991:29–32) 指出，在“礼物”和“贷款”之间，从不存在正式的区分，这两者仍然会互相渗透。

85. 这两者被认为有联系：希罗多德的著名论述，宣称对于波西人而言，最大的罪恶是撒谎。因此他们禁止有息贷款，因为它最终会导致不诚实的行为出现（1.138）。

86. Plato *Republic* 331c.

87. Plato Republic 345d。在这里，我的解读深受 Marc Shell (1978) 的影响。Shell 的论文很重要，但它却令人遗憾地被忽视了，因为古典主义者似乎只引用彼此的文献（至少，在古典主义这一问题上是如此）。

88. 普雷马科斯所说的当然是英雄的礼物的逻辑及世仇的逻辑。如果有人向你提供了帮助，或对你造成了伤害，你会用同样的或更甚的程度回报他。普雷马科斯事实上指出，在两种情况下很容易做这件事：战争中及银行业。

89.《理想国》在公元前 380 年完成，这些事件在公元前 388 年或公元前 387 年发生。关于日期，以及在这一问题上对古代和当代文献的引用，参见 Thesleff 1989:5, DuBois 2003:153–54，文献一致认定这些事件确实发生过。柏拉图是被海盗掳走的，还是在一个愤怒的前庇护人的要求下被出售的，还是在战争中被俘的（埃伊那岛，即柏拉图的出生地，当时正在与雅典交战），我们并不清楚，但是事情已经模糊。有趣的是，和柏拉图同时代但更年轻的犬儒派哲学家第欧根尼（Diogenes the Cynic）

也在大约同一时间，在前往埃伊那岛的途中被海盗俘虏。没有人向他提供援救（考虑到他拒绝所有世俗联系，并倾向于冒犯每一个他遇到的人，这一结果并不意外）。最终，他的余生都在科林斯为奴（Diogenes Laertius, 4.9）。柏拉图、亚里士多德和第欧根尼是公元前 4 世纪最有名的三位哲学家；三人中有两人都曾站在拍卖场上这一事实，说明这样的事情真的可能发生在任何人身上。

90. 柏拉图在他的 *Seventh Letter to Dion* 中再次讲述了这一事件，但是 Annikeris 只在 Diogenes Laertius 3.19–20 中出现。

91. Ihering 1877.

92. 物权（rights in rem）被认为是“针对整个世界”，因为“所有人都有责任避免实施破坏这一权利的行为”，这和人权（rights in personem）相反，人权是针对特定的个人或一组个人而言的（Digby & Harrison 1897:301）。Garnsey (2007:177–178) 指出，Proudhon (1840) 在法国民法典（French Civil Code）中坚持财产权的“绝对”本质是正确的。在其他典型的现代法律文件中，无论是绝对私有财产的概念，还是帝王的绝对统治概念，均可直接追溯到罗马法律。

93. 罗马时代的财产并不是一项权利的概念，要追溯到 Villey (1946)，经由 Tuck (1979:7–13) 和 Tierney (1997) 使之在英国学界成为主流。但是 Garn-sey (2007:177–95) 后来提出了一个有说服力的例子，即从一个人在法庭上有转让的权利及为自己的索赔辩护的权利这一意义上来说，罗马的法官们确实把财产视为一项权利（ius）。这是一个有趣的论断，它大大扩展了一个人对“权利”的定义，但是和我自己的讨论相去甚远。

94. “人和物之间的典型关系是所有权，但是罗马人自己似乎从未定义过它。对他们来说，它是直接施加在物品本身的一种权力关系——一种支配权的形式”（Samuel 2003:302）。

95. 在最早的罗马法律中（公元前 450 年的《十二铜表法》），奴隶仍然是人，但是其价值降低了，因为造成奴隶受伤要支付的赔偿金额，是自由人的 50% (《十二铜表》法 VIII.10）。到了共和国后期，大概在“财产”（dominium）这一概念出现时，奴隶被重新定义为 res，即物品。使奴隶受伤要承担的法律责任和使农耕动物受伤一样（Watson 1987:46）。

96. Patterson：“很难理解为什么罗马人想要提出人和物（这是一个几乎形而上的概念，这和罗马人在思考其他领域的问题时采用的方式有很大的不同）之间的关系这一概念……除非我们能够理解在大多数情况下，他们想到的‘物’就是‘奴隶’。”（1982:31）

97. 它没有出现在《十二铜表法》或任何早期法律文献中。

98. dominus 首先出现于公元前 111 年，dominium 在晚些时候出现（Birks 1985:26）。Keith Hopkins (1978) 估计到了共和国末期，30%~40% 的意大利人口由奴隶构成，在任何已知的社会形态中，这可能都是最高的比例。

99. *Digest* 9.2.11 pr.，乌尔比安第 18 篇《论 Edict》。

100. 例子分别来自 *Digest* 47.2.36 pr.，乌尔比安第 41 篇《论 Sabinus》，以及《*Digest* 9.2.33 pr》，Paulus 给 Plautius 的第二本书。

101. 关于 domus 与 familia 的比较，参见 Saller (1984) on *domus* versus *familia*。familia 一词，以及后来出现的其他欧洲语言同根词，如法语中的 famille、英语中的 family 等，继续用于指代一个权威单位，而并不一定需要具有血缘关系。这一用法至少持续到 18 世纪（Stone 1968, Flandrin 1979, Duby 1982:220–23, Ozment 1983; Herlihy 1985）。

102. Westbrook 1999:207 检查了真正发生的三个已知例子。在这里，父亲的权威似乎被认为和国家的权威完全相同。如果一个父亲被发现非法处死了他的孩子，他可能会被处罚。

103. 或者奴役他们。事实上，《十二铜表法》(III.1）本身似乎尝试改良或平缓更加严酷的做法，al-Wahid（Elwahed 1931:81–82）可能是最早指出这一点的人。

104. Finley 指出，奴隶可以满足性需求这一点，“在希腊—罗马的文献中被认为是很正常的”（1980:143；参见 Saller 1987:98–99, Glancey 2006:50–57）。

105. 关于罗马是否曾广泛推行生育奴隶，存在热烈的争论：关于奴隶制的一种普通理论（比如，Meillassoux 1996, Anderson 1974）指出这么做无利可图，当新奴隶的供给被中断，奴隶通常就会转变成农奴。在这里似乎没有必要考虑这一点，但是要了解相关概述，参见 Bradley 1987。

106. 的确，罗马公民没有合法的途径奴役另一个罗马公民，但是他们可以被外国人奴役，海盗和绑架者在这类事情上也没有什么正面贡献。

107. 中国皇帝王莽在这一点上如此地挑剔。举个例子，他曾经因为自己的儿子随意杀死一个奴隶，而将他处死（Testart 1998:23）。

108. *lex Petronia*。严格地说，它禁止奴隶主命令奴隶与“野兽战斗”（这是一项流行的娱乐活动）；但是，“战斗”一般只是委婉的说法，因为与饥饿的狮子战斗的那些奴隶没有武器，或者只携带明显不够用的武器。一个世纪后，在哈德良（117—138 年在位）治下，奴隶主被禁止杀死奴隶或者建设关押奴隶的私人囚牢，或者实施其他残酷的、过分的惩罚。有趣的是，对奴隶主权力的逐渐限制，伴随着国家权力的加强、公民权的扩大，以及不同形式的债务奴役的回归和依附性的农民的出现（Finley 1972:92–93; 1981:164–65）。

109. 因此 Livy（41.9.11）指出，在公元前 177 年，元老院通过了一项法律，禁止非罗马公民的意大利人把亲戚售卖为奴，防止他们利用这一方式变成罗马公民。

110. 这段话保存在老塞内卡（Seneca）的著作中（*Controversias* 4.7），被 Finley (1980:96) 及其他人指出。在 Butrica 2006:210–23 中有详细的讨论。

111. Wirszubski 1950。关于词源学，参见 Benveniste 1963:262–72。相似地，Kopytoff and Miers (1977) 强调，在非洲，"自由"总是意味着融入某个血缘群体——只有奴隶才独立于所有的社会关系，享有我们所定义的"自由"。

112. Florentius in Justinian's Institutes (1.5.4.1)。有人指出第一句话中的"自然"一词，是在后来的版本中增添的，可能是在 4 世纪。奴隶制是法律赋予的权力的产物，违背自然——这一定位却至少可以追溯到公元前 4 世纪，当时亚里士多德（Politics 1253b20–23）明确地争论过这一点（参见 Cambiano 1987）。

113. 在该世纪，像 Azo 和 Bracton 这样的律师开始质问：如果这是真的，岂不是意味着农奴也是自由人？（Harding 1980:424 note 6；也可参见 Buckland 1908:1, Watson 1987）。

114. 乌尔比安写道："在自然的法律下，每个人生而自由。"奴隶制是 ius gentium（"国家法律"）的产物，是人类共同的法律用语。有些后世的法学家补充指出，财产最初是共有的，ius gentium 对国家、财产等负责（Digest 1.1.5）。正如 Tuck 指出（1979:19），这些是十分分散的观点，在很久以后 12 世纪的罗马法律复兴时期，才由像 Gratian 一样的教会思想家系统总结。

115. Princeps legibus solutus est（"统治权不受法律限制"），这句话最初出自乌尔比安，Justinian (1.3 pr.) 进行了重述。在古时候，这是一个非常新颖的观点。例如，希腊人坚称尽管男人可以对他们的女人、孩子和奴隶随意而为，但是以同样方式对待臣民的统治者就会被定义为暴君。统治者能够最终决定臣民的生死（现代国家的元首仍然有权赦免囚犯）是现代统治权的基础原则，甚至这一点也受到质疑。类似地，在罗马共和国，西塞罗论述坚持拥有决定生死权的统治者就是暴君，"即使他们更想被称为'国王'"（*De Re Publica* 3.23, Westbrook 1999:204.）。

116. 在 Chronicle of Walter of Guisborough (1957:216)；参见 Clanchy 1993:2–5。

117. Aylmer 1980.

118. 公平地说，一个古典自由主义者会坚持认为这就是逻辑结论，它从自由的概念是主动的而非被动的开始（或者如哲学家所说，存在"主观权利"）——也就是说，他不但把自由视为其他人允许我们做任何法律和习俗认可的事情，而且可以做任何没有被明确禁止的事情，这一点有极大的解放效果。这一说法肯定有正确之处。但是在历史上，这些是某种副作用的产物，还有许多其他方法并不需要我们接受关于财产的隐含假设，也能够得出同样的结论。

119. Tuck 1979:49, cf. Tully 1993:252, Blackburn 1997:63–64.

120. 这里注意，在这一时期，理由与种族劣等性无关（种族意识形态后来才出现），而是基于这样一种假设，即非洲法律是合法的，至少对非洲人来说有效。

121. 我论述过雇用劳工源于过去普遍的奴隶制度（参见 Graeber 2006）。

122. 正如 C. B. MacPherson (1962) 解释的，当报纸指出“损害人权”时，只有在这时，政府才被看作非法侵入受害人个体或财产——例如，通过强奸、折磨或处死，这就是原因。《世界人权宣言》（*Universal Declaration of Human Rights*）和所有类似的文献一样，也谈论对食物和居所的普世权利。但是，当政府取消对基本食物的价格补贴（即使将导致大范围的营养不良）或者拆除贫民窟房屋时，或者把无家可归的人踢出收容所时，你绝不会看到政府承认这些做法“损害人权”。

123. 这一概念至少可以追溯到塞内卡。他在公元 1 世纪指出，奴隶的思想可以是自由的，因为权力只能用于“囚禁身体”（*De beneficiis* 3.20）——在自由作为与其他人建立道德关系的能力这一概念，和自由作为主人权力的内化这一概念之间进行过渡，这似乎是一个关键点。

124. 参见 Roitman 2003:224，他明确地把它与债联系在一起。在人类历史中，关于物品独一无二有大量的文献，但是可参见 Hoskins 1999, Graeber2001。

125. 通过提供信息者的假设，即奴隶不知道这就是他们的命运，我们就可以看出奴隶制多么不同寻常。

126. 值得注意的是，就是在他的社会存在变成他留下的唯一存在的那一刻。在国王或其他要人的葬礼上，大量屠杀奴隶的记录出现在古代高卢（Gaul）、苏美尔、古代中国、美洲。

127. *Iliad* 9;342–44.

128. Evans-Pritchard 1948:36; cf., Sahlins 1981。有关辨别国王和奴隶的一个绝佳例子：Feeley-Harnik 1982。显然，每个人都很清楚国王拥有家人、朋友、情人等——我想说的是这通常被认为有问题，因为他应该对臣民一视同仁，他是他们所有人的王。

129. 考虑到罗马法律对自由传统的影响，注意到这一点十分有吸引力，即对于我们有记录的最早作者（提出了类似斯密的模型、货币，最终是硬币，作为辅助商业的手段而被发明）是另一位罗马法学家，Paulus: *Digest* 18.1.1。

130. 但是它绝不可能被消除。（如果任何人对此有怀疑，我推荐他们不要理会任何财产权，去社区里走走，让我们看看他多久之后会遇到枪支伺候。）

08 信用货币与金银货币：历史周期的循环

1. “债，名词。是为奴隶监工的锁链和皮鞭所起的独创性的别称。”声名狼藉、愤世嫉俗的 Ambrose Bierce (*The Devil's Dictionary*, 1911:49) 这样写道。当然，对那些出现在内尔·布什门外的泰国女人而言，被父母卖掉及为偿还父母的债务而工作这两者之间的区别，在如今和两千年前一样，基本只有技术性细节方面的差异。
2. Pierre Dockés (1979) 是我认识的少数几位直面这一问题的作者中的一位，他发表了令人信服的声明，指出它一定和国家权力有关：至少，奴隶制作为一种社会体制，在加洛林帝国时期曾经短暂重现，之后再次消失。有趣的是，因为至少在 19 世纪，“从封建主义向资本主义的过渡”已经成为划时代的社会变革的历史学范式，但却没人解决从古代奴隶制度向封建主义的转变，尽管有理由相信，不论现在正发生什么，都会和它非常类似。
3. 在 *The Making of New World Slavery* (1997) 一书中，Robin Blackburn 使这一论述变得十分有说服力。也存在一些例外，在意大利的城邦国家尤为明显。实际的故事当然比我在这里描述得复杂得多：这种敌意的一个原因在于，在中世纪的大部分时间，欧洲人都是奴隶劫掠的受害者，而非获益方，许多俘虏在北非和中东被交易。
4. 爱琴海区域的硬币是印制的；在印度是冲压的；在中国是浇铸的。这表明，我们在这里讨论的并不是技术的扩散。例如，在谈到印度硬币时，一位历史学家说道：“如果说从冲压形成的硬币能看出一个清晰的事实，那就是产生这个想法的人从未见过希腊的硬币——或者他见过，但希腊硬币并没有给他留下什么印象。冲压形成的硬币采用的是完全不同的冶金工艺。”（Schaps 2006:9）
5. Pruessner (1928) 可能是第一个指出这一点的人。
6. 在安纳托利亚（Anatolia）活动的古代亚述商人，似乎已广泛应用它们（Veenhof 1997）。
7. Powell (1978, 1979, 1999:14–18) 对该证据给出了出色的评估，他强调在巴比伦，对于购买炸鱼、木柴等普通家用物品所需要使用的小额银子，人们并没有生产出足够精准的称量用秤。他总结指出，银子基本用于商人之间的交易。因此，市场供应商的行为可能与他们今天在非洲、中亚等小规模市场的表现一样，建立值得信赖的客户名单，能够随着时间延长给予他们的信用（例如，Hart 1999:201, Nazpary 2001）。
8. Hudson 2002:21–23 假设时间因素很重要，否则商人可能会尽可能推迟使用资金，越晚越好。参见 Renger 1984, 1994; Meiroop 2005。
9. 在这里，我指的是 Qirad 和 Mudaraba 安排，和古代及中世纪地中海区域的 Commenda 类似（Udovitch 1970, Ray 1997）。

10. Herodotus 1.138.
11. Herodotus 3.102–5.
12. Mieroop 2002:63, 2005:29。他指出，恩美铁纳任意一年的所有大麦收入是 3 700 万升，因此他宣称对方欠下的粮食是他自己统治下年收入的 1 000 多倍。
13. Lambert 1971; Lemche 1979:16.
14. Hudson 1993 对该文献提供了最详细的综述。
15. Hudson 1993:20.
16. Grierson 1977:17，引用 Cerny 1954:907。
17. Bleiberg 2002.
18. 一位权威人士直截了当地说："我不知道哪位法老颁布了废除债务的法令。"（Jasnow 2001:42）他补充道：在世俗时期（Demotic period）末期之前，没有证据表明债务奴役存在。而世俗时期末期，正是希腊文献开始谈到两者的同一时期。
19. VerSteeg 2002:199；参见 Lorton 1977:42–44。
20. 在某些方面，这就像在中世纪的基督教世界和伊斯兰世界创造的法律漏洞，利息在这些地方都被正式禁止。参见第十章。
21. Diodorus Siculus 1.79。关于在此问题上希腊文献和埃及文献的比对，参见 Westermann 1955:50–51。
22. 有息贷款的传播历史，才刚刚开始被重建。它还未出现在艾贝拉（Ebla，公元前 2500 年），还未出现在古王国或中王国时期的埃及，还未出现在迈锡尼时期（Mycenaean）的希腊，但它最终在青铜时代晚期的黎凡特及赫梯人（Hittite）的安纳托利亚变得很普遍。我们将会看到，它很久之后才出现在古典时期的希腊，而出现在德国等地区的时间更晚。
23. 实际上，中国的历史学把整个时代称为"封建时代"。
24.《管子》，Schaps 2006:20 引用。
25. Yung- Ti (2006) 论述它们并不是，尽管我们没法儿真正确定是否如此。Thierry (1992:39–41) 简单地假设它们就是，并提供了它们被用作记账单位和支付手段的很多例子，但是它们都没有被用于买卖。
26. 无论如何，在之后的时期，贝壳肯定被用作硬币等价物，政府周期性地采取两种做法之一：要么压制它们的使用，要么把它们重新引入交易体系（Quiggin 1949, Swann 1950, Thierry 1992:39–41, Peng 1994.）。一直到近代为止，在中国西南端的云南省，贝壳货币与计数棒一起，作为货币的通用形式而复活（B. Yang 2002）。关于此已有详尽的研究，但是就我所知，都是以中文完成的。
27. Scheidel 2004:5.

28. Kan 1978:92。我注意到，从这个角度来说，传递关于 Inca khipu 系统自身的一项研究，本就十分吸引人。线绳既被用来记录我们认为是财务方面的责任，也被用来记录其他我们认为是仪式方面的责任，因为与众多的欧亚语言一样，在盖丘亚语（Quechua）中，“债”和“罪”这两个字也是相同的（Quitter & Urton 2002:270）。
29. L. Yang (1971:5) 发现了公元前 4 世纪出现的首份关于有息贷款的可靠文字参考。Peng (1994:98–101) 指出，留存下来的最早记录（甲骨文和铭文）并没有提到贷款，但是也没有理由证明它应该被提及。他还把大多数可以获得的文献参考资料组合在一起，发现很多早期文献都提到了贷款，于是得出结论，即无法确定是否应该认真对待它们。但是，到战国时期，有大量证据表明出现了放高利贷者，以及各种滥用情况。
30. 《盐铁论》I 2/4b2-6，见 Gale(1967):12。
31. 《管子》（73 12），Rickett (1998:397)。
32. 所以，大约在公元前 100 年，“当洪水和干旱来临……那些有粮食的只能以半价出售，而没粮食的只能借入利息极高的高利贷。随后，来自父辈的农田转手；子孙被卖以偿债；商人牟得暴利，甚至小贸易商也能建立事业，获得前所未闻的收益”（见 Duyvendak 1928:32）。关于有息贷款的文字记录，最早见于公元前 4 世纪的中国，但它出现的时间可能更早（Yang 1971:5）。要了解在早期印度出现的卖儿鬻女以偿债的类似例子，参见 Davids 1922:218。

09 轴心时代（公元前 800—600 年）

1. Jaspers 1949.
2. Parkes 1959:71.
3. 或者如果一定需要更为精确，我们可能应该让它在公元 632 年随着先知的死去而结束。
4. 很明显，吠陀印度教（Vedic Hinduism）更早。我在这里提到印度教是把它作为自我知觉的宗教，它通常被认为大约在这一时间，作为对佛教和耆那教（Jainism）的应对而开始成型。
5. 过去，这一日期被设定为早得多，在公元前 650 年，甚至公元前 700 年，但是后来的考古学对这一点提出了疑问。但是，利迪亚硬币似乎仍然是最早的，而大多数其他硬币似乎也被认为是最早的。
6. Prakash & Singh 1968。根据放射性碳元素分析，目前普遍认定大约在公元前 400 年，印度出现了硬币（Erdosy 1988:115, 1995:113）。

7. Kosambi (1981) 指出，在它们的第一个和青铜时代的哈拉帕（Harappan）城市之间，似乎存在着直接的联系："莫亨佐达罗（Mohenjo Daro）拥有精制的砝码和劣质的武器，因此它完全是一个贸易城市。即使在它覆灭后，贸易商仍然存在，并继续使用那个时期非常精准的砝码。"（ibid：91）基于我们对美索不达米亚（哈拉帕文明与之有紧密的联系）的了解，假设他们继续使用以前的商贸手段也是合理的，并且在我们所拥有的如《本生经》（*Jakatas*）等早期文字资料中，"借据"似乎是作为人们熟悉的做法出现（Rhys Davids 1901:16），即使这些资料是在许多世纪之后出现的。当然，在这里的例子中，这些标志被推断代表对重量精度的认证，这表明它的重量没有进一步缺斤少两，但也有可能启发了早期的信贷实践。Kosambi 后来确认了这一点："这些标志对应现代在店铺中已经结清的账单或支票上的联署签名。"（1996:178–79）

8. 在中国，硬币的最早文字记录出现在公元前 524 年进行货币体系改革的一个地区，这就意味着它已经拥有货币体系，并且据推断，其拥有货币体系的状态已经持续了一段时间（Li 1985:372）。

9. Schaps 2006:34. 有关最近出现的类似论述，参见 Schoenberger 2008。

10. 当然，最早的硬币具有极高的面值，并且极有可能被用来支付税和费用。相比于购买日常用品，它们被更多地用于购买房屋和牲畜 Kraay 1964, Price 1983, Schaps 2004, Vickers 1985。例如，只有在像 5 世纪那样，普通公民在脸上带着由冲印的银或铜制成的极小硬币前往市场，希腊真正的市场化社会据说才可能存在。

11. 由 Cook (1958) 率先提出后，这一解释自那以后便失去了支持（Price 1983, Kraay 1964, Wallace 1987, Schaps 2004:96–101; though cf. Ingham 2004:100），主要在这一论述上：不能付给士兵硬币，除非已经存在人们愿意接收硬币的市场。对我来说，这一反对的力度很弱，因为硬币不存在，并不意味着货币或市场不存在。几乎所有该讨论的参与方［例如，Balmuth 1967, 1971, 1975, 2001 论述不规则的银块已经作为货币被广泛使用，以及 Le Rider (2001) 和关于这一点的 Seaford (2004:318–37)，他们指出银块的数量不足，不足以成为每天流通的货币］，似乎都认真考虑了大多数市场交易以信用的形式发生的这一可能性。不论如何，正如我之前所说的，国家要确保硬币成为可接受的货币十分简单，只需宣布硬币是对国家义务的唯一可接受支付手段即可。

12. 大多数已知的早期希腊银行家，都是腓尼基人的后代，他们极有可能是率先把利息的概念引入的人（Hudson 1992）。

13. Elayi & Elayi 1992.

14. Starr 1977:113；参见 Lee 2000。

15. 有趣的是，请注意，据我们所知，伟大的贸易国家在伟大的艺术作品或哲学层面产出不多。
16. 最伟大的例外当然是斯巴达（Sparta），它拒绝发行硬币，并发展出了一套贵族施行严格的军事生活方式、永远接受为战争训练的体系。
17. 当亚里士多德强调希腊城邦的体制可以通过观察其军事力量的主要部队而预测时，他已经注意到了这一联系：如果依赖骑兵，就是贵族制（因为马匹非常昂贵）；如果是重步兵，就是寡头制（因为盔甲不便宜）；如果是轻步兵或者海军，就是民主制（因为任何人都可以挥舞吊索或划船）（*Politics* 4.3.1289b33–44, 13.1297b16–24, 6.7.1321a6–14）。
18. Keyt (1997:103) 总结 *Politics* 1304b27–31。
19. Thucydides (6.97.7) 宣称，公元前 421 年，有 20 000 人从矿区逃跑，这一数字可能被夸大了，但是大多数文献估计，在那个世纪的大多数时间，至少有 10 000 人戴着镣铐、在极恶劣的条件下工作（Robinson 1973）。
20. Ingham 2004:99–100.
21. MacDonald 2006:43.
22. 关于亚历山大军队的货币需求，参见 Davies 1996:80；关于他的后勤更普遍的论述，参见 Engels 1978。120 000 这一数字不但包括作战部队，也包括仆人、随军队流动的平民等。
23. Green 1993:366.
24. 罗马的体系被称为 nexum，我们完全不知道它是如何运转的：比如，它是否采用劳动合同的形式，一个人为固定的条件通过工作偿还债务，或是更类似于非洲的抵押人体系，即债务人及其子女以类似奴隶的身份提供服务，直到被赎回（关于可能性，参见 Testart 2002）。参见 Buckler 1895, Brunt 1974, Cornell 1994:266–67, 330–32。
25. 因此，大部分引发针对债务奴役制度的抗议的丑闻事件，都集中在身体虐待或性虐待的极端例子上。当然，一旦债务奴役被废除，奴隶担任家庭劳动力后，这样的虐待就被视为正常的，可以接受的。
26. 付给士兵的第一批青铜硬币，似乎在公元前 400 年前后被制成（Scheidel 2006），但是这是根据罗马历史学家的观点获得的传统日期。
27. 关于传统学界的大多数观点，Moses Finley 的总结可能是最佳的，他写道："在希腊和罗马，债务人阶层会起义；而在近东地区，他们不会这么做。"因此，类似尼希米（Nehemiah）发生的改革至少是次要的、临时的权宜之计——而我在这里的论述，是对这一观点的公然挑战。近东地区的起义采用了不同的形式，相比于他的观点，希腊和罗马的起义既有更多的局限，也更加临时。

28. 要获得绝佳的例子，参见 Ioannatou 2006。公元前 63 年的喀提林（Cataline）阴谋是深陷债务的贵族和绝望的农民组成的同盟。关于持续的共和国债务及土地重新分配运动：Mitchell 1993。
29. Howgego 提出了这一观点："如果在元首制下听到的债务消息更少，那可能是因为政治稳定性消除了表达不满的机会。公开叛乱时，债务会作为问题重新出现这一事实，也支持了这一论述。"（1992:13）
30. Plutarch, *Moralia*, 828f–831a.
31. 不用说，存在大量互相冲突的资料，但可能最好的资料是 Banaji (2001)。他强调，在后来的帝国，"债务是实施者确保对劳动力供给进行控制的根本手段，它会破坏劳动群体的团队，并将所有者和雇员之间的关系'私人化'"（ibid：205），他将这种情况与印度进行了比较，结果很有趣。
32. Kosambi 1966, Sharma 1968, Misra 1976, Altekar 1977:109–38。当代印度历史学家把他们称为"gana-sanghas"（"部落集会"）。这些历史学家倾向于否认他们是由奴隶和农奴群体支撑的勇士贵族阶级，尽管希腊的城邦国家当然可以用同样的方式描述。
33. 换句话说，他们看上去更像斯巴达人，而不像雅典人。奴隶也是集体所有的（Chakravarti 1985:48–49）。在这里，还是需要考虑这在多大程度上真的是一般的规则，但在这类问题上，我认可主流的学界观点。
34. *Arthasastra* 2.12.27。要想获得出色的比较性评论，参见 Schaps 2006:18。
35. Thapar 2002:34, Dikshitar 1948.
36. 当然，税也存在，它通常是总收成的 1/6 到 1/4（Kosambi 1996:316; Sihag 2005），但是税也是把商品引入市场的一种方式。
37. So Kosambi 1966:152–57.
38. 以及雇用劳工，在古代世界十分常见的两种现象基本上是互相重叠的：在这一时期的记录中，指代工人的常用词语是 dasa-karmakara，即"奴隶—雇工"，其背后假设是奴隶和劳工一起工作，二者很难区分开来（Chakravarti 1985）。关于奴隶制的统治地位，参见 Sharma 1958, Rai 1981。具体的程度仍处于争论中，但是早期的佛教记录确实似乎假设富裕的家庭中都会有奴隶——当然，在其他时期，情况绝非如此。
39. 在亚历山大短暂征服印度河谷地区并且于阿富汗建立了希腊殖民地之后，冲压标记的硬币最终也被爱琴海式的硬币取代，这导致整个印度传统消失（Kosambi 1981, Gupta & Hardaker 1985）。
40. 它被称为"支柱法令"（Pillar Edict）（Norman 1975:16）。
41. 关于具体时间，有大量的争论：Schopen (1994) 强调，在 1 世纪之前，也即大约三个世纪之后，没有太多的证据表明存在大量的佛教寺庙。这也对货币化有很大的影响，我们将会在后面看到。

42. “私人交易商被 Arth. 4.2 视为眼中钉（kantaka），那是仅次于国家灾祸的公众敌人，他们被不正当地征税和罚款，许多人却认为这是理所当然的。”（Kosambi 1996:243）
43. 那些希望出家为僧的人，必须首先确认他们自己不是债务人（就像他们也必须承诺自己不是逃跑的奴隶），但是并没有规则规定寺庙不能放贷。我们将会看到，在中国，为农民提供条款宽松的借款，被当作一种慈善行为。
44. 相似地，佛教僧人在能够回避的情况下，是不被允许看到军队的（Pacit-tiya, 48–51）。
45. Lewis 1990.
46. Wilbur 1943, Yates 2002。在战国时期，秦国不但允许按照军衔把奴隶分配给军队军官，而且有可能把商人、手工艺者及“穷人和闲人”“罚没为奴”（Lewis 1990:61–62）。
47. Scheidel (2006, 2007, 2009) 详细地思考了这个问题，总结出中国的货币采用不同寻常的形式是基于两个主要原因：（1）秦国（使用青铜货币）在与楚国（使用黄金）的战争中赢得胜利的历史结果，以及随之而来的保守主义；（2）缺少高收入的雇佣军，这使得中国王国的行为与早期罗马共和国相似，这也限制了中国只能付给应召农民青铜硬币——但是和罗马共和国不同，中国的王国周围没有被已经习惯使用其他货币形式的国家环绕。
48. 据我们所知，毕达哥拉斯第一个采取了第二条路线，建立了一个秘密的政治社团，它曾在一段时间内控制了意大利南部希腊城邦的政治权力。
49. Hadot 1995, 2002。在古代世界，基督教被认为是一种哲学，主要原因是它有自有的苦修形式。
50. 关于农家：Graham 1979, 1994:67–110。他们最繁荣的时期似乎也是墨家创始人墨翟生活的年代（约公元前 470—公元前 391 年）。农家最终销声匿迹，留下了一系列关于农业技术的论著，但是他们对早期的道家有极为重要的影响——而相应地，从公元 184 年的黄巾起义开始，在之后的许多个世纪，道教都是农民起义者偏爱的哲学体系。最终，道家被救世主形态的佛教取代，佛教也成为农民起义军喜爱的意识形态。
51. Wei- Ming 1986, Graham 1989, Schwartz 1986.
52. 传说在一位毕达哥拉斯派的数学家发现无理数之后，同派的其他成员带他出海航行，然后把他扔进了大海。关于早期毕达哥拉斯主义（公元前 530—公元前 400 年）与现金经济的崛起，参见 Seaford 2004:266–75。
53. 至少如果我自己在马达加斯加的亲身经历有参考意义的话，情况就是如此。
54. 战争很类似：在这个领域，也可以想象每个人是在玩一场游戏，规则和风险都非同寻常的透明。主要的区别在于，在战争中，一个人确实关心他的战友。“自利”这一概念的起源，参见第十一章。

55. 不要和无关的儒家概念“礼”相混淆，这一概念的意思是“仪式”或“规矩”。后来，礼变成了意为“利益”的词——也就是说，不但是“自利”，还是“支付利息”（例如，Cartier 1988:26–27）。应该说，我在这里的论述稍微有些不合传统。Schwartz (1985:145–51) 指出，对于孔子而言，“利润”是完全贬义的含义，他宣称这个词被墨翟进行了颠覆性的重新解读。我的假设是法家甚至在孔子之前——当然也在孟子之前——反映了普遍的智慧。

56.《战国策》，第 109 篇，7.125。

57.《吕氏春秋》，8/5.4。

58. 关于核心词语的讨论，参见 Ames (1994)：私利（自利），势（战略优势）和利民（公众利润）。

59.《商君书》。

60. Kosambi 的翻译（1965：142）；《大英百科全书》采用“利润指南”（“Cārvāka”词条）；Altekar (1977:3)，“财富的科学”。

61. Nag & Dikshitar 1927:15。Kosambi 论述道，孔雀王朝的政体因此基于一个根本矛盾：“道德上遵纪守法的人民，被一位完全没有道德的国王统治。”（1996：237）但是不论在孔雀王朝之前还是之后，这样的情形都不罕见。

62. Thucydides 5.85–113 (cf. 3.36–49)。此事发生在公元前 416 年，大概与商鞅和考底利耶写作处在同一时期。值得注意的是，修昔底德（Thucy-dides）反对这种行为，并非出于它明显的不道德性，而是集中在它不利于帝国的“长期收益”（Kallet 2001:19）。关于修昔底德自己的功利主义唯物论的整体介绍，参见 Sahlins 2004。

63. 参见 Hansen 2000:137 中的 Mozi 6:7B。

64 参见 Duyvendak 1928:76–77 中的《孟子》4.1。他所指的似乎是最初由孔子自己提出的区别：“上等人知道什么是对的，而下等人只知道什么是有利可图的。”（Analects 7.4.16）

65. 除墨家外，很少有流派公开拥抱经济逻辑的道路。在印度和希腊，我们已经看到将道德包装成债的尝试是如何走投无路的，甚至《吠陀梵语》的原则在表面上也是关于免除债务的。我们已经看到，这在以色列也是中心主题。

66. Leenhardt 1979:164.

67. 这一解读确实和这一问题上的学界主要观点直接冲突。学界主流看法倾向于强调轴心时代观点的“先验”本质（例如，Schwartz 1975, Eisenstadt 1982, 1984, 1986, Roetz 1993, Bellah 2005）。

68. 希腊的体系实际上从火、空气和水开始，印度体系是火、水和土，在每个例子中，都存在无数种解释。中国的元素体系是五行：金、木、水、火、土。

69. 在基督教中，特别是在奥古斯丁派的传统中，这一点非常明确：世俗世界在任何意义上都没有上帝参与；上帝并不在其中；它仅仅是由上帝创造（*De civitate dei* 4.12）——根据 Henri Frankfort (1948:342–44)，这一精神和本质的激进分离，是犹太—基督教（Judaeo-Christian）传统的特性。但是，奥古斯丁派传统的另一方面也依据柏拉图而坚持认为这一原因（使我们能够理解类似事情的抽象原则，它完全与物质分离）确实具有部分神性（有关在奥古斯丁自身观点中存在的矛盾，参见 Hoitenga 1991:112–14）。

70. 本书最后一章在我关于柏拉图的讨论中，已经引用了 Shell 的论文“The Ring of Gyges”（1978）；Seaford 1998, 2004。

71. 这是基于这样一个事实：在生产面值足够小、能够用于每日交易的硬币这件事上，米利都即使不是第一个城市，也是做到这一点的几个城市之一（Kraay 1964:67）。

72. 赫拉克利特（Heraclitus）来自附近以弗所（Ephesus）的爱奥尼亚城邦，毕达哥拉斯来自萨摩斯（Samos）的爱奥尼亚岛。在爱奥尼亚被波斯王国吞并后，大量爱奥尼亚人逃到了意大利南部。于是那里再次成了希腊哲学的中心，而此时，那里的希腊城邦正在实现彻底货币化。雅典在 5 世纪才成为希腊哲学的中心，也正是在那时，雅典才具备军事方面的统治力，雅典的“猫头鹰”硬币成为地中海东部地区的通用货币。

73. 或者如 Seaford (2004:208) 所说，也是回应阿那克西曼德对他的主要实质的描述，“独特的、永恒的、客观的、包罗万象的、无限制的、均匀的、永远运动的、抽象的、调节的物质，所有事物及其起源的目的地”（或者，至少是能够买到的“所有事物”）。

74. Seaford 2004:136–46；参见 Picard 1975; Wallace 1987; Harris 2008a:10。纯粹的“信用”货币当然会被金属工人称为“法定货币”（fiat money）或“辅币”（token money），或者被凯恩斯主义者称为“代币”（chartal money）。尽管有 Finley 持对立观点的论述（1980:141,196），但几乎所有古代货币都在某种程度上存在信用属性。我们很容易就能看出，为什么流通中的硬币面值通常比铸造的金银价值高（金银的价格会产生波动），只要硬币面值低于铸造用金属的价值，人们就没有理由不去熔掉硬币并出售金属。

75. 在罗马帝国或孔雀王朝帝国这样庞大国家的例子中，确实会产生通货膨胀，但至少在一个世纪之内，都无法感知它的完整效果（参见 Ingham2002:101–4, Kessler & Temin 2008, Harris 2008b，了解关于罗马情况的出色讨论）。

76. Seaford 2004:138–39.

77. 这里，我部分受到了马赛尔·莫斯关于物质概念的论述的启发（Allen 1998）。
78. 因此，我们将会看到，亚里士多德认为硬币只是社会习俗的立场（*Nicomachean Ethics* 1133a29–31），在古代社会中是极少数人持有的观点。它确实在后来的中世纪时代成为主流观点。
79. 在佛教经文中，他被称为“弊宿”（Pāyāsi）；在耆那教（Jaina）中，它被称为“Paesi”（参见 Bronkhorst 2007:143–159，获得关于这些早期印度唯物论者的出色讨论；关于之后的唯物学派——据说考底利耶也属于此派——参见 Chattopadhyaya 1994）。Jaspers (1951:135) 在写到印度时，指出“包括唯物论和怀疑论、诡辩和虚无主义在内的所有哲学趋势”的出现是一份重要的清单，因为它很显然根本不是“所有”哲学趋势的清单，而仅仅包含了其中最为偏重唯物论的趋势。
80. 在《理想国》中，它被彻底拒之门外。在印度，正如我已经论证的，印度教传统似乎接纳了它。佛教、耆那教和其他对立的哲学完全没有使用这一说法。
81. 大约在耶稣生活的年代，亚历山大的斐洛（Philo of Alexandria）就爱色尼派教徒（Essenes）写道：“在他们中间，没有任何人是奴隶，所有人都是自由的，他们与其他人交换服务。他们对奴隶主的谴责，不仅因为这些奴隶主践踏平等律条的不义，也是因为奴隶主通过废除自然法令展现出的不虔诚。”（*Quod omnis probus liber sit* 79）而另一组犹太人特拉普提派（Therapeutae）反对所有形式的财产，他们把奴隶制看作“完全地、彻底地与自然对立，因为自然创造每个人生而平等”（*De Vita Contemplativa* 70）。这里可以看到与罗马律令中观点的相似性。犹太派别被详细记录，这很不寻常。如果类似的派别存在于色雷斯（Thrace）或努米底亚（Numidia），我们可能根本无从知晓。
82. 在后来的传说中，他的父亲演变为一位国王，他在王宫中成长，但事实上，那时的萨克耶（Sakya）“国王”是选举产生并由众人轮流担任的一个职位（Kosambi 1965:96）。

10 中世纪（600—1450 年）

1. 在蛮族继任者统治的国家发行的硬币中，金或银的含量通常不高。结果，这些硬币只能在国王或男爵的统治区域内流通，基本无法用于交易。
2. 关于这一情况，Dockés (1979:62–70) 提供了一篇优秀的综述——因为目前对位于法国的罗马奴隶宅邸大小的认知主要来自空中摄影。随着时间的推移，甚至自由人群体最终也会变为某种形式的偿债劳役，或者成为被绑定在土地上的农奴（拉丁语中的 coloni）。

3. 我们已经看到，Kosambi 认为摩揭陀是货币化的巅峰。R. S. Sharma (2001:119–62) 论述在笈多王朝（Guptas，280—550 年），硬币仍然很常见，之后却突然销声匿迹。但是，即使他关于在那之前流通中的硬币总数并未减少的观点是对的，他自己也指出（ibid：143），这一时期的恒河人口几乎增长到之前的三倍，所以这也标志着硬币数出现稳步下降。
4. 相关综述请见 R. S. Sharma 1965, Kane 1968 III:411–61, Chatterjee 1971。Schopen（1994）特别强调随着中世纪的发展，技术变得越来越复杂，例如，已经发展出将复利计算与部分还款相结合的记账方法。
5. 关于寺庙事务管理的文献对这些细节投入了极大的关注：当钱被借出后，协议如何在见证人面前被签署、封装并存放在寺庙中；价值是借款两倍的担保品或抵押品应如何被移交，"虔诚的杂役僧侣"应如何被分配管理这些投资；等等（Schopen 1994）。
6. 来自阿拉伯语"第纳尔"（dinar），相应地来自罗马语"便士"（denarius）。尚不清楚那时这样的总金额是否实际用硬币支付：例如，一份早期寺庙手册在讨论可能被转入无尽藏并有息贷出的物品时，提到它可以是"金银，不论被制成硬币、完成加工或是原料状态，不论量大或量小，不论是纯金纯银还是合金制品，也不论是否被制成成品或半成品的器皿形式"［Gernet 1956（1995:165）中的 Mahāsāmghika Vinaya］。
7. Fleet 1888: 260–62 在 Schopen 1994:532–33 中的译文。佛教是建立在对一切世俗联系皆为无常这一认知之上的，那么，若对佛教内出现的永恒概念进行如此强调，你就不需要谈论其所具有的讽刺意味。
8. 商业贷款被记录在卡尔（Karle）的一座西印度寺庙中的经文中（Levi 1938: 145; Gernet 1956 [1995:164]; Barreau 1961:444–47）；后来的泰米尔（Tamil）寺庙中的集合（Ayyar 1982:40–68, R.S. Sharma 1965）。尚不清楚这些是商业贷款，还是更像后来的佛教习俗 jisa。这一习俗在中国西藏、不丹（Bhutan）和蒙古仍然流行：希望支持某一特定仪式或者某一教育项目的一个人或一组人或一家人，可能收到一笔"永久的"500 卢比的贷款。随后的一年，他们会被期望支付 800 卢比来组织这一仪式。尽管"贷款"可被转移，这一责任还是会在随后被继承（Miller 1961, Murphy1961）。
9. Kalhana, *Rajatarangini* 7.1091–98；参见 Basham 1948, Riepe 1961:44n49。僧侣显然属于邪命外道，在那一时期仍然存在。
10. 关于"黑暗世"（Kali age）的往世书（Puranic）描述，参见 Naskar 1996, R.S. Sharma 2001:45–66。黑暗世似乎是后来婆罗门对从大约亚历山大的统治到中世纪早期这一段时间的称呼，它是一个不安全的、动荡的时代，外来王朝统治着大部分印度，种姓等级制度受到了广泛的挑战或反对。

11. Manusmṛti 8.5.257。值得注意的是，对其他人的债务在这些文献中完全消失了。
12. Manusmṛti 8.5.270–72。如果侮辱了再生组种姓中的一员，首陀罗的舌头也会被割掉。
13. R.S. Sharma 1958, 1987, Chauhan 2003.
14. “即使首陀罗被他的主人释放，他也无法摆脱奴役的状态，谁能剥夺他的天生状态呢？”（Manusmṛti, Yājñavalkya Smṛti 8.5.419），或者甚至“首陀罗不论通过购买与否，都必须被贬为奴，因为神创造他们就是为了服务别人”（8.5.413）。
15. 考底利耶允许商业贷款的利率设为 60%，“包含穿越森林旅程的生意”的利率可以设为 120%，包含海上船运的生意的利率可以设为 240%（*Arthasastra* 3.11；一部后来的法典 Yājñavalkya Smṛti 2.38 也遵从这点）。
16. Yājñavalkya Smṛti 2.37, Manusmrti 8.143, Visusmrti 5.6 2，参见 Kane 1968 III:421。
17. R. S. Sharma 1965:68。相似地，早期的法典说明任何借债违约的人，都会转生为债主家庭的奴隶，甚至是动物：一部后来的中国佛教文献更为精确，它规定违约金额每达到 8 文钱，一个人就必须有一天作为牛；或者违约金额每达到 7 文钱，这个人就有一天作为马（Peng 1994:244n17 中的 Zhuang Chun）。
18. Dumont (1966).
19. Gyan Prakash (2003:184) 对殖民时期提出了这样一种观点：当一次性的种姓阶级制度开始被视为债务奴役后，次等种姓的人就变成了具有同等权利的人，只不过他们的权利被暂时“中止”了。
20. 公平起见，也可以说欠债的农民掌握了更多的资源，因此更有能力组织起义。关于中世纪印度发生的民众叛乱，我们知之甚少［可参见 Guha (1999). Palat (1986, 1988:205–15; Kosambi 1996:392–93)］op……，但是如果和欧洲对比，这种叛乱发生的总数是相对较少的。
21. “没人知道在中国历史上曾经发生了多少次起义。在 613 年至 615 年的短短三年间，官方记录的起义就有几千次，平均每年差不多发生 1 000 起（656 年，Wei Z.）。在 1629 年至 1644 年，Parsons 认为中国发生了多达 234 185 次起义，平均每天 43 起，即每小时爆发 1.8 次。”（Deng1999:220）
22. 根据 Deng (1999) 的内容。
23. Huang 1999:231.
24. 这些贷款似乎是储存食物的国家粮仓逻辑的延伸。有些出售是战略性举措，用来压低价格；有些在饥荒时期免费分发；有些以很低的利息贷出，为借款人提供另外一种选项。

25. Huang op cit; cf. Zhuoyun & Dull 1980:22–24。关于他复杂的货币改革：参见 Peng 1994:111–14。
26. 一般来说，贷款利率最高被限制为 20%，禁止使用复利。中国政府最终也采用了印度的原则，即利息不能超过本金（Cartier 1988:28; Yang 1971:92–103）。
27. Braudel 1979; Wallerstein 1991, 2001.
28. 我在这里特别借鉴了 Boy Bin Wong (1997, 2002; also Mielants 2001, 2007 的工作。诚然，大多数布罗代尔派仅仅把后来的明朝等朝代视为完全体现了这一原则，但是我认为实际的年代可能更早。
29. 因此，例如，尽管市场自身被认为有利，政府也会系统性地加以干预来阻止价格波动，在大宗商品便宜的时候囤积，当价格上涨时出售。在中国历史上，有些时期的统治者与商人达成一致，但结果通常导致严重的民众抵制（Deng 1999:146）。
30. 关于讨论可比生活标准的大量文献，Pommeranz 1998, 提供了简介。在印度历史上的大多数时期，它实际上做得很好。
31. Zürcher 1958:282.
32. Gernet 1956 (1999: 241–42)；接下来的讨论，参见 Gernet 1960, Jan 1965, Kieschnick 1997, Benn 1998, 2007。
33. Jan 1965:263 中引用的赞宁（919—1001 年）的话。其他人诉诸菩萨和虔诚的国王们的历史，他们会把自己的身体变为赠礼。比如，有一位国王在发生饥荒时迅速死去，变为一座肉山，充满数以千计的头颅、眼睛、嘴唇、牙齿和舌头，经过一万年的时间，无论人和动物吃下多少，剩余的仍然变得越来越多（Benn 2007:95, 108; cf. Ohnuma 2007）。
34. Gernet 1956 (1995:245) 引用的 Tu Mu 的话。
35. 这可能有些令人吃惊，因为这一词语在当代西方的大众中被频繁使用，“业报”变成了新时代的陈词滥调。但是在欧美国家中，它似乎引起了比在印度更加有直觉性的回响。尽管在印度传统中，债务和罪孽有密切联系，但是大多数早期的佛教流派回避了这一概念，主要因为它意味着自我的延续，而这在佛教流派看来是暂时的，最终是虚幻的。正量部（Sammitiya）被称为“个人至上”，因为他们确实相信持续存在的自我。他们是例外，由此发展出了avipranaśa 的概念，即善行和恶行的结果（业）的“持续就像一页纸，债务刻在上面”，成为组成自我的无法察觉的元素，从一次生命传递到另一次（Lamotte 1997:22–24, 86–90; Lusthaus 2002:209–10）。如果这一观点不是被著名的大乘佛教（Mahayana）思想家龙树（Nāgārjuna）提起（龙树将它与“不朽的借据”进行对比），它可能随着该流派一起消失了（Kalupahana

1991:54–55, 249; Pasadika 1997）。他的中观（Mādhyamaka）派相应变成了中国的三论宗（Sanlun 或 Three Treatise）；业报的概念尤其被信行（Hsin-Hsing）僧人（540—594 年）所创的“三阶教”（Three Stages）或“三阶宗”（Three Levels）采用（Hubbard 2001）。

36. *Commentary on the Dharma of the Inexhaustible Storehouse of the Mahay-ana Universe*, Hubbard (2001:265) 所译，根据 Gernet (1956 [1995:246]) 进行了少许修改。

37. In Hubbord 2001:266.

38. Cole 1998:117 中的道士。Cole 的书关于此文献提供了出色的综述（也可参见 Ahern 1973, Teiser 1988, Knapp 2004, Oxfeld 2005）。有些中世纪文献专门聚焦于母亲，其他的聚焦于父母。有趣的是，对母亲的无限的、无法偿还的“哺育债”的概念，也出现在土耳其（White 2004:75–76）。

39. Baskind 2007:166 中引用的 *Sutra for the Recompense of Gratitude*。我把“40 亿年”翻译成“劫”（kalpa），实际上应该是 43.2 亿年。我也把指代父母的“他们”改为了指代母亲的“她”，因为上下文讲述的是一个男人为他的母亲割掉身上的血肉。

40. 中国佛教徒并不是当铺的发明者，但他们似乎率先大规模地支持当铺。关于典当业的整体起源，参见 Hardaker 1892, Kuznets 1933。对中国情况的专门论述：Gernet 1956（1995:170–73）, Yang 1971:71–73, Whelan 1979。在一个值得注意的类比中，欧洲第一家“正式”当铺也出于类似的目的诞生于修道院：15 世纪，在意大利由方济会修士（Franciscan）创建的 monti di pieta，即“怜悯银行”（Peng 1994:245 也提到了类比的例子）。

41. Gernet 1956 [1995:142–86], Ch’en 1964:262–65; Collins 1986:66–71; Peng 1994:243–45 道观在这一时期同样数量大增，但它们似乎禁止提供贷款（Kohn 2002:76），部分原因可能是为了以示区别。

42. Gernet 1956（1995:228），他在其中的论述十分著名：“无尽藏的捐赠人是股东，但并不是在经济范畴内，而是在宗教范畴内。”据我所知，Randall Collins (1986) 是唯一彻底接受这是资本主义早期形式这一假设的当代学者，在后来的中世纪欧洲，他也看到了类似的寺院资本主义。中国历史学倾向于认为最初的“资本主义萌芽”在后来的宋朝才出现，宋朝对商人的态度要比任何一个朝代都更为友好。之后的明清彻底接受了市场，但是坚决拒绝了资本主义。关键的问题在于组织劳动者，并且这一点在唐朝仍然有些模糊。并没有可用的统计数据，但即使有，也很难知道“农奴”“奴隶”“雇用劳工”在当时的真实含义。

43. 关于土地回收和寺院奴隶，参见 Gernet 1956（1995:116–39），Ch’en 1964:269–71。

44. “据说这种慷慨行为的目的，是减轻穷人和孤儿的压力。但事实上，除了过度和欺诈，它什么也不是。这并不是一项合法的生意” Gernet 1956 (1995:104–5, 211)。

45. Gernet 1956（1995:22）.
46. 参见 Adamek 2005, Walsh 2007。
47. 这可能是像真理、公平和自由这样的抽象概念都以女性指代的原因。
48. 在 13 世纪，马可·波罗对中国南部省份云南情况的观察：“但是当他们彼此间要做生意时，他们会拿一根圆的或方的木棍，将它一分为二。一个人拿走一半，另一个人拿走另一半。但是在他们将木棍分开之前，他们会在上面刻两三下，或者任意一个他们想刻下的数。于是，当一个人要付钱给另一个人时，他付钱或其他形式的货币，并拿回另一个人持有的一半木棍。”（Benedetto 1931:193）也可参见 Yang 1971:92, Kan 1978, Peng 1994:320, 330, 508, Trombert 1995:12–15。根据 Kan，这种类型的计数凭证诞生于文字之前。据传说，黄帝的大臣同时发明了文字和计数合约。
49. Graham 1960:179.
50. 实际上，古人也注意到了这种相似性：老子（《道德经》第 27 章）提到“善数，不用筹策，善闭，无关楗而不可开。”最著名的是，他坚持认为“是以圣人执左契，而不责于人。有德司契，无德司彻”（第 79 章）。
51. 或者最好说，把它们一下子从寺庙债务转为道德债，因为我们知道这个故事实际上意味着他最终得到了奖励（Peng 1994:100）。可能值得注意的是，“符”这个字意为“计数”，也有“作为被上天任命的信物，而授予王子的吉兆”这一含义（Mathews 1931:283）。类似地，Peng 提到了《战国策》中的一段内容，关于一位贵族想要获得大众的支持：“驱而之薛，使吏召诸民当偿者，悉来合券。券遍合，起，矫命以责赐诸民，因烧其券，民称万岁。”（ibid：100n9）。关于西藏的类似例子，参见 Uebach 2008。
52. 英格兰也发生过类似的事，早期的契约模仿计数棒被一分为二：“契约佣工”（indentured servant）这一短语即来自这一做法，因为他们都是合约劳工。该词实际上来自被用作合约的计数棒上的压痕（indentation）或刻痕（Blackstone 1827 1:218）。
53. L. Yang 1971:52; Peng 1994:329–31。Peng 敏锐地指出，“匹配计数棒以收回现金的方法，实际上是借钱使用的流程的副产品，只是基于贷款期限的行为被转变成基于空间的行为”（1994:330）。
54. 它们被称为“寄存店”，L. Yang (1971:78–80) 把它们叫作“银行原型”。Peng (1994:323–27) 指出，至少在唐朝，商人和旅人按这种方式的做法已经在运转，但是政府实施了严格管控，防止银行家把资金进行再投资。

55. 这一做法始于四川，那里有特有的货币形式，用铁而非铜制作，因此要笨重得多。

56. Peng 1994:508, also 515, 833。这些与中世纪欧洲大部分地区流通的代币极为相似。

57. 拥护该观点最重要的学者是 von Glahn [1994，尽管 Peng（1994）也持有类似的看法]，并且它不论是否受欢迎，似乎在经济学家中也很流行。

58. 图表来自 MacDonald 2003:65。

59. 在招人痛恨的第一个朝代，记录法家的统治时，最常采用的一幅图景就是他们在建造巨大的铜锅，会在上面把每条法令都公开、清晰地写出，然后用这些铜锅将犯人活生生地烹煮。

60. 关于转化过程，参见 Bulliet 1979（也可见 Lapidus 2003:141–46）。Bulliet 也强调（ibid：129），大量转化的主要效果，在于使政府作为信念的保护者和增强者的表面合理化工作变得愈加神圣。对哈里发和政治领袖的大众支持，仅在一些时期才重新出现，比如十字军东征期间，或者在西班牙的收复失地（reconquista）时期，此时伊斯兰自身似乎遭受了攻击。当然，出于类似的原因，这和当前伊斯兰世界的大部分地区面临的情况相同。

61. “大多数时间，较低的圈子用人头交税，并照顾自己。相似地，政府收税，并提供某种形式的安全保障。除此之外，政府忙于自己的事务：外部战争、资助学习、艺术、充满奢华卖弄的生活。”（Pearson 1982:54）

62. 这一格言归因于先知自己，出现在 al-Ghazali 的 Ihya’，kitab al-’Ilm，284，其后是一长串类似的陈述：“Sa’id Bin Musaiyab 说，‘当你看到宗教学者拜访王子，远离他，因为他是一个小偷’。Al-Auza’i 说，‘对安拉真主来说，没有比拜访官员的宗教学者更让他憎恶的事情’……”等等。这一态度绝没有消失。例如，伊朗的绝大多数阿亚图拉（ayatollah）反对建立伊斯兰国家，理由是这将会侵蚀宗教。

63. Lombard 1947, Grierson 1960。它通常作为拒绝使硬币“贬值”的明智政策出现，但是它可能同样会被解读为哈里发的签名并没有增加额外价值。1294 年，在巴士拉（Basra）进行的中国式纸币实验失败了，因为没有人愿意接收仅由国家信用做担保的货币。（Ashtor 1976:257.）

64. MacDonald 2003:64。这逐渐变得不被支持，伊斯兰国家采用了更为典型的中世纪 iqta’ 体系，即士兵被许诺获得特定领土的税收。

65. 此后，除了在暂时的、不寻常的情况下 [例如，被满族人（Manchus）征用，或者在巴巴多斯（Barbados）]，两者均没有奴隶被征用为士兵。

66. 值得注意的是，（1）832 年的“调查”，阿巴斯（Abbasid）试图控制乌理玛（ulema）的尝试失败；（2）最重要的阿拉伯帝国（Caliphate）的子民变为伊斯兰教众的大量转化过程，峰值出现在 825 至 850 年；（3）阿巴斯军队中土耳其奴隶士兵明确的崛起，通常被认为发生在 838 年。这三种情况在时间上能够大致吻合。

67. Elwahed 1931:111–35。如他所说（ibid：127），“自由的不可剥夺性，是伊斯兰教基本的、无可争议的原则之一”。父亲无权卖掉自己的孩子，个人无权卖掉自己——或者如果他们这么做，至少没有法庭会认可随之而来的所属关系。我得指出，这与后来在欧洲发展的“自然法律”方法形成了截然对立。

68. 这里当然存在争议：包括一些当代反对伊斯兰经济运动的穆斯林学者在内，部分学者坚称被《古兰经》明确谴责的 riba 最初并非指代“利息”，而是指代在伊斯兰教出现之前，为了惩罚逾期支付而将欠款翻倍的阿拉伯实践，而对利息的全面谴责是错误的解读（例如，Rahman 1964, Kuran 1995）。我绝无意参加这一讨论，但如果情况确实如此，这就表明对高利贷的禁止真的作为对伊斯兰教创建过程的一部分在伊拉克出现，而这将强化我的整体论述。

69. 我们拥有的最佳记录，来自 12 世纪埃及藏经库（Geniza）的犹太商人群体，他们讲述了即使在彼此之间的交易也被禁止收取利息。我们能有规律地发现收取利息的一个区域，它也是大量实施压制的一个区域：与国王、维齐尔（vizier）和官员做生意，他们经常借入大额有息资金，尤其是从犹太或基督徒银行家那里借入（但并不只向这两者借钱），用来为军队付钱。接受这样非法贷款的要求是一项危险的生意，但是如果拒绝的话后果会更糟（关于阿巴斯的例子，参见 Ray 1997:68–70，主要来自 Fischel 1937）。

70. 如果一个人已经下定决心要收取利息，那么他也有一整套合法的借口（称为 hiyal）可以使用：以放贷金额去购买借款人的房子，然后向借款人收取租金，之后允许他们用同样的价格将房子买回；让借款人同意每个月购买特定的产品，然后把它以折扣价卖给债主；等等。伊斯兰教有些法律流派彻底禁止这些做法；其他的则仅仅是不赞成。过去曾经假设这些方法被广泛应用，因为大多数历史学家都假定利息是构成信贷的必要元素，但是晚近的研究表明，并无证据支持它们被普遍应用（要获得过去的看法：Khan 1929；最近的看法：Ray 1997:58–59）。

71. Labib 1969:89 中引用的 Mez 1922:448。注意，在巴士拉这座城市的市场中，每个人都用支票付钱。一个世纪后，当蒙古人尝试引入政府发行的纸币时，遭遇了极为顽强的抵制。sakk 一词顺便成了英文“支票”的来源。而关于 sakk 的来源则众说纷纭：Ashtor (1972:555) 认为它们来自拜占庭；Chosky (1988) 认为它们来自波斯。

72. 关于在 12 世纪的埃及，犹太商人中的经济做法，Goitein (1966, 1967,1973) 提供了一份详细的综述。几乎每一笔交易都包含一定程度的信贷。那时的支票甚至和今天使用的极为类似，得到了普遍使用——但是装满金属硬币的封口袋子在每日交易中更为常见。

73. 但是，很显然政府有时用支票付工资（Tag El- Din 2007:69.）。无疑，对于政府在这一切中所扮演的角色，我在轻描淡写：例如，曾经有建立中央政府银行的尝试，当然，这通常是原则上的承诺，即政府应该实施商业标准和规定。

74. Udovitch 1970:71–74.

75. Udovitch 1975:11 中的 Sarakhsi，他对相关问题进行了出色的论述。类似的论述可见 Ray 1997:59–60。

76. 皮埃尔·布尔迪厄的学生肯定会对此有兴趣。布尔迪厄根据他对阿尔及利亚的卡彼勒社会的研究，提出了著名的论断：在这样的社会中，男性的荣誉是一种“象征性的资本”，它和经济意义的资本类似，但是更为重要，因为它可以将荣誉变成金钱，但是无法将金钱变成荣誉（布尔迪厄 1977，1990）。的确，上面的文献并没有直接这样说，但是你不禁会想这里面有多少是布尔迪厄自己的观点，有多少只是简单反映出给他提供信息的人的常识。

77. 采纳 K. N. Chaudhuri (1985:197) 的观点。伊斯兰教的扩张由苏菲派（Sufi）兄弟会和法学者引领，许多商人兼任其中之一或全部。这里的学界文献格外丰富。例如，可参见：Chaudhuri 1985, 1990; Risso 1995; Subrah-manyam 1996; Barendtse 2002; Beau-jard 2005。

78. 见 Goody 1996:91。

79. M. Lombard 2003:177–79.

80. Burton 的翻译：1934 IV：2013。

81. 更进一步，官员们雇用了私人银行家，在转移税务支付及藏匿非法收益时，他们自己也大量使用 suftaja 等信贷工具（Hodgson 1974 I:301, Udovitch 1975:8, Ray 1994:69–71）。

82. “对于穆罕默德（Mohammed）来说，这种对市场的自然调节对应着普适的调节。价格的起伏，就像黑夜伴随着白天，潮落伴随着潮起，强征价格不仅对商人不公平，也是事物自然顺序的紊乱。”（Essid 1995:153）

83. 只有屈指可数的例外，比如发生了灾害，然后大多数学者坚持认为，直接向有需要的人提供援助，要好于干预市场。参见 Ghazanfar & Islahi 2003, Islahi 2004:31–32；关于穆罕默德对价格形成的观点，参见 Tuma 1965, Essid 1988, 1995。

84. Hosseini 1998:672, 2003:37：“两者均表明，比如狗等动物，并不会用一块骨头去交换另一块。”

85. Hosseini 1998, 2003。斯密说他自己拜访了一家这样的工厂，这可能是真的，但是 18 个步骤的例子，最初出现在 20 年前，即 1755 年出版的法国百科全书第 5 卷的“Epingle”词条。Hosseini 还指出，“在斯密的个人图书馆中，藏有一些中世纪波斯

（和阿拉伯）学者著作的拉丁文版本”（Hosseini 1998:679），这暗示了斯密可能直接从原文中摘抄了它们。其他关于后世经济学理论的伊斯兰前身的重要资料包括：Rodison 1978, Islahi 1985, Essid 1988, Hosseini 1995, Ghazanfar 1991，2000，2003，Ghazanfar & Islahi 1997, 2003。启蒙时代的大量思想可以追溯到伊斯兰教哲学，这一点已经越来越明显：例如，笛卡儿（Decartes）的cogito似乎来自Ibn SIna（又名Avicenna），休谟（Hume）的相关性自身并不代表因果关系的著名观点，见于加沙里。我自己注意到Immanuel Kant关于启蒙的定义，出自14世纪波斯诗人Rumi笔下的一只魔法鸟之口。

86. Tusi's *Nasirean Ethics*, in Sun 2008:409.

87. Ghazanfar & Islahi 2003:58; Ghazanfar 2003:32–33.

88. 所以，比如在加沙里的道德原则中，我们发现“当买家与贫穷的卖家讨价还价时，要仁慈；与富裕的卖家交易时，要严格”，以及“一个人应该愿意卖给没有财产的穷人，并延长对他们的信贷，且不指望还钱”［Ghazanfar & Islahi 1997:22 中引用的加沙里的《圣学复苏》（*Ulum al Din*）II：79—82］——后面这一段当然让人想起《路加福音》6:35。

89. Ghazali in Ghazanfar & Islahi 1997:27.

90. Ibid：32。

91. Ibid：32。

92. Ibid：35。关于中世纪伊斯兰教的邮差：Goitein 1964。这里和加沙里的立场相似，毫无疑问受到亚里士多德 *Nicomachean Ethics*（1121b）的影响：既然金钱是用来辅助交易的社会习惯，把它转向高利贷就违背了它的目的。但是它最终的重点很不一样，与托马斯·阿奎那的论述更为接近，即金钱基本上是一种衡量尺度，被高利贷扭曲，并且根特的亨利（Henry of Ghent）论述“金钱是交易中的介质，而非终点”就不令人意外了，因为Aquinas可能直接受到了他的影响（Ghazanfar 2000）。

93. 很难过分强调这一点。著名的“拉弗曲线”（Laffer Curve）——里根（Reagan）政府在20世纪80年代尽力论述降税会刺激经济活动从而增加政府收入的依据——也经常被称为Khaldun-Laffer曲线，因为Ibn Khaldun在1377年出版的*Muqaddimah*一书中，将其作为通用原则而率先提出了这一曲线。

94. 关于“中东资产阶级”的崛起，参见Goitein 1957。

95. “宣布贬值”的实际作用相当于加税，因为需要为以先令计数的税款支付更多的埃居。因为工资用磅、先令和便士支付，这也有提升收到的工资价值的作用，因此这一举措通常都会受到欢迎。“宣布升值”则相反，它有降低计价单位作用的效果。对于减少国王或其盟友用该计价单位衡量的个人债务，这一举措很有效，但它也会降低工薪阶层的收入，所以那些有固定收入的人通常会反对这一举措。

96. Langholm 1979, Wood 2002:73–76.

97. 关于介绍高利贷的教父文献：Maloney 1983; Gordon 1989; Moser 2000; Holman 2002:112–26; Jones 2004:25–30。

98. Matthew 5:42.

99. 恺撒利亚（Caesarea）的圣巴西略，*Homilia II in Psalmum XIV*（PG 29, 268–69)。

100. 如前引述。

101. 如前引述。

102. 安布罗斯 De Officiis 2.25.89。

103. 安布罗斯《论托比特书》15:51。参见 Nelson 1949:3–5, Gordon 1989:114–118。

104. 尽管并非全部。值得一提的是，当时帝国奴隶的主要供应方是帝国之外的日耳曼野蛮人，他们通过战争或债务被获取。

105. “如果每个人，”他写道，“在其个人财富中拿走满足自身需求的物质之后，能够将多余的物品留给那些缺乏的人，就不会再有富人或穷人。”（见 *Illiud Lucae* 49D）巴西略自己出身贵族，但是他卖掉庄园，把所得分配给了穷人。

106. *Homilia II in Psalmum XIV* (PG 29, 277C)。参考是《箴言篇》19.17。

107. *Summa* 8.3.1.3：“既然优雅是自由获得的，它就去除了债务的概念……债务绝不会在任何一个层面上暗示上帝欠另外的生物任何东西。”

108. Clavero（1986）把这视为关于合约本质的基本冲突，因此它也是欧洲历史上人际关系的法律基础：高利贷，以及延伸而来的利润，会受到公开谴责，但是它作为封建制度关系基础的租金却从未受到质疑。

109. Gordon 1989:115. “商业”，Cassiodorus（485—585 年）写道，“除了是把能够低价买入的物品以高价卖出，还能是什么呢？因此商人是可憎的，他们一点儿也不考虑上帝的公平，用背信弃义而不是价值来增加他们的货物。主把他们从神殿中驱逐，说，‘不要让我的天父的房子变成贼巢’”（见 Langholm 1996:454）。

110. 关于犹太人涉及高利贷的法律传统，参见 Stein 1953, 1955; Kirschenbaum 1985。

111. Poliakov 1977:21.

112. Nelson（1949）假设“例外”经常被用在基督徒和犹太人之间的关系，但是 Noonan (1957:101–2) 坚持认为它仅仅被用在“异教徒和无信仰者身上，尤其是萨拉森人（Saracen）”，而有些人认为甚至不会对这些人使用。

113. 有保障部分利率最高到 52%，无保障部分最高可达 120%（Homer 1987:91）。

114. 专门用来关押借债人的监狱，在 1263 年之后才在英格兰出现，但是对借债人进行监禁的历史要长得多。犹太放债人似乎受雇作为将虚拟的信贷货币转变成实体硬币的手段，他们从无力偿债的借债人那里收走传家宝，然后转交给皇家造币厂。他们也从违约的借债人手中获得大量的土地，最终，大部分土地流转到男爵或寺院的手中（Singer 1964; Bowers 1983; Schofield & Mayhew 2002）。

115. 温多弗的罗杰（Roger of Wendover），*Flowers of History*（252-53）。罗杰没有写出受害者的名字。在后来的一些版本中，他的名字叫亚伯拉罕，在其他一些版本里，他叫伊萨克。

116. Matthew Prior，见于 Bolles 1837:13。

117. 或者就此而言，甚至尼采对自残公正性起源的想象也是如此。那是对真正发生在犹太人身上暴行的一个缩影，而尼采写作时所处的时代，实际的“野蛮人”因为无法向殖民地税务当局偿付债务，遭受的惩罚通常是类似的折磨和残害。这种情况后来在利奥波德（Leopold）的比属刚果成为最臭名昭著的丑闻。

118. Mundill (2002), Brand (2003).

119. Cohn 1972:80.

120. Peter Cantor，见于 Nelson 1949:10–11。

121. 例如，当英国犹太人最终在 1290 年被驱逐后，是一家来自卡奥尔（Cahors）的公司接收了他们的财产。但是在很长一段时间里，伦巴第族人（Lombard）和卡奥尔人（Cahorsin）自己也要依赖皇家的恩惠，处境并不比犹太人强多少。在法国，国王们似乎对犹太人和伦巴第族人交替进行财产剥夺和驱逐（Poliakov 1977:42）。

122. Noonan 1957:18–19; Le Goff 1990:23–27.

123. “如我所言，有两种获得财富的方式，一种是家务管理，另一种是零售交易。前一种是必要的、令人尊敬的，而主要通过交易的方式则应该被指责，因为它是违背自然的。在这种模式中，一个人从其他人身上获利。有最充足的理由、应该最为憎恨的形式，就是高利贷，它并不通过金钱的自然目的获利，而是通过金钱本身实现这一点。因为钱本应被用在交易中，而不应通过利息增值。‘利息’（tokos）一词的含义是由钱生钱，被用在钱的繁殖上，因为后代就和父母一样。因此在所有获得财富的方式中，这是最违背自然的。”（亚里士多德，《政治学》1258b）《尼各马可伦理学》（1121b）也持同样的谴责态度。有关亚里士多德派学者对待高利贷的传统态度，最佳综述分析为：Langholm 1984。

124. Noonan 1957:105–12; Langholm 1984:50.

125. 失去的收入的技术名词为 lucrum cessans：参见 O’Brien 1920: 107–10, Noonan 1957:114–28, Langholm 1992:60–61; 1998:75; Spufford 1989:260。

126. 日耳曼商人在汉萨同盟（Hanseatic alliance）的波罗的海城市也这么做。关于美第奇（Medici）银行可作为一个合适例子的讨论，参见 de Roover 1946, 1963, Parks

2005。

127. 威尼斯（Venice）是此类事情的先锋，那里的情况很有说服力：不存在商人公会，只有手工业者公会，因为公会的形成原本是为了保护参与者免受政府的欺压。在威尼斯，商人就是政府（MacKenney 1987; Mauro 1993:259–60）。

128. 他们被指责为异端和鸡奸者：参见 Barber 1978。

129. 无法“证明”欧洲汇票的诞生是受伊斯兰教的启发，但是考虑到在地中海两岸进行的交易体量，否认这一点似乎也很奇怪。Braudel（1995:816–17）提出这一想法一定是通过犹太商人传播到欧洲的，因为我们知道犹太商人已经在埃及常年使用汇票。

130. 关于汇票：Usher 1914; de Roover 1967; Boyer-Xambeu, Deleplace, and Gillard 1994; Munro 2003b:542–46; Denzel 2006。存在无数种货币，其中的任何一种都可能随时被“宣布升值”、“宣布贬值”或者出现价值波动。汇票还能使商人高效地参与汇率投机，并且只要有可能通过开出一张几个月到期的汇票，去支付另一张不同的、总额稍低的汇票，甚至就可以避开高利贷禁令。这被称为“干交易”（dry exchange）（de Roover 1944），并且随着时间的推移，教会越发怀疑，导致出现了又一轮规避法令的金融创新。值得指出的是，此类商业贷款的利率通常极低：最高为 20%，与消费者贷款形成了鲜明的对比。这是此类交易风险逐步变低的标志（参见 Homer 1987，了解利率的历史）。

131. Lane 1934.

132. “在诸如奴隶劳工的组织、殖民地的管理、帝国治理、商业机构、航海技术和导航、舰炮射击等许多方面，意大利城邦都是葡萄牙和西班牙帝国的直接先驱。对于葡萄牙和西班牙帝国的形成，意大利人做出了重大的贡献，也分走了绝大部分利润。”（Brady 1997:150）

133. 似乎他们首先使用的是希腊农奴，时而使用在十字军东征中俘虏的阿拉伯人，只有在后来才开始使用非洲人。不过，这一经济模式仍然最终由葡萄牙商人带到像加那利群岛这样的大西洋岛屿，并最终带到加勒比海（Verlinden 1970, Phillips 1985:93–97, Solow 1987, Wartburg 1995）。

134. Scammell 1981:173–75.

135. Spufford 1988:142.

136. 关于冒险的概念：Auerbach 1946, Nerlich 1977。

137. Duby（1973）提出了这一观点。“圆桌”最初是一种锦标赛类型，尤其是在 14 世纪的第一个十年，这种锦标赛明确变成了对亚瑟王场地的模仿，已经司空见惯，骑士们扮演亚瑟王中的角色参加比赛：Galahad, Gawain, Bors, etc。

138. 这一时代也是发生技术变革的时代，尤其是十字弓的发明及职业军队的崛起，这开始使骑士在战争中的角色变得越来越无关紧要（Vance 1973）。

139. Kelly 1937:10.

140. 参见 Schoenberger 2008，提供了最近的并且有吸引力的看法：将在希腊和罗马建立市场时战争动员学的角色，与中世纪盛世期（High Middle Age）的西欧进行对比。

141. Wolf 1954.

142. 最初由 Vance（1986:48）提出的观点。这一相似性在日耳曼诗人 Wolfram von Eschenbach 可能于 20 年后完成的 *Parzifal* 中体现得更为明显，里面的骑士［在伊斯兰的参考文献中是军团（Adolf 1957:113）］"自由地游荡，穿过西班牙、北非、埃及、叙利亚，到达巴格达、亚美尼亚、印度、锡兰"（Adolf 1947, 1957），即当时仅通过贸易才被欧洲人知晓的地区。认为在极少数场合出现的实际商人从来不是有同情心的角色这一事实，缺乏支撑依据。

143. Wagner，*Die Wibelungen: Weltgeschichte aus der Sage* (1848)——翻译成中文是"传说中的世界史"。我所考虑的 Wagner 的论述，来自 Marc Shell 所写的另一篇出色的、可能有些夸张的论文：《对圣杯的说明》（"Accounting for the Grail"）（1992:37–38）。Wagner 的论述实际上更为复杂：它关注的是神圣罗马帝国皇帝弗雷德里克·巴尔巴罗萨（Frederick Barbarossa）尝试征服意大利城邦的失败，以及抛弃了他认为财产只能来自国王的原则；而我们拥有的是伴随着金融抽象概念，商业私人财产的崛起。

144. Shell 把圣杯看作在一个"刚刚开始出现支票和信贷"的时代，对丰饶之角、无尽钱包等古老概念的变形——注意它和圣殿骑士（Templar）传说的联系，以及克雷蒂安［Chretien，他的名字意思是"基督徒"（Christian）］由于这一原因很可能曾经是皈依的犹太人。Wolfram 还宣称他是从犹太文献中获得的这一传说（Shell 1992:44–45）。

145. 就和中世纪几乎所有宏大的帝国建筑工程都不是来自职业军队，而是来自游牧民族一样：阿拉伯人、蒙古人、鞑靼人（Tatar）和土耳其人（Turk）。

146. 《尼各马可伦理学》，1133a29–31。

147. 他不但把金钱比作邮差，也将其比作"统治者"，站在社会之外统治并管理我们的交流互动。有趣的是，托马斯·阿奎那可能直接受到加沙里的影响（Ghazanfar 2000），他确实接受了亚里士多德关于金钱是人们很容易改变的社会习俗这一论述。在中世纪后期，有一段时间这成了主要的天主教观点。

148. 据我所知，唯一曾经指出这种联系的学者是伯纳德·佛尔（Bernard Faure），他是

一个研究日本佛学的法国学生：Faure 1998:798, 2000:225

149. 后来，随着现金交易变得更加常见，这一名词被用在作为预付金（down payment）的小额现金上，相当于英文中的“定金”（earnest money）。关于通常意义的 symbola：Beauchet 1897; Jones 1956:217; Shell 1978:32–35。

150. Descat 1995:986.

151. 亚里士多德《解释篇》(*On Interpretation*, 1.16–17)。Whitaker(2002:10)因此论述，对于亚里士多德“一个词语的含义由习惯决定，就像符木、代币或票据的重要性由相关方达成的共识决定”。

152.《尼各马可伦理学》，1133a29–31。

153. 但是他们相信这些公式加总为或“聚集成”神秘宗教揭示的秘密真相的本质——“symbolon”来自动词 symballein，意为“聚集、放在一起或比较”。

154. Müri 1931, Meyer 1999。关于此类 symbola，我们掌握的唯一知识来自基督教文献。后来的基督徒采用了自己的 symbolon 信条（the Creed），后来它在整个中世纪成为“符号”（symbol）一词的主要指代对象（Ladner 1979）。

155. 或伪丢尼修，因为真正的亚略巴古的丢尼修是 1 世纪的雅典人，他被圣保罗（St. Paul）转化为基督教徒。伪丢尼修尝试把新柏拉图主义（它的看法是哲学是将灵魂从物质中解放出来，与神重新统一的过程）和基督教正统学说协调一致。不幸的是，他最相关的著作《象征神学》(*Symbolic Theology*)已经遗失，但是他存留下来的其他著作都或多或少与这个话题有关。

156. In Barasch 1993:161.

157. 伪丢尼修，*On the Celestial Hierarchy*，141 A-C。关于丢尼修象征符号理论的一般介绍及其影响，参见 Barasch 1993:158–80，以及 Goux 1990:67, Gadamer 2004:63–64。

158. 他对它们的称呼和圣餐类似，为“以象征形式赠予我们的礼物”。*On the Celestial Hierarchy*，124A.

159. Mathews 1934:283。比较 symbolon 的定义：

(1) 符木，即关节骨或其他物品的两半或对应部分，两位朋友或任意合约的双方将其一分为二，每一方保存一部分，作为身份证明。

(2) 其他具有相同目的的设计，例如蜡制密封印鉴。

① 作为身份证明使用的任一标记。

② 保证。

③ 代币，尤其是有信誉的。

采用 Liddell and Scott 1940:1676–77，没有这些例子，而是希腊语中指代“关节骨”和“朋友”的词被翻译为英语。

160. Rotours 1952:6 关于“符”（或“契”，债务计数棒的另一个名字，可在更一般的意义上被当作“代币”使用）的更一般性的论述：Rotours 1952, Kaltenmark 1960, Kan 1978, Faure 2000:221–29: Falkenhausen 2005。

161. 这里存在着某种奇怪的张力：天意在特定意义上也指民意，根据强调点的不同，中国思想家分为许多流派。比如，荀子假设皇帝权威的基础是人民的信心。他也论述道，在真正公正的皇帝的统治下，符木匹配保障的契约能够维持人民的信心，尽管如此，社会信任会使这样的物品变得没必要存在（Roetz 1993:73–74）。

162. Kohn 2000:330。日本的情况也很类似：Faure 2000:227。

163. 在《道教百科全书》（*Encyclopedia of Taoism*）中，它们被描述为“图表，被设想成天界文字的一种形式，它们的力量来自赐予它们的神灵在天界保留的对应物的匹配”（Bokenkamp 2008:35）。关于道教的“符”：Kaltenmark 1960; Seidel 1983; Strickmann 2002:190–91; Verellen 2006；关于佛教的对应概念，参见 Faure 1998; Robson 2008。

164. Sasso 1978；阴阳符号的起源仍是不清楚的、有争议的，但是我咨询过的汉学家（Sinologist）认为这是可行的。在当代中文中，用于指代“symbol”的词是“符号”，它直接源于“符”。

165. 在我参与关于“为什么伊斯兰世界没有发展出资本主义”争论的范围内，对我来说似乎 Udovitch 的论述（1975:19–21）和 Ray 的反对意见（1997:39–40）有同样的分量。前者认为伊斯兰世界从未发展出与个人无关的信贷机制，后者认为禁止利息和保险是更重要的因素。Ray 关于继承法的差别也起到了一定作用的提议，也值得研究。

166. Maitland 1908:54.

167. Davis 1904.

168. 在柏拉图式的意义上：就像我们碰巧在附近的水果树上看见的任何一只特定的、实际存在的鸟，只是关于“鸟”的一般概念（非物质的、抽象的、天使般的）的一个符号，聚集在一起组合成公司的实际存在的凡人，也同样成为抽象的、天使般的概念。坎托洛维奇认为，要使“公司”的概念能够存在，就需要一些智力上的创新：尤其是永世（aeon）、有始无终之境（aevum）或永恒时间的概念，即永远存续的时间，它与奥古斯丁的“永恒”相反。根据复原的亚略巴古的丢尼修的著作（1957:280–81），奥古斯丁的永恒彻底脱离了时间，被认为是天使的住所。

169. Kantorowicz 1957:282–83.

170. 例如，伊斯兰的法律不仅没有发展出虚构人的概念，而且坚定地抵制对公司的认可，直到近年来才发生改变（Kuran 2005）。

171. 主要是 Randall Collins (1986:52–58)，他也与中国进行了对比：与 Coleman 1988 进行了比较。

172. 参见 Nerlich 1987:121–24。

11 大资本主义帝国时代（1450—1971 年）

1. 关于英国工资，参见 Dyer 1989；关于英国节日生活，有大量的文献，但是近年来一份出色的资料是 Humphrey 2001。Silvia Federici (2004) 提供了一份有吸引力的、近来的总结。

2. 对于更近发生的关于“价格革命”的争论，少量代表性观点参见 Hamilton 1934, Cipolla 1967, Flynn 1982, Goldstone 1984, 1991, Fisher 1989, Munro 2003a, 2007。主要的争论发生在货币主义者（仍然认为持续增加的铸币数量是导致通货膨胀的终极因素）和那些强调人口快速增长的人之间，不过绝大多数具体的争论差别都极其细微。

3. 历史学家提到“金银荒”——随着大多数矿藏被采尽，没有用于购买东方奢侈品而离开欧洲的这种金银逐渐被藏起，导致商业出现各种困难。在 15 世纪 60 年代，在里斯本（Lisbon）这样的城市出现的铸币短缺情况如此严重，以致货舱中满载各种货物的来访商船，不得不在未卖出一件商品的情况下返航（Spufford 1988:339–62）。

4. Brook 1998。不用说，我进行了极大的简化：另一个问题是地主所有制的增长，许多小的土地所有者因为无力付钱给地主而负债。随着皇室成员的持续增长，以及其他受到恩宠的家族获得免税权，小的土地所有者背负的税务负担如此沉重，使得许多人感到必须把土地卖给有权势的家族以换取租约，以使这些土地免于纳税。

5. 在 15 世纪 30 年代到 40 年代，中国的历史学家记录了 77 次不同的“矿工起义”（Harrison 1965:103–4; cf. Tong 1992:60–64; Gernet 1982:414）。1445—1449 年，银矿工人在名叫叶宗留的起义领袖的带领下，与人口密集的福建和沙县的佃户农民及城市穷人联合起来，导致产生了蔓延到几个省份的起义，占领了数座城市，驱逐了大多数拥有地产的乡绅。至此，这些起义已经成了严重的威胁。

6. Von Glahn (1996:70–82) 记录了这一过程。Gernet (1982:415–16) 记录了在 1450 年到 1500 年，大多数税款如何变得可以用银子支付。这一过程在“一条鞭法”政策实施时达到了顶点：1530 年到 1581 年实行的税务改革（Huang 1974，参见 Arrighi, Hui, Hung and Seldon 2003:272–73）。

7. Wong 1997, Pomeranz 2000, Arrighi 2007，以及其他一些著作提出了该观点。

8. Pomeranz 2000:273.

9. 在整个 16 世纪，中国银子的价值（用金子来衡量）大约保持为里斯本或安特卫普（Antwerp）的两倍（Flynn & Giráldez 1995, 2002）。
10. von Glahn 1996b:440; Atwell 1998.
11. Chalis 1978:157.
12. 在 15 世纪早期，中国也经历了自己的“探险时代”，但随后并未出现大举征服和奴役的现象。
13. 他们可能错了。即使在没有发生直接种族屠杀的地区，人口通常也确实减少了 90%。但是，经过一两代人的时间之后，大多数地方的人口数量开始回升。在伊斯帕尼奥拉岛（Hispaniola）及墨西哥和秘鲁的大多数地区，在矿产地附近，最终的死亡率更接近 100%。
14. Todorov 1984:137–38；原文请见 Icazbalceta 2008:23–26。
15. 一位历史学家谈论道：“到 16 世纪末期，贵金属（主要是银）构成了离开西班牙美洲（Spanish America）运往欧洲出口商品的 95% 以上。在抢夺这些财富的过程中，大概有同样比例的原住民被杀。”（Stannard 1993:221）
16. Bernal Díaz 1963:43.
17. Bernal Diaz：引用内容是对 Lockhart 译本（1844 II：120）和 Cohen 译本（1963：412）的总结，但是它们所依据的原文似乎略有不同。
18. Bernal Díaz op cit.
19. Cortés 1868:141.
20. 大多数西班牙征服者都有同样的故事。巴尔博亚（Balboa）前往美洲是为了躲避他的债主；皮萨罗（Pizarro）为了向他前往秘鲁的探险提供装备，借了太多的钱，以至于在初期遭遇挫折后，他因为害怕被债主关押才没有返回巴拿马（Panama）；弗朗西斯科 · 德 · 蒙特霍（Francisco de Montejo）不得不抵押了他在墨西哥的全部财产，才获得了 8 000 比索的贷款，以启动他前往洪都拉斯（Honduras）的探险；佩德罗 · 德 · 阿尔瓦拉多（Pedro de Alvarado）也深陷债务，最后赌上一切进行征服香料群岛（Spice Islands）和中国的计划——在他死后，债主立刻尝试拍卖他留下的房产。
21. 例如，Pagden 1986。
22. Gibson 1964:253。这一切都令人不安地回忆起当时的全球政治，例如，联合国会敦促贫穷国家使它们的教育免费，并提供给所有公民，但国际货币基金组织（从法律意义上来说，它实际上是联合国的一部分）坚持认为这些国家应该施行完全相反的举措，即将收取学费作为更广泛的“经济改革”的组成部分，以此作为向国家债务提供再融资的条件。

23. 采纳 William Pietz (1985:8) 的观点，他研究了早期商人冒险家对西非的叙述。不过，Todorov(1984:129–31) 讨论了对西班牙征服者的极为类似的观点。
24. 有些人确实破产了，例如，富格尔（Fugger）家族的一支即是如此。不过令人意外的是，这种情况极为罕见。
25. Martin Luther, *Von Kaufshandlung und Wucher*, 1524，在 Nelson 1949:50 中被引用。
26. 在路德（Luther）的时代，主要的问题是一种被称作“Zinskauf”的做法。严格地说，它是指租赁物业的租金，基本上是有息贷款的一种伪装形式。
27. 见 Baker 1974:53–54。提到保罗见 Romans 13:7。
28. 他论述道，《申命记》允许高利贷在任何情况下存在这一事实，表明这不可能是普适的“精神法律”，而是为古代以色列特定情况建立的政治法律，因此在不同情境下可认为是不相关的。
29. 事实上，这正是“资本”（capital）的原始含义。这个词起源于拉丁语 capitade，意为“资金、商品存货、金钱总额或有息资金”（Braudel 1992:232）。它在 16 世纪中期出现在英文中，主要作为从意大利记账技术中借鉴来的词汇被使用（Cannan 1921, Richard 1926），指结清资产、信贷和债务后剩余的部分。不过直到 19 世纪，英文文献仍然偏好使用“stock”一词，有人猜测部分原因是“captial”与高利贷的联系过于紧密。
30. 毕竟，国家之间也彼此收取高利贷：Nelson 1949:76。
31. Ben Nelson 在 *The Idea of Usury: From Tribal Brotherhood to Universal Otherhood* 这本重要的著作中强调了这一点。
32. Midelfort 1996:39.
33. Zmora 2006:6–8。这一时期的公众融资基本上是从低层贵族那里获得的、经过伪装的有息贷款。本地的管理人员也从这一阶层中被选拔。
34. 关于教会的土地：Dixon 2002:91。关于卡西米尔的赌博债务：Janssen 1910 IV:147。他的总负债在 1528 年增长到 50 万荷兰盾，到 1541 年超过 75 万荷兰盾（Zmora 2006:13n55）。
35. 后来，他被指控与 Wilhelm von Henneburg 伯爵密谋。后者加入了叛军，成为 Wurzburg 主教拥有的领地的世俗公爵。
36. 选自 Scott & Scribner 1991:301 中的“Report of the Margrave’s Comma-nder, Michel Gross from Trockau,”。总数根据这一承诺计算：每处决 1 人，1 弗罗林；致残 1 人，1/2 弗罗林。我们不知道卡西米尔是否还清了这一特殊的债务。
37. 对于叛乱和镇压的一些相关介绍：Seebohm 1877:141–45; Janssen 1910 IV:323–26; Blickle 1977; Endres 1979; Vice 1988; Robisheaux 1989:48–67, Sea 2007。据说卡西米

尔最终同意和解，要求他统治的人提供 104 000 荷兰盾的罚金作为补偿。

38. Linebaugh (2008) 在他关于《大宪章》(*Magna Carta*）社会起源的论文中，对此类现象给出了优美的分析。

39. 尽管对平民不停地出现报复行为，但是没有任何一位日耳曼王子或贵族——即使是那些公开与叛军合作的人——被认定需负责。

40. Muldrew 1993a, 1993b, 1996, 1998, 2001; cf. MacIntosh 1988; Zell 1996, Waswo 2004, Ingram 2006, Valenze 2006, Kitch 2007。我发现自己十分同意Muldrew的大多数结论，只是对有些需要加以限制：例如，他对 MacPherson 的占有性个人主义论述（1962）的反对，在我看来是没有必要的，因为我怀疑后者确实找到了在更深层次的结构上的变化，而这一结构不那么容易接近明显的论述（参见 Graeber 1997）。

41. Muldrew（2001:92）估计，在大约 1600 年，8 000 名伦敦商人手中拥有的现金可能相当于全英国现金的三分之一。

42. Williamson 1889; Whiting 1971; Mathias 1979b; Valenze 2006:34–40.

43. 金和银只占家庭财富的很小一部分：财产清单说明，每一枚硬币对应 15 先令的信用（Muldrew 1998）。

44. 这一生活权利的原则，就是著名的、被 E. P. 汤普森（E. P. Thompson）称为 18 世纪英格兰的“民众道德原则”（1971）的核心，Muldrew（1993a）认为这一概念可被完整地应用于这些信用体系。

45. Stout 1742:74–75，同一段落的一些内容在 Muldrew 1993a：178 和 1998:152 中被引用。

46. 更准确地说，要么是虔诚［见加尔文主义（Calvinist）的例子］，要么是好的社交天赋（见那些以更古老的节日价值之名反对他们的例子）——在内战爆发之前的年份，许多教区政府被分为“虔诚之人”和“诚实的好人”两派（Hunt 1983:146）。

47. Shepherd 2000, Walker 1996；我自己对“生命周期服务”和雇用劳工的理解，可再一次参见 Graeber 1997。

48. Hill 1972:39–56, Wrightson & Levine 1979, Beier 1985.

49. Muldrew 2001:84.

50. 关于都铎王朝（Tudor）的市场、节日和道德之间联系的经典论述，参见 Agnew（1986）。

51. Johnson 2004:56–58。关于“公正”的两个概念：Wrightson 1980。博丹的论文被广泛传阅。它借鉴了阿奎那关于爱情和友谊优先于法律秩序的观点，而这一观点相应地回溯到亚里士多德的《尼各马可伦理学》，通过阿拉伯文献的翻译传入欧洲。是否存在来自伊斯兰文献的直接影响，我们不得而知，但是考虑到一般情况下互相渗透的程度（Ghazanfa 2003），这种影响很可能存在。

52. Muldrew 1998:98 中引用的 Gerard de Malynes 所著的 *Maintenance of Free Trade*（1622），以及 Muldrew 2001:83。

53. 这样的事在乔叟的作品中随处可见：巴斯妇人（Wife of Bath）对婚姻债有很多话要说（例如，Cotter 1969）。在 1400—1600 年，所有事情才真正开始被看作债务，这可能反映出占有个人主义的最初萌芽，以及试图把它和之前的道德准则协调一致的尝试。法律历史学家 Guth（2008）因此把这三个世纪称为“债务时代”，在 1600 年之后，它被“契约时代”取代。

54. Davenant 1771:152.

55. 一段时间以来，Marshall Sahlins (1996, 2008) 一直在强调霍布斯的神学根源。接下来分析中的大部分都受到了他的影响。

56. 霍布斯自己没有使用“自利”一词，但他确实提到了“特殊的”（particular）、“私人的”（private）和“共同的”（common）利益。

57. Hirschman 1986:45 中引用的 De L’Esprit 53。探讨商鞅的“利润”（profit）和爱尔维修的“利益”（interest）之间的对比，本身就能成为一段有吸引力的历史。它们并非相同的概念。

58. 在 14 世纪,“利益”(interest，来自 interesse）作为高利贷的委婉说法开始被广泛使用，而它更为人熟悉、通常意义上的含义开始被使用，是在 16 世纪。霍布斯自己没有使用“自利”一词，但他确实提到了“特殊的”和“共同的”利益。但是“自利”这个词已经流通使用，它出现在马基雅维利的朋友弗朗西斯科·奎奇亚迪尼 1512 年的作品中。到 18 世纪，这个词已经十分常见了（参见 Hirschman 1997,1992，尤其是第二章“论利益的概念”；Dumont 1981；Myers 1983，Heilbron 1998）。

59. Sée (1928:187) 指出直到 1800 年前后，法语中用于指代“资本”（capital）的常用词是“interesse”；英语更偏好使用“库存”（stock）。奇怪的是，亚当·斯密在他著名的关于屠夫和面包师的文章中，真的采用了奥古斯丁的用法——“自爱”(《国富论》1.2.2）。

60. Beier 1985:159–63; cf. Dobb 1946:234. 和吉卜赛人结交也是一项资本罪名。在流浪汉的例子中，法官发现难以找到愿意指控流浪汉的人，以至于他们最后会被迫将惩罚减轻为公开鞭笞。

61. 见 Walker 1996:244。

62. Helmholtz 1986, Brand 2002, Guth 2008.

63. Helmholz 1986, Muldrew 1998:255, Schofield & Mayhew 2002, Guth 2008).

64. Stout 1742:121.

65. “舰队街和马夏尔西的震惊事实在1729年被揭露。贫穷的债务人被发现挤在‘普通区域’——身上沾满污秽和虫子，饱受痛苦走向死亡，无人同情，有的只是饥饿和永久的监禁……没人想要将因欺诈入狱的债务人与那些仅仅是不走运的债务人区分开。那些明明有钱但却不愿意还债的富有浑蛋，在奢靡和酒色中放纵，同时他们那些贫穷、不走运的狱友，却在饥饿中等待死亡降临，在‘普通区域’腐烂。”（Hallam 1866 V:269–70.）

66. 对普通土地的圈地运动和私有财产的崛起，数以千计曾有农舍的农民变成失去土地的劳工而颠沛流离——对于大家更为熟悉的这一“原始积累”的描述，我无意争论它是虚构的。我仅仅强调了这个故事不那么为人熟悉的另一面。强调这一面尤其有帮助，因为都铎王朝和斯图亚特王朝时期在多大程度上以圈地运动的崛起为标志，成为争论的热点（例如，Wordie 1983）。Silvia Federici’s (2004) 关于指控巫术在扭转中世纪晚期的大众收益并打开通往资本主义的道路中所扮演的角色进行过聪明的论述，而使用债务将社群分裂，与这一论述有同样的意义。

67. “在18世纪，私人信用有大量负面报道。仅仅为购买日常消费商品而借债被频繁指出是错误的。现金经济受到欢迎，勤俭持家的美德，甚至吝啬都会被赞颂。因此，零售信用、典当业及放贷都受到了攻击，借入方和借出方都是被攻击的目标。”（Hoppit 1990:312–13.）

68. 《国富论》1.2.2。

69. Muldrew 提出了这一观点：1993:163。

70. 《道德情操论》4.1.10。

71. “为了花钱而借钱的人很快就会毁灭，借给他钱的人将有机会对自己的荒唐行为进行忏悔。因此，出于这一目的借入或借出金钱，即使在不可能涉及高利贷的所有情况下，都违背双方的利益。但无疑，有时这两种行为会发生。不过，从所有人都有自己的利益这一角度来说，我们可能可以确定，它不会像我们想象中倾向认为的那样频繁发生。”（《国富论》2.4.2）他的确有时承认零售信用的存在，但是他不认为这一点有什么重要性。

72. Reeves 1999。与 Servet (1994, 2001) 一样，Reeves 表明许多人清楚货币的多样性：例如 Puffendort 列举了一份长长的货币清单。

73. 当我们把价值归于黄金时，我们就认可了这一点。通常的论述常被提出，用来解决关于钻石和水的古老的中世纪谜题：为什么钻石毫无用处，但却如此昂贵，而水在所有方面都极为有用，但却不值一文？常用的解决方法是：钻石是水的永恒形式。[伽利略反对整个前提，曾经指出凡是宣称这一点的人，都应该被变为雕像。他说，通过这种方式，采用独特的文艺复兴风格，会使所有人都很高兴，原因是（1）他们将变为永恒；（2）我们余下的人再也不会听到他们的愚蠢言论。］参见 Wennerlind 2003，他的观点很有趣，即大多数欧洲政府在 17 世纪雇用炼金术士，是为了制造用来生产硬币的金银。只有当这种方式确定会失败后，政府才转向纸币。

74. Kindleberger 1984; Boyer- Xambeu, Deleplace, & Gillard 1994; Ingham 2004:171。这条路最终导致了股票市场的诞生：在 15 世纪的布鲁日（Bruges）和安特卫普出现的第一批公开交易所，最初并不是交易股份制公司的股票（在当时基本不存在），而是为汇票“贴现”。

75. Usher（1934，1944）最初引入了“原始银行”和“现代银行”的区别，前者是将一个人所拥有的借出，后者依据某种形式的储备系统，即一个人借出的可以超过他所拥有的，因此实际上创造了货币。这是我们如今并未走向“现代银行”的又一原因——见下文。

76. Spufford 1988:258 借鉴了 Usher 1943:239–42。尽管已经在使用存款票据，但是基于信用的私人银行票据在很久以后才出现——诞生于 17 世纪和 18 世纪的伦敦金匠群体也提供银行家的服务。

77. 参见 Munro 2003b，这是一篇有用的综述。

78. MacDonald 2006:156.

79. Flynn 1978:400 中的 Tomas de Mercado。

80. 参见 Flynn 1979; Braudel 1992:522–23; Stein & Stein 2000: 501–05, 960–62; Tortella & Comín 2002.。流通的息券总额从 1516 年的 360 万达克特（ducat），增长到 1598 年的 8 040 万。

81. 这一立场最著名的倡导者是 Nicholas Barbon (1690)，他论述“货币是法律创造的价值”，也是与英寸、小时、液体盎司一样的度量。他也强调绝大多数货币都是信用。

82. Locke (1691:144) 也应用了 Caffentzis 1989:46–47，它仍然是关于这一争论及其意义最有真知灼见的综述。比较 Perlman & McCann 1998:117–20; Letwin 2003:71–78; Valenze 2006:40–43。

83. 我们倾向于忘记马克思主义传统的唯物主义并不是彻底的背离——马克思就像尼采，他采用了资产阶级假设（但是采用的是不同的假设），并推动它们走向将会使那些最初的支持者感到愤怒的方向。不管怎么说，有理由相信现在被我们称作“历史唯物主义”的概念实际上是恩格斯创立的——他是科隆（Cologne）股票交易所的忠实拥趸。

84. Macaulay 1886:485——最初的论文发表于 1711 年 3 月 1 日的 *Spectator*。

85. Faust II，Act 1——参见 Shell 1992, Binswanger 1994，以获得详细的分析。其与炼金术的关系很有启发性。当马可 · 波罗在 1300 年说到中国的皇帝“似乎掌握了炼金术”，因为他能将纸变得与黄金有同样的价值，很明显这是一句玩笑。到 17 世纪，大部分欧洲政权真的雇用了炼金术士，想要从普通金属中制造黄金。在他们失败后，这些政权才开始采用纸币（Wennerlend 2003）。

86. 并不是关于货币的怀疑不存在——但是它们倾向于聚焦在道德和形而上的问题上（例如，“偷窃时间”）。

87. 据说在 1927 年得州大学（University of Texas）的一次报告中被提出，但实际上，尽管这一段落不断在最近的著作中被引用，在互联网上更是如此，但在大约 1975 年之前，似乎并不能证明这句话存在。前两句话似乎实际来自一位名叫 L. L. B. 安加斯（L. L. B. Angas）的英国投资顾问在 1937 年的话：“现代银行体系无中生钱。这个过程也许是有史以来所发明的最令人惊骇的花招。银行实际上能够使现代账目货币通货膨胀，或进行发行及销毁。”（Angas 1937:20–21）引用内容的其他部分可能是后来增加的——斯坦普爵士在他公开发表的内容中，没有任何类似的表述。“银行拥有所有利益的好处，而这些是它凭空创造出来的”这句类似的言论被认为是威廉·帕特森（William Patterson）所说，他是英格兰银行的第一任主管。它可能在 20 世纪 30 年代才首次出现，几乎可以肯定是杜撰的。

88. 股份公司在殖民时代初期诞生，比如著名的东印度公司（East India Company）和相关的殖民地企业。但是在工业革命时期，它们大多数销声匿迹，到 19 世纪末期才重新出现，最初主要出现在美国和德国。正如乔万尼·阿里吉（1994）所指出的那样，英国资本主义全盛期的标志是小型家族企业和复杂融资。美国和德国把 20 世纪的上半叶花在取代大不列颠（Great Britain）成为新的霸主的争斗上，它们带来了现代的官僚公司资本主义。

89. MacKay 1854:52.

90. MacKay 1854:53–54.

91. Spyer 1997.

92. Prakash 2003:209–16.

93. Hardenburg & Casement 1913；Mick Taussig (1984, 1987) 对这个故事进行了最著名、最有真知灼见的分析。

94. 《大英百科全书》，第 II 版（1911）：“Putumayo”词条。

95. 正如 Taussig 指出的（1984:482），当公司领导者后来被问到他所说的“食人族”是什么意思时，他回答说意思是印第安人拒绝同其他任何人进行交易。

96. 这是在 Yann Moulier-Boutang (1997) 的一部重要著作中详细阐释的一个观点，但不幸的是这本书并未被翻译成英文。

97. Davies 1975:59。“受契约约束”（indentured）来自“刻痕”（indentation）或者符木

上的刻痕，因为对于那些像绝大多数契约奴仆一样不识字的人来说，它们被普遍作为契约使用（Blackstone 1827 I:218）。

98. Immanuel Wallerstein (1974) 对这种“第二农奴制度”提供了经典分析。

99. 顺便一提，这对于整个阶级范围来说都是成立的：从卑贱的挤奶女工和学徒到侍女和骑士的跑腿男孩，每个人都被期望这样做。顺便一提，这也是 17 世纪的契约服务合约似乎并未猛增的一个原因：他们只是简单地把合约雇佣关系的条款从一年延长到五年或七年。即使在中世纪，也有成年日工，但是他们通常被认为和罪犯没有区别。

100. “无产阶级”一词在某些方面即暗指这一点，因为它取自罗马指代“有子女的人”一词。

101. C. L. R. James 1938; Eric Williams 1944.

102. “许多策略可供商人采用，以节省支付工资时需要使用的现金——两次支付之间可以间隔很长时间；支付可能包含转让对他人的索取权（运费、授权在商店购买商品的票据或代金券等，私人票据和代币的拨备）。” Mathias 1979a:95.

103. 实际上，完整的清单是：“碎布料、木片、涂蜡机、金属屑、衬垫、原材料损耗、圣礼、花纹布、空瓶子、一次性物品、运费补贴、垫舱物料、搬运、酒、头巾、淡色颜料、废石料、短绳、动物残渣、零碎布料、织边、金属碎屑、鞣皮废料、额外物件、添头、皮重、赠品、挤压碎物、拆卸物品、靴子、销钉、镶边饰物、票张、遗穗、树枝、茎叶、绑带、回扣、销货款。”（Linebaugh 1993:449；也可见 Rule 1986:115–17）

104. Tebbutt 1983:49。关于整体典当业：Hardaker 1892, Hudson 1982, Caskey 1994, Fitzpatrick 2001。

105. Linebaugh 1993: 371–404.

106. 通常是为了得出这样一个结论：在今天，我们当然生活在一个完全不同的世界，因为很明显，这一点也不再成立。在这里提醒读者以下事实，也许是有帮助的：马克思认为自己在写作“政治经济评论”——对他所处时代的经济理论和实践进行评论。

107. 参见 Lockhart 对 Bernal Diaz（Díaz 1844 II:396）的翻译，根据不同的文献，给出了这个故事的几个版本。

108. Clenninden 1991:144.

109. 正是基于这些事实，Testart 将赌博导致的奴役（赌博者把自己作为赌注）与债务奴役区分，尽管债务奴役最终也是赌博债务。“在赌局中把自己作为赌注的赌博者的心态，更接近在战场上冒着死亡或被俘为奴的风险的战士，而不像愿意出售自

己以保活命的穷人。”（Testart 2002:180）

110. 顺便一提，这是对赤字不道德性的抱怨是如此虚伪的原因：因为现代货币实际上是政府债务，如果没有赤字，结果将会是灾难性的。没错，货币能够通过银行私下产生，但是这种做法似乎有上限。这就是当克林顿政府在 20 世纪 90 年代末开始出现预算盈余后，由阿兰·格林斯潘（Alan Greenspan）带领的美国金融精英产生恐慌的原因。布什的减税政策，似乎正是为了确保维持赤字而专门设计的。

111. Wallerstein 1989.

112. 1988:600.

113. 英国在 1542 年通过了第一部破产法。

114. 毫无疑问，这就是当歌德（Goethe）让浮士德（Faust）告诉国王用欠条支付其债务时他的用意。毕竟，我们都知道当他的时间到期后，发生了什么。

115. Sonenscher (2007) 给出了这些争论长期、详尽的历史。

116. 在这里可能会发现宗教的元素：在奥古斯都的时代，中东的一群宗教邪教分子产生了一个想法，即烈火将从天空降临，吞噬整个星球。当时，没有比这更不可能发生的事了。如果让他们在两千年里掌管世界的一个角落，他们就会找出这样做的方法。但是，这显然仍然是更大模式的一部分。

12 不确定的时代 (1971 年—)

1. 我的人类学家同行 Chris Gregory（1998:265—96 以及 Hudson 2003a）让我第一次注意到了这一日期的重要性。自 1934 年开始，美国公民不再能用美元兑换黄金。接下来的分析受到了 Gregory 和 Hudson 的启发。

2. 一个听起来可行的版本引用了极少量的金银，可在以下地址找到：www.rediff.com/money/2001/nov/17wtc.htm。

3. “The Federal Reserve Bank of New York: the Key to the Gold Vault” (newyorkfed.org/education/addpub/goldvaul.pdf).

4. 还有一段题外话，我记得当时读到一些新闻报道，它们指出在世贸中心底下的拱廊内有一些奢华的珠宝店，里面所有的黄金都消失了。它们可能被救援人员拿走了，但是考虑到当时的情景，似乎并不存在严肃的反对——至少，我从未听到任何关于这一事件被进一步调查的消息，更不要说有人因此被指控了。

5. 当然，William Greider 决定把他关于联邦储备委员会的伟大历史的著作命名为《神庙的秘密》（*The Secrets of the Temple*）绝非巧合。实际上，美联储的许多官员在私下里正是这样称呼它的。他引用了一种说法：“美联储体系就和教会一样……拥有教皇，即主席；几位主教，即州联储负责人和银行行长；教廷，即高层管理者。俗世信徒对应的是商业银行……我们甚至拥有像耶稣会修士（Jesuit）、方济会修士（Franciscan）、多明我会修士（Dominican）等不同的宗教思想派别，只不过我们把他们叫作实用主义者、货币主义者和新凯恩斯主义者。”（ibid：54）

6. 这并不是一个新的观点，它部分依托布罗代尔主义派（Braudelian，世界体系），例如，Mielants（2007）的著作。自尼克松时代开始，发展了这一联系的更经典的马克思主义版本，参见 Custers 2007。对这一联系更为主流的新古典主义处理，参见 Mac-Donald & Gastman 2001, MacDonald 2006。
7. 见 McDermott 2008:190 中的富布赖特参议员（Senator Fullbright）。
8. 我注意到，这直接违反了美国宪法（1.8.5）的意图，即只有国会有权“发行硬币，并管理其价值”——这无疑是依据杰弗逊的支持者的授意，因为他们反对成立中央银行。美国仍然遵守这一法律的要求：美国的硬币由财政部直接发行。美国的纸币发行令由财政部的部长签署，但它并不是由财政部发行，而是由美联储发行。从技术上来说，这些纸币是银行票据，只不过和英格兰银行一样，只有一家银行有权独家进行发行。
9. 对那些不了解美联储如何运转的人：从技术上来说，要分为几步。通常由财政部将债券面向公众发行，之后美联储进行回购。然后，美联储将由此制造的货币以特定的低利率贷给其他银行，这些银行因此可以更高的利率贷出。美联储有能力作为银行体系的监管者，它也设定了部分准备金率：对于从美联储借入或者拥有的存款，或者其他能够记为资产的每一美元，这些银行能够“贷出”——实际上是创造——多少美元。通常这一比例是 10 比 1，但是一些法律漏洞使银行能够显著超过这一比例。
10. 确实提出了它的黄金储备为何目的这一有趣的问题。
11. 如今，对于在货币制造过程中中央银行所扮演的确切角色，存在很大的政治争议。有些人坚持认为美联储实际上是（或者应该是）政府政策的扩展；另一些人坚持认为它应该是属于投资人群体的自治的声音。它在货币制造过程中的角色，以及在部分准备金银行中的状态，都有很大的争议。最近在保罗 · 克鲁格曼（Paul Krugman）和史蒂夫 · 吉恩（Steve Keen）之间发生的争论就表明了这一点。前者代表新古典主义学派，后者则是现代货币理论（Modern Monetary Theory）的支持者。英格兰银行后来发表了一篇名为《当代经济中的货币制造》（*Money Creation in the Modern Economy*）的报告，也加入了争论。令人意外的是，在这份报告中，英格兰银行明确采用了现代货币理论的立场，即大部分货币实际上都是由私人银行创造的，部分准备金体系实际上没能对它们的这一做法形成太多的限制。这是一份非常吸引人眼球的声明，实际上相当于承认所有用来证明紧缩项目合理性的说法都是错误的。

12. 实际发生的情况，事实上美国政府有一种办法印钱，但美国政府没有允许自己采用这一选项。这种办法就是发行高面额硬币。因为宪法要求只有联邦政府能够发行“硬币”，所以金属货币仍然直接由财政部制造，而纸币由美联储印制。目前政府制造的最高面额硬币是一美元硬币，但如果政府要制造价值一万亿美元的“白金硬币”，并用它来偿还政府债务，法律并无禁止的理由。实际上，在 2010 年爆发赤字危机时，现代货币理论的支持者真的提议采用这一做法，并在媒体上进行了讨论。但很明显，它从未被奥巴马（Obama）政府认真考虑。

13. 实际上，近年来美国全球霸权最大的妥协是这样一个事实：如今有一个地方（中国大陆）的防空如此密集和复杂，这使得美国空军再也不能确定自己能随意穿透。当然，没能炸死乌萨马·本·拉登（Osama bin Laden）是对这一霸权最吸引眼球的限制（本·拉登于 2011 年 5 月 1 日被美国军方击毙。——编者注）。

14. 或者把钱投入美国股市，最终也能产生类似的效果。如赫德森所说，“美国外交官已经清晰地阐明，要收购美国公司的控制权，或者甚至重新使用黄金，都将被视为不友好的举动”（2002a：7）。所以，除非他们想彻底脱离美元（而这将被看作更加不友好的举动），否则没有什么其他选择。

15. Hudson 2002a:12.

16. 正如许多人已经指出的那样，大概这一时间转向欧元的三个国家——伊拉克、伊朗和朝鲜，正是被布什孤立、被称为“邪恶轴心”（Axis of Evil）的国家。当然，我们在这里可以争论因果。另外很重要的一点是，像法国、德国等使用欧元的核心国家也一致反对这场战争，美国的盟友都是来自英国等对欧元有怀疑的国家。

17. 几个对美元和帝国关系的代表性观点：站在保守的、新古典主义视角，Ferguson (2001, 2004)；站在后凯恩斯主义的视角，Hudson (2003a)；站在马克思主义视角，Brenner (2002)。

18. 在主流和非主流的经济学家之间，关于石油销售用美元计价这一事实是否给美国带来了类似铸币权的优势，也存在着争议。出于当前的目的，真正重要的是美国的政策制定者似乎感到它们在象征意义上十分重要，拒绝任何企图做出改变的尝试。

19. 甚至中央情报局（CIA）现在也普遍把这种安排称为“奴隶制”，尽管严格来说，劳役偿债是不同的。

20. 与上文第 366 页中的赤字 / 军事图表进行比较，曲线基本上完全相同。

21. 这一故事来自《华尔街日报》（*Wall Street Journal*）的一篇文章，“不要把债务货币化：达拉斯（Dallas）联储主席论通胀风险和中央银行的依赖”（“Don’t Monetize the Debt: The president of the Dallas Fed on inflation risk and central bank independence”,

Mary Anastasia O'Grady,《华尔街日报》, 2009 年 5 月 23 日)。我应该补充一下，在当前流行的用法中，"把债务货币化"基本被用作"印钱"偿债的同义词。这一用法几乎成为通用用法，但是它并不是这一词语的最初含义，即把债务本身变成货币。英格兰银行并未印钱来偿还国家债务，而是把国家债务本身变为货币。在这里，也存在关于货币自身本质的深刻论述。

22. 这一安排有时被称为布雷顿森林体系 II(Bretton Woods II)(Dooley, Folkerts- Landau & Garber 2004, 2009)：实际上，这一协议至少从 20 世纪 90 年代开始，使用多种非官方的手段使美元被人为地保持在高位，使东亚货币——尤其是人民币——被人为地保持在低位，以促进便宜的亚洲产品出口到美国。因为从 20 世纪 70 年代开始，美国的真实工资水平要么处于停滞状态，要么持续回落，所以这一做法结合消费债务的积累，成为美国人的生活水平没有大幅下跌的唯一原因。

23. 关于郑和，参见 Dreyer 2006, Wade 2004, Wake 1997。关于整体上的朝贡贸易：Moses 1967, Yü 1967, Hamashita 1994, 2003; Di Cosmo & Wyatt 2005。

24. 这里的论述借鉴了 Arrighi, Hui, Hung and Selden 2003，有些内容回应了阿里吉(Arrighi)的著作《亚当·斯密在北京》(*Adam Smith in Beijing*, *2007*)。

25. 例如，乔万尼·阿里吉论述美国确实尝试把它的债务变为朝贡体系，但是最终它无法维持："美国在 20 世纪 90 年代的经济复苏，以及全球经济对处于增长状态的美国经济的持续依赖，其基础都是在世界历史上前所未见的美国的外国债务的增长。美国每天为平衡其经常账户与世界其他国家往来，需要 20 亿美元(还在增长)。如果不把这笔金额转变成彻底的贡金或者'保护费'，这一情况就绝不可能在任何一段时间内被复制。但是……美国曾尝试提取此类贡金，并把它变为一个全新的、在历史上首次诞生的真正全球化帝国的基础，最终遭遇了惨痛失败，在 20 世纪 20 年代到 30 年代，造成了前所未有的全球政治动荡。"(2009:164)。阿里吉论述正是这种尝试，导致了 2008 年的经济危机爆发。

26. 当然，日本是一个例外，因为它甚至在此之前就达到了类似第一世界(First World)的地位。

27. Keynes 1936:345.

28. 见 www. irle. berkeley. edu/events/spring08/feller/.

29. 关键的法案是 1980 年的《存款机构解除管制与货币控制法案》(*Depository Institutions Deregulation and Monetary Control Act*)，它消灭了所有联邦高利贷法律：从表面上看，这一法案是为了遏制 20 世纪 70 年代末期疯狂的通货膨胀，但是当然，在 20 世纪后四分之一的时间里，当通货膨胀得到控制后，这一法案也没有被撤销。它规定了各州利率的上限，但是像信用卡公司这样的机构，不论它们在哪里运营，都被允许遵守其注册地所在州的法律。这就是大多数公司注册在南达科他州（South Dakota）的原因，因为那里没有利率上限。

30. 第一个来自一本名为《雷克萨斯汽车与橄榄树》（*The Lexus and the Olive Tree*）的自大且空洞无物的书中的托马斯·弗里德曼（Thomas Friedman）（1999），第二个来自一本同名书中的兰迪·马丁（Randy Martin）（2002）。
31. 在美国，这种“普遍的差异”主要通过种族主义实现。这就是为什么大多数美国人按照种族来组织：比如，韩国的杂货店主或干洗店主，会互相把信用集合在一起，但他们的客户有足够的社交距离，毫无疑问可以在外部扩展信用，甚至期望存在基础的信任关系——因为他们自己通常期望电工、锁匠或提供其他各种服务的合约方，至少尝试利用他们。最终，跨种族的市场变为一个，其中的每个人都被认为是亚玛力人（Amalek）。
32. Cooper 2008:7 中引用的吉尔德 1981:266。Cooper 的论文对债务帝国主义（这似乎是她受到哈德森的启发而杜撰的一个词语）和基督教福音派之间的关系进行了精彩的探索，我衷心地推荐这篇论文。也可参见 Naylor 1985。
33. Robertson 1992:153。仍来自 Cooper：如前引述。
34. Atwood 2008:42.
35. 顺便一提，对于穷人陷入债务是因为他们无法延迟满足（这是证实了带有各种人类的盲点的经济逻辑的又一种方式，它歪曲了对“消费者”实际动机能够实现的任何可能理解）的传统批评声音，这也是最佳回应。理性来说，因为存款的收益约为每年 4%，而信用卡收取 20%，消费者应该存钱以备不时之需，并且只在绝对有需求的时候才负债，他们应推迟不必要的购物，直到拥有盈余。极少有人这样做，但是这并不是因为急不可待（等不及要得到那条漂亮的新裙子），而是因为人际关系无法像想象“消费者购买”那样以同样的方式推迟：女儿一生中只有一次五岁，祖父所余的年数仅为几年。
36. 关于这一话题有太多的著作，对于要引用哪一部，你会很犹豫，但是两个出色的例子是：Anya Kamentz 的 *Generation Debt*（2006）和 Brett William 的 *Social History of the Credit Trap*（2004）。关于对债务作为阶级斗争形式的需要的更宏大的观点，大部分受到午夜笔记集体（Midnight Notes Collective）的启发，他们认为不论多么矛盾，“新自由主义在信用的领域内，打开了在资本和劳动阶级之间进行斗争的一个新的维度”（2009:7）。我在某种程度上借鉴了这一分析，但是试图脱离把人类生活视为“繁殖劳动力”的经济主义框架的这一观点损害了大量马克思主义文献——强调超越生存的生活可能有些许受到瓦纳格姆（Vaneigem）的影响（1967），但是基本上回到了我自己关于价值理论的著作上（Graeber 2001）。

37. Elyachar 2002:510.
38. 例如，参见 Soutik Biswas 的 *India's microfinance suicide epidemic*，BBC News South Asia，2010 年 12 月 16 日。
39. 在我作为活动主义者的工作中，我在许多场合亲眼见到了这一现象：例如，为了保证不会让抗议者感到他们的做法取得了成功，警察会很高兴地关闭交易峰会。
40. 在实践中，它主要包括“免息”的银行安排，为利润贡献的概念开空头支票，但它实际上和其他银行的运转几乎一样。问题在于，利润分享银行和更为传统的银行在同一个市场中竞争，那些预计可以产生高利润的企业，会被提供固定利率贷款的银行吸引，只有那些预计利润较低的企业才会转向利润分享选项（Kuran 1995:162）。要想向无息银行的过渡成立，就必须使所有银行都采取这一策略。
41. 在哈里发的统治下，保证货币供给；在中国，通过系统性的干预来稳定市场，防止资本主义式的垄断；后来，美国和其他北大西洋共和国采用了允许对自身债务货币化的做法。
42. 正如我在第五章中论述的那样，经济生活总是相互碰撞的原则构成的事物，因此，可以说它在某种程度上是不和谐的。实际上，我并不认为这在任何层面上是一件坏事——至少，它永远非常高效。在我看来，源自暴力的扭曲是特有的危害。
43. von Mises 1949:540–41。原始的德文文献在 1940 年出版，完稿时间可能是在那之前一两年。
44. Ferguson 2007:iv.
45 在这里我是有实际经验的。在我的朋友们的眼中，我是出了名的工作狂——可以理解，他们经常对我感到恼火——并且我敏锐地知道这种行为即使从最好的方面来说，也是轻微病态的，我肯定这绝无可能使一个人变得更好。

后记

1. 《道德情操论》3.36。这是一个关于伊庇鲁斯国王皮洛士（Pyrrhus）的故事，他真的应该听从朋友的建议。

参考文献

Abraham, Roy Clive. 1933. *The Tiv People*. Lagos: Government Printer.

Abu Lughod, Janet. 1989. *Before European Hegemony* Oxford: Oxford University Press.

Adamek, Wendi L. 2005. "The Impossibility of the Given: Representations of Merit and Emptiness in Medieval Chinese Buddhism." *History of Religions* 45 (2): 135-180.

Adams, Robert McC,. C. Lamberg-Karlovsky, William L. Moran. 1974. "The Mesopotamian Social Landscape: The View from the Frontier." *Bulletin of the American Schools of Oriental Research. Supplementary Studies* No. 20, Reconstructing Complex Societies: An Archaeological Colloquium, pp. 1-20.

Adkins, Arthur W. H. 1972. *Moral Values and Political Behaviour in Ancient Greece: From Homer to the End of the Fifth Century*. New York: Norton.

Adolf, Helen. 1947. "New Light on Oriental Sources for Wolfram's Parzival and Other Grail Romances." PMLA 62 (2): 306-324.

———. 1957. "Christendom and Islam in the Middle Ages: New Light on 'Grail Stone' and 'Hidden Host.'" *Speculum* 32 (1): 103-115.

Afigbo, Adiele Eberechukwu. 1971. "The Aro of southeastern Nigeria: a socio-historical analysis of legends of their origins." *African Notes* 6: 31-46.

Aglietta, M. and Orlean, A. 1992. *La Violence de la monnaie*. Paris: Presses Universitaires de France.

———. 1995. *Souveraineté, légitimité de la monnaie*. Paris: Association d'Économie Financière (Cahiers finance, éthique, confiance).

———. 1998. *La Monnaie souveraine*. Paris: Odile Jacob.

Aglietta, M., et al. 1998. "Introduction." In: *La monnaie souveraine* (M. Aglietta & A. Orléan, eds.), pp. 9–31. Paris: Odile Jacob.

Aglietta, M., & Orléan, A. (Eds.). 1995. *Souveraineté, légitimité de la monnaie*. Paris: Association d'Économie Financière (Cahiers finance, éthique, confiance).

Agnew, Jean-Christophe. 1986. *Worlds Apart: The Market and the Theater in Anglo-American Thought*. Cambridge: Cambridge University Press.

Ahern, Emily. 1973. *The Cult of the Dead in a Chinese Village*. Stanford: Stanford University Press.

Akiga Sai, B. 1939. *Akiga's story; the Tiv tribe as seen by one of its members. Translated and annotated by Rupert East*. London, New York, Published for the International African Institute by the Oxford University Press.

———. 1954. "The 'Descent' of the Tiv from Ibenda Hill" (translated by Paul Bohannan.) *Africa: Journal of the International African Institute* 24 (4): 295-310.

Akin, David and Joel Robbins,. 1998. "An Introduction to Melanesian Currencies: Agencies, Identity, and Social Reproduction". In *Money and Modernity: State and Local Currencies in Melanesia* (David Akin and Joel Robbins, editor), pp. 1-40. Pittsburgh: University of Pittsburgh Press.

Alexander, John B. 1938. "A Babylonian Year of Jubilee?" *Journal of Biblical Literature* 57: 55-79.

Allen, N. J. 1998. "The category of substance: a Maussian theme revisited." In Marcel Mauss: A Centenary Tribute (Wendy James, N. J. Allen, editors), pp. 175-191. London: Berghahn Books.

Altekar, Anant Sadashiv. 1977. *State and Government in Ancient India*. Delhi: Motilal Banarsidass.

———. 1983. *The Position of Women in Hindu Civilization*. Delhi: Motilal Banarsidass.

Althabe, Gérard. 1968. "La circulation monétaire dans un village Betsimisaraka." *Tany Gasy* 8: 35-46.

Ames, Roger. 1994. *The Art of Rulership: A Study of Ancient Chinese Political Thought*. Albany: State University of New York Press.

Anderson, Perry. 1974. *Passages from Antiquity to Feudalism*. London: Verso Press.

Angas, Lawrence Lee Bazley. 1937. *Slump Ahead in Bonds*. New York: Somerset Pub. Co

Arnaud, Daniel. 1973. "La prostitution sacrée en Mésopotamie, un mythe historique?" *Revue de l'histoire des religions* 183: 111-115.

Arrighi, Giovanni. 1994. *The Long Twentieth Century: Money, Power, and the Origins of Our Times*. London: Verso.

———. 2007. *Adam Smith in Beijing: Lineages of the Twenty-First Century*. London: Verso.

Arrighi, Giovanni, Po-Keung Hui, Ho-Fung Hung and Mark Selden,. 2003. "Historical Capitalism, East and West". In *The Resurgence of East Asia: 500, 150, and 50 year perspectives*. (Giovanni Arrighi, Takeshi Hamashita and Mark Selden, eds.) London: Routledge, pp. 259-333.

Asheri, David. 1969. "Leggi greche sul problema dei debiti." *Studii classici e orientali* 18: 5-122.

Ashtor, Eliahu. 1972. "Banking instruments between the Muslim East and the Christian West." *Journal of European Economic History* 1: 559-573.

———. 1976. *A Social and Economic History of the Middle East*. Berkeley: University of California Press.

Assante, Julia. 2003. "From Whores to Hierodules: The Historiographic Invention of Mesopotamian Female Sex Professionals." In *Ancient Art and Its Historiography* (edited A.A. Donahue and Mark D. Fullerton), 13-47. Cambridge: Cambridge University Press.

Atwood, Margaret. 2008. *Payback: Debt and the Shadow Side of Wealth*. London: Bloomsbury.

Auerbach, Erich. 1946 [2003]. *Mimesis: The Representation of Reality in Western Literature*. Princeton: Princeton University Press.

Aydan, Ertan. 2003. *The Peculiarities of Turkish Revolutionary Ideology in the 1930s: the ülüku version of Kemalism*, 1933-1936. Ph.D. dissertation, Bilkent University, Ankara (http://www.thesis.bilkent.edu.tr/0002416.pdf).

Aylmer, G. E. 1980. "The Meaning of Property in Seventeenth-Century England." *Past and Present* 86: 87–97.

Ayyar, P. V. Jagadisa. 1982. *South Indian Shrines: Ilustrated*. New Delhi: Apex.

Bahrani, Zainab. 2001. *Women of Babylon: Gender and Representation in Mesopotamia*. London: Routledge.

Baker, J. Wayne. 1974. "Heinrich Bullinger and the Idea of Usury." *The Sixteenth Century Journal* 5 (1): 49-70.

Baker, Jennifer. 2005. *Securing the commonwealth: debt, speculation, and writing in the making of early America*. Baltimore: Johns Hopkins University Press.

Ballin, Theodore N. 1978. 'A Commentary on [Demosthenes] 50.' Doctoral Dissertation: University of Washington, Seattle.

Balmuth, Miriam S. 1967. "The Monetary Forerunners of Coinage in Phoenicia and Palestine", in Aryeh Kindler,ed., *International Numismatic Convention, Jerusalem, 27-31 De-*

cember 1963: The Patterns of Monetary Development in Phoenicia and Palestine in Antiquity, Proceedings (Shocken, Tel Aviv, pp. 25-32.

———. 1971. "Remarks on the Appearance of the Earliest Coins", in David G. Mitten, John Griffiths Pedley, and Jane Ayer Scott, eds., *Studies Presented to George M. A. Hanfmann* (Philipp von Zabern, Mainz), pp. 1-7.

———. 1975. "The Critical Moment: the Transition from Currency to Coinage in the Eastern Mediterranean." *World Archeology* 6: 293-9.

———. 2001. Hacksilber to Coinage: New Insights into the Monetary History of the Near East and Greece. *Numismatic Studies* No. 24. New York: American Numismatic Society,

Banaji, Jairus. 2001. *Agrarian change in late antiquity: gold, labour, and aristocratic dominance*. Oxford: Oxford University Press.

Barasch, Moshe. 1993. *Icon: studies in the history of an idea*. New York: NYU Press.

Barber, Malcolm. 1978. *The Trial of the Templars*. Cambridge: Cambridge University Press.

Barendse, Rene J. 2002. *The Arabian Seas: The Indian Ocean World of the Seventeenth Century*. Armonk: M. E. Sharpe.

Barnes, Robert Harrison and Ruth Barnes. 1989. "Barter and Money in an Indonesian Village Economy." *Man (New Series)* 24 (3): 399-418

Barreau, Andre. 1961. "Indian and Ancient Chinese Buddhism: Institutions Analogous to the Jisa." *Comparative Studies in Society and History* 3 (4): 443-451.

Barth, Frederick. 1969. "Economic Spheres in Darfur." Themes in Economic Anthropology, ASA Monographs no. 6, pp. 149-174. London: Tavistock.

Basham, Arthur Llewellyn. 1948. "Harsa of Kashmir and the Iconoclast Ascetics." *Bulletin of the School of Oriental and African Studies, University of London* 12 (3/4): 668-99.

Baskind, James. 2007. "Mortification Practices in the Obaku School." In *Essays on East Asian Religion and Culture, Festschrift in honour of Nishiwaki Tsuneki on the occasion of his 65th birthday* (edited by Christian Wittern and Shi Lishan). Kyoto: Kyoto University.

Bataille, George. 1993. "The Accursed Share Volume III, Sovereignty, Part One: 'What I Understand by Sovereignty;", pp. 197-257. In *The Accursed Share Volumes II & III*, New York: Zone Books.

Baxter, W. T. 1989. "Early accounting: The tally and checkerboard." *Accounting Historians Journal* 16 (2): 43-83

Beard, Mary and John Henderson. 1997. "With This Body I Thee Worship: Sacred Prostitution in Antiquity." *Gender & History* 9: 480-503.

Beattie, John. 1960. *Bunyoro: an African Kingdom*. New York: Holt, Rinehart and Winston.

Beauchet, Ludovic. 1897. *Histoire du droit privé de la République athénienne*. Paris: Chevalier-Maresoq.

Beaujard, Philippe. 2005. "The Indian Ocean in Eurasian and African World-Systems before the Sixteenth Century." *Journal of World History* 16 (4): 411-465.

Begg, David, Stanley Fischer, and Rudiger Dornbusch. 2005. *Economics (*Eighth Edition). Maidenhead, Berkshire: McGraw-Hill

Beier, A. Lee. 1985. *Masterless men: the vagrancy problem in England* 1560-1640. London: Routledge.

Bell, Stephanie. 1999. "Do taxes and bonds finance government spending?" *Journal of Economic Issues* 34: 603-20.

———. 2000. "The role of the state and the hierarchy of money." *Cambridge Journal of Economics* 25: 149-63.

Bell, Stephanie and John F. Henry. 2001. "Hospitality versus Exchange: the Limits of Monetary Economics." *Review of Social Economics* 54 (2): 203-226.

Bellah, Robert N. 2005. "What is Axial About the Axial Age?" *Archives of European Sociology* 46 (1): 69-87.

Belo, Jane. 1936. "A Study of the Balinese Family." *American Anthropologist* 38 (1):12-31.
Benedetto, Luigi Foscolo. 1994. *The Travels of Marco Polo the Venetian* (Aldo Ricci's translation). London: Routledge.
Benn, James A. 1998. "Where Text Meets Flesh: Burning the Body as an Apocryphal Practice in Chinese Buddhism." *History of Religions* 37 (4): 295-322.
———. 2007. *Burning for the Buddha: Self-Immolation in Chinese Buddhism.* Honolulu: University of Hawaii Press.
Benveniste, Emile. 1963. *Indo-European Language and Society* (2 volumes). London: Faber & Faber.
———. 1972. "Don et échange dans le vocabulaire indo-européen." In *Problèmes de linguistique générale* (Paris: Galimard).
Berndt, Ronald M. 1951. "Ceremonial Exchange in Western Arnhem Land." *Southwestern Journal of Anthropology* 7 (2): 156-176.
Binswanger, Hans Christoph. 1994. *Money and Magic: A Critique of the Modern Economy in the Light of Goethe's Faust.* Chicago: University of Chicago Press.
Birks, Peter. 1985. "The Roman Law Concept of Dominium and the Idea of Absolute Ownership." *Acta Juridica* 7: 1-37.
Bishop, Ryan and Lilian S. Robinson. 1998. *Night Market: Sexual Cultures and the Thai Economic Miracle.* New York: Routledge.
Blackburn, Robin. 1997. *The Making of New World Slavery: From the Baroque to the Modern,* 1492-1800. London: Verso.
Blackstone, Sir William. 1827. *Commentaries on the laws of England.* London: E. Duyckinck.
Blanc, Louis. 1839. *L'organisation du travail.* Paris: Au Bureau de Nouveau Monde.
Blau, Peter. 1964. *Exchange and Power in Social Life.* New York: Wiley.
Blaxter, Lorraine. 1971. "*Rendre service* and *Jalouisie.*" In *Gifts and Poison* (F. G. Bailey, editor). London: Basil Blackwell, pp. 119-130.
Bleiberg, Edward. 2002. "Loans, Credit and Interest in Ancient Egypt." In *Debt and Economic Renewal in the Ancient Near East* (Hudson, Michael and Marc Van de Mieroop, editors), pp. 257-276. Bethesda: CDL Press.
Blickle, Peter. 1977. *The Revolution of 1525: The German Peasant's War from a New Perspective.* (Thomas Brady and Erik Midelfort, translators.) Baltimore: Johns Hopkins.
Bloch, Marc. 1961. *Feudal Society.* (2 volumes). Chicago: University of Chicago Press.
Bogaert, Raymond. 1966. *Les Origines antiques de la banque de dépôt.* Leiden: Sijthoff.
———. 1968. *Banques et banquiers dans les cités grecques.* Leiden: Sijthoff
Bohannan, Laura. 1952. "A Genealogical Charter." *Africa: Journal of the International African Institute* 22:301-15.
———. 1958. "Political Aspects of Tiv Social Organization." In *Tribes Without Rulers* (John Middleton and David Tait, editors), pp. 33-66. London: Routledge & Kegan Paul.
———. 1964. *Return to Laughter, An Anthropological Novel.* (As "Elenore Bowen Smith"). New York: Praeger.
Bohannan, Paul. 1954. "The Migration and Expansion of the Tiv." *Africa: Journal of the International African Institute* 24 (1): 2-16.
———. 1955. "Some Principles of Exchange and Investment among the Tiv." *American Anthropologist* 57:60-67.
———. 1957. *Justice and Judgment among the Tiv.* London: Oxford University Press.
———. 1958. "Extra-processual events in Tiv Political Institutions." *American Anthropologist* 60:1-12
———. 1959. "The Impact of Money on an African Subsistence Economy." *Journal of Economic History* 19:491-503.

Bohannan, Paul and Laura Bohannan. 1953. *The Tiv of Central Nigeria*. London: International African Institute.

———. 1968. *Tiv Economy*. Evanston: Northwestern University Press.

———. 1969. *A Source Notebook on Tiv Religion*. 5 volumes. New Haven: Human Relations Area Files.

Boianovsky, Mauro. 1993. "Böhm-Baewerk, Irving Fisher, and the Term 'Veil of Money.'" *History of Political Economy* 25 (4):725-738

Bokenkamp, Stephen R. 2008. "*Fu*: Talisman, Tally, Charm." In *The Encyclopedia of Taoism* (Fabrizio Pregadio, editor), pp. 35-38. London: Routledge.

Bolles, John Augustus. 1837. *A treatise on usury and usury laws*. Boston: James Munroe.

Boon, James. 1975. *The anthropological romance of Bali, 1597-1972: dynamic perspectives in marriage and caste, politics, and religion*. Cambridge: Cambridge University Press.

Bottéro, Jean. 1961. "Desordre économique et annulation des dettes en Mesopotamie à l'epoque paleo-babylonienne." *Journal of the Economic and Social History of the Orient* 4:113-164.

———. 1992. *Everyday Life in Ancient Mesopotamia*. (Translated by Antonia Nevill.) Baltimore: Johns Hopkins.

Bourdieu, Pierre. 1965. "The Sentiment of Honor in Kabyle Society." In J. G. Peristiany, editor, *Honour and Shame: the Values of Mediterranean Society*. London: Trinity Press, pp. 191-242.

———. 1977. *Outline of a Theory of Practice*. Cambridge: Cambridge University Press.

———. 1990. *The Logic of Practice* (Translated by Richard Nice.) Cambridge: Polity Press.

Bowers, Richard H. 1983. "From Rolls to Riches: King's Clerks and Moneylending in Thirteenth-Century England." *Speculum* 58 (1): 60-71.

Boyer-Xambeu, Marie-Thérèse, Ghislain Deleplace, and Lucien Gillard. 1994. *Private Money & Public Currencies: the 16th Century Challenge*. (Azizeh Azodi, translator). Armonk: M. E. Sharpe.

Bradley, Keith R. 1987. "On the Roman Slave Supply and Slavebreeding." In *Classical Slavery* (M. I. Finley, editor), pp. 42-64. London: Routledge.

Brady, Thomas A., Jr. 1997. "The Rise of Merchant Empires, 1400-1700. A European Counterpoint." In *The political economy of merchant empires* (James D. Tracy, editor), pp. 117-160. Cambridge: Cambridge University Press.

Brand, Paul. 2002. "Aspects of the Law of Debt, 1189-1307." In *Credit and debt in medieval England, c.1180-c.1350* (Schofield, Phillipp R. and N. J. Mayhew, editors), pp. 19-41. London: Oxbow.

———. 2003. "The Jewish Community of England in the Records of the English Royal Government." In *The Jews in medieval Britain: historical, literary, and archaeological perspectives* (Patricia Skinner, editor), pp. 73-96. Woodbridge: Boyden and Brewer.

Braudel, Fernand. 1979. *Civilisation matérielle, économie et capitalisme, XVe-XVIIIe siècle, 3: Le temps du monde*. Paris: A. Colin.

———. 1992. *Civilization and Capitalism, 15th-18th Century: The wheels of commerce*. Berkeley: University of California Press.

———. 1995. *The Mediterranean and the Mediterranean world in the age of Philip II* (two volumes). Berkeley: University of California Press.

Brenner, Robert. 2002. *The Boom and the Bubble: The US in the World Economy*. London and New York: Verso.

Briant, Paul. 2006. *From Cyrus to Alexander: A History of the Persian Empire*. New York: Eisenbrauns.

Brock, Roger. 1994. "The Labour of Women in Classical Athens." *The Classical Quarterly* (new series) 44 (2): 336-346.

Bronkhorst, Johannes. 2007. *Greater Magadha: Studies in the Culture of Early India*. Leiden:

Brill.

Brook, Timothy. 1998. *The Confusions of Pleasure: Commerce and Culture in Ming China*. Berkeley: University of California Press.

Brunt, P. A. 1974. *Social Conflicts in the Roman Republic*. New York: Norton.

Bryant, Joseph M. 1996. *Moral Codes and Social Structure in Ancient Greece: A Sociology of Greek Ethics from Homer to the Epicureans and Stoics*. Albany: SUNY.

Bücher, Karl. 1907. *Industrial Evolution*. (S. Morley Wickett, trans.) New York: Holt.

Buckland, William Warwick. 1908. *The Roman Law of Slavery*. Cambridge: Cambridge University Press.

Buckler, W. H. 1896. *The Origin and History of Contract in Roman Law down to the End of the Republican Period*. London: C. J. Clay & Sons.

Bulliet, Richard W. 1979. *Conversion to Islam in the Medieval Period: An Essay in Quantitative History*. Cambridge: Harvard University Press.

Burton, Sir Richard F. 1934. *The Book of a Thousand Nights and a Night* (6 volumes). New York: Heritage Press.

Butrica, James L. 2006. "Some Myths and Anomalies in the Study of Roman Sexuality." In *Same-Sex Desire and Love in Greco-Roman Antiquity and in the Classical Tradition of the West* (Beert C. Verstraete and Vernon Provencal, editors), pp. 209-270. Berkeley: University of California Press.

Byrne, Frances. 1971. "Tribes and Tribalism in early Ireland." *Ériu* 22: 128-166.

———. 1973. *Irish Kings and High Kings*. London: Batsford.

Caffentzis, Constantine George. 1989. *Clipped Coins, Abused Words, and Civil Government: John Locke's Philosophy of Money*. New York: Autonomedia.

Cairns, Francis. 1991. "The 'Laws of Eretria' ("IG" XII. 9 1273 and 1274): Epigraphic, Legal, Historical, and Political Aspects." *Phoenix* 45 (4): 296-313

Calhoun, George W. 1934. "Classes and Masters in Homer." *Classical Philology* 29:192-206, 301-316.

Cambiano, Guiseppe. 1987. "Aristotle and the Anonymous Opponents of Slavery." In *Classical Slavery* (M. I. Finley, editor), pp. 28-53. London: Frank Cass.

Campbell, John Kennedy. 1964. *Honour, family and Patronage: A Study of Institutions and Moral Values in a Greek Mountain Community*. Oxford: Oxford University Press.

Cannan, Edwin. 1921. "Early History of the Term Capital." *Quarterly Journal of Economics* 35 (3): 469-81.

Cardascia, Guillaume. 1959. "L'adoption matrimonlale à Babylone et à Nuzi." *Revue historique de droit français et étranger* 37: 1-16.

———. 1969. *Les lois assyriennes*. Littératures Anciennes du Proche-Orient 2. Paris: Cerf.

Cartier, Michel. 1988. "Dette et propriété en Chine." In *Lien de Vie: Noued Mortel: les representations de la dette en Chine, au Japan, et dans le monde Indien* (Charles Malamoud, editor), pp. 17-29. Paris: Editions de l'Ecole des Hautes Études en Science Sociales.

Case, Karl E., Ray C. Fair, Manfred Gärtner, and Ken Heather. 1996. *Economics*. London: Prentice Hall.

Caskey, John P. 1994. *Fringe Banking: Check-Cashing Outlets, Pawnshops, and the Poor*. New York: Russell Sage Foundation.

Cerny, Jaroslav. 1954. "Prices and wages in Egypt in the Ramesside period." *Cahiers d'histoire mondiale* 4: 903-921.

Chakravarti, Uma. 1985. "Of dasas and karmakaras: servile labor in ancient India." In *Chains of Servitude: Bondage and Slavery in India* (Utsa Patnaik, Manjari Dingwaney, editors), pp. 35-75. Reno: University of Nevada Press.

Chapman, Anne. 1980. "Barter as a Universal Mode of Exchange." *L'Homme* 22 (3): 33-83.

Charles-Edwards, T. M. 1978. "Honour and Status in Some Irish and Welsh Prose Tales."

Eriu 29: 123-141.
———. 1993. *Early Irish and Welsh kinship*. Oxford: Oxford University Press.
Chatterjee, Heramba. 1971. *The Law of Debt in Ancient India*. Calcutta: Sanskrit College.
Chattopadhyaya, Debiprasad. 1994. *Carvaka/Lokayata: An Anthology of Source Materials and Some Recent Studies*. New Delhi: Mrinal Kanti Gangopadhyaya.
Chaudhuri, Kirti N. 1985. *Trade and Civilisation in the Indian Ocean: An Economic History from the Rise of Islam to* 1750. Cambridge: Cambridge University Press.
———. 1990. *Asia Before Europe: Economy and Civilization of the Indian Ocean from the Rise of Islam to* 1750. Cambridge: Cambridge University Press.
Chauhan, Gian Ghand. 2003. *An Economic history of early medieval northern India*. New Delhi: Atlantic Publishers.
Ch'en, Kenneth K.S. 1964. *Buddhism in China: A Historical Survey*. Princeton: Princeton University Press.
Choksy, Jamsheed K. 1988. "Loan and sales contracts in ancient and early medieval Iran." *Indo-Iranian Journal* 31(3: 191–218.
Cipolla, Carlo M. 1967. *Money, Prices and Civilisation in the Mediterranean World: Fifth to Seventeenth Centuries*. Princeton: Princeton University Press.
Clanchy, M. T. 1993. *From memory to written record, England* 1066-1307. Oxford: Blackwell.
Clarence-Smith, William G. 2008. "Islamic Abolitionism in the Western Indian Ocean from c. 1800." Presented at the conference, *Slavery and the Slave Trades in the Indian Ocean and Arab Worlds: Global Connections and Disconnections*, Yale University, November 7-8, 2008. http://www.yale.edu/glc/indian?ocean/clarence?smith.pdf.
Clavero, Bartolomé. 1986. "The jurisprudence on usury as a social paradigm in the history of Europe." In *Historische Soziologie der Rechtswissenschaft* (Erik Volkmar Heyen, editor), pp. 23-36. Frankfurt: Vittorio Klostermann.
Codere, Helen. 1950. *Fighting with Property: A Study of Kwakiutl Potlatching and Warfare* 1792-1930. Monograph 18. New York: American Ethnological Society.
Cohen, David. 1987. "Seclusion, separation and the status of women in classical Athens." *Greece and Rome* 36.(1): 1-15
Cohen, Edward E. 1995. Review of 'Lending and Borrowing in Ancient Athens', Bryn Mawr Classical Review 3 (4):
(http://hegel.lib.ncsu.edu/stacks/serials/bmcr/bmcr-v3no4-cohen-lending)
Cohn, Norman. 1972. *The pursuit of the millennium: revolutionary millenarians and mystical anarchists of the Middle Ages*. New York: Oxford University Press.
Cole, Alan. 1998. *Mothers and Sons in Chinese Buddhism*. Palo Alto: Stanford University Press.
Coleman, Janet. 1985. "Dominium in 13th and 14th Century Political Thought and its 17th Century Heirs: John of Paris and Locke." *Political Studies* 33: 73-100.
———. 1988. "Property and Poverty." In *The Cambridge History of Medieval Political Thought, c*1350-1450 (J. H. Barnes, editor), pp. 607-648. Cambridge: Cambridge University Press.
Collins, Randall. 1986. *Weberian Social Theory*. Cambridge: Cambridge University Press.
———. 1989. *The Sociology of Philosophies: A Global Theory of Intellectual Change*. Cambridge: Harvard University Press.
Cook, Robert Manuel. 1958. "Speculations on the Origins of Coinage." *Historia* 7: 257-267.
Cooper, Frederick. 1979. "The Problem of Slavery in African studies." *Journal of African History* 20:103-125.
Cooper, Jerrold S. 1986. *Sumerian and Akkadian Royal Inscriptions, Volume 1: Presargonic Inscriptions*. New Haven: American Oriental Society.
———. 2002. "Virginity in Ancient Mesopotamia." *Compte rendu, Rencontre Assyriologique*

Internationale 47: 91-112.

Cooper, Melinda. 2006. "The Unborn Born Again: Neo-Imperialism, the Evangelical Right and the Culture of Life." *Postmodern Culture* (PMC) 17.1: #3.

———. 2008. *Life as surplus: biotechnology and capitalism in the neoliberal era.* Seattle: University of Washington Press.

Cornell, Tim. 1995. *The beginnings of Rome: Italy and Rome from the Bronze Age to the Punic Wars (c. 1000-264 BC).* London: Routledge.

Cortés, Hernan. 1868. *The fifth letter of Hernan Cortes to the Emperor Charles V: containing an account of his expedition to Honduras.* London: Hakluyt Society.

Cotter, James Finn. 1969. "The Wife of Bath and the Conjugal Debt." *English Language Notes* 6: 169-72

Covarrubias, Miguel. 1937. *Island of Bali.* London: Kegan Paul.

Curtin, Phillip D. 1969. *The Atlantic Slave Trade: A Census.* Madison: University of Wisconsin Press.

Curtin, Phillip D., and Jan Vansina,. 1964. "Sources of the Nineteenth Century Atlantic Slave Trade." *Journal of African History* 5 (2): 185-208.

Custers, Peter. 2006. *Questioning Globalized Militarism: Nuclear and Military Production and Critical Economic Theory.* Monmouth: Merlin Press.

Dandamaev, Muhammed. 1984. *Slavery in Babylonia, from Nabopolasser to Alexander the Great (626-331 BC).* De Kalb: Northern Illinois University Press.

Darnton, Robert. 1984. *The Great Cat Massacre.* New York: Vintage Books.

Davenant, Charles. 1771. "Discourses on the Public Revenues and on Trade. Discourse II: Concerning Credit, and the Means and Methods by which it may be restored." In *The political and commercial works of that celebrated writer Charles D'Avenant: relating to the trade and revenue of England, the Plantation trade, the East-India trade and African trade* (Sir Charles Whitworth, editor), pp. 150-206. London: R. Horsefeld.

Davidson, Paul. 2006. "Keynes and Money."In *A Handbook of Alternative Monetary Economics* (Philip Arestis and Malcolm Sawyer, editors), pp. 139-153. Cheltenham: Edward Elgar.

Davies, Glynn. 1996. *A History of Money.* Cardiff: University of Wales Press.

Davies, Kenneth Gordon. 1975. *The North Atlantic world in the seventeenth century.* St. Paul: University of Minnesota Press.

Davis, John. 1904. *Corporations.* New York: Capricorn.

Delâge, Denys. 1993. *Bitter Feast: Amerindians and Europeans in Northeastern North America, 1600-64.* Vancouver: University of British Columbia Press.

Deleuze, Giles and Felix Guattari. 1972. *Anti-Oedipe.* Translated into English as *Anti-Œdipus.* (Robert Hurley, Mark Seem and Helen R. Lane, translators.) New York: Continuum, 2004

Deng, Gang. 1999. *The Premodern Chinese Economy: Structural Equilibrium and Capitalist Stagnation.* London: Routledge.

Denzel, Markus A. 2006. "The European bill of exchange." Paper presented at the XIV International Economic History Congress, Helsinki, Finland, 21 to 25 August 2006. http://www.helsinki.fi/iehc2006/papers1/Denzel2.pdf

Derrida, Jacques. 2000. *Of Hospitality: Anne Dufourmantelle Invites Jacques Derrida to Respond.* (Trans. Rachel Bowlby), Stanford: Stanford University Press.

———. 2001. *Acts of Religion.* London: Routledge.

Descat, Raymond. 1995. "L'économie antique et la cité grecque: Un modèle en question." Annales. Histoire, Sciences Sociales, 50e Année, No. 5: 961-989.

Dhavalikar, Madhukar Keshav. 1975. "The Beginning of Coinage in India." *World Archaeology* 6 (3):330-338.

Di Cosmo, Nicola & Don J. Wyatt, editors. 2005. *Political frontiers, ethnic boundaries, and human geographies in Chinese history*. London: Routledge Curzon.
Diakonoff, Igor. 1982. "The Structure of Near Eastern Society before the Middle of the 2nd Millennium BC." *Oikumene* 3: 7-100.
Diaz, Bernal. 1844. *The memoirs of the conquistador Bernal Diaz del Castillo, Written by Himself, Containing a True and Full Account of the Discovery and Conquest of Mexico and New Spain*. (John Ingram Lockhart, translator.) Boston: J. Hatchard and Son.
———. 1963. *The Conquest of New Spain*. (J. M. Cohen, translator.) New York: Penguin Books.
Digby, Kenelm Edward, and William Montagu Harrison. 1897. *An Introduction to the History of the Law of Real Property with Original Authorities*. Fifth Edition. Oxford: Clarendon Press.
Dighe, Ranjit, editor. 2002. *The historian's Wizard of Oz: reading L. Frank Baum's classic as a political and monetary allegory*. Westport: Greenwood Publishing Group.
Dike, K. Onwuka and Felicia Ekejiuba. 1990. *The Aro of south-eastern Nigeria, 1650-1980: a study of socio -economic formation and transformation in Nigeria*. Ibadan: University Press.
Dikshitar, V. R. Ramachandra. 1948. *War in Ancient India*. Delhi: Motilal Banarsidass.
Dillon, John M. 2004. *Morality and Custom in Ancient Greece*. Bloomington: Indiana University Press.
Dixon, C. Scott. 2002. *The Reformation and Rural Society: The Parishes of Brandenburg-Ansbach-Kulmbach*, 1528-1603. Cambridge: Cambridge University Press.
Dockès, Pierre. 1979. *Medieval Slavery and Liberation* (Arthur Goldhammer, translator). Chicago: University of Chicago Press.
Doherty, Charles. 1980. "Exchange and Trade in Early Medieval Ireland." *Journal of the Royal Society of Antiquaries of Ireland* 110: 67-89.
Donzelot, Jacques. 1994. *L'invention du social: essai sur le déclin des passions politiques*. Paris: Seuil
Dorward, David C. 1976. "Precolonial Tiv Trade and Cloth Currency." *International Journal of African Historical Studies* 9 (4):576-591.
Douglas, Mary. 1951. "A form of polyandry among the Lele of the Kasai." *Africa: Journal of the International African Institute* 21 (1):1-12. (As Mary Tew.)
———. 1958. "Raffia Cloth Distribution in the Lele Economy." *Africa: Journal of the International African Institute* 28 (2): 109-122.
———. 1960. "Blood-Debts and Clientship Among the Lele." *Journal of the Royal Anthropological Institute of Great Britain and Ireland* 90 (1): 1-28.
———. 1962. "The Lele Compared with the Bushong: A Study in Economic Backwardness." In *Markets in Africa* (Paul Bohannan and George Dalton, editors), pp. 211-223. Chicago: Northwestern University Press.
———. 1963. *The Lele of the Kasai*. London: Oxford University Press.
———. 1964. "Matriliny and Pawnship in Central Africa." *Africa: Journal of the International African Institute* 34 (4): 301-313.
———. 1966. *Purity and Danger: An Analysis of Concepts of Pollution and Taboo*. London: Routledge and Kegan Paul.
———. 1982. *In the Active Voice*. London: Routledge and Kegan Paul.
———. 1999. "Sorcery Accusations Unleashed: the Lele Revisited, 1987." *Africa: Journal of the International African Institute* 69 (2): 177-193.
Downes, Rupert Major. 1933. *The Tiv Tribe*. Kaduna: Government Printer.
———. 1977. *Tiv Religion*. Ibadan: Ibadan University Press.
Dreyer, Edward L. _. 2006. *Zheng He: China and the Oceans in the Early Ming Dynasty*,

1405-1433. Library of World Biography (editor, Peter N. Stearns). New York: Pearson Longman, 2006.

Driver, Godfrey Rolles. and John C. Miles. 1935. *The Assyrian Laws*. Oxford: Clarendon Press.

Dubois, Page. 2003. *Slaves and Other Objects*. Chicago: University of Chicago Press.

Duby, Georges. 1973. *Guerriers et paysans, VIIe–XIIe sècle: Premier essor de l'économie européenne*. Paris: Gallimard.

———. 1980. *The Three Orders: Feudal Society Imagined* (translated by Arthur Goldhammer). Chicago: University of Chicago Press.

———. 1982. *Rural Economy and the Country Life in the Medieval West*. New York: Routledge and Kegan Paul.

Duffy, Seán, Ailbhe MacShamhráin, and James Moynes, editors. 2005. *Medieval Ireland: an encyclopedia*. Dublin: CRC Press.

Duggan, E. de C. 1932. "Notes on the Munshi Tribe." *Journal of the African Society* 31: 173-82.

Dumont, Louis. 1966. *Homo Hierarchicus: Essai sur le système des castes*. Paris: Gallimard.

———. 1981. *From Mandeville to Marx: the Genesis and Triumph of Economic Ideology*. Chicago: University of Chicago Press.

———. 1992. *Essays on Individualism: Modern Ideology in Anthropological Perspective*. Chicago: University of Chicago Press.

Duyvendak, Jan Julius Lodewijk. 1928. *The Book of Lord Shang*. London: Arthur Probsthain.

Dyer, Christopher. 1989. *Standards of living in the later Middle Ages: social change in England, c.* 1200-1520. Cambridge: Cambridge University Press.

Einaudi, Luigi. 1936. "The Theory of Imaginary Money from Charlemagne to the French Revolution", in F. C. Lane and J. C. Riemersma (eds.), *Enterprise and Secular Change*, London: Allen & Unwin, 1956.

Einzig, Paul. 1949. *Primitive Money in its Ethnological, Historical, and Ethnographic Aspects*. New York: Pergamon Press.

Eisenstadt, Shmuel N. 1982. "The Axial Age: The Emergence of Transcendental Visions and the Rise of Clerics." *European Journal of Sociology* 23(2):294–314.

———. 1984. "Heterodoxies and Dynamics of Civilizations." *Proceedings of the American Philosophical Society* 128 (2): 104-113.

———. 1986. *The Origins and Diversity of Axial Age Civilizations*. Albany: State University of New York Press.

Ekejiuba, Felicia Ifeoma. 1972. "The Aro trade system in the nineteenth century." *Ikenga* 1 (1):11-26, 1 (2):10-21.

Elayi, Josette and A. G. Elayi. 1993. *Trésors de monnaies phéniciennes et circulation monétaire (Ve-IVe siècle avant J.-C.)*. Paris: Gabalda.

Ellis, Thomas Peter. 1926. *Welsh Tribal Law and Custom in the Middle Ages*. Oxford: Oxford University Press.

Eltis, David, Stephen D. Behrent, David Richardson, Herbert S. Klein. 2000. *The Transatlantic Slave Trade: A Database*. Cambridge: Cambridge University Press.

Elwahed, Ali Abd. 1931. *Contribution à une théorie sociologique de l'esclavage. Étude des situations génératrices de l'esclavage. Avec appendice sur l'esclavage de la femme et bibliographie critique*. Paris: Éditions Albert Mechelinck.

Elyachar, Julia. 2002. "Empowerment Money: The World Bank, Non-Governmental Organizations, and the Value of Culture in Egypt." ?*Public Culture* 14 (3): 493-513

———. 2005. *Markets of Dispossession: NGOs, Economic Development, and the State in Cairo*. Durham: Duke University Press.

Endres, Rudolf. 1979. "The Peasant War in Franconia." In *The German Peasant War of 1525—New Viewpoints* (Bob Scribner & Gerhard Benecke, editors), pp. 63-83. London:

Allen & Unwin.
Engels, Donald W. 1978. *Alexander the Great and the Logistics of the Macedonian Army.* Berkeley: University of California Press.
Equiano, Olaudah. 1789. *The Interesting Narrative of the Life of Olaudah Equiano: or, Gustavus Vassa, the African.* Modern Library Edition, New York, 2004.
Erdosy, George. 1988. *Urbanisation in Early Historic India.* Oxford: British Archaeological Reports.
———. 1995. "City states in North India and Pakistan at the time of the Buddha." In *The archaeology of early historic South Asia: the emergence of cities and states* (Frank Allichin and George Erdosy, editors), pp. 99-122. Cambridge: Cambridge University Press.
Essid, Yassine. 1988. "Islamic Economic Thought." In *Preclassical Economic Thought: From the Greeks to the Scottish Enlightenment* (edited by Todd Lowry), pp. 77-102. Boston: Kluwer.
———. 1995. *A critique of the origins of Islamic economic thought.* Leiden: E. J. Brill.
Evans-Pritchard, E. E. 1931. "An Alternative Term for 'Bride-Price'." *Man* 31: 36-39.
———. 1940. *The Nuer: a Description of the Modes of Livelihood and Political Institutions of a Nilotic People.* Oxford: Clarendon Press.
———. 1948. *The Divine Kingship of the Shilluk of the Nilotic Sudan. The Frazer Lecture for* 1948. Cambridge: Cambridge University Press.
———. 1951. *Kinship and Marriage among the Nuer.* Oxford: Clarendon Press.
Falkenhausen, Lothar von. 2005. "The E Jun Qi Metal Tallies: Inscribed Texts and Ritual Contexts." In *Text and Ritual in Early China* (edited by Martin Kern), pp.79-123. Seattle: University of Washington Press.
Falkenstein, Adam. 1954. "La cité-temple sumérienne." *Cahiers d'histoire mondiale* 1: 784-814.
Falola, Toyin and Paul E. Lovejoy, editors. 1994. *Pawnship in Africa: Debt Bondage in Historical Perspective.* Boulder: University of Colorado Press.
Fardon, Richard. 1985. "Sisters, Wives, Wards and Daughters: A Transformational Analysis of the Political Organization of the Tiv and their Neighbors. Part I: The Tiv. *Africa: Journal of the International African Institute* 54 (4): 2-21.
———. 1986. "Sisters, Wives, Wards and Daughters: A Transformational Analysis of the Political Organization of the Tiv and their Neighbors. Part II: The Transformations." *Africa: Journal of the International African Institute* 55 (1): 77-91.
Faure, Bernard. 1998. "The Buddhist Icon and the Modern Gaze." *Critical Inquiry* 24 (3): 768-813.
———. 2000. *Visions of Power: Imagining Medieval Japanese Buddhism.* Princeton: Princeton University Press.
Fayazmanesh, Sasan. 2006. *Money and Exchange: Folktales and Reality.* New York: Routledge.
Federal Reserve Bank of New York. 2008. "The Key to the Gold Vault." www.newyorkfed.org/education/addpub/goldvaul.pdf.
Federici, Silvia. 2004. *Caliban and the Witch: Women, the Body and Primitive Accumulation.* New York: Autonomedia.
Feeley-Harnik, Gillian. 1982. "The King's Men in Madagascar: Slavery, Citizenship and Sakalava Monarchy." *Africa: Journal of the International African Institute* 52 (2): 31-50.
Fenton, William N. 1978 "Northern Iroquois Culture Patterns." In *Handbook of the North American Indians, volume* 15, *Northeast* (W. Sturtevant and B. Trigger, editors), pp. 296-321. Washington D.C.: Smithsonian Institute Press.
Ferguson, Niall. 2001. *The Cash Nexus: Money and Power in the Modern World,* 1700-2000. London: Allen Lane.
———. 2004. *Colossus: the price of America's empire.* London: Penguin.
———. 2007. *The Ascent of Money: A Financial History of the World.* London: Penguin.

Finkelstein, Jacob J. 1961. "Ammisaduqa's Edict and the Babylonian 'Law Codes.'" *Journal of Cuneiform Studies* 15: 91-104.

———. 1965. "Some New Misharum Material and Its Implications." *Assyriological Studies* 16: 233-46.

———. 1966. "Sex Offenses in Sumerian Laws." *Journal of the American Oriental Society* 86:355-372.

Finley, Moses I. 1954. *The World of Odysseus*. New York: Viking Press.

———. 1960. *Slavery in classical antiquity: views and controversies*. Cambridge: W. Heffer & Sons.

———. 1963. *The ancient Greeks: an introduction to their life and thought*. New York: Viking Press.

———. 1964. "Between Slavery and Freedom" *Comparative Studies in Society and History* 6 (3): 233-249.

———. 1974. *The Ancient Economy*. Berkeley: University of California Press.

———. 1980. *Ancient Slavery and Modern Ideology*. London: Penguin

———. 1981. *Economy and Society in Ancient Greece*. New York: Penguin.

———. 1983. *Politics in the Ancient World*. Cambridge: Cambridge University Press.

———. 1985. *Studies in land and credit in ancient Athens, 500-200 B.C.: the horos inscriptions*. New Brunswick: Transaction Publishers.

Firth, Raymond. 1959. *Economics of the New Zealand Maori*. Wellington, New Zealand: R. E. Owen.

Fischel, Walter J. 1937. *Jews in the Economic and Political Life of Medieval Islam*. London: Royal Asiatic Society.

Fiser, Ivo. 2004. "The Problem of the Setthi in Buddhist Jatakas." In *Trade in Early India* (Ranabir Chakravarti, editor), pp. 166-198. Oxford: Oxford University Press.

Fisher, Douglas. 1989. "The Price Revolution: A Monetary Interpretation." *Journal of Economic History* 49 (1):884-902.

Fitzpatrick, Jim. 2001. *Three Brass Balls: the Story of the Irish Pawnshop*. Dublin: Collins Press.

Flandrin, Jean-Louis. 1979. *Families in Former Times*. Cambridge: Cambridge University Press.

Fleet, John Faithful. 1888. *Inscriptions of the Early Gupta Kings and Their Successors, Corpus Inscriptionium Indicarum, vol. III*. Calcutta: Government Printer.

Flynn, Dennis. 1978. "A New Perspective on the Spanish Price Revolution: The Monetary Approach to the Balance of Payments." *Explorations in Economic History* 15:388-406.

———. 1979. "Spanish-American Silver and World Markets in the Sixteenth Century." *Economic Forum* 10: 46-71.

———. 1982. "The Population Thesis View of Sixteenth-Century Inflation Versus Economics and History." In *Munzpragung, Geldumlauf und Wechselkurse/Mintage, Monetary Circulation and Exchange Rates. Akten der C7-Section des 8th International Economic History Congress Budapest* 1982. (F. Irsigler and E. H.G. Van Cauwenberghe, editors.), pp. 361-382. Trier: THF-Verlag.

Flynn, Dennis and Arturo Giráldez. 1995. "Born with a 'Silver Spoon': the Origin of World Trade in 1571." *Journal of World History* VI (2): 201-11.

———. 2002. "Cycles of Silver: Global Economic Unity through the Mid-Eighteenth Century." *Journal of World History*, vol.13, no 2, pp.391-427.

Forstater, Mathew. 2005. 'Taxation and Primitive Accumulation: The Case of Colonial Africa,' *Research in Political Economy*, 22, 51-64.

———. 2006. 'Taxation: Additional Evidence from the History of Thought, Economic History, and Economic Policy,' in M. Setterfield (ed.), *Complexity, Endogenous Money, and Exogenous Interest Rates*, Chetlenham, UK: Edward Elgar.

Frankfort, Henri. 1948. *Kingship and the Gods: A Study of Ancient Near Eastern Religion as the Integration of Society and Nature*. Chicago: University of Chicago Press.
Freuchen, Peter. 1961. *Book of the Eskimo*. Cleveland, Ohio: World Publishing Co.
Friedman, Thomas L. 1999. *The Lexus and the Olive Tree*. New York: Farrar, Strauss and Giroux.
Gadamer, Hans-Georg. 2004. *Truth and Method* (Joel Weinsheimer; Donald G Marshall, translators). London: Continuum.
Gale, Esson McDowell. 1967. *Discourse on Salt and Iron: a debate on state control of commerce and industry in ancient China* (by Huan K'uan). Taipei: Ch'eng-Wen.
Galey, Jean-Claude. 1983. "Creditors, Kings and Death: determinations and implications of bondage in Tehri-Gathwal (Indian Himalayas)." In *Debts and Debtors* (Charles Malamoud, editor), pp. 67-124. London: Vikas.
Gallant, Thomas W. 2000. "Honor, Masculinity, and Ritual Knife Fighting in Nineteenth-Century Greece." *American Historical Review* 105 (2): 359-82.
Gardiner, Geoffrey. 2004. "The Primacy of Trade Debts in the Development of Money." In *Credit and State Theories of Money: The Contributions of A. Mitchell Innes* (L. Randall Wray, editor). Cheltingham, Edward Elgar.
Garnsey, Peter. 1996. *Ideas of Slavery from Aristotle to Augustine*. Cambridge: Cambridge University Press.
———. 2008. *Thinking about Property: From Antiquity to the Age of Revolution*. Cambridge: Cambridge University Press.
Gates, Hill. 1989. "The Commoditization of Women in China." *Signs* 14 (4): 799-832.
Geertz, Clifford. 1973. "Deep play: notes on the Balinese cockfight." In *The Interpretation of Culture*. New York: Basic Books.
Geertz, Hildred, and Clifford Geertz. 1975. *Kinship in Bali*. Chicago: University of Chicago Press.
Gernet, Jacques. 1956. *Les aspects economiques du bouddhisme dans la societe chinoise du Ve au Xe siècle*. Paris: Ecole francaise d'Extreme-Orient. English version: *Centuries* (Franciscus Verellen, translator). New York: Columbia University Press, 1995.
———. 1960. "Les suicides par le feu chez les bouddhiques chinoises de Ve au Xe siecle," *Melange publies par l'Institut des Hautes Études* II: 527-558.
———. 1982. *A History of Chinese Civilization*. Cambridge: Cambridge University Press.
Gerriets, Marilyn. 1978. *Money and Clientship in the Ancient Irish Laws*. Ph.D. dissertation, University of Toronto.
———. 1981. "The Organization of Exchange in Early Christian Ireland." *Journal of Economic History* 41 (1): 171-176.
———. 1985. "Money in Early Christian Ireland according to the Irish Laws." *Comparative Studies in Society and History* 27 (2): 323-339.
———. 1987. "Kinship and Exchange in Pre-Viking Ireland." *Cambridge Medieval Celtic Studies* 13: 39-72.
Getz, Trevor R. 2003. "Mechanisms of Slave Acquisition and Exchange in Late Eighteenth Century Anomabu: Reconsidering a Cross-Section of the Atlantic Slave Trade." *African Economic History* 31: 75-89
Ghazanfar, Shaikh M.,. 1991. "Scholastic Economics and Arab Scholars: The 'Great Gap' Thesis Reconsidered." *Diogenes: International Review of Humane Sciences*; No.154: 117-33.
———. 2000. "The Economic Thought of Abu Hamid Al-Ghazali and St. Thomas Aquinas: Some Comparative Parallels and Links." *History of Political Economy*, 32 (4): 857-888.
———. 2003. "*Medieval Islamic economic thought: filling the "great gap" in European economics*. New York: Routledge.
Ghazanfar, Shaikh M., and Abdul Azim Islahi,. 1997. *The Economic Thought of al-Ghazali*

(450-505 A.H. / 1058-1111 A.D.) Jeddah: Scientific Publishing Centre King Abdulaziz University.

———. 2003. "Explorations in Medieval Arab-Islamic Thought: Some Aspects of Ibn Taimiyah's Economics." In *Medieval Islamic economic thought: filling the "great gap" in European economics* (S. Ghazanfar, editor), pp. 53-71. New York: Routledge.

Gibson, Charles. 1964. *The Aztecs under Spanish rule: a history of the Indians of the Valley of Mexico*, 1519-1810. Stanford: Stanford University Press.

Gilder, George. 1981. *Wealth and Poverty*. New York: Basic Books.

———. 1990. *Microcosm: the quantum revolution in economics and technology*. New York: Simon & Schuster.

Glahn, Richard Von. 1996a. *Fountain of Fortune: Money and Monetary Policy in China*, 1000-1700. Berkeley: University of California Press.

———. 1996b. "Myth and Reality of China's Seventeenth Century Monetary Crisis." *Journal of Economic History* 56, no 2, pp. 429-54.

Glancey, Jennifer A. 2006. *Slavery in Early Christianity*. Oxford: Oxford University Press.

Gluckman, Max. 1971. *Politics, Law and Ritual in Tribal Society*. London: Basil Blackwell.

Goldstone, Jack A. 1984. "Urbanization and Inflation: Lessons from the English Price Revolution of the Sixteenth and Seventeenth Centuries." *American Journal of Sociology* 89 (5): 1122-60.

———. 1991. "Monetary Versus Velocity Interpretations of the 'Price Revolution': A Comment." *Journal of Economic History* 51 (1): 176-181

———. 2002. "Efflorescences and Economic Growth in World History: Rethinking the 'Rise of the West' and the Industrial Revolution." *Journal of World History* 13 (2): 323-89.

Goodman, Martin. 1983. *State and Society in Roman Galilee, A.D.* 132-212. London: Valentine Mitchell.

Goody, Jack. 1976. *Production and reproduction: a comparative study of the domestic domain*. Cambridge: Cambridge University Press.

———. 1983. *Development of Marriage and the Family in Europe*. Cambridge: Cambridge University Press.

———. 1990. *The Oriental, the Ancient, and the Primitive: Systems of Marriage and the Family in the pre-Industrial Societies of Eurasia*. Cambridge: Cambridge University Press.

———. 1996. *The East in the West*. Cambridge: Cambridge University Press.

Goody, Jack and Stanley J. Tambiah. 1973. *Bridewealth and Dowry*. Cambridge: Cambridge University Press.

Goitein, Shelomo Dov. 1954. "From the Mediterranean to India: Documents on the Trade to India, South Arabia, and East Africa from the Eleventh to Twelfth Centuries." *Speculum* 29: 181-97.

———. 1957. "The Rise and Fall of the Middle Eastern bourgeoisie in early Islamic times." *Journal of World History* 3: 583-603.

———. 1964. "The commercial mail service in medieval Islam." *Journal of the American Oriental Society* 84: 118-23.

———. 1966. "Banker's Accounts from the Eleventh Century A.D." *Journal of the Economic and Social History of the Orient* 9: 28-66.

———. 1967. *A Mediterranean Society, The Jewish Communities of the Arab World as Portrayed in the Documents of the Cairo Geniza*. Berkeley: University of California. Press.

———. 1973. *Letters of Medieval Jewish Traders*. Princeton: Princeton University Press.

Gordon, Barry. 1982. "Lending at interest: some Jewish, Greek, and Christian approaches, 800 BC-AD 100." *History of Political Economy* 14 (3):406-426.

———. 1989. *The economic problem in biblical and patristic thought*. Leiden: E. J. Brill.

Gough, Kathleen. 1971. "Nuer Kinship: a Reexamination." In *The Translation of Culture: Essays to E. E. Evans-Pritchard* (T. Beidelman, editor), pp. 79-123. London: Tavistock Publications.

Goux, Jean-Joseph. 1990. *Symbolic Economies: After Marx and Freud* (Jennifer Curtiss Gage, translator.) Ithaca: Cornell University Press.

Graeber, David. 1997. "Manners, Deference and Private Property: the Generalization of Avoidance in Early Modern Europe." *Comparative Studies in Society and History* 39 (4): 694-728.

———. 2001. *Toward an Anthropological Theory of Value: The False Coin of Our Own Dreams.* New York: Palgrave.

———. 2005. "Fetishism and Social Creativity, or Fetishes are Gods in Process of Construction." *Anthropological Theory* 5 (4): 407-438.

———. 2006. "Turning Modes of Production Inside Out: Or, Why Capitalism is a Transformation of Slavery (short version)." *Critique of Anthropology* 26 (1): 61-81.

———. 2007. *Possibilities: Essays on Hierarchy, Rebellion and Desire.* Oakland: AK Press.

———. 2009. "Debt, Violence, and Impersonal Markets: Polanyian Meditations." In *Market and Society: The Great Transformation today* (Chris Hann and Keith Hart, editors), pp. 106-132. Cambridge: Cambridge University Press.

Graham, Angus Charles. 1960. *The Book of Lieh-Tzu.* London: John Murray.

———. 1979. "The Nung-Chia 'School of the Tillers' and the Origin of Peasant Utopianism in China." *Bulletin of the School of Oriental and African Studies, University of London,* Vol. 42 no.1, pp. 66-100.

———. 1989. *Disputers of the Tao: Philosophical Argument in Ancient China.* La Salle, Illinois: Open Court Press.

———. 1994. Studies in Chinese philosophy and philosophical literature. *SUNY series in Chinese philosophy and culture. Albany: SUNY.*

Grahl, John. 2000. "Money as Sovereignty: the Economics of Michel Aglietta." *New Political Economy* 5 (2): 291-316.

Grandell, Axel. 1977. "The reckoning board and tally stick." *Accounting Historians Journal* 4 (1): 101-105.

Gray, Robert F. 1968. "Sonjo Bride-Price and the Question of African 'Wife Purchase.'" *American Anthropologist* 62: 34-47.

Greengus. Samuel. 1966. "Old Babylonian Marriage Ceremonies and Rites." *Journal of Cuneiform Studies* 20: 57-72.

———. 1969. "The Old Babylonian marriage contract." *Journal* of *the American Oriental Society* 89: 505-532.

———. 1975. "Sisterhood Adoption at Nuzi and the 'Wife-Sister' in Genesis." *Hebrew Union College Annual* 46: 5-31.

———. 1990. "Bridewealth in Sumerian sources." *Hebrew Union College Annual* 61: 25-88.

Gregory, Christopher A. 1982. *Gifts and Commodities.* New York: Academic Press.

———. 1998. *Savage Money: The Anthropology and Politics of Commodity Exchange.* Amsterdam: Harwood Academic Publishers.

Green, Peter. 1993. *Alexander to Actium: the historical evolution of the Hellenistic age.* Berkeley: University of California Press.

Greider, William. 1989. *Secrets of the Temple: How the Federal Reserve Runs the Country.* New York: Simon & Schuster.

Grierson, Phillip. 1959. "Commerce in the Dark Ages: a critique of the evidence." *Transactions of the Royal Historical Society,* 5th series 9: 123-40.

———. 1960. "The monetary reforms of 'Abd al-Malik: their metrological basis and their financial repercussions." *Journal of the Economic and Social History of the Orient* 3: 241-264.

———. 1977. *The Origins of Money*. London: Athlone Press.
———. 1978. "The Origins of Money." In *Research in Economic Anthropology Vol. I*. Greenwich: Journal of the Anthropological Institute Press.
———. 1979. *Dark Age Numismatics*. London: Variorium Reprints.

Grosz, Katarzyna. 1983. "Bridewealth and Dowry in Nuzi." In *Images of Women in Antiquity* (A. Cameron and A. Kuhrt, editors), pp. 193-206. Detroit: Wayne State University Press.
———. 1989. "Some aspects of the position of women in Nuzi." In *Women's Earliest Records From Ancient Egypt and Western Asia* (Barbara S. Lesko editor), pp. 167-180. Atlanta: Scholar's Press.
Gudeman, Stephen. 2002. *The Anthropology of Economy*. London: Blackwell.
Guha, Ranjanit. 1999. *Elementary Aspects of Peasant Insurgency in Colonial India*. Durham: Duke University Press.
Guisborough, William of. 1954. *The Chronicle of William of Guisborough*. (H. Rothwell, editor.) London: Camden.
Gupta, Parameshwari Lal and T. R. Hardaker,. 1985. *Indian Silver Punchmarked Coins: Magadha-Maurya Karshapana Series*. Nashik: Indian Institute of Research in Numismatic Studies.
Guth, Delloyd J. 2008. "The Age of Debt: the Reformation and English Law." In *Tudor Rule and Revolution: Essays for G. R. Elton from His American Friends* (Delloyd J. Guth and John W. McKenna, editors), pp. 69-86. Cambridge: Cambridge University Press.
Guyer, Jane I. 1994. "Brideprice." In The Encyclopedia of Social History (Peter N. Stearns, editor.), page 84. London: Taylor & Francis.
———. 2004. *Marginal Gains: Monetary Transactions in Atlantic Africa*. Chicago: University of Chicago Press.
Hadot, Pierre. 1995. *Philosophy as a Way of Life: Spiritual Exercises from Socrates to Foucault*. (Michael Chase, translator). Oxford: Blackwell.
———. 2002. *What Is Ancient Philosophy?* Cambridge: Belknap Press.
Hallam, Henry. 1866. *The constitutional history of England, from the accession of Henry VII to the death of George II*. London: Widdelton.
Halperin, David. 1990. "The Democratic Body: Prostitution and Citizenship in Classical Athens." In *One Hundred Years of Homosexuality and Other Essays on Greek Love* (David Halperin, editor), pp. 88-112. New York: Routledge.
Hamashita, Takeshi. 1994. Tribute Trade System and Modern Asia." In *Japanese Industrialization and the Asian Economy* (A. J. H. Latham and H. Kawakatsu, editors), pp. 91-107. London and New York: Routledge.
———. 2003 "Tribute and treaties: maritime Asia and treaty port networks in the era of negotiations, 1800-1900. In *The resurgence of East Asia: 500, 150 and 50 year perspectives* (Giovanni Arrighi, et al, editors), pp. 15-70. London; New York: Routledge.
Hamilton, Earl J. 1934. *American Treasure and the Price Revolution in Spain, 1501-1650*. Cambridge: Harvard University Press.
Hardaker, Alfred. 1892. *A Brief History of Pawnbroking*. London: Jackson, Ruston and Keeson.
Hardenburg, Walter Ernest, and Sir Roger Casement. 1913. *The Putumayo: the devil's paradise; travels in the Peruvian Amazon region and an account of the atrocities committed upon the Indians therein*. London: T. F. Unwin.
Harding, Alan. 1980. "Political Liberty in the Middle Ages." *Speculum* 55 (3): 423-443.
Harrill, J. Albert. 1998. *The manumission of slaves in early Christianity*. Tübingen: Mohr Siebek.
Harris, Edward M. 2006. *Democracy and the Rule of Law in Classical Athens: Essays on Law, Society, and Politics*. Cambridge: Cambridge University Press.

Harris, William Vernon, editor. 2006. "A Revisionist View of Roman Money." *Journal of Roman Studies* 96: 1-24.

———. 2008a. "Introduction." In *The monetary systems of the Greeks and Romans* (W. V. Harris, editor), pp. 1-12. Oxford: Oxford University Press.

———. 2008b. "The Nature of Roman Money." In *The monetary systems of the Greeks and Romans* (W. V. Harris, editor), pp. 174-207. Oxford: Oxford University Press.

Harris, Rosemary. 1972. "The History of Trade at Ikom, Eastern Nigeria." *Africa: Journal of the International African Institute* Vol. 42 (2): 122-139.

Harrison, James P. 1965. . "Communist Interpretations of the Chinese Peasant Wars." *The China Quarterly*, no. 24. pp. 92-118.

Hart, Keith. 1986. "Heads or Tails? Two Sides of the Coin." *Man* (N.S.) 21: 637-56.

———. 1999. *The Memory Bank: Money in an Unequal World.* London: Perpetua Books.

Huang, Ray. 1974. *Taxation and Governmental Finance in Sixteenth-Century China.* Cambridge: Cambridge University Press.

———. 1999. *Broadening the horizons of Chinese history: discourses, syntheses, and comparisons.* Amonk: M. E. Sharpe.

Hawtrey, Ralph G. 1928. *Currency and Credit.* 3rd edition. London: Longmans, Green and Co.

Hayward, Jack. 1959. "Solidarity: The Social History of an Idea in Nineteenth Century France." *International Review of Social History* 4: 261-284.

Heady, Patrick. 2005. "Barter." In *Handbook of Economic Anthropology* (James Carrier, editor), pp. 262-274. Cheltenham: Edward Elgar.

Hébert, Jean-Claude. 1958. "La Parenté à Plaisanterie à Madagascar: Étude d'Ethnologie Juridique." *Bulletin de Madagascar* No. 142-143 (April-May 1958): 122-258.

Heilbron, Johan. 1998. "French Moralists and the Anthropology of the Modern Era: On the Genesis of the Notions of 'Interest' and 'Commercial Society.'" In *The rise of the social sciences and the formation of modernity: conceptual change in context,* 1750-1850 (Björn Wittrock, Johan Heilbron, & Lars Magnusson, editors), pp. 77-106. Dordrecht: Kluwer Academic Publishers.

Heinsohn, Gunnar and Otto Steiger. 1989. "The Veil of Barter: The Solution to 'The Task of Obtaining Representations of an Economy in which Money is Essential." In *Inflation and Income Distribution in Capitalist Crisis: Essays in Memory of Sidney Weintraub.* Edited by J. A. Kregel. New York: NYU Press, pp. 175-202.

Helmholz, Richard H. 1986. "Usury and the Medieval English Church Courts." *Speculum* 56: 364-80

Herbert, Eugenia W. 2003. *Red Gold of Africa: Copper in Precolonial History and Culture.* Madison: University of Wisconsin Press.

Herlihy, David. 1985. *Medieval Households.* Cambridge: Harvard University Press.

Herzfeld, Michael. 1980. "Honour and Shame: Problems in the Comparative Analysis of Moral Systems." *Man* 15:339-351.

———. 1985. *The Poetics of Manhood.* Princeton: Princeton University Press.

Hezser, Catherine. 2003. "The Impact of Household Slaves on the Jewish Family in Roman Palestine." *Journal for the Study of Judaism* 34 (4): 375-424.

Hildebrand, Bruno. 1864. "Natural-, Geld- und Creditwirtschaft." *Jahrbuch Nationalökonomie* 1864.

Hill, Christopher. 1972. *The World Turned Upside Down.* New York: Penguin.

Hirschman, Albert o. 1977. *The Passions and the Interests: Political Arguments for Capitalism Before its Triumph.* Princeton: Princeton University Press.

———. 1992. *Rival views of market society and other recent essays.* Cambridge: Harvard University Press.

Hocart, Alfred M. 1936. *Kings and Councillors: an essay in the comparative anatomy of human society*. Chicago: University of Chicago Press.

Hodgson, Marshall G. S. 1974. *The Venture of Islam: Conscience and History in a World Civilization*. Chicago: University of Chicago Press.

Hoitenga, Dewey J. 1991. *Faith and reason from Plato to Plantinga: an introduction to Reformed epistemology*. Albany: SUNY Press.

Holman, Susan R. 2002. *The hungry are dying: beggars and bishops in Roman Cappadocia*. New York: Oxford University Press.

Homans, George. 1958. "Social Behavior as Exchange." *American Journal of Sociology* 63 (6): 597-606.

Homer, Sydney. 1987. *A History of Interest Rates* (2nd edition). New Brunswick: Rutgers University Press.

Hopkins, Keith. 1978. *Conquerors and Slaves: Sociological Studies in Roman History*. Cambridge: Cambridge University Press.

Hoppit, Julian. 1990. "Attitudes to Credit in Britain, 1680-1790." *The Historical Journal* 33 (2): 305-322.

Hoskins, Janet. 1999. *Biographical Objects: How Things Tell the Stories of People's Lives*. New York: Routledge.

Hosseini, Hamid S. 1995. "Understanding the market mechanism before Adam Smith: economic thought in Medieval Islam." *History of Political Economy* 27 (3): 539-61.

———. 1998. "Seeking the roots of Adam Smith's division of labor in medieval Persia." *History of Political Economy* 30 (4): 653-81.

———. 2003. "Contributions of Medieval Muslim Scholars to the History of Economics and their Impact: A Refutation of the Schumpeterian Great Gap." In *The Blackwell Companion to Contemporary Economics, III: A Companion to the History of Economic Thought* (Warren J. Samuels, Jeff Biddle, and John Bryan Davis, editors), pp. 28-45. London: Wiley-Blackwell.

Houston, Walter J. 2006. *Contending for Justice: Ideologies and Theologies of Social Justice in the Old Testament*. London: T & T Clark.

Howel, King. 2006. *Ancient laws and institutes of Wales: Laws Supposed to Be Enacted by Howel the Good*. Clark, New Jersey: The Lawbook Exchange, Ltd.

Howell, Paul P. 1954. *A Manual of Nuer Law*. International Africa Institute. London: Oxford University Press.

Howgego, Christopher. 1992. "The Supply and Use of Money in the Roman World 200 B.C. to A.D. 300." *Journal of Roman Studies* 82: 1-31

Hubbard, Jamie. 2001. *Absolute Delusion, Perfect Buddhahood: The Rise and Fall of a Chinese Heresy*. Honolulu: University of Hawaii.

Hubert, Henri and Marcel Mauss. 1964. *Sacrifice: Its Nature and Function*. Translated by W.D. Halls. London: Cohen and West.

Hudson, Kenneth. 1982. *Pawnbroking: An Aspect of British Social History*. London: The Bodley Head.

Hudson, Michael. 1992. "Did the Phoenicians Introduce the Idea of Interest to Greece and Italy – And if So, When?" In *Greece Between East and West: 10th?8th Centuries BC* (Günter Kopcke and Isabelle Tokumaru, editors), pp. 128-143. Mainz: Verlag Philipp von Zabern.

———. 1993. "The Lost Tradition of Biblical Debt Cancellations." Research paper presented at the Hentry George School of Social Science, 1992 (http://www.michael-hudson.com/articles/debt/Hudson,LostTradition.pdf.)

———. 2002. "Reconstructuring the Origins of Interest-Bearing Debt and the Logic of Clean Slates." In *Debt and Economic Renewal in the Ancient Near East* (Hudson, Michael and Marc Van de Mieroop, editors), pp. 7-58. Bethesda: CDL Press.

Kan, Lao. 1978. "The Early Use of the Tally in China." In *Ancient China: Studies in Early Civilization* (edited by David T. Roy and Tsuen-hsuin Tsien), pp. 91-98. Hong Kong: Chinese University Press.s

Kane, Pandurang Vaman,. 1968. *History of Dharmasastra Volume III*. Poona: Bhandarkar Oriental Research Institute.

Kantorowicz, Ernst H. 1957. *The King's Two Bodies: a Study in Medieval Political Theology*. Princeton: Princeton University Press.

Karatani, Kojin. 2003. *Transcritique: On Kant and Marx*. Cambridge: MIT Press.

Keil, Charles. 1979. *Tiv Song*. Chicago: University of Chicago Press.

Keith, Arthur Berriedale. 1925. *The Religion and Philosophy of the Veda and Upanishads*. Cambridge: Harvard University Press.

Kelly, Amy. 1937. "Eleanor of Aquitaine and Her Courts of Love." *Speculum* 12 (1): 3-19

Kelly, Fergus. 1988. *A Guide to Early Irish Law*. Dublin: Dublin Institute for Advanced Studies.

Kessler, David & Peter Temin. 2008. "Money and Prices in the Early Roman Empire." In *The monetary systems of the Greeks and Romans* (W. V. Harris, editor), pp. 137-160. Oxford: Oxford University Press.

Keuls, Eva. 1985. *The Reign of the Phallus: Sexual Politics in Ancient Athens*. Cambridge: Harper & Row.

Keynes, John Maynard. 1930. *A Treatise on Money*. London: MacMillan.

———. 1936. The General Theory of Employment, Interest and Money.

Keyt, David. 1997. *Aristotle: Politics Books VII and VIII*. Oxford: Clarendon Press.

Khan, Mir Siadat Ali. 1929. "The Mohammedan Laws against Usury and How They Are Evaded." *Journal of Comparative Legislation and International Law*, Third Series 11 (4): 233-24

Kieschnick, John. 1997. *The eminent monk: Buddhist ideals in medieval Chinese hagiography*. Honolulu: University of Hawaii Press.

Kim, Henry S. 2001. "Archaic Coinage as Evidence for the Use of Money," in, A. Meadows and K. Shipton, eds., Money and Its Uses in the Ancient Greek World (Oxford: Oxford University Press), 7–21.

———. 2002. "Small Change and the Moneyed Economy." In *Money, Labour and Land: Approaches to the economies of ancient Greece (*Paul Cartledge, Edward E. Cohen and Lin Foxhall, editors). New York: Routledge.

Kindleberger, Charles P. 1984. *A Financial History of Western Europe*. London: MacMillan.

———. 1986. *Manias, Panics, and Crashes: A History of Financial Crises*. London: MacMillan.

Kirschenbaum, Aaron. 1985. "Jewish and Christian Theories of Usury in the Middle Ages." *The Jewish Quarterly Review* 75 (1): 270-89.

Kitch, Aaron. 2007. "The Character of Credit and the Problem of Belief in Middleton's City Comedies." *Studies in English Literature* 47 (2): 403–426.

Klein, Martin A. 2000. "The Slave Trade and Decentralized Societies." *Journal of African History* 41 (1): 49-65.

Knapp, Georg Friedrich. 1905. *Staatliche Theorie des Gelde*. Leipzing: Dunker and Humblot. [English edition, *The State Theory of Money*. London: MacMillan, 1925.]

Knapp, Keith N. 2004. "Reverent Caring: the parent-son relation in early medieval tales of filial offspring." In *Filial Piety in Chinese Thought and History* (Alan Kam-leung Chan, and Sur-hoon Tan, editors), pp. 44-70. London: Routledge.

Ko, Dorothy, JaHyun Kim Haboush, and Joan R. Piggott, editors. 2003. *Women and Confucian cultures in premodern China, Korea, and Japan*. Berkeley: University of California Press

Kohn, Livia. 2000. *Daoism handbook*. Leiden: E. J. Brill.

———. 2002. *Monastic life in medieval Daoism: a cross-cultural perspective.* Honolulu: University of Hawaii Press.

Kopytoff, Igor and Suzanne Miers. 1977. "African 'Slavery' as an Institution of Marginality." In *Slavery in Africa: Historical and Anthropological Perspectives* (edited by Suzanne Miers and Igor Kopytoff), pp. 1-84. Madison: University of Wisconsin Press.

Korver, Jan. 1934. *Die terminologie van het crediet-wezen en het Grieksch.* Amsterdam: H. J. Paris.

Kosambi, Damodar Dharmanand. 1965. *The Culture and Civilisation of Ancient India in Historical Outline.* London: Routledge & Kegan Paul.

———. 1966. *Ancient India: A History Of Its Culture And Civilization.* New York: Pantheon Books.

———. 1981. *Indian Numismatics.* Hyderabad: Orient Longman.

———. 1996. *An introduction to the study of Indian history.* Bombay: Popular Prakashan.

Kraan, Alfons van der. 1983. "Bali: Slavery and Slave Trade." In *Slavery, Bondage and Dependence in Southeast Asia* (Anthony Reid, editor), pp. 315-340. New York: St. Martin's Press

Kraay, Colin M. 1964. "Hoards, Small Change and the Origin of Coinage," *Journal of Hellenic Studies*, 84, pp. 76-91.

Kramer, Samuel Noah. 1963. *The Sumerians: Their History, Culture, and Character.* Chicago: University of Chicago Press.

———. 1969. *The Sacred Marriage: Aspects of Faith, Myth and Ritual in Ancient Sumer.* Bloomington: Indiana University Press.

Kropotkin, Peter. 1902. *Mutual Aid: A Factor of Evolution.* London: William Heinemann.

Kulischer, Joseph. 1926. *Allgemeine Wirtschaftsgeschichte des Mittelalters und der Neuzeit.* Munich.

Kuran, Timur. 1995. "Islamic Economics and the Islamic Subeconomy." *Journal of Economic Perspectives* 9 (4): 155-173.

———. 2005. "The Absence of the Corporation in Islamic Law: Origins and Persistence." *American Journal of Comparative Law* 53 (4): 785-834.

Kurke, Leslie. . 1995. "Pindar and the Prostitutes, or Reading Ancient 'Pornography.'" *Arion*, Third Series 4 (2): 49-7.

———. 1997. "Inventing the 'Hetaira': Sex, Politics, and Discursive Conflict in Archaic Greece." *Classical Antiquity* 16 (1):106-150

———. 2002. *Coins, bodies, games, and gold: the politics of meaning in archaic Greece.* Princeton: Princeton University Press.

Kuznets, Solomon. 1933. "Pawnbroking." In *Encyclopaedia of the Social Sciences* (Edwin R. A. Seligman, editor), VII:38. New York: MacMillan.

Labib, Subhi Y. 1969. "Capitalism in Medieval Islam." *The Journal of Economic History* 29 (1): 79-96.

Ladner, Gerhardt B. 1979. "Medieval and Modern Understanding of Symbolism: A Comparison." *Speculum* 54 (2): 223-256.

Lafitau, Joseph François. 1974. *Customs of the American Indians Compared with the Customs of Primitive Times* (edited and translated by William N. Fenton and Elizabeth L. Moore). Toronto: Champlain Society.

LaFleur, William R,. 1986. *The karma of words: Buddhism and the literary arts in medieval Japan.* Berkeley: University of California Press.

Lafont, Bertrand. 1987. "Les filles du roi de Mari." In *La femme dans le Proche-orient antique* (J -M. Durand, editor), pp. 113-123. Paris: ERC.

Lambert, Maurice. 1971. "Une Inscription nouvelle d'Entemena prince de Lagash." *Revue du Louvre* 21:231-236.

Lambert, Wilfried G. 1992. "Prostitution." In *Aussenseiter und Randgruppen: Beitrage zu einer Sozialgeschichte des Alten Orients* (edited V. Haas), 127-157. Konstanz: Universitatsverlag

Lamotte, Etienne. 1997. *Karmasiddhi Prakarana: The Treatise on Action by Vasubandhu.* Freemont: Asian Humanities Press.

Lane, Frederic Chapin. 1934. *Venetian ships and shipbuilders of the Renaissance.* Baltimore: Johns Hopkins.

Langholm, Odd. 1979. *Price and Value in the Aristotelian Tradition.* Oslo: Universitetsforlaget.

———. 1984. *The Aristotelian Analysis of Usury.* Bergen: Universitetsforlaget.

———. 1992. *Economics in the Medieval Schools: Wealth, Exchange, Value, Money and Usury According to the Paris Theological Tradition,* 1200-1350: 29 (Studien Und Texte Zur Geistesgeschichte Des Mittelalters). Leiden: E. J. Brill.

———. 1996. "The Medieval Schoolmen, 1200-1400." In *Ancient and Medieval Economic Ideas and Concepts of Social Justice* (edited by S. Todd Lowry and Barry Gordon), pp. 439-502. Leiden: E. J. Brill.

———. 1998. *The Legacy of Scholasticism in Economic Thought: Antecedents of Choice and Power.* Cambridge: Cambridge University Press.

———. 2002. *The Merchant in the Confessional: Trade and Price in the Pre-Reformation Penitential Handbooks.* Leiden: E. J. Brill.

Lapidus, Ira. 1995. "State and Religion in Islamic Societies." *Past and Present* 151: 3-27.

———. 2002. *A History of Islamic Societies* (2nd edition.) Cambridge: Cambridge University Press.

Larson, Pier. 2000. *History and Memory in the Age of Enslavement: Becoming Merina in Highland Madagascar,* 1770-1822. Portsmouth: Heinemann.

Latham, A. J. H. 1971. "Currency, Credit and Capitalism on the Cross River in the Pre-colonial Era." *Journal of African History*12 (4): 599-605.

———. 1973. Old *Calabar* 1600-1891*: The Impact of the International Economy Upon a Traditional Society.* Oxford: Clarendon Press.

———. 1990. "The Pre-Colonial Economy; The Lower Cross Region." In *A History of the Cross River Region of Nigeria.* (Monday B. Abasiattai, editor), pp. 70-89. Calabar: University of Calabar Press.

Laum, Bernard. 1924. *Heiliges Geld: Eine historische Untersuchung ueber den sakralen Ursprung des Geldes.* Tübingen: J. C. B. Mohr.

Law, Robin. 1994. "On Pawning and Enslavement for Debt in the Pre-colonial Slave Coaast." *Pawnship in Africa: Debt Bondage in Historical Perspective* (Falola, Toyin and Paul E. Lovejoy, editors), pp. 61-82. Boulder: University of Colorado Press.

Le Guin, Ursula. 1974. *The Disposessed.* New York: Avon.

Leach, Edmund R. 1961. *Rethinking Anthropology.* London: Athlone Press.

———. 1983. "The kula: an alternative view." In *The Kula: New Perspectives on Massim Exchange* (Jerry Leach, editor), pp. 529-538. Cambridge: Cambridge University Press.

Le Goff, Jacques. 1990. *Your Money or Your Life: Economy and Religion in the Middle Ages.* (Translated by Patricia Ranum.) New York: Zone Books.

Le Rider, George,. 2001. *La naissance de la monnaie: pratiques monétaires de l'Orient ancient.* Paris: Presses universitaires de France.

Lee, Ian. 2000. "Entella: the silver coinage of the Campanian mercenaries and the site of the first Carthaginian mint, 410-409 BC." *Numismatic Chronicle* 160: 1-66.

Leenhardt, Maurice. 1967. *Do Kamo: Person and Myth in the Melanesian World.* Chicago: University of Chicago Press.

Lemche, Niels Peter. 1975. "The 'Hebrew Slave': Comments on the Slave Law, Ex. Xxi 2-11." *Vetus Testamentum* 25: 129-44.

———. 1976. "The Manumission of Slaves: The Fallow Year, The Sabbatical Year, The Jobel Year." *Vetus Testamentum* 26: 38-59.

———. 1979. *Andurarum* and *Misharum*: Comments on the Problems of Social Edicts and their Application in the Ancient Near East," *Journal of Near Eastern Studies* 38:11-18.

———. 1985. *Ancient Israel: A New History of Israelite Society.* Sheffield: Sheffield Academic Press.

Lerner, Abba P. 1947. "Money as a Creature of the State." *American Economic Review, Papers and Proceedings* 37 (2): 312-17.

Lerner, Gerda. 1983. "Women and Slavery." *Slavery and Abolition: A Journal of Comparative Studies* 4 (3):173-98.

———. 1980. "The Origin of Prostitution in Ancient Mesopotamia." *Signs* 11 (2): 236-254.

———. 1989. *The Creation of Patriarchy.* New York: Oxford University Press.

Letwin, William. 2003. *Origins of Scientific Economics: English Economic Thought, 1660-1776.* London: Routledge.

Lévi, Sylvain. 1898. *La Doctrine du Sacrifice dans les Brâhmanas.* Paris: Ernest Leroux.

———. 1938. *L'Inde civilisatrice.* Paris: Institut de Civilisation Indienne.

Levi-Strauss, Claude. 1943. "Guerre et commerce chez les Indiens d'Amérique du Sud." *Renaissance.* Paris: Ecole Libre des Hautes Études, vol, 1, fascicule 1 et 2.

———. 1963. *Structural Anthropology.* (C. Jacobson and B. G. Schoepf, translators.) New York: Basic Books.

Lévy-Bruhl, Lucien. 1923. *Primitive Mentality.* London: Allen & Unwin.

Lewis, Mark Edward. 1990. *Sanctioned Violence in Early China.* Albany: State University of New York Press.

Li, Xueqin. 1985. *Eastern Zhou and Qin Civilizations.* (translated by K. C. Chang). New Haven: Yale University Press

Liddell. Henry George and Robert Scott. 1940. *A Greek-English Lexicon, revised and augmented throughout by Sir Henry Stuart Jones with the assistance of Roderick McKenzie.* Oxford. Clarendon Press.

Lindholm, Charles. 1982. *Generosity and Jealousy: the Swat Pukhtun of Northern Pakistan.* New York: Columbia University Press.

Linebaugh, Peter. 1982. "Labour History without the Labour Process: A Note on John Gast and His Times." *Social History* 7 (3): 319-28.

———. 1993. *The London Hanged: Crime and Civil Society in the Eighteenth Century.* Cambridge: Cambridge University Press.

———. 2008. *The Magna Carta Manifesto: Liberties and Commons for All.* Berkeley: University of California Press.

Littlefield, Henry. 1963. "The Wizard of Oz: Parable on Populism." *American Quarterly* 16 (1): 47-98.

Llewellyn-Jones, Lloyd. 2003. *Aphrodite's Tortoise: the veiled woman of ancient Greece.* Swansea: Classical Press of Wales

Locke, John. 1680-1690. *Two Treatises on Government.* (Cambridge: Cambridge University Press edition, 1988).

———. 1691. "Further Considerations Concerning Raising the Value of Money." In The Works of John Locke Volume 5, pp. 131-206. London: W. Otridge & Son, 1812.

Loizos, Peter. 1977. "Politics and patronage in a Cypriot village, 1920-1970." In Ernest Gellner and John Waterbury, editors, *Patrons and Clients* (London: Duckworth), pp. 115-135.

Lombard, Maurice. 1947. 'Les bases monétaires d'une suprématie économique: l'or musulman du VIIe au XIe siècle', *Annales* 2:143-60.

———. 2003. *The Golden Age of Islam.* Princeton: Markus Wiener Publishers.

Loraux, Nicole. 1993. *The Children of Athena: Athenian Ideas About Citizenship and the Division Between the Sexes.* Princeton: Princeton University Press.

Lorton, David. 1977. "The Treatment of Criminals in Ancient Egypt: Through the New Kingdom." *Journal of the Economic and Social History of the Orient* 20 (1): 2-64.

Lovejoy, Paul F. and David Richardson. 1999. "Trust, Pawnship, and Atlantic History: The

institutional foundations of the Old Calabar slave trade." *American Historical Review* 104: 333-355.
———. 2001. "The Business of Slaving: Pawnship in Western Africa, c. 1600-1810." *Journal of African History* 42 (1) 67-84.
———. 2004. "'This Horrid Hole': Royal Authority, Commerce and Credit at Bonny, 1690-1840." *Journal of African History* 45 (3): 363-392.
Lusthaus, Dan. 2002. *Buddhist phenomenology: a philosophical investigation of Yogācāra Buddhism and the Ch?eng Wei-shih lun.* Volume 13 of Curzon critical studies in Buddhism. New York: Routledge.
Macaulay, Baron Thomas Babington. 1886. *The history of England, from the accession of James the Second.* London: Longmans, Green and co.
MacDonald, James. 2006. *A free nation deep in debt: the financial roots of democracy.* Princeton: Princeton University Press.
MacDonald, Scott B. and Albert L. Gastmann. 2001. *A History of Credit & Power in the Western World.* New Brunswick: Transaction Publishers.
MacIntosh, Marjorie K. 1988. "Money Lending on the Periphery of London, 1300-1600." *Albion* 20 (4): 557-571
Mackay, Charles. 1854. *Memoirs of extraordinary popular delusions: and the madness of crowds, Volumes* 1-2. London: G. Routledge and sons.
MacKenney, Richard. 1987. *Tradesmen and Traders: The World of the Guilds in Venice and Europe (c.* 1250-*c.* 1650*).* Totowa: Barnes & Noble.
MacPherson, Crawford Brough. 1962. *The political theory of possessive individualism; Hobbes to Locke.* Oxford: Clarendon Press.
Maekawa, Kazuya. 1974. "The development of the É-MÍ in Lagash during Early Dynastic III." *Mesopotamia* 8–9: 77–144.
Maitland, Frederick William. 1908. *The Constitutional History of England: A Course of Lectures Delivered.* Cambridge: Cambridge University Press.
Malamoud, Charles. 1983. "The Theology of Debt in Brahmanism." In *Debts and Debtors* (Charles Malamoud, editor), pp. 21-40. London: Vices.
———. 1988. "Présentation." *In Lien de vie, noeud mortel. Les représentations de la dette en Chine, au Japon et dans le monde indien* (Charles Malamoud, editor), pp. 7-15. Paris: EHESS.
———. 1998. "Le paiement des actes rituals dans l'Inde védique." In *La Monnaie Suzerain* (Michael Aglietta and André Orlean, editors), pp. 35-54. Paris: Editions Odile Jacob.
Malinowski, Bronislaw. 1922. *Argonauts of the Western Pacific: An Account of Native Enterprise and Adventure in the Archipelagoes of Melanesian New Guinea.* London: Routledge.
Maloney, Robert P. 1983. "The Teaching of the Fathers on Usury: An Historical Study on the Development of Christian Thinking." *Vigiliae Christianae* 27 (4):241-65.
Mann, Bruce H. 2002. *Republic of Debtors: Bankruptcy in the Age of American Independence.* Cambridge: Harvard University Press.
Martin, Randy. 2002. *The Financialization of Everyday Life.* Philadelphia: Temple University Press.
Martzloff, Jean-Claude. 2006. *A history of chinese mathematics.* Berlin: Springer Verlag.
Marx, Karl. 1853. "The British Rule in India." *New-York Daily Tribune*, June 25, 1853.
———. 1857 [1973]. *The Grundrisse.* New York: Harper and Row.
———. 1858 [1965]. *Pre-Capitalist Economic Formations.* (Jack Cohen, trans.) New York: International Publishers.
———. 1867 [1967]. *Capital.* New York: New World Paperbacks. 3 volumes.
Mathews, Robert Henry. 1931. *Mathews' Chinese-English dictionary.* Cambridge: Harvard University Press.
Mathias, Peter. 1979a. "Capital, Credit, and Enterprise in the Industrial Revolution." In *The*

transformation of England: essays in the economic and social history of England in the eighteenth century (Peter Mathias, editor), pp. 88-115. London: Taylor & Francis.
———. 1979b. "The People's Money in the Eighteenth Century: The Royal Mint, Trade Tokens and the Economy." In *The transformation of England: essays in the economic and social history of England in the eighteenth century* (Peter Mathias, editor), pp. 190-208. London: Taylor & Francis.
Maunder, Peter, Danny Myers, Nancy Wall, Roger LeRoy Miller,. 1991. *Economics Explained (Third Edition)*. London: Harper Collins.
Mauro, Frédéric. 1993. "Merchant Communities, 1350-1750." In *The Rise of merchant empires: long-distance trade in the early modern world,* 1350-1750 (James D. Tracy, editor), pp. 255-286. Cambridge: Cambridge University Press.
Mauss, Marcel. 1924. Essai sur le don. Forme et raison de l'échange dans les sociétés archaïques." *Annee sociologique*, 1 (series 2):30-186.
———. 1925. "Commentaires sur un texte de Posidonius. Le suicide, contre- prestation supreme." *Revue celtique* 42: 324-9.
———. 1947. *Manuel d'ethnographie*. Paris: Payot.
Meillassoux, Claude. 1996. *The Anthropology of Slavery: The Womb of Iron and Gold* (Alide Dasnois, translator). Chicago: University of Chicago Press.
Menefee, Samuel Pyeatt. 1981. *Wives for Sale: an Ethnographic Study of British Popular Divorce*. Oxford: Blackwell.
Mendelsohn, Isaac. 1949. *Slavery in the Ancient Near East: A Comparative Study of Slavery in Babylonia, Assyria, Syria and Palestine from the Middle of the Third Millennium to the End of the First Millennium*. Westport: Greenwood Press.
Menger, Karl. 1892. "On the origins of money." *Economic Journal* 2 no 6, pp. 239-55.
Meyer, Marvin W. 1999. *The ancient mysteries: a sourcebook: sacred texts of the mystery religions of the ancient Mediterranean world*. Philadelphia: University of Pennsylvania Press.
Midelfort, H. C. Erik. 1996. *Mad princes of renaissance Germany*. Charlottesville: University of Virginia Press.
Midnight Notes Collective. 2009. "Promissory Notes: From Crises to Commons." (http://www.midnightnotes.org/Promissory_Notes.pdf)
Mielants, Eric. 2001. "Europe and China Compared." *Review* XXV, no. 4, pp. 401-49.
———. 2007. *The Origins of Capitalism and the "Rise of the West."* Philadelphia: Temple University Press.
Mieroop, Marc Van De. 2002. "A History of Near Eastern Debt?" In *Debt and Economic Renewal in the Ancient Near East* (Hudson, Michael and Marc Van de Mieroop, editors), pp. 59-95. Bethesda: CDL.
———. 2005. "The Invention of Interest: Sumerian Loans." In *The Origins of Value: The Financial Innovations That Created Modern Capital Markets* (William N. Goetzmann and K. Geert Rouwenhorst, editors), pp. 17-30. Oxford: Oxford University Press.
Mez, Adam. 1932. *Die Renaissance des Islams*. Heidelberg: C. Winter.
Miller, Joseph. 1988. *Way of Death: Merchant Capitalism and the Angolan Slave Trade* 1730-1830. Madison: University of Wisconsin Press.
Miller, Robert J. 1961. "Monastic Economy: The Jisa Mechanism." *Comparative Studies in Society and History* 3 (4): 427-438.
Miller, William. 1993. *Humiliation : and other essays on honor, social discomfort, and violence*. Ithaca: Cornell University Press.
———. 2006. *An Eye for an Eye*. Ithaca: Cornell University Press.
Millett, Paul. 1989. "Patronage and its Avoidance." In *Patronage in Ancient Society* (A. Wallace-Hadrill, editor), pp. 15-47. London: Routledge.
———. 1991a. *Lending and Borrowing in Classical Athens*. Cambridge: Cambridge University Press.

———. 1991b. "Sale, Credit and Exchange in Athenian Law and Society." In *Nomos* (P. Cartiledge, P. C. Millett and S. C. Todd, editors), pp. 167-194. Cambridge: Cambridge University Press.

Millon, Frances. 1955. *When money grew on trees: a study of cacao in ancient Mesoamerica.* Ph.D dissertation, Columbia University.

Mises, Ludwig von. 1949. *Human Action: A Treatise on Economics.* New Haven: Yale University Press.

Misra, Shive Nandan. 1976. *Ancient Indian Republics: from the Earliest Times to the 6th Century A.D.* Delhi: Upper India Publishing House.

Mitamura, Taisuke. 1970. *Chinese eunuchs: the structure of an intimate politics.* Rutland: Charles E. Tuttle Company.

Mitchell, Richard E. 1993. "Demands for Land Redistribution and Debt Reduction in the Roman Republic." In *Social Justice in the Ancient World* (K. D. Irani and Morris Silver, editors), pp. 199-214. Westport: Greenwood Press.

Morgan, Lewis Henry. 1851. *League of the Ho-de-no-sau-nee, or Iroquois.* Secaucus: Citadel Press.

———. 1877. *Ancient Society.* New York: Henry Holt.

———. 1881. *Houses and House-Life of the American Aborigines.* [1965 edition] Chicago: University of Chicago Press.

Moser, Thomas. 2000. "The Idea of Usury in Patristic Literature." In *The canon in the history of economics: critical essays* (edited by Michalēs Psalidopoulos), pp. 24-44. London: Routledge.

Moses, Larry W. 1976. "T'ang tribute relations with the Inner Asian barbarian." In *Essays on T'ang society: the interplay of social, political and economic forces* (Perry, John C. and Bardwell L. Smith, editors), pp. 61-89. Leiden: Brill.

Moulier-Boutang, Yann. 1997. *De l'esclavage au salariat: économie historique du salariat bridé.* Paris : Presses universitaires de France.

Muhlenberger, Steven, and Phil Paine. 1997. "Democracy in Ancient India." World History of Democracy site, [http://www.nipissingu.ca/department/history/histdem].

Muldrew, Craig. 1993a. "Interpreting the Market: The Ethics of Credit and Community Relations in Early Modern England." *Social History* 18 (2): 163-183.

———. 1993b. "Credit and the Courts: Debt Litigation in a Seventeenth-Century Urban Community." *The Economic History Review*, New Series, 46 (1): 23-38.

———. 1996. "The Culture of Reconciliation: Community and the Settlement of Economic Disputes in Early Modern England." *The Historical Journal* 39 (4): 915-942.

———. 1998. *The Economy of Obligation: The Culture of Credit and Social Relations in Early Modern England.* New York: Palgrave.

———. 2001. "'Hard Food for Midas': Cash and its Social Value in Early Modern England." *Past and Present* 170: 78-120.

Mundill, Robin R. 2002. *England's Jewish Solution: Experiment and Expulsion, 1262-1290.* Cambridge: Cambridge University Press.

Munn, Nancy. 1986. *The Fame of Gawa: A Symbolic Study of Value Transformation in a Massim (Papua New Guinea) Society.* Cambridge, Cambridge University Press.

Munro, John H. 2003a. "The Monetary Origins of the 'Price Revolution': South German Silver Mining, Merchant Banking, and Venetian Commerce, 1470-1540." In *Global Connections and Monetary History, 1470-1800* (D. Flynn, A. Giráldez, and R. Von Glahn editors), pp. 1-34. Burlington: Ashgate.

———. 2003b. "The Medieval Origins of the Financial Revolution: Usury, Rents, and Negotiability." *International History Review* 25 (3): 505-562.

———. 2007. "Review of Earl J. Hamilton, *American Treasure and the Price Revolution in*

Spain, 1501-1650." EH.Net Economic History Services, Jan 15 2007. URL: http://eh.net/bookreviews/library/munro
Müri, Walter. 1931. *Symbolon: Wort- und sachgeschichtliche Studie*. Bern: Beilage zum Jahresbericht über das städtische Gymnasium Bern.
Murphy, George. 1961. "[Buddhist Monastic Economy: The Jisa Mechanism]: Comment." *Comparative Studies in Society and History* 3 (4): 439-42.
Myers, Milton L. 1983. *The Soul of Modern Economic Man: Ideas of Self-Interest, Thomas Hobbes to Adam Smith*. Chicago: University of Chicago Press.
Nag, Kalidas and V. R. Ramachandra Dikshitar. 1927. "The Diplomatic Theories of Ancient India and the *Arthashastra*." *Journal of Indian History* 6 (1): 15-35.
Nakamura, Kyōko Motomochi. 1996. *Miraculous stories from the Japanese Buddhist tradition: the Nihon ryōiki of the monk Kyōkai*. London: Routledge.
Naskar, Satyendra Nath. 1996. *Foreign impact on Indian life and culture (c. 326 B.C. to c. 300 A.D.)* New Delhi: Abhinav Publications.
Naylor, Robin Thomas. 1985. *Dominion of debt: centre, periphery and the international economic order*. London: Black Rose Books.
Nazpary, Jomo. 2001. *Post-Soviet Chaos: Violence and Dispossession in Kazakhstan*. London: Pluto.
Nelson, Benjamin. 1949. *The Idea of Usury: From Tribal Brotherhood to Universal Otherhood*. Oxford: Oxford University Press.
Nerlich, Michael. 1987. *Ideology of adventure: studies in modern consciousness*, 1100-1750. (translation by Ruth Crowley). Minneapolis: University of Minnesota Press.
Nicholls, David. 2003. *God and Government in an "Age of Reason."* New York: Routledge.
Noah, Monday Efiong. 1990. "Social and Political Developments: The Lower Cross Region, 1600-1900." In *A History of the Cross River Region of Nigeria*. (Abasiattai, Monday B., editor), pp. 90-108. Calabar: University of Calabar Press.
Nolan, Patrick. 1926. *A Monetary History of Ireland*. London: King.
Noonan, John T. 1957. *The Scholastic Analysis of Usury*. Cambridge: Harvard University Press.
Norman, K. R. 1975. "Aśoka and Capital Punishment: Notes on a Portion of Aśoka's Fourth Pillar Edict, with an Appendix on the Accusative Absolute Construction." *The Journal of the Royal Asiatic Society of Great Britain and Ireland* 1: 16-24.
North, Robert. 1954. *Sociology of the Biblical Jubilee*. Rome: Pontifical Biblical Institute.
Northrup, David. 1978. *Trade Without Rulers: Pre-Colonial Economic Development in South-Eastern Nigeria*. Oxford: Clarendon Press.
———. 1995. *Indentured labor in the age of imperialism*, 1834-1922. Cambridge: Cambridge University Press.
Nwaka, Geoffrey I. 1978. "Secret Societies and Colonial Change: A Nigerian Example (Sociétés secrètes et politique coloniale: un exemple nigerian)." Cahiers d'Études Africaines, Vol. 18(69/70): 187-200.
Nwauwa, Apollos Okwuchi. 1991. "Integrating Arochukwu into the Regional Chronological Structure." *History in Africa* 18: 297-310.
O'Brien, George. 1920. *An Essay on Medieval Economic Teaching*. London: Longmans, Green & Co.
Ohnuma, Reiko. 2007. *Head, eyes, flesh, and blood: giving away the body in Indian Buddhist literature*. New York: Columbia University Press.
Olivelle, Patrick. 1992. *The Asrama System: The History and Hermeneutics of a Religious Institution*. Oxford: Oxford University Press.
———. 2005. *Manu's Code of Law: A Critical Edition and Translation of the Mānava-Dharmaśāstra*. Oxford: Oxford University Press.
———. 2006. "Explorations in the Early History of Dharmaśāstra." In *Between the Empires:*

Society in India 300 BC to 400 CE (Patrick Olivelle, editor), pp. 169-190. New York: Oxford University Press.

———. 2009. "Dharmaśāstra: A Literary History." In *The Cambridge Handbook of Law and Hinduism* (T. Lubin and D. Davis, editors), pp. 112-143. Cambridge: Cambridge University Press.

Oliver, Douglas. 1955. *A Solomon Island Society*. Cambridge: Harvard University Press.

Onvlee, Louis. 1980. "The Significance of Livestock on Sumba." In *The Flow of Life: Essays on Eastern Indonesia* (James J. Fox, editor), pp. 195-207. Cambridge: Harvard University Press.

Oppenheim, Leo. 1964. *Ancient Mesopotamia: Portrait of a Dead Civilization*. Chicago: University of Chicago Press.

Orléan, André. 1998. "La monnaie autoréférentielle." In: M. Aglietta & A. Orléan (editors), *La monnaie souveraine*, pp. 359–386. Paris: Odile Jacob.

Orlove, Benjamin. 1986. "Barter and Cash Sale on Lake Titicaca: A Test of Competing Approaches." *Current Anthropology* 27 (2): 85-106.

Orr, Leslie C. 2000. *Donors, Devotees, and Daughters of God: Temple Women in Medieval Tamilnadu*. Oxford: Oxford University Press.

Ottenberg, Simon. 1958. "Ibo Oracles and Intergroup Relations." *Southwestern Journal of Anthropology* 14 (3): 295-317.

Ottenberg, Simon and Phoebe Ottenberg. 1962. "Afikpo Markets: 1900-1960." In *Markets in Africa* (Paul Bohannan and George Dalton, editors), pp. 118-169. Chicago: Northwestern University Press.

Ottenberg, Simon and Linda Knudsen. 1985. "Leopard Society Masquerades: Symbolism and Diffusion." *African Arts* 18 (2): 37-44.

Oxfeld, Ellen. 2004. "'When You Drink Water, Think of its Source': Morality, Status, and Reinvention in Chinese Funerals." *Journal of Asian Studies* 63 (4): 961-990.

Ozment, Steven. 1983. *When Fathers Ruled*. Harvard University Press, Cambridge: Cambridge University Press.

Pagden, Anthony. 1986. *The Fall of Natural Man: the American Indian and the origins of comparative ethnology*. Cambridge: Cambridge University Press.

Palat, Ravi Arvind. 1986. "Popular Revolts and the State in Medieval South India: A Study of the Vijayanagara Empire (1360-1565)," *Bijdragen tot de taal-, Land-, en Volkenkunde*, CXII, pp. 128-44.

———. 1988. *From World-Empire to World-Economy: Southeastern India and the Emergence of the Indian Ocean World-Economy (1350-1650)*. Ph. D. Dissertation, State University of New York at Binghamton.

Parker, Arthur. 1926. *An Analytical History of the Seneca Indians*. Researches and Transactions of the New York State Archaeological Association. Rochester, NY.

Parker, David B. 1994. "The Rise and Fall of The Wonderful Wizard of Oz as a 'Parable on Populism.'" *Journal of the Georgia Association of Historians* 15: 49-63.

Parkes, Henry Bamford. 1959. *Gods and Men: The Origins of Western Culture*. New York: Vintage Books.

Parkin, Michael and David King. 1995. *Economics (Second Edition)*. London: Addison-Wesley Publishers.

Parks, Time. 2005. *Medici Money: Banking, Metaphysics, and Art in Fifteenth-Century Florence*. New York: Norton.

Partridge, Charles. 1905. *Cross River Natives: Being Some Notes on the Primitive Pagans of Obubura Hill District, Southern Nigeria*. London: Hutchinson & Co.

Pasadika, Bhikkhu. 1997. "The concept of avipranāśa in Nāgārjuna." In *Recent Researches in Buddhist Studies: Essays in Honour of Y. Karunadasa*, pp. 516-523. Kuala Lumpur: Y. Karunadasa Felicitation Committee. & Chi Ying Foundation.

Pateman, Carole. 1988. *The Sexual Contract*. Stanford: Stanford University Press.

Patterson, Orlando. 1982. *Slavery and Social Death: A Comparative Study*. Cambridge: Harvard University Press.
Pearson, Michael N. 1982. "Premodern Muslim Political Systems." *Journal of the American Oriental Society* vol. 102 (no. 1):47-58.
Peng, Xinwei. 1994. *A monetary history of China (Zhongguo Huobi Shi)*. Two Volumes. (Edward H. Kaplan, translator). Bellingham: Western Washington University.
Perlman, Mark and Charles Robert McCann. 1998. *The pillars of economic understanding: ideas and traditions*. Ann Arbor: University of Michigan Press.
Peters, E. L. 1967. "Some Structural Aspects of the Feud Among the Camel-Herding Bedouins of Cyrenaica." *Africa* 37: 261-282.
Phillips, William D. 1985. *Slavery From Roman Times to the Early Transatlantic Trade*. Minneapolis: University of Minnesota Press.
Picard, Olivier. 1975. "La 'fiduciarité' des monnaies métalliques en Grèce." *Bulletin de la Société Française de Numismatique* 34 (10: 604-609.
Pietz, William. 1985. . "The Problem of the Fetish I." *RES: Journal of Anthropology and Aesthetics* 9:5-17.
Pigou, Arthur Cecil. 1949. *The Veil of Money*. London: Macmillan.
Polanyi, Karl. 1949. The Great Transformation. New York: Rinehart.
———. 1957a. "Aristotle Discovers the Economy." In K. Polanyi, C. Arensberg and H. Pearson (eds.), *Trade and Market in the Early Empires*, pp. 64-94. Glencoe: The Free Press.
———. 1957b. "The economy as an instituted process." In K. Polanyi, C. Arensberg and H. Pearson (eds.), *Trade and Market in the Early Empires*, pp. 243-269 Glencoe: The Free Press.
———. 1968. "The Semantics of Money Uses." In *Primitive, Archaic, and Modern Economies: Essays of Karl Polanyi*. (George Dalton, ed.) New York: Anchor.
Poliakov, Léon. 1977. *Jewish bankers and the Holy See from the thirteenth to the seventeenth century*. London: Routledge.
Pomeranz, Kenneth. 1998. *The Great Divergence: China, Europe, and the Making of the Modern World Economy*. Princeton: Princeton University Press.
Powell, Marvin A. 1978. "A Contribution to the History of Money in Mesopotamia prior to the Invention of Coinage." In *Festschrift Lubor Matous* (B. Hruska and G. Comoroczy, eds.) Budapest) II, pp. 211-43.
———. 1979. "Ancient Mesopotamian Weight Metrology: Methods, Problems and Perspectives." In *Studies in Honor of Tom B. Jones* (M. A. Powell and R. H. Sack, editors), pp. 71-109. Amsterdam: Kevelaer/Neukirchen-Vluyn.
———. 1999. "*Wir mussen unsere nisch Nutzen*: Monies, Motives and Methods in Babylonian economics." In *Trade and Finance in Ancient Mesopotamia, Proceedings of the First Mos Symposium (Ledien 1997)*, (J. G. Derksen, editior), pp. 5-24. Istanbul: Nederlands Historich-Archeologisch Instiuut.
Prakash, Gyan. 2003. *Bonded Histories: Genealogies of Labor Servitude in Colonial India*. Cambridge: Cambridge University Press.
Prakash, Satya and Rajendra Singh,. 1968. *Coinage in Ancient India* New Delhi: Research Institute of Ancient Scientific Studies.
Price, Jacob M. 1980. *Capital and Credit in British Overseas Trade: the View from the Chesapeake*, 1700-1776. Cambridge: Harvard University Press.
———. 1989. "What Did Merchants Do? Reflections on British Overseas Trade, 1660-1790." *The Journal of Economic History* 49 (2): 267-284.
———. 1991. "Credit in the Slave Trade and Plantation Economies." In Barbara L. Solow, editor, *Slavery and the Rise of the Atlantic System*, pp. 313-17. Cambridge: Cambridge University Press.
Price, Martin Jessop,. 1983. "Thoughts on the beginnings of coinage." In *Studies in Numis-*

matic Method Presented to Philip Grierson (C.N.L. Brooke et al., editors,), pp. 1-10. Cambridge: Cambridge University Press.
Proudhon, Pierre-Joseph. 1840. *Qu'est-ce que la propriété? Recherche sur le principe du droit et du gouvernement. Premier mémoire.* Paris : J.-F. Brocard.
Puett, Michael J. 2002. *To Become a God: Cosmology, Sacrifice, and Self-Divinization in Early China.* Cambridge: Harvard University Press.
Quiggin, A. Hingston. 1949. *A Survey of primitive money; the beginning of currency* London: Methuen.
Quilter, Jeffrey and Gary Urton. 2002. *Narrative threads: accounting and recounting in Andean Khipu.* Austin: University of Texas.
Radford, R. A. 1945. "The Economic Organization of a POW Camp." *Economica* 12 (48): 189-201
Raglan, FitzRoy Richard Somerset, Baron. 1931. "Bride Price." *Man* 31: 75.
Rahman, Fashur. 1964. "Riba and Interest." *Islamic Studies* 3:1-43.
Rai, G. K. 1981. *Involuntary Labour in Ancient India.* Allahabad: Chaitanya Press.
Ray, Nicholas Dylan. 1997. "The Medieval Islamic System of Credit and Banking: Legal and Historical Considerations." *Arab Law Quarterly* 12 (1): 43-90.
Reden, Sitta von. 1997. "Money, Law and Exchange: Coinage in the Greek Polis." *Journal of Hellenic Studies* 117: 154-176.
———. 2003. *Exchange in Ancient Greece.* London: Duckworth.
Reeves, Eileen. 1999. "As Good as Gold: The Mobile Earth and Early Modern Economics." *Journal of the Warburg and Courtauld Institutes* 62: 126-166.
Reid, Anthony. 1983. *Slavery, Bondage and Dependence in Southeast Asia.* New York: St. Martin's Press.
Renger, Johannes. 1983. "Patterns of Non-Institutional Trade and Non-Commercial. Exchange in Ancient Mesopotamia at the Beginning of the Second Millennium B.C." In *Circulation of Goods in Non-palatial Contexts in the Ancient Near East* (A. Archi, editor), pp. 31-123. Rome: Edizioni dell'Ateneo
———. 1994. "On Economic Structures in Ancient Mesopotamia." *Orientalia* 18:157-208.
Retours, Robert de. 1952. "Les insignes en deux parties (fou) sous la dynastie des T'ang (618-907)." *T'oung Pao* 41 (1/3): 1-148.
Rhys Davids, Caroline A. F. 1901. "Economic Conditions in Ancient India." *The Economic Journal* 11 (43): 305-320
———. 1922. "Economic Conditions According to Early Buddhist Literature." In *The Cambridge History of India Volume I: Ancient India* (E. J. Rapson, editor), pp. 198-219. Cambridge: Cambridge University Press
Richard, R. D. 1926. "Early History of the Term Capital." *Quarterly Journal of Economics* 40 (2): 329-38.
Richards, Audrey. 1939. *Land, Labour and Diet in Northern Rhodesia.* London: Oxford University Press.
Richter, Daniel K. 1983. "War and Culture: the Iroquois Experience." *William and Mary Quarterly*, 3d Series, 40:528-559.
Rickett, W. Allyn. 1998. *Guanzi: Political, Economic, and Philosophical Essays from Early China* (2 volumes). Princeton: Princeton University Press.
Riepe, Dale Maurice. 1961. *The Naturalistic Tradition in Indian Thought.* Seattle: University of Washington Press
Risso, Patricia. 1995. *Merchants and Faith: Muslim Commerce and Culture in the Indian Ocean.* Boulder: Westview Press.
Robertson, Pat. 1992. *The Secret Kingdom.* Dallas and London: Word Publishing.
Robinson, Rachel Sargent. 1973. *The size of the slave population at Athens during the fifth and fourth centuries before Christ.* Westport: Greenwood Press.

Robisheaux, Thomas. 1989. *Rural society and the search for order in early modern Germany.* Cambridge: Cambridge University Press.

Rockoff, Hugh. 1990. "The 'Wizard of Oz' as a Monetary Allegory." *Journal of Political Economy* 98 (4): 739-760.

Rodinson, Maxine. 1978. *Islam and Capitalism.* Austin: University of Texas Press.

Roetz, Heiner. 1993. *Confucian ethics of the axial age: a reconstruction under the aspect of the breakthrough toward postconventional thinking.* Albany: SUNY.

Rohrlich, Ruby. 1980. "State Formation in Sumer and the Subjugation of Women." *Feminist Studies* 6 (1): 76-102.

Roitman, Janet. 2003. "Unsanctioned Wealth; or, the Productivity of Debt in Northern Cameroon." *Public Culture* 15 (2): 211-237.

Roover, Raymond de. 1944. "What is Dry Exchange? A Contribution to the Study of English Mercantilism." *Journal of Political Economy* 52: 250-66

———. 1946. "The Medici Bank." *Journal of Economic History* 6: 24-52, 153-72.

———. 1948. *Money, Banking, and Credit in Mediæval Bruges.* Cambridge: Mediaeval Academy of America.

———. 1963. *The Rise and Decline of the Medici Bank:* 1397-1494. New York: W.W. Norton.

———. 1967. "The Scholastics, Usury and Foreign Exchange." *Business History Review* 41 (3): 257-71.

Rospabé, Philippe. 1993. "Don Archaïque et Monnaie Sauvage." In *MAUSS: Ce Que Donner Vuet Dire: Don et Intéret.* Paris: Éditions la découverte, pp. 33-59.

———. 1995. *La Dette de Vie: aux origines de la monnaie sauvage.* Paris: Editions la Découverte/MAUSS.

Rotours, Robert de. 1952. "Les insignes en deux parties (fou) sous la dynastie des T'ang (618-907)." *T'oung Pao* 41: 1-148.

Ruel, Malcolm. 1969. *Leopards and Leaders.* London: Tavistock

Rule, John. 1986. *The Labouring Classes in Early Industrial England*, 1750-1850. London: Longman.

Saggs, Henry William Frederick. 1962. *The Greatness That Was Babylon.* New York: Mentor Books.

Sahlins, Marshall. 1972. *Stone Age Economics.* Chicago: Aldine.

———. 1981. "The stranger-king or Dumézil among the Fijians." *Journal of Pacific History* 16: 107-32.

———. 1988. "Cosmologies of Capitalism." *Proceedings of the British Academy* 74:1-51.

———. 1996. "The Sadness of Sweetness: The Native Anthropology of Western Cosmology." *Current Anthropology*, Vol. 37 (3): 395-428.

———. 2004. *Apologies to Thucydides: Understanding History as Culture and Vice Versa.* Chicago: University of Chicago Press.

———. 2008. *The Western Illusion of Human Nature.* Chicago: Prickly Paradigm Press.

Saller, Richard P. 1984. "'Familia, Domus', and the Roman Conception of the Family." *Phoenix* 38 (4): 336-355.

———. 1987. "Slavery and the Roman family." In *Classical Slavery* (Moses Finley, editor), pp. 82-110. London: Frank Cass.

Samuel, Geoffrey. 2003. "Property, Obligations: Continental and Comparative Perspectives." In *New Perspectives on Property Law, Human Rights, and the Home* (Alastair Hudson, editor), pp. 295-318. London: Cavendish Publications.

Samuelson, Paul A. 1948. *Economics.* New York: McGraw Hill.

———. 1958. "An exact consumption-loan model of interest with or without the social contrivance of money." In *The Collected Scientific Papers of Paul A. Samuelson*, volume 1 (J. Stiglitz, editor), pp. 219-33. Cambridge: MIT Press.

Sarthou-Lajous, Nathalie. 1997. *L'ethique de la dette*. Paris: Presses Universitaires de France.
Sasso, Michael. 1978. "What is the Ho-Tu?" *History of Religions* 17 (314): 399-416.
Scammel, Jeffrey Vaughan. 1981. *The world encompassed: the first European maritime empires c.800-1650*. London: Taylor & Frances.
Schaps, David. 2004. *The Invention of Coinage and the Monetization of Ancient Greece*. Ann Arbor : University of Michigan Press.
———. 2006. "The Invention of Coinage in Lydia, in India, and in China." Helsinki: XIV International Economic History Congress.
Scheidel, Walter. 2006. "The Divergent Evolution of Coinage in Eastern and Western Eurasia." Princeton/Stanford Working Papers in Classics (April 2006): www.princeton.edu/~pswpc/pdfs/scheidel/040603.pdf
———. 2007. "The Monetary Systems of the Han and Roman Empires." (available at http://www.princeton.edu/~pswpc/pdfs/scheidel/110505.pdf).
———. 2009. *Rome and China: Comparative Perspectives on Ancient World Empires*. Oxford: Oxford University Press.
Schlemmer, Bernard. 1983. *Le Menabe: histoire d'une colonization*. Paris: ORSTOM.
Schneider, Jane. 1971. "Of Vigilance and Virgins: Honor, Shame, and Access to Resources in Mediterranean Societies." *Ethnology* 10:1-24.
Schoenberger, Erica. 2008. "The Origins of the Market Economy: State Power, Territorial Control, and Modes of War Fighting." *Comparative Studies in Society and History* 50 (3): 663-691.
Schofield, Phillipp R. and N. J. Mayhew, editors. 2002. *Credit and debt in medieval England, c.1180-c.1350*. London: Oxbow.
Schopen, Gregory. 1994. "Doing Business for the Lord: Lending on Interest and Written Loan Contracts in the Mūlasarvāstivāda-vinaya." *Journal of the American Oriental Society* 114 (4): 527-554.
———. 1995. "Monastic Law Meets the Real World: A Monk's Continuing Right to Inherit Family Property in Classical India." *History of Religions* 35 (2): 101-123.
———. 1997. *Bones, stones, and Buddhist monks: collected papers on the archaeology, epigraphy, and texts of monastic Buddhism in India*. Honolulu: University of Hawaii Press.
———. 2004. *Buddhist monks and business matters: still more papers on monastic Buddhism in India*. Honolulu: University of Hawaii Press.
Schumpeter, Joseph. 1934. *History of Economic Analysis*. New York: Oxford University Press.
Schwartz, Benjamin I. 1975. "The Age of Transcendence." *Daedalus* 104:1-7.
———. 1986. *The World of Thought in Ancient China*. Cambridge: Harvard University Press.
Scott, Tom, and Bob Scribner, editors. 1991. *The German Peasants' War: A History in Documents*. Atlantic Highlands: Humanities Press.
Sea, Thomas F. 2007. "The German Princes' Responses to the Peasants' Revolt of 1525." *Central European History* 40 (2): 219-240.
Seaford, Richard. 1994. *Reciprocity and Ritual. Homer and Tragedy in the Developing City-State*. Oxford: Oxford University Press.
———. 1998. "Tragic Money." *Journal of Hellenic Studies* 110: 76-90.
———. 2002. "Review: Reading Money: Leslie Kurke on the Politics of Meaning in Archaic Greece." *Arion*, Third Series 9 (3):145-165.
———. 2004. *Money and the Early Greek Mind: Homer, Philosophy, Tragedy*. Cambridge: Cambridge University Press.
Sée, Henri Eugène. 1928. *Modern capitalism: its origin and evolution*. New York: Adelphi.
Seebohm, Frederic. 1877. *The Era of the Protestant Revolution*. London: Longmans, Green.
Seidel, Anna. 1983. "Imperial Treasures and Taoist Sacraments: Taoist Roots in Apocrypha."

In *Tantric and Taoist Studies in Honor of Rolf A. Stein* (Michel Strickmann, editor), II, pp. 291-371. Bruxelles: Institute Belge des Hautes Études Chinoises.

Servet, Jean-Michel. 1981. "Primitive Order and Archaic Trade. Part I" *Economy and Society* 10 (4): 423-450.

———. 1982. "Primitive Order and Archaic Trade. Part II." *Economy and Society* 11 (1): 22-59.

———. 1994. "La fable du troc," numero spécial de la revue *XVIIIe siècle, Economie et politique* (sous la direction Gerard Klotz, Catherine Larrere et Pierre Retat), n°26: 103-115

———. 1998. "Demonétarisation et remonétarisation en Afrique-Occidentale et Équatoriale (XIXe-XXe siècles)." In *La Monnaie souveraine* (Aglietta and Orleans, editors), pp. 289-324. Paris: Odile Jacob.

———. 2001. "Le troc primitif, un mythe fondateur d'une approche économiste de la monnaie." *Revue numismatique* 2001: 15-32.

Sharma, J. P. 1968. *Republics in Ancient India: c 1500 – c. 500 BC*. Leiden: E. J. Brill

Sharma, Ram Sharan. 1958. *Sudras in Ancient India*. Delhi: Mohtial Banarsidas.

———. 1965. "Usury in Medieval India (A.D. 400-1200)." *Comparative Studies in Society and History* 8 (1): 56-77.

———. 1987. *Urban Decay in India c. 300- c.1000*. Delhi: Munshiram Manoharlal.

———. 2001. *Early medieval Indian society: a study in feudalisation*. Hyderbad: Orient Longman.

Shell, Marc. 1978. *The Economy of Literature*. Baltimore: Johns Hopkins University Press.

———. 1992. *Money, Language, and Thought*. Baltimore: Johns Hopkins University Press.

Sheridan, R. B. 1958. "The Commercial and Financial Organization of the British Slave Trade, 1750-1807." *The Economic History Review*, New Series 11 (2): 249-263.

Silver, Morris. 1985. *Economic structures of the ancient Near East*. London: Taylor & Francis.

Singer, Sholom A. 1964. "The Expulsion of the Jews from England in 1290." *The Jewish Quarterly Review*, New Series, 55 (2): 117-136.

Skinner, Quentin. 1998. *Liberty before Liberalism*. Cambridge: Cambridge University Press.

Smith, Adam. 1761. *Theory of moral sentiments*. Cambridge: Cambridge University Press (2002 edition).

———. 1762. *Lectures on Jurisprudence*. Glasgow Edition of the Works and Correspondence of Adam Smith Vol. 5. Indianapolis: Liberty Fund (1982 edition).

———. 1776. *An Inquiry into the nature and causes of the wealth of nations*. Oxford: Clarendon Press (1976 edition).

Smith, Edwin, and Andrew Murray Dale. 1968. *The Ila Speaking Peoples Of Northern Rhodesia*. Two Volumes. London: Kessinger.

Smith, Timothy. 1983. "Wampum as Primitive Valuables." *Research in Economic Anthropology* 5: 225-246.

Snell, F. J. 1919. *The Customs of Old England*. London: Methuen.

Solow, Barbara. 1987. "Capitalism and Slavery in the Exceedingly Long Run." *Journal of Interdisciplinary History* 17 (4): 711-737.

Sonenscher, Michael. 2007. *Before the Deluge: Public Debt, Inequality, and the Intellectual Origins of the French Revolution*. Princeton: Princeton University Press.

Spufford, Peter. 1988. *Money and Its Use in Medieval Europe*. Cambridge: Cambridge University Press

Spyer, Patricia. 1997. "The Eroticism of Debt: Pearl Divers, Traders, and Sea Wives in the Aru Islands of Eastern Indonesia." *American Ethnologist* 24 (3): 515-538.

Ste. Croix, Geoffrey Ernest Maurice De. 1981. *The Class Struggle in the Ancient Greek World: from the Archaic Age to the Arab Conquests*. Ithaca: Cornell University Press.

Stannard, David E. 1993. *American holocaust: the conquest of the New World*. New York:

Oxford University Press.
Starr, Chester G. 1977. *The Economic and Social Growth of Early Greece. 800-500 BC.* New York: Oxford University Press.
Stein, Siegfried. 1953. "Laws of Interest in the Old Testament." *Journal of Theological Studies* 4: 161-70.
———. 1955. "The Development of the Jewish Law of Interest from the Biblical Period to the Expulsion of the Jews from England." *Historia Judaica* 17:3-40.
Stein, Stanley J., and Barbara H. Stein. 2000. *Silver, trade, and war: Spain and America in the making of early modern Europe.* Baltimore: Johns Hopkins.
Steinkeller, Piotr. 1980. "The Renting of Fields in early Mesopotamia and the Development of the Concept of 'Interest' in Sumerian." *Journal of the Economic and Social History of the Orient* 24: 113-145.
———. 2003. "Money-Lending Practices in Ur III Babylonia: the question of economic motivation." In *Debt and Economic Renewal in the Ancient Near East* (Hudson, Michael and Marc Van de Mieroop, editors), pp. 109-137. Bethesda: CDL.
Stiglitz, Joseph, and John Driffill. 2000. *Economics.* New York: W. W. Norton.
Stol, Marten. 1995. "Women in Mesopotamia." *Journal of the Economic and Social History of the Orient* 38 (2): 123-144.
Stone, Lawrence. 1968. *The Family, Sex and Marriage in England* 1500-1800. London: Unwin.
———. 1990. *Road to Divorce: England* 1530-1987. Oxford: Oxford University Press.
Stone, Willard E. 2005. "The Tally: An Ancient Accounting Instrument." *Abacus* 11 (1): 49-57.
Stout, William. 1742 [1967]. *The Autobiography of William Stout of Lancaster* 1665-1752. (John Duncan Marshall, editor.) Manchester: Manchester University Press
Strickmann, Michel. 2002. *Chinese magical medicine.* Stanford: Stanford University Press.
Subrahmanyam, Sanjay. 1996. "Of Imarat and Tijarat: Asian Merchants and State Power in the Western Indian Ocean, 1400 to 1750." *Comparative Studies in Society and History* Vol. 37 no 4, pp. 750-780.
Sun, Guang-Zhen. 2008. "Fragment: Nasir ad-Din Tusi on social cooperation and the division of labor: Fragment from The Nasirean Ethics." *Journal of Institutional Economics* 4 (3): 403-413.
Sutton, David. 2004. "Anthropology's value(s)." *Anthropological Theory* 4(3): 373–379.
Swann, Nancy Lee. 1950. *Food and Money in Ancient China: The earliest economic history of China to A. D. 25. Han Shu 24 with related texts. Han Shu 91 and Shih-chi 129.* Princeton: Princeton University Press.
Tag El-Din, Saif I. 2007. "Capital and Money Markets of Muslims: The Emerging Experience in Theory and Practice." Kyoto Bulletin of Islamic Area Studies, 1-2: 54-71.
Tambiah, Stanley J. 1973. "Dowry and Bridewealth and the Property Rights of Women in South Asia." In *Bridewealth and Dowry* (Jack Goody and S. J. Tambiah, editors), pp. 59-169. Cambridge: Cambridge University Press.
———. 1989. "Bridewealth and Dowry Revisited: The Position of Women in Sub-Saharan Africa and North India." *Current Anthropology* 30 (4): 413-434.
Tambo, David C. 1976. "The Sokoto Caliphate Slave Trade in the Nineteenth Century." *International Journal of African Historical Studies* 9 (2): 187-217.
Taussig, Michael. 1984. "Culture of Terror—Space of Death. Roger Casement's Putumayo Report and the Explanation of Torture." *Comparative Studies in Society and History* 26 (3): 467-497.
———. 1987. *Shamanism, Colonialism, and the Wild Man.* Chicago: University of Chicago Press.
Taylor, Quentin P. 2005. "Money and Politics in the Land of Oz." *The Independent Review* 9 (3): 413-426.
Tebbutt, Melanie. 1983. *Making Ends Meet: Pawnbroking and Working-Class Credit.* New

York: St. Martin's Press.

Teiser, Stephen F. 1988. *The Ghost Festival in Medieval China.* Princeton: Princeton University Press.

Testart, Alain. 1997. "Le mise en gage de personnes: sociologie comparative d'une institution." *Archives Européenes de Sociologie* 38: 38-67.

———. 1998. "Pourquoi la condition de l'esclave s'ameliore-t-elle en regime despotique?" *Revue française de sociologie* 39 (1): 3-38

———. 2000. "L'Esclavage pour dettes en Asie Orientale." *Moussons* 2: 3-29.

———. 2001. *Esclave, la dette et le pouvoir: études de sociologie comparative.* Paris : Errance

———. 2002. "The extent and significance of debt slavery." *Revue Française de Sociologie* 43: 173-204.

Testart, Alain, Valerie Lécrivain, Dimitri Karadimas and Nicolas Govoroff. 2001. "Prix de la fiancée et esclavage pour dettes: Un exemple de loi sociologique." *Études rurales* No. 159/160: 9-33.

Thapar, Romila. 1995. "The First Millennium BC in Northern India." In *Recent perspectives of early Indian history* (R. Thapar, editor) pp. 87-150. New Delhi: Book Review Trust.

———. 2002. "The Role of the Army in the Exercise of Power in Ancient India." In *Army and power in the ancient world. Volume 37 of Heidelberger althistorische Beiträge und epigraphische Studien (*Ángelos Chaniótis, Pierre Ducre, *editors), pp.* 25-39. *Heidelberg*: Franz Steiner Verlag.

Thesleff, Holgar. 1989. "Platonic Chronology." *Phronesis* 34 (1): 1-26.

Théret, Bruno. 1992. *Régimes économiques de l'ordre politique : esquisse d'une théorie régulationniste des limites de l'Etat.* Paris: Presses Universitaires de France,.

———. 1995. *L'État, la finance et le social. Souveraineté nationale et construction européenne* (direction de publication). Paris: Éditions la Découverte.

———. 1999. "The Socio-Cultural Dimensions of the Currency: Implications for the Transition to the Euro." *Journal of Consumer Policy* 22: 51-79.

———. 2007. *La monnaie dévoilée par ses crises* (direction de publication). Paris: Editions de l'EHESS, 2 volumes: volume 1, "Monnaies métalliques, volume 2 "Monnaies autoréférentielles. Les autres monnaies en Allemagne et en Russie au XXème siècle

———. 2008. "Les trios états de la monnaie: approche interdisciplinaire du fait monétaire." Revue Economique 59 (4): 813-842.

Thierry, François. 1992. *Monnaies de Chine.Paris*: Bibliothèque nationale.

———. 2001. "Sur les spécifités fondamentales de la monnaie chinoise." In *Aux origines de la monnaie* (Alain Testart, editor), pp. 109-44. Paris: Éditions Errance.

Thomas, Keith. 1972. *Religion and the Decline of Magic: Studies in popular beliefs in sixteenth and seventeenth century England.* New York: Scribners.

Thompson, Edward Palmer. 1971. "The Moral Economy of the English Crowd in the 18th Century." *Past & Present* 50: 76-136.

Thurnwald, Richard C. 1916. "Banaro Society: Social Organization and Kinship System of a Tribe in the Interior of New Guinea." *Memoirs of the American Anthropological Association* 8:251-391.

Tierney, Brian. 1997. *The Idea of Natural Rights: Studies on Natural Rights, Natural Law and Church Law* 1150–1625. (Emory University Studies in Law and Religion, number 5). Atlanta: Scholars Press.

Todorov, Tzvetan. 1984. *The conquest of America: the question of the other.* Chicago: University of Chicago Press.

Tong, James W. 1989. *Disorder Under Heaven: Collective Violence in the Ming Dynasty.* Stanford: Stanford University Press.

Tortella, Gabriel and Francisco Comîn. 2002. "Fiscal and Monetary Institutions in Spain, 1600-1900." In Transferring wealth and power from the old to the new world: monetary and fiscal institutions in the 17th through the 19th century (Michael D. Bordo and Robert Cortés Conde, editors), pp. 140-186. Cambridge: Cambridge University Press.

Trawick, Margaret. 1992. *Notes on Love in a Tamil Family*. Berkeley: University of California Press.

Trevett, Jeremy. 1992. *Apollodoros the Son of Pasion*. Oxford: Clarendon Press.

———. 2001. "Coinage and Democracy at Athens," in A. Meadows and K. Shipton, eds., *Money and Its Uses in the Ancient Greek World* (Oxford: Oxford University Press), pp. 23–34

Trombert, Eric. 1995. *Le crédit à Dunhuang: Vie matérielle et société en Chine médiévale*. Paris: Ihec/Inst.Hautes Etudes.

Tseayo, Justin Iyorbee. 1975. *Conflict and Incorporation in Nigera: the Integration of the Tiv*. Zaria Nigeria: Gaskiya.

Tuck, Richard. 1979. *Natural rights theories: their origin and development*. Cambridge: Cambridge University Press.

Tull, Herman Wayne. 1989. *The Vedic Origins of Karma: cosmos as man in ancient Indian myth and ritual*. Albany: SUNY.

Tully, James. 1993. *An Approach to Political Philosophy: Locke in Contexts*. Cambridge: Cambridge University Press.

Tuma, Elias. 1965. "Early Arab Economic Policies, 1st/7th–4th/10th Centuries." *Islamic Studies* 4 (1): 1-23.

Uchendo, Victor. 1967. "Some Principles of Haggling in Peasant Markets." *Economic Development and Cultural Change* 16 (1): 37-50.

Udovitch, Abraham L. 1970. *Partnership and Profit in Medieval Islam*. Princeton: Princeton University Press.

———. 1975. "Reflections on the Institutions of Credit and Banking in the Medieval Islamic Near East." *Studia Islamica* 41: 5-21.

Uebach, Helga. 2008. "From Red Tally to Yellow Paper: the official introduction of paper in Tibetan administration in 744/745." *Revue d'Etudes Tibétaines* 14: 57-69.

Usher, Abbot Payson. 1914. "The Origin of the Bill of Exchange." *Journal of Political Economy* 22: 566-76.

———. 1934. "The Origins of Banking: The Primitive Bank of Deposit, 1200-1600." *Economic History Review* 4 (4): 399-428.

———. 1943. *The Early History of Deposit Banking in Mediterranean Europe*. Cambridge: Harvard University Press.

Valenze, Deborah M. 2006. *The social life of money in the English past*. Cambridge: Cambridge University Press.

Valeri, Valerio. 1994. "Buying Women but no Selling Them: Gift and Commodity Exchange in Huaulu Alliance." *Man* (n.s.) 29:1-26.

———. 2001. "Feasts." In *Fragments from Forests and Libraries*, pp. 1-27. Durham: Carolina Academic Press.

Van Der Toorn, Karel. 1989. "Female Prostitution in Payment of Vows in Ancient Israel." *Journal of Biblical Literature* 108 (2): 193-205.

Vance, Eugene. 1973. "Signs of the City: Medieval Poetry as Detour." *New Literary History* 4 (3): 557-574

———. 1986. "Chrétien's Yvain and the Ideologies of Change and Exchange." *Yale French Studies* 70: 42-62.

Vaneigem, Raoul. 1967. *Traité de savoir-vivre à l'usage des jeunes générations*. Paris, Gallimard.

Veenhof, Karl. 1997. "'Modern' Features in Old Assyrian Trade." *Journal of the Economic and Social History of the Orient* 40: 336-366.

Verellen, Franciscus. 2006. "The Dynamic Design: Ritual and Contemplative Graphics in

Daoist Scriptures." In *Daoism in History: Essays in Honor of Liu Rs'un-yan* (Quanlen Liu, Benjamin Penny, editors), pp. 159-182. London: Routledge.

Verlinden, Charles. 1970. *The Beginnings of Modern Colonization: Eleven Essays with an Introduction*. Ithaca: Cornell University Press.

VerSteeg, Russ. 2000. *Early Mesopotamian Law*. Durham: Carolina Academic Press.

———. 2002. *Law in Ancient Egypt*. Durham: Carolina Academic Press.

Veyne, Paul-Marie. 1979. "Mythe et réalité de l'autarcie à Rome." *Revue des études anciennes* 81: 261-280.

Vice, Roy L. 1988. "Leadership and Structure of the Tauber Band during the Peasants' War in Franconia." *Central European History* 24 (2): 175-195.

Vickers, Adrian. 1996. *Bali: a paradise created*. Singapore: Periplus Editions.

Vickers, Michael J. 1985. "Early Greek Coinage, a Reassessment." *Numismatic Chronicle* 145:1-44.

Vijaisri, Priyadarshini. 2004. *Recasting the Devadadi: Patterns of Sacred Prostitution in Colonial South India*. New Delhi: Kanishka.

Villey, Michel. 1946. "L'Idee du droit subjectif et les systemes juridiques romains." Revue historique de droit, series 4: 201-227.

Vondeling, Jan. 1961. *Eranos* (with a summary in English). Amsterdam: Gron.

Wade, Geoffrey. 2004. "The Zheng He Voyages: A Reassessment." *Asia Research Institute Working Paper Series* No. 31, Oct 2004

Wake, Christopher. 1997. "The Great Ocean-going Ships of Southern China in the Age of Chinese Maritime Voyaging to India, Twelfth to Fifteenth Centuries," *International Journal of Maritime History* 9 (2): 51-81

Walker, Garthene. 1996. "Expanding the Boundaries of Female Honour in Early Modern England." *Transactions of the Royal Historical Society*, Sixth Series, 8:235-245.

Walker, James Broom. 1875. "Notes on the Politics, Religion, and Commerce of Old Calabar." *The Journal of the Anthropological Institute of Great Britain and Ireland* 6: 119-124.

Wallace, Robert B. 1987. "The Origin of Electrum Coinage." *American Journal of Archaeology* 91: 385-97.

Wallace-Hadrill, Andrew, editor. 1989. *Patronage in Ancient Society* (Leicester-Nottingham Studies in Ancient Society, Volume 1). London: Routledge.

Wallerstein, Immanuel. 1974. *The Modern World System, volume* I. New York: Academic Press

———. 1989. "The French Revolution as a World-Historical Event." *Social Research* 56 (1): 33-52.

———. 1991. "Braudel on Capitalism, or Everything Upside Down." *Journal of Modern History* 63 (2): 354-361.

———. 2001. *The End of the World as We Know It: Social Science for the Twenty-First Century*. Minneapolis: University of Minnesota Press.

Walsh, Michael J. 2007. "The Economics of Salvation: Toward a Theory of Exchange in Chinese Buddhism." *Journal of the American Academy of Religion* 75 (2): 353–382

Warburton, David. 2000. "Before the IMF: The Economic Implications of Unintentional Structural Adjustment in Ancient Egypt." *Journal of the Economic and Social History of the Orient* 43 (2): 65 -131.

———. 2001. "State and economy in ancient Egypt." In *World System History: the social science of long-term change* (Robert Denemark, Jonathan Friedman, Barry Gills, and George Modelski, editors), pp. 169-184. New York: Routledge.

Wartburg, Marie Louise von. 1995. "Production de sucre de canne à Chypre." In *Coloniser au Moyen Age* (Michel Balard and Alain Ducellier, editors), Paris: A. Colon, pp. 126-31.

Waswo, Richard. 1996. "Shakespeare and the Formation of the Modern Economy." *Surfaces* Vol. 6. 217 (v.1.0A), http://www.pum.umontreal.ca/revues/surfaces/vol6/waswo.html.

———. 2004. "Crises of Credit: Monetary and Erotic Economies in the Jacobean Theater." In *Plotting early modern London: new essays on Jacobean City comedy* (Dieter Mehl, Angela Stock, Anne-Julia Zwierlein , editors), pp. 55-74. London: Ashgate Publishing.

Watson, Alan. 1987. *Roman Slave Law*. Baltimore: Johns Hopkins University Press.

Watson, James L. 1980. "Transactions in People: The Chinese Market in Slaves, Servants, and Heirs." In *Asian and African Systems of Slavery* (James L. Watson, editor), pp. 223-250. Cambridge: Cambridge University Press.

Weber, Max. 1924. *Gesammelte Aufsätze zur Soziale- und Wirtschaftegeschichte*. Tubingen. English version: *The Agrarian Sociology of Ancient Civilizations*. (R. I. Frank, trans.) London: Verso.

———. 1961. *General Economic History*. New York: Collier Books.

———. 1978. *Economy and Society: An Outline of Interpretive Sociology*. (Ephrain Fischoff, trans.) Berkeley: University of California Press.

Wennerlind, Carl. 2003. "Credit-money as the Philosopher's Stone: Alchemy and the Coinage Problem in Seventeenth-century England." *History of Political Economy* 35:234-61.

Westbrook, Raymond. 1971. "Jubilee Laws." *Israel Law Review* 6: 209-26.

———. 1984. "The enforcement of morals in Mesopotamian law." *Journal of the American Oriental Society* 104: 753-756.

———. 1988. *Old Babylonian Marriage Law*. Archlv für Orientforschung, Beiheft 23. Horn: F. Burger.

———. 1990. "Adultery in Ancient Near Eastern Law." *Revue biblique* 97: 542-580

———. 1991. *Property and the Family in Biblical Law*. Sheffield: Sheffield Academic Press.

———. 1995. "Slave and Master in Ancient Near Eastern Law." *Chicago-Kent Law Review* 70: 1631-76.

———. 1999. "Vitae Necisque Potestas." *Historia: Zeitschrift für Alte Geschichte* 48 (2): 203-223.

Westenholz, Joan Goodnick. 1989. "Tamar, *Qedesa*, *Qadistu*, and Sacred Prostitution in Mesopotamia." *Harvard Theological Review* 82: 245–265.

Westermann, William L. 1955. *The Slave Systems of Greek and Roman Antiquity*. Philadelphia: American Philosophical Society.

Whelan, T. S. 1979. *The Pawnshop in China*. Ann Arbor: Centre for Chinese Studies, University of Michigan

Whitaker, C. W. A. 2002. *Aristotle's De interpretatione: contradiction and dialectic*. Oxford: Oxford University Press.

White, Jenny Barbara. 2004. *Money makes us relatives: women's labor in urban Turkey*. London: Routledge.

Whiting, John Roger Scott. 1971. *Trade Tokens: A Social and Economic History*. London: Newton Abbot.

Wiedemann, Thomas. 1981. *Greek and Roman Slavery*. New York: Routledge.

Wiener, Margaret J. 1995. *Visible and invisible realms: power, magic, and colonial conquest in Bali*. Chicago: University of Chicago Press.

Wilbur, C. Martin. 1943. *Slavery in China during the Former Han Dynasty*. Anthropological Series, volume 34. Chicago: Chicago Field Museum of Natural History.

Wilcke, Claus. 1985. "Familiengründung im alten Babylonien." In *Geschlechtsreife und Legitimation zur Zeugung* (E.W Müller, ed.), pp. 213-317. Freiburg and München: Alber.

Williams, Brett. 2004. *Debt for Sale: A Social History of the Credit Trap*. Philadelphia: University of Pennsylvania Press.

Williams, Carl O. 1937. *Thraldom in Ancient Iceland: A Chapter in the History of Class Rule*. Chicago: University of Chicago Press.

Williams, Eric. 1944. *Capitalism and Slavery*. Chapel Hill: University of North Carolina Press.

Williamson, George Charles. 1889. *Trade tokens issued in the seventeenth century in England,*

Wales, and Ireland, by corporations, merchants, tradesmen, etc. Illustrated by numerous plates and woodcuts, and containing notes of family, heraldic, and topographical interest respecting the various issuers of the tokens. London: E. Stock.

Wilson, Monica Hunter. 1951. "Witch Beliefs and Social Structure." *The American Journal of Sociology* 56 (4): 307-31

Wink, André. 2002. *Al-Hind: Early medieval India and the expansion of Islam, 7th-11th centuries.* Leiden: E. J. Brill.

Wirszubski, Chaim. 1950. *Libertas as a Political Ideal at Rome During the Late Republic and Early Principate.* Cambridge: Cambridge University Press.

Wolf, Robert L. 1954. "The Mortgage and Redemption of an Emperor's Son: Castile and the Latin Empire of Constantinople." *Speculum* 29: 45-85.

Wong, Roy Bin. 1997. *China Transformed: Historical Change and the Limits of European Experience.* Ithaca: Cornell University Press.

———. 2002. "Between Nation and World: Braudelian Regions in Asia." *Review* 26 (1): 1-45.

Wood, Diana. 2002. *Medieval Economic Thought.* Cambridge: Cambridge University Press.

Wordie, J. R. 1983. "The Chronology of English Enclosure, 1500-1914." Economic History Review, 2nd ser. 26:483-505.

Wray, L. Randall. 1990. *Money and Credit in Capitalist Economies.* Aldershot: Edward Elgar.

———. 1998. *Understanding Modern Money: the key to full employment and price stability.* Edward Elgar: Cheltenham.

———. 1999. "An Irreverent Overview of the History of Money from the Beginning of the Beginning to the Present." *Journal of Post Keynesian Economics.* 21 (4): 679-687

———. 2000. *Credit and State Theories of Money.* Cheltenham: Edward Elgar.

Wright, David P. 2009. *Inventing God's Law: How the Covenant Code of the Bible Used and Revised the Laws of Hammurabi.* Oxford: Oxford University Press.

Wrightson, Keith. 1980. "Two concepts of order: justices, constables and jurymen in seventeenth-century England," in *An Ungovernable People: The English and their Law in the Seventeenth and Eighteenth Centuries* (John Brewer and John Styles, editors), pp. 21-46. London: Hutchinson.

Wrightson, Keith, and David Levine. 1979 *Poverty and Piety in an English Village.* Cambridge: Cambridge University Press.

Xu, Zhuoyun, and Jack L. Dull. 1980. *Han agriculture: the formation of early Chinese agrarian economy,* 206 *B.C.-A.D.* 220. Seattle: University of Washington Press.

Yang, Bin. 2002. "Horses, Silver, and Cowries: Yunnan in Global Perspective." *Journal of World History,* vol. 15 no 3:281-322.

Yang, Lien-sheng. 1971. *Money and Credit in China: A Short History.* Harvard-Yenching Institute Monographs 12. Cambridge: Harvard University Press.

Yates, Robin D. S. 2002. "Slavery in Early China: A Socio-Cultural Approach." *Journal of East Asian Archaeology* 3 (1/2): 283-331.

Yoffee, Norman. 1998. "The Economics of Ritual at Late Babylonian Kish." *Journal of the Economic and Social History of the Orient* 41 (3): 312-343.

Yü, Ying-shih. 1967. *Trade and Expansion in Han China. A Study in the Structure in Sino-Barbarian Economic Relations.* Berkeley: University of California Press.

Yung-Ti, Li. 2006. "On the Function of Cowries in Shang and Western Zhou China." *Journal of East Asian Archaeology* 5: 1-26.

Zell, Michael. 1996. "Credit in the Pre-Industrial English Woollen Industry." *The Economic History Review,* New Series, 49 (4): 667-691

Zmora, Hillay. 2006. "The Princely State and the Noble Family: Conflict and Co-operation in the Margraviates Ansbach-Kulmbach in the Early Sixteenth Century." *The Historical Journal* 49: 1-21.

Zürcher, Erik. 1958. *The Buddhist conquest of China: the spread and adaptation of Buddhism in early medieval China.* Volume 11 of Sinica Leidensia. Leiden: E. J. Brill.